《宝库山世界历史研究指南》
编辑委员会

图像研究与编排	安娜·迈尔斯（Anna Myers）
设计者	安娜·迈尔斯（Anna Myers）
封面艺术设计	莉莎·克拉克（Lisa Clark）
编制与索引	新源成像系统公司（Newgen Imaging Systems, Inc.）
印刷者	汤姆森－肖尔公司（Thomson-Shore, Inc.）
中文版主编	陈 恒 俞金尧 刘 健 郭子林 黄艳红 刘文明
项目主持	王秦伟 成 华

译校者

第一卷	陈 恒 蔡 萌 刘招静 焦汉丰 屈伯文 张忠祥 常 程 李 月 赵文杰 张译丹
第二卷	俞金尧 陈黎黎 尹建龙 侯 波
第三卷	刘 健 邢 颖 李 军 王超华
第四卷	郭子林 毛 悦 张 瑾
第五卷	黄艳红 马行亮 王 超 赵挹彬
第六卷	刘文明 王晓辉 高照晶 邢 科 汪 辉 李磊宇 魏孝稷 刘凌寒 张小敏 张娟娟

BERKSHIRE
ENCYCLOPEDIA
of
WORLD HISTORY

宝库山
世界历史
研究指南

第三卷

生活·讀書·新知 三联书店

图书在版编目(CIP)数据

宝库山世界历史研究指南/(美)威廉·麦克尼尔主编;陈恒译. —北京:生活·读书·新知三联书店,2024.1
ISBN 978 - 7 - 108 - 07348 - 8

Ⅰ.①宝… Ⅱ.①威… ②陈… Ⅲ.①世界史-研究 Ⅳ.①K107

中国版本图书馆 CIP 数据核字(2022)第 016005 号

第一卷　Abraham to Byzantine Empire　　　　　　　1—406
　　　　亚伯拉罕～拜占庭帝国

第二卷　Caesar，Augustus to Ethnology　　　　　　407—854
　　　　奥古斯都·凯撒～民族学

第三卷　Eurasia，Inner to Kongo　　　　　　　　　855—1290
　　　　欧亚内陆～刚果

第四卷　Korea to Philosophy，Greek and Roman　　1291—1718
　　　　朝鲜～希腊罗马哲学

第五卷　Philosophy，Modern to Television　　　　　1719—2134
　　　　现代哲学～电视

第六卷　Terrorism to Zoroastrianism　　　　　　　2135—2498
　　　　恐怖主义～琐罗亚斯德教

E

Eurasia，Inner 欧亚内陆

957 欧亚内陆特指一个广阔区域，包括中亚诸国以及蒙古等地。这个区域地势平坦，因此那里的国家幅员辽阔；流动的生活方式和游牧社会也因此具有重要地位，贯穿该地区从狩猎-采集时代直到今天的历史进程。

欧亚内陆只是这个地区的多重地理标签之一，源自欧亚大陆内陆地区的历史。欧亚内陆这个最核心地区还有其他称呼，比如突厥斯坦、中亚、欧亚大陆中心和亚洲中心。欧亚内陆这个名词涵盖范围最广，它将亚洲中心地区与蒙古和俄罗斯连成一体，整个地区的历史发展也因欧亚内陆独特的地理特点形成自身特色。

谨慎精确地使用这些地理名词在方方面面的历史研究中十分重要，特别是在世界历史的框架内，因为这些地理名词反映了我们对于过去的认识，有助于我们从各个独特视角研究历史。如果不加分辨地利用这些名词，我们对于历史的描述将会扭曲，我们会以今天的眼光看待遥远的过去。谨慎准确地使用这些名词，它们将揭示崭新的历史画面。地理学家马丁·刘易斯（Martin Lewis）和卡伦·威根（Karen Wigen）曾经指出，元地理学，或我们研究世界地理的学科，在绝大多数层面上决定了历史研究课题。比如，传统上认为欧洲和亚洲之间的分界线是乌拉尔山脉，因此理所当然地将欧亚大陆划分为欧洲和亚洲，认为所有的亚洲社会都有相似性，乌拉尔山脉和黑海一线是这些元区域的断层线。直到今天，这些观点也没有经过审慎评价，但是这些名词对于不明所以的读者来说就是一个又一个陷阱。

对于欧亚内陆的描述

欧亚内陆特指一个广阔区域，包括中亚各国以及蒙古等地。将这个辽阔分散的区域连在一起仅仅是基于这样一个假设，即欧亚内陆在地理上接壤，其历史进程具有统一性。20世纪初，英国地理学家哈尔福德·麦金德（Halford Mackinder）指出，将欧亚大陆分为两个主要区域更加适宜。因为其中心地区是极其辽阔平坦的平原——地球上面积最大的平地。欧亚内陆主要由两个古老板块组成，这两个板块于大约3亿年前结合形成一个巨大的山脉，并从此与低矮的乌拉尔山脉分离。在欧亚内陆平原的西部、南部和东部分布着众多次大陆岛屿，地形特征各不相同。这些地方构成我们所称的外欧亚大陆。外欧亚大陆包括欧洲和亚洲西南部、印度次大陆、东南亚和中国。现代欧洲和中国所在的板块在大约2亿年前与西伯利亚板块连成一体。在过去的6000万年里，今印度和非洲所在板块向北移动，与欧亚板块碰撞，形成从阿尔卑斯山至喜马拉雅山一线的山脉。这些山脉成为欧亚内陆和外部的分界线。因此，普遍认为欧亚大陆为一个古老的内陆平原，其周围是一系列沿海区域，地形更加起伏复杂。

958

从大的方面看，欧亚内陆和外欧亚大陆差异极大。不仅在于内陆比外围更加平坦，也因为其与海洋隔绝而更加干旱；只有在北方，极寒气候限制了蒸发和沉淀的过程。在欧亚内陆，只有最西部（今白俄罗斯、乌克兰北部和俄罗斯欧洲部分）、西伯利亚东部沿海的南端以及西伯利亚中部，年平均降水量超过500毫米。而在外欧亚大陆，很少有年平均降雨量低于500毫米的地

方；在许多地区，年平均降雨量超过 1 000 毫米。其原因是欧亚内陆地处北方，光合作用较弱。欧亚内陆的平均气温低于外欧亚大陆。麦金德（1962）曾经指出，欧亚大陆的核心地区一般在 1 月结冰："在严冬季节，从月亮上看去，白茫茫一片，仿佛巨大的白色盾牌遮住中心大陆。"欧亚内陆十分平坦，大部分地区远离海洋湿润气候的影响，其气温变化较外欧亚大陆更加剧烈。其冬夏温差明显，在东部尤为突出，因此，蒙古的气候环境比乌克兰更加恶劣，变化也更加剧烈。

　　地势平坦、气候干燥、纬度靠近北方、大陆性气候，这些特征塑造了欧亚内陆的所有社会，也导致欧亚内陆与外欧亚大陆的历史发展进程迥然不同。地势平坦可以解释为什么这个地区出现的国家位列世界面积最大国家之列，因为这里没有天然屏障阻碍大规模军队调动。恶劣的气候和生态环境可以解释为什么欧亚内陆的人口密度小于外欧亚大陆。这种现象甚至在人类四处游荡的时代（旧石器时代）就已经存在；因为人类在非洲大草原起源，为了能够在欧亚内陆地区生活，必须创造出截然不同的居住和生活方式，发展新型狩猎技术。在过去的 2 000 年时间里，欧亚内陆与外欧亚大陆的人口差距已经从 1∶10 上升到 1∶20，尽管两者的面积几乎相同。正因如此，欧亚内陆人类定居的时间似乎略晚于外欧亚大陆。在新石器时代，由于气候干燥，几千年的时间里该地区农业发展缓慢；只有在今乌克兰部分地区和中亚边境地区，由于具备灌溉农业发展条件，才有所进展。大型农业社会出现在乌克兰的特里波利耶（Tripolye）文化和中亚地区，具有一定规模的城市社会出现在公元前第 3 个千年。在其他地方，农业革命的进程几无二致，以谷物种植为主的农业生产方式占据欧亚内陆大部分地区。可以说，在外欧亚大陆大部分地区农业文明发达、众多主要农业文明形成的时期，欧亚内陆农业在几千年的时间里停滞不前。欧亚内陆新石器时代的技术发展反而体现为游牧的生活方式。

游牧的生活方式

　　农业生活方式以种植植物为主要特征，游牧生活方式的特征则表现为驯养牲畜。游牧生活方式的形成有赖于一系列的发明创造，考古学家安德鲁·谢拉特（Andrew Sherratt）称其为"次级产品革命"。从大约公元前 4000 年开始，人类开始开发新型畜类产品，不仅生产屠宰动物产品（皮、骨和肉），也开始开发二次产品，比如毛、血、奶和牵引畜力——这些是能够保证在牲畜存活的条件下获得的产品。这些技术的应用提高了驯养家畜的使用效率，而围绕着驯养家畜——比如绵羊、牛、山羊、马、骆驼和牦牛——一个完整的生活方式得以建立。游牧生活方式证明，在从匈牙利延伸出来的广袤草原上，有可能建立一种行之有效的生活方式。在几千年的时间里，游牧生活是这个地区的主流生活方式。目前发现的最早的游牧生活证据来自乌克兰东部的斯莱德涅斯多格（Sredny Stog）文化，该文化保留了最早的骑马证据。该文化时期人类仍然保持相对稳定的生活状态。但是在公元前第 3 个千年，游牧生活的部分方式扩散到俄罗斯和乌克兰南部大部分地区，并且影响到今哈萨克斯坦。草原墓葬遗址发现的证据表明，游牧生活方式的流动性日益增强，并且成为一种生态现象，因为放牧大群牲畜的经济生产方式需要在广大区域内流动。公元前 2000 年，游牧生活的部分方式已经扩散到蒙古的西部边境。专门从事欧亚内陆研究的学者尼古拉·迪·科斯莫（Nicola Di Cosmo）指出："保守观点认为，西亚和中亚骑马民族的影响主要集中在公元前第 3 个千年中期和前第 2 个千年早期。"公元前 1 千纪，游牧生活方式终于传播到蒙古地区。可能由于技术进步，这种生活方式表现出新颖的、尚武的

959

欧亚内陆居民使用多种牲畜运输。这幅照片摄于 20 世纪初,骆驼身上驮满货物

特点,如新型马鞍和性能优良的组合弓等的使用。

　　欧亚内陆大草原游牧生活方式对整个地区的历史发展进程产生重大影响,也影响到该地区的历史发展道路。游牧生活无法养活农业文明那样众多的人口,游牧者通常处于流动或半流动状态,因此游牧的生活方式不会创造出欧亚大陆外围地区那样密集的聚落。这个地区的大半部分没有市镇和城市。小规模的、流动的营地取代村落和城市成为草原的主角。因为城市及我们所认定的城市和农耕文明的要素仅在欧亚内陆的部分边缘地区发现,这个地区的历史发展进程与欧亚大陆外围区域迥然不同。对于历史学家来说,最为重要的差别是游牧社会保留的文字记录较少。因为历史学家十分依赖这类记录,所以他们相对比较忽视这些没有文字记录的社会。也因为如此,我们对于这些社会的认识是通过欧亚大陆外围农耕文明的视角,即希腊史学家希罗多德和中国汉代史学家司马迁的部分描述。即使最为公正的欧亚大陆外围区域的史学家也将欧亚内陆视作一个黑洞,这里出来的游牧者骑马抢劫、掠夺“文明”世界的村庄和城市。在世界历史记录中,欧亚内陆居民长久以来被视为“蛮族”,这并不奇怪。

　　部分原因是游牧民族具有流动特征,他们的技能是驾驭大型动物,他们娴熟的骑马技能保证了欧亚内陆社会拥有巨大的军事影响力,而与绝对人数多少并无多大关系。对于中国北方的匈奴人,司马迁有过精彩描述:

> 儿能骑羊,引弓射鸟鼠;少长则射狐兔:用为食。士力能弯弓,尽为甲骑。其俗,宽则随畜田猎禽兽为生业,急则人习战攻以侵伐,其天性也。(Watson 1961)

　　关于游牧社会有限的记载证明,他们通常与周围的农业社会进行交换活动,出售肉、皮、布匹等,获取农产品和手工产品,包括武器。有证

960

骆驼可以很轻易地运输蒙古包——方便携带的木架披毡式房屋——穿越草原。因此，蒙古包成为流浪者和游牧民族的最佳居所

据显示，这些产品交换活动有些是和平的，但是有些是暴力抢劫的。早在公元前 4 千纪，在乌克兰特里波利耶文化边缘地带，就已经有这些活动的证据出现在草原墓地遗存及农业社会日益普及的防御工事遗存中。

欧亚内陆的文化交换

游牧民族流动及热衷交换的天性导致了商品、思想观念、人口和各种影响在欧亚内陆草原迅速扩散，其速度超出想象。游牧民族将游牧生活技术传播到草原边缘地区的中国。他们同时传播着语言。印欧语言在整个欧亚内陆以南地区传播，主要传播者是游牧民族；大约 2 000 年前，突厥语开始向东传播，主要传播者同样是游牧民族。另外，游牧社会也充当了宗教、艺术和技术——比如青铜制造工艺和战车——的传播媒介。欧亚内陆草原不是文明的壁垒；相反，

最晚在公元前第 2 个千年，它已经成为连接整个欧亚大陆历史的纽带，这些地区已经形成一个整体，欧亚大陆内陆和外围已经形成一个水乳交融的整体。

欧亚联系的历史最早可以追溯至公元前 2000 年的奥克苏斯文明（位于今阿富汗、土库曼斯坦和乌兹别克斯坦边境），考古学家在这里既发现了来自草原的商品，也发现了两河流域、印度，甚至中国的商品。欧亚大陆间交换的重要地位在公元前第 1 个千年进一步提高，欧亚大陆外围国家，包括波斯阿契美尼德王朝和中国汉朝，开始尝试征服欧亚内陆，开展丝绸等商品贸易活动，并尝试跨越欧亚大陆。现代名词"丝绸之路"用于描绘穿越欧亚内陆的交换网络，这个网络将整个欧亚大陆的各个地区联系在一起。

欧亚内陆的游牧民族国家

游牧社会的军事实力意味着其具有侵略性，能够迅速集结组成强大的军事联盟以与欧亚大陆外围强国抗衡。这个联盟的军事力量最早被农耕世界知晓，源自游牧民族军队打败并击毙阿契美尼德帝国的缔造者居鲁士二世（前 558—前 529 年在位），而希罗多德对于居鲁士的继承者大流士一世（前 522—前 486 年在位）在黑海草原发动的失败的战役也有详细记载。公元前 2 世纪，一位游牧民族首领第一次尝试组成

游牧民族联盟,这个联盟存在时间很长,历史学家普遍称之为国家或帝国。这就是冒顿(前209—前174年在位)在今天的蒙古创建的匈奴帝国。

欧亚内陆游牧民族国家与欧亚大陆外围的农耕国家和城市国家差别极大。其人力和物力资源十分有限,只能通过抢劫、强制纳贡、征税及贸易等手段从周围农业社会攫取资源,并在地区首领间进行再分配。托马斯·巴菲尔德(Thomas Barfield)和尼古拉·迪·科斯莫曾经指出,游牧民族帝国长久存在的秘诀在于其如何完成这项任务。物质和文化资源的流动规模越大,国家就越强大;比如6世纪的突厥帝国和13世纪的成吉思汗帝国,它们崛起的基础是掠夺强大的农业国家的资源,比如中国中原政权和波斯。这也是主要的游牧民族国家沿欧亚大陆内陆和外围边缘地带兴起的原因;也因此,许多强大的游牧民族领袖,比如12世纪的塞尔柱人和16世纪的莫卧儿人,跨境在欧亚大陆外围附近区域建立了王朝。

欧亚内陆的农业

欧亚内陆游牧生活方式最为重要的贡献是,在欧亚内陆及其外围区域创造出了复杂的共生关系,并且持续了几千年。但是在过去1000年里,欧亚内陆游牧生活方式占据的统治地位遭到来自西方的农业社会的严峻挑战。公元第1个千年中期,大批来自东欧的农民开始在乌拉尔山脉以西定居,这个区域今天属于白俄罗斯、乌克兰及俄罗斯西部。农民在远离这个地区几千年后又选择在这里定居的原因尚不清楚,可能与黑麦种植以及金属工具日益普及有关;这些进步有助于农业生产适应欧亚内陆西部恶劣的气候环境。哈扎尔人(Khazar,7—10世纪兴起)等草原统治者开始从这些社会榨取资源;维京武士在这里创建了第一个稳定的农业国家,组成城市国家联盟,由维京人领袖统治,时间大约在10世纪。

农业在欧亚内陆出现后,日益成为正在兴起的国家的主要支柱,成为人口和经济的基础,而这是游牧社会无法企及的。农业不仅造就了罗斯和立陶宛国家,也支撑着蒙古帝国的残余势力,比如金帐汗国(13—15世纪)。莫斯科公国建立后控制了欧亚内陆西部的大部分地区;在之后的几个世纪里,这个国家逐步控制了西伯利亚森林地区,成为世界上面积最大的农耕国家。农业人口日益增加,农业国家绝对的人口数量保证了它们在与周边游牧社会对抗时占据优势,并持续了几代人。这就是为什么莫斯科公国和沙皇俄国也开始觊觎欧亚内陆草原。19世纪末,沙皇俄国已经征服了草原大部分地区以及整个中亚。与此同时,中国清朝军队已经征服新疆,它战胜了最后一个游牧民族大帝国,即准噶尔,并控制了蒙古大部。游牧生活方式的统治地位丧失,欧亚内陆与欧亚大陆外围一样处于农业国家统治之下。

但是,欧亚内陆独特的地理位置也在该地区如今占据统治地位的农业国家留下印记。欧亚内陆恶劣的生态环境导致农业生产比较艰难,很难达到欧亚大陆外围地区的农业产量。因此,欧亚内陆的农业国家热衷于运输资源,而这意味着这些国家的领袖必须十分强势、专制。与此同时,平坦的草原也将农业国家和游牧国家置于冲突的前线,迫使它们高度重视武器资源。但是这也让它们有可能建立大型国家,因为地理条件导致天然屏障薄弱,无力抵御强大国家的扩张。这可以解释莫斯科公国和沙皇俄国的历史为什么被认为是缓慢占领欧亚内陆的历史。最后,以欧亚内陆相对恶劣的生态地区为主要领土的俄罗斯国家具有流动传统,这可能也可以解释苏维埃执政时期的经济社会与西方资本主义社会迥然不同的原因。苏维埃国家与莫斯科公国和沙皇俄国一样,有能力控制大规模

962

资源的流动。从这个角度看，欧亚内陆独特的 天的历史。

地理环境造就了该地区从狩猎-采集时代直到今

进一步阅读书目：

Anthony, D. W. (2007). *The Horse, the Wheel, and Language: How Bronze Age Riders from the Eurasian Steppes Shaped the Modern World*. Princeton and Oxford: Princeton University Press.

Barfield, T. J. (1989). *The Perilous Frontier: Nomadic Empires and China*. Oxford, U. K.: Blackwell.

Barfield, T. J. (1993). *The Nomadic Alternative*. Englewood Cliffs, NJ: Prentice-Hall.

Chernykh, E. N. (1992). *Ancient Metallurgy in the USSR: The Early Metal Age*. Cambridge, U. K.: Cambridge University Press.

Christian, D. (1994). Inner Eurasia as a Unit of World History. *Journal of World History, 5*(2), 173 - 211.

Christian, D. (1998). *A History of Russia, Central Asia and Mongolia: Vol. 1. Inner Eurasia from Prehistory to the Mongol Empire* (The Blackwell History of the World No. 2). Oxford, U. K.: Blackwell.

Christian, D. (2000). Silk Roads or Steppe Roads? The Silk Roads in World History. *Journal of World History, 11*(1), 1 - 26.

Di Cosmo, N. (1999). New Directions in Inner Asian History: A Review Article. *Journal of the Economic and Social History of the Orient, 42*(2), 247 - 263.

Di Cosmo, N. (1999). State Formation and Periodization in Inner Asian History. *Journal of World History, 10*(1), 1 - 40.

Di Cosmo, N. (2001). *Ancient China and Its Enemies: The Rise of Nomadic Power in East Asian History*. Cambridge, U. K.: Cambridge University Press.

Frachetti, Michael (2009). *Pastoral Landscapes and Social Interaction in Bronze Age Eurasia*. Berkeley, Los Angeles, and London: University of California Press.

Frank, A. G., & Gills, B. K. (Eds.) (1992). *The World System: From Five Hundred Years to Five Thousand*. London: Routledge.

Golden, P. B. (1992). *An Introduction to the History of the Turkic Peoples*. Wiesbaden, Germany: Harrassowitz.

Goldschmidt, W. (1979). A General Model for Pastoral Social Systems. In L'équipe Ecologie et Anthropologie des Sociétés Pastorales (Ed.), *Pastoral Production and Society* (pp. 15 - 27). Cambridge, U. K.: Cambridge University Press.

Hiebert, F. T. (1994). *Origins of the Bronze Age Oasis Civilization in Central Asia*. Cambridge, MA: Peabody Museum.

Khazanov, A. M. (1994). *Nomads and the Outside World* (2nd ed.). Madison: University of Wisconsin Press.

Lewis, M. W., & Wigen, K. E. (1997). *The Myth of Continents: A Critique of Metageography*. Berkeley and Los Angeles: University of California Press.

Mackinder, H. J. (1904). The Geographical Pivot of History. *Geographical Journal, 23*, 421 - 437.

Mackinder, H. J. (1962). *Democratic Ideals and Reality* (A. J. Pearce, Ed.). New York: Norton.

Mallory, J. P. (1989). *In Search of the Indo-Europeans*. London: Thames & Hudson.

Sherratt, A. (1981). Plough and Pastoralism: Aspects of the Secondary Products Revolution. In I. Hodder, G. Isaac, & N. Hammond (Eds.), *Patterns of the Past* (pp. 261 - 305). Cambridge, U. K.: Cambridge University Press.

Sherratt, A. (1997). *Economy and Society in Prehistoric Europe*. Princeton, NJ: Princeton University Press.

Sinor, D. (1970). Central Eurasia. In D. Sinor (Ed.), *Orientalism and History* (2nd ed., pp. 93 - 119). Bloomington: Indiana University Press.

Sinor, D. (1990). *The Cambridge History of Early Inner Asia*. Cambridge, U. K.: Cambridge University Press.

Taagepera, R. (1988). An Overview of the Growth of the Russian Empire. In M. Rywkin (Ed.), *Russian Colonial Expansion to 1917* (pp. 1 - 7). London: Mansell Publishing.

Watson, B. (Trans.). (1961). *Records of the Grand Historian of China*. New York: Columbia University Press.

大卫·克里斯蒂安(David Christian) 文

刘健 译, 刘健、王超华 校

Eurocentrism　欧洲中心主义

964

简单地说,欧洲中心主义就是将欧洲视为"宇宙中心"。它用西方人的价值观解释整个世界——更确切地说应该是西方中心主义,因为该观念将欧洲与北美和澳大利亚文化视为一体。尽管它已经存在几百年且程度不一,但是在 20 世纪,这种观念通过物质和经济强权得到加强,对整个世界的影响继续扩大。

作家尼尔·阿舍尔松(Neal Ascherson)指出,"在黑海沿岸曾经诞生了一对被称为'文明'和'野蛮'的连体双胞胎"(1995)。他对于这对双胞胎的认识显然十分尖锐,并且具有普遍性,只是大家对于黑海这个原点仍有疑问。文明和野蛮这对双胞胎可能在不同时间、不同地点的人群中多次诞生、再生。另外,中心主义一直都存在——希腊中心、伊斯兰中心、中国中心、欧洲中心、美国中心、西方中心等等,每个中心都将其他民族归为野蛮民族。欧洲中心主义(确切地说是西方中心主义,因为欧洲中心主义所包含的地理范围十分分散,包括北美、澳大利亚和欧洲)的特殊之处在于,在 19 世纪或更早时它已经成为强权的代名词,它已经习惯于在整个世界合法地扩张和维持它的统治权。

1978 年,文学批评家爱德华·萨义德谴责"东方主义"概念——西方人对伊斯兰世界的定义——是误读的大杂烩,这个观点的特殊之处仅在于他以非西方人自居。事实上,东方主义的初衷并非定义"东方"的特征,也并非界定"西方"与"非西方"的区分。1993 年,学者塞缪尔·亨廷顿在发表于《外交季刊》的题为《文明的冲突》论文中提出了"西方"和"非西方"的界限。新闻界迅速接受这个西方与中国和伊斯兰等文明存在冲突的理论;他们甚至用之解释 2001 年 9 月 11 日恐怖袭击之后的一系列国际事件。但是,国际关系和世界经济研究者格诺特·克勒(Gernot Köhler)指出,东方主义以及文明冲突理论的思考前提是全球范围的种族隔离思想,

前者是后者的观念部分,如同"白人负担"观念是欧洲殖民主义和帝国主义的观念内容一样。

似乎 20 世纪下半叶的去殖民化运动并没有让这些观念消失在历史尘埃中。与此同时,英国前首相托尼·布莱尔和美国前总统乔治·布什仍然反复重申他们在保卫文明(不言而喻,他们说的是西方文明)免受外人侵略。他们的方式方法颇受诟病,比如布什的先发制人战争说;而且这种观点也对文明精髓构成威胁,导致了国际法和国际组织禁止的人类自相残杀。

欧洲中心主义的历史沿革

欧洲中心主义在当前人类社会、社会科学,965 甚至自然科学领域影响巨大,但是从前并不这样。1911 年版《牛津现代英语词典》中将"orient"一词解释为:"东方;有光泽的、光辉夺目的、珍贵的;光辉灿烂的、正在升起的、新生的;地点或基本确定的位置、确定或寻找生灵;建立明确的可理解的关系;指明方向;确定某人与他人的方位关系。"但是,1980 年版《美国牛津词典》仅简单地解释为"东方;地中海以东国家,特别是东亚国家"。"东方"一词的赞誉和榜样含义转化为诽谤、避讳含义。但一些欧洲大家,比如哲学家勒内·笛卡儿、作家伏尔泰和经济学家亚当·斯密仍然坚持原来的解释。

法国知识分子孟德斯鸠是对东方持否定态度的先驱;这个观念伴随欧洲工业和殖民主义产生,在 19 世纪中叶之后发展,其中包括辩证思

欧洲由历史创造,美国由哲学创造。

——玛格丽特·撒切尔(1925—2014)

维大家黑格尔和卡尔·马克思。他们对于欧洲中心主义的总体观念首先引起世界观发生变化。他们开始在人文与社会科学领域确立区分具有进取心的"我们"和传统的"他们"的观念,这个区分延续至今。西方史学理论——甚至"世界"历史——已经完全地欧洲中心化,遵循单一的从"东方"至西欧和美洲的西方化路线。持这种观念的著作包括利奥波德·冯·兰克(Leopold von Ranke,1795—1886)未完成的《世界历史》(整体史);阿诺德·汤因比的12卷本《历史研究》(1934—1961),讲述21个"文明"的兴衰以及其他5个文明"被胁迫发展"的历史;另外还有威廉·麦克尼尔1963年出版的《西方的兴起》。科学史研究也没有摆脱以西方为中心的窠臼,17世纪欧洲科技革命被认为是欧洲科技和工业革命的基础,而对于世界其他地区的科技革新及贡献则一笔带过。

社会学和人类学领域的欧洲中心主义

19世纪50年代开始,西方与其他世界的两极分化以及吹捧西方事物的风俗成为所有西方社会理论的主题。19世纪法国"社会学之父"奥古斯特·孔德(Auguste Compte,1798—1857)和英国法律学者亨利·梅因(Henry Maine,1822—1888)区分了欧洲"科学"与"契约",以取代所谓的古老"传统"。法国社会学家爱弥儿·涂尔干(Émile Durkheim,1858—1917)区分社会组织的"组织"和"机制";德国社会学家费迪南·滕尼斯(Ferdinand Tönnies,1855—1936)强调从传统的"社会团体"向现代"社会"的转变。20世纪,社会学家和经济学家马克斯·韦伯认为西方社会成功的根本原因是欧洲人的理性,并在《新教伦理与资本主义精神》(The Protestant Ethic and the Spirit of Capitalism,1904—1905)一书中进行了阐述。冷战期间,在美国普及韦伯观点的社会学家塔尔科特·帕森斯(Talcott Parsons)区分了西方"普遍性"社会方式与其他文化的"特殊性"社会方式,人类学家罗伯特·雷德菲尔德(Robert Redfield)发现传统的"乡村"社会和现代"城市"社会之间有差别和转换,并且存在"低级"与"高级"文明共生现象。在上述理论中,西方是现代的、富有进取心的、"好"的一极,而其他的都是"东方的",故而巴勒斯坦裔美国人爱德华·萨义德指责其为"非西方"的大杂烩。战后社会科学和经济学研究推崇现代化理论,它区分西方现代化与其他文化和地区的传统。经济学家罗斯托(W. W. Rostow)的《经济增长过程》(Stages of Economic Growth,1959)是研究现代化理论的代表作,它仍然遵循了以欧洲为中心的从传统到后工业社会转变的道路。直到1998年,大卫·兰德斯(David Landes)的畅销书《国富国穷》(The Wealth and Poverty of Nations)仍然强调欧洲文化的独特性。

966

21世纪的欧洲中心主义

当前,欧洲中心主义的批判者坚信,它将导致成功的、自由的西方去教诲其他世界"用自己的道德准则提升自己";此举在西方拥护者看来,是将西方财富转移到其他贫穷地区的途径。尖锐的欧洲中心主义批评者则认为这个观念自相矛盾。如果某种观念能够"自我调整",如欧洲中心主义者所称的,那么所谓的西方人的善行将拯救世界的理论从何而来?批评者认为,欧洲中心主义的致命缺点在2001年9月11日之后再添新病,乔治·布什和托尼·布莱尔的宣传机器不知疲倦地宣传"挽救西方文明"。支持这种宣传的媒体鼓吹亨廷顿所谓的"西方与其他世界"——特指伊斯兰国家和中国——的文明冲突理论。

进一步阅读书目:

Amin, S., & Moore, R. (1990). *Eurocentrism*. New York: Monthly Review Press.

Ascherson, N. (1995). *Black Sea*. London: Cape.

Goody, J. (1996). *The East in the West*. Cambridge, U.K.: Cambridge University Press.

Huntington, S. (1993). Clash of Civilizations. *Foreign Affairs*, 72(3), 22 – 28.

Jones, E. (1981). *The European Miracle: Environments, Economies and Geopolitics in the History of Europe and Asia*. Cambridge, U.K.: Cambridge University Press.

Landes, D. (1998). *The Wealth and Poverty of Nations: Why Some are so Rich and Others so Poor*. New York: W. W. Norton.

McNeill, W. (1963). *Rise of the West: A History of the Human Community*. Chicago: University of Chicago Press.

Rostow, W. W. (1961). *Stages of Economic Growth: A Non-Communist Manifesto*. Cambridge, U.K.: Cambridge University Press.

Said, E. (1978). *Orientalism*. New York: Pantheon Books.

Toynbee, A. (1934 – 1961). *A Study of History*. London: Oxford University Press.

安德烈·贡德·弗兰克(Andre Gunder Frank) 文

刘健 译,刘健、王超华 校

Europe 欧洲

967 　　欧洲这个名词已经存在若干世纪,它的历史发展中有战争,有帝国,也有与不同民族和文化的碰撞,有的疏远,有的亲近。今天,欧洲是一个大陆的称谓,但是在 16 世纪之前,欧洲大陆的观念并未出现。那时欧洲并没有明确的疆界,这个名词主要用于区分其他地区,而并非地理名词。

　　"欧洲"一词现在用于表达地理界限、内部结构和联系,以及与世界其他地区的联系,但是在此之前,欧洲在相当长的时间里只是一个观念。欧洲大陆观念可以表达自然秩序,但是大陆的概念出现相对较晚,16 世纪才出现。欧洲在具有确切的地理位置含义前,是一个神话中的概念。这个名词来自希腊神话欧罗巴的故事。在这个故事中,腓尼基国王的女儿欧罗巴被希腊神宙斯挟持并强奸。他将她从地中海亚洲沿岸的家乡带到克里特岛,她在那里生育了 3 个儿子,创造了米诺斯文明。欧罗巴是希腊人的母亲,后来成为欧洲的母亲。这是一个影响力巨大的起源神话。但是,那时的欧洲并非今

天的地理空间。它最初仅指爱琴海沿岸,之后逐步向北部和西部内陆扩展,包含今巴尔干地区。

　　希腊人用其他女性人物,比如亚细亚和阿非利加,指称其东方和南方地区,因此创造出三分世界;他们认为这 3 个地区是一个岛屿(寰宇 Orbis Terrarum);周围是一条不可逾越的河流,他们称为海洋。欧罗巴、亚细亚和阿非利加最初并不是分隔的大陆,而是一块大陆的不同组成部分。犹太-基督教神话中挪亚的 3 个儿子的故事,也反映了地球岛屿由 3 个部分组成的观念,3 个儿子分别继承其中一个部分,闪获得亚细亚,含获得阿非利加,雅弗拥有欧罗巴。只是在哥伦布发现新大陆并以另外一个女性阿美利加命名

提香的《欧罗巴的梦魇》(*The Rape of Europa*，1559—1562)。油画。伊莎贝拉·加德纳·史都华博物馆(Isabella Gardener Stewart Museum)

威根以及历史学家凯伦·刘易斯等近来提出"大洲神话"有助于理解作为整体的世界，具有合理性。但是我们并不希望在不久的将来大洲概念消失。"欧洲"一词仍然具有重要意义，只是其内容和含义在几百年的时间里已经发生多次变化。

古代和中世纪概念

在希腊人眼中，欧洲是一个十分模糊的地理概念；希腊人认为欧洲是其北方和西方邻近的地区，两地气候条件相同，因此其居民也同样拥有先进的、自我管理的气质。希腊人热衷于将自己的自由与他们所认定的主要敌人，即波斯人的专制主义进行比较。他们认为更加遥远的北方寒冷且野蛮，南方则过于炎热，都不适宜居住。

之后，大陆概念才形成。古老的世界概念已经过时，海洋的概念也是如此。环绕的河流观念，转变为大海环绕新大陆观念。

今天，欧洲是七大洲之一，尽管大洲之间并没有严格的地理界限。欧洲并非被水环绕，也缺乏明确的自然界限与亚洲区分。从一开始，欧洲的含义就不断变化，表示不同地方，面积时大时小，因解释者的意志而改变。历史学家休·西顿-沃森(Hugh Seton-Watson)说："'欧洲'一词曾经被使用、被误用、被解释、被误读，在各种语言中也拥有不同含义。欧洲有很多……"(Wilson and van der Dussen 1993)

从这个角度看，欧洲是孤独的。多数大洲都具有神话含义、地理含义，其外部界限很少能够得到证明，其内部界限可能较大，包括它们与其他大陆之间的区域。欧罗巴、阿非利加、阿美利加非常适宜表达含义，但是对解释确实的人口、经济和文化疆界则无益。地理学家马丁·

欧洲观念不断变化的原因在于，它并非由一个国家、民族或一种文化创造的名词。与阿美利加和澳大利亚相同，欧洲由外人命名，这正是这个名词充满不确定性的原因之一。居住于古代希腊人所称欧洲的居民并不自认为是欧洲人，生活在亚洲的居民也不自认为是亚洲人或从前生活在这里的其他民族。希腊人也不首先承认自己是欧洲人，因为他们属于特定的城邦。他们首先是雅典人、斯巴达人，之后才是希腊人，而很少是欧洲人。他们和罗马人——另外一个城市民族，对于城市之间的领土没有特别称

2004 年 11 月 13 日欧洲航拍图。"欧洲"最初指爱琴海沿岸，之后逐渐向其北方和西方内陆地区扩展，包含今巴尔干地区。美国国家航空航天局(NASA)

谓——从来没有用欧洲人称呼自己。在罗马帝国扩张的鼎盛时期，帝国的欧洲、亚洲和非洲部分在罗马人看来就是全世界。罗马是一种语言、一个法律体系和一种文化，并非特定的领土国家。罗马人认为"罗马"这个名词具有普世意义，313 年罗马皇帝宣布基督教为国教后，这个观念继续强化。一个世界性帝国加上一个世界性宗教，并没有给独立的欧洲人认同观念留下任何空间。

现在想来，只有在罗马帝国衰落后，欧洲这个概念才脱离地中海沿岸内陆地区的范围。但是这个新兴的欧洲概念的确定过程十分缓慢，因为帝国灭亡了，但是普世宗教的教会还在。欧洲仍然是一个比基督教国家略大的概念，之后的几百年间，它包括了亚洲和非洲的部分地区以及欧洲。在中世纪时期，世界由地球岛屿及周围不可逾越的河流组成的古老观念确立。亚洲仍然是基督教国家的起源地，中世纪欧洲人仍然在精神上和物质上依赖东方，他们称之为"Orient"。在中世纪世界地图上，耶路撒冷是世界的中心。随着丝绸之路的开通，亚洲成为极度富裕之地；非洲也是欧洲人向往的地方，因为那里盛产黄金和其他奢侈品。欧洲仍然是穷乡僻壤。

在中世纪，欧洲是一个地理名词，不是政治统一体，不是宗教中心，也没有明确的独特文明。对中世纪欧洲可以有任何认识，但欧洲中心观念除外。在世界地图上，欧洲面积最小。欧洲人自认为它是亚洲的西部半岛。中世纪阿拉伯地图的描述亦无二致；在这个时期强大的伊斯兰文明眼中，欧洲实在太微不足道了。自认为世界中心的中国人对于欧洲没有任何概念，直到 16 世纪晚期欧洲耶稣会士才将欧洲概念介绍给中国人。但直到此时，他们仍然将欧洲置于世界的边缘，这也是这个时期很多欧洲人的认识。

维京人除外，他们占据的地方是不靠近海洋的欧洲部分。他们不重视海洋，他们在精神上

971

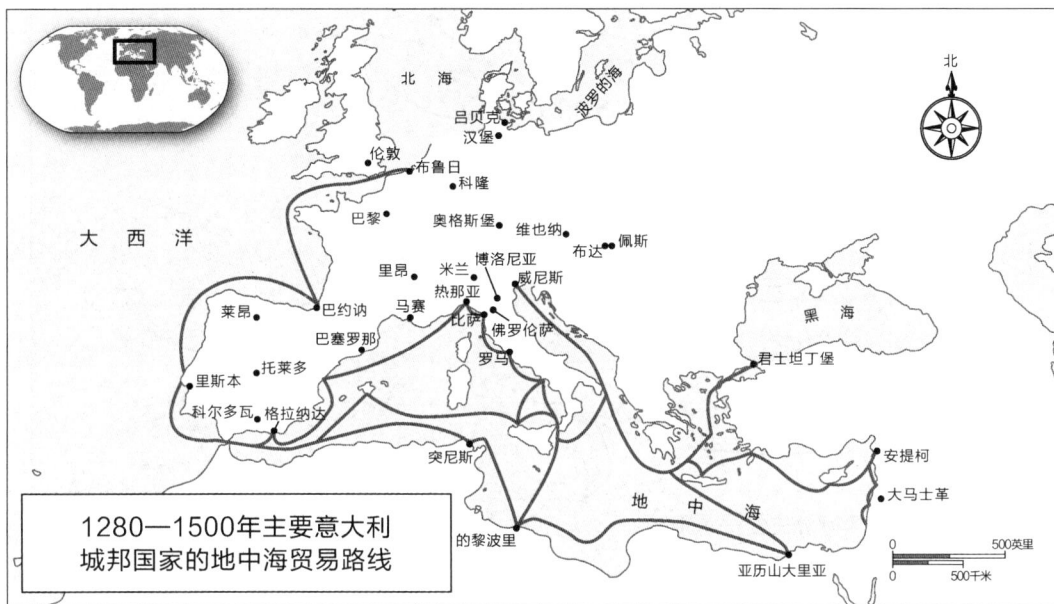

1280—1500年主要意大利城邦国家的地中海贸易路线

和经济上都青睐东方。15世纪,突厥人阻断了通往东方的陆路交通,欧洲人开始加紧开发非洲。最终,他们转向西方跨越大西洋。只有到这个时候,他们开始自认为是欧洲人。只有当英格兰人、弗兰芒人和热那亚人在海外相遇时,他们才开始使用"我们欧洲人"这一名词,这是1620年弗朗西斯·培根的说法。16世纪,海上帝国确立,欧洲人改变了自己的视角,开始仰视西方。只是在这个时期,他们才开始从新的视角看待历史。兴起于亚洲并于公元初在非洲发展成熟的基督教,开始成为欧洲人的信仰。之后,欧洲不再从属于基督教王国,欧洲人开始阐释这一概念。16至17世纪,欧洲不再是一个地理概念,它开始拥有自己的边界,成为一个核心区域。欧洲开始与亚洲和非洲部分的基督教王国区隔。尽管地理大发现后欧洲的面积缩减,但是其地理面积更加完整;而且,欧洲已经成为一个地方,成为独立的历史参与者。

作为大洲的欧洲

欧洲成为大洲的观念源自16世纪,但是当地人接受这个观念并以欧洲人称呼自己则颇费周折。与基督教王国有所区分的世俗欧洲观念首先在精英阶层中兴起。这部分出于外交制衡的需要,其目标是应对17世纪的宗教战争,该战争以1648年《威斯特伐利亚和约》的签署为结束标志。这个观念的前提是承认内部差异,认为欧洲是由相互竞争的领土国家组成的统一体——这是威斯特伐利亚国家体系的源头,是将欧洲与世界其他地区分割的第一步。"欧洲性"观念的形成历时更长,并且缓慢地影响到社会下层,他们的地方认同观念逐渐转换为民族国家观念,欧洲人的认同观念耗时更长。

但是在欧洲成为地理学上的一个大陆之前,它已经是一个文明的称谓,其文明边界已经向西方扩展。前近代欧洲的海外扩张活动是在美洲创建新世界,这个运动被称为"新欧洲"运动。欧洲殖民者的家乡认同观念十分强烈,因此,18世纪时,欧洲的范围几乎已经跨越大西洋。爱尔兰人的征服活动是英帝国形成的前兆,这是不列颠人心目中连接大西洋的大不列颠的雏形。16世纪早期开始,西班牙人开始在美洲建立殖民地;法兰西和英格兰于17世纪早期开

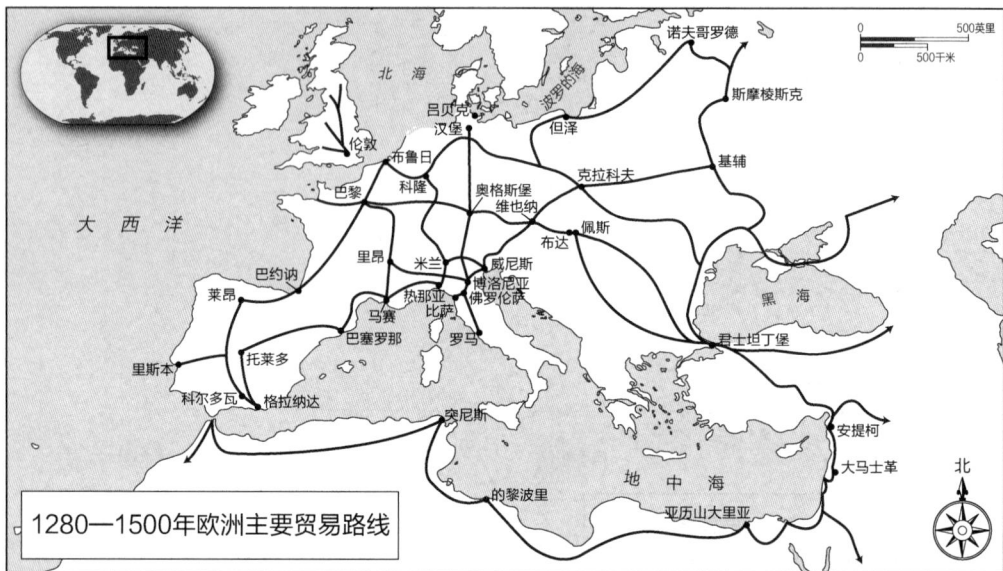

1280—1500年欧洲主要贸易路线

始建立殖民地。18 世纪晚期,殖民地爆发广泛的起义,泛大西洋的欧洲观念在政治上走到尽头,但是欧洲文化的烙印仍然十分明显,与罗马文化相同,它也提倡普世性的、超越地理界限的文化。

18 世纪 50 年代,欧洲"文明"概念由法国政治家米拉波伯爵(Count Mirabeau)提出。欧洲第一次抛弃了自身文明逊于亚洲,特别是中国的传统观念。在欧洲人看来,他们的文化成为普世标准,全世界都应对其顶礼膜拜。欧洲文明观念最初只是价值观、科学技术和生活方式的松散组合——这是启蒙运动的核心内容。19世纪时,欧洲文明观念已经成为人类进步的自然法则,不可阻挡地从欧洲传播到美洲,之后向全世界扩散。

19 世纪,欧洲的区域界线更加明晰,西部成为核心区域。拿破仑推行的大洲政治和经济一体化的政策失败,工业和民主革命在西欧迅速兴起,新兴民族国家内部经济实力壮大。西欧的民族和地区差异与东部和南部欧洲相比日益明显。沙皇俄国此时成为欧洲的"东方窗口"。19 世纪后期新帝国主义时期,欧洲人的欧洲性意识在遭遇非欧洲人时更加强化,证明"欧洲不

仅仅在海外扩张,它也在扩张中造就了自己"(Asad 2002)。欧洲人类学和民族学研究成果为欧洲人的优越感提供了科学依据。历史进步观将全部社会置于从野蛮到文明发展的各个阶段,并强调欧洲人引领前进的脚步。

18 世纪,欧洲成为地理名词,19 世纪,欧洲成为历史名词。法国大革命是与过去决裂的时刻,它提出历史记录诉求,欧洲人认识到他们拥有源头。政治保守主义者设想中世纪为独一无二的欧洲文明的确立奠定了基础,激进主义者则以希腊民主作为文明的源流。事实上,古代希腊人也好,中世纪基督徒也罢,无论他们如何重构自己,最早的欧洲人对此并无多大贡献。尽管这两种看法都具有时代定位错误,扭曲了历史,但是在学校教学中,这两个阶段都是欧洲历史的起点,是具有深远影响力的起源神话。欧洲(和世界)的历史研究日益强调其独立性,强调其高于世界其他地区、文化和宗教的地位。

20 世纪,两次世界大战后,欧洲高贵论信念有所动摇,但是人类发展的普世道路观念仍然存在。现代化概念——这个概念在美国的使用频率高过欧洲——代替文明概念成为比较研究中的主题词。尽管这个概念明显青睐西方的旨

972

趣和价值观,但是现代化观念仍然具有普世特征,没有地理藩篱。今天,全球化成为最热门词语,描绘将改变整个世界的一个不可阻挡的进程,它抹杀了地理界限和文化差异。它不仅是欧洲文化普世观念的最新表述方式,也是新欧洲——美国的财富和权力的堡垒。

当代欧洲

关于欧洲有多种阐释,今天我们又发现了一种。一体化画面正在我们眼前展开,开始成为西欧民族国家在对抗苏联及其盟友时解释自己的利器。东西方之间的冷战成为强有力的一体化因素,但是1989年开始东欧社会主义国家解体,欧洲已经没有一个"他者"作为参照物以阐释其边界。现在,前社会主义国家开始加入欧洲联盟,欧洲的边界再次扩展。如果土耳其成为欧洲联盟成员,那么古老的欧亚界限也将成为过去,西方自由与东方专制之间的绝对差别也将被重新阐释。

这也是地理学家和历史学家重新界定大洲概念的时期。从此以后,欧洲的自然疆界含义将更加模糊,对于这个名词的解释将更多地关注其与世界其他地区的联系,而非其内部特征。对于欧洲人来说,从希腊人接受欧罗巴神话而用之区分自己与波斯人开始,欧洲就已经是世界历史不可分割的组成部分。

因此,在这个全球互动日益紧密的时期,在这个以各种联系连接全世界的认同观念形成并重塑的时代,我们认识到,欧洲观念从一开始就是相对的、偶然的。交通与交流技术的高速发展已经导致地理疆界名存实亡,而它也会造成差异观念消失。事实上,全球化进程加速了内部与外部差别形成及制度化的进程。这些差别不太可能是民族差别,更多的是地区的或次区域的差别。尽管欧洲人以欧洲联盟的形式组成了一个规模较大的政治和经济统一体,但是欧洲人似乎创造出了一种新的地方化趋势,强调其本土语言、文化和传统。今天,典型的欧洲人拥有多个身份,地方、地区、民族国家、大洲,有些情况下是整个世界的。这些往往造成紧张局势,甚至引起冲突,比如巴尔干半岛局势以及前南斯拉夫爆发的危机。

应该废除欧洲概念吗?我们可能希望远离欧洲中心的历史,远离拥有确定边界的、唯一原点的同质欧洲的历史,但是我们不能忽视欧洲思想,它不仅在欧洲历史中占据主导地位,也在所有与欧洲人有过交往的民族历史中占据重要地位。欧洲不再拥有强加文明要素给世界的能力,但是欧洲影响仍然无处不在。欧洲观念与亚洲、非洲和美洲同样具有影响力的象征性观念一样,都是认识世界的根本。世界历史不能以欧洲为中心,但是如果无视欧洲思想,也将面临众多风险,因为欧洲思想无论好坏都已经存在了几百年,并一直与世界其他地区保持联系。

进一步阅读书目:

Asad, T. (2002). Muslims and European Identity: Can Europe Represent Islam? In A. Pagden (Ed.), *The Idea of Europe: From Antiquity to the European Union* (pp. 209 – 227). Cambridge, U.K.: Cambridge University Press.

Bernal, M. (1987). *Black Athena: The Afroasiatic Roots of Classical Civilization* (2 vols.). London: Free Association Books.

Bowden, B. (2009). *The Empire of Civilization: The Evolution of an Imperial Idea.* Chicago: University of Chicago Press.

Bussiere, E., Dumoulin, M., & Trausch, G. (Eds.). (2001). *Europa: The European Idea and Identity, from Ancient Greece to the 21st Century.* Antwerp, Belgium: Mecatafords.

Crosby, A. W. (1986). *Ecological Imperialism: The Biological Experience of Europe, 900 - 1900*. New York: Cambridge University Press.

Delanty, G. (1995). *Inventing Europe: Idea, Identity, Reality*. New York: St. Martin's Press.

Elliott, J. H. (1970). *The Old World and the New, 1492 - 1650*. Cambridge, U. K.: Cambridge University Press.

Fernandez-Armesto, F. (2001). *Civilizations: Culture, Ambition, and the Transformation of Nature*. New York: Free Press.

Hay, D. (1968). *Europe: The Emergence of an Idea*. Edinburgh, U. K.: University of Edinburgh Press.

Harley, J. B., & Woodward, D. (Eds.). (1987 - 1998). *The History of Cartography* (Vols. 1 - 3). Chicago: University of Chicago Press.

Hobson, J. M. (2004). *The Eastern Origins of Western Civilisation*. Cambridge, U. K.: Cambridge University Press, 2004.

Judt, T. (2005). *Postwar: A History of Europe since 1945*. New York: Penguin.

Lambropoulas, V. (1993). *The Rise of Eurocentrism*. Princeton, NJ: Princeton University Press.

McNeill, W. H. (1974). *The Shape of European History*. New York: Oxford University Press.

O'Gorman, E. (1961). *The Invention of America*. Bloomington: Indiana University Press.

Oxford English Dictionary. (1989). Oxford, U. K.: Clarendon Press.

Pagden, A. (Ed.). (2002). *The Idea of Europe: From Antiquity to the European Union*. Cambridge, U. K.: Cambridge University Press.

Wigen, K., & Lewis, M. W. (1997). *The Myth of Continents: A Critique of Metageography*. Berkeley and Los Angeles: University of California Press.

Williams, R. (1976). *Civilization. Keywords: A Vocabulary of Culture and Society*. New York: Oxford University Press.

Wilson, K., & van der Dussen, J. (Eds.). (1993). *The History of the Idea of Europe*. London: Open University.

Wolf, E. (1982). *Europe and the People without History*. Berkeley and Los Angeles: University of California Press.

约翰·吉利斯(John Gillis) 文

刘健 译,刘健、王超华 校

Europe，Eastern 东欧

975　　历史学家很难界定东欧,难点在于它究竟是欧洲的一个基本组成部分,还是亚洲的西部边界。其宗教、经济和文化特征显示这些国家似乎不太像"欧洲"。有专家认为东欧需要至少 40 年才能达到欧洲其他国家的经济水平。

东欧曾经被认为是欧洲的中心和欧洲的近郊——欧洲的交通枢纽和西方文明的边境。关于东欧概念的讨论——是欧洲的内在组成部分,还是亚洲的西部边界——说明这个地区的历史地位在不断变化;这是一个各种宗教、帝国、经济领域和文化疆域交织与冲突的地区。有学者认为"东欧"一词是冷战分割欧洲的结果。另外还有其他概念值得注意。"中欧"这个名词象征着这个地区曾经对欧洲发展做出重要贡献,它覆盖东欧的全部或部分地区(通常指波兰、捷克共和国、斯洛伐克和匈牙利);巴尔干欧洲具有落后和种族冲突的含义;东南欧指多瑙河以南地区。在这些概念中我们观察到这个地区的矛盾特征,它是民主的、资本主义的欧洲的

内在组成部分吗？它是一个与其西部邻国相对的"非欧洲"吗？——体现在文化、经济和政治领域。

东欧包含 19 个后社会主义国家,分布在俄罗斯联邦与德国和意大利之间(包括 6 个前苏联加盟共和国和 7 个前南斯拉夫国家),拥有 1.93 亿人口,民族和语言集团超过 30 个。语言、文化以及宗教的差异是这个地区的首要特征,对地区历史既产生积极影响,也造成破坏性后果,比如 20 世纪 90 年代的一系列战争。

地理和人口特征

东欧没有明确的地理界线。北欧平原从法国北部延伸到波兰、波罗的海岛屿和白俄罗斯,与欧亚草原接壤。崎岖的山脉——从阿尔卑斯山脉经德国南部和捷克领土至喀尔巴阡山脉——分隔了北欧和匈牙利平原。多瑙河以南纵横交错的山脉将该地区分隔为众多深山峡谷。沿海地区面积不大,主要的航运河流——奥得河、维斯图拉河、第聂伯河、德涅斯特河及多瑙河——流向内海(波罗的海与黑海)。多瑙河以南并无大河,迪纳拉山脉(Dinaric Alps)将亚德里亚海与干燥的内陆隔绝。

与大陆西部相比,河流和海上交通在东欧历史发展中并没有发挥决定性作用。在该地区,陆路的人口、货物和思想观念流动是主要发展因素。作为欧洲与欧亚大陆联系的桥头堡,东欧是人口迁徙的通道,如 4、5 世纪的日耳曼人和匈奴人,7、8 世纪的保加尔人和斯拉夫人,9 世纪的马扎尔人,12、13 世纪的德国人和犹太人向东方的迁徙,等等。中世纪时,一些主要的陆路贸易通道经过东欧,将德国、意大利与君士坦丁堡和波罗的海联系起来。与此同时,该地区也不断遭遇来自欧亚大陆西部的威胁,从 5 世纪阿提拉的侵扰到 20 世纪纳粹与苏联之间爆发的战争。

东欧自然资源分布不均。波兰、匈牙利和乌克兰平原农产品资源丰富,几个世纪以来一直供应西欧、君士坦丁堡(伊斯坦布尔)和莫斯科粮食。中世纪时,矿产资源开发成为该地区的主要产业,金、银、铜、锡、铁及精盐来自捷克、斯洛伐克、特兰西瓦尼亚、波斯尼亚和塞尔维亚山区。19、20 世纪,捷克、波兰和乌克兰开采煤矿,油气资源来自罗马尼亚和乌克兰。

尽管部分矿产及农业资源在区域内生产和消耗,但是东欧大部地区为周边国家生产原材料。消费不均的主要原因在于东欧人口密度较低。据统计,11 世纪意大利人口密度为每平方千米 16 人,捷克人口密度只有每平方千米 7.8 人,波兰仅为 5 人。中世纪晚期,西欧城市兴起,日益成为经济和文化中心,而东欧仅有少数城市人口在 1 万以上,包括布拉格、弗罗茨瓦夫/布里斯劳(Wroclaw/Breslau)、格但斯克/但泽(Gdan'sk/Danzig)、克拉科夫(Krakow)、基辅和斯摩棱斯克(Smolensk)。同时期的首都城市,比如卢布尔雅那(Ljubljana,斯洛伐克)、萨格勒布(Zagreb,克罗地亚)和索菲亚(Sofia,保加利亚),在 12 世纪早期人口都不到 2.5 万。当时整个东欧的人口密度仍然低于每平方千米 100 人。多瑙河以南多数地区人口密度低于 50 人/平方千米。人口明显增长、城市化进程始于 1950 年以后。

其他人口数据显示,东欧是不断变化的地区。英国人口学家约翰·哈伊纳尔(John Hajnal)在东欧描绘出一条"欧洲婚姻模式"分割线,从圣彼得堡延伸至的里雅斯特(Trieste)。哈伊纳尔及其他学者发现,在这条线以西,中世纪的欧洲人结婚年龄晚于世界其他大部分地区居民(初婚的平均年龄在 25 岁左右,还有 10%～20%一直维持单身),而且采取单一家庭模式。在这条线以东,在世界大多数地区,婚姻模式基本相同,男女双方结婚年龄较低(十几岁至 20 岁出头),并且因父系纽带组成大家族。在哈伊纳尔分割线区域（波罗的海、波兰、捷克和斯洛伐克、匈牙利、斯洛文尼亚和克罗地亚），中世纪的婚姻和家庭模式兼具东西方特点。

这条线也是经济和社会现代化的分界线：19世纪第一个10年的中后期，东线的国内生产总值（GDP）、工业产值以及铁路分布密度都远高于西线；20世纪30年代，识字率和婴儿死亡率差别极大。与哈伊纳尔的欧洲婚姻模式相同，波兰、斯洛伐克、匈牙利、斯洛文尼亚和克罗地亚也是过渡区域。20世纪30年代，捷克的人口和经济水平与西欧基本持平，识字率达到96%，超过半数人口在城市中生活，并参与工业和商业活动。与西欧差距最大的国家是保加利亚、阿尔巴尼亚和南斯拉夫南部。20世纪30年代，阿尔巴尼亚仅有12%的人口居住在城市中，识字率仅为30%。人类学家涂尔干研究20世纪初的阿尔巴尼亚和黑山，观察到这个地区的文化表现出父系部落社会、以血缘关系为支撑的法律体系以及融合了伊斯兰教、天主教及吸血鬼和罪恶之眼的崇拜的特征。

经济发展

东欧是典型的边缘经济区域，十分依赖人口稠密、经济发达的地区——这里指出口原材料、进口资本和技术。东欧的边缘地位不仅相对于西欧核心而言，也相对于君士坦丁堡（伊斯坦布尔）和莫斯科而言。历史上，这个地区列强争霸，或与西欧国家竞争资源控制权。15和16世纪，奥斯曼土耳其人与威尼斯人争夺波斯尼亚和塞尔维亚的白银及其他资源，战争不断爆发。18世纪第一个10年，奥斯曼土耳其人在与俄国的战争中被迫放弃乌克兰和多瑙河三角洲的农业地区。19、20世纪，沙皇俄国和苏联致力于在欧洲东南部及波兰消除奥地利和德国的影响。

经济利益斗争导致中世纪晚期至20世纪东欧自然资源严重耗竭，其西方、东方和南方的邻国则从中获益。1453年奥斯曼土耳其人占领君士坦丁堡后，来自乌克兰的粮食、波斯尼亚和塞尔维亚的金属被大量用于首都重建工程。16、17世纪，多瑙河以北、奥地利哈布斯堡王朝及德国银行家已经控制了捷克和斯洛伐克的矿产资源。"美元"（Dollar）一词源自"Joachimsthaler"，是一种在今天捷克的亚希莫夫铸造的银币，是17世纪哈布斯堡王朝的流通货币。自然资源的输出并没有给该地区带来财富。反而在多数地方，由于依赖或受到周边国家的剥削，东欧经济发展十分缓慢。中世纪晚期，波兰和匈牙利贵族地主在出口粮食和牲畜至德国和意大利市场的贸易活动中获取高额利润。粮食出口导致农业制度逐渐转变为雇农经济，农民需要向地主、封建领主缴纳租税；这个制度限制了农民的流动，迫使他们为地主劳动。因此，在西欧国家从封建制度向市场经济转变的时候，东欧正在经历"二次农奴制"。其经济权力掌握在贵族地主手中，他们将所获得的利润投入庄园和奢侈品消费中。

银行业、工业和商业在中世纪晚期及近代早期的发展十分有限。犹太人、亚美尼亚人和德国人分别控制该地区的主要商业和工业活动。14、15世纪，在黑海的阿科曼（Akkerman）与乌克兰的利沃夫（L'viv/Lwow）之间商道上活动的商队全部归亚美尼亚商人指挥。利沃夫的商人——亚美尼亚人、犹太人、德国人、塔塔尔人、波兰人或意大利人——出售小麦、鱼、鱼子酱和牲畜，换取胡椒、棉花和丝绸。奴隶也是主要商品，1500至1650年间，每年大约有1万名奴隶出口至伊斯坦布尔，他们大多在波兰、乌克兰和俄罗斯南部被捕获。

由于缺乏稳定的中产阶级，缺乏国内市场，东欧经济的工业化进程十分缓慢。19世纪第一个10年的末期，一些孤立的工业化区域出现：捷克是哈布斯堡王朝重要的手工业中心；波兰罗兹（Lodz）附近地区生产的煤炭占据沙皇俄国总产量的 40％，钢材占据 25％；布达佩斯是世界上最大的面粉加工中心。但是，多数地方的工业化规模十分有限。20 世纪 30 年代，阿尔巴尼亚、保加利亚、立陶宛、罗马尼亚和南斯拉夫国内生产总值的 75％以上来自农业；除捷克斯洛伐克外，匈牙利是工业产值最高的国家，但其工业产值也仅占国内生产总值的 24％。19 世纪晚期、20 世纪早期，工业、交通运输和通信业的发展大多得益于外国投资资本。奥地利、德国与法国的公司控制着该地区的工厂、铁路和航运线路。外国公司拥有罗马尼亚 95％的石油开采权。地区经济发展的其他推动力量还包括国家干预或指导。第二次世界大战之后，东欧国家与苏联的经济利益纠缠在一起，共同属于东欧经济互助委员会的贸易联盟。该地区的工业化进程加速，但是代价巨大：资源与成品被以低于市场的价格出口至苏联，而工厂对当地环境造成破坏，这特别体现在捷克北部、波兰南部和罗马尼亚。

宗教界限

罗马与君士坦丁堡天主教管区之间界限模糊的现象也出现在东欧，来自两个城市的传教士均在该地区传播基督教。罗马教皇和君士坦丁堡主教承认西里尔（Cyril，约 827—869）和麦多德（Methodius，卒于 885 年）兄弟的早期使命。西里尔和麦多德受君士坦丁堡派遣，将基督教信仰传播到多瑙河以北，也带去了斯拉夫语言用于主持礼拜仪式。即使在 1054 年基督教会大分裂后，那些效忠罗马的地区仍然使用这种礼拜语言和文字，称为格拉哥里语（Glagolitic）。在波兰和捷克，斯拉夫仪式存在至 12 世纪；在克罗地亚和达尔马提亚，格拉哥里语作为礼拜语言使用至 12 世纪。这种文字成为西里尔字母——今俄罗斯、乌克兰、塞尔维亚、保加利亚和其他国家使用的文字——形成的基础。

西里尔和麦多德的传教活动之后，拉丁教会联合德国与拜占庭支持的希腊教会展开竞争。地方诸侯要看罗马和君士坦丁堡两边的眼色。布拉格的创建者博日沃伊公爵（Borivoij，卒于 889 年）皈依斯拉夫派，保加利亚独裁者鲍里斯一世（Boris I，卒于 907 年）则与罗马教皇通信讨论神学问题。他们的选择以及斯拉夫派或其他宗教信仰的成功，对政治的威胁大于宗教信仰。9、10 世纪，罗马教会在捷克和波兰扩张势力，主要推动者是德国主教和奥托一世及三世皇帝。917 年，君士坦丁堡主教建立独立的保加利亚教会管区。尽管是独立管区，但是这个新兴教会延续了斯拉夫派传统，继续效忠君士坦丁堡——因此独立于罗马之外。1054 年，罗马天主教会和东正教会分裂，之后，教会权力斗争以及地方诸侯利用罗马抵抗君士坦丁堡的策略仍然持续。14、15 世纪，两个教会争夺欧洲最后的异端地区：从立陶宛经白俄罗斯和乌克兰至黑海的弧形地带。与此同时，在崇山峻岭中的波斯尼亚，独立于两个教会集团之外的教会出现了，它集合了拉丁教会和斯拉夫-希腊教会的特点。15 世纪第一个 10 年的中期，这个波斯尼亚教会在圣方济各会教士的不懈努力下分裂，天主教会和东正教会开始争夺其信众。

中世纪晚期、近代早期，东欧的宗教地图因人口流动、侵略及各种改革运动而更加多姿多彩。12—14 世纪，说意第绪语的阿斯肯纳色（Ashkenazic）犹太人从神圣罗马帝国迁徙至波兰，在 15—17 世纪又迁徙至立陶宛、乌克兰和罗马尼亚。1900 年，有 750 万犹太人在东欧生活，其中 70％居住在这些地方。欧洲东南部的塞法蒂（Sephardic）犹太人与阿斯肯纳色犹太人的风俗习惯和语言有所不同，他们是 1492 年被西班牙驱逐、之后被奥斯曼帝国接纳的犹太人的后代。1900 年，塞法蒂犹太人的人口达到 19.3 万，他们中的绝大多数居住在萨拉热窝和萨洛尼卡等城市中。14 和 15 世纪，奥斯曼土耳其人入侵欧洲东南部,将伊斯兰教引进这个地区。根据 1520—1530 年奥斯曼帝国人口统计数据,穆斯林人口占帝国欧洲领土人口的 18.8%。穆斯林也在城市中聚集:比如索菲亚人口中 66% 以上为穆斯林,但是周围区域中穆斯林人口仅占 6%。这些穆斯林中有土耳其人官员、士兵和工匠,还有皈依的希腊人、阿尔巴尼亚人和斯拉夫人。皈依行为得益于伊斯兰教接受地方民间宗教的政策,它并没有严格的信仰要求,欧洲东南部的许多穆斯林也信奉基督教。在部分农村,农民在星期五去清真寺,在星期天去教堂。

宗教改革运动与反改革运动又进一步扰乱了该地区的宗教格局。马丁·路德受早期改革者、捷克牧师、天主教教义批判者扬·胡斯(Jan Hus,约 1372—1415)的影响。尽管教会以异端罪处决胡斯,但是天主教军队没能镇压其在捷克的追随者。15 世纪早期,借助胡斯派运动储备的力量,新教改革派在捷克及东欧其他地区赢得了追随者。16 世纪 20 年代,路德派运动影响到捷克、斯洛伐克和波兰。加尔文派运动迅速在匈牙利和奥斯曼帝国的附庸国特兰西瓦尼亚爆发。加尔文主义也在波兰和立陶宛等国赢得追随者。改革派大学于 17 世纪 20 年代在这里创立。再洗礼派和唯一神教派也在波兰、立陶宛和特兰西瓦尼亚站稳脚跟。在特兰西瓦尼亚,伊斯特万·巴陶里大公(Istvan Bathory,1571—1586 在位)接受唯一神论、天主教、路德教和改革派信仰为国家宗教。在东欧(也在整个欧洲),这种宗教容忍现象十分罕见。16 世纪第一个 10 年的末期至 17 世纪的第一个 10 年,在捷克、波兰、匈牙利和斯洛文尼亚,耶稣会士和天主教贵族成功地确立了天主教的统治权,在东欧大部分地区宣布新教为非法。

政治发展史

中世纪时期,东欧的独立王国与其西方和东方国家对立争霸。独裁者西蒙(Simeon,893—927 年在位)统治时期,保加利亚统治着多瑙河以南东起黑海、西达亚得里亚海之间的领土。神圣罗马帝国皇帝查理四世(1346—1378 年在位)统治时期,布拉格成为该地区的中心城市,也是阿尔卑斯山以北第一所大学所在地。马提亚·科尔维努斯(Matthias Corvinus,1441—1490 年在位)时期,匈牙利宫廷所在地布达是文艺复兴早期的艺术和学术中心。但是前近代早期,东欧独立国家消失,该地区处于列强的政治统治下。新教徒占领捷克,奥斯曼土耳其人占领匈牙利。17 世纪早期,信奉天主教的哈布斯堡王朝继续巩固帝国统治。1683 年,奥斯曼土耳其人挺进欧洲的脚步终止于哈布斯堡王朝首都维也纳;将近 20 年后,哈布斯堡王朝从奥斯曼土耳其人手中夺取了匈牙利和特兰西瓦尼亚。与此同时,在东方(俄国)和西北方(普鲁士),新的侵略势力兴起。18 世纪初,在彼得大帝(彼得一世,1682—1725 年在位)领导下,俄国向乌克兰挺进;该世纪晚期,在叶卡捷琳娜大帝(叶卡捷琳娜二世,1762—1796 年在位)统治时期,帝国与哈布斯堡的奥地利、普鲁士瓜分了羸弱的波兰王国。拿破仑战争之后,列强——奥地利、普鲁士、俄国和奥斯曼帝国——已经控制了整个东欧。

但是,在周边列强大举挺进东欧的时候,地方抵抗势力也在挑战列强。19 世纪,这些运动发展成为大规模的民族抵抗运动。当地精英势力借鉴来自西欧的思想观念——法国的民族国家观念成为主权思想源头,德国的民族国家观念造就了语言和文化统一观——构建其民族社会要素,这体现为法定语言、用这些语言编纂的著作和杂志、民族国家历史以及教育和文化制度。从 19 世纪中叶开始,民族运动提出了语言和教育权利以及行政自治权要求。与帝国主义列强的艰苦卓绝的斗争在多个地区爆发,包括波兰(1830、1846、1863)、匈牙利(1848)、波斯尼

980

亚（1875）、保加利亚（1876）以及马其顿（1903）。伴随着俄国镇压波兰，奥地利哈布斯堡王朝给予匈牙利自治权，欧洲东南部蓬勃兴起的民族运动在 20 世纪早期席卷了该地区。奥斯曼帝国走向衰落后，希腊（1830）、塞尔维亚（1878）、罗马尼亚（1878）和保加利亚（1878）独立建国，这些都导致地区局势更加动荡。1877—1878 年与 1912—1913 年的血腥战争以及经济和外交危机，使得欧洲列强——奥地利哈布斯堡王朝、不列颠和德国——在这里陷入了进退维谷的两难境地。1914 年 6 月 28 日，一名塞尔维亚学生刺杀了哈布斯堡王储弗朗茨·斐迪南大公，僵局被打破，第一次世界大战爆发。

第一次世界大战造成的一个结果是，东欧涌现出一批独立国家（爱沙尼亚、拉脱维亚、立陶宛、波兰、捷克斯洛伐克和南斯拉夫），而脱离帝国统治、建立统一民族国家的进程则跨越整个 20 世纪。"种族清洗"一词在前南斯拉夫战争（1991—1999）时期出现，并成为具有普遍意义的词语。在地区史中，这个词语在 1877—1878 年和 1912—1913 年战争期间就已经具有贬义的含义，当时斯拉夫人、罗马尼亚人和希腊人的军队驱逐了几千名穆斯林。纳粹德国军队入侵，而苏联取得决定性胜利后，民族集团分裂进程加剧。1939—1941 年，德国入侵东欧，纳粹在该地区杀害了 450 万～500 万名犹太人，另外还杀害了 900 万～1 000 万其他民族人口——大多为波兰人、白俄罗斯人和乌克兰人。苏联将 150 万波兰人和乌克兰人驱逐至亚洲，550 万东欧居民被迫前往德国从事劳务工作。战后，1 800 多万人被重新安置，其中包括 800 万被波兰、捷克斯洛伐克和匈牙利驱逐的德国人。

1989 和 1991 年，民族国家建设事业仍在继续，一批后苏维埃共和国建立（巴尔干国家、白俄罗斯、乌克兰、摩尔多瓦），1993 年捷克斯洛伐克和平分裂。前南斯拉夫冲突（1991—1999）表明，民族主义者的认同感以及经济下滑、政治挑衅等因素仍然是该地区局势的主导因素。

21 世纪

东欧的苏维埃联盟解体 20 年后，该地区的经济、政治和文化特征仍然不断变化。东欧仍然是自然资源的出口地。当前主要的出口资源是劳动力，其工业劳动力在整个西欧寻找工作机会，而受过教育的年轻人在西欧和北美上大学找工作。东欧的经济和政治转型道路仍然漫长。据统计，即使该地区最发达的国家（波兰、匈牙利、捷克共和国），在未来的 30～40 年也无法达到西欧国家的经济水平。

进一步阅读书目：

Berend, I. T., & Ranki, G. (1974). *Economic Development in Eastcentral Europe in the 19th and 20th Centuries.* New York: Columbia University Press.

Brubaker, R. (1996). *Nationalism Reframed: Nationhood and the National Question in the New Europe.* Cambridge, U.K.: Cambridge University Press.

Chirot, D. (Ed.). (1989). *The Origins of Backwardness in Eastern Europe: Economics and Politics from the Middle Ages until the Early Twentieth Century.* Berkeley: University of California Press.

Dingsdale, A. (2002). *Mapping Modernities: Geographies of Central and Eastern Europe, 1920–2000.* New York: Routledge.

Dvornik, F. (1956). *The Slavs: Their Early History and Civilization.* Boston: American Academy of Arts & Sciences.

Hajnal, J. (1965). European Marriage Patterns in Perspective. In D. V. Glass & D. E. C. Eversley (Eds.), *Population in History: Essays in Historical Demography.* London: E. Arnold.

Hajnal, J. (1983). Two Kinds of Pre-industrial Household Formation Systems. In R. Wall (Ed.), *Family Forms in Historic Europe.* Cambridge, U. K.: Cambridge University Press.

Halecki, O. (1952). *Borderlands of Western Civilization: A History of East Central Europe.* New York: Roland Press.

I'nalcik, H., & Quataert, D. (1994). *An Economic and Social History of the Ottoman Empire.* Cambridge, U. K.: Cambridge University Press.

Janos, A. C. (2000). *East Central Europe in the Modern World: The Politics of the Borderlands from Pre-to Postcommunism.* Stanford, CA: Stanford University Press.

Johnson, L. R. (2001). *Central Europe: Enemies, Neighbors, Friends* (2nd ed.). New York: Oxford University Press.

Kaufman, T. D. (1995). *Court, Cloister, and City: The Art and Culture of Central Europe, 1450 – 1800.* Chicago: University of Chicago Press.

Kenney, P. (2002). *A Carnival of Revolution: Central Europe 1989.* Princeton, NJ: Princeton University Press.

Magocsi, P. R. (2002). *Historical Atlas of Central Europe.* Seattle: University of Washington Press.

Mazower, M. (2000). *The Balkans: A Short History.* New York: Modern Library.

Naimark, N., & Gibianskii, L. (Eds.). (1997). *The Establishment of Communist Regimes in Eastern Europe, 1944 – 1949.* Boulder, CO: Westview Press.

Rothschild, J. (1974). *East Central Europe between the Two World Wars.* Seattle: University of Washington Press.

Stavrianos, L. S. (2000). *The Balkans since 1453.* New York: New York University Press.

Stokes, G. (1993). *The Walls Came Tumbling Down: The Collapse of Communism in Eastern Europe.* Oxford, U. K.: Oxford University Press.

Sugar, P. F. (1977). *Southeastern Europe under Ottoman Rule, 1354 – 1804.* Seattle: University of Washington Press.

Sugar, P. F., & Lederer, I. J. (Eds.). (1984). *Nationalism in Eastern Europe.* Seattle: University of Washington Press.

Szucs, J. (1983). The Three Historical Regions of Europe: An Outline. *Acta Historica Academiae Scientiarium Hungaricae, 29,* 131 – 184.

Turnock, D. (1989). *Eastern Europe: An Historical Geography, 1815 – 1945.* New York: Routledge.

Wandycz, P. S. (1992). *The Price of Freedom: A History of East Central Europe from the Middle Ages to the Present.* New York: Routledge.

Wolff, L. (1994). *Inventing Eastern Europe: The Map of Civilization on the Mind of the Enlightenment.* Stanford, CA: Stanford University Press.

布鲁斯·伯格伦德(Bruce Berglund) 文

刘健 译,刘健、王超华 校

European Expansion　欧洲扩张

与其他众多流行观念不同,欧洲文化扩张思想在哥伦布大航海运动之前 1 000 多年就已经形成;从希腊人、罗马人、维京人时期到 19 世纪,欧洲扩张已经演变成为确定的目标:经济繁荣、贸易增长、新居住点以及宗教皈依。

983

全球化社会的主流曾经是哥伦布航海活动后欧洲社会和文化在世界范围内的扩张。有观点认为,欧洲人在全世界范围内的迅猛发展是持续几个世纪的萧条和文化落后的一个结果,它们阻碍了欧洲人对欧洲以外世界的探索。这个观点的代表作品是华盛顿·欧文（Washington Irving）的《哥伦布传》，在这部著作中，欧文认为欧洲扩张是现代性的根本要素，哥伦布是第一位现代人，他打开了阻碍欧洲发展的藩篱。

古代世界

　　欧洲扩张和欧洲文化的历史在哥伦布首次航海前已经历了相当长的发展历程。1492 年后欧洲的扩张建立在之前 5 个世纪扩张的基础上，也反映了古代欧洲文化的特征。古代希腊城邦通过在西西里和意大利南部建立殖民地，将希腊文化观念和实践传播到这里。马其顿国王亚历山大的征服行动将希腊文化扩展到中东大部分地区，之后影响罗马帝国。根据古罗马史学家阿里安（Arrian）的传记，亚历山大认为他的征服行动是建立一个世界城市、一个广泛的世界化社会，在这个社会中，所有人都在希腊人的指挥下和谐共处。

　　在从意大利中部故土向外扩张的过程中，罗马帝国也创造了一个广泛的文化共同体。其影响力超过帝国的固定边界，在与罗马士兵和商人接触的过程中，罗马文化要素对边境地区的蛮族人社会产生影响。

　　但是，希腊人和罗马人的扩张并没有在世界范围内展开。罗马人渴望的亚洲商品可以经古代贸易路线运输，因此他们无须与亚洲市场建立直接联系。尽管马其顿国王亚历山大可能已经开始设想建立地球村，但是这在古代社会并非十分重要的观念。斯多葛派哲学家也提出建立普遍的人类社会的设想，但是这仅仅是少数精英分子的观点，并没有付诸实施。

中世纪基督教王国的扩张

　　以哥伦布航海为标志的欧洲人海外扩张时代的开启，源于欧洲与东方市场建立直接联系的愿望；16 世纪世界体系的创立也大多被解释为经济行为，称为世界经济体系。但是，传播基督教福音至全人类的梦想也是扩张的动因。基督徒认为所有人类都是亚当和夏娃的后代，属于一个家庭，基督教鼓励传教士走出欧洲，进入异教徒居住的地方。基督徒响应斯多葛派主张，认为全人类属于共同社会，于是他们提出建立教会组织机构的设想。

　　基督教在欧洲扩张中发挥的作用，进一步

哥伦布的 3 条船：宁雅号（Nina）、平特号（Pinta）、圣玛丽亚号（Santa Maria）。怀特（F. E. Wright），纽约公共图书馆

体现在 3 世纪拜占庭帝国政府支持传教士劝说哥特人皈依的行为中。在帝国统治者看来,这种做法延续了古老的归化蛮族融入罗马生活的传统。基督教的扩张因此与拜占庭帝国的扩张融为一体,这个关系维系了相当长的历史时期。

西罗马拉丁教会参与罗马帝国对外扩张的步伐较为缓慢。最初只是一些个人致力于将福音传播至蛮族人地区。比如,圣帕特里克(5 世纪)向从未服从罗马人统治的爱尔兰人传教。

主教格列高利一世(约 540—604)首次下令向非基督教社会派遣传教士;他派遣传教团前往英格兰,在那里,罗马占领时期曾经引进的基督教已经消失无踪。跟随传教士的脚步,英格兰开始与欧洲大陆建立稳定关系。8、9 世纪,爱尔兰和英格兰的传教士又前往加洛林帝国边境地区,支持历代加洛林王朝统治者的统治;之后又接受教皇指派向日耳曼人传教,将他们置于教会和加洛林王朝统治下。精神和世俗目标相结合,成为之后欧洲扩张活动的特点。

欧洲内部殖民活动

罗马统治的衰微导致人口下降,只有教会人士仍然热衷于扩张,这种情形持续到 10 世纪中叶。950—1300 年,蛮族对罗马和加洛林社会的长期骚扰接近尾声,气候开始变暖;这些因素导致人口上升,扩张活动重新展开。历史学家阿奇博尔德·刘易斯(Archibald Lewis)称这个时期是欧洲内部殖民活动开始的标志。森林遭到砍伐,新型农村和贸易市镇建立。在欧洲内部殖民活动中,多种技术发明并应用;之后,这些技术在组织移民前往新兴的基督教国家边缘地区的过程中,及在建立海外新社会过程中被使用。

10—14 世纪,欧洲人四处扩张,取得了不同程度的成功。在东方,12 和 13 世纪以重新获得圣地为目标的十字军东征以惨败告终,但是 10 世纪早期开始的德国人向斯拉夫人领土的扩张取得了胜利。在北方,10 和 11 世纪基督教传教士成功地说服斯堪的纳维亚人皈依,将他们纳入欧洲基督教文化圈;并于 11 世纪在格陵兰岛建立定居点,在那里建立基督教会。1000 年左右,斯堪的纳维亚探险者甚至到达北美大陆。在西方和南方,葡萄牙人和西班牙人驱逐了穆斯林,并继续向西扩张;英格兰人向其边境的凯尔特人区域挺进,改革基督教凯尔特支派,使其与罗马教会传统保持一致。

中世纪思想家为扩张和征服行动寻找司法依据,并为军事和传教活动寻找依据;这些依据成为 16、17 世纪西班牙人征服美洲的法律依据。这类需求在 13 世纪基督徒与穆斯林和蒙古人遭遇时开始出现。这类法律解释使那些支持十字军的人或其他人在扩张过程中,在以武力对抗异教徒时,得以从法律角度解释他们的行为。

14、15 世纪,由于气候变冷,黑死病爆发,欧洲人口至少损失 1/3,奥斯曼土耳其人向巴尔干半岛扩张,控制了地中海大部分地区;中世纪欧洲扩张脚步放缓,但是并没有完全停止。在欧洲的西部边境,葡萄牙人仍然保持着强烈的扩张欲望,他们渴望获得通往亚洲市场的海上通道,规避传统的穆斯林控制的近东路线。而这需要稳定的船只维修和供应基地,以保证前往东方的长途路线畅通。葡萄牙人还渴望免受穆斯林的攻击,并且希望与亚洲的基督教社会重新建立联系。有观点认为,他们可能参与了最后一次十字军东征。最后,葡萄牙人还期望东方的非基督徒能够皈依基督教。

欧洲的海外扩张

15 世纪的文学作品中记载了所有这些梦想,并促使欧洲人重新开始扩张运动;这次扩张运动大大超越了欧洲的地理界限。葡萄牙人向大西洋扩张,与航海家亨利共同沿西非海岸重新发现大西洋岛屿链,包括加那利群岛(1340—1341)、马代拉群岛(1418—1419)、亚速尔群岛(1427—1431)以及佛得角(1455—1457),并且在非洲沿海建立了贸易驿站。葡萄牙人受热那亚金融家、商人和海员的鼓励,目标是寻找通往亚洲的水路通道;这些人在穆斯林征服黑海沿岸的热那亚人根据地后,遭遇资金问题。

哥伦布时代

一个生活在葡萄牙的、充满野心的热那亚水手开启了欧洲扩张的伟大时代;他最终开创了一个国际化社会,甚至可以称作真正的地球村。除前面讨论的扩张动力——寻找通往亚洲市场的新路线,传播福音给异教徒,鼓动东方基督徒加入最后一次十字军东征——之外,哥伦布的目标还在于寻求提升个人的社会和经济地位。他是欧洲扩张的两个时代之间的过渡人物,他在发现新大陆时仍然抱持着中世纪扩张的目标和经验。

哥伦布的伟大之处在于他开启了打通海上航道的历程;这些航道不仅通往已知的亚洲,还通往崭新的世界,即美洲和太平洋。但是这些新世界最初并没有得到重视。直到哥伦布去世时,他仍然坚信他到达的地方是亚洲的边缘地带;这个观念基于根深蒂固的中世纪宇宙观,即地球表面以陆地为主,海洋仅是狭窄的、类似河流的水道,是划分不同大陆的界线。根据这个观念,加勒比群岛只能是亚洲的外围。因此,哥伦布最初认为他在美洲发现的众多植物的物种与亚洲有关;但是后来他改变了看法。1492—1600年,欧洲人倾向于用中世纪经验解释新大陆,认为美洲人的发展正处于某个阶段,类似于入侵罗马帝国的蛮族。

1513年,欧洲人瓦斯科·努涅斯·德·巴波亚(Vasco Nuñez de Balboa)发现太平洋;之后,麦哲伦的环球航行(1519—1522)促使欧洲人

重新检验地球理论,重新审视那里的居民。他们首先认识到大洋不是直通亚洲的障碍,而是帮助欧洲人畅行地球各地的高速路,是大陆间通行的便道。其次,他们开始认识到世界范围内存在不同人群和社会,既有最为原始的人类,也有高度发达的社会。这个认识向传统的以《圣经》解释为基础的人类观念提出挑战,最终促进了人类学的发展。

欧洲的世界秩序

欧洲与世界其他地区之间相遇产生的深远影响表现在众多方面。1763年,欧洲帝国主义列强如新星般冉冉升起,它们开始在政治上——至少在表面上——控制全球。从经济角度说,欧洲与世界其他地区的联系勾画出了世界主要贸易路线图,将其组合起来就构成了社会学家伊曼纽尔·沃勒斯坦所定义的现代世界体系——是一个核心区和边缘区组成的世界的单一经济秩序。

同时出现的文化间的相互渗透很难一言以蔽之。从物质角度看,它包括欧洲进口的来自各地的不同种类的产品,从亚洲传统的香料和丝绸到来自美洲的新产品,如烟草和马铃薯。而这些新产品是历史学家阿尔弗雷德·克罗斯比(Alfred Crosby)所称"哥伦布大交换"——欧洲人发现美洲后跨越大西洋的、大规模的、双向的动植物物种(包括疾病)交换运动——的产物。

总之,来自美洲的大量稀有金属,特别是白银,对欧洲经济产生了重大影响。更值得一提的是,众多物种通过欧洲人之手传播至亚洲。近来部分学者提出,供应东方的白银枯竭事实上成为世界经济兴衰的主要因素。

欧洲扩张的后果

欧洲人渴望从其他地方获得商品,但是有

时候这些需求意味着其他经济体需要改变以适应他们的需要。中世纪时,对于甘蔗的需求导致地中海岛屿中兴建了甘蔗种植园,之后在佛得角群岛,再之后在加勒比岛屿兴建了同样的种植园。经济发展对劳动力的需要提高,欧洲人口不足以(或者不希望)满足这个需求,因此奴隶市场兴起。最终欧洲人将非洲转变为劳动力来源地,将非洲奴隶贸易的走向从传统的穆斯林市场转至新大陆。

欧洲扩张还引发其他后果,基督教传教士与商人和探险者相伴环游世界、传播福音。他们的成就不一而足,既有天主教传教士在拉丁美洲等较原始社会吸引大批皈依者接受洗礼;也有耶稣会派遣的资深传教士在文明程度较高的中国社会传教几十年,但仅吸收了少数皈依者。另外一个结果是,基督教和地方信仰及习俗融合或在基督教活动中加入了地方信仰。另外,新的人口集团涌现,比如梅斯蒂索人(Mestizos)和克里奥尔人(Creoles)是世界范围内自愿或被迫人口流动的结果。这些人口集团不仅拥有血缘融合特征,也创造出新语言和方言。

欧洲扩张的最后一个后果是,人类属于共同社会的观念逐渐发展。其最为典型的例证是国际法体系不断完善,用以规范世界范围内国家间的关系。这个司法体系与人类学的人类发展观念有关;这个观念认为,人类社会的发展经历从原始的狩猎-采集社会经游牧社会至农业社会的发展历程,经历了从农村到城市的生活方式的发展历程。在这个人类学观点的基础上,帝国主义列强确立了自身在文化和军事上高于其他人类的地位,并将世界司法秩序的领导权控制在欧洲基督教民族国家手中。欧洲人也将自身在世界大部分地区发动的征服和统治行为解释为他们是在帮助较为落后的人类开发潜力,帮助其发展;这个观念最终发展成为种族主义。

帝国的衰落

1492年开始的欧洲海外扩张运动并非欧洲历史上的突变。它是1000—1300年历史发展的一个内在组成部分。在这个时期,众多在1492年海外扩张后活跃起来的学术和组织机构已经出现,追随哥伦布的探险者、传教士和移民体制也已经形成。欧洲扩张造成的一个颇具讽刺意味的后果是,到18世纪末,欧洲在新大陆建立的最古老的殖民地爆发了一系列革命,人们推翻欧洲人的政治统治,在经济与文化上同欧洲分裂,并建立了新国家。这也是20世纪末结束的去殖民化运动的开端,这个运动彻底摧毁了欧洲大帝国。以法律和组织机构为框架的现代国家秩序实现了斯多葛派和基督教的国际社会理念,只是结果并不总是尽如人意。帝国的光芒已经黯淡,但是文化遗产仍然留存。

988　进一步阅读书目:

Barker, E. (1956). *From Alexander to Constantine*. Oxford, U.K.: Clarendon Press.

Bartlett, R., & MacKay, A. (Eds.). (1989, 1992). *Medieval Frontier Societies*. Oxford, U.K.: Oxford University Press.

Cary, M., & Warmington, E. H. (1963). *The Ancient Explorers*. (Rev. ed.). Baltimore: Penguin Books.

Crosby, A. (1972). *The Columbian Exchange: Biological and Cultural Consequences of 1492*. Westport, CT: Greenwood Press.

Boxer, C. (1965) *The Dutch Seaborne Empire*. New York: Knopf.

Boxer, C. (1969). *The Portuguese Seaborne Empire*. New York: Knopf.

Elliott, J. H. (2006). *Empires of the Atlantic World: Britain and Spain in America 1492–1830*. New Haven, CT: Yale University Press.

Etemad, B. (2000). *La possession du monde: Poids et mesures de la colonisation (XVIIIe-XXe siècles)* [Possession of the World: The Weight and Measure of Colonization (18th - 20th Centuries)]. Brussels, Belgium: Editions Complexe.

France, J. (2005). *The Crusades and the Expansion of Catholic Christendom 1000 - 1714.* NY: Routledge.

Flynn, D. O., & Giráldez, A. (2002). Cycles of Silver: Global Economic Unity through the Mid-eighteenth Century. *Journal of World History, 13*(2), 391 - 427.

Grafton, A., Shelford, A., & Siraisi, N. (1992). *New Worlds, Ancient Text: The Power of Tradition and the Shock of Discovery.* Cambridge, MA: Belknap Press.

Hanke, L. (1949). *The Spanish Struggle for Justice in the Conquest of America.* Philadelphia: University of Pennsylvania Press.

Hay, D. (1957). *Europe: The Emergence of an Idea.* Edinburgh, U. K.: Edinburgh University Press.

Hodgen, M. (1964). *Early Anthropology in the Sixteenth and Seventeenth Centuries.* Philadelphia: University of Pennsylvania Press.

Lewis, A. R. (1958). The Closing of the Mediaeval Frontier 1250 - 1350. *Speculum, 33*(4), 475 - 483.

Muldoon, J. (1977). *The Expansion of Europe: The First Phase.* Philadelphia: University of Pennsylvania Press.

Muldoon, J. (1979). *Popes, Lawyers, and Infidels: The Church and the Non-Christian World, 1250 - 1550.* Philadelphia: University of Pennsylvania Press.

Parry, J. H. (1966). *The Spanish Seaborne Empire.* New York: Knopf.

Penrose, B. (1952). *Travel and Discovery in the Renaissance, 1420 - 1620.* Cambridge, MA: Harvard University Press.

Phillips. J. R. S. (1998). *The Medieval Expansion of Europe* (2nd ed.). Oxford, U. K.: Oxford University Press.

Russell-Wood, A. J. R. (1997 - 2000). (Ed.). *An Expanding World: The European Impact on World History, 1450 - 1800.* Aldershot, U. K.: Ashgate-Variorum.

Verlinden, C. (1970). *The Beginnings of Modern Colonization* (Y. Freccero, Trans.). Ithaca, NY: Cornell University Press.

Wallerstein, I. (1974). *The Modern World System: Capitalist Agriculture and the Origins of the European World-economy in the Sixteenth Century.* New York: Academic Press.

詹姆斯·马尔登(James Muldoon) 文

刘健 译,刘健、王超华 校

European Union　欧洲联盟

欧洲联盟(简称 EU)是由 27 个(截至 2010 年)欧洲成员国组成的经济和政治联合体。欧洲联盟是地区联盟中最严密的组织,使用统一货币,拥有单一市场。欧洲联盟各国在政策上也拥有一致性,包括贸易和农业政策、外交和防御政策也日趋一致。欧洲联盟公民可以自由在各成员国之间流动。

989

　　由于第二次世界大战对欧洲经济和金融市场造成严重破坏,欧洲各国必须重建支离破碎的经济,恢复其影响力,最重要的是保证此类灾难不再发生。恢复重建进程受到美国主导的“马歇尔计划”的支持,该计划向欧洲国家提供财政援助。美国的意图原来只是防止德法之间的对抗。而多数人支持在政治上统一欧洲,倡导建立欧洲联邦或某种形式的欧洲政府。1946 年 9

990

2003 年希腊雅典市场中服装价签上标识的欧元价格。欧洲联盟国家是否使用统一货币,曾经是成员国之间争议的问题

月 19 日,英国政治家温斯顿·丘吉尔在苏黎世大学发表演说阐述了他的"欧洲合众国"——类似于美利坚合众国——的构想。这个构想得以实现,1949 年欧洲议会建立,尽管今天它仍然只是一个有局限的组织机构。欧洲议会并没有任何司法权力或者选举权力。它曾经是,并且仍然是一个保护人权、保护代议制民主、保护法律的政治沟通机构。

三个共同体

今天的欧洲由三个共同体发展而来:欧洲煤钢共同体(ECSC)、欧洲经济共同体(EEC)和欧洲原子能共同体(EAEC)。每个共同体都有不同的职能及各自的委员会。三个共同体的成员相同。

早在 1951 年,法国、德国、比利时、卢森堡、荷兰和意大利创建了欧洲煤钢共同体,这是一个监管煤炭和钢铁生产的行政机构。1950 年 5 月 9 日,法国外长罗伯特·舒曼(Robert Schumann)公布他的设想,集中使用成员国的煤

炭与钢铁资源,建立统一的煤炭与钢铁市场。这个计划就是著名的《舒曼宣言》(Schumann Declaration),该宣言由法国文职官员让·莫奈(Jean Monnet)起草。英国最初也受邀参加这个共同体,但是该国以霸权等原因拒绝加入。

1954 年,欧洲煤钢共同体加强进出口限制,建立统一的劳动力市场及共同规则;1951—1962 年,钢铁产量提高了 75%。煤炭和钢铁是当时工业化进程中的主要原材料。1952 年的《巴黎条约》标志欧洲煤钢共同体正式建立。几年后,欧洲煤钢共同体成员国努力建立更加深入的政治和经济联系。它们计划创建欧洲政治共同体和欧洲防务集团(EDC),提出统一控制欧洲军事及建立欧洲国家联盟的设想。尽管该条约得到成员国认同,但是法国国家议会没有通过该条约,因此欧洲防务集团解散。1955 年,西欧联盟取代了它的地位。

条约未获通过后不久,欧洲煤钢共同体成员国重新提出进一步联合的愿望,希望创建欧洲经济共同体以及欧洲原子能共同体。1957 年签署的《罗马条约》宣告欧洲经济共同体建立,1958 年,6 个基本国家组成关税联盟。专业人士认为深入的经济联合可能导致政治统一。欧洲经济共同体努力推动商品、服务、资本和人口自由流动;努力废除托管和企业联合;推动劳动力、社会福利、农业、运输和对外贸易联合互利政策。欧洲经济共同体是三个共同体中最重要的组织。

欧洲原子能共同体,又称 Euratom,是第三

个条约组织,也是依据《罗马条约》建立的组织。欧洲原子能共同体的目标是成员国合作和平利用核能,保证核原料、设备、投资及专业人士在共同体内自由流动,推动欧洲核能开发,杜绝国家间的竞争。欧洲原子能共同体的权力仅限于民用原子能领域。

由于英国没有参加上述三个共同体,因此共同市场计划向北美扩展。而伦敦倡导欧洲自由贸易联盟(EFTA)谈判,该联盟于1960年建立,成员国为没有加入三个共同体的欧洲国家。20世纪70年代,欧洲自由贸易联盟和欧洲经济共同体谈判签订各类自由贸易合约,减少贸易壁垒。1979年,欧洲货币体系(EMS)建立,旨在稳定1973和1979年两次大规模石油危机后的流通市场。

欧洲共同体

1965年《布鲁塞尔条约》将欧洲原子能共同体、欧洲经济共同体和欧洲煤钢共同体联合组成欧洲共同体(简称欧共体——译者)。该条约同时增加了三个委员会和理事会,即单一的欧洲共同体委员会、欧洲共同体部长理事会。法国总统查理·戴高乐否决了英国的加入申请。英国于1963年第一次提出加入申请,直到1973年戴高乐卸任后,英国才得以加入欧共体。在此期间,爱尔兰和丹麦加入欧共体。1987年生效的《单一欧洲法案》旨在建立单一欧洲内部市场,废除可能威胁商品、服务和人口自由流动的壁垒。欧共体还进一步融入政治和社会事务。1981年希腊加入欧共体,1986年西班牙和葡萄牙加入。1990年,德意志民主共和国加入欧共体。

欧洲联盟

1993年,欧共体更名为欧洲联盟。1992年在荷兰马斯特里赫特签署的《欧洲联盟条约》确定更名,1993年《欧洲联盟条约》正式生效。该条约的条款确定建立单一欧洲货币——欧元(早在19世纪中叶,确定共同欧洲货币就已经提上议程),建立中央银行,给予欧洲联盟司法解释,并进一步统一外交和安全政策。该条约取代了1957年的《罗马条约》。1999年,欧洲联盟合并西欧联盟的职能,此举自动给予欧洲联盟以军事权力。1995年,欧洲联盟邀请奥地利、芬兰和瑞典加入,成员国增加至15个。

2002年1月1日,欧元取代原来欧洲部分国家的货币。2003年,欧共体委员会开始与爱沙尼亚、拉脱维亚、立陶宛、波兰、捷克共和国、斯洛伐克、匈牙利、斯洛文尼亚、塞浦路斯和马耳他展开加入欧洲联盟谈判。2004年5月1日,欧洲联盟扩大计划取得成效。2007年1月1日,保加利亚及罗马尼亚加入欧洲联盟。克罗地亚、前南斯拉夫马其顿共和国、土耳其成为欧洲联盟候选国,阿尔巴尼亚、波斯尼亚和黑塞哥维那、黑山、塞尔维亚及冰岛成为潜在的候选国。科索沃也被视为潜在的候选国,但是并非所有成员国都认可它从塞尔维亚独立。

2007年12月,欧洲各国首脑签署《里斯本条约》,旨在取代不被广泛认可的、失败的欧洲宪法。2008年6月,爱尔兰公投反对该条约,前景不容乐观。2009年10月2日,爱尔兰第二次公投批准了该条约。2009年11月3日,捷克共和国通过《里斯本条约》,至此所有成员国都已经通过该条约。2009年12月1日,该条约正式生效。

欧洲联盟总部的主要机构分布在布鲁塞尔、卢森堡和斯特拉斯堡,包括欧洲议会、欧洲联盟委员会、欧洲委员会、欧洲法庭、审计法院和欧洲中央银行。21世纪初,欧洲联盟已经拥有5亿公民,生产总值占全球国内生产总值的30%。欧洲联盟的座右铭是差异中的统一,其最佳体现就是它拥有23种官方语言。

进一步阅读书目：

992　Diebold, W. (1959). *The Schuman Plan: A Study in Economic Cooperation 1950 – 1959*. New York: Council on Foreign Relations.

Dinan, D. (1993). *A Historical Dictionary of the European Community*. Metuchen, NJ: Scarecrow Press.

Dinan, D. (2004). *Europe Recast: A History of European Union*. Basingstoke, U.K.: Palgrave Macmillan.

Hix, S. (2005). *The Political System of the European Union*. Basingstoke, U.K.: Palgrave Macmillan.

McKormick, J. (2008). *Understanding the European Union: A Concise Introduction* (4th ed.). Basingstoke, U.K.: Palgrave Macmillan.

Morris, B., & Boehm, K. (Eds.). (1986). *The European Community: A Guide for Business and Government*. Bloomington: Indiana University Press.

Pinder, J. (2008). *The European Union: A Very Short Introduction*. Oxford, U.K.: Oxford University Press.

Staab. A. (2008). *The European Union Explained: Institutions, Actors, Global Impact*. Bloomington: Indiana University Press.

Urwin, D. W. (1991). *The Community of Europe: A History of European Integration since 1945*. New York: Longman.

Weidenfeld, W., & Wessels, W. (1997). *Europe from A to Z*. Luxembourg: Office for Official Publications of the European Communities.

本杰明・齐拉（Benjamin Zyla）文

刘健 译，刘健、王超华 校

Expeditions, Scientific　科学考察

993　科学考察是发现的旅程，必然得益于知识的拓展及对于未知世界的深入理解，而这些通过形态各异的科学技术实现。这种探索已经持续几千年，包括各个领域和学科的发现和检验，比如植物学、天文学、生物学、地质学、昆虫学、海洋学等。

科学考察努力突破地理、文化等传统界限，拓展人类知识，通过科学的观察回答各种具体问题。科学考察的动力往往是冒险的欲望或民族自豪感，但是在探索知识的过程中也可能导致隔阂，或弥合文化差异。在古典时代，希腊人开启了第一次有记录的观察之旅。在中世纪，中华文明展开了大规模海上开发活动。17 世纪，欧洲科学家团体倡导解决具体问题。18 世纪，欧洲启蒙运动思想家提倡科学与教育，推动西方文明进步，最终促成欧洲人环球航行及美洲大陆的开发。由于科学的学科划分及培养范围日益狭隘、细致，专业化的研究探索造成不同的学科界限。20 世纪末和 21 世纪初，科学考察的脚步已至最后一道防线，已经到达偏远的北冰洋和喜马拉雅山脉、深海及外太空。

古代—1500: 运输线的探索

最早的文献记录显示，人类文明从一开始就对科学和旅行有着浓厚兴趣，但是直到古典时

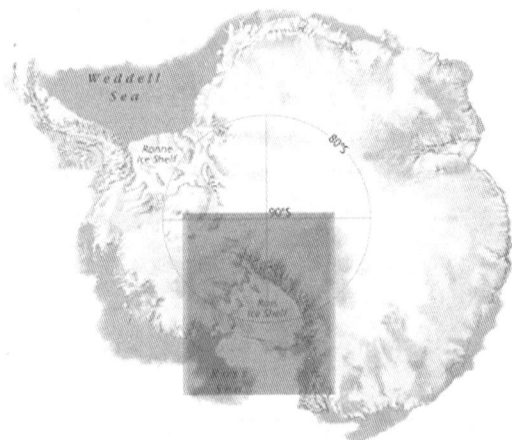

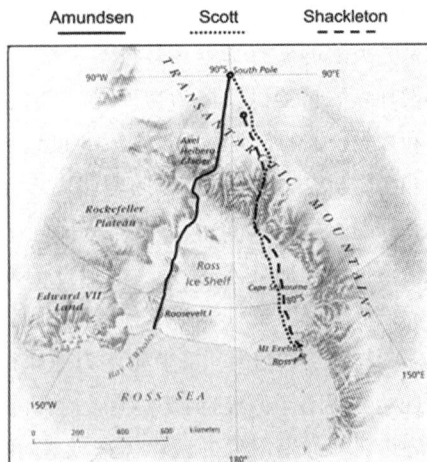

右图为长方形阴影部分的扩大图，显示了罗尔德·阿蒙森（Roald Amundsen）、罗伯特·斯科特（Robert F. Scott）和恩斯特·沙克尔顿（Ernest Shackleton）的南极探险路线

代我们才发现两者合一的证据。马其顿国王亚历山大在远征亚洲和地中海（前 334—前 323）时，吸纳哲学家和观察员加入军队，并且在他所征服的众多地区确立希腊学术与科学传统，科学元素因此与军事征服行动相结合。公元前 300 年，希腊人皮提亚斯（Pythias）从马赛出发前往英格兰采购锡金属，同时在旅程中展开深入的科学研究，记录他在陆地和海洋观察到的现象。皮提亚斯是第一个系统测量纬度的人，他不仅观测海洋现象，还提出假设，认为潮汐与月相有关。

中世纪及文艺复兴时期的众多航行活动中都有植物学家和其他科学研究者的身影。从航海活动的规模及所表现出的野心角度看，没有哪一次行动能与中国探险家郑和的航行匹敌。他的第一次远航于 1405 年 7 月从刘家港出发，船队由 67 艘船及约 2.8 万名成员组成，是历史上最大规模的科学探险活动。郑和受富庶的明朝皇帝派遣，率领船队从事海上测量和信息收集工作，包括罗盘指数测量等观测活动，并记录在正规的航海日志中，这个行为后来仅出现在欧洲人的探险活动中。船队穿过南中国海，到达爪哇、斯里兰卡，于 1407 年返航。在之后的航海活动中，船只数量高达 200～300 艘，郑和船队到达也门、麦加、索马里、东非和印度。郑和受命深入研究他所到之处的地方习俗，随行人员中有医生、自然科学家和研究者。

1500—1750：解决问题的探险活动

明朝的财富和声望下降（15 世纪晚期皇帝甚至下令禁止海上探险活动）之时，欧洲航海和科学技术快速发展。欧洲君主开始向地中海世界以外地区——非洲、南亚和美洲——扩展势力和影响，这些地方成为科学考察的新阵地。与此同时，欧洲科学家成为一种职业，往往受到国家资助，有规模较大的机构组织协调研究工作，比如伦敦皇家学会（1660 年建立）和法国科学院（1666 年建立）。这些学术机构确立了新型的科学考察模式，科学考察不再只是收集基本信息，也开始解决具体问题。

法国人的南大西洋航行活动，比如 1738 年布维特·德·洛伊埃（Bouvet de Lozier）的航行，旨在确定未知的南方大陆（Terra Australis）

是否存在及其位置；人们认为这块广袤的南方大陆就位于南美南端，是极其富庶的地方。寻找南方大陆的航行基本具有科学考察目的，期望发现新的动物以及植物物种，解决地球上动物和人类种群的扩散问题，这是18世纪自然科学和生物学史研究中的核心问题。1735年莫佩尔蒂-拉孔达曼（Maupertuis-Lacondamine）的探险活动目标更加具体，就是发现地球的真正形状。该活动由巴黎科学院发起，起因是法国哲学家和物理学家勒内·笛卡儿认为地球在赤道附近的体积小于两极，而艾萨克·牛顿的新物理理论认为赤道附近的地球体积较大，两人的追随者之间就此展开争论。两派支持者分别出发前往两个遥远地区，一组前往北极附近的拉普兰（Lapland），一组前往靠近赤道的秘鲁，分别测量地球的弧度，验证两个理论孰对孰错。探险队伍除了带回丰富的植物样本和地理资料外，还带回了证明牛顿的地球理论的测量数据，这是牛顿物理学的巨大胜利。

1750—1800: 伟大的科学环球航行

受布维特和莫佩尔蒂等科学目的及帝国主义需求的激励，18世纪50年代，欧洲君主开始资助大规模的科学环球航行。路易·安托万·德·布干维尔（Louis Antoine de Bougainville）率领一批巴黎科学家展开环球航行，记录美洲特别是太平洋地区的植物、动物和人类物种。布干维尔的航行向太平洋岛屿居民，特别是塔希提人展示了欧洲人的形象，并展示了欧洲完美的人类社会形象，激励着英国船长詹姆斯·库克在1768至1780年间展开了三次航行。库克船长的航行是专业考察和一般的科学考察模式相结合的典范。他首先在塔希提迎着太阳观察金星通道（天文学家通过这种观测活动确定地球与太阳之间的准确距离），同时他负有对群岛进行一般科学考察的任务。船上的博物学家

约瑟夫·班克斯（Joseph Banks）与库克不断爆发冲突，并且再也没有参与库克的航行，但是在此次航行后，班克斯成为欧洲博物学界的核心人物。库克第二次航行的任务是证明南方大陆并不存在，南极洲为高纬度区，这里除了冰雪一无所有。他的第三次航行任务是寻找大西洋与太平洋之间的西北部通道，最终他发现了夏威夷；在这里，库克船长与当地人发生争执而被杀害。

与库克船长的探险相呼应，由法国人让·弗朗索瓦·德·拉贝鲁斯（Jean François de Lapérouse）领导的科学环球航行由政府发起，其科学准备工作无与伦比，配备了4门精细的课程，其中时间较长的课程由巴黎科学院和皇家医学科学院主持。1788年拉贝鲁斯的船队失踪，而大革命政府优于君主政府之处在于，它制定了当时最为宏大的航海计划，配备有救援船只，由安东尼·德·昂特卡斯托（Antoine d'Entrecasteaux）率领，他们虽没有找到拉贝鲁斯，但是获得了当时最为精确的太平洋水文地理数据。

阿里桑德罗·马拉斯皮纳（Alejandro Malaspina）率领的西班牙军队以西班牙美洲殖民地为基地，从阿拉斯加至澳大利亚一线考察了整个太平洋的动植物资源和水文地理情况。刘易斯和克拉克的西部美洲考察（1800—1803）以及德国学者亚历山大·冯·洪堡（Alexander von Humboldt）的跨南北美洲大陆考察（1799—1804）对于广泛的科学实验旅行的新模式做出了完美阐释。

1800—1900: 专业旅行

19世纪的科学考察活动表现出了新特征：注重科学的专业化和专门化。科学探险史上最为著名的活动可能就是这次飞跃发展的产物：《贝格尔号航海记》（*HMS Beagle*，1831—1836）

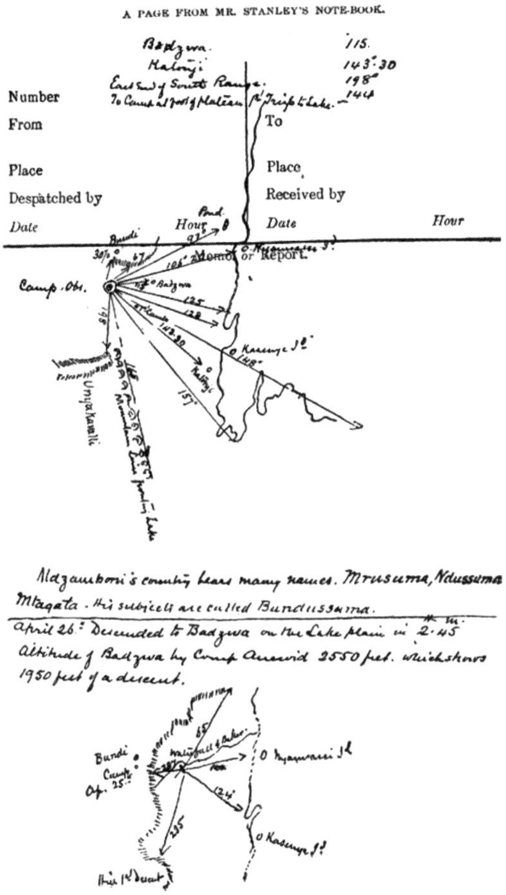

手稿记录是科学探险的重要手段。上图来自亨利·史丹利（Henry Stanley）的手稿，描绘的是他在非洲航行过程中发现的有关该地区的新知识，尽管他并非科学家

所记的航行成员中包括一名年轻的自然科学家，他负责指导观察各个地理区域内不同种类的动物和植物。正是这些观察结果启发自然科学家达尔文在大约 20 年后提出物种进化理论，对生物学发展以及人类起源等基本思想产生了革命性影响。

1838 年美国的探险活动旨在推动航海进步，勾画太平洋航海图。爱丁堡海洋自然学家怀维尔·托马斯（Wyville Thomas）主持的"挑战者"号探险活动（1871—1875）创造了一个新的学科——海洋学。"挑战者"号在海洋动物能够存活的海底深度争论中占据先机，其利用新型打捞技术研究所有的海洋生物。

天文学很早以前就已经是旅行的要素，天文学家也是科学探险活动的常客。19 世纪晚期，专业的天文探险高潮兴起，他们特别关注日食。1870 年左右，摄影术被引入天文学，成为将探险地获取的科学信息传送至发起国或实验室的主要手段。诺曼·洛克耶（Norman Lockyer）在印度的贝库尔（Bekul）的探险观察到了 1871 年的日食，是不列颠国家资助科学的核心项目，得益于正在兴起的殖民帝国。

不列颠所有类型的政府资助科研项目的核心人物都是日食考察的筹划者。1810 年之前，国家资助科学的模式开始深刻影响天文学旅行；英国和法国的探险活动严重依赖中央政府的资助；而美国的探险活动仍然由地方组织资助，通常由大学和实验室主持。

1900 年至今：最后的领域

20 世纪初，科学航行活动的重心再次转向地理探险，转向地球上最后一片未开发区域。1913—1918 年，菲尔加摩尔·史蒂芬森（Vilhjalmur Stefansson）率领加拿大极地探险队展开极地探险是这个变化开始的标志。史蒂芬森的目标是跨越波弗特海（Beaufort），研究土壤、冰和水在极地冰盖的平衡问题。他受过人类学教育，并且曾经在加拿大北部与因纽特人共同生活。航行仅仅 1 个月后，3 条船组成的船队中最大的一艘撞上冰川，随即在暴雪中沉没，探险队的一半给养也随之倾覆。史蒂芬森和少数船员使用狗拉雪橇和因纽特人狩猎技术向北挺进；另外一部分人在波弗特海大部地区继续收集科学考察资料，他们发现了 5 座新岛，重新勾画了众多海岸线。两支队伍在凯利特角（Cape Kellett）会师，他们记录极地探险活动，继续收集资料长达 3 年之久。他们带回的丰富资料，开启了持续一个世纪的极地科学考察活动的序幕。

第二次世界大战后,亚洲再次成为科学和科学考察重镇。对于地球上最后一块科学边界的探索渴望促使一支日本探险队于1952—1953年考察尼泊尔喜马拉雅山脉,研究动植物分布情况。这次活动标志着国际化科学探险活动的开始;尽管整个探险队的成员全部是日本人,但是他们采集到的样本被送往世界各地进行分析比对。

尽管加拿大人和日本人均依赖当地的传统方式应对极端气候,但20世纪下半叶,新技术应用也是探险活动得以进入从前无法深入地区的保证。20世纪50年代开始,水下深潜器帮助雅克·库斯托(Jaques Cousteau)等探险家继续展开深海考察,其深入程度在50年前还无法想象。同样,从20世纪60年代早期开始,依赖动力火箭和计算机控制的空间开发活动开辟了新的科学考察领域。

科学考察的新领域

鉴于科学考察的范围已经超出地球,专业化的学科划分在课题研究中更加清晰,并由主导国的专业团队创建管理。研究课题由国家主持,经费源自合作者,来自各国的国际考察团队提供了专业支持。但由于这是一个完全崭新的领域,空间探索仍然表现出自古以来科学线索所具有的持久的、无与伦比的各种要素结合的特征。其表现为,冲出人类传统界限的渴望,依靠学科方法分析来自未知世界的大量信息的需要;国家荣誉与探寻科学真理的热情之间也存在矛盾,特别是跨越多个政治区划的科学航行;最后,相信科学具有无穷潜力,能够指导人类获取未知知识。

进一步阅读书目:

Carter, E. (1999). *Surveying the Record: North American Scientific Exploration to 1930*. Philadelphia: American Philosophical Society.

Corrick, J. (2001). *Encyclopedia of Scientific Expeditions*. Westport, CT: Greenwood Press.

Engstrand, I. (1981). *Spanish Scientists in the New World: The Eighteenth-century Expeditions*. Seattle: University of Washington.

Golder, F. (1960). *Russian Expansion on the Pacific, 1641–1850*. Gloucester, MA: Peter Smith.

Guberlet, M. (1964). *Explorers of the Sea: Famous Oceanographic Expeditions*. New York: Ronald Press.

Howse, D. (Ed.). (1990). *Background to Discovery: Pacific Exploration from Dampier to Cook*. Berkeley: University of California Press.

Kihara, H. (Ed.). (1955). *Fauna and Flora of Nepal Himalaya: Scientific Results of the Japanese Expeditions to Nepal Himalaya, 1952–1953*. Kyoto, Japan: Kyoto University.

Levathes, L. (1994). *When China Ruled the Seas*. Oxford, U.K.: Oxford University Press.

Linklater, E. (1972). *The Voyage of the Challenger*. Garden City, NJ: Doubleday.

MacLeod, R., & Rehbock, P. F. (Eds.). (1988). *Nature in its Greatest Extent: Western Science in the Pacific*. Honolulu: University of Hawaii Press.

Miller, D. (1996). *Visions of Empire: Voyages, Botany and Representations of Nature*. Cambridge, U.K.: Cambridge University Press.

Pang, A. S.-K. (2002). *Empire and the Sun: Victorian Solar Eclipse Expeditions*. Stanford, CA: Stanford University Press.

Ponko, V. (1974). *Ships, Seas, and Scientists: U.S. Naval Exploration and Discovery in the Nineteenth Century*. Annapolis, MD: Naval Institute Press.

Raitt, H. (1956). *Exploring the Deep Pacific*. New York: Norton.

Steele, A. (1964). *Flowers for the King: The Expedition of Ruiz and Pavón and the Flora of Peru*. Durham, NC: Duke University Press.

997

Van Orman, R. A. (1984). *The Explorers: Nineteenth-century Expeditions in Africa and the American West*. Albuquerque: University of New Mexico Press.

乔丹·凯尔曼(Jordan Kellman) 文
刘健 译,刘健、王超华 校

Exploration, Chinese 中国航海探险

中国的内部扩张行动是其历史的主要内容,主要的海上活动集中在沿海水域和印度洋。最著名的航海家是明朝的郑和,他曾经在 30 年时间里七下西洋。与欧洲的众多航海活动不同,中国航海探险的目标不是殖民扩张。

多数主要的探险活动发生在海上,这是世界历史上前近代全球化的开端。欧洲和西方探险者受到广泛关注,而中国人在探险活动中亦十分活跃。中国是沿海国家,东部和东南部濒临海洋,包括渤海、黄海、东海和南海,这些海洋将中国和太平洋及印度洋连接起来。中国大陆拥有优越的航海气候环境,洋流、潮汐和通往沿海地区的内陆交通环境优良。

在航海探险活动之外,汉朝时,张骞等中国探险家已经与中亚、印度、波斯和中东王国建立联系。有证据表明,班超军中的使者甘英已经于 1 世纪到达罗马帝国所辖的叙利亚。丝绸之路继续将中国和外部世界联系在一起,并且成为主要贸易资源通道。之后,中国的探险活动更多地转向了海洋。

三条中国早期海上路线

中国人的海上活动经历了漫长的发展过程。尽管学界一直在争论中国人的海上探险活动何时开始,以及在 1840 年前中国航海者取得了什么样的成就,但是中国海上活动的规模可以从中国航海者利用的三条路线上得到证明。

这三条路线是:沿中国海岸线的地方短途路线;连接东亚、南亚和东南亚的中程路线;通往西亚和东非的远途路线。

西汉时期的记录显示,中国船只已经到达狮子国(Simhala,今斯里兰卡)。东汉时期,中国船只经过斯里兰卡到达西亚。公元 97 年,中国派往罗马帝国的使者甘英到达波斯湾沿岸。从唐朝开始,中国人、印度人和阿拉伯人开始频繁使用这些贸易路线;他们命名其为海上丝绸之路(对应陆路丝绸之路)。

航海探险的兴起

10 世纪时,中国人的海上活动路线大多集中在沿海地区。宋朝开始进行大规模海上开发活动,此时中国处于中世纪经济革命进程中。中国船只第一次在印度洋公开水域马六甲至斯里兰卡段航行 2 300 千米,并未绕道孟加拉湾。他们甚至从斯里兰卡继续航行至阿拉伯海阿拉伯半岛上的盖迈尔港湾(Ghubbat al Qamar),之后又在海上航行了 4 000 千米。这是中国航海史上的重大进步。

随着科学技术的不断进步,中国海船的速

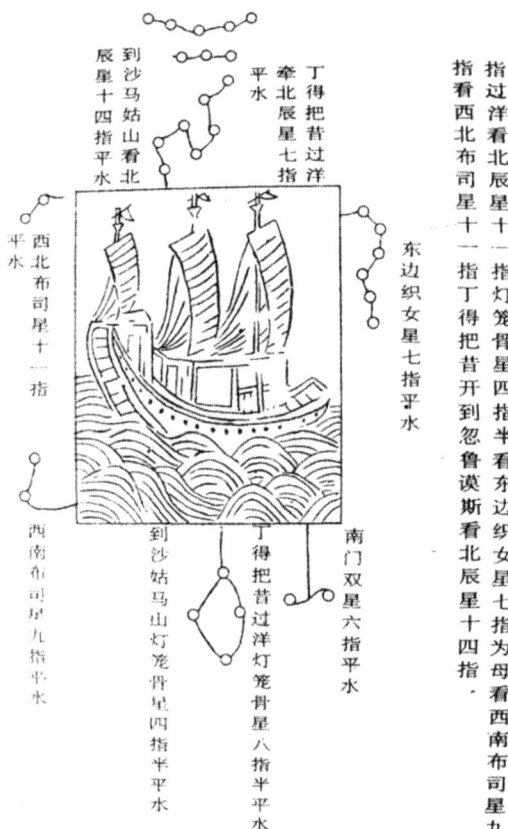

中国航海家郑和绘制的从锡兰至苏门答腊的天文航图

现。它的主要特点是压舱龙骨和舱底龙骨由低矮的长梁舱板连接，增加稳定性；数量不一（3～12张）的 V 字形主帆及三角帆用于提高速度；多只尾舵控制方向；叠接舱板外壳及众多铆钉起加固作用。这个时期，中国人还发明了各种用途的浅水船，一般称为中国式平底帆船；这种船的典型特点是船体无龙骨，船底呈 U 形。福船是明朝舰船的标准样式。

15 世纪中叶，中国人已经是世界上最博学、装备最好、航行范围最大的航海者；1440 年时，他们已经在东南亚、南亚、阿拉伯海、红海、东非沿海，甚至地中海的广阔区域内发现了 153 个新地点。

明朝航海：荣耀与结局

毋庸置疑，中国探险活动的代表人物是郑和（1371—1433）。没有郑和及他的 7 次印度洋航程，中国人的航海能力及成就将被淹没在历史尘埃中，与波利尼西亚人的下场相似。

郑和是一名宦官，少年时期进入明朝宫廷；1405 年他 30 多岁时受命组织一次远洋航海旅行，尽管他并没有航海经历。郑和在之后 30 年间（至 1433 年）不断出海的原因，似乎是明王室希望他远离国家政治事务，这源于他参与了一次宫廷政变，他被荣耀放逐。如果确实如此，那么郑和的旅程就有一种为了航海而航海的意味，而这一切导致了明朝的经济损失。郑和的航海活动并没有带来对外贸易的巨额财富，这导致宫廷为此次航行付出了巨大代价。

事实上，被曲解的旅行的直接意图是中国希望在海外获得盟友。郑和与他的同伴也确实像慈善人士一样在所到之处广泛派发礼物。尽管如此，此行的真实成效仍然高度存疑。在郑和航海活动期间和之后，向明朝缴纳供奉的国家数量增长极少。因郑和的到访而达成的"国际和平"的主要证据是，郑和在占婆（今越南南部）、苏

度更快、更精确，海上航程大幅削减。西汉时前往新加坡界需要 150 天，宋朝时同样航程仅需 40 天。隋唐时期，从斯里兰卡至波斯湾需一个多月时间，明朝时，同样距离仅需 20 多天。

中国航海活动进步的关键在于航海技术和造船技术的发展。9 世纪末，中国天文航海技术已经十分成熟；10 世纪，指南针的发明和运用进一步推动了技术进步，初步导航预测时代已到来，也就是说，某些航海活动已经不再依赖观察星辰，取而代之的是测量航程、确定罗盘位置。这个时期，中国航海者已经开始制作成熟的罗盘海图，上面记录的内容包括主要陆地、不同季节的星辰位置、航程以及不同航线的罗盘指标等。其代表作品是 15 世纪的《郑和航海图》。

中国造船技术在 12 世纪达到鼎盛，其标志是完全用于海上航行的福州式航船（福船）出

中国人印度洋探险的代表性船只

门答腊、斯里兰卡和古利(Guli,今印度卡利卡特[Calicut])建立了 4 个固定驿站,而他并没有在这些地方建立中国殖民地。

郑和下西洋的精彩之处在于,他四处出击的旅行无疑是中国外交史上史无前例的壮举。1 200 年前,三国时期(220—280),吴国君主孙权派遣朱应和康泰出海展开了持续 20 年的外交行程,其间,他们访问了东南亚、南亚次大陆和阿拉伯海地区。同样的行动在元朝统治时期也曾经开展。明朝郑和下西洋也并非孤立事件,另外一位航海家施进卿(卒于 1421 年)受命在亚洲旅行,至少到达了苏门答腊、爪哇和日本。

由于郑和的航行目标不清、奢靡挥霍、成果不明,因此明朝儒家学者竭尽所能无视其成就。郑和的资料仅保存在他的挚友马欢和费信的游

记中,名为《瀛涯胜览》和《星槎胜览》。此后,郑和的发现不为大多数中国人所知。

但是,郑和下西洋的浩大规模反映出中国卓越的组织能力和航海成就:一次航海行动由 208 艘船组成,有约 2.8 万人参加,同时有多条海上路线,尽量覆盖最大的地理范围。有观点认为,郑和的船队可能跨越大西洋到达了澳大利亚和美洲部分地区。

最终,郑和的航海活动已经无以为继。冰冷的成本计算最终说服决策者,这种劳民伤财的航海活动从此不再开展。清朝的航海者仅在中国海域活动。历史注定让郑和的旅程成为传奇,成为中国航海史的顶峰。郑和创造了一个世界纪录,这个纪录被各种政治和经济机构与计划资助的欧洲人打破,比如克里斯托弗·哥伦布和瓦斯科·达·伽马。

历史展望

根据前近代标准,中国长久以来(从前 206 年汉朝统治开始至 1433 年郑和最后一次航海活动结束)取得的航海成就意义重大。但是,从许多领域看,执行闭关锁国政策的中国被文艺复兴之后的欧洲超越,欧洲人享受了科学革命和军事革命以及工业革命的成果。所有这些革命都发生在郑和时代之后。

进一步阅读书目:

Deng, G. (1995). An Evaluation of the Role of Admiral Zheng He's Voyages in Chinese Maritime History. *International Journal of Maritime History*, 7(2), 1 – 19.

Deng, G. (1997). *Chinese Maritime Activities and Socio-economic Consequences, c. 2100 bc – 1900 ad*. New York, London, & Westport, CT: Greenwood Publishing Group.

Huan, M. (1955). *Yingya Shenglan*. Beijing, China: Zhonghua Books. (Original work printed 1451)

Levathes, L. (1994). *When China Ruled the Seas: The Treasure Fleet of the Dragon Throne, 1405 – 1433*. New York: Simon & Schuster.

Menzies, G. (2002). *1421: The Year China Discovered the World*. London: Bantam Books.

Naval Institute of Ocean Cartography and Department of Maritime History, and Dalian Sea Transportation Institute (1988). *Xinbian Zheng He Hanghai Tuji*. Beijing: People's Communication Press.

Needham, J. (1959). *Science and Civilisation in China: Vol. 3. Mathematics and the Sciences of the Heavens and the Earth*. Cambridge, U.K.: Cambridge University Press.

Needham, J. (1962). *Science and Civilisation in China: Vol. 4. Physics and Physical Technology: Part 1. Physics*. Cambridge, U.K.: Cambridge University Press.

Needham, J. (1965). *Science and Civilisation in China: Vol. 4. Physics and Physical Technology: Part 2. Mechanical Engineering*. Cambridge, U.K.: Cambridge University Press.

Needham, J. (1971). *Science and Civilisation in China, Vol. 4. Physics and Physical Technology: Part 3. Civil Engineering and Nautics*. Cambridge, U.K.: Cambridge University Press.

Qufei, Z. (1983). *Lingwai Daida*. Wenyuange Siku Quanshu (The Complete Imperial Collection of Books in the Wenyuan Library) No. 347, part 6 (J. Jun, Ed.). Taipei, Taiwan: Taiwan Commercial Press. (Original work printed 1178)

Chan, 1-1. (1975) *Ma Huan: Ying-Yai Sheng-lan: The Overall Survey of the Oceanic Shores* (1433) (J. V. G. Mills, Trans.). Cambridge, U.K.: Cambridge University Press.

Fei, X. (1460). *Xingcha Shenglan*. Publisher unknown.

Zhou, Y. (1959). *Zheng He Hanglu Kao*. Taipei, Taiwan: Maritime Press.

肯特·邓(Kent G. Deng) 文

刘健 译,刘健、王超华 校

Extinctions 物种灭绝

1002　　物种灭绝现象存在于地球发展的各个阶段;物种灭绝实际上是对进化理论的反动,它取决于自然选择、偶然因素或灾难性事件。地球经历过 5 次大规模的物种灭绝过程——其中一次导致恐龙灭绝——这些经历造就了今天的世界。

　　化石发现证明生命历史是物种发展的过程,或是有机体分化成为新物种的过程,其中伴随着物种的灭绝或现有物种的消失。物种形成和灭绝在进化过程中相伴相生。根据新达尔文派理论,基因差别和自然选择是进化过程中的首选因素。自然选择青睐基因差别,它提高了有机体存活的机会,保证其在自身环境中再生产。成功存活的物种发展至下一代。人类中这种情形经常出现,代代增强直至最终取代早期遗传特征不强大的物种。新遗传特征有时造成有机体入侵新生活环境。新达尔文派认为环境是首选因素。因此,环境变化——或生活环境被入侵造成的环境变化——是物种进化的主要因素。新的环境状况改变了人类有机体的选择压力。人类必须适应新环境,否则将消失。除自然环境外,偶然因素以及少数灾难性事件也导致物种灭绝。

　　地球已经存在了 46 亿年。地质学家将地球的历史划分为不同的代、纪、世、时（参见表 1）。地球上最早的生命出现在大约 35 亿年前的前寒武纪末期。最早产生的生命物种多数现在已经灭绝。物种灭绝一般在所谓的"背景灭绝"环境下独立发生。但是在至少 5 次大规模物种灭绝事件中，数量众多的物种在相对较短的（地质学）时间内集体消失（参见表 2）。在部分曾经强大的物种消失以及曾经弱小的物种发展壮大的过程中，每次大规模灭绝事件都导致生物界重组。

表 1　地质年代表

代	纪	世
新生代（65 百万年前至今）	第四纪	全新世
更新世	第三纪	中新世
渐新世		始新世
古新世	中生代（248—65 百万年前）	白垩纪
侏罗纪		三叠纪
古生代（540—248 百万年前）	二叠纪	
石炭纪		泥盆纪
志留纪		奥陶纪
寒武纪		前寒武纪（46 亿—5.4 亿年前）

表 2　地质年代上 5 次大的物种灭绝事件

白垩纪末期	约 65 百万年前
三叠纪后期	约 210—206 百万年前
二叠纪后期-三叠纪早期	约 252—245 百万年前
泥盆纪晚期	约 364—354 百万年前
奥陶纪晚期	约 449—443 百万年前

白垩纪末期物种灭绝

　　白垩纪（114—65 百万年前）是恐龙生活的最后时期。在其末期，几乎所有大型野生动物——与地球上 50％ 以上的物种同时——突然全部消失。许多学者将它们的灭绝归咎于气候变化；但是它们并非逐渐消失，恐龙物种似乎一直在增加，直至灭绝。物理学家路易·阿尔瓦雷兹（Luis Alvarez）和他的同事（1980）指出，白垩纪边缘岩层均包含有薄薄的一层铱；这是一种与铂一样稀有的金属，是小球体或熔融岩，由融化的硅酸盐颗粒组成的玻璃状岩石球状颗粒。他们将这种现象解释为大约 6 500 万年前，一颗或多颗强大的小行星或彗星撞击地球造成的结果。他们假设撞击形成巨大的蒸汽云（其外部凝结成球状），在地球表面形成厚厚的堆积，产生巨大的火球，将大量灰尘带进大气层。随着灰尘上升，大气层的风将其吹散形成包裹地球的云层，导致太阳光线无法照射地球一年甚至更久。从这个角度看，大规模物种灭绝的原因既有最初的影响，也有之后食物链断裂的原因。可能撞击也导致大半个地球遭遇大火，产生大量雾霾，进一步阻碍了太阳光线照射。一个与墨西哥尤卡坦半岛面积相当的、直径 200～300 千米的大坑可能受此影响而形成。行星撞击可能导致泥盆纪晚期、二叠纪至三叠纪、三叠纪晚期 3 次较早的大规模物种灭绝。无论原因为何，白垩纪时期的物种灭绝结束了恐龙的统治，造成一段生态发展的空档期，最终哺乳动物出现，只是在当时它的主流还不是脊椎动物。

更新世/全新世的物种灭绝

　　更新世时期（180 万年前至公元前 8000 年）之前是上新世，之后为全新世（公元前 8000 年至今）。而这个时期被称作冰期，因为大陆全部被冰川覆盖,冰川周期性地扩张和消融。在接近末期时,解剖学意义上的现代智人可能在非洲形成,并且扩散到地球大部区域。尽管背景灭绝跨越了整个时期,更新世动物的种类仍然比较丰富。之后,前10000至前6000年间,再次发生大规模物种灭绝事件。"巨型动物",即高大的、成年体重在45千克(100磅)以上的动物都受到了影响。

尽管物种灭绝在所有大洲发生,但是并不具有统一性特征。新大陆大型动物灭绝的物种数量远高于其他地方。公元前10000年之后的4000年时间里,南北美洲消失的动物有哥伦比亚猛犸象、乳齿象、马、美洲驼、沙斯塔地獭(Shasta ground sloth)、剑齿猫以及另外70多个物种。欧洲和欧亚大陆的物种灭绝率较低。即便如此,所有猛犸象、犀牛、爱尔兰麋鹿以及其他耐寒生物在公元前14000年后消失。牛、草原狮及鬣狗在部分地区消失,但是在其他地方幸存。马和草原野牛的分布范围大幅缩小。更新世晚期的物种灭绝率在非洲最低。那里出现的大型动物灭绝大多发生在该时代早期,而在末期时数量最少。

原因为何?

更新世末期剧烈的气候变化可能是原因之一。在该时期最后的12.8万年间,北半球经历了漫长的冰川扩散阶段,其间伴随着短暂的冰川缩小或间冰期。公元前10000年左右,冰川活动结束,之后冰川迅速融化,气候日益温暖湿润。在这个间冰期,欧洲、欧亚大陆和北美森林向北扩展,导致马、猛犸象、野牛、长毛犀牛等大型动物生活的平原数量和规模大幅缩减。这个间冰期在大约公元前9000年结束,在之后的1000年间,冰川逐渐恢复。但是,物种灭绝与冰川面积缩小并不同步。其次,更新世气候多次发生剧烈变化,但是并没有造成同样的物

种灭绝潮。有可能更新世时期多数物种的体质已经适应了气候变化,或在气候变化时有能力迁徙。再次,部分物种,特别是马在北美灭绝,但是在欧亚大陆留存,并且在历史时期重新引进新大陆。如果说更新世末期的环境状况给予北美马匹以致命打击,那么西班牙野马的野生后代有可能像今天一样徜徉在美国西部吗?

如果气候变化不能解释更新世物种灭绝的原因,可能"人类的过度开发",即人类无节制的捕猎,是主要原因。有两类证据可以证明:(1)物种灭绝分布区域具有不平衡性;(2)人类使用的石器工具与灭绝物种骨骼在相同地层存在。非洲、欧亚大陆和新大陆物种灭绝过程的差异性,反映了各个大洲成熟的现代人到达时间的差异。大型动物和类人动物在过去的400万至600万年间在非洲同时进化,解剖学意义上成熟的现代智人可能在大约15万年前起源。有观点认为,更新世末期非洲大型动物灭绝比率较低,因为当时物种进化已经能够应对人类的捕猎活动。解剖学意义上成熟的现代智人直到3.5万年前才在欧洲出现。欧洲野生动物与这些捕猎的新人类相遇时间较短,可能导致欧洲大型动物的灭绝比率高于非洲。

更新世末期考古遗址中,石器工具和大型灭绝动物骨骼存于相同地层,这同样也是人类"过度捕猎"的证据。乌克兰发现的杀牲祭祀遗址中猛犸象骨骼数量惊人,说明欧亚大陆的狩猎者捕杀这些野生动物的数量十分庞大。类似证据在北美洲最为普遍,独特的中美洲矛尖形抛投石与大型动物之间的联系直接且明显。在北美,公元前10000至前8000年间灭绝的更新世大型动物主要有地树獭、美洲驼、貘、乳齿象、各类野牛、猛犸象和马,均与公元前9500至前9000年间突然出现的中美洲人有关。如果专业的中美洲捕猎者是最早到达新大陆的人类,他们应该发现了一个捕猎者的天堂,其中的野生

专业的生物学家基本不会质疑这样一个观点，即当前地球上面临灭绝的众多物种数量，不会少于曾经发生的 5 次大规模生物物种灭绝的数量。
——尼尔斯·埃尔德雷奇（Niles Eldredge，1943——　）

约翰（F. John）的《渡渡鸟还是愚鸠》（*Dodo oder Dronte*，1890）。彩图。科学家认为渡渡鸟（Raphus cucullatus）是物种灭绝的"招牌鸟"

1005 动物随处可见，但是完全没有人类的竞争对手。这个天堂与旧大陆迥然不同，新大陆的动物尚没有学会与狡猾的、两条腿的人类捕猎者对抗。随着中美洲人口逐渐增长，他们向南方扩展活动范围，随波逐流到达南美洲。这些早期捕猎者采用驱赶动物以及其他粗糙的捕猎技巧，无节制地滥杀大量野生动物；他们可能在一个十分广泛的区域内扫荡了所有大型动物。在索卢特雷（Solutré）、下维斯特尼采（Dolni Vestonice）、奥尔森-查伯克（Olson-Chubbuck）等杀牲祭祀遗址发现的证据表明，这些捕猎者毫无节制地大量捕杀动物。解剖学意义上的现代人类颠覆了大型动物与气候变化之间刚刚确立的平衡，这个观点似乎有道理。如果这些遗址证据确实能够说明人类纵容"屠杀大型动物者"，那么，这些证据将是一个警告：一旦破坏，物种将不复再来。

大型动物的灭绝必然迫使大型野生动物捕猎者重新构建生存方式。考古学家马克·科恩（Mark Cohen，1977）指出，公元前 8000 年后，由于野生动物明显减少，物种灭绝导致了"食物危机"，迫使欧亚大陆、欧洲、非洲和美洲居民扩展生存空间，更大规模地开发物种和土地资源。因此，曾经不受重视的物种，比如鱼、蟹、龟、软体动物、蜗牛、水候鸟、兔子等成为常规食物，植物得到系统开发，如水果、块茎作物、坚果和种子等。这次食物危机可能最终促进了农业的发展。

史前时代末期和历史时期

人类造成的物种灭绝事件在史前时代末期和历史时期继续发生，表现为：（1）土地分隔和破坏；（2）捕猎者或外来竞争者（特别在海岛上）到来；（3）过度捕猎；（4）获取野生有机物供应市场。在史前时代末期，世界版图内没有人类活动的地方已经十分稀少。但是人类造成的影响并不相同。狩猎-采集社会影响最小，而农业生产改变了土地版图。农业发展以及当地动物物种与驯养动物之间的竞争导致土地减少，进而导致物种灭绝。但是养殖的动植物并非唯一的导致物种灭绝的外来者。在岛屿中，人类引进蝙蝠、猫鼬或蛇等物种，导致众多鸟类消失。褐色的树蛇在 1950 年左右被引进关岛，导致岛上 13 种森林鸟类中有 9 种灭绝。物种灭绝也源于人

1906 年左右华盛顿特区国家动物园内的袋狼。科学家认为袋狼在 20 世纪初灭绝。
凯勒（E. J. Keller）摄，史密森学会档案馆

类有意识地捕杀。典型证据来自新西兰的考古记录。由于新西兰远离亚洲大陆，长期与世隔绝，一种被称作恐鸟的大型陆地鸟类得以留存，并且仅存于此。恐鸟的体型类似鸵鸟，有的小似火鸡，有的十分巨大，高达 3 米以上。因为没有遭遇过捕猎者，它们可能并不害怕 13 世纪到达该岛的波利尼西亚殖民者。在 100 年的时间里，11 种恐鸟被滥捕滥杀，最终灭绝。

如果某些物种被人类大肆开发投入市场，其后果不言而喻，只有灭绝。居住在北美东部的候鸽曾经不计其数，它们飞起来时可以遮天蔽日。19 世纪，这种鸟开始被产业化地捕获投入市场，1914 年，这个物种灭绝。同样的遭遇也落在大海雀、渡渡鸟和众多鸟类身上。黑猩猩和大猩猩的遭遇更加可怕，至今非洲部分地区仍然出售这种"丛林肉"。犀牛已经接近灭绝，因为犀牛角在亚洲被视为壮阳药。全球海洋鱼类也正在遭遇市场及钓鱼运动的严重威胁。将要灭绝的物种包括鳕鱼、金枪鱼、青枪鱼、旗鱼和部分种类的鲸鱼。濒临灭绝的物种名单还在不断增加。

物种灭绝的后果

物种灭绝对于世界历史的影响十分巨大。首先，白垩纪末期恐龙的大规模灭绝导致哺乳动物分化，最终促成人类进化。遥远的物种灭绝事件标志着人类社会曙光初现。其次，由于食物供给发生重大变化，更新世晚期的大规模物种灭绝可能导致"食物危机"发生，进而促进农业起源。第三，更新世晚期物种灭绝使得新大陆动物种类损失惨重。由于缺乏可驯养的动物物种，新大陆的农业发展主要体现在植物种植上。旧大陆居民生活环境中消失的物种较少，可驯养动物种类较多，但是，人畜共患病、天花、流感等传染病流行。由于长期与旧大陆隔绝，美洲土著人并没有染病。但是，由于欧洲人和非洲人的到来，从未接触过这些疾病，也没有免疫力的美洲人暴露在辽阔的"传染病处女地"上，直接导致了他们的失败，人类基因被旧大陆人口取代。更新世晚期动物灭绝模式因此帮助了人类适应美洲环境。

会有第 6 次物种灭绝吗？

今天的物种灭绝比率已经接近大多地质时期的 1 000～10 000 倍。全球气候变暖可能导致更加严重的后果，因为气候变化可能导致物种分布和繁殖中断，进而导致灭绝。我们已经处于第 6 次灭绝的边缘吗？如果确实如此，有扭转余地吗？国际社会正在努力挽救某些濒临险境的森林和海洋鱼类。外来物种引进必须停止，保护濒危物种的力度必须加大。保护的代价绝对不低，也必然十分艰巨，但是加利福尼亚秃鹫、海獭、美洲野牛、鸣鹤及其他物种的经历证明，保护切实可行。与此同时，动物园和海洋馆必须承担

起保护濒危动物的责任。而繁殖技术和生物学的发展提供了帮助。体细胞克隆实验的成功，濒危物种基因组序列研究前途无量。中国生物学家正在寻求提高大熊猫种群数量，他们采用熊卵子供体和代孕母体等技术进行细胞核移植。通过重组塔斯马尼亚虎和猛犸象等灭绝动物的基因来恢复物种的努力也已初见成效。

无论怎么做，我们必须认识到，今天的物种灭绝是我们自身的无节制导致的后果。因此，我们有必要控制自身人口数量，控制我们的破坏力。全球经济发展的不均衡加剧了这些问题。穷人不会出于恶意去猎杀犀牛或捕猎无害的濒危猿猴，他们这样做只是为了摆脱饥饿。要制止这些行为必须消除经济不平等现象。这不是等闲小事，如果我们失败了，世界历史上最终灭绝的可能就是我们自己这个物种。

1007

进一步阅读书目：

Alvarez, L. W., Alvarez, W., Asaro, F., & Michel, H. V. (1980). Extraterrestrial Cause for the Cretaceous-Tertiary Extinction. *Science, 208,* 1095—1108.

Anderson, P. K. (2001). Marine Mammals in the Next One Hundred Years: Twilight for a Pleistocene megafauna? *Journal of Mammalogy, 82*(3), 623 – 629.

Brook, B. W., & Bowman, D. M. J. S. (2002). Explaining the Pleistocene Megafaunal Extinctions: Models, Chronologies, and Assumptions. *Proceeding of the National Academy of Sciences, 99*(23), 14624 – 14627.

Cohen, M. N. (1977). *The Food Crises in Prehistory.* New Haven, CT: Yale University Press.

Corley-Smith, G. E., & Brandhorst, B. P. (1999). Preservation of Endangered Species and Populations: A Role for Genome Banking, Somatic Cell Cloning, and Androgenesis? *Molecular Reproduction and Development, 53,* 363 – 367.

Fritts, T. H., & Rodda, G. H. (1998). The Role of Introduced Species in the Degradation of Island Ecosystems: A Case History of Guam. *Annual Review of Ecology and Systematics, 29,* 113 – 140.

Grieve, R., & Therriault, A. (2000). Vredefort, Sudbury, Chicxulub: Three of a Kind? *Annual Review of Earth and Planetary Sciences, 28,* 305 – 338.

Kerr, R. A. (2002). No "Darkness at Noon" to Do in the Dinosaurs? *Science, 295,* 1445 – 1447.

Myers, R. A., & Worm, B. (2003). Rapid Worldwide Depletion of Predatory Fish Communities. *Nature, 423,* 280 – 283.

Olsen, P. E., Shubin, N. H., & Anders, M. H. (1987). New Early Jurassic Tetrapod Assemblages Constrain Triassic-Jurassic Extinction Event. *Science, 237,* 1025 – 1029.

Purvis, A., Jones, K. E., & Mace, G. A. (2000). Extinction. *Bioessays, 22,* 1123—1133.

Saegusa, A. (1998). Mother Bears Could Help Save Giant Panda. *Nature, 394,* 409.

Serjeantson, D. (2001). The Great Auk and the Gannet: A Prehistoric Perspective on the Extinction of the Great Auk. *International Journal of Osteoarchaeology, 11,* 43 – 55.

Vangelova, L. (2003). True or False? Extinction is Forever. *Smithsonian, 34*(3), 22 – 24.

Walsh, P. D., Abernethy, K. A., Bermejos, M., Beyers, R., de Wachter, P., et al. (2003). Catastrophic Ape Decline in Western Equatorial Africa. *Nature, 422,* 611 – 614.

布鲁斯·迪金森（D. Bruce Dickson）文

刘健 译，刘健、王超华 校

F

Famine　饥荒

历史上，人类不断遭受粮食短缺和饥荒的威胁。只是到了相对晚近的时期，农业发展，粮食储备充足，世界范围内的饥荒才有可能根除。饥荒仍然发生的起因并非食品匮乏，而是政治和社会问题，包括地区性的分配问题。

饥荒是一种复杂的社会现象，与社会层面的饥饿不同。个体的饥饿死亡归因于食物供应减少，但是社会的反应更加复杂。社会中的每个成员在粮食短缺时的遭遇都有所不同。诺贝尔经济学奖获得者阿玛蒂亚·森（Amartya Sen）曾经指出，社会中比较贫困的、地位较低的阶层获得食物的安全等级最低，相比富裕的、地位较高的人的遭遇更加悲惨。饥荒史并非简单地研究导致粮食供应短缺的原因的历史，也非研究粮食生产与人口之间不平衡关系的历史。它研究面对这些问题时的社会和政治反应，研究社会构成，研究获取粮食途径的社会差别。传统研究划分自然和人为造成的饥荒，但是这一划分并不十分妥当。每次导致大规模死亡的饥荒都意味着饥荒规避措施和救济措施的失败。多数饥荒都由多重因素造成。

历史上所有的社会都经历过粮食短缺和饥荒。只是到了相对晚近的时期，农业发展，粮食储备充足，世界范围内的饥荒才有可能根除。饥荒仍然发生的起因并非食品匮乏，而是政治和社会问题，包括地区性的分配问题。

早期社会的饥荒

早期社会中还没有产生根除饥饿的意识。从狩猎-采集社会向农业社会的转变，与提高营养水平并无联系。人类学家马克·拿单·科恩（Mark Nathan Cohen）曾经收集大量人类体质资料，证明早期定居社会的粮食短缺现象十分严重。他认为这个时期的饥饿现象并非农业问题，而是政治和经济问题。来自埃及、中国、印度、中东、古典欧洲等古老文明的证据显示，这些文明高度重视粮食供应，建立了大型国有仓廪制度、饥荒救济制度和运输体系。

在中国，仓廪制度可以追溯至远古时期，在611年连接北方的黄河和南方的长江的大运河开通之前，分配制度就已经十分完备。13世纪蒙古人的入侵曾经破坏粮食供应体系，忽必烈统治早期的帝国粮食供应问题更加尖锐；之后明朝建都北方的北京，并没有选择黄河流域的西安（长安）或洛阳，也没有选择南方的南京，但是问题同样存在。1325年爆发的严重饥荒导致数百万人口死亡。面对这类威胁，统治者努力改善贡赋制度、仓廪制度和饥荒救济制度。1740至1743年的大干旱期间，欧洲供应体系遭遇危机，导致大量人口死亡。然而，中国的饥荒救济措施得力，避免了大规模人口死亡。19世纪上半叶，中国每年有大约40万吨粮食通过贡赋制度运输到北方，供应边防部队和大约80万的北京人口。尽管18世纪末的白莲教起义对仓廪制度造成破坏，但是大运河的运输可能在19世纪上半叶的第一次鸦片战争前夕（1839—1842）达到鼎盛。第一次鸦片战争切断了这条运输线，导致国家陷入混乱，饥荒和起义此起彼伏。

对于19世纪清朝走向衰落前国家的统治效率问题，学界观点不一。现代学者认为中国在陷入现代帝国主义列强压迫前的生活水平远高于欧洲。

1757年，在普拉西（Plassey）战役中克莱武

(Robert Clive，1725—1774)获胜，英国人入侵印度，此时印度处于莫卧儿帝国统治时期，该王朝同样曾经成功地应对饥荒。英国统治时期，印度经济增长缓慢，低于人口增长率，人均生活标准降至危险值。1770 年东印度公司统治时期，孟加拉大饥荒爆发，而此前印度少有饥荒发生。

伴随着欧洲南部古典城市的人口增长，对进口粮食的需求越来越高，统治阶层也越来越重视建立仓廪制度和其他粮食供应制度。政府资助了主要城市的粮食运输。而在供应链出现断裂的时候，饥荒可能爆发。

欧洲人口从此开始向北方比较寒冷的地区扩散。由于当时技术条件的限制，那里的人口应对气候变化的能力更加低下。文献记载，欧洲最严重的饥荒于 1315—1322 年在北欧爆发。现代学者大多质疑波斯坦(Postan)理论，即有关过度种植和土壤枯竭在北欧大部地区普遍存在的理论。

极端潮湿的气候延续多年，似乎是主要原因。其后果是社会极度动荡，粮食枯竭，死亡率提高。这一代人的孱弱对人口体质造成影响，以致几十年后黑死病爆发时，大量人口死亡。这个时期的人口严重流失也造成土地和劳动力价值发生改变，可能也削弱了封建关系，促进了商人数量增长。

之后欧洲爆发的饥荒再没有造成如此严重的后果，只是 18 世纪前后不断出现的供应危机导致欧洲多个地区爆发了小规模饥荒。最后一次和平时期爆发的大规模供应危机发生于 18 世纪 40 年代的欧洲北部和中部。1696 至 1697 年在欧洲北端芬兰，19 世纪 40 年代在爱尔兰，1871 和 1891 年及 20 世纪前后在俄国爆发的饥荒损失更加惨重。世界其他地区也经历过同样问题，但是由于战争和殖民入侵等因素，供应危机持续的时间更长，对于传统供应体系的危害更大。

西方殖民主义已经不再被认为是未开发地区现代化进程的灵丹妙药。越来越多的人意识到其对地方民族经济和传统应对措施造成巨大破坏的代价；它导致这些社会无法从容应对他们所面临的自然和政治挑战。19 世纪八九十年代，在印度、中国、南美和埃及爆发的严重饥荒，被挑衅性地称为"维多利亚浩劫"(Davis 2001)，认为这是殖民当局妨碍地方政府正确应对厄尔尼诺现象所造成的危害。

20 世纪的饥荒

20 世纪的两次世界大战期间，两个阵营都

这幅 19 世纪的绘画作品表现了中国农民受饥荒影响，拆除房屋以在风水更好的地点重建家园的景象

未来,人类应该、也必须避免饥荒悲剧发生,而不仅仅是在饥荒爆发时用虔诚的忏悔挽救人类,过去人类经常这样做。

——诺曼·博洛格(Norman Borlaug, 1914—2009)

努力破坏敌人的食品供应链条,导致了饥荒和社会混乱。主要发达国家的配给和粮食安全措施极大地避免了这种后果。但是在东欧和亚洲众多较贫穷国家,后果十分严重。美国人在第一次世界大战期间向比利时提供大量粮食和饥荒救济,在战后又向欧洲中部和东欧大部以及俄国提供同样援助。但是,这些地区也存在巨大危机。1921—1922年苏俄爆发严重饥荒,与第一次世界大战之后连续爆发的内战和革命不无关系。第二次世界大战期间在希腊被占领岛屿,1944年布鲁日战役后在荷兰,以及整个战争期间在东欧和苏联被占领地区,均爆发了饥荒。饥荒对被封锁的"列宁格勒"造成的影响最为显著。

在亚洲,第二次世界大战给中国(1937—1945)、印度(孟加拉,1943)和越南(1942—1944)带来饥荒。在之后数年里,饥荒在较贫困国家往往与小规模军事冲突相伴相生。

在铁路和工业化时期,这些国家的发展前途一片光明;在革命成功后的最初几十年时间里,都取得了飞跃发展。它们的第二个10年发展计划显示出脱离贫困的巨大信心,但是不期而至的气候恶化导致一系列困难,并引发20世纪规模最大的饥荒。

尽管社会主义国家在早期经历一些灾难,但是苏联和中国的经济与工业化水平确实极大提高。它们的做法与发达的西方经济体并无相同之处,但是计划经济的实践在新独立的前殖民地国家却被广泛采用,这些国家也正在寻求快速工业化的道路。那些工业化进程失败的欠发达国家仍然遭受饥荒威胁,特别是在撒哈拉以南的非洲地区。

饥荒与疾病

19世纪末20世纪初之前,饥荒往往与大规模的疫情同时发生,多数是斑疹伤寒。死于饥饿者仅占少数,因为其他瘟疫已经首先杀死了他们。这类疫情出现在1847年的爱尔兰大饥荒中,出现在1921—1922年的苏俄饥荒中,出现在1943年的孟加拉饥荒中。但是瘟疫在之后的饥荒灾害中并没有产生重要影响。目前,我们已经建立了新的饥荒统计方式,简单的医学和卫生干预就能够极大地降低疾病死亡率。遗憾的是,这并不能避免因饥荒而造成的死亡。但是,对于降低死亡率则是事半功倍。

展望21世纪

在20世纪,马尔萨斯的人口增长超过食品供应威胁论失败了,在21世纪,也基本不可能死灰复燃。

世界大战造成供应链断裂,进而导致饥荒的威胁,在20世纪主要国家也不复出现;但是,在较小的贫穷国家,这仍然是主要因素。未来大规模冲突仍将导致相同后果这一预测失之于鲁莽。但是,欠发达国家食物供应断裂现象仍将持续。在21世纪,饥荒仍将是世界面临的主要挑战,尽管世界各国已经有能力生产剩余粮食。

进一步阅读书目:

Arnold, D. (1988). *Famine: Social Crisis and Historical Change*. Oxford, U.K.: Basil Blackwell.

Bhatia, B. M. (1967). *Famines in India, 1860–1965*. Bombay, India: Asia Publishing House.

Bin Wong, R. (1997). *China Transformed: Historical Change and the Limits of European Experience*. Ithaca, NY: Cornell University Press.

Cohen, M. N. (1990). Prehistoric Patterns of Hunger. In L. F. Newman (Ed.), *Hunger in History: Food Shortage, Poverty, and Deprivation* (pp.56-97). Cambridge, U.K.: Blackwell.

Conquest, R. (1986). *The Harvest of Sorrow: Soviet Collectivization and the Terror Famine*. London: Arrow.

Davies, R.W., & Wheatcroft, S.G. (2004). *The Years of Hunger: Soviet Agriculture, 1931–1933*. Basingstoke, U.K.: Palgrave Macmillan.

Davis, M. (2001). *Late Victorian Holocausts: El Nino Famines and the Making of the Third World*. London: Verso.

De Waal, A. (1989). *Famine that Kills: Darfur, Sudan, 1984–1985*. Oxford, U.K.: Oxford University Press.

Dreze, J., & Sen, A. (1991). *The Political Economy of Hunger* (Vols. 1–3). Oxford, U.K.: Oxford University Press.

Dyason, T., and O'Grada, C. (Eds.). (2002). *Famine Demography: Perspectives from the Past and Present*. New York: Oxford University Press.

Garnsey, P. (1998). *Cities, Peasants, and Food in Classical Antiquity: Essays in Social and Economic History*. Cambridge, U.K.: Cambridge University Press.

Jordan, W.C. (1996). *The Great Famine: Northern Europe in the Early Fourteenth Century*. Princeton, NJ: Princeton University Press.

Jutikkala, E. (1955). The Great Finnish Famine in 1696–97. *Scandinavian Economic History Review, 111*(1), 48–63.

Maharatna, A. (1996). *The Demography of Famines: An Indian Historical Perspective*. Delhi, India: Oxford University Press.

Newman, L.F. (Ed.). (1990). *Hunger in History: Food Shortage, Poverty, and Deprivation*. Cambridge, U.K.: Blackwell.

O'Grada, C. (1999). *Black'47 and Beyond: The Great Irish Famine in History, Economy, and Memory*. Princeton, NJ: Princeton University Press.

Pomeranz, K. (2000). *The Great Divergence: China, Europe, and the Making of the Modern World Economy*. Princeton, NJ: Princeton University Press.

Post, J.D. (1985). *Food Shortages, Climatic Variability, and Epidemic Disease in Preindustrial Europe: The Mortality Peak in the Early 1740s*. Ithaca, NY: Cornell University Press.

Rotberg, R.I., & Rabb, T.K. (Eds.). (1985). *Hunger and History: The Impact of Changing Food Production and Consumption Patterns on Society*. Cambridge, U.K.: Cambridge University Press.

Sen, A.K. (1981). *Poverty and Famines: An Essay on Entitlement and Deprivation*. Oxford, U.K.: Oxford University Press.

Will, P.-E. (1990). *Bureaucracy and Famine in Eighteenth Century China*. Stanford, CA: Stanford University Press.

Yang, D.L. (1996). *Calamity and Reform in China: State, Rural Society, and Institutional Change since the Great Leap Famine*. Stanford, CA: Stanford University Press.

史蒂芬·惠特克罗夫特（Stephen Wheatcroft） 文

刘健 译，刘健、王超华 校

Fascism 法西斯主义

1014　第一次世界大战后，墨索里尼上台，他发明了法西斯主义概念。之后希特勒将之用于纳粹运动，其他同样奉行军国主义和改革运动的国家也通常被称为法西斯分子。法西斯分子的核心理念是民族利益凌驾于一切，战争或者战争准备对于民族存亡至关重要。

什么是法西斯主义？这个问题从第一次世界大战之后动荡岁月中法西斯主义的出现开始　就存在争论。解释什么是法西斯主义，以及同样重要的什么不是法西斯主义的问题，不仅非常有助于理解 20 世纪兴起的各种运动，也有助于深入理解 21 世纪兴起的运动。

对于这个名词通常有一个误解，即将所有专制统治，或类似于专制统治的政权或个人，称作法西斯分子。这个名词既用于前近代独裁者统治，也用于较晚近的军事独裁者统治，但是，尽管他们的统治可能十分专制残暴，但是他们不是法西斯分子。另外，尽管一些法西斯分子确实获得了权力，比如意大利和德国，但是世界上多数程度不一的专制统治者并非法西斯分子，因为他们并不践行真正的法西斯分子的核心信仰，比如坚定地反对自由主义、反对保守主义，特别是反对共产主义。

法西斯政党与独裁国家的界限更加难以区

这幅 1942 年的批判画由 3 幅未署名的卡通画组成，表现 19 世纪墨西哥民主制度的代表人物、五任总统贝尼托·苏亚雷斯（Benito Juárez）心目中的敌人；文字部分描述了法西斯运动可能给墨西哥带来的危险。墨西哥自由艺术家，1942 年 3 月 22 日，墨西哥城

分。独裁者致力于建立强大稳定的民族国家，他们通常不会对社会进行剧烈改造。这些政府可能拥护法西斯主义的某些信条，比如反对社会主义；他们一般保留传统的精英机构——强大的地区性家族、教会官员、军事领袖以及受保护的经济联合体。独裁者政府统治数量众多被动的——可能被普遍认可或温顺的民众，但是并不会尝试大规模改造人民，不会让他们成为剧烈社会变革的工具。但是，真正的法西斯政党努力鼓动和改变民众，致力于依特定理想模式重新构建社会。历史学家罗伯特·帕克斯顿（Robert O. Paxton, 2004）曾经指出，尽管佛朗哥时期的西班牙、萨拉查（Salazar）时期的葡萄牙和贝隆（Peron）时期的阿根廷执行独裁统治，但是他们从来没有构想也没有创建新秩序，即通过"救赎的暴力"创建一个天翻地覆的世界，这必然导致争论。

法西斯主义的形成

"法西斯主义"一词源于拉丁语单词"fascis"（"捆"）和"fasces"，指一柄用绳子捆绑的斧头。古代罗马时期，这种斧头由执政官握于胸前。法西斯象征法律绝对统治下的团结和权威。第一次世界大战时期，意大利社会主义者贝尼托·墨索里尼（1883—1945）转变为激进的民族主义分子，他借用"fascismo"一词表达那些团结起来支持意大利战争者的思想，之后又拒绝了社会主义者和共产主义者，因为这些国际主义者反对其观念。

这条道路被众多法西斯主义的支持者称为"第三条道路"，他们希望将传统的保守贵族（同时强烈拒绝以男性领导为基础的、青睐精英统治的贵族等级）狂热的民族主义情绪与抛弃了阶级斗争的社会主义结合起来；但是他们坚持阶级的合

1015

作,因为这不仅可能导致更加平等的经济分配,也可能造就更加团结强大的民族国家。法西斯分子希望建立新秩序,建立一个消除或至少改善他们所发现的现代化社会中的一些负面因素,比如资本主义及与之相伴的消费主义(肆意妄为的物质主义),比如女权主义(刻意地反对男性至上的行为),比如自由主义,特别是共产主义(希望建立平等的社会,平凡者也能够获得高位)的社会。其反对现代社会中"破坏性"影响的主张,吸引了众多基督教人士支持欧洲范围内的各种法西斯组织(Feldman 2008)。因为墨索里尼的法西斯组织是第一个获得权力者,并且臭名昭著,因此"法西斯主义"一词迅速被用于称呼之后数十年间在欧洲、拉丁美洲、亚洲、非洲等地涌现的有同样主张的团体,或将它们联系在一起。

法西斯主义对现代化的反应

法西斯主义对现代世界众多主要元素的批判,导致当时和后世学者将这次运动视为对现代性的抛弃。反对者认为法西斯主义是野蛮的、非理性的,在与现代性的斗争中取得了胜利——程度略高于虚无主义夺取权力。但是这个观点并不完全准确。深入认识法西斯主义、现代化和现代性之间的内在联系十分必要。

现代化是工业革命以来迅速变化的过程。因工业化导致的众多变化迅速改变着政治、社会和经济结构以及行为方式。例如,城市化进程以及由此导致的农村人口向城市流动改变了工作模式,进而改变了传统的家庭和性别关系,这些又是艺术、音乐和文学领域新文化形式涌现的背景。所有这些变化通常十分激烈,它们促使崭新文化形成——是传统的前工业化文化因素与新兴的工业社会要素的松散结合。我们称这种融合文化为现代性。

现代化进程首先开始于西欧和美国,并迅速

在世界其他地方展开。现代化首先由西方帝国主义列强创造,之后各地致力于对传统的政治、社会,特别是经济结构进行现代化改造。现代化进程非常不统一,世界传统文化在从前和之后仍然千差万别。传统的前工业化社会和工业化社会之间融合造就的现代性,在现代化发生的各个地方也将有所不同。因此,现代性具有多元和多样文化特征的看法比较妥当。

法西斯主义最有可能兴起的地方是传统与现代因素联系脆弱、断裂的地方。换言之,法西斯主义青睐现代性文化失败的地方。法西斯分子不承认现代性元素,比如不加限制的资本主义、自由主义、共产主义和女权主义,而不仅仅是简单地反对现代主义。事实上,多数法西斯组织也利用现代技术比如广播、电影、扩音器、飞机和汽车,其意图不是简单地回到前工业化时期的民族国家,而是要让新型工业化社会有所不同。法西斯分子不是简单地拒绝现代性,而是努力创造与众不同的现代性特征(Griffin 2007)。

核心神话和变化的热情

近来,学者开始深入探讨法西斯分子如何解释他们所生活时代的现代性,探讨他们如何构想心目中的变化的现代性。历史学家罗杰·格里芬(Roger Griffin,《法西斯主义的本质》[The Nature of Facism],1993)和帕克斯顿(Paxton)在很多问题上存在分歧,但是两人都发现了法西斯分子的重要共性,并分别命名为"核心神话"或"变化的热情"。这些核心信念推动了运动的形成,影响着其发展,并改变着众多支持者。

法西斯分子坚信他们时代的现代性正在衰弱退化,正处于极度危险、濒临灭亡的时刻。民族国家,事实上是整个世界——已经处于历史

或许有一天，美国将通过全民投票的方式民主地走向法西斯主义。

——威廉·夏伊勒（William L. Shirer, 1904—1993）

存亡关头，处于末日或救赎的边缘。现代化的退化力量也被称为西方化或美国化过程（包含物质主义或消费主义、女性解放运动、颓废艺术和音乐等内容）。至于纳粹主义，则将最初的目标指向想当然的、奸诈的犹太人。清除退化因素、净化民族国家将使国家重新焕发青春，也可重新构建世界。法西斯分子认为自己是通过类似弥赛亚的贡献而被选择出来的人，应该服从领袖的命令（Kallis 2008）。领导者和被领导者坚信他们拥有净化现代性的使命，并且往往体现为暴力行动，他们认为这正是一种救赎。因此，民族国家才能够复活，世界才得以保存。法西斯分子期望创建新时代，改变现代性特征，希望将神话般的、辉煌的前工业文化与他们心目中的工业化世界的要素（比如加速提高城市生活水平的能量如果引导得当，将拯救水深火热中的工业化民众，创造出统一的、灵活的、重新改造的共同体）结合起来。因此，法西斯的重生观念既关注未来，也重视过去，将黄金时代的神话与即将诞生的新时代的神话相结合。

意大利学者埃米利奥·真蒂莱（Emilio Gentile）称这种神话为"政治神圣化"，认为法西斯主义是一种政治宗教。但是，该观点需要质疑之处在于，法西斯主义包含着千禧年世俗化观念，比如上文核心神话论述中明确涉及的末日、千禧和弥赛亚观念。这也正是纳粹主义的核心，其追随者认为它是对世界末日思想的回应。他们相信自己的领袖由上帝派遣，不仅旨在保护德国，也在保护世界（Redles 2005）。千禧年观念可能只是一种对众多因素导致的巨变的可能的回应，而现代化动力也是一种。从这方面看，法西斯主义可能是现代版的千禧年观念，某些方面是世俗化的，某些方面则是神圣的。世俗与神圣融合最为可能，因为法西斯主义与其所呼应的现代性都是一种混杂现象。

法西斯主义的未来

20 世纪 80 年代，众多东欧国家过快地执行自由市场经济，福利安全保护丧失，加之西方特别是美国文化快速渗透，因此遭遇了严峻挑战。这些剧变导致有组织犯罪增加，娼妓滋生，甚至出现性奴隶。这自然导致 20 世纪 90 年代和新世纪初期法西斯分子或称新法西斯分子出现在前苏联盟国，比如德国、波兰、匈牙利、斯洛文尼亚，以及巴尔干国家和后苏联国家的俄罗斯和乌克兰（Fenner 2004）。

但是，西欧也被新法西斯运动或民粹运动波及，因为社会福利制度领域内老龄人口与日益依赖移民劳动力的争论导致了本土劳动力人口的积怨日增。另外，从工业经济向后工业经济过渡过程中出现了新的现代性特征，融合了前工业社会文化与日益兴起的后工业社会特征的新文化兴起。这种新现代性文化与法西斯运动之间的斗争可能会持续升级。

美国从来没有兴起过纯粹的、拥有广泛群众基础的法西斯运动，但是其众多的右翼分子的活动却具有法西斯主义的思想和实践特征，比如基督徒的雅利安族裔论，甚至"三 K 党"（Berlet 2000）。多数理论拥有强烈的基督教福音派精神内核，认为现代美洲文化颓废、道德沦丧，并且坚信这个国家既是即将到来的新耶路撒冷所在地，也是各种昭示世界末日的自由力量的战场。千禧派与法西斯主义融合的要素清晰可辨，它否认现代文化，渴望创造一个修正的基督教现代文化，创造一个清除了非神物质主义、自由主义和好莱坞颓废主义的新美洲。因而，多数学者相信，如果这种基督教法西斯主义从边缘转为主流，美国将爆发史无前例的巨大政治危机。

进一步阅读书目：

Berlet, C., & Lyons, M. N. (2000). *Right Wing Populism in America*. New York: Guilford.

Betz, H.-G., & Immerfall, S. (Eds.). (1998). *The New Politics of the Right: Neo-populist Parties and Movements in Established Democracies*. New York: St. Martin's.

Blamires, C. P. (2006). *World Fascism: A Historical Encyclopedia*. Santa Barbara, CA: ABC-CLIO.

Chang, M. H. (1985). *The Chinese Blue Shirt Society: Fascism and Developmental Nationalism*. Berkeley: University of California Press.

De Felice, R. (1977). *Interpretations of Fascism*. Cambridge, MA: Harvard University Press.

Deutsch, S. M. (1999). *Las derechas: The Extreme Right in Argentina, Brazil, and Chile*. Stanford, CA: Stanford University Press.

Eatwell, R. (1996). *Fascism: A History*. New York: Penguin.

Feldman, M.; Turda, M.; & Tudor, G. (Eds.). (2008). *Clerical Fascism in Interwar Europe*. London: Routledge.

Fenner, A., & Weitz, E. D. (Eds). (2004). *Fascism and Neofascism: Critical Writings on the Radical Right in Europe*. New York: Palgrave Macmillan.

Fletcher, W. (1982). *The Search for a New Order: Intellectuals and Fascism in Prewar Japan*. Chapel Hill: University of North Carolina Press.

Furlong, P. J. (1991). *Between Crown and Swastika: The Impact of the Radical Right on the Afrikaner Nationalist Movement in the Fascist Era*. New York: Oxford University Press.

Gentile, E. (1996). *The Sacralization of Politics in Fascist Italy*. Cambridge, MA: Harvard University Press.

Griffin, R. (1993). *The Nature of Fascism*. London: Routledge. (Original work published 1991, London: Pinter)

Griffin, R. (1998). *International Fascism*. London: Arnold.

Griffin, R. (Ed). (2005). *Fascism, Totalitarianism and Political Religion*. London: Routledge.

Griffin, R. (2007). *Modernism and Fascism: The Sense of a Beginning under Mussolini and Hitler*. New York: Palgrave Macmillan.

Kallis, A. (2008). *Genocide and Fascism: The Eliminationist Drive in Fascist Europe*. New York: Routledge.

Laqueur, W. (1996). *Fascism: Past, Present, Future*. New York: Oxford University Press.

Larsen, S. U. (Ed.). (2001). *Fascism outside Europe: The European Impulse against Domestic Conditions in the Diffusion of Global Fascism*. Boulder, CO: Social Science Monographs.

Mosse, G. L. (1999). *The Fascist Revolution: Toward a General Theory of Fascism*. New York: H. Fertig.

Orlow, D. (2009). *The Lure of Fascism in Western Europe: German Nazis, Dutch and French Fascists, 1933 – 1939*. New York: Palgrave Macmillan.

Passmore, K. (2002). *Fascism*. New York: Oxford University Press.

Payne, S. G. (1980). *Fascism: Comparison and Definition*. Madison: University of Wisconsin Press.

Payne, S. G. (1995). *A History of Fascism, 1914 – 1945*. Madison: University of Wisconsin Press.

Paxton, R. O. (2004). *The Anatomy of Fascism*. New York: Alfred A. Knopf.

Pinto, A. C; Eatwell, R. & Larsen, S. U. (Eds.) (2007). *Charisma and Fascism in Interwar Europe*. London: Routledge.

Ramet, S. P. (Ed.). (1999). *The Radical Right in Central and Eastern Europe since 1989*. University Park: Pennsylvania State University Press.

Redles, D. (2005). *Hitler's Millennial Reich: Apocalyptic Belief and the Search for Salvation*. New York: New York University Press.

Shenfield, S. (2001). *Russian Fascism: Tradition, Tendencies, and Movements*. Armonk, NY: M. E. Sharpe.

Woodley, D. (2009). *Fascism and Political Theory: Critical Perspectives on Fascist Ideology*. New York: Routledge.

大卫·雷德莱斯(David Redles) 文

刘健 译，刘健、王超华 校

Feminism　女权主义

"女权主义"一词在 19 世纪晚期出现,距玛丽·沃斯通克拉夫特(Mary Wollstonecraft)提出欧洲女孩接受教育的倡议已有接近 100 年之遥。女权主义包含众多政治、文化和知识分子领域的运动。其基本观念是创建更加公平的社会,男性和女性有平等的工作、服务和个人发展机会。这是世界范围内独立的和有组织的女权主义者的共同诉求。

1019

1913 年,丽贝卡·维斯特(Rebecca West, 1892—1983)提出她的名言:"人们称我为女权主义者,无论我如何竭力说明我与受气包或妓女不一样。"直到今天,我们还往往从女权主义者的对立面看待她们,而不是从女权运动的共性特征角度描绘女权主义。部分原因在于"女权主义"一词最早在 19 世纪晚期被采用,晚于众多早期活动家和思想家的描述。今天看来,"女权主义"一词具有广泛含义,包含政治、文化和知识分子领域的多项运动及各类个人行为观念。

从 19 世纪早期开始,女权主义者在世界各地开展活动,帮助妇女获得法律认可、人权、家内保护权、选举权、生育假、日托、生育自由、平等的工作机会、健康保险权以及服装改革等权利。部分女权主义者也诟病妇女获得全职工作的权利;有些人从事义务劳动;有些人支持将妇女列入日程的政治团体、慈善活动、非营利活动,以及(或者)非政府组织的活动;有些人则只是在日常生活中遵循女权规范。自称女权主义者的个人与组织在观点、沿革和章程上千差万别,因此女权主义者之间往往爆发激烈争论。当今争论最大的问题集中在性工作者和宗教义务上,而 19 世纪和 20 世纪初第一次女性运动浪潮中普遍的男性选举权则位列末席。

女权主义的基本信条是创造一个更加公平的社会,男性和女性有平等的工作、服务和个人发展机会,政府给予男性和女性平等的保护和责任。当前一些自称女权主义者的组织几乎全部倡导和支持民族、种族与阶级平等运动。还有众多女权主义者支持男女同性恋者获得平等的法律地位,包括组成合法家庭的权利。而一些自称女权主义者的个人的主张更加多样。总之,女权主义倡导赋予妇女法律权利、受教育权利、生育和财务自由权利,以及拥有与男性相同的责任,以便应对家庭、生产、政府和社会互动结构的剧烈变化。

历史沿革

"第一次女权主义浪潮"起源于 1848 年纽约州塞内卡瀑布城(Seneca Falls)爆发的自我觉醒的、有组织的政治运动。在这里,伊丽莎白·卡迪·桑顿(Elizabeth Cady Stanton, 1815—1902)、卢克丽霞·莫特(Lucretia Mott, 1793—1880)和苏珊·安东尼(Susan B. Anthony, 1820—1906)主持召开了第一次女权会议。女权运动的领袖根据美国《独立宣言》的格式颁布《情感宣言》,提出男女在自然法则和上帝法则中生而平等,妇女应该"自然享有各种美利坚合众国公民所有的一切权利和权力"。套用托马斯·霍布斯(Thomas Hobbes)、约翰·洛克(John Locke)和托马斯·杰斐逊(Thomas Jefferson)的政治词语,她们要求与男性公民同等的法律地位和政治权利。尽管第一批女权主义者团体自称为"全国妇女选举协会",其成员实际上致力于寻求解决各种法律问题的方法。她们第一次获得政治上的胜利,是提高了已婚妇女与寡妇在管理财产和签署合同方面的权利。

1020

尽管美国妇女可能比其他国家女性的政治经验更加丰富,但是 1848 年前欧洲和拉丁美洲的妇女也已经提出女权主张,支持政治运动。美国女权运动者与世界其他地区的个人和组织保持联系、共同合作,世界各地的报纸都撰稿报道女权会议和新闻集团。美国院校最早授予女性学生学位(欧柏林学院[Oberlin College]的第一批女性学生毕业于 1841 年),来自世界各地的女性也有助于传播女权运动的政治主张和策略。短短几年时间,西欧、东欧、巴西和墨西哥都出现了女权组织。19 世纪末,印度、中国、北非及拉丁美洲多数国家也都爆发了女权运动,出现了女权组织。

女权主义者受玛丽·沃斯通克拉夫特(1759—1797)影响至深,她的著作《为女权辩护》(*Vindication of the Rights of Women*)提出女性有权与男性接受同样教育,并同样应该拥有更多的法律平等权利。沃斯通克拉夫特认识到社会地位的不平等并非只源于自然差异,至少部分是源自文化规范。她指出,欧洲社会的妇女可能确实在智力和行动力上低于男性。但她认为这是教育缺失不可避免的后果,绝对不是女童和妇女的精神及身体能力低下所致。一个受过教育、受过公共生活训练的女童在成长为妇女后也可以做得很好,因此,沃斯通克拉夫特的核心观念是女童的教育能够帮助妇女获得权利。全世界的早期女权主义者都将沃斯通克拉夫特的主张奉为圭臬;新闻集团对其进行了广泛宣传,一名巴西女性翻译了《为女权辩护》一书,这是第一部真正出版的关于女权的著作。

一般认为女性选举权斗争在女权运动中最为激烈,反对者认为支持妇女参政者是针对男性的、非理性的人。另一方面,女童教育权斗争没有遭遇更大阻力。原因有很多。首先,随着工业经济的发展,越来越多的女性走出家门从事工资劳动,儿童保育需求增加,学校能够解决部分问题。其次,19 世纪的性别观念将母亲和妻

这张照片摄于 1910 至 1915 年间,名为《英国煤矿罢工中煤矿女工游行》。乔治·格兰瑟姆·贝恩藏品(George Grantham Bain Collection)。美国国会图书馆

子定位为家庭妇女，其主要职责就是培养子女的性格，教育他们成为现代世界的公民。为此，妇女需要受教育。第三，受过适当教育的、独立的现代女性形象是帝国主义和反殖民主义理论的重要内容。殖民强国、坚持殖民主义的独立国家的领袖以及殖民地贵族坚信，女性的着装、行为和公共形象是现代文化和民族健康形象的标志。因此，部分国家的精英分子最早尝试接受女权的社会变化，最早建立机构支持女权主义。埃及君主穆罕默德·阿里（Muhammad Ali, 1769—1849）支持埃及女童和助产士接受教育；中国有识之士掀起了反对女性裹脚和女性奴隶的运动，劝说他们的家庭教育自己的女儿，为他们的儿子寻找受过教育的女性为妻。最后，世界范围内的妇女组织和个人艰难地推动女性教育，成为现代文化不可缺少的理念。在多个地方，最先出现专业女性劳动者的职业是学校教师。不论是在印度还是在印度尼西亚，这些珍贵的、受过教育的未婚女性出版了数量惊人的著作，建立了众多组织，为妇女争取方

方面面的利益。她们是女权组织的脊梁，是女权运动的支柱。还有一些不太激烈的女权组织，致力于儿童福利、保护雏妓、寡妇救济、酒精依赖治疗和预防（防止男性将家庭全部收入花费在饮酒上，防止男性醉酒殴打家庭成员）等活动。

并非所有的妇女组织和运动都积极参与以争取妇女法律权利为标准的政治激进活动。部分原因在于，公开的政治抗议活动仅在少数国家是合法的；甚至在少数国家，只有成年男性才拥有参政权，有资格担任选民。俄国和印度等压迫程度较深的国家的激进女性积极参与革命和独立运动，同时参与妇女解放运动。欧洲女性活动家往往成为社会学家，她们在众多殖民地民族独立运动中担任女性辅助人员。这些运动中的女权主义者认为，妇女权利建立在所有国家政治自由的基础上（或源于此）。

20 世纪 50 年代，随着国际独立运动和民权运动在去殖民化以及认同少数族裔人权方面取得成功，女权主义运动发展加速。"第二次女权主义浪潮"起源于部分妇女拥有参政权的国家，目标是继续争取平等权利，保护妇女和女童，这也是第二次浪潮的主要目标。第二次浪潮亦被称为妇女解放运动，它强调了改变性别观念和性别期待的重要性，女权主义者认为这是导致两性界限和压迫的肇因。有些女权主义者称当前时代是女权主义运动的"第

家政科学——化学实验室的女生（1893）。路易·洛布（Louis Loeb）绘图，施瓦茨伯格（C. Schwarzburger）刻。《世纪杂志》（*Century Magazine*）

1022

请记住，金格尔·罗杰斯（Ginger Rogers）与弗雷德·阿斯泰尔（Fred Astaire）的动作完全一样，而且她是穿着高跟鞋做退步。
——费丝·惠特尔西（Faith Whittlesey, 1939—　）

三次"浪潮；但是除领导集团更新换代外，第三次浪潮的主张与第一次并无明显差别。

反对派

女权主义运动当然也会遭遇强烈批判。部分原因在于，哪怕一点点女权主义者倡导的变化，都会导致大规模的社会和政治变革。比如，不可能仅仅给予女性选举权而在其他方面没有任何变化。比如，在以罗马天主教人口为主的国家，自由主义者党派特别抗拒给予妇女参政权，因为女性比男性更加支持教会。如果寡妇获得更多的丈夫财产份额，她们将利用这些资金从事公共建筑和慈善活动、支持政治候选人、创建私立女校、独立生活、资助（男性或女性）情人或她们愿意从事的合法活动。法律规定提高生育年龄或合法婚姻年龄，将导致女性结婚年龄推迟，减少生育，女性的这种选择大多违背丈夫和公婆的意愿。拥有节育权的妇女——仍然有众多女性尚不拥有这个权利——可以选择是否生育子女，是否控制子女数量。正在进行的女权改革不可避免地改变着男性的生活状态，迫使他们重新审视自己在社会中的地位。另外，不仅丈夫、父亲，包括母亲和婆婆都丧失了部分权利。祖母、母亲和婆婆

在由男性掌控的社会中往往拥有较大权利，因此，女权改革的根本目标是为女童和妇女争取更大自由，将年轻女性从老年妇女的控制中解放出来。因此女权主义也遭到指责，认为其颠覆了传统的家庭价值观。

当前批判女权主义的另外一个焦点是中产阶级和西方妇女运动。在女权主义发展的多数时期，中产阶级或受过教育的女性是支柱力量，富裕女性的经济和社会支持往往集中在挽救某些特定组织上。这也是多数致力于政治或慈善活动的组织的特点。因此有观点认为女权主义是西方的、帝国主义的运动，因为它与现代化、文明和妇女在殖民地统治时期的地位均有密切关系。因此，众多致力于此的组织或个人支持女权主义者，但是不承认自己是女权主义者。同样，19 世纪的一些妇女组织争取教育、公共卫生以及其他社会福利等"女性权利"，但是并不争取参政权。

1023

变化中的家庭角色：母亲读报，父亲准备晚餐，顺便照看孩子。（荷兰）哈勒姆（Haarlem），1982

进一步阅读书目：

Alvarez, S. E. (1980). *Engendering Democracy in Brazil: Women's Movements in Transition Politics*. Princeton, NJ: Princeton University Press.

Badran, M. (1995). *Feminists, Islam, and Nation: Gender and the Making of Modern Egypt*. Princeton, NJ: Princeton University Press.

Blackburn, S. (2004). *Women and the State in Modern Indonesia*. Cambridge: Cambridge University Press.

Croll, E. (1980). *Feminism and Socialism in China*. New York: Schocken Books.

Fernea, E. W. (1998). *In Search of Islamic Feminism: One Woman's Global Journey*. New York: Anchor Books/Doubleday.

Forbes, G. H. (1996). *Women in Modern India*. Cambridge, U. K.: Cambridge University Press.

Giele, J. (1995). *Two Paths to Women's Equality: Temperance, Suffrage, and the Origins Modern Feminism*. New York: Twayne Publishers.

Hahner, J. E. (1990). *Emancipating the Female Sex: The Struggle for Women's Rights in Brazil, 1850 - 1940*. Durham, NC: Duke University Press.

Kumar, R. (1993). *The History of Doing: An Illustrated Account of Movements for Women's Rights and Feminism in India, 1800 - 1990*. London: Verso.

Lerner, G. (1993). *The Creation of Feminist Consciousness from the Middle Ages to 1870*. New York: Oxford University Press.

McVay, P. (2009). *Envisioning Women in World History: 1500 to the Present*. Boston: McGraw-Hill.

McVay, P. (2009). Family Law as Metaphor in Colonial Politics: A Helpful Tool in World Historical Analysis. *World History Bulletin, 25*(1), 18 - 21.

Macias, A. (1982). *Against All Odds: The Feminist Movement in Mexico to 1940*. Westport, CT: Greenwood Press.

Ping-Chun Hsiung; Jaschok, M; & Milwertz, C. N. (Eds.). (2001). *Chinese Women Organizing: Cadres, Feminists, Muslims, Queers*. Oxford: Berg.

Sievers, S. L. (1983) *Flowers in Salt: The Beginnings of Feminist Consciousness in Modern Japan*. Stanford, CA: Stanford University Press.

Stites, Richard. (1991) *The Women's Liberation Movement in Russia: Feminism, Nihilism, and Bolshevism 1860 - 1930*, revised ed. Princeton, NJ: Princeton University Press.

West, R. (1913). Mr. Chesterton in Hysterics. *The Clarion*.

帕米拉·麦克维(Pamela McVay) 文

刘健 译,刘健、王超华 校

Festivals 节庆

人类历史上的节庆——娱乐、游戏、庆祝活动,通常有一定的时间间隔,大多具有宗教和文化意义。节庆往往提供一个氛围以达成某种目的,包括创造、维持和鼓舞社会的和谐。

节庆存在于所有社会,其庆祝活动包括重要的宗教传统,也包含地方性的仪式、娱乐和庆祝活动。节庆中允许某种程度的释放和娱乐。

节庆表达分几个层次。首先是代表意义,参与者努力表现节庆的内涵。其次是表象,比如某个形象不仅仅是熊或女性,而是一个神化形象熊神

2007 年全美印第安大集会。几百年前流传下来的传统美洲土著人舞蹈已经包含了众多现代元素。辛西娅·弗兰肯伯格 (Cynthia Frankenburg)为史密森学会摄

或圣女玛利亚。再下一个层次是释义或寓意，表达更加广泛的社会意义，可能表达冲突和紧张局势。节庆的社会作用不一而足。

人类学者弗兰克·曼宁（Frank E. Manning）将节庆纳入庆祝活动范畴。节庆与其他类型的庆祝活动给予那些并不经常参与者以力量，给予他们针砭政治势力等社会现象的机会，告诉他们事情也许并非如表面那样。最后，节庆表演本身就有其社会和文化含义。节庆亦有其文化功能，也就是说，通过节庆构筑身份和社会。通常情况下，和谐统一必然存在于多样化之中，或者是一个社会中的不同人群，或者是存在于政治和经济利益竞争的人群之间。美国的一个例子可以说明这个问题。第一次世界大战之后，外来移民的影响越来越大，政府发布建议手册以促进美国民族稳定，并提倡爱国主义。首先，手册建议通过节庆表演活动加快外来移民"美国化"进程。其中一个建议是让移民的孩子爬进舞台上一只旋转的大鞋里。之后这只鞋将显现出"美洲"字样。孩子们穿着标有他们祖国名称的衣服，从鞋里爬出来后，他们将脱掉有标志的帽子和方巾，标志着已经成为"美国人"。

这种转变——移民子女转变为美国公民——的仪式在多数节庆中都有体现。例如，新大陆哑剧演员（童话剧表演者）的表演被多数人简单地称为"好玩"。当然，尽情发挥的表演和伴唱带来了一段快乐时光。但是快乐时光也给社会上的人，甚至多数极端保守的成员提供了破坏规则的机会。这是一段合理合法的"仪式背叛"或"仪式倒置"（这是人类学者的词语）的时间。

团结的仪式

节庆中充满着嬉戏、想象力和创造力。节庆或嘉年华庆典的目的是重申团结。节庆不仅是

短暂休息的机会，也针对社会时弊，人们可以抓住这些时弊恣意嘲弄。节庆活动让人们恣意欢笑，也是对那些有能力解决问题的人士的触动。

意大利锡耶纳的帕里奥赛马会就有这样的作用。赛马会既是一场游行，也是一次赛马比赛，还是一个宗教和政治事件。锡耶纳人通过这个节庆使他们的城市获得新生。帕里奥赛马节的活动——游行比赛、赛马、政治和宗教活动——表现了较低层次的城市生活。但是，较高层次的城市生活中也存在一定限度的竞赛，人们努力达成目标，重建团结局面。

以重申生命和团结为目标的祭奠节庆也普遍存在于世界各地。这类节庆通常在逝者去世后举行，持续一年或一年以上时间，参加者包括村民、死者亲属及同龄人，其花费不菲，程序繁杂。节庆活动中充斥着食物、舞蹈、歌唱和纪念活动。巫者吟唱歌曲，讲述故事，回顾死者一生。死者生前的物品被一一展示，可能还会被赠送出去。节庆的目的是重申社会内部的联系纽带，将老朋友、亲属及其他人团结在一起。

纽约州西部易洛魁人的节庆就明确表现出了团结的目的。在易洛魁人中，从来不交换战俘。如果易洛魁人没有处决哪个战俘，那这名战俘就将被收养，这也就意味着他必须改变身份。在下一个宗教活动中，长老将宣布这个战俘的新名字、所属部落和家族。新旧身份之间的对立在这个宗教活动中被最终终止，战俘身份和他的新族属之间的对立也不复存在。

巴西亚马孙州帕林廷斯的斗牛舞节活动在7月的最后3天举行。它是巴西北方规模最大、最盛大的民间节庆。它的目标同样是在对立中寻求团结。一方面，它加入了混血儿（欧洲和美洲土著居民的混血儿）认同内容，开展一些文化和仪式主题活动。另一方面，它确认人们作为巴西人的民族自豪感。

长期以来，人类学者认为美国的乡镇节庆与传统社会的公共仪式活动别无二致。公共仪式活动的主旨也是强调社会价值和现实联系。比如美国西部的一系列节庆活动，与怀俄明州的夏安人（Cheyenne）的边境日活动相同。这些节庆活动中也有以团结为目标的竞赛活动，包括游行、骑术表演、狂欢、集市、牲畜展示和音乐演出。这些节庆活动将人们团结在一个共同传统之中，缓解矛盾，增进团结和自豪感。

春节

许多社会，尤其是中国人庆祝春节。中国人遵守太阴历，因此他们的新年开始时间与西历不同。节庆期间要举行众多仪式，在新年开始前的一个月左右就已经开始。人们开始购买礼物、特殊食品、衣服和装饰品。节庆准备活动中包括大规模的打扫工作，包括用一把大的扫帚扫除一切坏运气。人们还为门窗重新刷漆，一般选用象征幸运的红色。之后中国人还贴上窗花以表达喜庆、富庶和长寿的愿望。对于许多人来说，除夕是节庆的高潮。人们非常注重除夕食物、传统和仪式的各个细节，甚至超过大年初一。

海鲜和饺子等食物象征着美好的愿望。其他食物也有各自的象征意义：虾象征生命和喜庆，鱼据说能够带来运气和财富。人们通常穿红色衣服驱除鬼魂，而避免穿黑色和白色的衣服，因为这些颜色代表悲伤。与家庭成员吃过年夜饭后，人们还要观看焰火表演。

大年初一，已婚者将给子女和未婚的成年人红包。家庭成员拜年，互相恭祝幸福、万事如意。节庆活动的期望是社会和平和谐。

非洲的节庆

历史上，非洲节庆曾经是一种评论社会与政治的手段，甚至为起义和改变统治政策提供框架渠道。今天，这些节庆仍然发挥着相同的作用：保持社会开放，并且评价更多事务、习俗和政治组织。非洲节庆与娱乐完美地结合在一起。歌舞和服装表现了娱乐性，但是他们的表演对普遍接受的现实理念有所颠覆。这些节庆既反映社会现状，也帮助改变社会，保证这些改变能够融入传统文化。

这些节庆的名字可能有所变化，但是其目标不变。豪萨社会因殖民主义而发生改变，在这个过程中，瓦桑·卡拉-卡拉（Wasan kara-kara）等仪式的内容发生变化，包括名字。在殖民地统治时期，白人管理者和殖民社会的其他成员成为被调侃的目标。豪萨人使用"白人伪装者"，因为没有哪个白人会在非洲人的化装舞会上以一种贬低的形象扮演另外一个白人。豪萨人的化装舞会上因此出现以粉白面孔模仿殖民地管理者的行为，借此讽刺那些政治权贵人士，督促他们纠正行事行为。

在西非其他地方，波罗人（Poro）和桑德人/邦杜人（Sande/Bundu）社会通过节庆维护社会秩序。波罗人和桑德人在工作中利用精神力量。同样，尼日利亚西南部约鲁巴人的化装舞会艾贡贡（Egungun），也通过精神力量确立和掌控社会秩序。

舞蹈和节庆

在非洲，一般情况下没有化装舞会的节庆不是节庆。这些舞者是宗教社会的一员。化装舞会一般有4种，每种都有其特定功能：（1）表现自然神祇和精神力量；（2）表现祖先的精神力量；（3）通过舞蹈安抚神祇；（4）娱乐。

化装面具也有不同。动物面具比较常见。面具的样式多样，表现了各种动物。有些面具纤小典雅，有些面具比较硕大，用摇摆的酒椰叶纤维装饰。舞者通过舞蹈表现所戴面具的特点和形状大小。例如，在尼日利亚本代尔州（Bendel）阿费麦人（Afemai）祭祀祖先的化装舞会（伊科佩尔维姆[Ikpelweme]）上，舞者穿紧身

的深色服装，戴刺绣布料制作的面具和头带。这些舞者能够表演快速运动的舞蹈。在约鲁巴人的祖先化装舞会（艾贡贡）中，舞者则戴雕刻头带，穿宽松飘逸的长袍。其面具十分沉重，因此无法表演快速运动的舞蹈。

各地的表演者都来自仪式团体。他们一般受雇表演。他们有可能在一个仪式性节庆上表演，也可能在私人聚会中表演。大多情况下他们都要表现祭祀祖先灵魂的活动。在祭祀仪式之后，他们表演杂技舞蹈和快速变幻的魔术。他们会嘲笑外人，特别是他们心目中的欧洲人。

非洲舞蹈有音乐和歌曲伴奏，表现社会中的个人和团体。在坦桑尼亚，为孩子行割礼的巫师也跳舞。在复杂的非洲社会中，统治者一定要表演正式的仪式舞蹈以宣誓他的权威。在尼日利亚的约鲁巴人中，统治者引领着化装舞者沿街游行，在一辆四轮马车上载歌载舞。他的妻子们与臣服于他的酋长们同样手舞足蹈。社会的其他成员也表演符合各自身份的舞蹈，包括猎手、宫廷主管、女性市场管理者等等。所有人都通过舞蹈表达效忠之意。

秘密社会和节庆

一般认为西非波罗人和桑德人的组织是秘密社会的典型代表。但是，非洲还有其他一些秘密社会。比如尼日利亚西南部阿沃里（Awori）和埃巴多（Egbado）地区的艾贡贡化装舞会活动，在当地人的生活中占据极其重要的地位。其化装舞会表演者在社会政治生活中发挥着主要作用，并且已经持续了数个世纪。

奥贡节（Ogun festival）是纪念铁器神奥贡的庆祝仪式。但是，约鲁巴人的化装舞会表演者为了表现对众多重生的约鲁巴基督徒和传统统治者的蔑视，利用这个节庆纪念英勇的约鲁巴人。参与节庆活动的年轻人也利用它来表现约鲁巴人的政治权利，并阐述文化内涵。化装舞会

又表现出除旧布新的功能,上述例证表现了政治变幻与新旧政治权力和文化之间的斗争。

这样,化装舞会成为旧传统适应新形势的又一个场合。它既反映了政治形势发生的变化,也反映了新旧政治势力与文化之间的斗争。

面具与节庆

面具主要分三种。一种用于剧场活动。这些面具以体积硕大著称,表现夸张的现实;其体积之硕大,超过了操作者的体形。另一些面具用于表现人的个性。戴这种面具的人会扮演另外一个人,通常是一个更有力量的人。最后,还有一些面具表现力量,祖先的力量。因为这种面具过于庞大,因此不能佩戴。化装舞会的表演者一般将其拖在身后。

面具一般在宗教节庆中佩戴。这类节庆的特征是载歌载舞。舞蹈讲述了一个故事,通常这个故事中有一个善灵和一个恶灵。善灵帮助丰收,并驱逐试图破坏丰收的恶灵。

根据主要作物的种类,人们确定节庆活动的主题是谷类还是薯类。薯类节庆庆祝活动一般在8月初雨季末期举行。在尼日利亚和加纳,人们首先向神祇和祖先贡献薯类以表达感激之情。在加纳,人们还庆祝霍莫沃节(Homowo festival)。这是加人(Ga)传统的丰收节庆。"霍莫沃"一词意为"饥饿的哀号"。它源自加人神秘的起源地,以纪念他们迁徙到加纳的行动。在那次迁徙行动中,他们曾经遭遇饥饿的威胁,但是,他们通过互助成功自救。当他们成功地生产出剩余粮食后,他们庆祝了第一个霍莫沃节。

这个节庆活动中包括一个化装舞会,人们会扮演形形色色的王室人物。

化装舞会的特征

每个化装舞会中都有一些正襟危坐的塑像。每组塑像都在整个仪式中发挥着特定的作用。这个仪式有助于维护政治秩序。在约鲁巴人的血缘社会中,每个家族都有其特定职能。值得一提的是,约鲁巴人的化装舞会与豪萨人的瓦桑相同,都有控制政治局势的功能。

一般来说,化装舞会是一个仪式,它反映了周边地区的政治结构。在统一的面具后面是各种利益的竞争。而面具反映了这些利益。不同集团成员之间进行谈判,每个集团都控制着节庆的不同部分,并最终影响政治生活。面具代表相互竞争的集团成员的身份,最终,他们的工作将影响政治决策。

在尼日利亚南方的伊科勒(Ikole),官方的和最重要的节庆是奥贡节。另外一个重要节庆奥登·艾贡(Odun Egun)是两年一度的节庆,在晚春举行。该节庆活动持续17天,其特色是化装舞会,反映了新老权力的更迭。新生势力化装舞会的举办频率比旧势力的舞会频繁,证明权力已经从老一代转到新一代。

节庆活动本身就是仪式,而一系列仪式昭示着统一习俗背后的变化。节庆通常是竞争的中心,竞争渗透在节庆的正规程序之中。追寻一个节庆的历史,人们将发现这些变化。因此,节庆中既包含众多的群体文化历史,也是改变的渠道。

进一步阅读书目:

Barkan, J., McNulty, M., & Ayeni, M. A. O. (1991). Home Town Voluntary Associations, Local Development and the Emergence of Civil Society in Nigeria. *Journal of Modern African Studies, 29*(3), 457–480.

Barnes, S. (1996). Political Ritual and the Public Sphere. In D. Parkin, L. Caplan, & H. Fisher (Eds.), *The Politics of Cultural Performance* (pp. 19–40). London: Berghahn.

Bourque, L. N. (1995). Developing People and Plants: Life-cycle and Agricultural Festivals in the Andes. *Ethnology*, *34*(1),75 – 83.

Bourque, L. N. (2003). Spatial Meaning in Andean Festivals: Corpus Christi and Octavo. *Ethnology, 33*(3),229 – 242.

Bowen, C. (1996). Edinburgh International Festival. *Dance Magazine, 70,* 108 – 119.

Butters, P. (1998, May 14). Of Celts, Kilts and Cabers. *Washington Times,* p. 4.

Clarke, P. B. (Ed.). (1998). *New Trends and Developments in African Religions.* Westport, CT: Greenwood Press.

Cohen, A. (1980). Drama and Politics in the Development of a London Carnival. *Man, 15*(1),65 –87.

Drewal, M., & Drewal, H. (1978). More Powerful than Each Other: An Egbado Classification of Egungun. *African Arts, 11*(3),28 – 39.

Harrison, S. (1992). Ritual as Intellectual Property. *Man, 27*(2),225 – 244.

Hayford, J. (2000, May). David Kodeski Obsessive Anthropology. *American Theatre, 17,* 56 – 68.

Henry, R. (2000). Dancing into Being: The Tjapukai Aboriginal Cultural Park and the Laura Dance Festival. *The Australian Journal of Anthropology, 11*(3),322.

James, E. O. (1963). *Seasonal Feasts and Festivals.* New York: Barnes & Noble.

MacAloon, J. (1984). *Rite, Drama, Festival, and Spectacle: Rehearsals toward a Theory of Cultural Performance.* Philadelphia: Institute for the Study of Human Issues.

Murray, D. (2000). Haka Fracas? The Dialectics of Identity in Discussions of a Contemporary Maori Dance. *The Australian Journal of Anthropology, 11*(3),345.

Picton, J. (1990). What's in a Mask? *Journal of African Languages and Cultures, 2*(2),181 – 202.

Turner, V. (Ed.). (1982). *Celebration: Studies in Festivity and Ritual.* Washington, DC: Smithsonian Institution Press.

Zimmerman, V. (2002, February). From a Cart: African Masks. *School Arts, 100,* 24 – 26.

弗兰克·萨拉莫内(Frank A. Salamone) 文

刘健 译,刘健、王超华 校

Feudalism 封建主义

在世界历史上,"封建主义"是一个颇具争议的名词。学者们通常用其描述前工业社会的一种政治制度(有时也是一种经济制度),但是将一种制度命名为封建则没有取得共识。这个名词既模糊也明确,有越来越多的历史学家认为最好废除这个词语,仅在十分有限的历史学范畴进行研究。

封建主义通常用于描述 9 世纪左右在欧洲兴起的一种政治制度,它是分裂的、供养军事力量的制度,从兴起至灭亡存在了几百年。但是多数欧洲中世纪史学家——特别是军事史学家,表面上看这个名词对他们更加适用——倾向于认为这个名词是误读,它会导致我们对于历史的认识更加模糊。

名词的沿革

18 世纪的改革者借用中世纪词语"feudum"(是"封地"一词的拉丁语形式)创造"封建主义"一词,用它(错误地)表达法国贵族享有的权力和特权,特别是他们拥有土地和佃农的权力。马克思主义史学家扩展了这个具有广泛的社会经济意义的名词的内涵,他们认为"封建的生产方式"上承古典的生产方式,下接资本主义生产方式。对于军事史学家来说,这个解释过于宽泛。事实上,如果特权领主阶级和附庸农民构成封建制度,那么工业革命之前产生的多数文明都将是封建的,而这个名词也将失去其分析解释意义。从这个角度看,封建主义又与庄园制度(生产农产品的庄园为领主所有,劳动者是其附庸的农民劳动力)相混淆。

封建主义与军事史

在军事史学家眼中,封建主义有着更为明确的含义。对于他们来说,这是军队保障制度,即君主将封地——部分土地——授予封臣(拉丁语写作 vassus)。作为回报,封臣应向君主提供一定的、有限的军事服务,一般是每年 40 天,或成为骑士——全副武装的骑士。有些君主提供盔甲和武器,但是多数时候由附庸自备装备。封地是服务的报偿,也称"骑士领"。从这个方面看,封建主义也往往被认为是中央权力松弛、财力有限的标志;中央政府被迫用土地交换资金,被迫将专制权力下移。事实上,"封建"一词只是"强大的武装贵族阶级控制的权力下放的政权"的(有所误解的)简称。但是,并非所有权力下放的政权都采用以土地换服务的办法豢养军队,也并非所有采用这种形式的政权都是孱弱、贫困或权力松弛的国家。

事实上,这种方式甚至不是 9 至 12 世纪欧洲西北部典型封建社会的特征。近来学界对于封建义务的现代观念的研究集中在"Libri Feudorum"一书中,这是 12 和 13 世纪编纂完成的一部意大利司法手册。其对于封地和封臣的学术解释是 16 世纪封建主义解释的基本内容,并延续至今。但是,其对于封建义务及其附着的土地占有制的司法等级的描述,与中世纪时期的证据不符。"Feudum"和"vassus"的含义模糊且不断变化,9 至 14 世纪欧洲的军事制度也与常规解释差别极大。

封地附着的有限义务对于军队构成有天然的局限:统帅对士兵的需要显然要多于每年 40 天,而且这个制度对于中世纪欧洲军队资源的作用也被夸大了。士兵确实要耕种土地,但是他们主要是"居家骑士",是与君主居住在一起的年轻人,向君主提供军事和非军事服务,享受长期承担封地义务的成果及附属奖励。对于已分封土地所承担义务的解释十分薄弱,仅表述为"每年 40 天"。"封建"义务(封臣对君主的无偿义务)的执行建立在非常规的基础上:比如陷入地方冲突和需要向自己的君主(如果有)承担义务,君主在需要动用武力力量时,征召他的朋友、亲戚、一起狩猎饮酒的伙伴和依附者中的年轻人,共同作战,共同承担风险,共同享受战争果实。封君军事家族(拉丁语写作 familia)内部的社会凝聚力被解释为军事凝聚力,并解释为小团体常年共同生活传授狩猎和战争技能。封建义务的限制和法律条款基本没有实际意义。

但是,将封建主义更加宽泛地解释为附着在土地上的无偿的军事义务,仍然有问题。首先,欧洲中世纪早期就已经存在从事有偿劳动的个人和团体,而与其经济保障体制无关,也与其"封建"义务无关。1050 年后,有偿的义务劳动越来越普遍。其次,全球范围内,在不同时间、不同地点,存在着各种"兵役田"形式,承担着各种有偿和无偿劳动。部分兵役田为分封土地,使用者并不拥有任何一块土地,但是可以获得土地收成。土地收成往往来自多块不同的土地。基于此,土地收成支撑的军事资源与耕种土地的农民劳动力之间并无直接联系,与获得封地、合法拥有农民人口、管理生产的武士制度有根本差别。事实上,在有些情况下,"兵役田"支撑的军事资源并不占据主要的社会和政治份额。简言之,这并非武士贵族制度,而是一种民兵组织。这种制度与武士贵族占据统治地位的形式

雇佣兵及其附属部队不仅没有用处,而且十分危险。

——尼科洛·马基雅维利

日本姬路封建城堡,建于 14 世纪,17 世纪翻建,以其曲径通幽的道路著称。纽约公共图书馆

不同。

因此,我们需要重新审视所有兵役田均为军事资源的"封建"的观点,需要考虑与马克思主义的封建主义解释有关的问题;马克思主义并没有对制度及其独有特征进行明确区分。如果需要区分排他的"封建"体制,那么就不可避免地涉及欧洲模式的优势特征,这样才能确定内涵标准,因为它是最早被研究的(也是最早被命名为封建的)地方——这是欧洲中心主义的罪恶之源。因此,军事史学家逐渐开始摒弃这个概念,转而采用功能性的描述以区分世界上(以及欧洲)的各种军事制度,并区分兵役田、民兵制度以及与之相关的社会等级制度。

封建主义与法律史

另一方面,研究欧洲中世纪中期法律的史学家在其研究中堂而皇之地使用"封建"一词,用以研究 12 世纪及之后的欧洲居民生活状况,并利用有明确含义的某些附庸的义务和继承权利词语规范早期并不正规的法律原则。在这个过程中,"封建制度"中军事制度的因素逐渐消失,而作为根本法律制度的含义日益凸显。事实上,领主与附庸的土地纽带关系已经成为欧洲贵族社会两个最重要的束缚关系之一(另外一个是与之相似的婚姻纽带)。12 世纪英国的采邑法成为很久以后英国地产法的基础,也因此成为现代美国财产法的基础。

封建财产法的历史十分明确,可能因为其发生在特定的时间和地点,当时的司法体系也已经十分成熟,法律史学家——他们惯常强调特殊性而不是普遍性——并不乐于承认封建财产法是一种跨文化的历史现象。非法律史学家错误地将欧洲中世纪中期和晚期的法律发展纳入欧洲中世纪早期政治、军事和经济范畴,而且又将这种误读带入对世界其他地区的研究中,用于探讨基本社会类型。

封建主义与比较史学

这种历史误读表现在日本 12 至 16 世纪"封建主义"的研究中。镰仓时代日本农村武士贵族占据统治地位,中央政府统治松弛,这是比较史学对比研究日本与中世纪欧洲的出发点。这类比较研究几乎自始至终局限在封建主义上,因为传统的封建主义模式源自对西欧历史的研究,故研究其他地方的封建主义有用欧洲模式生搬硬套之嫌。这有可能造成先入为主的偏见,也有可能产生将非欧洲制度斥为"错误"的趋势。

这种西方观给战国时代的日本历史研究带来困扰。这个时代,即 16 世纪,日本处于大名或地方地主控制的战国时代。封建模式致使众多史学家将战国时代视为封建主义崩溃、国家统治混乱的时代。大名的统治与法国北部小城主和地主的统治相似,学界因此而对比封建王国(法国和日本)模式,因其封建主义下的中央统治松弛现象十分相似。但是由于这个观点过于强调大政治体的分裂,因此忽略了这个时代大名统治区内部出现的团结和政治凝聚力。如果排除封建偏见,大名的统治应该是独立的政权;这个时代的日本更加类似作为整体的欧洲,而非欧洲范围内的某个王国。

1033 在封建模式的基本层次上,学界对欧洲模式与武士社会结构进行了广泛对比,比如日本地主庄园与欧洲庄园的对比,日本中央政府向武士家族支付报酬换取军事义务的收入权与欧洲采邑的对比。但是他们往往忽略两个社会之间存在重要差异,而更加关注相似性。这个问题在战国晚期的研究中最为突出:这个时期数量众多的大名部队必然在封建制度框架内被研究,被认为比欧洲封建主义"更加无情,更具有官僚制度特征"(J. R. Strayer,转引自 Morillo 2003)。"官僚化的封建制度"与深入审视该时代历史后得出的结论自相矛盾。

运用封建模式讨论日本历史同样利用了其他一些相关术语,但并不完全相同。其中以武士和骑士的对比研究最具代表性。骑士和武士两个名词的内涵不尽相同,骑士的阶级内涵更加类似日本前江户时代的武士。武士和骑士的相似性体现在两者的战斗风格和技术上,但是事实上两者的战术差别极大——特别是在战国时代,当时的武士部队为步兵。因此,我们应该谨慎地看待日本所谓的封建主义,避免从狭隘的文化视角仓促对比某些术语和模式。

正在消失的词语

简而言之,世界历史上的"封建主义"是一种史学现象,而并非历史本身。"封建"和"封建主义"已经无法取得一致观点。这些词语曾经试图描绘一种存在多种文化的社会类型,但是用之描绘这类社会的基本特征,具有强烈的欧洲中心主义的特权色彩,欧洲自身也无法用这个概念解释最基本的社会要素。扩展封建主义内涵的努力也无法明确阐述采用这个概念的社会的观念差异。从这个意义上说,这个词正在丧失其存在的意义。

进一步阅读书目:

Barendse, R. (2003). The Feudal Mutation: Military and Economic Transformations of the Ethnosphere in the Tenth to Thirteenth Centuries. *Journal of World History, 14,* 503 – 529.

Bloch, M. (1961). *Feudal Society* (L. A. Manyon, Trans.). Chicago: University of Chicago Press.

Bouchard, C. (1998). *Strong of Body, Brave and Noble: Chivalry and Society in Medieval France.* Ithaca, NY: Cornell University Press.

Brown, E. A. R. (1974). The Tyranny of a Construct: Feudalism and the Historians of Medieval Europe. *American Historical Review, 79,* 1063 – 1088.

France, J. (1999). *Western Warfare in the Age of the Crusades.* Ithaca, NY: Cornell University Press.

Ganshof, F.L. (1964). *Feudalism* (Grierson, P., Trans.). New York: Harper-Torch. (Original work published 1947)

Hall, J.W. (1966). *Government and Local Power in Japan, 500 to 1700*. Princeton, NJ: Princeton University Press.

Hudson, J. (1994). *Land, Law, and Lordship in Anglo-Norman England*. Oxford, U.K.: Oxford University Press.

Milsom, S.F.C. (1976). *The Legal Framework of English Feudalism*. Cambridge, U.K.: Cambridge University Press.

Morillo, S. (2003). A "Feudal Mutation"? Conceptual Tools and Historical Patterns in World History. *Journal of World History, 14*, 531 – 550.

Poly, J.P. & Bournazel, E. (1991). *The Feudal Transformation, 900 – 1200*. (Higgit, C., Trans.). New York: Holmes & Meier. (Original work published 1980)

Reynolds, S. (1994). *Fiefs and Vassals: The Medieval Evidence Reinterpreted*. Oxford, U.K.: Oxford University Press.

史蒂芬·莫里洛(Stephen Morillo) 文

刘健 译,刘健、王超华 校

Fire 火

1034　　至少在 40 万年前,人类学会了控制火。人们可以用火烹饪出各种食物。火可以防止危险动物的侵害,也保证了生活空间温暖舒适,人类因此可以离开热带非洲向世界各地扩散。人类在四处流动寻找猎物时燃烧干燥的树枝,改变了自然生态的平衡。没有任何一项技能能够如此巨大地提升人类应对自然的能力。

　　人类的历史与用火密不可分——两者之间的联系似乎更加趋向于互利。虽然火的历史比人类古老得多,但是一旦人类学会如何控制火,火的功能及其多种形式都开始为人类活动服务。今天,地球行星上所有燃烧的火焰中,仅有极小的一部分是"自然"火;绝大多数燃烧源都是人类所为,包括有意或无意的。

　　这导致了方方面面对于人类与火的历史关系的疑问。这种关系如何出现? 出现的条件是什么? 其造成的影响及维持机制是什么? 人类与火的关系如何影响历史发展进程?

　　我们对于人类使用火的第一个阶段的印象主要来自神话,比如普罗米修斯或其他文化社会的英雄,而故事的结尾一般都是他们从神祇手中盗取火种。今天,我们已经所知良多。借助于生态学和考古学、人类学和社会学的帮助,我

们有可能建构人类与火之间关系的历史脉络。

起源

　　与所有自然力量相同,火也有其发展历史。从化学角度看,火是物质(燃料)热量(点燃)释放造成的加速氧化的过程。它必须具备三个要素:氧气、燃料和热量。在地球历史的第一纪,至少两个要素——氧气和燃料——并不存在。直到 30 亿或 40 亿年前生命出现时,氧气才在大气层中出现。大约 5 亿年前,泥盆纪时期,植物类生物出现,可供燃烧的燃料出现了。从那时起,地球上多数地方季节性干枯的植物定期被火焚烧;少数由滚落的石头、火山爆发或大气层外因素点燃,多数由雷电引燃。

　　人工用火开创了用火历史的崭新时代。人

类彻底改变了火的发生频度和强度。他们将火种带到极少或不可能产生自然火的地区，他们也杜绝了某些地方反复自然燃烧的可能。因此，"天火"越来越少，"人火"或更准确地说人为用火取而代之。

无论人类迁徙到哪里，他们都带着火种。用火的人类在极大程度上改变了世界地理，包括动物界和植物界。人类的冲击充分反映在澳大利亚（尽管仍然存在争论），这个大陆遭遇殖民征服的年代较晚。地球上任何取火不易的地方，包括雨林、沙漠和极地区域，都是人力难以触及的地方。

人类的垄断

人类是唯一学会控制火的物种。控制用火成为"物种垄断"，对于其他物种，包括动物和植物产生了巨大影响，也对人类文明发展进程产生了深远影响。

有关人工用火的最早证据并不充分，相关

阐释也五花八门。最为保守的估计来自考古学者，他们认为古老的、无争议的人类控制用火的证据最早来自 25 万年前。其他学科的学者，比如灵长类动物学者理查德·兰厄姆（Richard Wrangham）认为，在 180 万年前直立人已经有意识地保存自然火。人类学家弗朗西斯·伯顿（Francis Burton）认为，转折点应该在 600 万至 500 万年前出现。

我们不仅应该讨论最早人工用火的具体时间，也应该关注"阶段论"的划分。我们可以将其划分为三个明显阶段。第一个阶段并非人类（或类人）用火阶段，这个阶段也有不使用用火的人类存在。之后必然是第二个阶段，学会用火与不会用火的人类集团同时存在。我们并不清楚这个阶段持续了多长时间，但是我们可以确定这是一个过渡阶段。之后进入人类世代发展的阶段，这个时期已经不存在不知用火的人群。在这个漫长阶段，所有人类都已经学会用火。

三个发展阶段中存在两个过渡时期。第一个过渡时期的标志是部分人类或类人动物集团开始人工用火。他们显然已经发现，不仅应该寻找慢燃的自然火，也应该花费精力保证火燃烧不熄。他们精心照顾，他们保证火在雨中不熄，他们也"添加"柴火。在他们成长的过程中没有类似训练，因此他们必须学习，必须将其作为一种文化传承下去。但是这种学习能力必然已经存在，已经成为生物进化的特征。这些特征中包括部分生理特征，比如双足行走、灵活的手臂、复杂的大脑及思维方式；也包括一些社会特征，比

埃安格·欧文·卡瑟（Eanger Irving Couse，1866—1936）的《印第安火光》（*Indian by Firelight*）。谨慎控制火，能够防寒保暖，防御食肉动物

> 星星之火迅速燎原，河流不再干涸。

——威廉·莎士比亚：《亨利四世》(*Henry IV*)

如合作能力、因某种有意识的目标而及时行乐的能力。

考虑到这些必需要素相结合的特点，人类是唯一能够控制火的物种这一结论可以自圆其说。但是，只有当用火的历史进入第二个过渡时期时，这种垄断的重要性才真正表现出来。在这个时期，垄断用火成为全体人类的专利。尽管早期类人生物，可能还包括早期人类，已经在无火环境中生活了很长时间，但是也到了无以为继的生死关头。

这个因果链条证明，某些人类集团的变化导致了其他人类集团也发生变化。如果 A 集团拥有了火种，其邻近的 B 集团没有，那么 B 集团将遭遇困难。它既可能导致 B 集团减少与 A 集团的接触，也有可能令其步 A 集团之后尘而接受火——但它不会导致不可逾越的困难出现，因为他们有足够的时间从周围集团获得相关知识。

在用火集团形成和扩散的过程中，其他发展稍晚的集团视前者的生活为天堂，但表现形式各异。首先，维持和控制用火的方法可能成为维护与控制其他自然资源比如植物和动物的范例。其次，我们应该可以将人工用火看作"探索"或方法论的典范，因为它表现出社会进化与人类历史发展的一些根本法则。

火炉和火把

垄断用火在人类与相关动物，包括其他灵长类动物、狼或猛犸象之间生成了巨大的沟壑，彼此之间的行为方式和能力出现了差别。火是生命行为经验的新事物，它导致种族间的平衡关系发生倾斜，日益转向人类占据主导地位。它迈出的第一步可能是危险的、冒险的，当然也是史无前例的。人工用火的历史，明显表现出有意识的行动与无意识的后果相互交织的特征。

火成为人类生活核心的标志是火炉的发明。人们用火炉看护火，保证火按时燃烧，保证

团体成员可以不用到处寻找火种。在火炉周围，人类可以在野地上开辟出一片空地，这里的夜晚不再寒冷黑暗，人类不再受到食肉动物的侵袭。火还可以烹饪食物——这与人工用火一样，是人类的专利和普通技能。火的威力使得难以下咽甚至有毒的食物可以食用，它们甚至更加美味——这是"不破不立"观念(或如经济学家约瑟夫·熊彼特所言"创造性的破坏")的典型例证。

人类最早用火的第二个方式是在火炉中点燃木棒的一端制成火把。火把可以用于燃烧干枯的植物，清理土地，保证人类的生活更加安全舒适。世界各地众多的大草原和次生草原都因这种烧荒活动而形成。人类还用火把吓退大型食肉动物；尽管不常使用，但是效果明显。长期被熊和鬣狗占据的洞穴也被手持火把的人类占领。

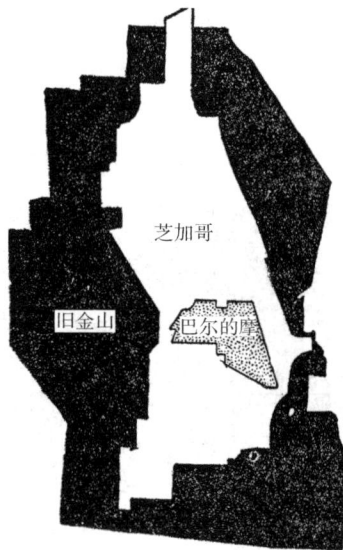

芝加哥
旧金山
巴尔的摩

这幅地图表现了美国历史上 3 次城市大火的相对地理位置。木制建筑无论建在哪里，火都是危险因素，并且往往迅速蔓延

火与社会生态的变迁

如果说用火是人类历史上发生的第一次重大社会生态的变迁，那么它就是随后其他两次

的变迁,即农业化和工业化变迁的前奏。后两者均牵涉甚广,但是如果没有火,后两者均不可能实现。

农业和畜牧业的兴起,或称"农业化",在许多方面与人工用火相似。人类获得了新能源,与从前控制火的作用相同。这次,人类将特殊的植物和动物引进社会。人类种植部分野生植物,驯化一些野生动物,所有这些都被纳入人类的势力范围,即生态圈。

在世界上大多数地方,稀树草原和森林通过烧荒被转化成为耕地和牧场。火苗和浓烟是农业化进程界限的标志——今天在亚马孙和其他地区这个标志仍然存在。农业与燃烧的关系十分密切,因为烧荒广泛用于拓展耕地、提高栽培能力,大片土地在一段时间内按时烧荒、耕种、抛荒已经成为一个循环。

众多农业社会都经历过轮耕农业阶段,但是之后又采用了更加广泛的技术来提高农业平均产量。越来越多的社会出现村庄和市镇,火的用途和用火态度也发生变化。在漫长的人类用火的第一个阶段,人类主要关注公共火种不能熄灭。但是在农业市镇,火不再珍稀,其用途更加多样。专业的用火工匠比如铁匠和陶匠出现。公众的关注点也转向在火种盒中保存火种。火带给人类更多的焦虑,因为火灾风险日益增加;而且,由于财产聚集,人类损失更大。因此,在市镇和村庄的方志记载中,往往出现火灾记录。

当然,破坏的终极因素都是燃烧过程的最根本属性。但是,随着人工用火水平不断提高,这种自然属性因人为用火而日益突出。由于城市中普遍使用灯和火炉,一着不慎都可能引发火灾。人们必须依赖其他人的谨慎行事。纵火罪是仅次于谋杀的重罪,要受到最为严厉的惩罚。除战争外,农民和城市居民最惧怕有组织犯罪和纵火犯。

中世纪的欧洲城市强制规定黄昏前"遮盖"所有火种:这个制度被称为 couvre feu,或宵禁。

"遮盖"火种的制度代表了在城市中减少用火的普遍存在的趋势,使其日益走向幕后。但是,这个趋势因工业化时代的到来戛然而止。

工业化时代

有关用火起源研究最重要且又往往被忽视的一个方面是燃料的发明,即人类发现了日渐腐烂的枯木的价值,发现它能够燃烧。除人类外没有任何动物发现这个用途,也没有任何动物认识到生物燃料的巨大潜在价值。

在农业化发展的1万年时间里,树木是最重要的燃料。18世纪早期,工业化革命开始,在之后的250年间燃料种类发生了剧烈变化,其他燃料被开发出来,包括煤、石油、天然气。

与农业化时一样,在工业化过程中火仍然被广泛使用。工业化的标志是火以及蒸汽机燃烧煤炭产生的浓烟。套用德国学者罗尔夫-彼得·希夫尔勒(Rolf-Peter Sieferle)的话说,人类正在进入一个开发"地下森林"的时代,其中蕴藏着数千万年有机质生长的遗存,是储藏在地下的未燃烧的燃料。

工业化是人类的第三次生态变化。新型自然资源再次被开发出来——首先是煤,后来是石油和天然气。这些燃料融入人类社会,就像从前人类与火、人类与某些特定动植物的关系一样。

在人类社会向农业社会转化的过程中,森林被焚毁用作耕地和牧场;同样,近代工业的兴起预示着大规模用火。英国兰开夏郡早期工业化时期的图画生动地展现出火普遍使用的景象:工厂烟囱日夜冒出浓烟,炙热的火光闪耀夜空。

在工业化进程中,火继续在各种工业生产中发挥重要作用,但是其主导地位在逐渐丧失。高温燃烧过程开始隐藏起来,或隐身在动力站中,或隐藏在汽车引擎盖下面。由于这种趋势,在今天发达的工业化城市中,防火设施已经远远好于前工业化城市。今天,和平时期火灾的发生率已经远远低于一个世纪以前。但是,在 20 世纪战争期间,火灾对于城市的破坏规模和频率史无前例。

当前的进展

古代希腊宇宙论者提出了世界构成的四元素:土、水、气和火。土、水和气对于所有陆地生物都不可或缺,只有人类日益依赖火。再进一步说,所有已知人类集团都是如此。用火不只是排他的人类属性,它仍将是人类的普遍特征。

回顾历史,我们能够归纳出一个完整的人类与火的发展脉络。最初,没有人类集团用火。之后,有些集团用火,但是还没有耕种土地从事农业和畜牧业劳动。再之后,有些集团用火、耕种土地,但是还没有出现生产批量产品的工厂。今天,所有人类集团都已经参与到整个星球的社会生态活动中,包括用火、耕作、工厂生产。

长期以来,控制用火深刻影响着人类生存。一方面,它使人类更加富有创造性,精力更加充沛。但是,与此同时火也具有更大的破坏性,生态环境更加脆弱。从这个角度看,控制用火也是一把双刃剑,也映射出当前人类自我认识的根本矛盾。

今天,火仍然存在于全体人类社会中。它的用途很多,有些主要用于仪式活动。它十分突出,多数采用技术手段,隐身于公众视线和意识之外。当我们认识到运输和生产中的燃烧过程时,我们就应该意识到,我们已经深陷目前仍然使用的火和燃料的结构中。我们生活的世界高度依赖广泛的燃料经济,今天主要的用火都源于这些经济活动。火已经完全成为人类生产活动或人工活动的产物。只要有烟的地方就有火,只要有火的地方就有人。

我们可能想当然地认为人类用火和控制火的每一次进步都是人类规划活动的结果——是心中有数的人类深思熟虑的结果。但是,我们很难想象日益依赖火是深思熟虑的结果。更难想象的是,我们的狩猎-采集时代的祖先已经在数十万年前就已经有规划意识,能够有步骤地稳步建立当今过剩的天然气炉和内燃机;这荒谬至极。显然,短期规划的延续和互动有可能促进长期发展,但不是有所设计的,也不是能够预测的。还有一个角度认为,控制用火是一个成功范例,它能够反映人类利用原材料的部分历史侧面。

进一步阅读书目:

Burton, F. D. (2009). *Fire: The Spark that Ignited Human Evolution.* Albuquerque: University of New Mexico Press.

Elias, N. (2000). *The Civilizing Process: Sociogenetic and Psychogenetic Investigations* (Rev. ed.). Oxford, U. K.: Blackwell.

Goudsblom, J. (1992). *Fire and Civilization.* London: Allen Lane.

Kingdon, J. (2003). *Lowly Origin: Where, When, and Why Our Ancestors First Stood Up.* Princeton, NJ: Princeton University Press.

McNeill, J. R. (2001). *Something New under the Sun: An Environmental History of the World in the Twentieth Century.* New York: Penguin Books Ltd.

Pyne, S. J. (1991). *Burning Bush: A Fire History of Australia.* New York: Henry Holt.

Pyne, S. J. (2001). *Fire: A Brief History.* Seattle: University of Washington Press.

U. K. Sieferle, R. P. (2001). *The Subterranean Forest: Energy Systems and the Industrial Revolution.* Cambridge, U. K.: White Horse Press.

Simmons, I. G. (1996). *Changing the Face of the Earth: Culture, Environment, History* (2nd ed.). Oxford, U. K.: Blackwell.

Wrangham, R. (2009). *Catching Fire: How Cooking Made Us Human.* New York: Basic Books.

Yergin, D. (1991). *The Prize: The Epic Quest for Oil, Money and Power.* New York: Simon and Schuster.

约翰·古德斯布鲁姆（Johan Goudsblom） 文

刘健 译，刘健、王超华 校

Food 食物

食物是一个集合名词，我们用它表达广泛的、人类赖以生存和获取营养的动植物制品。其最基本的生物学意义为食物是维持生理机能的动力，从其他能源的有机质中提炼而来。为了生存，我们必须吃东西。食物还在文化形成中发挥最基本的作用。

1040

交换食物的行为将人类与其他物种联系起来，也将分布在广泛区域内的人类联系起来，同时也与神祇观念联系起来。食物是世界历史的融合剂，将生物历史、社会历史和文化历史有机地融合在一起，因为它是生态和人类交换网络中的根本要素。

食物将人类与动植物王国联系在一个复杂的相互联系的网络内，一般称"生态系统"，因此

意大利的露天市场，以琳琅满目的竞价商品著称

也导致人类在与自然环境融合的过程中形成共生关系。欧洲、非洲和亚洲发现的1.2万年前的岩画描绘了人类采集蜂蜜的画面，这是人类最古老的食物之一，也是食用时间最长的食物之一，它反映了花朵、蜜蜂和人类之间的生态关系。从美国西部平原的夏安人（Cheyenne）到犹太人，从希腊人到亚马孙人，蜂蜜都是创世神话和世界文化传说中长盛不衰的主题。

食物交换是社会组织、文化认同和宗教实践的主角。伟大的印度神话《薄伽梵歌》（Bhagavad Gita）记载人类起源自食物。古代希腊人崇拜德墨忒尔（Demeter，农业女神），罗马人向他们的农业神切列斯（Ceres，"谷物"一词的词源）缴纳农业收成，祈求大麦和小麦丰产丰收。阿兹特克人的七蛇神（Chicomecoatl）从天堂中赏赐玉米。在基督教和犹太教的宗教仪式中，面包具有重要的文化含义，这是食物在文化中有着重要地位的又一个例证。阿拉伯语halal（伊斯兰法律规范）和意第绪语单词 kosher（犹太法律规范）说明在人类想象中食物具有神圣地位，并指导人类的食物准备和社会交往。另外，世界宗教中的部分食物禁忌和崇拜具有"圣洁"与"污秽"的象征性含义，决定了接纳和排斥等社会准则。在印度教中，种姓制度通过复杂细致的食物规定来确定并维护社会秩序。

剩余食物和农业文明的兴起

考古学证据证明，东非出现的最早的人类（双足直立行走的灵长类哺乳动物，更新世人类、灭绝的祖先及相关形式）——南方古猿阿法种可能吃草根、树叶、浆果、水果、鱼、昆虫等用手获取的食物，但是他们并没有有意识地改造自然环境。在现代人类（直立人）的直系祖先发展演进的过程中，我们发现获取食物的方式发生了多样性变化。人类获取食物的方式构成了社

1041

会组织的基本结构，尤其在 10 万年前的狩猎-采集者中，我们发现围绕着获取营养而形成了有组织的社会生活方式。人类学家以他们对于狩猎-采集社会的研究为依据观察前农业时代的人类社会，比如非洲卡拉哈里沙漠的伊昆桑人（Ikung San）、坦桑尼亚的哈扎人（Hadza）以及澳大利亚原住民。这个时期的人类偶尔被称为"流动者"：他们携带少量财产不断流动，从一个食物产地到另一个产地，食品的种类多样，包括植物、种子、浆果、坚果，偶尔捕猎动物。食物在整个社会群体内平均分配。依据特定区域内的食品分布情况，生存之道也有所变化，社会群体开发新区以获取营养。与农业社会相比，在劳动和能量分配上，狩猎-采集者拥有相对宽裕的休息时间，相处时间较多。在人类历史 90% 以上的时间里，人们主要通过不断迁移以获取食物。

人工培育动植物、有意识地保存粮食、生产剩余食物用于畜牧或交换，标志着人类历史发生了根本性飞跃，一般称之为"农业"。用最简单的话说，农业是从收集食物向生产食物的飞跃，历史学家大卫·克里斯蒂安（David Christian）称之为"从普遍技术向集约技术的飞跃"。由于能量分配的变化、人力资源的消耗以及寻求永久居址的社会努力，最早的农业文明兴起。从公元前第 3 个千年到公元前第 2 个千年中期，这类文明仅在亚非欧大陆确立，最初在底格里斯河和幼发拉底河流域南部以及埃及尼罗河土壤肥沃的河岸出现，之后出现在亚洲的印度河流域和中国北方。在不同区域种植粮食作物、驯养家畜促进了剩余食物的出现，畜牧业、内部交换或对外贸易活动出现了。

1042

食物与贸易网络

在农业文明中，食物是贸易网络中最重要的内容。尽管在西亚内部贸易活动中小麦和小米占据主要份额，在印度和中国内部贸易中水

稻占据主要份额,但是在文明间古老的贸易商道上,价格昂贵的稀有和奢侈类食品是绝对的主角。2 000多年前,印度香料和可可豆经海上通道销往罗马人控制的古代埃及。在连接罗马帝国与中国汉朝的丝绸之路上,茴香种子、椰枣干、杏、浆果和石榴等食物是主要商品。目前所知利润最高的产品是来自印度马拉巴尔海岸的香料,它曾经被阿拉伯和印度商人垄断达几个世纪之久,带给印度洋区域巨大的财富。欧洲人最青睐黑胡椒。在跨境香料贸易的鼎盛时期,欧洲人对胡椒的需求导致胡椒价格超过同等重量的黄金价格,商人的社会地位因此提高,也造就了威尼斯等城市的繁荣富庶;这些城市在中世纪时期繁荣发展,成为文化和商业中心。但是贸易垄断以及日益发展的消费需求也推动欧洲人开发海洋商道,在伊斯兰—欧亚大陆香料通道之外寻求另外一条商道。胡椒这种商品从古代至15世纪一直是主要商品;在日益发展的商业网络中,胡椒是价格昂贵的特殊食物的代表,它带给中等商人巨大的财富。胡椒贸易活动宣告了欧洲人探险时代的到来,因为欧洲人一直在努力寻找直接进入价格适中的胡椒市

场的途径。

哥伦布大交换

1492年克里斯托弗·哥伦布的探险活动并没有寻找到印度香料,但是他发现了一个崭新的生态系统,新型食品贸易极大地改变了全球人类的营养结构。亚非欧与美洲之间海上路线的开通,第一次将三个世界体系联系在一起,欧洲人与美洲本土文明之间的碰撞对于当地文明造成了灾难性影响,但也有益于欧洲人获取新领土、新市场和营养更佳的新食物资源。欧洲人与美洲人的碰撞也造成一些从前不被欧洲所知的动植物物种的碰撞;由于与世隔绝,这些物种曾经历了独特的发展进程。之后,人员、植物、动物和疾病也跨越大西洋传播开来,造成大西洋两端的文化发生变迁,这种交流一般被称为"哥伦布大交换"。

美洲新发现的食物资源促使新的商业交换网络出现,对于欧洲人的食品结构造成重大影响。类型多样的新型植物与美洲人、阿兹特克人和玛雅人的本土食品,比如芸豆、花生、角瓜、胡

上图所绘为历史上各个时期及各个文化中出现的各种炊具:(1)拨火棍(日本)和拨火叉(北美苏族人[Sioux]);(2)烤架(殖民地时期的美国);(3)石烤锅(朝鲜)和陶炉上的烤锅(葡萄牙);(4)皂石烘烤盘(加利福尼亚胡帕[Hupa]);(5)坑炉(萨摩亚);(6)铁锅(美国);(7)烹煮筐(美国西北海岸美洲土著人);(8)盆状蒸煮锅(亚利桑那霍皮[Hopi]);(9)三足蒸煮陶锅(新墨西哥祖尼[Zuni]);(10)船形锅(亚利桑那霍皮);(11)暖锅;(12)煮饭锅;(13)蒸锅

椒、南瓜、菠萝和鳄梨，相结合并被引进欧洲；与此同时，水稻、小麦、大麦、燕麦、咖啡、甘蔗、香蕉、甜瓜和橄榄树也被从亚非欧大陆引进美洲。欧洲与美洲贸易活动日益活跃，其最重要的成果是欧洲引进了马铃薯，它极大地改变了粮食亩产量；它所蕴含的热量高于其他欧洲作物，成为新的碳水化合物来源，并最终成为工业革命时期欧洲北部和西部工人阶级的主要食品。玻利维亚安第斯山脉的土著人在 1 万年前就已经种植马铃薯和其他根茎作物。玉米早在 7 000 年前就已经在墨西哥提瓦坎（Tehuacán）峡谷地区种植，其产量几乎是小麦的两倍。玉米引进亚非欧大陆后，既作为人类的食物，也作为牲畜的饲料，成为新的蛋白质来源。

甘蔗也是高利润商品，其生产和贸易活动与奴隶贸易紧密地联系在一起，是这个连接欧洲、美洲和非洲的新兴交换网络的主要内容。甘蔗是最昂贵的商品之一，通过阿拉伯商人之手很早就已经引进古代和中世纪时期的欧洲，14 世纪在地中海地区的产量大幅上升。15 世纪，甘蔗生产在阿尔加威（Algarve）和马代拉的葡萄牙种植园中蓬勃发展，主要借助于来自非洲西海岸的奴隶劳动。

新大陆的开发给予商人以重大发展机遇，甘蔗的需求量上升，甘蔗种植区向加勒比地区转移，在 16 世纪早期进入繁荣期。欧洲甘蔗需求日益上升，推动了种植园经济的发展。咖啡和茶等饮料的需求上升而价格降低，其奢侈品地位丧失，成为大众商品。货船满载纺织品、玻璃、烟草、火药等加工产品离开欧洲前往非洲西海岸，在这里，这些货物被交换成奴隶；之后这些奴隶再启程被运往加勒比地区；之后又前往美洲，他们将在甘蔗种植园中劳动。甘蔗是美洲种植的第一类主要"货币"和出口作物，主要满足欧洲市场需要，其利用奴隶从事生产，反映了新兴全球食品交换网络的剥削本质，它的作用主要不是提供营养食品，而是服务于欧洲资

本利润和新兴全球市场的需求。

工业化和帝国主义

欧洲人通过海外殖民，使用奴隶劳动来增加食品供应量。但是这并非新兴的政治现象。在古代世界，随着人口增长，希腊及罗马等国家和地区曾经充足的库存粮食已经无法满足自身人口需求。通过政治征服和军事侵略，这类帝国从外部资源中获取了充足的粮食储备。希腊和罗马人从埃及获取小麦和浆果、桃等珍稀水果，又从地中海和波斯地区获取香料。而在近代，19 世纪欧洲人口迅速增长，外部粮食供应也已经无法满足需求。出现这类需求的原因不一。人口增长和工业化进程造成欧洲人口跨越大西洋向大洋洲迁徙，也促进世界其他地区大量出口食物。这个需求促进了一个前所未有的全球规模的食物贸易体系的建立。1850 年，世界粮食出口量不到 360 万吨，但是 19 世纪 80 年代已经增长至 1 600 万吨，1914 年增长至 3 600 万吨。

19 世纪，阿根廷、澳大利亚和新西兰等新大陆耕种体系的转变，以及来自亚洲的殖民地粮食资源的补充，保证了欧洲人能够从海外市场进口粮食；并且，随着航海技术的进步，其运输距离越来越远。英国等国家将粮食进口目标从珍稀粮食转向日常所需的大宗食品，包括谷物、奶制品和肉类。19 世纪 80 年代早期，冷冻食品船只已经有能力将冷冻的动物肉从大洋洲运输到欧洲，肉类制品出口成为可能。大规模的粮食出口供养了几百万人。另外，英国本土农业的衰落与巩固帝国的海外势力同时发生，出口手工业产品换取基本生产资料的市场已形成。

权利与剥夺权利

粮食是世界生物、社会和文化史中不可或缺的内容，它也是政治运动、活动和情感中不可

1043

1044

告诉我你的食物是什么，我就知道你是什么样的人。
——安泰尔姆·布里亚-萨瓦林（Anthelme Brillat-Savarin，1755—1826）

或缺的内容。但是，由于土地歉收，基本粮食资源欠缺，饥荒发生，自然粮食资源匮乏并非总是粮食分配机制崩溃的原因。相反，世界历史上的粮食暴动发生在基本粮食权利丧失之时，例如，面包价格上升对人类生活水平产生的影响。社会学家汤普森（E. P. Thompson）称穷人中的"道德经济"推动抵制剥夺权利的行为，引导其降低价格，保证了生活水平能够继续维持。抗议面包价格上涨提供了政治推动力，导致1789年法国大革命爆发。这也曾经是世界范围内革命的共同特征。重视粮食分配和交换机制也改变了我们对于饥荒的理解。因大规模粮食短缺而导致严重饥荒，也是世界历史上经常发生的现象。中世纪及近代早期，欧洲爆发大面积饥荒，特别在英格兰和法国，人口损失惨重。粮食歉收也在中国、印度和非洲部分地区造成大饥荒。19和20世纪，饥荒的特点表现在其规模、破坏性和政治统治的缺失中。1845至1849年爱尔兰大饥荒突显了国家严重依赖秘鲁块茎植物马铃薯的现状，也突显了政府支持的必要性。近代饥荒主要在非洲和亚洲爆发，资源分配不平等及殖民地统治的影响突显了营养摄入的脆弱性。粮食绝收和恶劣天气状况造成了大规模饥荒爆发，它往往摧毁现有的粮食供应体系，导致穷人无力满足最基本的粮食需求。饥荒爆发的诱因往往导致粮食价格膨胀，而非饥荒政治造成的粮食供应总量下降。经济学家阿玛蒂亚·森（Amartya Sen）对1943年孟加拉饥荒的经典论断（1983）解释了农村贫民——不是城市中产阶级——被剥夺粮食权利的原因。由于粮食价格已经与全球资本主义的奇谈怪论紧密地交织在一起，粮食成为可以在市场上买卖的商品，故而人类需求已经让位于利润需要。

全球化及其危机

世界市场食品分配和交换方式发生的这些变化，意味着营养需要已经被全球资本需要代替。食物已经从满足生存的营养交换资源转变为全球贸易体系内用于获利的商品，这种活动使西方人获利。经济和文化的全球化进程导致亚洲、非洲和拉丁美洲部分地区中产阶级的影响力提高，都市中的"快餐文化"已经传播到世界各地。全球化的"快餐"店已经是西方文化快速蔓延的代名词，文化差异的消失和地方饮食习惯的改变折射出全球资本的影响。

全球化"快餐"文化和世界贫民的营养斗争之间并非泾渭分明。粮食价格与通货膨胀和货币兑换率紧密相关，价值刺激也往往意味着发展中国家最贫困者无力负担。"发达"国家和"发展中"国家的划分以及非洲和亚洲部分地区不断爆发饥荒，都是这种不平等分配的结果。粮食交换的商业网络既满足了口腹之欲，也满足了西方经济增长的需要。全球金融危机从多个角度都与世界粮食价格突然爆发的危机有关，这个危机也造成了众多发展中国家经济发展失衡和社会动荡。基本价格上涨已经超出了穷人所能承受的水平。面包暴动的幽灵近年来再次出现在埃及和墨西哥等地，及时提醒我们基本的营养需要的是社会权利而非经济特权。

进一步阅读书目：

Bentley, J., & Ziegler, H. F. (2000). *Traditions and Encounters: A Global Perspective on the Past*. Boston: McGraw Hill.

Christian, D. (2004). *Maps of Time: An Introduction to Big History*. Berkeley and Los Angeles: University of California Press.

Crosby, A. W. (1972). *The Columbian Exchange: Biological and Cultural Consequences of 1492*. Westport, CT:

Greenwood Press.

Crosby, A. W. (1986). *Ecological Imperialism: The Biological Expansion of Europe, 900 – 1900*. Cambridge, U. K.: Cambridge University Press.

Davis, M. (2002). *Late Victorian Holocausts: El Nino Famines and the Making of the Third World*. London: Verso.

Diamond, J. (1998). *Guns, Germs, and Steel: The Fate of Human Societies*. London: Vintage.

Fernandez-Armesto. (1999). *Food: A History*. London: Macmillan.

Frank, A. G. (1998). *ReOrient: Global Economy in the Asian Age*. Berkeley and Los Angeles: University of California Press.

Grew, R. (1999). *Food in Global History*. Boulder, CO: Westview.

Keay, J. (2006). *The Spice Route: A History*. Berkeley: University of California Press.

Kiple, K. F. (2007). *A Moveable Feast: Ten Millennia of Food Globalization*. Cambridge, U. K.: Cambridge University Press.

Kiple, K. F., & Ornelas, K. C. (2000). *The Cambridge World History of Food*. Cambridge, U. K.: Cambridge University Press.

McNeill, J. R., & McNeill, W. H. (2003). *The Human Web: A Bird's Eye View of World History*. New York: Norton.

Mennell, S. (1985). *All Manners of Food: Eating and Taste in England and France from the Middle Ages to the Present*. Oxford, U. K.: Blackwell.

Mintz, S. (1985). *Sweetness and Power: The Place of Sugar in Modern History*. London: Penguin.

Pomeranz, K. (2000). *The Great Divergence: China, Europe and the Making of the Modern World Economy, 1400 to the Present*. Princeton, NJ: Princeton University Press.

Pomeranz, K., & Topik, S. (1999). *The World that Trade Created: Society, Culture, and the World Economy, 1400 to the Present*. Armonk, NY: Sharpe.

Ponting, C. (2003). *World History: A New Perspective*. London: Pimlico.

Rotberg, R. I., & Rabb, T. K. (Eds.). (1985). *Hunger and History: The Impact of Changing Food Production and Consumption Patterns on Society*. Cambridge, U. K.: Cambridge University Press.

Sen, A. K. (1981). *Poverty and Famines: An Essay on Entitlement and Deprivation*. Oxford, U. K.: Clarendon Press.

Tannahill, R. (1988). *Food in History*. London: Penguin.

Toussaint-Samat, M. (2003). *History of Food*. Oxford, U. K.: Blackwell.

Walvin, J. (1997). *Fruits of Empire: Exotic Produce and British Taste, 1660 – 1800*. New York: New York University Press.

Watson, J. L. (Ed.) (1997). *Golden Arches East: McDonalds in East Asia*, Stanford, CA: Stanford University Press.

阿德里安·卡顿(Adrian Carton) 文

刘健 译,刘健、王超华 校

Foraging Societies, Contemporary　当代狩猎-采集社会

大约 1 万年前,所有人类都是狩猎-采集者,从自然界获取食物。尽管纯粹的狩猎-采集社会已经不复存在,但是仍然有些人群在不同程度上维持经济或政治领域的狩猎-采集生活方式。对于近现代狩猎-采集者的研究向史学家提供了一些人类各种经历的知识,但是十分有限。

1047

人类学家称从自然界获取食物的人群为狩猎-采集者。与粮食生产者——从事放牧、园艺 和农业生产者不同,狩猎-采集者自己生产的食物很少,或者没有。他们猎取动物、鱼类,采集植

美洲土著居民的绘画，表现了猎捕水牛的情景

物、昆虫和其他食物。因为他们最主要的获取食物的手段是狩猎和采集，他们也被称为狩猎-采集者或采集者。

从300万～200万年前人类出现到大约1万年前，所有人类都是狩猎-采集者，因此所有文化都是狩猎-采集文化。大约1万年前，畜牧业和农业首先在西亚取代狩猎-采集生活，从这个时期开始，狩猎-采集者人数和文化的比例稳步下降。近现代时期（1750年后），地球上仅有极少数社会仍然依赖狩猎-采集获取食物。由于狩猎-采集者不断与民族国家接触，或被纳入这些国家的统治，众多狩猎-采集社会消失，或被主流文化吞并，或被驱赶至边缘地区而成为边缘人群。现代民族国家的统治非常彻底，2010年时地球上已经不存在纯粹的狩猎-采集文化，几十年后，狩猎-采集者也将不复存在。媒体公布的曾经十分轰动的发现石器时代人群的新闻，比

如菲律宾的塔沙地人（Tasaday），经过深入考察已经被证明是错误或夸大的。那些仍然维持狩猎-采集生活的人群已经很难与世隔绝，都已经不同程度地参与到地方性的、地区性的、国家性或全球性的经济和政治活动中。

如果现代狩猎-采集者人数已经如此稀少，已经不具备重要的政治和经济地位，那为什么世界历史研究仍然如此关注他们？他们必然受到关注，并且继续受到关注：这与人数无关，而是因为他们代表着曾经存在的狩猎-采集时期（旧石器时代）的生活。从他们身上，我们能够获知人类的过去。遗憾的是，尽管对于现代狩猎-采集者的研究能够获得关于人类各种经历的信息，但是越来越多的研究证明，根据当代狩猎-采集者的生活去了解我们的狩猎-采集者祖先，所得十分有限。

现代狩猎-采集者的分布和生活方式

现代社会的狩猎-采集者曾经在欧洲以外的所有大洲存在，但是他们的分布区域十分有限。在北美洲，现代狩猎-采集者包括阿拉斯加、加拿大和格陵兰岛的因纽特人，以及美洲西部的沙漠居民，西北海岸、大盆地和亚北极地区的森林居民。在南美洲，狩猎-采集者集中在亚马孙地区、查科峡谷和火地岛。在非洲，狩猎-采集者主要集中在两个地区——中非的热带雨林地区和西南部的卡拉哈里沙漠。在亚洲，狩猎-采集者集中在亚洲南部和东南部的雨林地区（印度、斯里兰卡、马来西亚、印度尼西亚和菲律宾）以及西伯利亚极地。最后，在太平洋地区，狩猎-采集者

1048

是澳大利亚的土著居民。其中，得到人类学研究和公众广泛关注的人群有中非的姆布蒂人（Mbuti）和伊费人（Efe）、博茨瓦纳的桑人、安达曼（Andaman）海的安达曼岛民、阿拉斯加的科珀（Copper）因纽特人、西伯利亚的楚克奇人（Chukchi）、巴拉圭的阿克人（Ache）、澳大利亚的伊尔约龙特人（Yir Yoront）、马来西亚的塞芒人（Semang）及其周围居民。

人类学研究已经证明这些狩猎-采集社会在许多方面有相似之处，但在许多关键之处则并不相同。一个关键差异是规模。有些人群规模较小，社会和政治组织相对简单；有些人群比较复杂，人口众多，社会和政治组织更加专门化，差异性也更大。在某种程度上，这种差异具有连续性，从简单到复杂；或如某些研究所定义的，从典型狩猎-采集者到富裕的狩猎-采集者。部分著名的狩猎-采集社会停留在典型时代，比如姆布蒂人、桑人、因纽特人及众多澳大利亚原住民。停留在富裕时代的狩猎-采集者有日本的阿伊努人（Ainu），太平洋西北部的特林吉特人（Tlingit）和其他众多社会，加利福尼亚中部和北部的蒂维人（Tiwi）以及众多土著居民。

典型的狩猎-采集社会是传统的规模较小的、不断流动的社会，人数不超过100。他们不断流动以寻找最佳生活环境。他们并不是毫无目的地流动，他们根据经验和对自然界的认识选择流动方向。他们的基本社会组织是由父亲、母亲和子女组成的核心家庭。相互联系的家庭又组成团体，团体规模根据自然资源，包括水、猎物和植物食品的变化扩大或缩小。亲朋好友及贸易伙伴关系是社会关系的基础。交换的基本原则是互利，在私有财产没有产生的时候基本原则是平均分配。劳动分工的依据是性别和年龄，女性承担几乎所有的植物劳动与其他食物、水和火种的采集工作以及照料儿童的工作。男性从事狩猎工作，有时独自行动，有时集体活动，一般也承担猎物分割及与其他团体

的贸易活动。食品在获得后会被很快消耗。冲突主要通过流言、角斗、公开嘲笑和放逐等方式解决。其领导权力是变化的，一般给予完成任务最好的人，但是一般情况下，有亲属支持、能说会道的男性也能够占据非正式的领袖地位。在部分文化中，泛灵论和萨满教占据主要宗教地位；它们认为世界万物都具有不确定性，并且往往充满恶意。宗教仪式一般以影响精神世界和其他力量的超自然力为核心，希望它们以此惠及人类世界。

典型狩猎-采集社会和富裕社会之间的核心差别是后者生活在相对富裕的环境中，因此不仅能够收集食物，而且能够加工和储藏食物以留待后用。特林吉特人从产卵区大量猎取鲑鱼和其他鱼类，加利福尼亚北部的美洲土著人采集橡子加工成面粉。富裕的狩猎-采集者也运用更加成熟的技术开发周边环境。富裕的生活环境和稳定的食物来源使他们与典型的狩猎-采集社会有所区别。富裕的狩猎-采集者社会规模更大、更加稳定或接近稳定。他们拥有更多的个人财产，有职业分工，有些人担任首领，有些人拥有某项手工技能，比如制作独木舟，有些人则专门从事宗教活动。其社会地位以财富、个人能力和家庭地位为依据，单个家庭的地位与其在更大规模的世系和氏族中的地位有关。这些规模较大的亲属集团的首领往往是善于处理亲属关系的男性，通过嫁娶女性建立的亲属网络效忠于他们。其经济活动建立在贸易活动基础上，不仅交换商品，也交易个人服务。与典型的狩猎-采集社会相似，冲突必然存在，相邻集团之间的关系往往并不友善。

外部世界的影响

外部世界特别是西方殖民者对近现代狩猎-采集社会的影响，导致我们对狩猎-采集者产生了众多约定俗成的认识。最早的认识局限来自

墨西哥中部印第安土著人在采用传统方式捕鱼，几百年前他们的祖先就已经使用这种蝴蝶形网

亚利桑那州托霍诺·奥达姆（帕帕戈）（Tohono O'Odham/Papago）保留地的一名妇女在从一棵高大的仙人掌上采集果实

众多殖民地官员、士兵和传教士，他们认为狩猎-采集者是原始的野蛮人，在智力和道德上都低于殖民者，需要经过改造并皈依基督教。这个观念支持着殖民地官员与其下属夺取土地及其他资源，奴役狩猎-采集者，驱逐他们，强迫他们皈依基督教，强迫他们的子女在白人学校中接受教育，强迫他们接受市场经济。这个观念也驱使科学家将他们作为研究目标而获取、保存，并在博物馆中展示狩猎-采集者的物质文化，有些时候还会展览狩猎-采集者本身或他们祖先的遗骨。

很多时候，殖民者最渴望获得狩猎-采集者长久居住地区的自然资源。这些资源包括海洋哺乳动物、鱼类、动物毛皮、矿产、树木以及用于耕种和放牧的土地。由于人数稀少，缺乏经验，狩猎-采集者很少能够组织有效的抵抗，许多人和团体在种族灭绝与融合活动中消失了。其中最臭名昭著的例证就是英帝国对塔斯马尼亚人

的有组织猎杀。20世纪时，地球上已经不存在血统纯正的塔斯马尼亚人。而与殖民活动的破坏力同等巨大的危险来自殖民者带来的传染病。因此，不难理解为何狩猎-采集者的生活方式作为一种独特的文化现象会走向灭亡。

20世纪60年代兴起的高级野蛮人的观点与传统观点相反。传统观点认为狩猎-采集者是地球上最早的、理想的、浪漫的环保主义者，他们是与自然和谐相处的典范。而新兴观点认为，由于采集社会规模不大，因此多数情况下其对于地球生态的影响很小，小于食品生产者的影响。但是，富裕的狩猎-采集社会也往往大肆开发周边环境，偶尔也采用耗费资源巨大的技术，比如肆意在高山峡谷中追逐动物，撒网捕鱼。另外，由于众多近现代狩猎-采集者居住在经济边缘地带，他们更加倾向于认为自然环境具有不确定性，甚至心生敌意。

20世纪60年代后，狩猎-采集者利用公共舆论和政治及法律制度努力争取部分权利，这成为更大规模的土著权利运动的组成部分。他们争取政治代表权，争取拥有或控制传统领土及自然资源的权利，争取恢复物质文化和祖先遗存的权利。土著居民权利运动的成功案例包括：苏联解体后西伯利亚土著居民权利的加强，

巴西设立狩猎-采集者保护区,美国归还土著美洲人祖先遗存及物质文化的法律规定,加拿大在其北部努纳武特(Nunavut)建立因纽特人家园,澳大利亚原住民合法获得土地的权利。

近现代狩猎-采集者的贡献

人类学界现在已经普遍赞同近现代狩猎-采集者不能被作为了解古代狩猎-采集者途径的观点。原因有很多。首先,没有任何一个现存的狩猎-采集社会是自古代社会发展而来。事实上,每个社会都有其自身的发展历史,并且不断变化。其次,部分当地狩猎-采集社会的成员并非从来都是狩猎-采集者。他们接受狩猎-采集的生活方式只是出于适应环境的需要,可能是由于从前园艺或农业生活的退化。第三,几乎全部近现代狩猎-采集者都生活在恶劣的自然环境下,如沙漠、热带雨林、北极地区。然而,历史上的狩猎-采集者所生活的环境类型多样,部分环境适宜人类生存。第四,多数近现代狩猎-采集者并不与世隔绝。他们反而与其他狩猎-采集者或非狩猎-采集者建立了广泛的、长期的交换关系。比如,众多澳大利亚原住民直接或间接地与中国人或马来人保持贸易关系,并持续了几百年。西南非洲的部分布须曼人与说班图语的农民或牧民比邻而居 1 000 多年。在与西方人建立联系后,北美和西伯利亚的狩猎-采集者被迅速牵扯进皮毛贸易中。部分人类学家认为,刚果的姆布蒂人这样的热带雨林地区的狩猎-采集者一直与周边地区的农民保持着贸易关系。第五,到 20 世纪,从前还未归化的所有狩猎-采集者都已经被纳入民族国家统治,成为地方性、地区性、国家性和全球性的经济交换网络的组成部分。比如,亚马孙地区的森林狩猎-采集者制造的肥皂制品、澳大利亚原住民创造的树皮画以及因纽特人创造的皂石雕塑等,都已经成为国际市场的商品。

尽管存在许多限制因素,近来的研究证明我们仍然可以从近现代狩猎-采集者身上了解人类的过去,只是我们应当谨记问什么问题,以及我们应该运用哪些信息来回答这些问题。例如,当代狩猎-采集者的生活方式和适应现代的方式,确确实实地告诉了我们人类曾经如何适应不同的、不断变化的环境。狩猎-采集者之间的社会联系告诉了我们在人类进化过程中出现的冲突、合作和血缘关系的重要性。狩猎-采集者的世界观和宗教观告诉了我们人类认知的演进过程。最后,对狩猎-采集者与其他灵长类动物进行对比,我们将了解到史前人类的生活轨迹和人类演进图谱。对于这些问题及其他问题的研究主要集中在其早期发展阶段,这将有可能取得重大发现。

进一步阅读书目:

Bailey, R. C. (1982). Development in the Ituri Forest of Zaire. *Cultural Survival Quarterly, 6(2)*, 23 – 25.

Bailey, R. C., & Headland, T. N. (1991). The Tropical Rain Forest: Is it a Productive Environment for Human Foragers? *Human Ecology, 19(2)*, 261 – 285.

Cavalli-Sforza, L. L. (Ed.). (1986). *A frican Pygmies*. Orlando, FL: Academic Press.

Hames, R. B., & Vickers, W. T. (1983). *Adaptive Responses of Native Amazonians*. New York: Academic Press.

Hawkes, K., Kaplan, H., Hill, K., & Hurtado, A. M. (1987). Ache at the Settlement: Contrasts between Farming and Foraging. *Human Ecology, 15(2)*, 133 – 163.

Ingold, T., Riches, D., & Woodburn, J. (Eds.). (1991). *Hunters and Gatherers*. New York: Berg.

Jochim, M. A. (1976). *Hunter-gatherer Subsistence and Settlement: A Predictive Model*. New York: Academic Press.

Kroeber, T. (2004). *Ishi in Two Worlds: A Biography of the Last Wild Indian in North America*. Berkeley and Los

1051

Angeles: University of California Press.

Lee, R. B., & Daly, R. H. (1999). *The Cambridge Encyclopedia of Hunters and Gatherers.* New York: Cambridge University Press.

Reynolds, H. (1982). *The Other Side of the Frontier: Aboriginal Resistance to the European Invasion of Australia.* Victoria, Australia: Penguin.

Sahlins, M. (1972). *Stone Age Economics.* Chicago: Aldine.

Shostak, M. (1981). *Nisa: The Life and Words of a !Kung Woman.* Cambridge, MA: Harvard University Press.

Tindale, N. (1974). *Aboriginal Tribes of Australia.* Berkeley and Los Angeles: University of California Press.

Turnbull, C. (1983). *Mbuti pygmies.* New York: Holt, Rinehart & Winston.

Wilmsen, E. N. (1989). *Land Filled with Flies: A Political Economy of the Kalahari.* Chicago: University of Chicago Press.

大卫·莱文森(David Levinson) 文

刘健 译,刘健、王超华 校

Freedom　自由

16 世纪早期的新教改革运动将自由定义为"缺乏控制",宗教自由意味着否定教会权力。这个观念与世界历史上多数文化的自由概念相悖,比如在文艺复兴前的欧洲,自由被认为是挖掘人类潜力的机会。

1052

世界历史学家在解释"自由"这个名词时面临众多挑战。(通常认为自由是解放的同义词,"自由"源自德语,"解放"源自法语。一些注释家称解放主要表达政治范畴的自由。)在近现代西方(西方本身就是一个难以解释的名词,这里指欧洲及受其文化影响的地方,比如北美),自由大多具有反面含义,具有缺乏控制的寓意。但是在世界上多数国家,也包括文艺复兴前的欧洲本身,自由曾经——并且仍然——具有正面含义,表达开发潜藏在人性中的潜力的含义。本词条首先解释其现当代的含义,之后探讨其全球(以及传统西方)的含义,最后阐述更加重要的、关于自由的思考。

近现代定义

近现代西方人大多将自由解释为缺乏控制,这源于新教改革运动时期出现的众多进步思想。16 世纪初,马丁·路德主张个人意识是削弱基督教会普世观念的正统教条的终极仲裁者。宗教"自由"因此自然而然地成为反对教会权力的代表。与此同时,自然法哲学派——当时结合了斯多葛派、亚里士多德派和基督教神学的学派——开始转变核心观念,从强调责任转向强调权利。这个学派主张个人(即"一意孤行者")是拥有独立人格的道德和政治个体,教会和国家仅拥有有限权力。因此,"权力"意味着抛弃桎梏或限制,无论其来自教会,还是来自政治集团——它强调自由的反面含义,即缺乏控制的含义。

在近现代政治领域,这个观念发展成为民权和自由主义观念。它还为近现代西方民主制度的兴起做出了贡献,其代表是美利坚合众国和大不列颠王国。当然,民主也存在于其他地

935

欧仁·德拉克洛瓦(Eugene Delacroix)的《自由引导人民》(1830 年 7 月 28 日)。油画。画面描绘了将路易-菲利普 (Louis-Phillipe)推上王位的起义。法国卢浮宫博物馆

方,它可能表现为农业产生前狩猎-采集社会的共同特点。但是,多数史学家仍然认为民主起源于西方,曾经在古典雅典和罗马共和国昙花一现,之后消失了近 1 500 年。在文艺复兴时期的城市国家又短暂发展,17 和 18 世纪民族国家兴起后这个名词具有了近现代含义,它首先在美国和英国发展,之后,在 200 年时间里扩展到其他地方。

亚当·斯密在 1776 年发表的《国富论》中提出了自由资本主义理论,这是"缺乏控制"的自由概念在经济领域的最好阐释。他指出,最具效率和活力的经济形式是市场中的个人选择不受政府干预。亚当·斯密的观点迅速被英国中产阶级接受,他们期望排除所有自由贸易壁垒(以此提高利润)。从那个时期开始,自由资本主义的哲学基础——20 世纪弗里德里希·冯·哈

耶克的阐述最为完整——成为对自由的阐释。

现代西方放任的自由经济的对立面是社会契约理论,它于 17 世纪开始出现在托马斯·霍布斯等思想家的著作中。这个理论认为自然人的国家完全独立。他们认识到所有生命的利益超过所丧失的自然自由,社会交际的需要必然要向社会妥协。因此,社会是因个体利益而人为构建的社会,其目标是满足个人利益。个人最重要,社会是次要的。个人权利因此高于社会责任,社会的目标因此仅仅是服务个人。

全球的和传统的西方观

近现代西方的自由和权利观点与世界其他地区的认识脱节,也与传统的西方认知严重不符。从世界历史上多数文化的视角看,自由具有

无论权贵说什么，都不会令人愉悦。无论权贵说什么，都不会准确无误。

——苏美尔谚语

马丁·路德·金和温斯顿·丘吉尔的壁画画像，他们是 20 世纪最具影响力的领袖。纽约炮台公园（Battery Park），2001 年 8 月

积极意义，是人类开发潜力的机会。在政治领域，自由与责任（或义务）密不可分。像一枚硬币的两面，相辅相成。因此，政治学与道德不可分割。政府的目标不是迎合个人的意愿，而是推动社会满足人类个性中最高级的愿望。比如，对于早期希腊人来说，他们期望通过完善理性和道德能力服务社会。在任何情况下，生命的首要意义都不是保全自己，而是服务他人，因此，争取——或选择——自由是每个人对共同利益的义务。从这个角度看，政治学也是一种教育，根据这个名词的词源含义，"引领"（educere）每个人的内在。教育与政治和道德也因此与自由紧密相连。

在社会领域，自由在传统认识上和全球范围的含义基本相同。个人与社会的关系不是对立的，而是相互补充的。自由不是个人自主权利的自然属性，而是蕴含于社会责任和道德权力中的馈赠，否则它将一无是处。因此，自由的目标是履行责任，是我们在生活中被赋予的每一项任务。以印度为例，印度人的责任反映在尊崇人生每一个阶段的律法（dharma）中。

在前近代西方以及世界大多数地区的经济领域，自由与政治关系密切。在前近代世界历史中，政府的作用并不是压制繁荣，而是促进发展。与亚当·斯密的经典观念相对的重商主义观念就反映了这个理念。商人经商的自由建立在国家保障的和平和安全（以及高关税）基础上。无论是地中海世界在罗马帝国时期的经济繁荣，还是丝绸之路支撑的国家，国家的政治责任是遵守法律，保证商人的商业经济活动自由。当然，如果某些国家无力承担类似责任，或其自身成为压迫和剥削工具时，人民的经济自由也就被剥夺了。这时，繁荣不再，国家也就走到了尽头。在某种程度上，这个规则仍然有效。批判全球化者认为，真正的罪魁祸首不是全球贸易本身，而是能够制约滥用权力的全球法律体系尚不完备。

在宗教领域，存在对自由的正面和反面认识两个方面。正面认识中包含着令人迷惑的悖论，其中的差别与反面认识融为一体。反面认识说明自由是无形的灵魂从有形的身体的桎梏下解放出来（即基督教的救赎观、印度教的自我控制和解放观、佛教的消灭自我观）。但是在正面认识中，这种解放只能在完全将自我献身于责任和上帝意志时才能够实现。换言之，超越限制的唯一途径就是接受限制。人类自由的宗教认识也带来众多道德问题，比如善与恶的本质。简言之，选择善与恶或者说正确或谬误的自由，说明有些人会选择前者，有些人会选择后者。从这个角度看，恶或者苦难是自由必须付出的代价。对于这个问题最著名的阐述，来自俄国费奥多尔·陀思妥耶夫斯基（Fyodor Dostoyevsky, 1821—1881）的长篇小说《卡拉马佐夫兄弟》（The Brothers Karamazov）中著名的片段《宗教大法官》。该著作中基督重返人间，在西班牙宗

1054

1055

教裁判所出现,接受宗教裁判所审判,并被判投入监狱。在冗长的陈词中,西班牙教士指控基督犯了严重的错误,因为他给予人类自由。教士认为一旦人类有了选择的权利,人类就将滥用选择的权利,给自己和他人带来无谓的苦难。最好剥夺人类自由的权利,强迫他们做正确的事情。由于宗教裁判所的主张具有专制色彩,我们当然不会赞同。但是我们往往忘记自由——自然会有人选择恶的自由——中包含着悲惨的强制性,它能够减轻,但是不会消失。

自由的艺术表现形式是表现人类灵魂最深切的渴望的想象力。人类个性中的创造冲动在10万年前人类向现代人转变时就有所体现。工具和器皿不仅有实用目的,也有审美寓意。世界范围内的文化在各个领域表现出来的巨大差异,比如音乐、舞蹈、文学、绘画、雕塑、陶器以及其他领域,也充分说明人类具有强大的想象力。那些担心全球化发展将不可避免地造成文化趋同的人,如果他们知道自由将阻碍这个进程,他们可能会感觉舒服一点。最后,文化的互动不仅刺激艺术发展,也可能会成为阻碍。比如丝绸之路对东西方都产生影响,但是欧亚大陆的文化生活空前繁荣。世界最著名的建筑,比如印度泰姬陵,也充分反映了人类相互影响的力量,反映了人类综合这种影响促进建筑发展进入新阶段的能力。

在科技领域,自由实践反映在发展新工具上,它极大地增强了人类物种控制自然界和统治其他民族的能力。在世界历史上人类与自然的互动关系中,人类可能通过自由获得了比其他动物更强的控制力,特别是当自由偏离它的孪生兄弟——责任的时候,自由成为其他物种潜在的灭绝幽灵。人类自由的悲剧和恩惠可能最充分地反映在过去1万年人类的科学和技术发展进程中。比如,火的利用给予人类前所未有的自由:人类征服了黑暗,征服了季节变化,能够向世界各地迁徙。但是,火既能造福人类,

也会带来毁灭。就像刀能够杀死野物,也能杀害一个人的邻居一样。每次选择都带来同等的责任,比如1945年第一颗原子弹爆炸。这是一次真正的观念和制度的失败,是科学技术发展附加的责任的失败,它是20世纪世界战争史上最为惨痛的破坏。在新世纪和新千年开始的时候,人类如何平衡新技术带来的自由与责任,如何防止物种灭绝,这些都是需要解决的问题。

在19世纪西方人书写的世界历史中,自由是一代历史学家的核心组织原则;他们继承了正在发展的启蒙思想观念,认为一切历史都是人类自由逐渐发展的历史。伟大的德国哲学家黑格尔甚至认为,全部人类历史就是自由意识演进的历史。但是,20世纪的史学家回避自由的组织原则。可能是因为自由已经与19世纪的思想观念紧密地联系在一起——两次世界大战期间又基本消失——因此它们似乎已经没有联系。任何情况下,参与到政治运动中的人都试图寻找从殖民主义或其他压迫中解脱的方法,而自由成为其中的核心因素。从莫汉达斯·甘地到马丁·路德·金到尼尔森·曼德拉再到德斯蒙德·图图,人类对于自由的追求已经远远超过知识分子领域。他们的代表人物以及至今仍然在以自由和人权为名斗争的人都在提醒我们,自由的最高理想是满足人类灵魂的最高价值。

内在含义

自由的反面含义是缺乏控制,这一点在本词条中已经说过;它是自由资本主义和(19世纪)人类进步的基本观念。应该说,它是对资本主义比较乐观的认识,它受到社会主义观念的挑战,社会主义者坚持认为自由市场竞争导致令人不可忍受的不平等和剥削。之后右派资本主义的捍卫者用自由定义公平,与左派社会主义者——他们用持续至今并且不会消失的平等

定义公平——之间爆发了冲突。前者倡导全球化；后者反对。两者都认为自由与平等相互矛盾，此消必然导致彼长。如果两者希望在学术领域展开讨论，并且形成新的解释体系，他们必然需要寻找妥协的平台。如从人类成就的积极角度解释自由，从机遇而非条件的角度解释平等，"资本主义"者和"社会主义"者可能发现两者之间的众多差异已经消失。另外，他们更有可能展开积极合作以消弭损害人类发展的因素，即全球化的贫困。19 世纪英国作家塞缪尔·泰勒·柯勒律治(Samuel Taylor Coleridge)曾经指出，人们往往发现他们所坚持的是对的，所抵制的是错的。我们也会认为，争论的两方对于公平的定义是正确的，对于对方的抵制是错误的。最后，自由最为甜美的果实来自对其最深刻含义的积极认识。

进一步阅读书目：

Bauman, Z. (1988). *Freedom*. Minneapolis: University of Minnesota Press.

Berlin, I. (1969). *Four Essays on Liberty*. New York: Oxford University Press.

Cranston, M. (1967). *Freedom*. London: Longmans.

Davis, R. W. (Ed.). (1995). *The Origins of Modern Freedom in the West*. Stanford, CA: Stanford University Press.

Fromm, E. (1969). *Escape from Freedom*. New York: Avon Books.

Greene, M. (1988). *The Dialectic of Freedom*. New York: Teachers College Press.

Hayek, F. A. (1994). *The Road to Serfdom*. Chicago: University of Chicago Press.

Loewy, E. H. (1993). *Freedom and Community: The Ethics of Interdependence*. Albany: State University of New York Press.

Muller, H. J. (1961). *Freedom in the Ancient World*. New York: Harper.

Muller, H. J. (1963). *Freedom in the Western World: From the Dark Ages to the Rise of Democracy*. New York: Harper & Row.

Patterson, O. (1991). *Freedom*. New York: Basic Books.

Powell, J. (2000). *The Triumph of Liberty: A 2,000-year History*. New York: Free Press.

Treadgold, D. W. (1990). *Freedom: A History*. New York: New York University Press.

Wood, A. T. (2001). *What Does It Mean to be Human? A New Interpretation of Freedom in World History*. New York: Peter Lang.

艾伦·伍德(Alan T. Wood) 文

刘健 译，刘健、王超华 校

French Empire 法兰西帝国

法兰西帝国诞生于 17 世纪初，它迅速发展壮大，也经历了数次起起落落。它在北美和加勒比地区、西非和印度支那建立殖民地，20 世纪 30 年代其发展达到鼎盛。1960 年，在丧失非洲殖民地、越南独立后，法兰西帝国灭亡了。

法兰西帝国最早诞生于 17 世纪。1600 年左右，法国人开始在亚洲旅行；1604 年，法国东印度公司获得王室特许权。但是，这个公司的运作并不成功，1609 年之后已经基本没有业务。

1642年,东方公司创建,但是同样没能蓬勃发展。与此同时,法国人开始在北美(加拿大、路易斯安那)和加勒比地区(马提尼克岛、瓜达鲁佩岛、圣多明戈岛)建立殖民地。

采用君主制度的法国创建了一个殖民帝国,但是七年战争(1756—1763)之后多数殖民地丧失。根据《巴黎条约》(1763),法国国王路易十五(1710—1774;1715—1774年在位)将法国在北美密西西比河以东的全部殖民地让给英格兰,将密西西比河以西的全部殖民地割让给西班牙(1803年拿破仑应该收复了这部分殖民地,后来售予美国,即"路易斯安那购买案")。法国还放弃了对印度的所有政治权利,这标志着法兰西第一殖民帝国灭亡。但是,法国仍然保留了西印度群岛(法属安的列斯群岛),该地区在18世纪发挥了极其重要的作用。法属西印度群岛上的珍珠是圣多明戈岛——法属海地岛西部(今海地和多米尼加共和国所在地)。法属西印度群岛盛产甘蔗和咖啡,只有法国公司获准从事这类产品的贸易活动。法属西印度群岛的蔗糖和咖啡产量占世界产量的一半,是世界上最富庶的殖民地。18世纪后半叶,圣多明戈岛成为加勒比地区最大的甘蔗产地。18世纪80年代,这里生产的咖啡占了世界产量的一半。

法国大革命摧毁了法国殖民经济,即奴隶制度的经济基础。1791年杜

桑·卢维图尔(Toussaint Louverture,1743?—1803)起义后,法国丧失了圣多明戈岛。拿破仑曾经企图恢复奴隶制度,并重新控制该岛屿。战争因此爆发,1804年战争结束,圣多明戈岛获得独立,更名为海地。拿破仑统治时期(1769—1821;1804—1814及1815年两度称帝),法国成为最优质的甜菜糖制造者,因此海外甘蔗种植园的利益必然与本土甜菜种植者的利益发生冲突。与此同时,英国人开始逐渐蚕食法国剩余的殖民地,只有极少数殖民地最终被法国收回。1815年,法国拥有的殖民地数量已经十分稀少。法国在印度洋拥有的唯一岛屿是波旁岛(大革命后更名为留尼汪岛),还有部分印度洋沿岸的

约瑟夫·帕罗塞尔(Joseph Parrocel)的《1672年路易十五军队跨越莱茵河》(*The Crossing of the Rhine by the Army of Louis XIV*, 1699)。油画。法兰西帝国在北美和加勒比地区扩张的过程中,本土前线的军队也十分繁忙。法国卢浮宫博物馆

伊波利特·贝朗热(Hippolyte Bellange)的《战场归来》(*Returning from Battle*,1841)。油画。贝朗热描绘了法国军队被优秀的阿尔及利亚抵抗运动领袖阿卜杜卡迪尔打败的情景

贸易口岸,比如本地治里(Pondicherry)。在非洲西海岸,法国拥有部分塞内加尔城市,比如达喀尔(Dakar)、圣路易(Saint Louis)和戈雷(Goree)。法国最重要的殖民地仍然在西印度群岛,包括马提尼克岛、瓜达鲁佩岛及众多小岛,以及大陆上的法属圭亚那。但是,它们的辉煌已经一去不返。

1815—1881 年的殖民间歇期

波旁王朝的君主在推翻拿破仑后重新掌权,他们并不十分热衷于殖民扩张和军事冒险。但是波旁王朝最后一位君主查理十世(1757—1836;1824—1830 年在位)的最后一项活动仍然是发动对阿尔及尔的远征。战争的起因源于法国内政。这个王朝的名望不高,唯一能够获得威望的途径——他们认为的——是发动一次成功的军事远征。1830 年 1 月 31 日,该王朝决定派遣远征军前往阿尔及尔报复其首领(总督)侮辱法国领事的行为。

1830 年 6 月 14 日法国军队登陆,7 月 5 日总督投降。但是,这已经不能挽救波旁王朝;七月革命后查理十世逃离法国,新王奥尔良的路易·菲利普(Louis-Philippe of Orléans,1773—1850;1830—1848 年在位)即位。新王对于如何处理阿尔及利亚毫无头绪。远征的目的是惩罚总督,并不是将阿尔及利亚转变为法国殖民地,但事实上两种情况都发生了。法国人决定维持现状,最终阿尔及利亚成为法国最重要的海外领土,并成为唯一一个定居殖民地。总督很快投降,但是法国却花费了很长时间才最终控制了这个国家。阿卜杜卡迪尔(Abdelkader,1808—1883)是优秀的阿尔及利亚抵抗运动领袖,他多次战胜法国军队。法军元帅托马斯·罗贝尔·比若(Thomas Robert Bugeaud,1784—1849)曾经在拿破仑时期常年驻守西班牙,熟悉游击战术,他最终获胜,于 1847 年劝降阿卜杜卡迪尔。

阿尔及利亚殖民机构建立后,阿尔及利亚被纳入法国领土,沿袭了法国的行政管理制度。

这里建立了三个行政区划（省），各设一名地方长官，他们直接对巴黎的内政部长负责。这种一体化政策后来成为法国殖民地管理机构的统一形式。

拿破仑三世（1808—1873）统治时期（1852—1870），法国殖民地统治有所复兴。法国在西非执行积极的殖民政策，期望与法国在塞内加尔的传统殖民地结为一体，建立继续殖民扩张的根据地。在拿破仑三世的领导下，法国在印度支那（今越南、老挝和柬埔寨）也日益活跃。此举部分出于经济利益考虑（殖民扩张已经越来越被当作推动经济，特别是口岸城市和工业城市发展的手段，比如里昂、波尔多和马赛），部分源于政治考虑：英国人和美国人已经活跃在东亚地区，如果法国人希望继续维持在这个地区的影响，就必须要抓紧了。

1859 年法国占领西贡，1862 年与安南（Annam，今越南东部的一个王国）国王签署《顺化条约》，法国控制了西贡及其周围地区。1863 年，柬埔寨国王接受法国保护。但是与在非洲一样，法国人在印度支那的扩张行动在第三共和国时期才取得实质进展。

新法兰西帝国，1881—1962

1870—1871 年的普法战争中，法国战败，复仇成为其唯一信念，殖民扩张已经被抛诸脑后。19 世纪 80 年代，复仇信念日渐淡薄，法国的外交策略出现新思路。殖民扩张的鼓吹者提出，海外扩张可能重塑法国的辉煌。其主要代表人物是朱尔·费里（Jules Ferry，1832—1893），他是 1880—1881 年的首相，1883—1885 年再次担任首相。费里不仅是两次国际干预事件（北非的突尼斯与印度支那的安南和

东京地区）的幕后操纵者，还是一位殖民理论家。他的动机部分在于发展经济（他鼓吹资金和商品出口，不提倡人口流出），部分出于人道主义思考（他认为高等级种族有义务教化低等级者）；但是，政治动机最为重要，他希望法国重铸辉煌，重新屹立于世界之巅。

北非

法国人的第一个远征目标是突尼斯。阿尔及利亚—突尼斯边界的一个偶然事件成为远征的借口。法国远征军越过边境，挺进突尼斯。1881 年 5 月 12 日，突尼斯总督（国家领袖）签署《巴尔杜条约》（Treaty of the Bardo），突尼斯接受法国保护。被保护国概念是一个新观念，总督仍然是名义上的君主，但是法国派驻的代表（拥有常驻官员职务）实际上拥有全权。受保护国模式后来也应用于印度支那和摩洛哥。这脱离了

1534 年雅克·卡蒂埃（Jacques Cartier）代表法兰西皇帝接收加拿大。法兰西帝国迅速扩张；17 世纪时将路易斯安那纳入其领土统治

1061

法国的一体化和直接统治传统，但是被保护国的实际管理几乎与法国殖民地一样严格。

占有突尼斯后，阿尔及利亚的东部边境安全了，但是西部的摩洛哥边境又遭遇变故，这个国家因此成为法国的下一个目标。摩洛哥当时号称谢里夫帝国，19世纪时日益衰落。欧洲人的渗透没有遵循正常途径，而主要通过经济影响和特权实现。西班牙、意大利、不列颠和德国是法国影响摩洛哥的主要竞争对手。法国许诺不列颠自由插手埃及事务，以弥补其放弃摩洛哥的损失；同时，又给予意大利在利比亚的相同承诺。西班牙得到了获得摩洛哥部分领土的承诺，在两次大的外交危机之后，德国获得了其他领土承诺（西非地区）。1912年，法国终于将摩洛哥纳入被保护国。但是，将摩洛哥完全纳入法国统治又经历了相当一段时间。摩洛哥的第一任法国常驻官员名为路易-赫伯特-贡萨伏·利奥泰（Louis-Herbert-Gonzalve Lyautey，1854—1934），他的一生都与征服摩洛哥联系在一起。

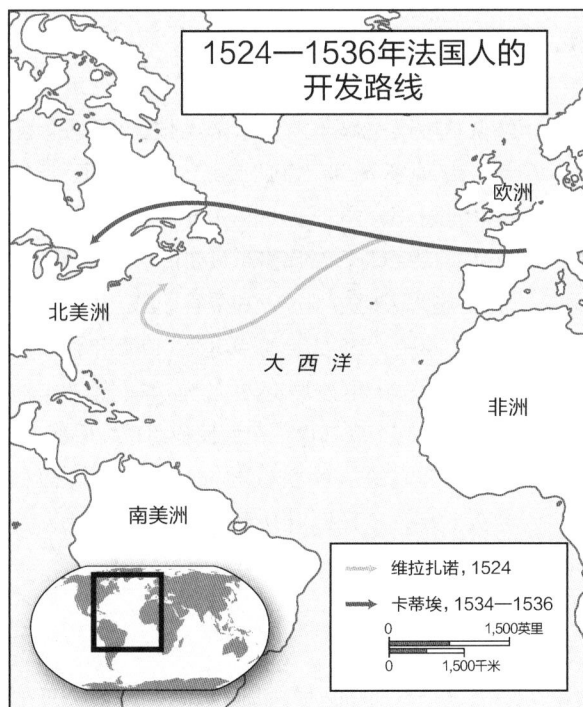

1524—1536年法国人的开发路线

维拉扎诺，1524
→ 卡蒂埃，1534—1536
0　　　　1,500英里
0　　　　1,500千米

1911年，阿尔及利亚人口已达500万，欧洲人口71.5万，其中50万为法国人。欧洲人口主要集中在城市，最为重要的城市是三个区域的首府，包括阿尔及尔、奥兰（Oran）和君士坦丁。其他地方的殖民者从事农业和葡萄种植与酿酒业，国家赐予他们自由使用土地的权利。1870至1871年普法战争后，战争获利者绝大多数是自德国占领的阿尔萨斯和洛林迁出的法国人。突尼斯人口很少，1911年全部人口刚刚超过100万，其中欧洲人口为14.8万（绝大多数为意大利人，不是法国人）。在摩洛哥，欧洲移民同样集中在口岸城市。从1911年被保护国建立到1914年第一次世界大战爆发之间的3年时间里，该地的欧洲人口从接近1万增加至接近5万，其中2.5万为法国人。

在北非各地，农业（谷物、葡萄酒、烟草和橄榄油生产）十分重要。尽管突尼斯的磷酸盐业十分重要，但是仍然谈不上存在工业。摩洛哥尽管存在工业，但是直到1914年矿业才开始发展，而且由法国控制对外贸易。阿尔及利亚控制着北非全部贸易额的2/3。1914年之前，摩洛哥经济发展迟缓，其对外贸易总额仅为阿尔及利亚的1/6。

征服阿尔及利亚的目的是重塑君主国家的辉煌，征服突尼斯的目的是重建民族国家的荣耀，两者都没有经过严格规划。征服摩洛哥的目的有所不同，19世纪90年代法国殖民部门提出的地缘政治观念发挥了部分作用。据此，北非已经成为地中海南岸的一个新法国，法属西非已经成为其腹地。

法属西非

法国人早在1659年就已经介入西非事务，他们在塞内加尔河的河口建立了圣路易。19世纪50年代，塞内加尔成为法国在西非进行领土扩张的起点。法国在

1062

> 爱国主义首要是热爱自己的人民，民族主义首要是憎恨人民甚于自己。
>
> ——查理·戴高乐(Charles de Gaulle, 1890—1970)

西非的殖民政策以军事征服为主，极少考虑和听从巴黎的意愿和命令。其目标是经塞内加尔河挺进非洲，最终从塞内加尔河上游进入尼日尔河上游。这项政策导致法国与当地伊斯兰帝国爆发了一系列战争，战争持续至 19 世纪 90 年代末期。1890 年 2 月，法国人几乎兵不血刃地夺取了图库洛尔(Tukulor)帝国首都塞古(Segou)，摧毁图库洛尔的统治，导致该帝国灭亡。但是同时，法国与西非的主要对手萨摩里(Samory, 约 1830—1900)陷入旷日持久的争端和冲突。

萨摩里是天生的领袖，拥有卓越的军事和组织才能，并在西非建立了一个庞大帝国。法国人的扩张行动与之发生冲突。1881 至 1885 年，双方爆发了一系列冲突与战争，法国的火器占据绝对优势，萨摩里损失惨重。1886 年 3 月 28 日，《和平和贸易条约》签署，法国和萨摩里控制区域的边界线划定。1891 年 5 月，萨摩里的军队与法军爆发边境冲突，条约被撕毁。这标志着法国与萨摩里的七年战争爆发。1894 至 1898 年，两者陷入拉锯战；1898 年春夏之间法国发动新战役，9 月 29 日，萨摩里被俘。法国统治者将其驱逐至加蓬，1900 年 6 月 2 日萨摩里死于肺炎。此时，法国已经占领了科特迪瓦和达荷美。法国和英国划定势力范围之后，法国成为西非的主要强国。

法国在西非的领土主要由一批独立的殖民地组成。后来这些殖民地统一组成了一个大的联盟，即法属西非(AOF)。法属西非的领土最辽阔时达 46.74 万平方千米(1919)。它是目前所知非洲最大的殖民地，领土面积超过法国本土的 8 倍以上。法属西非人口达到 1 200 万，是法属非洲的主要组成部分。这个联盟包括塞内加尔、科特迪瓦(象牙海岸)、达荷美、几内亚、塞内加尔-尼日尔河上游(今马里)、毛里塔尼亚和乍得-尼日尔等前殖民地。全权管理这部分领土的行政长官坐镇达喀尔。各个地区的行政长官均归属他管理。尽管地方统治者仍然是首脑，

但是他们已经逐步被淘汰。比如阿波美(Abomey)王国于 1900 年被撤销，只是达荷美行政长官的一纸命令而已。但是，将全部法属西非纳入法国统治的进程也是旷日持久的。雨林地区和萨赫勒(撒哈拉沙漠半干旱的边缘地区)是最顽固的区域。最为关键的成就在 1908 至 1912 年间取得。毛里塔尼亚和解持续时间更长。

法属西非的贸易活动主要是易货贸易。贸易货栈销售欧洲商品(纺织品、五金、小件装饰物以及武器和烈性酒)，用来交换非洲农产品(花生、椰枣油、橡胶和象牙)。最初欧洲各国的贸易货栈比较活跃，但是部分大型法国公司逐渐垄断了贸易。在苏丹和塞内加尔，这些公司主要来自波尔多；在几内亚沿岸，马赛商人比较活跃。法属西非的公共投资规模相对更大，在各个方面都高于法属多哥。1914 年，法属西非投入使用的铁路长度为 2 494 千米。这些铁路线的资金主要由法国政府提供，或由殖民地政府提供借贷。由于矿产资源十分有限，因此法属西非的经济影响力有限。

法属赤道非洲(AEF)

1884—1885 年的柏林会议上，欧洲殖民列强谈判讨论中部非洲的未来，创造出了两个多哥：法属多哥和比利时国王利奥波德二世(Leopold Ⅱ, 1835—1909；1865—1909 再次即位)的自由多哥。法属多哥最初由多个行政区域加蓬、刚果、沙立(Shari)和乍得组成，各自的统治方式不一。1906 年，联邦建立，1908 年任命行政长官，1910 年该联邦更名为法属赤道非洲(AEF)。这个联邦由三个殖民地组成：加蓬、中部刚果和乌班吉沙立(Ubangi-Shari)。总面积为 251 万平方千米，比法属西非的一半略大。其人口仅 300 万，人烟稀少，经济地位较低。

马达加斯加

这个时期马达加斯加主要由当地的梅里纳

(Merina)王统治,法国在马达加斯加的利益主要由天主教使团和法国的留尼汪殖民者获得。在这里发生多起法国居民遇害案后,法国政府决定派遣一支法国军队驻扎在这个大岛屿。1894年12月,海军占领塔马塔夫(Tamatave)港及其他口岸。一支大规模远征队伍组建起来。9月26日军队到达首都,几天后受降。之后签署的条约使马达加斯加成为法国的受保护国。但是该受保护国制度推行不易,起义和政变不断。1896年6月20日法国军队占领马达加斯加,9月任命行政长官,其拥有全部军事和内政权力。这位行政长官名为约瑟夫·加列尼(Joseph Gallieni,1849—1916),他的副手是胡贝尔·利奥泰(Hubert Lyautey),两人合作绥靖管理该岛屿。1905年加列尼离任时,该岛大部分已经在法国统治下。

印度支那

法国在印度支那活动的历史可以追溯至拿破仑三世统治的第二帝国时期,当时法国占领了交趾支那(今越南南部;安南王朝皇帝曾经统治该地区),柬埔寨接受法国保护;这是法国势力继续扩张的开始。第二帝国期间,法国远征军从科钦出发——经湄公河和红河——前往北方,直指中国。1870年后,同样的行动再次展开。舰队集结,东京湾被封锁,一支由4 000人组成的军队集结待命。1883年8月18日,安南首都顺化遭遇炮击,之后被占领。8月25日签署条约,安南王朝割让东京地区给法国,该王朝成为法国的被保护国。1885年安南爆发起义,1888年,安南王被俘,起义被镇压。东京起义更加旷日持久,坚持了12年,经历了两个阶段。在第一个阶段(1885—1891),法国军队数量有限,只配置在部分据点,仅出动少量流动部队打击敌人。1892年,加列尼到来,起义进入新阶段。镇压行动也有步骤地展开,于1898年取得决定性胜利。1892—1896年,加列尼掌握主动,1894

年他得到利奥泰的辅佐。两人成为法国殖民历史中最著名的将军。

1891年,整个印度支那都已经被纳入总督统治范围。在总督之下为科钦支那的副总督和其他地区的领事,他们负责政府的日常管理。安南王朝的残余势力销声匿迹。东京地区完全与安南分裂成为殖民地,而不再是保护国。

法属印度支那5个地区中的最后一个,也是最大的纳入法国统治的地区是老挝。老挝为数众多的侯国各自承认邻国的宗主权,其中以暹罗为最。1889年,法国和暹罗签署条约,承认老挝为法国的势力范围。但是这个条约并没有完全解决法国与暹罗对于老挝问题的争端,于是1893年武装冲突爆发,根据《曼谷条约》(1893年10月3日),暹罗承认法国拥有老挝。

从经济和财政角度看,印度支那是一个极其矛盾的区域。尽管殖民政府十分富有,公共投资额也相对较高,但是该地区的经济地位不高,法国的私人投资和贸易活动规模也十分有限。政府富有的原因十分简单,因为印度支那人口的税收负担沉重。其显而易见的后果是抗议、抵抗运动频繁,最终导致民族解放运动的繁荣兴起。

1897—1902年,保罗·杜梅(Paul Doumer)总督主导的绥靖运动结束,他建立了新的财政体制。他取消了安南的关税和强制劳动政策,改为直接征税,即征收土地税和人头税。但是,最为沉重的负担是政府垄断鸦片、酒和盐的贸易活动。特别是食盐垄断遭遇顽强抵抗。但是从行政管理角度看,这个制度是成功的,预算出现结余,越南的预算超过了阿尔及利亚;结余款用于支持殖民地贷款,创造了大量国债;政府财政也有可能大力支持基础设施建设。由于私人投资尚未出现,因此政府提供资金支持,开展自身建设,其最重大的工程项目就是建设铁路。

从第一次世界大战至帝国灭亡

随着摩洛哥获得独立,法兰西帝国基本走

向灭亡,但是仍然苟延残喘。第一次世界大战后,战败的德国的殖民地被胜利者瓜分。法国获得了半个多哥和几乎全部喀麦隆。同样战败的奥斯曼帝国也丧失了部分领土,叙利亚和黎巴嫩落入法国囊中。

20 世纪 20 年代,法兰西帝国殖民地,特别是阿尔及利亚和印度支那的经济地位逐渐提高,但是与其他所有热带地区的殖民地相同,法国殖民地也遭遇 20 世纪 30 年代经济萧条的严重影响。与此同时,法国人终于产生了殖民地意识。他们曾经拥有一个帝国,但是很长时间里他们并没有真正地意识到,此刻,他们开始改变了。1931 年巴黎举办大型殖民地展览会,充分展示了法兰西帝国的规模和多样性特征,其初衷也源于此。

20 世纪 30 年代因此可以被视作法国殖民主义发展的顶峰。但尽管如此,帝国已经呈现出日薄西山之兆。殖民地的民族解放运动日益高涨,特别是越南,其民族解放运动早在 1904 年就已经兴起。从第一次世界大战西部前线返回非洲的士兵也受到民族主义思想的影响。第二次世界大战最终导致帝国土崩瓦解。日本占领印度支那期间,民族解放运动领袖胡志明(1890—1969)展开游击战抵抗日本人。战后,他致力于独立运动。越南与法国谈判破裂,战争爆发,法国损失惨重。1954 年,奠边府(Dien Bien Phu)战役后,法国放弃印度尼西亚。1956 年摩洛哥和突尼斯独立,1960 年撒哈拉沙漠以南非洲所有法国殖民地宣布独立。1954 年阿尔及利亚爆发的激烈战争于 1962 年结束,阿尔及利亚独立。法国本土也因此发生变化,1958 年法兰西第五共和国建立,法国殖民帝国一去不返。

进一步阅读书目:

Aldrich, R. (1996). *Greater France: A History of French Overseas Expansion*. London: MacMillan.

Andrew, C. M., & Kanya-Forstner, A. S. (1981). *France Overseas: The Great War and the Climax of French Imperial Expansion*. London: Thames & Hudson.

Bouche, D. (1991). *Histoire de la colonisation frençise: Vol. 2. Flux et reflux, 1815 – 1962* [History of French Colonization: Vol. 2. Flux and Reflux, 1815 – 1962]. Paris: Fayard.

Brocheux, P., & Hémery, D. (2001). *Indochine: La colonization ambiguë, 1858 – 1954* [Indochina: Ambiguous Colonization, 1858 – 1954]. Paris: La Découverte.

Comte, G. (1988). *L'Empire triomphant, 1871 – 1936: Vol. 1. Afrique Occidentale et équatoriale* [The Triumphant Empire, 1871 – 1936: Vol. 1. West and Equatorial Africa]. Paris: Denoël.

Fourniaux, C. (1989). *Annam-Tonkin, 1885 – 1896: Lettrés et paysans vietnamiens face à la conquête coloniale* [Annam-Tonkin, 1885 – 1896. Vietnamese Peasants and Intellectuals Facing Thecolonial Conquest]. Paris: L'Harmattan.

Ganiage, J. (1968). *L'Expansion coloniale de la France sous la Troisième Republique, 1871 – 1914* [French Colonial Expansion during the Third Republic, 1871 – 1914]. Paris: Payot.

Gifford, P., & Louis, W. R. (Eds.). (1971). *France and Britain in Africa: Imperial Rivalry and Colonial Rule*. New Haven, CT: Yale University Press.

Julien, C.-A. (1979). *Histoire de I'Algérie contemporaine: Vol. 1. Conquête et colonisation* [History of Contemporary Algeria: Vol. 1. Conquest and Colonization]. Paris: Presses Universitaires de France.

Marseille, J. (1984). *Empire colonial et capitalisme français: Histoire d'un divorce* [Colonial Empire and French Capitalism: The Story of a Divorce]. Paris: Albin Michel.

Martin, J. (1987). *L'Empire renaissant, 1789 – 1871* [The Empire Reborn, 1789 – 1871]. Paris: Denoël.

Martin, J. (1990). *L'Empire triomphant, 1871 – 1936: Vol. 2. Maghreb, Indochine, Madagascar, tes et comptoirs* [The Triumphant Empire, 1871 – 1936: Vol. 2. Maghreb, Indochina, Madagascar, Islands and Trading Posts]. Paris: Denoël.

Meyer, J., Tarrade, J., Rey-Goldzeiguer, A., & Thobie, J. (1991). *Histoire de la France coloniale: Vol. 1. Des*

1066

origines à 1914 [History of Colonial France: Vol. 1. From its Origins to 1914]. Paris: Fayard.

Pluchon, P. (1991). *Histoire de la colonisation française, I: Le premier empire colonial: Des origines à la Restauration* [History of French Colonization. Vol. I. The First Colonial Empire: From the Origins to the Restoration]. Paris: Armand Colin.

Quinn, F. (2000). *The French Overseas Empire.* Westport, CT: Greenwood Press.

Thobie, J., Meynier, G., Coquery-Vidrovitch, C., & Ageron, C.-R. (1990). *Histoire de la France coloniale, Vol. 2. 1914–1990* [History of Colonial France: Vol. 2. 1914–1990]. Paris: Fayard.

Wesseling, H. L. (2004). *The European Colonial Empires, 1815–1919.* London: Longmans.

亨克·韦塞林(Henk L. Wesseling) 文

刘健 译,刘健、王超华 校

Frontiers　边界

在文明发展过程中,边界一直是强国与其他尚没有形成国家的社会之间的界线,或是人口稠密地区和人烟稀少地区之间的界线。边界的防御意义重大,也在文化交流与贸易活动中发挥重要作用。但是边界的扩展对本土居民造成破坏,也导致生态环境退化。

"边界"一词表达了一个国家机制强大的社会与一个没有国家的社会之间的界线,有时也表达人口稠密地区与人烟相对稀少地区之间的界线。文明形成之初就已经出现边界,在各个类

防御目的造就了人类历史上最伟大的军事工程,比如中国的长城。沈凯伦摄

型社会之间的交流互动过程中发挥重要作用。历史上，罗马帝国在欧洲西部的边界承担了抵御日耳曼人部落的职责，培养了罗马社会的尚武精神。16 世纪晚期开始，哥萨克人和其他俄国人征服广袤的西伯利亚，高度中央集权的国家因此创立。17 至 19 世纪的北美边界在某种程度上提高了美利坚合众国的地位，使其凌驾于其他西欧社会之上。

如何认识跨边界的互动交流关系，取决于从哪个角度看待这个问题。一方面，没有形成国家的社会渴望与边界另外一侧结构发达的社会建立贸易关系或侵扰它，因为发达社会的物质财富比结构简单的社会更加丰富。另一方面，尽管对于边界两侧的居民来说贸易和其他交换活动十分必要，但是发达社会大多蔑视或害怕另外一侧的居民，称他们为蛮族人。欠发达社会也可能征服边界另外一侧的国家。比如 13 至 15 世纪，中国北方的边境民族蒙古人征服中国中原政权和阿拉伯，造成巨大的文明灾难，但是也创造出人类历史上最为幅员辽阔的帝国，进而促进欧亚大陆出现史无前例的、广泛的贸易和交流关系网络。以马可·波罗为代表的意大利商人得以在大陆的两端往来旅行，得以将欧洲社会的故事带到蒙古宫廷，并将亚洲的故事带到威尼斯。

军事视角

文明社会努力保护自身免受边界另外一侧居民的侵袭，胜负参半。防御目的造就了人类历史上最伟大的军事工程；比如中国的长城始建于公元前 200 年左右，由秦朝皇帝发起，之后历经修缮，主要工程完成于明朝。另外一道抵御蛮族的防御城墙是哈德良长城，它于 122 年建于不列颠的诺森伯兰郡。1 世纪，罗马人还在中欧边境修建防御城墙，称"limes"。只有围墙当然不够，还必须有要塞支撑，更加重要的是与边

界另外一侧的居民建立联盟关系。尽管部落民偶尔能够跨越边境侵袭邻国，但是一般情况下这些邻国的军事实力更高一筹。只有当这些强国衰落的时候，比如 200 年后的罗马帝国和某些朝代的中国中原政权，部落民才有可能战胜并征服之。17 世纪后，炮兵技术的发展使这些国家如虎添翼，未形成国家的社会再也不可能征服国家社会。部落民最后一次的胜利是 1644 年中国的满族征服明朝。与之前的蒙古人一样，取得胜利的满族人接受了国家结构体制，建立清朝。

在多数边界地区都生活着一些边缘人口，他们在未形成国家的社会与国家之间不定时流动。他们充当了双边区域的缓冲器，也受国家社会征调而加入军队。在俄国，生活在黑海和里海北方（后来居住在俄国西部的第聂伯河和顿河沿岸）的哥萨克人从 16 世纪开始开发西伯利亚，加入沙皇的部队。尽管俄国人利用他们，但是也惧怕他们，他们被标上桀骜不驯的标签。最早发起西伯利亚征服运动的哥萨克人叶尔马克（Ermak）在被"恐怖的伊凡"（Ivan the Terrible，1530—1584）招致麾下之前，曾经是江洋大盗。同样，19 世纪，阿根廷的潘帕斯牧民、委内瑞拉和哥伦比亚热带平原的伊拉内罗人（Ilaneros）都成为爱国运动中的军事力量，参与了旨在脱离西班牙统治的独立运动。他们是典型的桀骜不驯的边缘人口，生活在边境地区，是优秀的士兵。

文化与经济交换

尽管我们所掌握的多数关于边界的证据都与防御有关（因为防御是国家的重中之重，历史是由国家书写的），但边界也是重要的文化变化区域和经济区域。未形成国家的社会接受适合自身的文化或技术（比如铁器制造），国家社会也会接受部分来自非国家社会的要素（比如中国

1068

1069

宫廷接受"胡人"音乐,比如欧洲殖民者接受新大陆引进的食品)。边境人口还充当劳动力,有些是被迫的——战俘充当奴隶和农奴,有些则是自愿的。

北美边界神话

欧洲人创造的北美边界是最重要的边界之一。与俄国边界一样,北美边界也涌现出许多民族认同神话。美国历史学家弗里德里克·杰克逊·特纳(Frederick Jackson Turner,1861—1932)于1893年指出,美利坚合众国源于边界。特纳认为,殖民者向西部挺进的时候,边界激发了个人主义、民主价值观和智慧。在他看来,美利坚合众国最宝贵的特点源自与土著人和恶劣条件做斗争并获取土地的经历。尽管这是一个被普遍接受的、历史悠久的民族神话,但是这个观念仍然有许多谬误之处。例如,在美国南部,扩展边界严重依赖奴隶制度,而这与边界是民主价值观的体现的观点不符。特纳将驱逐土著居民的行为归咎于道德沦丧,也不恰当。在特纳撰写他的文章的时候,美国边界实际上已经关闭,但是他的研究仍然具有强烈深刻的民族意识。

边界与环境恶化

北美边界的发展给美洲原住民带来深重灾难;同时,19世纪晚期以来这里及其他地区边界的扩展也造成另外一个严重后果,即环境恶化。大平原错误的农业实践导致20世纪30年代沙尘暴灾难的爆发。中亚咸海流域大规模种植棉花导致海水流失75%。俄国西伯利亚边境地区的工业发展导致严重污染,严重威胁野生物种,损害当地居民健康。最后一个边远地区——亚马孙地区的发展同样遭遇环境问题,采矿业导致汞中毒和疾病的暴发,大牧场和大农田导致水土和物种流失。与早期边界开发相同,在当前边界开发过程中,本地人口和边境人口承受了最为严重的后果。

进一步阅读书目:

Avrich, P. (1972). *Russian Rebels, 1600 - 1800*. New York: W. W. Norton.

Barrett, T. M. (1999). *At the Edge of the Empire: The Terek Cossacks and the North Caucasus Frontier, 1700 - 1860*. Boulder, CO: Westview Press.

Elton, H. (1996). *Frontiers of the Roman Empire*. Bloomington: Indiana University Press.

Guy, D. J., & Sheridan, T. E. (Eds.). (1996). *Contested Ground: Comparative Frontiers on the Northern and Southern Edges of the Spanish Empire*. Tucson: University of Arizona Press.

Hennessy, A. (1978). *The Frontier in Latin American History*. Albuquerque: University of New Mexico Press.

Lincoln, W. B. (1994). *The Conquest of a Continent: Siberia and the Russians*. New York: Random House.

Millward, J. A. (1998). *Beyond the Pass: Eeconomy, Ethnicity, and Empire in Qing Central Asia, 1759 - 1864*. Stanford, CA: Stanford University Press.

O'Connor, G. (1998). *Amazon Journal: Dispatches from a Vanishing Frontier*. New York: Plume.

Saunders, J. J. (2001). *The History of the Mongol Conquests*. Philadelphia: University of Pennsylvania Press.

Turner, F. J. (1963). *The Significance of the Frontier in American History*. New York: Ungar. (Original work published 1894)

Waldron, A. (1990). *The Great Wall in China*. Cambridge, U. K.: Cambridge University Press.

White, R. (1991). *The Middle Ground: Indians, Empires, and Republics in the Great Lakes Region, 1650 - 1815*. Cambridge, U. K.: Cambridge University Press.

1070

埃里克·兰格(Erick F. Langer) 文

刘健 译,刘健、王超华 校

Frontiers vs. Borders　边疆与边境

边疆与边境两词有时具有相同含义,但是历史学家对其进行了区分。边疆指社会集团之间的过渡区域;边境则由国家建立,旨在划分自身统治的范围和领土,并与其他政治体区隔。

尽管人们习惯于混用边境、边界和边疆,它们在某些情况下是同义词,但是历史学家仍然坚持边疆与边境之间存在明显差异。边疆主要是相互融合的区域,可能因文化碰撞、人口流动、国家权力丧失以及武力霸占而形成。历史学家莱昂纳德·汤普森(Leonard Thompson)这样解释边疆:"在我们看来,边疆是社会集团之间的过渡区域。它包含三个要素:领土要素,即与边界线相区分的区域或领土要素;人口要素,即包容曾经分裂或不同社会的人口;过程要素,即这些民族形成、发展并最终形成的关系。两个社会集团成员之间开始接触时,边疆开放。如果其中一方确立了政治和经济统治地位,则边疆关闭……"(Lamar & Thompson 1981)。

相比之下,边境则由国家建立,旨在划分自身统治的范围和领土,并与其他政治体区隔。政治地理学家拉迪斯·卡里斯托夫(Ladis Karistof)将边界解释为"中央政府可以行使管理的外部界限"(Karistof 1959)。边境是国家建立的法律和政治设施,以保护边界、规范流动。边疆和边境在全球史研究中十分重要,但是其对全球影响的真正的全面阐述尚没有著作问世。

边疆

"边疆"一词可以追溯至中世纪西班牙语,通常用于描述北美历史。一个多世纪以来,美国历史学家讨论了美国历史中"边疆的地位"。1893 年,美国历史学家弗里德里克·杰克逊·特纳指出边疆是"野蛮与文明的交汇点","自由领土的边缘地带","美国化进程最为迅速和剧烈的地带"。他认为在边疆地区我们可以见证社会演进过程中各种形式的迅速转换,比如狩猎、贸易、放牧、农耕、制造等。在他看来,美国的民主制度、自由主义和理想主义等特征得益于其边疆经验。特纳的众多观点引起热烈讨论,逐渐被北美殖民者和土著居民之间存在细微差别的理论所取代,后一理论认为,尽管差别不大,但是边疆仍然存在于人们的想象与大众文化中。特纳本人则分析了北美以外边疆的影响,发现了一些可资对比之处,比如"一旦在边疆地区传统习俗被打破,约束力丧失……边疆将成为机遇的土壤,成为敞开的大门,让人们逃离过去的束缚"。他的边疆观念获得一定认同,有助于认定澳大利亚、南非、俄罗斯、中世纪欧洲和罗马帝国的边疆区域。

1952 年,美国得克萨斯历史学家沃特尔·普雷斯科特·韦伯(Walter Prescott Webb)——曾经从事大平原研究——发表著作,试图将边疆模式用于全球边疆研究。他认为哥伦布发现西安第斯山脉以及开发美洲为欧洲扩张打开了"大边疆"。他指出,西方人获取了不对等的土地和资源,创造了持续几个世纪的经济大发展。但是"大边疆"的日渐消失也给西方带来新的挑战。由于可供殖民的土地日益消失,资源获取日渐不易,西方社会及其资本主义、民主制度和自由

苏格兰地区哈德良长城的入口及部分残迹。该城墙的目的是保证罗马人继续向北方扩展边界。克里斯·豪威尔摄

主义观念表现出不确定性。

世界历史学家威廉·麦克尼尔于 1983 年重新审视"大边疆"理论。他主要关注世界某些特定区域的欧洲殖民者社会，考察 1500 年后跨越大洋和欧亚草原（欧洲东南部或亚洲广袤的、平坦的、无树的区域）的欧洲移民创造的社会经济，考察能够改变这些社会经济状况的边疆情况。"大边疆"理论的特点是一分为二地看待自由与奴役。有些时候，边疆推动自由和平等的发展（比如哥萨克人、北美的欧洲殖民者）；但是有时土地资源丰富，劳动力资源相对短缺，则导致奴隶或农奴剥削现象。麦克尼尔的贡献在于，他提出边疆框架不能造成单一后果，它是边疆发展过程中的特征。

近来，人类学家伊戈尔·科普托夫（Igor Kopytoff）应用边疆理论拓展非洲史研究的视野。在非洲历史发展的各个地区、各个阶段，地区性边疆的形成经历了漫长的发展过程。由于饥荒、冲突、生态压力和企业公司的竞争压力，一些个人和团体在已经确立的法定界限之外的

"不毛之地"生活。在站稳脚跟后，他们组成新的核心社会，吸引周围社会中不满现状的团体和个人。情况允许时（受距离、天然屏障、社会发展条件所限），新政权（政治组织）在既有社会的边缘地区形成。部分新政权日益强大，最终吞并周边老政权。科普托夫的理论与原有的边疆结论迥然不同，他认为"边疆无界，它不能创造某种社会类型，但它是社会发展进程中的制度的真空地带"（Kopytoff 1987）。因此，每个边疆地区都存在多种发展可能性。

学者们在边疆比较研究中逐渐摒弃了特纳及其追随者创造的欧洲中心论观念。而美国历史学家仍然在争论特纳的学说，甚至有人拒绝使用"边疆"一词，因其具有文化偏见。但是有关跨文化互动、生态变化以及殖民地的深入研究，得益于特纳的思想精髓。

将边疆理论应用于全球史研究，提供了考察环境因素、跨文化互动与融合能够创造新社会的研究视角。另外，边疆理论也提出了新观点，即起源自现有社会边缘的变化可能会导致

1073

> 在修建一堵墙之前，我需要知道我的墙里有什么，墙外有什么。
>
> ——罗伯特·弗罗斯特（Robert Frost，1874—1963）

剧烈变化，而边缘可能发展成为新中心。

中心地带，同时阻挡不需要的东西。

古代边境问题

人们一直认为边境是现代国家所特有，但是近来意大利历史学家马里奥·利韦拉尼（Mario Liverani）的研究则证明古代近东已经存在国家之间的关系。在青铜时代晚期（约前1550—前1200），在安纳托利亚（今土耳其）、埃及、两河流域以及相邻地区，国家逐渐兴起，国家间的联系有所发展。这些古代国家的历代统治者都号称宇宙的统治者，同时他们也划定固定的边境以行使行之有效的控制。在王权观念中，统治者负有不断扩张领土、直至天尽头的职责。由于扩张永无止境，统治者往往在他们所征服或到达的极限领土设立纪念碑。利韦拉尼写道："如果我们认定边境是不断变化的，是国王继续向外扩张的边界，那么（用于纪念目的的石板或石柱）碑就是国王的替身，上面刻有国王的名字和形象。"（2001）

在古代近东，边境通过两个平等团体之间或胜利者与征服者之间签署条约划定。条约确定了领土版图、城市名称、臣服者地名录，主要问题涉及财政收入分配、纳贡称臣方面等。条约还规定了对劫掠的惩罚措施、归还逃亡者以及贸易事务等。安全事务——相关文件保证在统治者领土范围内通商的权利，不受地方官员的阻碍——源自古代近东外交传统，有助于统治者的代表在外国领土上活动。

但是，我们不能就此认为古代人控制的边界与现代领土的边境完全一致。统治者主要关注控制战略要地所能获得的利益。利韦拉尼指出："国家控制的领土类似一块'绿洲'……没有必要设立边境线，它只是与其他国家（或其他居住地区）交流的'门户'，中间是荒无人烟的不毛之地。"（Liverani 2001）遥远的边境口岸发挥的作用是保证所需要的人或物能够顺利进入国家

欧亚大陆帝国边境的维护

在全球发展史中，在欧亚大草原，众多游牧社会曾经不断尝试创建人为屏障以阻挡流动性更强的社会人口。建设类似屏障需要耗费大量资源，而在某些层面上它发挥着现代边境的管理和控制流动的作用。众多国家曾经利用人工修建的屏障阻挡臣民或外国敌人的流动。直到17世纪，俄国还利用土木修建的贝尔格莱德防线阻挡游牧民的入侵，同时也限制依附的农奴逃往国家无从控制的草原地区寻求自由。

在书写欧亚大陆西部历史时，罗马的军事防御设施遗址长久以来吸引着学者的注意力。欧洲历史学家十分关注哈德良长城等设施的结构作用；该长城跨海连接大不列颠，曾经拥有三层防御屏障，包括沟壑、围墙、瞭望楼、军事通道、要塞和流动哨。罗马史料证据表明，该长城为"分隔罗马人与蛮族人"而建（Jones 1996）。6世纪拜占庭历史学家普罗科比（Procopius）甚至设想该长城是一条分割线，在分割线的另外一侧瘟疫肆虐，瘴气横行，不利于人类居住。尽管有观点认为边界维护设施是极端排外的所在，但是有证据显示情况要复杂得多。

由于罗马边防要塞和边防军环绕地中海多个区域，历史学家也尝试区别对待不同区域的边境要塞的地位。军事史学家爱德华·勒特韦克（Edward Luttwak）在其1976年发表的著作《罗马帝国的大战略》（*The Grand Strategy of the Roman Empire*）中深入研究了罗马统一的防御体系，支持它是由弗拉维（Flavia）皇帝（2世纪）及后世历代拓展完成，用于帝国漫长边境线的战略防御的观点。历史学家还就这些屏障是进攻还是防守的标志，以帝国为目标的战略思想是否确实被记录在案，广泛的基础设施建设是由各地规划还是中央统一规划（为特定目的），

罗马观念是否规定扩张极限,以及希腊人的军事屏障建设传统是否影响罗马等问题展开讨论。争论集中在"Limes"一词上,部分历史学家用其形容边境防御"体系",但是还有学者认为它只是军事道路网络。由于在西罗马帝国灭亡过程中"蛮族入侵"是其中一个原因,因此边境防御问题研究牵涉更多的与帝国灭亡/转型有关的问题。文献证据十分有限,但是非洲、亚洲和欧洲境内绵延数百英里的防御设施以及数千个考古遗址中已经包含了众多新信息。至少罗马人似乎在各个地区实施了相同的战略措施,有些是有意为之,有些是应对环境而采取的措施。尽管这些屏障显然是为应对中等规模的侵袭设置,并且有复杂的边防军制度和交流网络支撑,但是同时期的资料并没有明确阐明这个大战略的局限。

边防要塞与其说是罗马人和"蛮族"之间的分割线,毋宁说是罗马人与邻邦居民交流的设施。考古学家彼得·韦尔斯(Peter Wells)曾经考察罗马人沿莱茵河的扩张路线时说:"罗马人向温暖的欧洲扩张应该是活跃的民族之间的互动过程,及与政治领袖谈判的过程,偶尔也发生战斗。"

考古学、铭文和文献证据显示,罗马人与其邻近居民之间的界限比从前设想的更加模糊。众多非罗马人生活在罗马领土上,受雇加入罗马军队。甚至生活在远离边境线的扩张区域的团体也受到罗马文化的影响,并且加入其贸易网络中。来自罗马最遥远口岸的产品运输路程达几百英里,说明联系多于隔绝。

历史学家证实,中国和中亚交流互动的2 000多年历史面临着同样的解释难题。这里也一样,围墙是古代社会隔绝的明显标志,但是对于这些围墙的解释也是林林总总的。亚洲问题专家欧文·拉铁摩尔(Owen Latimore)在其著作《内部疆域》(Inner Frontiers)中提到,中国的长城是天然造就的分割线,它大致处于南北方

的地质断层线上,南方适于农耕,北方则以游牧为主。在他看来,长城是"最适于发展区域的边界",但是他强调边境线尚未确立。他极度关注"纯粹的中华政权"与"纯粹的草原政权"之间争夺边缘地带及众多过渡区域的斗争。

历史学家安德鲁·沃尔德伦(Andrew Waldron)令人信服地指出"在中国历史上并不存在唯一的长城",19世纪以前的中国研究者也很少谈及单一结构。欧洲人对"中国长城"的认识在几百年时间里数度变化,影响着近现代中国人的观念,并集中反映于神话中(19世纪晚期兴起),即"长城"是唯一能够从外太空观察到的人工作品。沃尔德伦追溯了长城形成的过程:从简陋的土长城出现(前656年第一次出现在文献中)到秦朝(前221—前206)将长城连接在一起,最终,在几百年后成为绵延9 000千米的古代建筑。这些古长城经历过多次修建、废弃、修缮、再次废弃的过程。另外,我们无从确定修建长城与国家统治衰微之间存在直接联系。最后,旅游者热衷游览的北京附近高大的砖石围墙修建时间较晚,属于明代长城建筑新时期。

近来学者同样关注中国长城内外的交流互动问题。长城本身从来不是中原政权和边境外的"外部黑暗区域"间泾渭分明的界限。众多研究指出,游牧民族联盟因为与中原的交流互动而走向繁荣。人类学家托马斯·巴菲尔德(Thomas Barfield)曾经指出,游牧民族联盟的繁荣源于统治者保卫来自中原的资源的能力。为此,他可能阻止劫掠活动,或在中原地区与草原之间的中间地带活动。通常情况下游牧民族联盟不会侵略中原地区,他们更喜欢将全部力量投入榨取资源、获取奖励和参与贸易活动上。历史学家谢钦·亚格齐德(Sechin Jagchid)认为,贸易甚至是"决定中国北方边境是战是和的根本要素";他曾经追溯中国中原政权与游牧民族统治者之间的边贸市场、贡赋、赠予(赠送礼物)以及联姻活动等关键机制(Jagchid & Symons

1989)。

　　维持边界所需资源众多，其设施维护费用也十分昂贵。外交或贸易政策则更加适宜双方交往，在某些情况下也更加富有成效。长城不可能阻碍跨文化的交流互动，因为在中心区的角度看与众不同的人群，事实上从边缘区的角度看也不甚清晰。

全球框架下的边界

　　边界线和边界设施并非在世界历史上不可或缺。事实上，我们甚至不清楚在近代之前世界上的某个区域内边界的共性是什么。众多社会认同某种形式的边界并建造防御工事，但是这些并不一定是现代意义上的领土界限。

　　伊斯兰教的兴起是边界观念的另外一个典范。伊斯兰教的政治理论似乎并不承认政治边界。拉尔夫·布劳尔（Ralph Brauer）认为，在伊斯兰法律中，边界不列入经典。伊斯兰法理学家认为整个世界由两个相互协调的区域组成：伊斯兰之地（Dar al Islam）和战争之地（Dar al Harb）。理论上说，阿拉伯人应该不断扩张，直至伊斯兰社会与整个世界拥有共同边界。与非伊斯兰国家对抗的圣战的要求，导致伊斯兰国家的边界处于不断变化的状态。尽管伊斯兰国家机器认可与非穆斯林签署临时性的和平条约，认可短暂的、战略性的妥协，但伊斯兰国家显然并不存在这种固定边界。这种独一无二的道路可能可以这样解释，即边境线并不适用于深刻影响阿拉伯早期宗教的游牧民族文化。14世纪阿拉伯史学家伊本·赫勒敦（Ibn Khaldun）将伊斯兰国家描述为被边境地区环绕的区域，而非边境线。早期奥斯曼人的扩张似乎证明伊斯兰国家只知扩张、强迫敌人称臣的观点，但是最终实用主义占据上风。《卡尔洛夫奇条约》（Treaty of Karlowitz，1699）签署后，奥斯曼外交家认可了伊斯兰国家与非伊斯兰国家间划定

政治边界，首创了现代国际体系中伊斯兰国家联盟的雏形。

现代国际边界体系

　　尽管现代边界与古代边界有诸多差别，但是现代国际体系中领土占据优势的霸权国家一般遵循1648年10月签署的《威斯特伐利亚和约》。该条约文本并非主要针对边境问题，但是它确立了领土神圣不可侵犯的原则。该条约承认签约国拥有平等地位，不论大小，不论宗教信仰，不论从前的帝国主义地位。它还确认统治者对于其臣属的霸权。该条约削弱了天主教会和神圣罗马帝国的权力，确立了共同关心的外交和国际合作事务的规范原则，是国际关系体系发展中的重要一步。这个体系相互承认签约国的国家边界和霸权，之后又逐渐扩大到世界各个地区。

　　历史学家彼得·萨林斯（Peter Sahlins）指出，欧洲国家的领土扩张是一个漫长的、曲折的发展过程。萨林斯考察了同处比利牛斯山脉地区的西班牙和法国在1659至1868年间的历史边境。尽管双方曾经达成协议以塞尔达尼亚（Cerdanya）峡谷为界，但是其宗教、财政、领主（庄园）以及地方司法事务却不一定与国家边境完全吻合。边境发展成为一个机构，往往牵涉利益和斗争，当地居民也通常从国家资本中获取回报和资源。尽管"领土侵犯"观念在18世纪末已经出现，但是当时的边境界限仍然模糊，而且少有保卫设施。1822年，法国最早尝试封锁边境，防止流行病入境；直到1868年，明确的边境线才正式划定。另外，萨林斯还曾经尝试推翻边界强加于人民的观念。

　　目前尚没有深入的研究证明西班牙—法国边境状况是欧洲的典型范例。但是，国际界线的大致轮廓已经形成。近代早期（16至18世纪）的地图中已经出现政治边界界线，统治者开始

用更加确切的词语描述领土界线。相应地,边境测绘也日益精确。边境一般通过双边条约确定,由双方代表及当地人见证实地划界(一般采用岩石、树木或特殊的边界标志)。18 世纪和 19 世纪早期出现了人为划定的边界(直线第一次出现在地图中),一般依已有的司法或自然标志为界,比如河流。早期边界的作用是控制人口流动,但并非总是强制性的;目前边界的目标是限制某些类型的东西进出境,比如乞丐、病毒携带者,以及政治上可疑的人物如奸细、间谍或革命者。

1077　　19 世纪下半叶,欧洲边境设施日益细致。护照最早是一种外交安全手段,在第一次世界大战之前并非公民身份的标志,也不是国际旅行所需的证件。随着国家的强大,国家需要控制领土外事务,越来越多的官员在边境道路和边境城市任职。边境保卫人员和海关官员负责监督过境人员的财务和政治活动,但是他们既没有能力也没有兴趣监督每一个过境者,也不会登记每次进出境活动(但是也有例外,比如俄罗斯积极鼓励边境人口流动)。19 世纪最后几十年时间里,部分欧洲国家开始采取控制入境政策,每个出入境者都记录在案,无论是本国居民还是外国人口。国家规范流动的尝试也遭遇口岸、火车和主要道路的局限。19 世纪最后几十年,部分国家通过法律区分外国人和本国公民,目的是保护本地劳动力市场,避免外国劳动力竞争。

　　20 世纪早期,边境已经在全球范围内普及。无形中,整个世界——无论是否有人类居住——都已经被列强瓜分。每个国家都划分自己的领土,每个政府都根据国际法拥有批准入境的权力。护照成为跨境流动的必要证件。20 世纪的边境受到欧洲殖民势力的深刻影响。比如 1884 至 1885 年柏林会议后,欧洲殖民列强无视文化差异,强行在非洲殖民领土上划定直线边界,甚至宣称占领欧洲人从未见过的领土。

目前南极洲是唯一没有划定实质边界的大洲。根据国际协定,多数国家同意放弃对南极洲的领土主权。

　　20 世纪 30 年代,各国制定法律开始尝试全权控制边境。严格的边境保护政策大多因意识形态因素而制定。得益于两项技术进步,各国限制非法入境的目标得以实现:电网(19 世纪晚期出现在美国大平原,主要限制牲畜流动)和杀伤力强大的地雷(美国内战期间出现)。

　　苏联的边境设施在冷战期间被戏称为"铁幕",它是最早也是范围最广的设施。早期苏联边境防卫设施始建于俄国内战(1917—1920)期间。1930 年左右,超过 50 000 千米的苏维埃边境线上有 4 000 多名边防士兵,分属 4 个边防区。边境巡逻任务在西部和欧亚大陆一侧人口稠密地区最为繁重。在这些地区每千米边境线上部署 2.5 人;但是在亚洲及北部自然条件恶劣及偏远地区的部署则较为薄弱。耗费巨大、分布广泛的设施需要部署陆地巡逻人员、空中巡逻人员、海上巡逻人员、地方情报人员网络、瞭望塔、地雷、绵延几万英里的隔离区域(禁止居住、耕种的地区,方便监控,便于保留足迹)、绵延几千英里的电网以及电子标志系统。军事隔离区可能也部署地雷防止"边境入侵"。边境区域严格禁止靠近,苏联公民只有得到官方许可才能够进入这些地区。由于这些规定,20 世纪 50 年代至 1991 年,未经授权的出入境完全禁止。苏联各结盟国家也采用了这些规定。 1078

　　尽管冷战后这些严格的界限消失,但是到 2000 年时许多仍然存在。在印度和巴基斯坦,在朝鲜,在以色列,在俄罗斯部分地区,等等,界限仍然存在。在某些地区,经济人口流动加快了新边境区基础设施建设。人口流动的行政限制(主要表现为入境签证和居留权限制)仍然存在,限制人口从发展中国家(或者"南半球"、第三世界国家)向工业化国家流动。尽管欧洲联盟在 1999 年废除了成员国之间的边境限制,但是加强了欧洲南部和东部边境的保护。它们建立了高度成熟的边境设施以保护西班牙的摩洛哥飞地免受大规模移民影响。美国和墨西哥边境在20世纪大多时间只是偶尔巡逻,现在的边境设施变得日益复杂。20世纪90年代晚期,主要城市附近的边境区域,比如加利福尼亚的圣迭戈和得克萨斯的埃尔帕索(El Paso)修建围墙,安装红外监控和地下传感器,加强了流动巡逻和空中巡逻。至2004年,美国9 600千米边境线的巡逻官员人数达到8 000左右,相当于苏联20世纪30年代部署的兵员数量。因此,在20世纪不断消逝的年份里,全球化并没有创造出"无国界的世界"。

进一步阅读书目:

Artemiev, V. P. (1957). The Protection of the Frontiers of the U. S. S. R. In S. Wolin (Ed.), *The Soviet Secret Police* (pp. 260 – 279). New York: Frederick Praeger.

Barfield, T. J. (1989). *The Perilous Frontier: Nomadic Empires and China*. Cambridge, U. K.: Basil Blackwell.

Biggs, M. (1999). Putting the State on the Map: Cartography, Territory, and European State Formation. *Comparative Studies in Society and History, 41*(2), 374 – 411.

Brauer, R. W. (1995). *Boundaries and Frontiers in Medieval Muslim Geography*. Philadelphia: American Philosophical Society.

Chandler, A. (1998). *Institutions of Isolation: Border Controls in the Soviet Union and Its Successor States, 1917 – 1993*. Montreal, Canada: McGill-Queen's University Press.

Faragher, J. M. (Ed.). (1994). *Rereading Frederick Jackson Turner: The Significance of the Frontier in American History, and Other Essays*. New York: H. Holt.

Jagchid, S., & Symons, J. (1989). *Peace, War, and Trade along the Great Wall: Nomadic-Chinese Interaction through Two Millennia*. Bloomington: Indiana University Press.

Kopytoff, I. (Ed.). (1987). *The African Frontier: The Reproduction of Traditional African Societies*. Bloomington: Indiana University Press.

Lamar, H., & Thompson, L. (1981). *The Frontier in History: North America and Southern Africa Compared*. New Haven, CT: Yale University Press.

Liverani, M. (2001). *International Relations in the Ancient Near East, 1660—1100 B. C.* Houndmills, U. K.: Palgrave.

Luttwak, E. N. (1976). *The Grand Strategy of the Roman Empire from the First Century A. D. to the Third*. Baltimore: Johns Hopkins University Press.

Martinez, O. J. (1988). *Troublesome Border*. Tucson: University of Arizona Press.

McNeill, W. H. (1983). *The Great Frontier: Freedom and Hierarchy in Modern Times*. Princeton, NJ: Princeton University Press.

Nugent, P., & Asiwaju, A. I. (1996). *African Boundaries: Barriers, Conduits, and Opportunities*. New York: Pinter.

Sahlins, P. (1989). *Boundaries: The Making of France and Spain in the Pyrenees*. Berkeley and Los Angeles: University of California Press.

Torpey, J. (2000). *The Invention of the Passport: Surveillance, Citizenship, and the State*. New York: Cambridge University Press.

Waldron, A. (1990). *The Great Wall of China: From History to Myth*. Cambridge, U. K.: Cambridge University Press.

Wells, P. S. (1999). *The Barbarians Speak: How the Conquered Peoples Shaped Roman Europe*. Princeton, NJ: Princeton University Press.

Whittaker, C. R. (1996). Where are the Frontiers Now? The Roman Army in the East. *Journal of Roman Archeology, 18*, 25 – 41.

布莱恩·伯克(Brian J. Boeck) 文

刘健 译,刘健、王超华 校

Fur Trade 皮草贸易

16世纪初,由于边境向殖民者开放,皮草贸易在俄国、阿拉斯加、北美经济中占据重要地位。美洲土著人用皮草交换火器、毛毯和烈性酒,他们先与早期欧洲渔民和殖民者,后与贸易公司交换,这类公司将皮草出售给高级服装生产者或制帽工厂。

北美从俄国(另外一个主要的皮草供应者)手中夺得皮草贸易的主导权,改变了土著美洲人获取食物及其他必需品的方式,也使他们获得众多新型消费品。这也导致美洲更多地区被欧洲人开发。皮草贸易源自美洲土著人与欧洲渔民的早期联系,这些欧洲渔民原来在加拿大东海岸纽芬兰大浅滩猎捕鳕鱼。两者之间最初只是偶有联系,直到16世纪晚期河狸皮帽成为时尚,皮草公司建立,专门经营皮草贸易。

法国人最早参与皮草贸易。在法国人的控制下,贸易活动范围从圣劳伦斯河沿岸经大湖区,沿密西西比河向南扩展。17世纪,英国人通过纽约的奥尔巴尼(Albany)发展贸易。1670年,英国王室授权哈得孙湾公司(Hudson's Bay Company)管理加拿大哈得孙海峡沿岸商栈。1763年,英国人征服新法兰西,法国人在蒙特利尔以外的贸易份额转向苏格兰商人。1794年,《杰伊条约》(Jay's Treaty)签署,英国割让领土给美国,美国获得密西西比河沿岸皮草贸易利益,美国皮草商和金融家约翰·雅各布·阿斯特(John Jacob Astor)管理的美洲皮草公司兴起。1821年,主要的加拿大皮草商被哈得孙湾公司吞并,在接近两个世纪里这个公司继续开展皮草贸易。

1079

与美洲土著人的皮草贸易促使欧洲人开发北美,并在其大多地区定居

在美洲殖民地皮草贸易兴起之前,俄国是皮草的主要供应者,负责向附近邻居及西欧和亚洲部分地区供货。从中世纪开始,俄国就通过波罗的海和黑海出口皮草。皮毛长期以来就是其经济活动的重要组成部分,曾经是活跃的流通货币,用于支付众多商品和服务。16世纪,西伯利亚被开发,俄国获得了更加丰富的毛皮资源,包括北极狐、紫貂、猞猁和海獭等。为了捕猎海獭等动物,俄国商人冒险进入北美洲的阿拉斯加。来自西伯利亚的大量皮草,特别是海獭皮,帮助俄国成为17至19世纪世界上最大的皮草供应商。

皮草贸易以毛皮为主,主要供应高档服装市场和毛皮工厂——这类工厂主要生产皮帽。几百年来,帽子是人们——无论男士还是女士——日常穿戴的必备品;尽管样式不断变化,但是制帽材料——毛皮——没有变化。毛绒来自各种动物,16世纪海狸毛帽子日益普及,最终占据了主要市场份额。

在俄国,皮毛工业以欧洲海狸皮为主,但是17世纪末俄国的供应量下降,而北美贸易份额相应上升。北美海狸皮用于生产仿羊皮或大衣。仿羊皮用活海狸皮制作,在出售前只需干燥毛皮即可。北美土著人穿着的皮大衣仅能使用一年或多一点。17世纪中叶,皮毛生产者将仿羊皮和大衣毛皮结合来生产顶级毛皮,供应皮帽市场。

哈得孙湾公司的记录清晰地勾勒出北美土著人带着海狸皮和其他动物毛皮到贸易商栈购买商品的画面。其商品依用途分类,主要商品种类是火器,包括枪、子弹、火药。北美土著人购买不同长度的枪支。1米枪主要用于捕猎水鸟以及密林中的野生动物,因为这里可以近距离开枪猎捕动物。1.2米枪命中率更高,适用于开阔地区。水壶和毛毯是主要家居商品。奢侈品分为两大类:(1)烟草和酒精;(2)其他奢侈品,主要是服装。品类划分取决于商栈和时间变化。1740年,在哈得孙湾公司最大的商栈——约克工厂,依价值划分的商品份额中,生产类商品占44%,家居类商品占9%,烈性酒和烟草占24%,其他奢侈品占23%。

与众多欧洲人和多数美洲殖民者相同,北美土著人也参与了18世纪的消费革命。除必需品消费外,他们也消费了相当数量的各类奢侈品。布匹,包括桌布、粗呢、法兰绒和袜带,是消费最多的奢侈品类;但是北美土著人也购买珠子、梳子、镜子、衬衫和朱砂等。

18世纪20年代,由于欧洲海狸毛帽的消费需求增加,皮草价格上升。高昂的价格促使皮帽收购量增加。因此,尽管时人往往描绘美洲土著人是"懒惰的、目光短浅的人",但是美洲土著人却抓住这个机会占据了更大的皮毛市场份额。美洲土著人的生活水平因此提高,但是应用欧洲科技也永远地改变了美洲土著人社会的众多传统。

进一步阅读书目:

Carlos, A. M., & Lewis, F. D. (1993). Indians, the Beaver and the Bay: The Economics of Depletion in the Lands of the Hudson's Bay Company 1700 – 1763. *Journal of Economic History, 53*(3), 465 – 494.

Carlos, A. M., & Lewis, F. D. (2001). Trade, Consumption, and the Native Economy: Lessons from York Factory, Hudson Bay. *Journal of Economic History, 61*(4), 1037 – 1064.

Crean, J. F. (1962). Hats and the Fur Trade. *Canadian Journal of Economics and Political Science, 28*(3), 373 – 386.

Haeger, J. D. (1991). *John Jacob Astor: Business and Finance in the Early Republic*. Detroit, MI: Wayne State University Press.

Heidenreich, C. E., & Ray, A. J. (1976). *The Early Fur Trade: A Study in Cultural Interaction*. Toronto, Canada: McClelland and Stewart.

Phillips, P.C. , & Smurr, J.W. (1961). *The Fur Trade*. Norman: University of Oklahoma Press.

Ray, A.J. , & Freeman, D. (1978). *Give Us Good Measure: An Economic Analysis of Relations between the Indians and the Hudson's Bay Company before 1763*. Toronto, Canada: University of Toronto Press.

Rich, E.E. (1960). *Hudson's Bay Company, 1670 - 1870*. Toronto, Canada: McClelland and Stewart.

弗兰克·刘易斯(Frank D. Lewis) 文

刘健 译,刘健、王超华 校

G

Gaia Theory 盖娅理论

盖娅理论认为,地球的物理和生物演进过程与其维持可居住性的自我调节系统息息相关。这个理论坚持生物有机体及其周围的非有机体在相同的生活环境中共同进步,并对地表状况产生深刻影响。这个理论往往将地球描述为一个独立的有机体。

1969 年,英国科学家詹姆斯·拉夫洛克(James Lovelock)提出地球上的生命调节大气层的构成,保证了这个星球适宜居住。拉夫洛克的朋友和邻居、作家威廉·戈尔丁(William Golding)建议拉夫洛克以希腊地母神盖娅的名字命名这个理论。尽管在早期阐述和公共舆论中盖娅假说被认为旨在阐述地球本身是一个鲜活的有机体,但是拉夫洛克日益强调地球的行为类似一个鲜活的有机体,有生命的和无生命的要素共同创造出宜居的环境。

盖娅假说的沿革

生命并非只是地球过客的观念在多个学科学者和研究者的工作中都有所体现,比如苏格兰地质学家詹姆斯·赫顿(James Hutton,1726—1797)。英国生物学家赫胥黎(T. H. Huxley)对其进行了拓展。动物生理学家阿尔弗雷德·雷德菲尔德(Alfred Redfield)、水域生态学家伊夫林·哈钦森(G. Evelyn Hutchinson)、生态学家弗拉基米尔·沃纳德斯基(Vladimir Vernadsky)等也都采纳了这个观点。1924 年,美国化学家、生态学家、数学家和人口学家阿尔弗雷德·洛特卡(Alfred Lotka)首次提出激进的生命和物质组成共同进化体的理论,但是应和者甚寡。

20 世纪 60 年代晚期,美国国家航空航天局(NASA)在研究火星生命体的过程中收集了行星大气层的构成信息。时任该局顾问的拉夫洛克指出金星和火星大气层的主要物质都是二氧化碳,化学成分基本平衡。与之相反,在主要由生命体制造的气体组成的大气层中,尽管化学成分极不平衡,但是能够维持长久稳定。拉夫洛克意识到这种平衡需要调节机制,因为大气层主要是生物产物,他认为地球上的各种生物发挥了这样的作用。

1971 年,他开始与著名的生物学家林恩·马古利斯(Lynn Margulis)合作;后者在地球微生物领域的渊博学识给予他帮助,并且丰富了他根据大气层证据建构的化学假说。

对盖娅假说的批判和发展

拉夫洛克和马古利斯的合作研究引发了严厉批评,主要来自其他生物学家。最为激烈的反对者福特·杜利特尔(W. Ford Doolittle)和理查德·道金斯(Richard Dawkins)指出,没有任何一种生命有机体能够凭一己之力调节其他事物。部分科学家主要是针对目的论的假说,或以先验的目的描述一切的做法。拉夫洛克回应道:"林恩·马古利斯和我都从来没有有目的地提出假说。"杜利特尔认为,在单个有机体的基因组中没有发现任何盖娅理论所鼓吹的反应机体。道金斯则认为,有机体不可能团结协作,因为这需要预测和规划。著名的美国古生物学者和先锋生物学者史蒂芬·杰伊·古尔德(Stephen Jay Gould)认为,应该了解能够自我调节的动态平衡机制。他的这个意见最符合科学传统,得到了恰当的回应。

1981 年,拉夫洛克创建了一个雏菊世界模型,对正在兴起的数字模型的批评做出回应。他指出,这是一个想象中的星球,其中有两种植物物种,一种为浅色,一种为深色。该星球的热量来自一颗星星,就像地球与太阳一样,并且越来越热。当这颗星冷却时,深色雏菊通过吸收太阳光维持热度,最终它控制整个星球,提供星球所需热量。而这颗星温度提高的时候,浅色雏菊则通过反射光线保存自己,保证星球维持较低温度。两种雏菊争夺空间,保证了星球温度维持稳定,因此在星球温度变化时能够维持宜居环境。这个模型理论说明,即使没有自身的调节,有机体及其周围环境也共同组成了强大的自我调节系统。这个模型理论以及成功预测地球气候和化学调节机制,成为盖娅理论坚实的理论基础;生态学家蒂姆·伦顿(Tim Lenton)和史蒂芬·哈丁(Stephen Harding)又进一步强化了这个模型理论。

盖娅理论的核心观点

盖娅理论认为,地球表面环境是由所有有机体、大气、海洋和地壳岩石组成的自我调节的系统,是一个宜居的系统。它认为生物进化与地表和大气层的进化是一个整体,并非生物学和地质学所认为的各自进化的过程。有机体的进化过程是自然选择的过程,但是根据盖娅理论,它们并不仅仅适应自然环境,还改变着自然环境。显然,人类在改变着大气层,改变着气候,改变着地表环境。但是其他的有机体,特别是微生物,也曾经导致改变,并且是十分剧烈的改变。2 亿年前氧气的出现只是其中一个例证。盖娅理论与达尔文主义的关系如同相对论与牛顿物理学的关系。它与达尔文理论并不矛盾,而是对后者的发展。

盖娅理论的作用是什么? 它为环境学家的研究提供了丰富的材料和灵感。它发现了自然合成的二甲基硫醚和碘代烷,将基本元素碘化硫和碘从海洋转到陆地。它解释了土壤和岩石中的生命如何提高二氧化碳从空气中析出的比率,以达到调节二氧化碳,最终调节空气质量的目的。1987 年,罗伯特·查尔森(Robert Charlson)、拉夫洛克、迈因拉特·安德烈(Meinrat Andreae)和史蒂芬·沃伦(Stephen Warren)提出了更加大胆的预测,即海洋中的微生物水藻通过气体排放二甲基硫醚影响云团、影响气候。该理论认为,随着地球变暖,这些水藻向大气层释放更多二甲基硫醚,导致地球云层加厚,又反过来冷却地球。没有云团隔离,地球温度将上升 $10 \sim 20 ℃$。这个观点与通常所认为的气候变化的观念背道而驰。这批科学家因该理论于 1988 年获得世界气象组织诺伯特·热尔比耶(Norbert Gerbier)奖。10 年后,已经有来自世界各地的数百名科学家研究海藻、大气化学、云团和气候的关系。气候学家,甚至生理学家,也已经在研究中采用雏菊世界模型理论。几十年来,盖娅理论已经改变了科学家的思维方式。2001 年《阿姆斯特丹宣言》就是其最好的体现。2001 年环境科学大会签署宣言,主旨是"地球是由物理的、化学的和人类共同组成的单一的自我调节系统"(2001 年科学大会开幕词)。尽管盖娅理论目前仍然不尽完善,但是其关于地球与生命科学的观点仍然引领潮流。

近年来,盖娅理论已经成为公众和公共媒体讨论的热门话题,话题主要集中在全球气候变化。其主旨及其复杂的地球生命相互依存理论,是"地球系统科学"的研究内容。

盖娅理论之殇

在 2006 年发表的著作中,拉夫洛克提出环境恶化和气候变化正在验证盖娅理论的自我调节和维持宜居能力。他认为现在采取遏制气候变化的措施已经晚了,因为地球上的很大一部分地区已经不适合人类生存。可持续发展及能源更新已经晚了200年,人类现在必须付出更大努力进行改变。拉夫洛克倡导利用核能源解决短期能源需求难题,而开发其他清洁能源的可能性太小了,也太晚了。鉴于环境问题日益严重,他宣布人类文明将发现生存艰难,人类将在未来的100年遭遇重大倒退。拉夫洛克宣布盖娅理论的自我调节似乎能阻止地球上任何生命灾难,但是当前人类的行为不可持续,否则地球上的生命将发生这样或那样的变化。

进一步阅读书目:

Charlson, R.J., Lovelock, J.E., Andreae, M.O., & Warren, S.G. (1987). Oceanic Phytoplankton, Atmospheric Sulphur, Cloud Albedo and Climate. *Nature*, *326*(6114), 655 – 661.

Crist, E., & Rinker. H.B. (Eds.) (2009). *Gaia in Turmoil: Climate Change, Biodepletion, and Earth Ethics in an Age of Crisis*. Cambridge, MA: MIT Press.

Harding, S.P. (1999). Food Web Complexity Enhances Community Stability and Climate Regulation in a Geophysiological Model. *Tellus*, *51*(B), 815 – 829.

Lenton, T. (1998). Gaia and Natural Selection. *Nature*, *394*, 439 – 447.

Lotka, A. (1956). *Elements of Mathematical Biology*. New York: Dover. (Original work published 1924)

Lovelock, J.E. (1969). Planetary Atmospheres: Compositional and Other Changes Associated with the Presence of Life. In O.L. Tiffany & E. Zaitzeff (Eds.). *Advances in the Astronautical Sciences* (Vol. 25, pp. 179 – 193). Tarzana, CA: American Astronautical Society.

Lovelock, J.E. (1979). *Gaia: A New Look at Life on Earth*. Oxford, U.K.: Oxford University Press.

Lovelock, J.E. (1988). *The Ages of Gaia: A Biography of Our Living Earth*. New York: W.W. Norton.

Lovelock, J.E. (1990). Hands up for the Gaia Hypothesis. *Nature*, *344*, 100 – 102.

Lovelock, J.E. (1991). *The Practical Science of Planetary Medicine*. London: Gaia Books.

Lovelock, J.E. (2006). *The Revenge of Gaia: Earth Climate Crisis & The Fate of Humanity*. New York: Basic Books.

Lovelock, J.E. (2008). *The Vanishing Face of Gaia: A final Warning*. New York: Basic Books.

Lovelock, J.E., & Margulis, M. (1973). Atmospheric Homeostasis by and for the Biosphere: The Gaia Hypothesis. *Tellus*, *26*, 2 – 10.

Lovelock, J.E., & Watson, A.J. (1982). The Regulation of Carbon Dioxide and Climate: Gaia or Geochemistry. *Planet. Space Science*, *30*(8), 795 – 802.

Open Science Conference (2001, July 10 – 13). The Amsterdam Declaration on Global Change. Retrieved September 5, 2002, from http://www.sciconf.igbp.kva.se/Amsterdam_Declaration.html

Watson, A.J., & Lovelock, J.E. (1983). Biological Homeostasis of the Global Environment: The Parable of Daisyworld. *Tellus*, *35*(B), 284 – 289.

詹姆斯·洛夫洛克(James Lovelock) 文

刘健 译,刘健、王超华 校

Galileo Galilei 伽利雷·伽利略

1086

伽利略(1564—1642),意大利物理学家、数学家和天文学家,被认为是现代实验科学之父。他将动力学发展成为精密的运动科学,他利用望远镜验证了哥白尼理论,他拒绝承认亚里士多德学派和罗马天主教神学家的观点。

1564 年 2 月 15 日,伽利略出生于比萨,是佛罗伦萨商人及业余音乐家温琴佐·伽利略(Vincenzo Galilei)6 个子女中的长子。11 岁时,他前往瓦隆布罗萨(Vallombrosa)的卡玛尔迪斯(Camaldolese)修道院求学,他渴望成为修士,但是由于父亲的反对而作罢。1581 年,他进入比萨大学学习医学,但是他很快对数学产生浓厚兴趣。征得父亲的勉强同意后,他放弃了医学学习。1585—1589 年,他放弃学业,一文不名,依靠教授数学勉强糊口。在这些年里,他发表了第一部研究数学家阿基米德的著作《小天平》(*The Little Balance*),在书中描述了他发明的测量物体精确重力的流体静力学平衡方法。

1589 年,因德国耶稣会数学家克里斯托弗·克拉维乌斯(Christopher Clavius)的推荐,以及伽利略本人在佛罗伦萨学术界发表多次演讲所取得的威望,他进入比萨大学任教。在之后的 3 年时间里,他讲授当时流行的亚里士多德和托勒密学派理论。1592 年,伽利略在威尼斯共和国的帕多瓦大学获得更高职位。他在帕多瓦生活了 18 年,在这里他讲授欧几里得的几何学和托勒密的天文学,这是他一生中最快乐的时光。其中的 10 年时间里,他与一名威尼斯妇女生活在一起,并生育了 3 个孩子,一个儿子和两个女儿。

16 世纪 90 年代早期,伽利略开始研究哥白尼理论。1597 年,在一封致约翰内斯·开普勒(Johannes Kepler)的信中,他说他很早以前就已经是哥白尼主义的信徒,但是由于害怕受到嘲笑,他一直不敢公开表达他的观点。但是,1604 年发现的一颗新星促使伽利略开始发表反对亚里士多德天文学的言论。几乎同时,他重新研究了早年曾经涉猎的运动理论,他利用斜面运动证明重量不同的物体以同样速度降落。

1609 年,伽利略完善了一名荷兰眼镜制造商发明的望远镜,并用它来驳斥地心说。他的第一部科学巨著《星空信使》(*The Starry Messenger*,1610)用意大利语书写完成,并未采用当时流行的拉丁语。书中描述了月球山脉、银河和木星。为了取悦托斯卡纳大公科西莫二世(Cosimo II),伽利略将此书赠送给他,希望能够获得佛罗伦萨的一个重要职位。他成功了,科西莫二世赞誉他是"最优秀的数学家和哲学家"。1611 年,伽利略访问罗马,科学界精英云集的林赛科学院(Academy of Lynxes)邀请他加入成为会员,罗马大学(Collegio Romano)邀请他出席晚宴。

1612—1613 年,《水中浮体对话集》(*Discourse on Falling Bodies*)和《论太阳黑子》(*Letters on Sunspots*)出版后不久,伽利略参与到日益激烈的哥白尼学说或日心说与传统的托勒密地心说的争论中。在《致克丽斯蒂娜大公夫人(科西莫二世之母)的信》(*Letter to the Grand Duchess Christina*)一书中,伽利略阐述了传统学派的象征性解释具有必要性,认为自然界的事实证明太阳是宇宙的中心。伽利略生活的时代是神权统帅一切的时代,也是镇压宗教改革最为严厉的时期,时任教皇保罗五世(1605—

1087

在科学的问题上，一千个人的权力也不及一个人谦卑的理性。

——伽利雷·伽利略（1564—1642）

朱斯托·舒斯特曼斯（Giusto Sustermans）绘制的《伽利略像》（*Portrait of Galileo Galilei*，约 1639）。伽利略掀起了一场知识革命，奠定现代科学的基础。英国国家海事博物馆

1621 年在任）憎恶一切新观念。

1616 年，宗教法庭（宗教裁判所）判决哥白尼理论有罪。著名的耶稣会神学家及宗教法庭顾问、红衣主教罗伯特·贝拉明（Robert Bellarmine）受命通知伽利略，禁止他传授和维护哥白尼理论，无论是口头的还是书面的。但是伽利略似乎认为他仍然可以从数学图形的角度研究哥白尼主义，而不是从哲学角度。因此，伽利略仍然就这个主题展开了广泛交流，他的支持者遍及欧洲各地。他的女儿玛丽·切莱斯特（Marie Celeste）修女住在阿尔切特里（Arcetri）附近，是他的坚定支持者，并且成为他的主要代言人。

1623 年，伽利略的老朋友及重要的艺术资助人、红衣主教马费奥·巴尔贝里尼（Maffeo Barberini）继任教皇，名为乌尔班八世（1623—

1644 年在任）。巴尔贝里尼任教皇期间更加变本加厉地抵制哥白尼主义，甚至超过了其担任红衣主教的时期。在会见伽利略时，乌尔班明确表示上帝是万能的，哥白尼主义是否认神祇万能的假说。

1624 至 1630 年间，伽利略撰写著作《关于托勒密和哥白尼两大世界体系的对话》（*Dialogue Concerning the Two Chief Systems of the World：Ptolemaic and Copernican*），这部书成为宗教法庭判决的依据。1632 年，该书在佛罗伦萨发表，使伽利略成为文艺复兴的代表人物，确立了他天文学家、物理学家和人文主义者的地位。该书采用三位哲学家对话争论的形式，一位是哥白尼主义的坚定维护者，一位在旁边补充支持，第三位则无力地为托勒密理论辩护。该书用通俗的意大利语书写，因此赢得广泛的读者群。宗教法庭命令伽利略前往罗马出庭接受"异端嫌疑罪"审判。该案于 1633 年 4 月开始审理，6 月 22 日审结，宗教法庭判决他的"异端嫌疑"罪名成立。他的主要罪名是违反 1616 年宗教法庭的禁令。他被判处入狱 3 年，并且需每周背诵忏悔诗。最终减轻判决为软禁在阿尔切特里家中。

伽利略的余生基本与世隔绝，身体日渐衰弱，眼睛失明。但是，1638 年他仍然在荷兰发表了《关于两门新科学的谈话及数学证明》（*Discourses and Mathematical Demostrations Concerning the Two New Sciences*）一书，进一步发展了他的自由落体加速运动学说。他于 1642 年 1 月 8 日逝世，葬于圣十字圣殿（Santa Croce）。

1979 年，教皇约翰·保罗二世重新审理伽利略案。1980 年，根据调查委员会的报告，他

1088

宣布神学家给予伽利略的罪名有误。因此,在判决近 400 年后,伽利略被平反。而在此期间,他深刻地影响着奠定现代科学基础的知识革命。

进一步阅读书目:

Biagioli, M. (1993). *Galileo Courtier.* Chicago: University of Chicago Press.

Reston, J. (1994). *Galileo: A Life.* New York: HarperCollins.

Rowland, W. (2003). *Galileo's Mistake: A New Look at the Epic Confrontation between Galileo and the Church.* New York: Arcade Publishing.

De Santillana, G. (1955). *The Crime of Galileo.* Chicago: University of Chicago Press.

Shea, W. R. , & Artigas, M. (2003). *Galileo in Rome.* New York: Oxford.

埃莉萨·卡里洛(Elisa A. Carrillo) 文

刘健 译,刘健、王超华 校

Games and Play   游戏和比赛

1089   21世纪的文化人类学者仍然坚持 1959 年对于"游戏"的解释:它是一种承认和遵循共同游戏规则的娱乐活动,两方或多方参与竞争,依据一定标准决定输赢。游戏是谋略、运气和体力的比拼,具有普及性,但是电子和电脑技术对于游戏和比赛的社会作用产生了影响。

游戏在已知的传统社会和现代社会文化中具有普遍性。在人类学家约翰·罗伯茨(John M. Roberts)、马尔科姆·阿特(Malcolm J. Arth)和约翰·布什(John J. Bush)的名作《文化中的游戏》中,将游戏定义为娱乐活动,其"具有如下特点:(1)有组织的比赛,(2)有竞争性,(3)两方或多方参与,(4)有决定输赢的规则,(5)共同承认的规则"。这个定义在人类学界得到广泛接受。在跨文化研究中,游戏不包括某些被公认的活动,比如母婴游戏拍手歌、陀螺游戏、翻绳游戏等。罗伯茨和他的同行们认为,这些非对抗性娱乐活动只是"消遣"。他们还对游戏进行了详细的类型划分。其前提是,胜负规则是重中之重。他们指出:

部分结果首先由游戏者的体力决定,部分结果通过系列动作决定,每一步都表现出游戏者在变化中的选择,其他结果则取决于非理性的猜测或依靠设备运行的概率,比如骰子;还有一些结果是上述情形综合作用所致。所有这些决定结果的方式广泛存在于形形色色的社会中,因此有可能区分为如下主要游戏类型:(1)体力型,(2)谋略型,(3)概率型。(Roberts et al. 1959)

尽管还有其他对于游戏的定义和分类,但是没有一种完全适应跨文化的游戏研究和游戏类型的文化联系。

冬戏。这幅日本江户时期(1600—1867)的图画是表现京都一年四季每个月份游戏卷轴画卷的一部分,表现了正在玩球的孩子。世界数字图书馆

游戏的起源和发展

考古学家和古文物学家已经在世界各地遗址中发现众多种类各异的古代游戏工具,比如球、箍、弹子、骰子、游戏盘、游戏板块、游戏卡。已知最早的游戏板和游戏子应该是1909年在埃及南部埃尔玛哈斯纳(El-Mahasna)前王朝时期墓葬中发现的。国际跳棋的前身阿尔布开克(Alquerque,美国的西洋跳棋),早在公元前600年就已经在埃及出现。

早期运动游戏

运动游戏,包括古代希腊人和罗马人开展的田径、摔跤、拳击、射箭等项目,已经通过考古发现、艺术和文学作品为人所熟知。世界各地的各类艺术作品,比如绘画和雕塑中,也大量描绘游戏活动。希腊历史学家希罗多德描述了吕底亚(位于今土耳其西部)和埃及的游戏及其他消遣活动,罗马历史学家塔西佗(55—120)描绘了日耳曼人部落中的骰子游戏。

中美洲的球戏是最著名的运动型古代游戏。在墨西哥和中美洲发现的壁画、石刻、彩绘陶器和游戏陶俑中,艺术地描绘了这种游戏。已知年代最早的球场在墨西哥西部恰帕斯(Chiapas)州的帕索-德拉阿马达(Paso de la Armada)发现,时间大致在公元前1400年。奇琴伊察(Chichen Itza)球场是中美洲面积最大的球场,建于900至1000年间。今天简化的球戏仍然是墨西哥西北部的传统游戏,主要集中在锡那罗亚州(Sinaloa)、索诺拉州(Sonora)和杜兰戈州(Durango)。

早期谋略游戏

谋略游戏(比如中国的围棋;朝鲜称 padok,日本和西方称 Go)的确切起源时间不详或者仍存争议,但是部分历史相对清楚。围棋的意思是"包围的游戏"或"包围棋子",以占领围棋盘上的地盘为目的。有学者认为围棋早在4 000多年前就已经在中国兴起;另有学者认为围棋起源于中亚,经尼泊尔传播到中国。公元前400年左右,这个游戏在哲学家孟子的著作中有所

1090

需要注意的是,儿童在玩耍时并不只是在玩,他们的游戏应该是最严肃的思维活动。

——米歇尔·德·蒙田(1533—1592)

记载,在唐朝有详细记录。围棋于754年传播至日本,是中国皇帝赠送给日本天皇的礼物。

国际象棋可能自古代印度的四人象棋游戏(shaturanga)发展而来;在这个游戏中,骑兵、步兵、象、船展开战斗,指挥者是拉贾(王)。在后世的游戏中,四支队伍减少为两支,称shatranj,与现代国际象棋十分相似。印度象棋游戏于6世纪从印度传播至波斯,约650年左右传播到阿拉伯王国、希腊和麦地那。应该是经十字军之手传入欧洲,在15世纪末流行于欧洲南部。之后它迅速在整个大陆传播。

第三种纯粹的谋略游戏称播棋(Mancala,又称wari等),存在于前工业社会中,在非洲十分普及。它可能起源于一种统计制度,因为两者使用的游戏板相同。播棋棋板在孟菲斯、底比斯和卢克索等神庙庙顶的浮雕中均有发现,证明这种游戏在公元前1400年前就已经存在。

概率游戏

概率游戏使用随机性设施比如骰子、纸牌或轮盘,或者采用无理由猜测的方式。早期的骰子为多面的"关节骨"(一般采用羊或猪的关节骨),另外还有众多其他材料制作的工具,比如鹿角、石子、胡桃壳、桃核或李子核、陶盘、海象牙、河狸或美洲旱獭牙等。希腊和罗马的骰子大多用骨或象牙制作,也使用琥珀、大理石、陶瓷和其他材料。立方体形骰子十分普遍,但是也使用锥形、长方形、五面体形和八面体形骰子。

桥牌可能起源于中国,最早可追溯至1000年,这种游戏可能在中国多米诺骨牌基础上发展而来,与现代多米诺骨牌的位置特征相比,这种骨牌游戏更加近似于桥牌游戏。桥牌游戏显然从中国向西方传播,12或13世纪到达埃及,16世纪70年代到达欧洲。桥牌游戏于1520年左右到达英格兰,目前英格兰所存最早的一副桥牌的年代在1590年左右。桥牌和骰子最早用于赌博游戏;14世纪末期,禁止赌博运动此消彼长。1806年,拿破仑宣布在法国开设赌场合法,但是1837年赌场又被宣布为非法。在美洲殖民地,新英格兰的清教和宾夕法尼亚的兄弟会的教规大多规定禁止赌博;但是其他英国殖民者区域大多认为这只是一项无害的消遣活动。今天,赌博活动在世界各地都比较普遍,只有一些存在文化禁忌的地区仍然禁止。

概率游戏在世界各地也比较普遍。北美土著人玩各种类型的莫卡辛(moccasins)游戏,目标是猜测莫卡辛鞋内所藏物品。"石头、剪刀、布"游戏是最著名的现代概率游戏。

尤卡坦半岛乌斯马尔(Uxmal)的中美洲球场。古代游戏技巧经过简化,至今仍然在墨西哥西北部流行

1091

游戏模式

罗伯茨等认为游戏是对现实世界重要活动的模仿,或多或少具有真实性。例如国际象棋显然仿自两军对垒的战争游戏。围棋比较抽象,但也是一种战争游戏。冒险游戏兴起较晚(最早产生于 1959 年),它在格式化的世界地图上进行;与国际象棋和围棋不同,它是概率游戏和谋略游戏相结合的产物。没有证据显示棋盘游戏,比如国际象棋和围棋,用于训练目的;但是其他一些对抗性游戏,比如中世纪欧洲的骑士锦标赛和阿富汗的骑士游戏马背叼羊(buzkashi),则是战争技能训练游戏。大富翁游戏是一种地产买卖游戏,也是谋略和运气相结合的游戏,在 20 世纪 30 年代经济大萧条时期成为一种十分普及的棋盘游戏;但是早在 1903 年,美国就已经出现了几乎与其完全相同的游戏。

概率游戏大多源自寻求超自然力量指导,或寻求不可预期的自然力量帮助的占卜活动。著名的美洲游戏民族学家斯图亚特·丘林(Stuart Culin)在其著作《国际象棋与桥牌游戏》中指出,骰子发端自投掷箭头(或木棍、草棍、芦苇)预测未来的活动,其结果通过诵念巫术咒语获得解释。《圣经》中提及的"抓阄"就是一种投掷木棍获得释义的占卜活动。世界各地的双骰赌博者也往往叨念"祷词",比如"七、七",或"宝贝要新鞋子",或将骰子放在双手中摩擦、吹气,希望能够因此而控制游戏结果。

运动技巧型游戏一般反映战争和狩猎活动。一些古代运动比如摔跤、拳击、投掷长矛或标枪,以及中世纪的锦标赛和集会比如长矛格斗、混战和弓箭比赛等,都是如此。现代体育运动比如足球、橄榄球和美洲足球等,都反映了敌对双方在战场上的场景,表现进攻或防守等狩猎模式。足球或橄榄球是最普及的参与和观赛的运动。现代足球起源于 19 世纪的不列颠,其前身可以追溯至 8 世纪。这种运动当时被称为"暴徒足球",因为参加人数不定(有时整个村落的人都上场参与),规则也十分模糊。暴徒足球的源头不清,但是这项活动与忏悔星期二有关。这项运动模仿了伤亡惨重的战斗。根据英格兰沃金顿(Workington)古代档案文献记载,忏悔节(Shrovetide)足球运动员可以采取各种手段夺得足球,但是禁止谋杀和过失杀人。由于其往往造成严重后果,1314 年爱德华二世下令废除忏悔节足球活动,但是这项运动仍然存在于部分地区,比如德比郡的阿什本(Ashbourne)。

游戏的近期发展

脱胎自传统游戏的新游戏仍然不断由游戏制造商研发并投入市场,但是近期游戏历史上最为迅速的发展发生在与电脑技术结合之后。1971 年,雅达利(Atari)公司发布了第一款成功进行商业运作的虚拟视频游戏乒乓(Pong);这是一个双人游戏,分别由两名游戏者控制的电子球拍来回击打一个电子球。之后其他游戏,比如坦克大战(1974)、小行星(Asteroids,1978)和吃豆人(Pac-Man,1980)先后问世。1972 年美格公司(Magnavox)将奥德赛游戏(Odyssey)投入市场,这是视频游戏的第一个终端。1975 年,雅达利公司引进乒乓游戏的终端版,并迅速将来自其他公司的视频游戏控制端投入市场。20世纪 70 年代后期,虚拟游戏被引进个人电脑。

传统游戏,比如国际象棋和围棋——玩家与电脑(和程序)之间的人机大战,近年来吸引着公众关注。1997 年,国际商业机器公司(IBM)出产的电脑"深蓝"打败当时的国际象棋世界冠军加里·卡斯帕罗夫(Gary Kasparov);私人电脑中的二对一(三步)和国际象棋程序目前已经成为十分强大的游戏活动。

游戏的未来

新游戏在不断发明,旧游戏有的被改进、有的消失。对其他游戏的关注者——观众也日益发展。运动技巧型游戏比如足球、棒球、网球拥有大批观众,国际象棋等谋略型游戏、扑克等谋略与运气相结合的游戏亦是如此。第一个赌场(来自意大利语单词 casini,意为“小房子”)于1626 年在威尼斯开业,而摩纳哥的蒙特卡洛赌场自 1863 年开业后迅速发展成为最具魅力的赌博机构。美洲的 13 个殖民地全部发行彩票,其收入用于各种公共工程建设,包括图书馆、教堂、大学(比如哈佛大学、耶鲁大学和普林斯顿大学)等;但是 1910 年之后,在美国,任何一种赌博方式都被视为非法。1931 年,内华达州再次承认博彩合法;1963 年,新罕布什尔州发行第一个州政府彩票。至 2009 年,仅剩两个州(夏威夷和犹他)没有设立任何形式的州属博彩机构。博彩在世界多数地区的合法化进程,导致谋略与运气相结合的游戏(比如黑杰克、扑克、巴卡拉桥牌)以及纯概率型游戏(比如双骰儿赌博、轮盘赌和彩票)的参与者不断增加。赌场和彩票成为政府财政收入的新源头,也成为博彩消遣的渠道,部分地区的经济发展依赖于博彩业;但是它也带来负面影响。赌博成瘾者越来越多,警察、道路、停车需求对本已紧缺的资源造成浪费。因此,部分游戏类型比如在家玩扑克正在逐渐消失,因为从前的社会凝聚力基础在消失,越来越多的人走出家门观看和参与游戏活动,这个趋势在将来还会继续发展。

传统的棋类游戏和桥牌游戏正在消失,家庭电脑视频游戏以及在线游戏可能成为快速发展的行业,并可能成为世界上发展速度最快的娱乐产业(近年的一篇报告指出 8~18 岁青少年在“娱乐媒体”包括电视、音乐、视频、电脑、视频游戏、印刷品和电影上花费每天 7.38 小时或每周近 53 个小时——这极大地限制了他们花费在其他活动上的时间)。家庭装视频游戏以及日益普及的网络游戏,已经导致虚拟世界和虚拟游戏的普及性大大降低。因为视频游戏和网络游戏大多可以独立进行,可以与游戏程序对抗,也可以与遥远的对手较量,故传统游戏或棋类游戏,甚至虚拟视频游戏所特有的社会参与特征已经逐渐被替代。20 世纪 50 年代末期,罗伯茨等指出,无论这类游戏是否反映今天的现实世界,都是需要思考的问题。

进一步阅读书目:

Anderson, C. A., & Bushmen, B. J. (2001). Effects of Violent Video Games on Aggressive Behavior, Aggressive Cognition, Aggressive Affect, Physiological Arousal, and Pro-social Behavior: A Meta-analytic Review of the Scientific Literature. *Psychological Science, 12*(5), 132 – 139.

Culin, S. (1896). *Chess and Playing Cards. Annual Report of the U. S. National Museum* (pp. 665 – 942). Washington, DC: United States Government Printing Office.

Hill, W. D., Blake, M., & Clark, J. E. (1998). Ball Court Design Dates Back 3,400 years. *Nature, 392*, 878 – 879.

Kaiser Family Foundation. (2009). *Generation M2: Media in Lives of 8-to 18-year olds*. Retrived March 30, 2010, from http://www.kff.org/entmedia/mh012010pkg.cfm

Levinson, D., & Christensen, K. (Eds.). (1997). *Encyclopedia of World Sport: From Ancient Times to the Present*. Santa Barbara, CA: ABC-CLIO.

Leyenaar, T. J., & Parsons, L. A. (1988). *Ulama: The Ballgame of the Mayas and Aztecs*. Leiden, The Netherlands: Spruty, Van Mantgem & De Does.

Masters, J. (2002). *The Online Guide to Traditional Games*. Retrieved March 30, 2010, from http://www.tradgames.org.uk/games/Wei-Chi.htm

Murray, H.J.R. (1952). *A History of Board Games Other than Chess*. London: Oxford University Press.

Roberts, J.M., Arth, M.J., & Bush, J.J. (1959). Games in Culture. *American Anthropologist, 61*, 597–605.

加里·奇克(Garry Chick) 文

刘健 译，刘健、王超华 校

Gandhi，Mohandas 莫汉达斯·甘地

甘地是 20 世纪杰出的哲学家、朝圣者、世界领袖和作家，印度独立运动领袖。他坚定地宣扬印度教和佛教的非暴力信条(ahimsa)，绝不杀生，以道德的力量改造不平等的现政权。

1095

莫汉达斯·甘地(1869—1948)发动了世界历史上迄今所知最浩大的非暴力运动，其理论基础是非暴力的消极抵抗和非暴力反抗，即通过爱和非暴力获得真理。甘地的真理和公正观念极大地推进了道德和政治思想的发展，他的

印度独立运动领袖莫汉达斯·甘地是和平抵抗运动的倡导者

消极抵抗和非暴力革命力量思想在世界范围内产生广泛影响。他支持的非暴力运动推动了世界社会和政治变革，给予无权者和丧失信心者以力量。

尽管甘地并非高产的、热情的作家，但是他的作品给了世界上千百万人以指引，也给予许多精神修行者(ashram)和公共团体的创建者以鼓舞。他的生活就是他的最高使命。他被认为是"圣雄"，生活简单，身无恒产，禁欲，坚持真理和非暴力。

莫汉达斯·甘地的父母是普特里拜·甘地(Putlibai Gandhi)和卡拉姆昌德·甘地(Karamchand Gandhi)，他于 1869 年 10 月 2 日出生于印度西部古吉拉特邦博尔本德尔市(Porbandar)。他的父亲是该市市长。13 岁时莫汉达斯与同龄的卡斯图尔拜(Kasturbai)结婚，1888 年他前往英伦深造法学。归国后他没有找到满意的工作，1893 年甘地乘船前往南非。他在那里感受到英国政府的剥削和不平等统治政策，因为他被排除在第一等级教育体系外，地位低于帝国的白人。在甘地的一生中，这是一个转折性事件。南非普遍存在的种族歧

> 对自己的智慧太过于自信并不是明智的做法。应该牢记最强大的人也会变弱，最智慧的人也会犯错。
>
> ——莫汉达斯·甘地(1869—1948)

视成为甘地确立非暴力的消极抵抗和非暴力反抗的试验场。后来甘地在领导印度脱离英国统治的独立运动中，广泛实践非暴力的消极抵抗和非暴力反抗。

1915 年，甘地返回印度，他成为"真理的朝圣者"。在之后的 5 年时间里，他致力于揭露广泛的贫困和动荡的根源。1920 年，他成为印度国民议会的领袖，这个机构是领导印度独立运动的官方机构。甘地领导多次运动，采用非暴力、不合作和不服从政策对抗英国统治。1947 年，印度获得独立。

但是对于甘地来说，民族自治并不仅仅是独立。对于他来说，这意味着民众拥有全部道德力量，不需要外部统治。因此，甘地成为活跃的社会改革家，声讨印度种姓制度，反对剥削妇女，反对虐待动物。

甘地坚持人类和谐，努力不懈地团结印度教徒和穆斯林，这导致他与印度教激进分子对立。他们多次威胁他的人身安全，均以失败告终。但是 1948 年 1 月 30 日，甘地在新德里比尔拉居所做晚祷时，被印度教民族主义分子纳图拉姆·戈德斯(Nathuram Godse)枪杀。尽管甘地遇刺出乎某些人意料，但是对于其他人来说这是一个坚持真理、坚持非暴力的无畏的形象标志。

甘地的非暴力哲学和实践源自他自己经历过的大量社会和政治问题。在他的自传中，他阐述了他的思想主张的三个主要来源：以非暴力原则为核心的耆那教；1860 年出版的英国作家约翰·罗斯金(John Ruskin)的古典经济学批判文集《致后来者》(Unto This Last)；以及列夫·托尔斯泰的关于基督教非暴力的著作《天国在你心中》(The Kingdom of God is within You)。

甘地不知疲倦地寻找他所遭遇的政治和社会问题的根源，并提出切实可行的、非暴力的解决方式。他认识到贫困、不公正、自我约束缺乏、自私自利以及怨恨等导致暴力，在其名著《印度自治》(Hind Swaraj)中，甘地根据自己对于文明的认识，提出长久解决这些问题的方法，即提倡友爱、真理、社会服务、平等和合作。甘地的理想社会抵制没有原则的政治，抵制不劳而获的财富，抵制无良商业，抵制平庸教育，抵制无节制的欢愉，抵制无人文精神的科学，抵制没有祭祀的崇拜。

1096

进一步阅读书目：

Ambedkar, B. R. (1970). *Gandhi and Gandhism*. Jalandhar, India: Bheem Patrika Publications.

Ashe, G. (1968). *Gandhi*. New York: Stein & Day.

Bondurant, J. V. (1965). *Conquest of Violence: The Gandhian Philosophy of Conflict* (Rev. ed.). Berkeley: University of California Press.

Bose, N. K. (1974). *My Days with Gandhi*. Bombay, India: Orient Longman.

Brown, J. M. (1972). *Gandhi's Rise to Power: Indian Politics 1915 – 1922*. Cambridge, U. K.: Cambridge University Press.

Brown, J. M. (1989). *Gandhi: Prisoner of Hope*. New Haven, CT: Yale University Press.

Dalton, D. (1993). *Mahatma Gandhi: Nonviolent Power in Action*. New York: Columbia University Press.

Erikson, E. H. (1969). *Gandhi's Truth on the Origins of Militant Nonviolence*. New York: Norton.

Fischer, L. (1959). *The Life of Mahatma Gandhi* (3d ed.). Bombay, India: Bharatiya Vidya Bhavan.

Gandhi, M. K. (1989). *The Collected Works of Mahatma Gandhi*. New Delhi, India: Publications Division, Ministry of Information and Broadcasting.

Gandhi, M. K., & Desai, M. H. (1959). *An Autobiography: The Story of My Experiments with Truth*. Boston: Beacon Press.

Gandhi, M. K., & Iyer, R. N. (1991). *The Essential Writings of Mahatma Gandhi*. Delhi, India: Oxford University Press.

Strohmeier, J. (Ed.). (1999). *Vows and Observances*. Berkeley, CA: Berkeley Hills Books.

塔拉·塞蒂(Tara Sethia) 文

刘健 译,刘健、王超华 校

Gay and Lesbian Rights Movement　同性恋权利运动

历史上对于男女同性恋者的容忍程度不尽相同,宗教戒律给予民法惩罚的权力,"启蒙运动"则将同性恋归为疾病而不是犯罪。最早的"同性恋解放运动"兴起于 20 世纪初期。21 世纪的焦点事件包括同性结婚权利以及在 70 多个国家严厉惩罚同性性关系的行为。

男女同性恋现象在历史上一直存在,但是各个时期对这种现象的态度不尽相同。古代希腊人容忍特定情况下的同性关系,但是希伯来宗教、基督教和伊斯兰教经典中的部分段落则称同性行为是罪恶的渊薮。对于同性恋的负面态度主要来自对于这些段落的阐述,并且在众多国家被写进民法中。2010 年,仍然有超过 70 个国家的法律规定同性恋是犯罪行为;在部分国家,同性恋可被判处死刑。根据国际特赦组织的统计,2002 年沙特阿拉伯处决 4 名男性同性恋者;2009 年 6 月利雅得一名男性同性恋者被处死,他被控谋杀和绑架罪,之后被公开处死;在巴西,根据国际艾滋病慈善机构反病毒紧急行动小组的统计,1997 至 2007 年间有 2 509 名男性同性恋者被处死。

启蒙运动时期,在众多欧洲国家,对于同性关系的态度发生变化,从惩罚转变为视其为一种精神疾病(启蒙运动是 18 世纪发生的一场哲学运动,它反对传统的社会、宗教和政治观念,强调理性主义)。同性恋者不再被处死,代之以被送往精神病院。但是在英格兰,《拉布歇雷修正案》(以英国议员亨利·拉布歇雷[Henry

Labouchere]的名字命名)于 1885 年通过,规定对同性恋行为处以入狱 2 年的惩罚。这项法案可能成为 1895 年判决爱尔兰作家奥斯卡·王尔德(Oscar Wilde)有罪的依据。该法案也应用于所有英国殖民地,直到 20 世纪 80 年代这些地区的法学典籍中仍然保留着这个修正案的内容(在英格兰,该法案于 1967 年被废除)。

几个世纪以来,人们对于性取向基本采取"不闻不问"的态度。有些名人被认为是同性恋者,但是现代历史学家往往难以获得证据,因为过去的人认为详细描述私人性生活是庸俗的事情。维多利亚时期所谓的"波士顿婚姻事件"是最典型的例证:强势的、独立的女性之间建立情人关系,结伴在一起生活,但是很少有资料明确说明这类关系中是否包含性关系,或只是纯粹的精神恋爱。

我们所熟悉的"同性恋解放运动"是相对较晚近的现象。在德国等国家,人们采取强硬手段努力改变法律,改变社会舆论。在柏林,知名度不高的作家卡尔·马利亚·本克特(Karl Maria Benkert,后更名为卡尔·克特本尼[Karl Kertbeny])倡导同性权利(事实上,他被认为是

1097

这个名词的命名者）；1869 年，他撰写了多篇文章反驳同性恋者是女人气的男人或有缺陷者的传统观念，指出同性恋是一种自然现象（有人生来如此），并非道德缺陷。尽管本克特是领先于时代的人，但是他的主张在他生活的时代并没有获得广泛认可。只偶尔有些开明的医生或教育工作者接受本克特的观点。1897 年，在德国，神经病学家马格努斯·希施菲尔德（Magnus Hirschfeld）创建科学人道主义者学会，他认为同性关系是"第三性"，倡议废除同性恋有罪的相关法律，但没有取得进展。1933 年，德国纳粹领袖阿道夫·希特勒掌权，倡导接受同性恋的组织被取缔，后来有几千名同性恋者被纳粹杀害。

　　1914 年，在英格兰，心理学家哈夫洛克·埃利斯（Havelock Ellis）等创建英国性心理学研究会。除了教导公众有关性行为的知识外，埃利斯还教导公众接受同性关系。他认为同性恋（教育工作者和医生称其为性别错位）不是一种疾病，也不应被视为犯罪行为。但是他的观点在当时的英格兰应和者寥寥。1928 年，英国小说家拉德克里夫·霍尔（Radclyffe Hall）发表小说《孤独之井》（*The Well of Loneliness*），书中对于女性同性恋角色表示同情，英国政府马上认定其为淫秽小说，所有书籍被查封。

美国早期同性权利组织

　　在美国，芝加哥人权协会可能是美国最早的同性权利组织。该组织于 1924 年由邮差亨

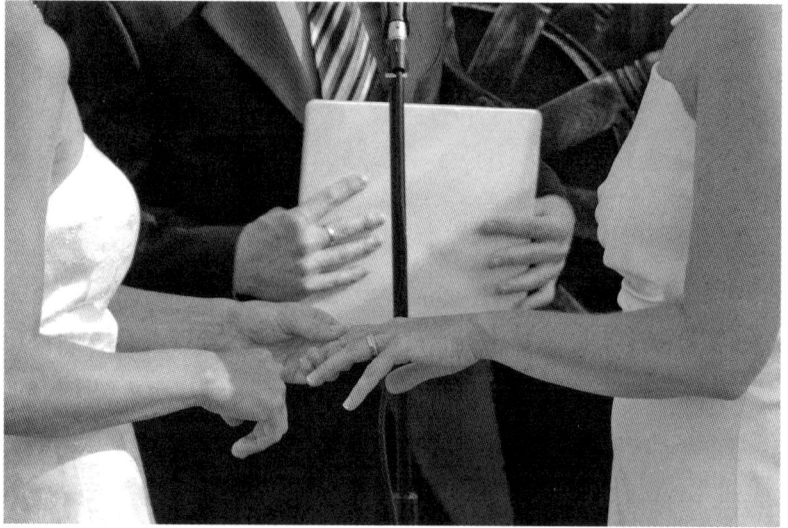

在美国，同性婚姻成为同性恋权利运动（Gay and Lesbian Rights Movement）争取的下一个目标。艾米丽·罗斯利（Emily Roesly）摄

利·格伯（Henry Gerber）创立，1925 年芝加哥警察局将其取缔。格伯被短暂拘留，他因此丢了工作，而且他的承认同性关系的主张也没有得到广泛认可。

　　1951 年，洛杉矶音乐教师哈里·海（Harry Hay）及其多名同事创建了另外一个美国关心同性恋组织，称马塔辛协会（Mattachine Society）。1955 年，菲莉丝·里昂（Phyllis Lyon）和德尔·马丁（Del Martin）创建的支持女性同性恋组织——碧丽提丝的女儿（Daughters of Bilitis）接管了这个协会。这些组织支持和鼓励同性关系，但是大多不公开。尽管他们期望获得尊重和理解，但是他们也建议其成员尽量融入社会，避免引人注目的穿着和行为，避免让别人注意到他们的生活方式。后来，日益兴起的同性恋解放运动中的激进分子认为马塔辛协会和碧丽提丝的女儿是妥协分子、懦弱分子，不敢站出来获得广泛认可；但是，在以美国参议员约瑟夫·麦卡锡为代表的保守政治势力占据统治地位的社会，在同性恋者往往遭到"流氓行为"指控被逮捕的时期，20 世纪 50 年代并非公开谈论性取向的合适时机。

永远不要保持沉默。永远不要让自己成为牺牲品。不要让其他人左右自己的生活,我就是我。
——哈维·菲尔斯坦(Harvey Fierstein, 1952—　)

尽管并没有哪个具体事件标志美国同性权利运动兴起,但是多数历史学家认为"石墙暴动"是一个标志性事件。1969 年 6 月,纽约城市警察局突然袭击一个名为"石墙"的同性恋酒吧;这种行动当时十分普遍,并且往往造成多人被捕。但是这次,酒吧顾客决定反击,持续 3 天的骚乱就此爆发。在美国,这个时期是公民权利和妇女权利运动蓬勃兴起的时期,这个环境可能鼓励了同性恋者积极反抗他们经常遭遇的偏见。石墙暴动推动了同性恋组织的发展,他们开始不满足于融入主流社会或与之妥协。

石墙酒吧的遭遇也在其他国家城市发生。在加拿大,1981 年 2 月,多伦多同性恋组织多次遭到袭击。警察动用锤子和撬棍,并逮捕了 338 人。同性恋组织成员认为他们遭遇过度杀伤威胁,次日夜里有 4 000 名男女同性恋者组织抗议游行,规模最大的示威游行在多伦多爆发。与石墙暴动相似,这次示威运动极大地鼓舞了同性恋者组织,其成员更加积极地为争取更好待遇而斗争。

在印度,同性恋行为也曾被认定为犯罪行为,其标志性事件发生在 1998 年 12 月,迪帕·梅塔(Deepa Mehta)导演的电影《火》首映,《火》中有一条陪衬线索,讲述两名女性陷入热恋。宗教保守势力被激怒,他们袭击了正在放映这部电影的孟买的电影院,打碎玻璃,殴打观众,肆意破坏建筑物。同样的事件也在印度其他城市爆发。但是这一次,公民自由论者、人权运动激进分子和言论自由倡导者联合女性同性恋组织共同集会抗议袭击和政府审查电影的行为。这次抗议运动标志着印度女性同性恋者第一次公开露面:她们从前都是低调生活,害怕引起注意。抗议集会促发女性同性恋权利组织建立。2003 年 6 月,加尔各答爆发集会和游行,抗议同性恋者入狱 10 年的法律条款,数百名抗议者举行和平游行,这是印度同性恋组织举行的少数公开示威游行之一。

20 世纪七八十年代,美国涌现出众多组织去争取男女同性恋者权利。其中最知名的组织是 1973 年成立的全国同性恋者特别行动组(National Gay Task Force, NGTF);1985 年它更名为全国男女同性恋者特别行动组(National Gay and Lesbian Task Force, NGLTF),涵盖范围更加广泛。该组织不仅致力于改变美国的歧视性法律,也努力通过社会学研究改变社会态度;它还与政府协商改变暴力对待同性恋的策略,监督媒体的反同性恋言论,推动召开国际会议讨论同性恋事务。20 世纪 80 年代,艾滋病病例第一次在美国发现,全国男女同性恋者特别行动组位于对抗人类免疫缺陷病毒(HIV)的最前沿,致力于平息谣言、偏见,致力于在公众中普及艾滋病知识。另外一个知名组织是释放压力艾滋病联合会(ACT-UP),但是该组织的争议较大。该组织成立于 1987 年,以"沉默等于死亡"为口号倡导公开反对偏见,采用"直接行动"的不合作策略。释放压力艾滋病联合会致力于改变对待艾滋病的政策和态度。另外一个活跃的团体是反对歧视男女同性恋联合会(GLAAD),它成立于 1985 年,旨在推动媒体和公众在印刷品、广播和电影中废止反同性恋的传统言论。

英国的激进团体

英格兰最为活跃的一个团体是 1990 年建立的"出轨者"(OutRage)。它同样采取不合作策略,用独一无二的、挑衅性的直接行动激起对不公平待遇的重视,保护英格兰同性恋组织的权益。出轨者在赢得媒体关注上取得成就,其成员甚至参加了"接吻"(Kiss-ins)表演,表演了"歧视同性恋的妖魔"仪式;该组织还在警察局前组织盛大的、非暴力的示威游行,因为其认为警察并没有行使足够职权去依法逮捕袭击同性恋者的人。英国另外一个同性恋权益团体是"石墙"（Stone wall），成立于 1989 年。该团体游说政府官员和议会成员，并与他们合作提高同性恋者的法律地位。石墙还致力于改变社会对待同性恋者的态度，发起工作场所论坛，让劳动者更好地理解和支持各种差异。

澳大利亚则受美国同性恋权利运动的影响。墨尔本设有碧丽提丝的女儿领导的分支机构。澳大利亚还有一批激进团体，比如塔斯马尼亚同性恋权利组织，与歧视同性恋的行为做斗争。一些经济资助团体，比如澳大利亚同性恋者旅游联合会（AGLTA）也致力于寻找对同性恋友善或接纳他们的宾馆和商店。

犯罪行为

即使在一些仍然视同性恋为罪恶或犯罪行为的国家也存在为同性恋辩护的团体，但是它们往往承担着被政府关闭的风险。比如 2004 年 6 月尼泊尔最高法院判决撤销蓝色钻石协会，该协会致力于保护男女同性恋，宣传艾滋病防治知识。在美国，部分穆斯林移民于 1997 年开展了开放运动（Al Fatiha）；1998 年，该组织召开会议，参会者来自全美各地以及南非、加拿大、比利时和荷兰，讨论了世界范围内同性恋者共同面临的问题。

尽管辩护团体在世界许多地区开展活动，但是国际特赦组织 2000 年报告指出，80 个以上的国家仍然在其法律中将同性恋界定为犯罪行为（国际男女同性恋联合会 2009 年关于同性恋歧视的报告长达 64 页，其中也列举了 80 个国家）。在部分国家这类法律很少付诸实施，但是在其他国家同性关系将受到惩罚。2003 年人权观察组织（Human Right Watch）撰写报告批评埃及政府围捕、关押，可能还迫害同性恋者。2004 年 4 月，坦桑尼亚政府通过法律，规定同性关系将被判入狱 25 年。2004 年 6 月，波兰争取同性恋权利的和平示威游行遭到极右组织"全波兰青年组织"（Mlodziez Wszechpolska）的袭击，该组织是激进的、反同性恋的民族主义者团体波兰家庭联盟（Liga Polskich Rodzin）的一个组成部分。

南非可能是第一个将歧视同性恋者为违法行为写入宪法的国家，1994 年该国编制新宪法时加入了该项内容；国家男女同性恋平等联合会组织付出了极大努力促使该条款通过。该组织由埃德温·卡梅伦（Edwin Cameron）教授和同性恋活动家西蒙·恩科利（Simon Nkoli）领导，他们通过诉讼行为推动撤销了同性恋行为违法的法律，并且为同性伴侣争取医疗福利。

同性婚姻和同居成为男女同性恋者关注的热点，激进团体努力提高同性伴侣的福利和权利。部分人士，特别是宗教保守人士，抵制同性婚姻观。在美国，2004 年 5 月马萨诸塞州成为第一个承认同性婚姻的州，2000 年 7 月佛蒙特州认可同性结合（civil unions）。2008 年，同性婚姻在康涅狄格州获得承认，2009 年在艾奥瓦州和新罕布什尔州得到承认。但是，遭遇保守势力的激烈反对后，有 30 个州通过法律禁止同性同居。2008 年年初至年中，加利福尼亚州短暂承认同性婚姻；但是在该年下半年，选民推翻了这项规定。部分曾经视同性恋为违法行为的国家逐渐放松了类似法律规定，2009 年印度德里高级法庭提出禁止两厢情愿的同性关系与宪法宗旨不符。最为典型的案例发生在法国，2004 年 6 月两名男性同性恋者在波尔多郊区贝格勒（Begles）市市长的见证下结婚。但这位市长诺埃尔·马梅尔（Noel Mamere）马上被停职一个月，法国法庭宣布该婚姻关系无效。乌干达于 2005 年通过禁止同性婚姻法律，之后，政府不断受到同性恋人权组织的指责。

世界范围内，今天已经有许多人认为同性

恋权利属于人权范畴；与石墙暴动时期相比，同性恋已经得到更多认可。但是，只要保守的宗教观念仍然占据主导地位，只要传统认知仍然存在，同性恋权利运动就将继续存在。

进一步阅读书目：

Gage, S., Richards, L., & Wilmot, H. (2002). *Queer*. New York: Avalon Press.

Jagose, A. (1996). *Queer Theory: An Introduction*. New York: New York University Press.

Marcus, E. (2002). *Making Gay History*. New York: Perennial.

Rimmerman, C. (2002). *From Identity to Politics: The Lesbian and Gay Movements in the United States*. Philadelphia: Temple University Press.

Snyder, R. Claire. (2006). *Gay Marriage and Democracy: Equality for All*. Lanham, MD: Rowman & Littlefield.

多纳·哈尔珀(Donna L. Halper) 文

刘健 译，刘健、王超华 校

General Agreement on Tariffs and Trade(GATT)　关税及贸易总协定

《关税及贸易总协定》是第二次世界大战之后签署的协商国际贸易政策的文件。签订 47 年后，其条款已经达到 22 500 页，是一个涵盖商品、服务和知识产权的自由贸易协定。《关税及贸易总协定》在 1994 年被世界贸易组织代替。

1102

《关税及贸易总协定》是第二次世界大战之后签署的非正式文件，目的是协商制定国际贸易政策。其主要目标是废除定额、撤销关税壁垒、推动平等的自由贸易。其源头可以追溯至 1947 年，当时 23 个国家在日内瓦商讨制定国际贸易准则。该条约签署的初衷是将其作为国际贸易组织(ITO)宪章草案的一个部分；该组织与国际货币基金组织和世界银行共同构成了布雷顿森林经济秩序的三个内容。国际贸易组织的《哈瓦那宪章》中包含《关税及贸易总协定》以及就业、商品协定、限制性商业行为、国际投资和服务等方面内容。1947 年的《关税及贸易总协定》包含贸易协商妥协和实施规则，《关税及贸易总协定临时适用协议》于 1948 年 1 月 1 日开始生效，但是《哈瓦那宪章》中的其他内容没有付诸实施，主要源自美国国会的反对。47 年来，《关税及贸易总协定》成员方数量不断增加（1994 年已达 128 个）；它被视为永久协定，但是事实上它只是一个临时的法律协议。1955 年，日内瓦会议决定建立规模不大的秘书处和管理机构，但并非正式的国际组织。其机构成员的职责是规范成员方的贸易目标，即建立平等的、惠及多数国家的贸易关系，根据互惠原则降低关税。

从其确立至 1994 年，《关税及贸易总协定》成员方先后举行 8 次磋商，称为"回合"谈判，讨论降低关税，逐步确立国际贸易管理规则。1965 年之后的主要目标是撤销关税壁垒，包括反倾销标准、补贴、补偿责任、进口许可程序以及政府采购选择等内容。但仅《关税及贸易总协定》部分成员签署这些协议，主要是经济合作与发展组织（OECD）成员。

《关税及贸易总协定》最后一轮谈判，即乌拉圭回合谈判，是持续时间最长、达成谅解最多的一个回合。它从 1987 年持续至 1994 年，并建立了一个合法组织——世界贸易组织（WTO）以取代 1947 年的《关税及贸易总协定》及其所有修正案。1995 年 1 月 1 日《马拉喀什议定书》签署，标志世界贸易组织诞生——这是一个多边组织，其职责是执行成员方贸易规则。从法律角度看，它是一个跨国国际组织，具有国际特点（就是说，世界贸易组织拥有国际司法权力和职责，能够支持或反对国家间的法律诉求），并且独立于成员方政府之外。因此，世界贸易组织在行使职责时拥有合法权力及豁免权。作为一个合法机构，世界贸易组织包含了 1994 年《关税及贸易总协定》及其他非商品类合约的内容。

世界贸易组织是最重要的协调国家间贸易活动的国际组织。2009 年世界贸易组织 153 个成员的贸易量占世界总量的 97%，该组织的决策几乎影响到国际商业领域的方方面面，其核心是世界贸易组织协定，为国际商业活动和贸易政策的基本规则。世界贸易组织协定的主要目标是坚持贸易自由，通过谈判完成自由化，举办贸易谈判论坛，保证谈判公正。简单地说，世界贸易组织就是为其成员提供实际的、自由公平的贸易渠道。

世界贸易组织向各国政府提出规则，提供平台讨论和解决贸易纠纷，举行继续扩大世界贸易机会的谈判。世界贸易组织包含《关税及贸易总协定》中的商品贸易内容，包含发展服务业、知识产权原则的内容，包含消弭争端的规则和程序内容。它是重要的多边协商降低关税壁垒和其他不利于竞争的因素的国际组织。从这个角度说，世界贸易组织吸收了《关税及贸易总协定》的主要内容，确立了现代多边商业制度中的 5 个基本原则：（1）平等的最惠国待遇（MFN）；（2）自由公平贸易；（3）出台可预期的贸易政策；（4）鼓励开放和公平竞争；（5）向欠发达国家提供优惠政策。

世界贸易组织的原则（协议），在《关税及贸易总协定》乌拉圭回合谈判中确定。这些协议由 60 个协议及各种承诺（路线图）组成，长达 3 万页，确定了共同接受的关税和市场开放程序。世界贸易组织成员通过这些协议在保护权利和义务的基础上执行无歧视的贸易制度。每个成员都获得保证，保证成员之间维持出口公平。乌拉圭回合谈判签署了 22 500 页文件，列举了每个国家承诺的进口货物关税削减和确定额度，这一点延续了《关税及贸易总协定》的贸易自由化传统。世界贸易组织协议涉及商品、服务和知识产权。该协议确定了自由化和有限例外原则，对发展中国家有特殊约定，要求各国政府制定透明的贸易政策。1994 年 4 月 15 日乌拉圭回合谈判正式结束，《关税及贸易总协定》被废除。

进一步阅读书目：

Jackson, J. (2007). *The Jurisprudence of GATT and the WTO: Insights on Treaty Law and Economic Relations*. Cambridge: Cambridge University Press.

Mavroidis, P. (2007). *Trade in Goods: An Analysis of International Trade Agreements*. Oxford: Oxford Universnity Press.

Swacker, F., et al. (1995). *World Trade without Barriers: The World Trade Organization (WTO) and Dispute Resolution*. Charlottesville, VA: Michie Butterworth.

World Trade Organization website. (2004). Retrieved August 17, 2009, from http://www.wto.org/

克里斯托弗·乔伊纳（Christopher C. Joyner）文

刘健 译，刘健、王超华 校

Genetics 遗传学

遗传学是研究生命有机体遗传和变异的科学。长期以来，人们就已经确定"祖先"会传递给"后代"某些特征。从大约 19 世纪中叶开始，研究已经证明有机体通过不同组织传递这些特征，而这些组织就是基因。基因变化通过变异、自然选择或演变逐渐发生。

1104

距离当代最近的人类祖先（MRCA）以及最接近人类的灵长类动物黑猩猩居住在非洲，最有可能是在热带森林地区，时间是 500 万年前，部分学者认为可能还要再早 100 万～200 万年。现在，森林仍然是黑猩猩及其早期祖先大猩猩和猩猩等树生动物最适合生存的地区。由于森林地区骨骼不易保存，因此我们目前已知的人类直系祖先均来自东非大裂谷相对干燥的地区，该峡谷从东非一直延伸至南非。在这里发现了几乎所有早期人类的化石。

目前已经发现的人类演进经历过两次重大变化，但是在类人猿的发展路线上并没有发现类似变化。人类祖先转向直立、双脚行走，人类移动更加迅速，并且解放了双手，使之能够制作和使用工具，脑容量也明显提高。脑容量提高及发声器官的发展可能有利于有声语言的起源，但这个能力并没有出现在灵长目动物身上，尽管它们能够通过特殊的教学技术学会几百个词语的含义。组织完整句子的能力有助于形成复杂思维。运用语言交流的能力为人类物种所特有，它成为人类优于其他脊椎动物的特点之一，可能也是最重要的一点。它也必然是相对较小的东非人类团体在全球范围内发展扩张的主要技能，这个进程开始于 10 万年前。而有关时间和地点的信息来自古人类学和考古学的发现。从人类祖先向现代人的演进是漫长的过程，中间出现过多次断裂，但是人类发展过程中的共同之处是脑容量的增加；从脑容量的变化看，人类演进经历了 4 个阶段。

南方古猿阿法种（Australopithecus afarensis）中的一个名为露西（Lucy）的女性生活的时间可以精确地确定为距今 320 万年前，她可能是人类分裂的起源：一支发展出南方古猿的众多物种，最终灭绝；一支发展成为智人（即今天人类所属物种）。人属的存在时间大约为 250 万年前，其特点是使用粗糙的石器工具，因此人属的第一个类型称为能人。人类外形的发展以及形状和用途的变化在直立人时期（约 200 万年前）十分显著。目前出现了一种对这些化石重新命名的趋势，但是我们仍然坚持较简单的、年代较早的命名。直立人是 170 万年前开始从非洲起源的人类（东非大裂谷仍然是唯一发现化石的地方），他们很快在欧洲和亚洲的大部分地区安定下来。

脑容量缓慢增加，大约在 30 万年前停止。在很长一段时间内，大约在 50 万年和 4 万到 3

1105

万年间,在世界上不同区域出现的两个人类类型取得了巨大成功,他们留存了大量化石。其中一种是尼安德特(Neanderthal)人,他们生活在欧洲,并且扩散到亚洲西部,在8万～6万年前到达中东。部分人类学家认为尼安德特人是现代欧洲人的祖先,但是近来对于留存化石的遗传学研究证明尼安德特人已经几乎灭绝。其他学者认为其中一支在东非大裂谷发展成为现代人。现代人祖先的化石仅在非洲发现。近年有两个新发现,其一是在厄立特里亚(Eritrea)发现了10万年前的直立人,另外一个是在埃塞俄比亚境内发现的一具基本完整的、距今15万年的现代人头骨;它们填补了巨大空白,帮助我们建立了完整的东非现代人演进路线图。

遗传学研究与人类迁徙

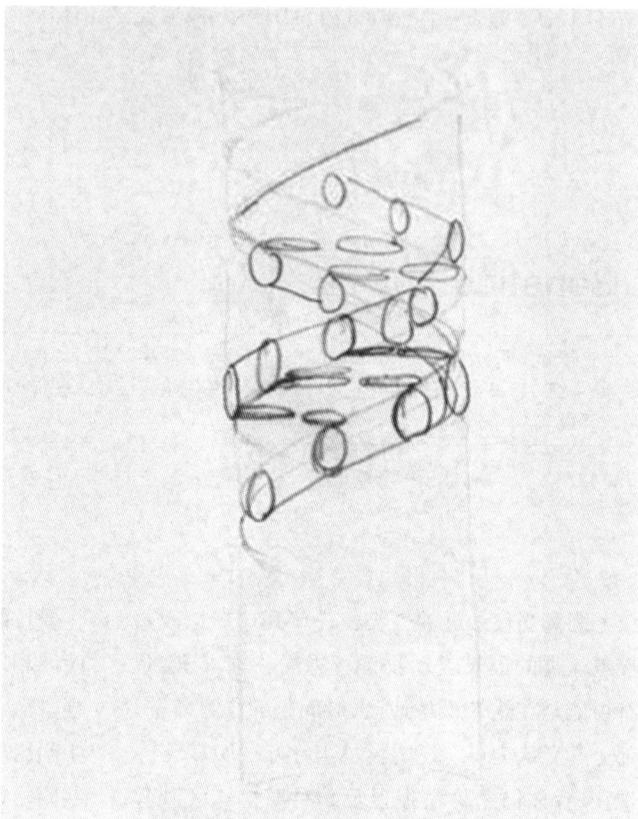

弗朗西斯·克里克(Francis Crick)和詹姆斯·沃森(James Watson)观察到脱氧核糖核酸(DNA)分子的复杂内部结构,绘制了这幅双螺旋旋转遗传基因铅笔画

人类演进的遗传学研究在遗传变异现象发现后就已经开始。起初,根据孟德尔(Mendel)定律,唯一具有多形态特征的、泾渭分明的遗传特征是血型ABO、RH等。这些特征通过父母平等遗传,可以证明4个标准演进特征的影响,可以根据数学进化理论进行量化分析,该理论于20世纪二三十年代由罗纳德·艾尔默·费舍尔(Ronald Aylmer Fisher)、约翰·伯登·桑德森·霍尔丹(John Burdon Sanderson Haldane)和休厄尔·莱特(Sewall Wright)共同发明。

第一个演进特征是变异,它是所有遗传差异的基础,目前已知是DNA的变化:这是一种线性分子,由4种简单的核苷酸——A、C、G、T——组成相互连接的分子链,它们能够复制,并且以相同结构从父母遗传给后代。人类的DNA由3.1亿个基底组成,分为23组长度不一的染色体组。变异是DNA的遗传变化:最微小的也是最常见的变化是其中一个核苷酸被其他一个代替。它的自然发生率极低。变异体(新变异元素携带者)有可能比较频繁地逐代增加,它源于物竞天择,其具有某种优于父母的环境因素,可能得益于某种疾病,也可能其他某种恶劣的自然环境是其形成的土壤。如果变异向坏的方向发展,其携带者将被自然淘汰,之后变异要素消失。但是多数变异既非好也非坏(即"中性的"),而且其在人类中的保存、增减,甚至最终的固定完全是偶然的。与物竞天择相同,这种现象被称为随机遗传漂变,它导致频繁变化,所有因变异导致的遗传形式都发生在历代人群中。选

1106

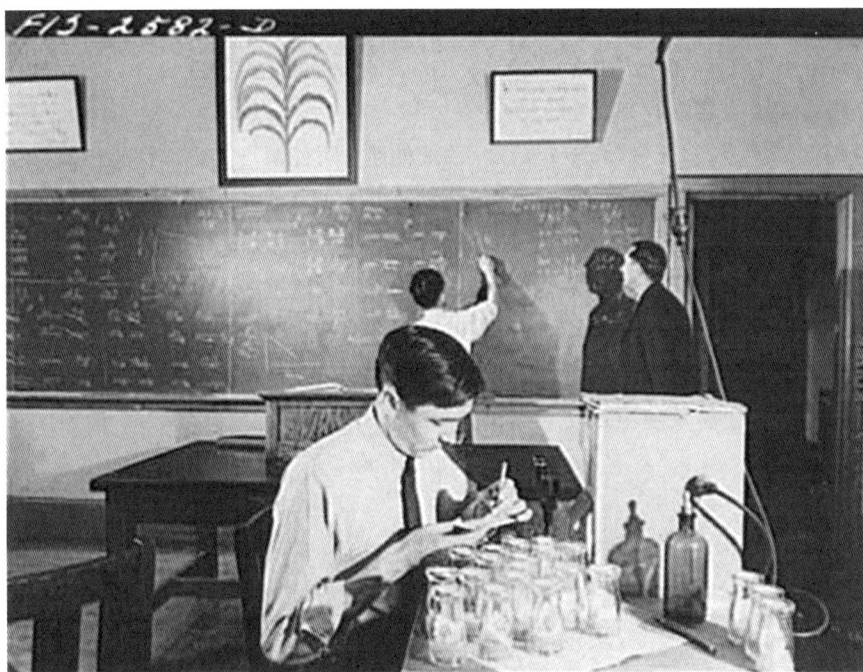

艾奥瓦州立学院遗传实验室内的研究者。艾奥瓦州埃姆斯（Ames），1942 年 5 月。杰克·德拉诺（Jack Delano）摄。美国国会图书馆

择和漂变因人而异。物竞天择促使生物适应自然环境，有机体随时间地点发生变化，漂变则仅仅因各种可能性定律活动。因此，漂变造成的变化涉及面较广，涉及人口规模较小。

人类个体从一个集团向另一个集团迁徙的过程往往不是人口集团同化的过程，他们之间的遗传学差异源自选择或漂变，或两者共同的作用。但是当一个集团迁徙到一个从前没有人类居住的地区时，会造成人口数量扩张，新的人类集团出现；如果最终能够稳定下来，将发展成为与从前集团并不相同的集团。在这个情况下，一个集团向新地区迁徙可能造成差异性，而漂变影响加剧，主要出现在规模不大的迁徙集团中。

遗传学研究帮助我们得出这样的结论，现代人类源自东非一个规模不大的人口集团，他们可能由 1 000 人或几千人组成，大约在 10 万年前开始缓慢地从非洲扩散。基本确定这个小团体或部落的成员说一种共同的语言，它可能已经与现存语言同样成熟。与当时所有人类的活动一样，他们也是狩猎-采集者，集团规模不大，人口密度极小（每平方千米仅有 0.1 个居民），在他们的狩猎范围内呈现半流动状态。

大约 5 万年前，同样在这个地区，一个人口集团开始迅速扩张，人口数量增加，地理范围扩大。这个进程可能得益于某些创新创造，比如简单的航海技术、更加成熟的新型石器以及先进的语言，他们也很有可能与 10 万年前缓慢扩张的那些祖先使用同一种语言。他们可能运用简单的航海设施沿亚洲南部海岸旅行；这方面的证据主要表现在他们从东南亚到达新几内亚和澳大利亚需要穿越不同海域。他们还到达中亚，并从这里四散迁徙：向东前往东亚；向北前往西伯利亚，并经白令海峡到达美洲（可能在 1 万年前同时发生）；向西前往欧洲。从中亚的流散速度很快。经过 1 万年，今天所有有人类居住的地方，除波利尼西亚之外，都已经有人类居住（在 6 000 至 1 000 年间完成，通过应用成熟的船只航海系统技术从中国台湾或菲律宾群岛开始展开）。

在 1.2 万～1.3 万年后，最后一个冰期结束，气候变化导致动植物种类发生了变化。在世界许多地方，特别是在中东和尼罗河流域、中国和墨西哥高原等气候温暖的地区，人类开始依

当今多数知识分子都厌恶任何源自遗传学的思想观念。

——史蒂芬·平克(Steven Pinker，1954—　)

靠粮食生活(在第一个地区为大麦和小麦，在中国南部为水稻、北部为稷，墨西哥为玉米及其他众多蔬菜作物)。在粮食成为主要食物来源的地区，农业发展十分顺畅，庄稼地靠近家园，永久性的房屋建成。流动生活习惯大多被家居生活取代。在部分地区，野生动物被轻易地驯养成功。中东可能驯养了山羊和绵羊、猪、牛，后来又驯养了马(在黑海北部和高加索)。11 500 年前，在叙利亚北部农牧混合经济已经确立。有可能欧洲经济已经十分繁荣，能够发展出最实用的家畜经济。

目前普遍接受的世界人口分布历史，首先根据标准的遗传标志重构人类构成谱系，通过检验集团成员共同的遗传特征出现的概率确定遗传距离。其中一个重构谱系的途径是，从检验关系最紧密的人群(遗传距离最小)开始，之后比对所有人的数值以扩大遗传距离，直到谱系源出现。最实用的重构谱源的方法是，将遥远祖先的特征与用于分析的人口集团进行对比。显然，重构的谱系与已应用的、数量丰富的遗传特征同样不相干。与现有遗传特征类型研究无关的独立获得的结论是我们相信它的重要基础。

20 世纪 90 年代开始，科学家已经有能力重新构建仅存在于男性的(Y 染色体)，以及存在于两性但仅通过女性(线粒体 DNA)流传的遗传谱系特征。这项研究更加适用于个人而不是人群，通过这种方法建立的谱系是真正的家谱。从技术角度看，这些结果十分精确，对于 Y 染色体也不存异议；但是，在线粒体 DNA 与 Y 染色体之间还存在一个重要的共同遗传点，该共同点仅存在于拥有特殊婚姻习俗的、特定集团的、某些广为人知的特殊行为中。这些研究确认了正常的染色体携带者人群的基因分布范围，对于人类史前历史主要事件发生的时间和地点给出了精确结论。

农业的重要性

农业的诞生可能源自需要，当狩猎-采集经济无法满足基本的粮食需要时，就必须生产粮食。人口密度持续上升无疑是始作俑者，但是偶然事件也可能引发严重后果。在农业起源前的 9 万年时间里，人口数量不断增长，开始时仅有 1000 人或几千人，至少是 1000 的倍数。在过去的 1 万年里，农业发展导致人口增长，达到又一个 1000 的倍数。

农业从起源地向外扩展，农民人口无疑不断增加，农业生产的剩余粮食也在增加。地方人口增长速度达到饱和状态时，人口将向周围地区迁徙，并开垦新土地。原始农业种植方法导致土壤肥力丧失，这也是开垦新土地的原因。农业生产技术在不断提高，比如耕犁和灌溉技术被长期使用，但是这也造成新的问题，比如中东土地盐碱化导致土地荒漠化，萨赫勒草原被过度放牧等。尽管如此，农业生产从其起源地稳定、长期地向外传播。据统计，每年向欧洲推进 1000(这里考古遗址密集分布，能够比较准确地测算传播速度)。农业扩张既受农业人口快速增长(人口的流动)的影响，也取决于当地狩猎-采集人口对这种技术的接受程度(技术文化的传播)。

在遗传学研究中，对于最早的农民对欧洲人口基因构成的遗传/文化贡献有不同结论。这个问题导致了激烈的科学争论，目前仍未有定论，但是结果显示 50%～60% 的男性人口流动，20% 的女性人口流动，或两性平衡流动的 1/3 将导致遗传结果，2/3 导致文化后果。另外一个因农业所致的人口流动范例来自班图人从喀麦隆向南非的扩散。该活动开始于约 3 000 年前，直到近年才结束。这里的相关研究同样有限，但是同向的男女差别十分清晰。狩猎-采集者在各地都被视为社会地位低下者，要上升至"农民"阶级

1108

一般只有通过女性与高等级成员结婚（高层联姻）来实现。男性的一夫多妻现象在农民中可能更加普遍，也有同样效果。

农民四处开垦土地，他们所使用的工具仍然是石器。在欧洲（但未见于日本），新石器（与旧石器或原始相对）一词指引发变革的农业的兴起。欧洲新石器农业文化兴起之后3 000年左右，陶器开始使用；在日本，陶器使用的时间更早（约1.2万年前），但是农业在大约2 000年前才从朝鲜引进。技术发展从一开始就推动了现代人类遗传、文化和社会的演进。农业兴起之后的另外一个重大变革是金属器具的使用；最早是青铜器，始于约5 000年前，可能最早在欧洲东部兴起；3 500年前，铁器开始使用。这两种重要的金属器具制造技术向世界各地传播的速度远远超过农业。金属器具制造技术对战争的发展至关重要。其发展趋势在众多地区与文字（即记录历史）的发展轨迹相似。

遗传差异的优点

所有现代人类的最近来源是一个单纯的、小规模的、生活在一个狭窄区域的人口集团，这解释了人类集团差异较小的原因：人类流散至整个地球的时间尚不足以造成更大的遗传差异。但是，我们可以根据肤色、脸形和身体等外部特征推测某些个体的地理归属，这些特征反映了人类对气候、动植物分布等环境差异的适应性。但是每个人口集团即便规模很小，也会存在巨大的遗传差异，以保证他们能够在新的、不可预知的挑战中存活。

总之，巨大的遗传差异对于人类的发展有益。纯粹的种族只是神话，即便有存在的可能，也是不合时宜的。相比之下，文化的差异，比如语言差异，比人口差异更大。文化——表现为历代流传的知识、习俗、传统和价值观——需要充分交流，以保证社会和谐；同样，生活在一起的个体所说的语言应该大致相同，以达到相互理解的基本目标。

进一步阅读书目：

Ammerman, A. A. , & Cavalli-Sforza, L. L. (1984). *The Neolithic Transition in Europe.* Princeton, NJ: Princeton University Press.

Brooker, R. J. (2008). *Genetics: Analysis and Principles.* New York: McGraw-Hill.

Cavalli-Sforza, L. L. (2000). *Genes, Peoples, and Languages.* London and New York: Penguin Press.

Cavalli-Sforza, L. L. , Menozzi, P. , & Piazza, A. (1994). *History and Geography of Human Genes.* Princeton, NJ: Princeton University Press.

Hartwell, L. H. , Hood, L. , Goldberg, M. L. , Reynolds, A. E. , Silver, L. M. , and Veres, R. C. (2006). *Genetics: From Genes to Genomes.* New York: McGraw-Hill.

1109

路易吉·卢卡·卡瓦利-斯福尔扎（Luigi Luca Cavalli - Sforza）文

刘健 译，刘健、王超华 校

Genocide　种族灭绝

1110　　　种族灭绝是一种有组织、有预谋的破坏活动,针对全部或局部国家、民族、宗族或宗教团体。我们所称的种族灭绝活动在人类历史上的大多数时间都有发生,但是并不使用这个词语;这个词语被拉斐尔·莱姆金(Raphael Lemkin)用于描述纳粹占领波兰之后进行的大屠杀。

　　"种族灭绝"一词是一个现代词语,用以描绘一种古老的活动。它首先由波兰法官拉斐尔·莱姆金使用,他用之描述纳粹占领波兰后旨在消灭波兰人民族认同的活动。莱姆金的意图往往被人们与大屠杀混为一谈。但是,在1948年联合国推动颁布的《联合国禁止并惩治种族灭绝罪行国际公约》中将其解释为大屠杀及其造成的后果,目前这仍然是对这种行为的基本解释。该公约第二款(Chalk & Joassohn 1990)这样解释种族灭绝:

　　　　为本公约目的,种族灭绝是指发生以下任何一种蓄意全部或局部消灭一民族、人种、种族或宗教团体的行为,包括:

　　　　1. 杀害该团体的成员;

　　　　2. 致使该团体的成员在身体或精神上遭受严重伤害;

　　　　3. 故意使该团体处于某种生活状况下,以毁灭其全部或局部的生命;

　　　　4. 强制施行办法,意图防止该团体内的生育;

　　　　5. 强迫转移该团体的儿童至另一团体。

　　但是这个定义并非没有争议,显然,与种族灭绝密切相关的大屠杀只是犯罪的一个层面。因为种族灭绝的本质是身份犯罪:其目标是消灭文化认同,而不是消灭个体认同。但是,从历史上看,最为直接的目标是大规模谋杀;当然也

存在通过其他间接手段实现该目标的情况。该公约另外一个争论焦点是没有提及政治集团。它反映出联合国最初仅在高层谈判中签署该文件,这促使学者们补充种族灭绝的内涵,包括"政治迫害"(Harff & Gurr 1988)和"民主迫害"(Rummel 1994)。

　　这里有必要说明,任何一个文化或文化团体的消失并非种族灭绝的必然证据。在世界历史上,文化有其自身的发展历史。其衰落、灭亡、被同化的历史往往是非暴力的,遵循自然的文化变化轨迹,以适应社会和语言霸权状况。比如,在经过几百年发展后,伊朗琐罗亚斯德教的主导地位让位于伊斯兰教什叶派;奥斯坎语(Oscan)、吕西亚语(Lycian)、科普特语(Coptic)、粟特语和布雷顿语(Breton)等让位于拉丁语、希腊语、阿拉伯语、普什图语(Pathan)和法语。

　　现代种族灭绝现象比古代种族灭绝更容易理解。亚述人和希伯来人等古代文化中曾经提及种族灭绝现象,但是并没有详细说明其手段。《约书亚记》曾经记载前希伯来时期的巴勒斯坦人遭遇灭顶之灾,但是并没有得到考古学证据证实。同样,亚述王国年鉴中大肆宣扬将某些民族连根拔起,但是事实并非如此。古代希腊人有限地消灭敌对城邦,但是成效巨大,因为他们发明了"andrapodismos"方式,即杀害城市的全体男性成人,其余人则沦为奴隶。这个方式又被科罗托内人(Crotonian)用于对抗锡巴里斯人(Sybarites),被雅典人用于对抗米洛斯人(Melians) 1111

和斯奇奥奈人（Scionians），被底比斯人用于对抗普拉提亚人（Plataens），被马其顿国王亚历山大用于对抗底比斯人。罗马人又继承了这个传统，杀害并奴役所有迦太基人，并用盐摧毁了他们的耕地（Leadbetter 1999）。

但这些大屠杀在古代社会并不常见。虽然与现代人一样，古代民族中也存在社会认同观念，因此也会造成种族灭绝现象。其种族灭绝现象并不常见的原因在于，缺少执行此类行动必备的技术条件。历史上最主要的认同因素是宗教、帝国认同、民族国家、政治认同和民族或种族认同。

宗教性的种族灭绝

宗教冲突在世界历史上十分常见。这种冲突逐渐演变为种族灭绝，特别是从 4 世纪开始，中东和地中海地区绝对一神崇拜的宗教占据统治地位之后。但是传统的多神宗教也并非不会引发种族灭绝，最主要的原因是它反映了国家的意识形态。比如，3 世纪罗马国家有组织地消灭基督徒和摩尼教徒（Manichaeans），因为他们对帝国的宗教意识形态构成威胁。11 世纪印度潘地亚王朝（Pandya）的印度教国王企图消灭耆那教徒，将 8 000 名耆那教教徒钉在尖桩上。

这些种族灭绝事件均与传统的异教徒和多神宗教崇拜相关；在基督教兴起并成为欧洲统一宗教后，它成为种族灭绝的重要动因。这类灭绝行动首先针对中东横空出世的伊斯兰教社会。特别是十字军东征，他们的主要目标是黎凡特的穆斯林团体。尽管十字军并没有消灭巴勒斯坦的伊斯兰教，但是其谋杀目标却取得成功。最著名的事件是针对阿尔比十字军（Albigensians）或纯洁派（Cathars）的行动，他们是法国南部以朗格多克地区为中心的摩尼教团体。这次十字军东征于 1208 至 1226 年间展开，由一系列军事战役构成，其特征是残暴的滥杀行为，特别是 1209 年屠杀贝济耶（Beziers）的全体居民。甚至在军事敌对状态解除后，宗教裁判所仍然在继续消灭阿尔比十字军。

在欧洲宗教改革运动前，宗教裁判所是主要的种族灭绝机构，它的建立在很大程度上是因纯洁派诞生所致。该机构猎捕胡斯教信徒、巫师、韦尔多派信徒（Waldensians），有时还包括犹太人。宗教改革运动提倡欧洲宗教的多样性，但是种族屠杀仍然时有发生，特别是 1572 年法国新教徒（胡格诺教徒）遭遇圣巴托勒缪日（St. Barthdornew's Day）屠杀。基督徒

欧洲殖民者驱逐北美人最初采取的部分手段，用现代观念可以解释为种族灭绝。这幅画描绘了 17 世纪初叶缅因州群狗袭击美洲土著人的场面

> 纵观历史，应作为者不作为、应行善者不行善、公正的声音在最关键的时刻保持沉默，这时，邪恶就有可能取得胜利。
>
> ——海尔·塞拉西（Haile Selassie，1892—1975）

也是种族屠杀的受害者。日本耶稣会传教士在17世纪早期被驱逐，日本皈依基督徒遭到迫害和杀害，基督教在日本消失，直到明治时期才复兴。

近来，伊斯兰教政治中出现了不容忍观念，给伊朗巴哈伊（Baha'i）派团体带来灭顶之灾。宗教种族灭绝行动不可避免地使用政治势力控制的宗教语言。这反映出种族灭绝是一种由有能力动用武力的政治势力强加于没有此类能力者的犯罪行为。

帝国主义国家的种族灭绝

种族灭绝行动与帝国主义势力有天然联系。尽管多数帝国都有意识地推行多文化并存政策，但是帝国主义国家需要通过武力创立并维持，因此必然需要消灭顽固不化的敌对者以阻止抵抗，同时也恐吓其他人。爱奥尼亚起义期间，波斯人摧毁了米利都；亚历山大摧毁了普拉提亚城；罗马人打击德鲁伊人（Druids）并最终消灭他们。14世纪，帖木儿通过种族灭绝等恐怖手段创建了一个横跨欧亚大陆的大帝国。在帖木儿的印度战役中，他屠杀了巴特尼尔（Batnir）和密拉特（Meerut）全体居民，用人头堆起的金字塔作为他征伐的标志。1399年占领德里后，他用同样方法在城市的四角堆砌了4个金字塔。1387年，他用大屠杀惩治伊斯法罕起义者，7万个头颅堆就了一座高塔。种族屠杀在帖木儿征伐巴格达、大马士革和第比利斯等地时也同样采用（Katz 1994）。

旧大陆帝国主义国家与新大陆相遇的直接后果就是种族灭绝。1519年，埃尔南·科尔特斯（Hernán Cortés）屠杀驱逐了乔卢拉（Cholula）镇的所有居民；1521年，他再次占据阿兹特克首都特奥蒂瓦坎，大肆屠杀幸存者，据统计有10万人惨遭杀害（Churchill 1997）。西班牙征服者的火枪和加农炮与天花病毒一起到来。尽管有部

分证据（相对年代较晚）显示北美土著居民曾经遭遇人为的天花感染，但是这种行为显然并不必要。天花、斑疹、伤寒以及其他传染病给当地居民带来浩劫，几十年时间里人口已经无以为继（Stannard 1992；Churchill 1997）。对于欧洲人发现新大陆，特别是与土著居民相处的问题，有观点认为，"16世纪是人类历史上种族灭绝最为严重的时期"（Todorov 1964）。

殖民帝国

西班牙、葡萄牙、法国和英帝国在新大陆建立帝国是欧洲列强大肆扩张的标志，实际上也是全球化的过程。这也是少数殖民精英分子臣服大批当地居民的典型范例。这是一个借助疾病的过程，也是极度野蛮残暴地对待当地人的过程，这个过程只能定义为种族灭绝。他们遭遇了抵抗，但是当地的武装力量遭遇疾病的消耗，也受到技术水平局限。在南北美洲和澳大利亚，当弓箭长矛遭遇火枪、加农炮和来复枪时，仅在小规模遭遇战中可以一拼，但是无法赢得与殖民占领者的长期消耗战。而这类殖民政策直到最近仍然在执行。在澳大利亚和其他地方，土著人与英国殖民者斗争过程中发生的种族灭绝行动导致了大屠杀和灭绝战争。20世纪，类似的行动表现为更加细致的边缘化进程，如表现为强制儿童迁徙的"脱色运动"。这项政策甚至在1967年后仍在执行，土著澳大利亚人被授予全权公民权，它也成为20世纪90年代澳大利亚科学研究的主题（Tatz 2003）。

同样，20世纪五六十年代，巴拉圭农村的经济发展也伴随着屠杀当地阿克人（Ache）（或瓜亚基人[Guayaki]）。涉嫌1974年种族灭绝行为的巴拉圭政府向联合国人权组织提出申诉，证明没有发生种族灭绝行为，因为他们并没有蓄意消灭瓜亚基人。他们认为这是一次经济活动，只是遭遇了阻碍，并且只是凑巧阻碍者是瓜亚

基人。

在上述例证中，殖民占领的本质就是种族灭绝，因为占领者也是殖民者。在其他地方，殖民帝国则采取另外一种方式建立：少数殖民精英分子统治多数土著居民。在这些地方，殖民者的首要目标是开发殖民地经济。在这种情况下，种族灭绝发生的可能性较小，但是如让-保罗·萨特（Jean-Paul Sartre）所指出的（1968），殖民者与被殖民者不平等的权力关系往往通过种族灭绝行为维持。

殖民时期非洲有众多这类例证。在比利时属刚果，利奥波德二世的官员强加给当地人的野生橡胶收成配给制导致种族灭绝，尽管并非蓄意为之。1907 年，这项制度造成的破坏促使比利时议会敦促其君主正式吞并刚果，以取代利奥波德国王自行统治。

更加典型的例证是 1904 年德国当局应对纳米比亚的赫雷罗人（Herero）起义。赫雷罗人起义之初因为人数占据优势取得了一些胜利，但是在洛塔尔·冯·特罗塔（Lothar von Trotha）将军指挥的反击战中一败涂地。该将军率部将赫雷罗人驱逐至干旱的奥玛海凯（Omaheke）沙漠，直至他们饥渴而死。1903 年赫雷罗人口有 8 万，几年后，已经不足 1.5 万。这是典型的通过种族灭绝进行殖民清理的行为。同样的遭遇也发生在纳玛人（Nama）身上，1907 至 1911 年间，他们中的一半人被杀害。

殖民化过程导致种族灭绝，在去殖民化过程中也发生了同样情况。在许多地方，殖民政府划定殖民边界时并不考虑臣民的文化和宗教认同特点。后殖民时期，这些殖民边界仍然存在，导致内部种族冲突时有发生。在苏丹，北方的阿拉伯穆斯林与南方的基督徒/崇拜万物有灵的班图人之间爆发了种族冲突，冲突持续几十年。有记录显示，北方通过持久的饥荒遏制南方。同样的状况也发生在苏丹西部占据统治地位的北方人与达尔富尔人之间的冲突中。

民族国家的种族灭绝

出现种族灭绝现象的去殖民化国家面临的问题是，如何在原殖民地领土上重建民族国家。民族国家是后启蒙时代国家的理想模式，它诞生于欧洲，是与已经存在许多世纪的王朝国家对立的政权形式。民族国家于 1648 年《威斯特伐利亚和约》签署后出现，在法国大革命时期进一步巩固，明确反映了民族主义者的立场。民族国家确立了语言、宗教和文化的认同观念。

原生的种族灭绝观念

这些观念有的是天生的。最为明显的要素是遗传性或"种族"。这是德国纳粹采用的核心种族观念，用于构建其德意志帝国蓝图。他们主要应用这个观念消灭所有犹太人。大屠杀在种族灭绝的历史上必然占据特殊地位，因为其牺牲者因生物学特征而被识别，不可能通过皈依、改变等逃避纳粹的迫害。它还意味着加害者用他们自己的逻辑强迫自己杀害所有牺牲者。他们采用了（当时）极其先进的技术：利用铁路运输牺牲者；建造毒气室集中杀害。除此之外，他们还使用其他传统技术实施屠杀行动：枪毙、饿死、累死、病死。

纳粹的生物学种族乌托邦思想导致他们同样针对犹太人之外的其他民族，其中最主要的是屠杀所有罗曼人（Roma）和信德人（Sinti，吉卜赛人），尽管这两种人同样拥有雅利安人祖先。他们还迫害耶和华见证人、同性恋者以及（纳粹认定的）相似的人；而对于这些人，如果他们放弃自身的认同观念，他们有可能逃脱死亡的命运。除此之外，种族灭绝政策还在波兰被执行，拉斐尔·莱姆金正是根据这里发生的事件发明了种族灭绝这个词。纳粹屠杀了大约 500 万～600 万犹太人，其中包括 300 万波兰犹太人；屠杀了

300 万苏联战俘、200 万基督徒和其他极地居民（非犹太人）、25 万~150 万罗曼人和信德人、29万~30 万残疾人、10 万共产党人、1 万~2 万同性恋者、5 000 名耶和华见证人。

纳粹政策少有效仿者，但是有观点认为，后来在布隆迪和卢旺达发生的种族灭绝事件具有相同的民族认同基础。这些国家的状况或多或少有相似之处。二者都是后殖民国家；二者均曾经被德国人占领，之后成为比利时的受托国，而比利时继续执行德国优待少数民族团体图西族人（Tutsi）并压迫其他胡图人的政策。这导致独立后双方自相残杀。1972 至 1975 年，至少有10 万胡图族人在布隆迪被（全部由图西族人组成的）军队杀害；1994 年，大约有 100 万图西族人在卢旺达被胡图族民兵组织（interehamwe）残杀。卢旺达种族灭绝事件至少可以被视为胡图人强硬派的最后一击，他们努力阻止与图西族人控制的卢旺达爱国者前线组织达成妥协的《阿鲁沙协议》（Arusha accords）。除图西族人外，牺牲者中还有温和的胡图族人，如签署合约的胡图族人总统朱韦纳尔·哈比亚利马纳（Juvenal Habyalimana）、总理阿加莎·乌维林吉伊姆纳（Agathe Uwilingiyimana），其他民族和解的倡导者也被杀害。

次生的种族灭绝

民族国家可能还导致次生种族灭绝现象。这种现象主要发生在与某种宗教或思想观念存在紧密关系的民族国家中。最为典型的例证是法国大革命时期的恐怖行动，至少有 2 万人被害，因为他们身为旧法国贵族或被认定为旧法国贵族。同样，在奥斯曼帝国统治晚期，因为重新追寻突厥人祖先的斗争，并由于极度不信任跨越俄国边境的亚美尼亚基督徒，有超过 150 万亚美尼亚人在 1915 年下半年被杀害。有些亚美尼亚人因皈依伊斯兰教而逃脱被杀害的命运；

由于部分人通过这个方式幸存，因此有观点认为这次种族灭绝行动的本质是次生而非原生的。

对种族灭绝行为的否认

种族灭绝历史研究中一个日益显露的特点是，众多前加害者国家或其继承者并不接受种族灭绝曾经发生的事实。比如土耳其长期以来否认迫害亚美尼亚人，但是堆积如山的证据证明了与之意愿相左的事实。新纳粹分子以及形形色色的纳粹支持者否认大屠杀，殖民后代国家对他们的前辈曾经犯下的罪行也往往闪烁其辞。这是任何一个新兴国家在构建自身民族英雄般的历史记述传统时都要面临的两难问题，也是一个法律难题，因为它可能导致判决、诉讼和赔偿诉求。

未来的种族灭绝可能

1990 年之后的 10 年是血腥的 10 年。南斯拉夫前加盟共和国解体，一系列巴尔干战争爆发，波斯尼亚穆斯林与科索沃的阿尔巴尼亚人之间发生种族屠杀。这些事件与 1994 年卢旺达针对图西族人的种族灭绝事件共同促成联合国建立前南斯拉夫和卢旺达战犯法庭，之后又于 1998 年创建种族灭绝及主要人权犯罪国际刑事法庭。后者于 2002 年成为正式机构，它是第一个正式的、给予幸存者和被波及者向加害者索取补偿的国际法庭。至 2010 年，该组织已经拥有 111 个成员国。

导致种族灭绝的基本条件仍然存在于部分国家和类似国家的组织（即解放组织和准军事组织）中，但是仍然有一些预警机制在努力遏制种族灭绝的苗头，并且在事件发生后还有很大机会获得法律赔偿。

进一步阅读书目：

African Rights. (1995). *Rwanda: Death Despair and Defiance* (2nd ed.). London: African Rights.

Arendt, H. (1951). *The Origins of Totalitarianism*. New York: Harcourt Brace.

Chalk, F., & Jonassohn, K. (1990). *The History and Sociology of Genocide: Analyses and Case Studies*. New Haven, CT: Yale University Press.

Charny, I. (Ed.). (1999). *Encyclopedia of Genocide*. Santa Barbara, CA: ABC-Clio.

Churchill, W. (1997). *A Little Matter of Genocide: Holocaust and Denial in the Americas 1492 to the Present*. San Francisco: City Lights.

Fein, H. (1993). *Genocide—A Sociological Perspective*. London: Sage Publications.

Harff, B., & Gurr, T. R. (1988). Toward an Empirical Theory of Genocide and Politicides: Identifi Cation and Measurement of Cases since 1945. *International Studies Quarterly 32* (4), 359 – 371.

Jonassohn, K., & Björnson, K. S. (1998). *Genocide and Gross Human Rights Violations in Comparative Perspective*. London: Transaction.

Katz, S. T. (1994). *The Holocaust in Historical Context: Vol 1. The Holocaust and Mass Death before the Modern Age*. New York: Oxford University Press.

Kuper, L. (1981). *Genocide: Its Political Use in the Twentieth Century*. New Haven, CT: Yale University Press.

Leadbetter, B. (1999). Genocide in Antiquity. In I. Charny (Ed.), *Encyclopedia of Genocide* (pp. 272 – 275). Santa Barbara, CA: ABC-Clio.

Rummel, R. J. (1994). *Death by Government*. New Brunswick, NJ: Transaction Publications.

Sartre, J.-P. (1968, February). On genocide. *Ramparts*, 37 – 42.

Stannard, D. (1992). *American Holocaust: The Conquest of the New World*. New York: Oxford University Press.

Tatz, C. (2003). *With Intent to Destroy: Reflecting on Genocide*, London: Verso.

Todorov, T. (1984). *The Conquest of America: The Question of the Other* (Richard Howard, Trans.). New York: HarperPerennial.

Totten, S., Parsons, W. S., & Charny, I. W. (1997). *Century of Genocide: Eyewitness Accounts and Critical Views*. New York: Garland Publishing.

1116

比尔·利百特（Bill Leadbetter）文

刘健 译，刘健、王超华 校

Geographic Constructions of the World　世界地理构成

为了理解复杂的全球地理状况，我们有必要建构一些抽象的世界模型，建立可行的空间框架。所有的学术传统都遵循这类地理构成理论。人们通过空间划分，将已知世界划分为不同地区并为之命名，且建立相互之间的关系。

1117

地理划分的主要依据是民族中心观，特别针对某个人口集团的故乡。在前近代社会，多数人认为自己所在区域是世界的中心。古代希腊人认为他们的仪式中心德尔菲是地球的肚脐，中国人则将他们的国家描述为中心王国。

但是，宗教观念和文化借鉴因素可能也造成"中心"在外的现象。中世纪欧洲人认为耶路撒冷是地球中心，日本人认为自己的岛屿处于中心——儒家文化的中国和佛教传统的印度——的"东方"。

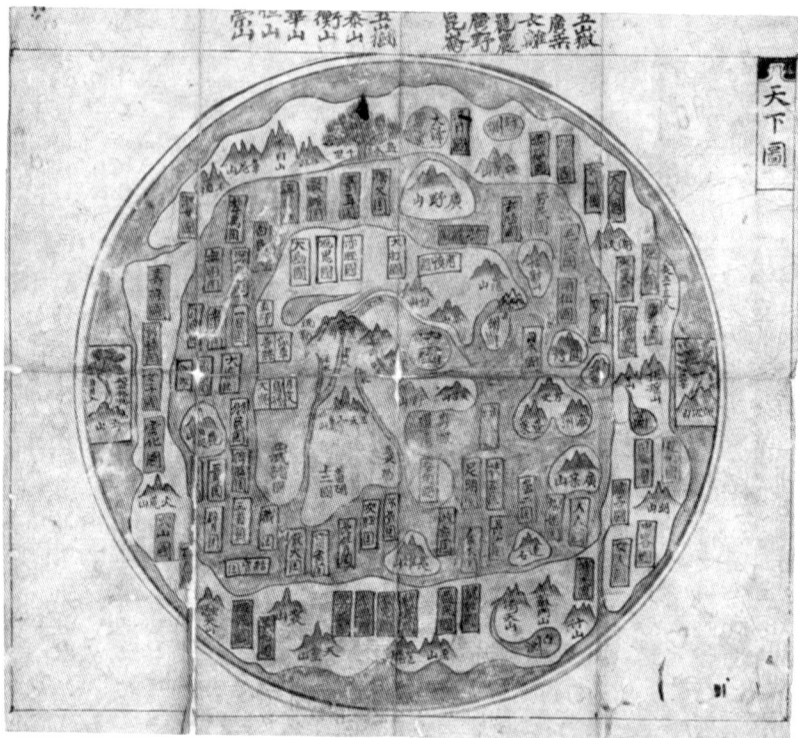

李氏朝鲜王朝(1392—1910)的《天下图》(Ch'onha chido)

民族中心观和宇宙观

民族中心观描绘地理范围,进行区域划分。一般来说,一个社会将自身领土划分为不同区域,将十分广阔的、相距遥远的地方连接在一起。一篇 10 世纪的波斯文献(《世界境域志》Hudud al-'Alam)将整个世界划分为 51 个区域,其中 9 个处于今伊朗境内,1 个囊括西班牙以北和俄罗斯以西的整个欧洲。根据传统的南亚全球观,中国和阿拉伯半岛处于地球的边缘,并未被纳入他们的视野。

前近代地理构成观念的第二个特点是其宇宙观。换言之,星辰排列构成宇宙,这是宗教和哲学的解释。例如,印度教和佛教的世界观围绕中央"大陆"——南赡部洲(Jambudvipa)——建立,中央大陆周围环绕着众多海洋岛链和陆地。南赡部洲的特征表明它应该是一个真实的

地理区域,其外部区域则极有可能是虚构的。欧洲中世纪的空间构造观念受宗教思想支配。因此,在当时的所谓 T-O 世界地图上,圆形区域中出现了由地中海、尼罗河和顿河组成的这样一个 T 形区域,用来区隔欧洲、亚洲和非洲三大洲。三分世界观(分别代表挪亚的三个儿子:闪、含和雅弗)根深蒂固。因此,如伊维塔·泽鲁巴维尔(Eviatar Zerubavel)在 1992 年所指出的,第四个大陆美洲是"宇宙观的大劫"。

古典世界和伊斯兰世界的构成观

并非所有前近代社会的地理观念都受宗教思想支配。古典希腊和罗马地理学家构建的世界主要依靠几何学和天文学理论。其观念的核心是 Clima 观念,或称纬度带,各地带的昼夜时间和太阳角度各有不同。不同纬度带的居民应该拥有各不相同的人体类型,并拥有不同的风

1118

俗习惯和政府类型。抽象的理论观也往往促使古典地理学家设想改造世界，这并不比佛教的环形大陆观更加可笑。比如，为了保证地球的对称性，他们认为在南半球必然存在一个大陆，其规模大约相当于欧洲、亚洲和非洲。这个观点直到 18 世纪都没有得到普遍认可。

传统伊斯兰教的世界观主要承袭自古典希腊，推崇纬度带划分法。但是，伊斯兰地理学家也用他们传统的宗教观点解释地表特征。他们的划分与安拉承认的（伊斯兰家园，*dar al-Islan*）扩张观念形成对比。根据这个观念，理论上的和平要通过向被宗教恐怖和战乱控制的地区发动圣战（争战之地，*dar al-harb*）来实现。

欧洲体系的构建和变迁

在过去的 100 年中，传统的非西方地理构成观被欧洲观念所取代。地理大发现后，欧洲人对世界的认识超越了其他文明。随着欧洲人的扩张，西方观念被强加给其他地区的居民，或被他们接受。比如，以日本、中国和印度观念为基础的日本三国世界理论，在近代早期荷兰人的寰宇地图流行后不复存在。但尽管这个时期西方的全球地理观已经反映在更加详尽的世界地图中，这些地图仍然依据已经确立的空间划分法。

例如西方体系的基本架构仍然是大陆观。大陆观可以追溯至古代希腊航海者时代，他们用这个观念划分爱琴海和黑海两岸的大陆。在整个古代和中世纪时期，三大洲（欧、亚、非）概念更多地被认为是一个单一陆地岛屿的相互联系的组成部分，即寰宇（*orbis terrarum*），而不是各自独立的大陆。美洲的发现促使人们重新定义全球地理，"寰宇"概念更加明晰地将原来的三个

1119

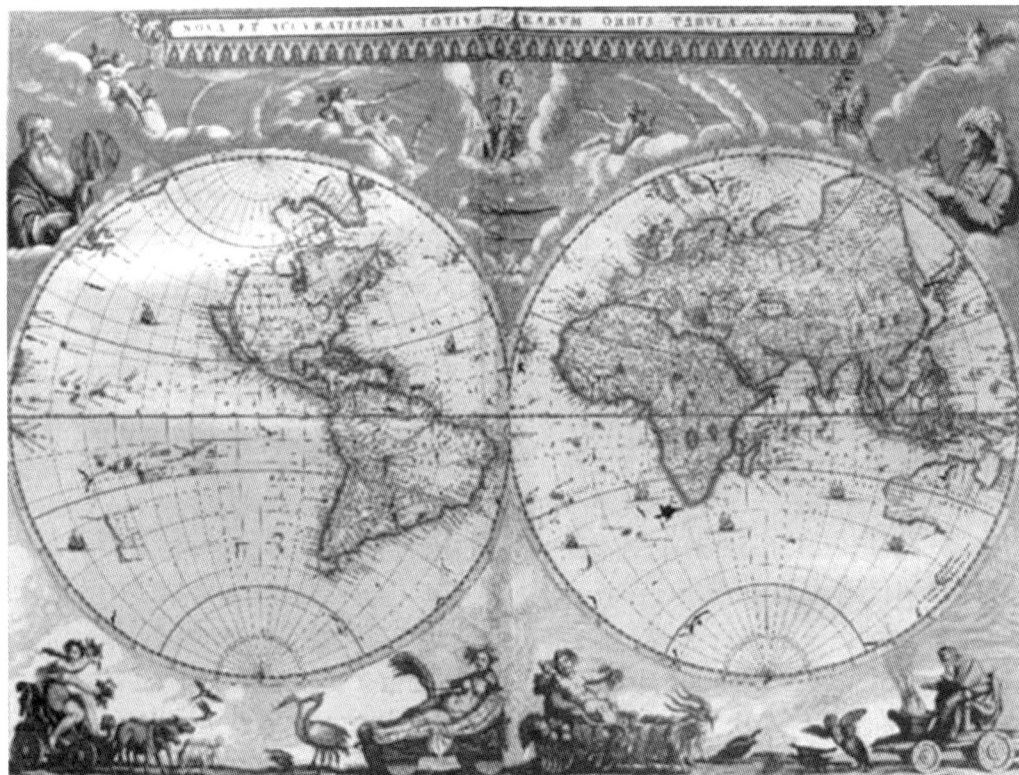

17 世纪中叶《现代修正全图》，为荷兰黄金时代的制图商家族成员扬·布劳（Jan Blaeu, 1596—1672）在阿姆斯特丹绘制的世界地图

大洲与美洲合称为"世界四区"。而这些"四分之一区域"逐渐被称为大洲,并认可增加已经确认的大陆数量。美洲因此被一分为二,大洋洲和南极洲也被纳入大洲范畴,形成了今天大众所熟知的七大洲版图。

大洲版图

目前对于欧洲的认识仍然具有双重性:一方面它是自然形成的版图;另一方面它由欧洲人设计发展,因此并不奇怪他们夸大了自己故乡的规模。根据希腊人的最初设想,欧洲和亚洲是分离的大陆,尽管它们似乎是一个整体;它们只是由一系列海洋和海峡区隔,包括爱琴海、达达尼尔海峡、马尔马拉海、博斯普鲁斯海峡、黑海、刻赤海峡(Straits of Kerch)、亚速海。随着人类地理知识不断扩展,最终证明两个设想中的大洲实际上是一个不可分割的整体。18世纪的地理学家一直争论二者的确切分界线。这个时期,乌拉尔山脉作为分界线开始被接受,尽管这个并不险峻的地区已经湮没在哈萨克斯坦草原中。欧洲与亚洲的分离也推翻了大洲理论的根本基础,因为一般认为大洲或多或少是完整的大陆区域,中间仅由水体区隔。

尽管欧洲偶尔被视为欧亚大陆的一个组成部分,但是大洲版图理论仍然仅限于知识层面,而非毫无问题地反映了世界陆地和水域的基本状态。地表板块,即构造板块的确立,并没有与大洲版图保持一致。从地质学角度看,印度和澳大利亚应该属于一个板块。另外,对于澳大利亚是一个规模较小的大陆,还是一个规模较大的岛屿问题,尚无充分研究。同样的问题也存在于马达加斯加,它是一个规模较大的岛屿,而不是一个规模较小的大陆。

航海时代的构成观念

海洋与陆地一样变化无常。曾经有观点认为相互隔绝的海洋是由广阔的水域相连,因为我们从南极洲注视整个地球时就是如此情形。海洋之间的界限早已形成共识,而并非通过实地勘察获得。在早期,对于航海活动代价的估量有所不同。比如,18世纪的地图制作者往往将"海洋"描绘为水弧,它包裹着大陆,与遥远的未知领土相连。在启蒙时代的地图中,"埃塞俄比亚海"覆盖了广阔区域,包括今南大西洋和南印度洋,并蜿蜒绕过南非。

从大洲到世界区划

尽管参考书中仍然使用七大洲的划分标准,但近来公众舆论已经开始逐渐抛弃这个概念。尽管"亚洲"一词仍然在使用,但更多是以东亚、南亚、东南亚的形式出现,而不提正式的大洲名。西南亚(中东)和北亚(西伯利亚)已经很少使用,基本从亚洲版图中消失。其他大洲也面临同样问题,比如"北美"有时指美国和加拿大,有时包括墨西哥,有时是这三个国家与中美洲的统称,有时则是上述所有国家地区与加勒比群岛的统称。

由于存在诸多不确定因素,所以从20世纪早期开始,学者们依据世界区划的全球框架体系,开始取代大洲划分系统。在区域研究框架中,基本的地理划分单位是广袤的次大陆板块,而最理想的划分标准是共同的文化、政治和历史特征。世界区划各个组成部分在不同时期形成,适应了各种观念和政治构想。比如"拉丁美洲"一词由拿破仑三世时期的法国地理学家提出,当时法国正努力在西半球建立势力范围,并期待巩固西班牙语、葡萄牙语和法语区的势力;这个名词最终被"拉丁美洲"人接受,但是争论从

一个文明国家可以没有敌人,我们不能在地图上划这样一条线,它不是自然界限,线的一侧被称作邪恶的敌人,
另一侧是友善的朋友。
                                                    ——索尔·海尔达尔(Thor Heyerdahl)

未停止。

在学术界,大洲概念被世界区划取代,其推动力是政治进程。第二次世界大战期间,美国军事谋划者提出,现有的全球划分框架并不完备。因此,政府授权"民族地理学"委员会重新划定全球版图。在此期间,亚洲被划分为东亚、南亚和东南亚,西亚与北非被归为大中东,撒哈拉以南的非洲、苏联及其加盟共和国、西欧、拉丁美洲、北美以及澳大利亚及太平洋地区均被列入世界地区名录。冷战期间,美国政府资助区域研究,一批区域研究组织诞生,以满足地区文化、社会和政治建设的需要。这批新生地区的名称被政治精英分子偶尔提及,以表达某个特定区域。因此,东南亚国家领袖创建了东南亚国家联盟(ASEAN),其成员国依西方学者确立的标准被严格局限在"东南亚地区"。

新地理构成理论

冷战末期,新一轮的地理构成争论展开。苏联解体后,学者们必须确定新兴独立共和国的地理位置,包括波罗的海、高加索、中亚以及东欧的前苏联加盟共和国。与此同时,整个区域研究框架遭到部分学者的批判,因为其空间划分标准过于多样,因为其产生于冷战期间的地缘政治思维,因为其缺乏明确的理论依据。在千年之交,许多学者转向了一种更加灵活的全球地理构成观念,并不依据确切的区域进行划分,而是依据互动网络、广泛的超国家模式、广泛的全球化现象。

尽管这种不受限制的空间观念兴起,但是全球范围内有所变化的地区化观念已经占据了统治地位。冷战期间根据经济和地缘政治标准划分了三个世界,分别称为第一、第二和第三世界。由于苏联解体,第二世界消失,该原则依据的观念链条发生断裂。但第一和第三世界的划分仍然存在于公众观念中而成为两极世界,即大众心目中富裕的"北方"与贫穷的"南方"的划分。对于这个划分也存在诸多争论,其地理界限也不准确,因为众多南方国家(澳大利亚、新加坡、阿联酋等)远比许多北方国家(比如阿尔巴尼亚、乌克兰、塔吉克斯坦)富裕。

总之,没有哪一种地理划分标准能够满足所有要求,多数理论能够反映全球秩序,既有过去的,也有现代的。

进一步阅读书目:

Bennett, W. C. (1951). *Area Studies in American Universities*. New York: Social Science Research Council.

Blaut, J. M. (1993). *The Colonizer's Model of the World: Geographical Diffusionism and Eurocentric History*. New York: Guilford.

Burke, P. (1980). Did Europe Exist before 1700? *History of European Ideas*, 1, 21-29.

Embree, A. T. (1984). *Imagining India: Essays on Indian History*. Delhi, India: Oxford University Press.

Emmerson, D. K. (1984). Southeast Asia: What's in a Name? *Journal of Southeast Asian Studies*, 15, 1-21.

Graubard, S. (Ed.). (1991). *Eastern Europe... Central Europe... Europe*. Boulder, CO: Westview Press.

Hay, D. (1957). *Europe: The Emergence of an Idea*. Edinburgh, U. K.: Edinburgh University Press.

Minorsky, V. (Trans.). (1937). *Hudud al-'Alam* (The Regions of the World). London: Luzak.

Lewis, M. W. (1999). Dividing the Ocean Sea. *Geographical Review*, 89(2), 188-214.

Lewis, M. W., & Wigen, K. (1997). *The Myth of Continents: A Critique of Metageography*. Berkeley: University of California Press.

Lewis, M. W., & Wigen, K. (1999). A Maritime Response to the Crisis in Area Studies. *Geographical Review*, 89(2), 161-168.

March, A. (1974). *The Idea of China*. New York: Praeger.

Marshall, P. J. , & Williams, G. (1982). *The Great Map of Mankind: Perceptions of New Worlds in the Age of Enlightenment*. Cambridge, MA: Harvard University Press.

Steadman, J. M. (1969). *The Myth of Asia*. New York: Simon and Schuster.

Todorova, M. (1997). *Imagining the Balkans*. New York: Oxford University Press.

Tozer, H. F. (1964). *A History of Ancient Geography*. New York: Biblo and Tannen.

Willinsky, J. (1998). *Learning to Divide the World: Education at Empire's End*. Minneapolis: University of Minnesota Press.

Wolff, L. (1994). *Inventing Eastern Europe: The Map of Civilization on the Mind of the Enlightenment*. Stanford, CA: Stanford University Press.

Zerubavel, E. (1992). *Terra Cognita: The Mental Discovery of America*. New Brunswick, NJ: Rutgers University Press.

马丁·刘易斯(Martin Lewis) 文

刘健 译,刘健、王超华 校

Geography　地理学

1122　　"地理"一词是一门学科(以及人类构成)的名称,它研究地球表面(自然地理学[Physical Geography])及其居住者(人文地理学[Human Geography]),近来环境研究也被纳入其中(环境地理学[Enviromental Geography])。地理研究聚焦世界各个系统之间的"连通",但是也研究整个地球及其居民。

　　爱尔兰哲学家和神学家乔治·贝克莱(George Berkeley,1685—1753)曾经提出主观唯心主义观念,在他看来,物质世界仅存在于人类的观念中。其他许多西方学者也对此展开讨论,指出外部世界是现实存在的,即使那里没有人类,也仍然存在。多数情况下,"地理"是一个普通词语;但是在学术界,对于这个词的认识应该一分为二。

　　但是英语"地理"一词(及其在多种西方语言中的表述)时刻提醒我们人类在宇宙中所处的位置。小写的"地理"一词具有普遍意义,表达世界布局的含义:"拉丁美洲的地理"或"南亚城市的地理"。(这个名词偶尔与某个地区的自然地理概念混淆,但是这个用法在逐渐减少)大写的"地理"是一门学科的名称,它描述和解释地表现象。如果研究广阔的地球、大气和水等"自然"世界,则称"自然地理学";如果研究其中的人类物种,则当然称作"人文地理学"。19世纪以来,"地理"一词包含自然和人文两个含义,20世纪80年代以来,公众越来越关注"环境","环境地理学"被纳入该学科范畴。

看待世界

　　今天,计算机和卫星已经可以一寸一寸地分析地球表面的各种物质,如果不依靠这种技术,我们如何能够认识地球的地理特征? 对于土地和海洋比例的统计,有些是不变的(地球表面水系面积占 74% 左右);有些则是变化的,比如目前耕地面积占 13.8% 左右,但是 1 万年前几乎为零。土地在时间和空间上的变化,与自然生态向小规模农业,再向集约农业,最终发展至城市工业社会的变化轨迹相符。在此过程中,也有保护生态环境的行动,比如修建公园、储备资源。有一个途径能够科学地描述这幅图景,即确定天然能源与人工能源的使用比例。在过去50年时间里,这个比例大幅提高;随着石油能源的利用,地表及其他资源被更加普遍地利用。1950至1980年间耕地面积增加的速度,超过1700至1850年150年的增长速度。大约35%的红树属树种消失,1960至2000年间,河流湖泊水土流失速度加倍。大约10%~30%的哺乳动物、鸟类和两栖动物物种灭绝。

这些数据对于我们认识地球地理有所帮助吗?这些数据当然突出了"连通性"。如果人类从来没有存在过(或者说人类不复存在,当然,必然有这一天),那么联系和连锁反应必然存在,相互联系的进程必然存在。散布在海洋上的悬浮颗粒聚集形成积雨云,影响周边大陆的降雨;南太平洋的气温变化将影响美洲和澳大利亚大部分地区的气候及温度;大幅度降温将冻水为冰,导致海平面下降。詹姆斯·拉夫洛克对这些问题进行了犀利的解释,他提出了盖娅假说——追求不朽的生物造就了全球环境。但是物种形成等生物学过程必然具有地域性特征,比如冰期后地球表面融化的面积、地震后滑坡的规模等。似乎在众多地方发生的互动关系导致的地理变化,与某种影响全球的变化,比如太阳能投入能的变化或大气层构成的变化之间存在差异,但是没有在全球范围内发生。

时间和地点

因此,描述全球地理学发展的一个途径就是依时间顺序探讨地方性和全球性的矛盾关系。250万年前至公元前9640年间的更新世大冰期影响全球,使得全球气候带整体南移。但是在这个大环境下,一些相互关联的物种在不同地点造就不同的生态环境:比如非洲热带地

区的稀树草原与委内瑞拉草原不同。公元前9000年人类社会之间的相互影响创造了新基因类型,如文化需求促进农业选种繁殖;以及新生态环境,如人类活动创造了早期生态。这类活动因贸易和开发活动四处传播,甚至发生在蒸汽动力时代之前,其差异只在于路途和气候对于人类经济和政治的影响有所降低。

最为重要的变化当然是以金属技术为基础的矿物燃料的应用。1750—1900年,它从根本上改变了文化、经济和环境状况,这个时期也被称作工业革命时期。历史学家麦克尼尔(R. McNeill)说,那确实是"太阳底下的新生事物"。这个时期也是全球变化一目了然的时期,因为高层大气的二氧化碳水平开始升高,这与矿物燃料燃烧、单位面积的生物数量减少以及潮湿的灌溉土地增加有关。从大约1950年开始,18世纪以后出现的各种趋势日渐明显,全球化和地球村等词日益普及。但是并非所有经济和文化发展苗头都与高空大气或者全球海洋变化有关,因为确切地说这些是世界范围的变化。微电子绕地球一圈的速度远远超过精灵蒲克(Puck,蒲克是莎士比亚《仲夏夜之梦》中一个淘气的小精灵,可以用40分钟绕地球一圈)。地球的人类化进程已经导致许多人担心,在天气类型、气候变化、海平面、干旱和洪水发生频率、水、食物和能源安全、大规模移民以及各类冲突等方面会发生突然的、不可逆转的,当然也是不可预知的变化。

世界的模型

那么,人类构建的地理学可以囊括所有这些变化吗?古典时代的地中海地区就已经出现用"地理"这个词语称谓的专业人士,同时期的中国王朝也出现了有相同职能的人士。他们的工作是为当时已知的世界分类——类似于公元600年之后大约600年间伊斯兰世界的亚历山

大里亚城的作用,也类似于 15 世纪敬献给中华帝国皇帝的《西洋朝贡典录》。欧洲人和中国人的海上航行(葡萄牙人的帆船[caravel]相当于现在的波音 737)扩展了地理学家的工作领域,他们的主要职能转向指引航向,以制作地图为主。至于物质世界,19 世纪的变化翻天覆地,例如,为了维护欧美的帝国主义制度,地理学回归自然,但是划分人群、生产、旅行路线以及在潜在的、可能的殖民地及其他占领区推动宗教皈依等已经扩展了的职能继续存在。在某个空间范围内,他们可能——列举鲁尔或新英格兰工厂中生产的产品,他们也可能评估俄国在西伯利亚推行殖民地化造成的地缘政治后果。

从学术角度看,地理学大多被认为是客观地攫取内核的学科,需要大力提高其客观性,需要通过类比与物理学或源自古典经济学的、一些解释人为现象的理论相区分;对于非人为现象,相应的科学解释方法就足够了。20 世纪 70 年代,唯心主义哲学的引进造成了巨大影响。学界认识到人类的主观性至关重要。作为中介,人类并不一定是古典经济学所定义的理性的游戏者;地理学家作为研究者,不能避免家庭教育、资金来源、制度压力、性别特权、坏脾气的老朽等负面的影响。这导致所谓的文化转变,为了讨论某个地理分布或过程,所有人类文化都可能牵扯其中。某个工厂可能坐落于某个运输成本低廉的地方,但是实际上其附近众多的高尔夫球道才可能是吸引日本籍首席执行官的因素。米歇尔·福柯(Michel Foucault, 1926—1984)等后结构主义哲学家利用考古学认识和描述世界的方法建立的理论,再次掀起高潮。他们提出了权威资源问题,这个争论目前已经被

小屏幕电视和电脑的地位取代,后者已经是信念的主要塑造者。

因为地理学涵盖地球上的人类和非人类构成要素,因此我们期望 20 世纪 70 年代兴起的环境关注浪潮(生态危机)的参与者是当权者,并且能站在当前气候变化斗争的最前线。但是事实并不尽如人意。与其他许多学科一样,地理学也有自己领域的专家,但是并没有受到足够重视。事实上,它大多涉及“发展”,任何一种世界观的局限(包括人类数量)导致的转向也遭到抵制。2000 年开始,多样化的衍生品包括了两个差异极大的方向。其一是高度依赖全球定位系统(GPS)和地理信息系统(GIS)等仪器。精度达到几厘米的定位技术促进了一批与地理有关的产业兴起,涉及资源利用、规划、环境目录和空间想象等。第二个则几乎完全相反,文学作品中虚构的人物西博尔德(W. G. Sebald, 1944—2001)从支离破碎的宇宙之外构建人类的内心世界,目前(至少在联合王国)对这个方向的探讨在继续,他们有一个引人注目的名字“心理地理学家”。其中有人模仿西博尔德的安哥拉东海岸旅行,在伦敦 M25 号高速环路步行。

那里有一个外部世界,而在我们头脑中有这个世界的概念,在我们的对外交往中也有这样一个世界的模型。同镜子一样,西方人的观念也有两面性。人类独一无二的观念导致人类社会与宇宙其他部分的认识之间存在巨大隔阂,因为人类认为宇宙只是人类行为的舞台。但是全球纽带联系告诉我们,这不是真的;如 1838 年达尔文在他的笔记中所写,我们都是“一根绳上的蚂蚱”。地理学的分支说明,将整个地球及其所有居住者统一在一个学科框架内,仍然任重道远。

1125

进一步阅读书目:

de Beer, G. (Ed.). (1960, January). Darwin's Notebooks on Transmutation of Species. Part I. First Notebook [B]

(July 1837 – February 1838). In *Bulletin of the British Museum* (Natural History). Historical Series 2(2), 23 – 73.

Foucault, M. (2002). *L'archéologie du savoir*. [The Archaeology of Knowledge.] A. M. Sheridan Smith (Trans.). London and New York: Routledge.

Kitchen, R. & Thrift, N. (Eds.). (2009). *International Encyclopedia of Human Geography*. Oxford: Elsevier.

Lovelock, J. (2009). *Gaia: A Final Warning*. Philadelphia: Basic Books.

Mannion, A. M. (2002). *Dynamic World: Land-cover and Land-use Change*. London: Arnold.

McNeill, J. R. (2001). *Something New under the Sun: An Environmental History of the World in the Twentieth Century*. London: Penguin Books.

Millennium Ecosystem Assessment. (2000). Retrieved August 1, 2009, from http://www.millenniumassessment.org/en/index. aspx

Richards, K. (2001). Psychobiogeography: Meanings of Nature and Motivation for a Democratized Conservation Ethic. *Journal of Biogeography 28*, 677 – 698.

Sebald, W. G. (2002). *The Rings of Saturn: An English Pilgrimage*. M. Hulse (Trans.). New York: Vintage Books.

Simmons, I. G. (2008). *Global Environmental History*. Chicago: Chicago University Press.

Sinclair, I. (2003). *London Orbital*. London: Penguin Books.

Thomas, W. L. (Ed.). (1956). *Man's Role in Changing the Face of the Earth*. Chicago: Chicago University Press.

WWF Footprint Calculator. (2009). Retrieved August 1, 2009, from http://footprint. wwf. org. uk/

西蒙斯(I. G. Simmons) 文

刘健 译,刘健、王超华 校

German Empire　德意志帝国

约 1884 至 1919 年间,德意志帝国在非洲(大部)和大洋洲展开殖民活动。尽管历史学家比较德国的殖民政策之后认定纳粹主义最早在非洲出现,但是近来的研究已经对这个观点提出质疑。德国的家长统治与地方司法体系相结合的形式具有安全性和稳定性,一些前沿的人类学研究成果仍然将其作为重要的参考。

1126

研究德意志帝国对世界历史的影响,首先从一个明显的悖论开始:尽管其存在时间较短,仅从 1884 年存在至 1919 年,但是史学界对于德意志帝国的关注度,与欧洲列强中殖民地面积更大、持续时间更长的帝国无异。

帝国的年表

从狭义的年代学角度看,德国殖民主义的发展可以分为 4 个阶段:1884—1890、1890—1906、1906—1914 以及 1914—1919 年。1884

年,奥托·冯·俾斯麦首相领导的德国政府占领了非洲和太平洋部分地区。俾斯麦是强硬的殖民主义分子,他不惜在这些殖民地建立众多特权公司以提高殖民地行政管理水平。但是,他的大半努力都失败了。德国政府不得不承担起殖民地的行政管理职能。政府越来越多地参与殖民地事务,促使德国政府于 1890 年在外交部中设立殖民局,这标志德国殖民主义发展进入第二个阶段。4 年后,这个部门通过任命殖民官员获得更多自主权。尽管已经拥有任命权,但是德国外交政策中的殖民事务仍然处于初级阶

在第一任德意志皇帝威廉一世（Wilhelm I, 1797—1888）的领导下和奥托·冯·俾斯麦的协助下，德意志帝国稳步壮大。图为威廉一世

段，因为德国内政官员渴望获得殖民地任命权。官员的选拔表明殖民局的权力进一步削弱。忠诚于帝国是首选条件，殖民地管理经验反而不受重视，这使得殖民局官员流失率一直维持较高水平，导致部门管理不稳定。

1904—1907 年，德国在东非和西南非洲的殖民地爆发了大规模土著居民起义，殖民地问题引起公众广泛关注。数百名德国殖民者丢了性命，几千名德国士兵被派往殖民地企图重新取得控制权。愈演愈烈的暴力冲突和财力损失，迫使德国殖民当局企图从德国议会获得更多预算支持。1906 年末，总理伯纳德·冯·比洛（Bernard von Bühlow）提出进一步拨款资助非洲殖民地的议案，但是遭到多数议员的反对。失望的比洛解散议会，举行大选。因其殖民主义内涵，新闻界称这次选举为"霍屯督选举"

（Hottentot elections，霍屯督是对德属南非赫雷罗人和纳玛人的蔑称）。比洛领导的多党联盟最终获胜，更加深入的殖民地改革计划得以推行。该计划包括创建独立的殖民部，由国务大臣管理，提高殖民地内政官员的教育水平及殖民地经济的自给自足能力。比洛提名著名的银行家伯纳德·登伯格（Bernard Dernburg）为殖民问题国务大臣。

登伯格时代是德国殖民主义发展的第三个阶段，是以"科学殖民主义"为主要内容的时代。登伯格接受传统观点，利用殖民地资源发展大都市。与此同时，他努力利用"高级"的德国文明改善非洲和太平洋岛民的生活水平。具体地说就是发展基础设施建设，特别是发展非洲殖民地的铁路，提高德国的经济投资率。登伯格计划也提倡在所有殖民地建立学校和科学基地，培养殖民地内政官员（其中最为重要的学校是汉堡殖民学院），发展经济。1910 年登伯格卸任，他的两位继任者弗里德里希·冯·林德奎斯特（Friedrich von Lindequist, 1910—1911）和威廉·佐尔夫（Wilhelm Solf, 1911—1918）继续执行他的计划。

第四个阶段也即最后一个阶段始于第一次世界大战爆发。这场战争导致登伯格的计划搁浅，德国殖民主义步伐停止。由于英国皇家海军的封锁，德国政府已经无力支持殖民地。德国人也从来没有将殖民地作为主要战场。殖民地军队被确切地称为防卫部队（Schutztruppen），仅驻扎在非洲大陆。仓促集结的殖民者军队和当地警察部队无力与澳大利亚、日本和新西兰先遣军抗衡，后者于 1914 年末占领德属太平洋殖民地。在非洲，斗争仍在继续，只有德属非洲殖民地中面积最小的多哥在 3 周后投降。1915

年,德国防卫部队在非洲西南部向南非部队投降。一年后,喀麦隆战斗结束。1916 年后,仅东非地区的战斗仍在进行。在这里,各个民族组成的小股杂牌军坚持游击斗争,抵抗比利时、英国和葡萄牙联军直至战争结束。东非战役的指挥者保罗·冯·莱托-福贝克(Paul von Lettow-Vorbeck)中校返回德国,受到英雄般的欢迎,他因阻止联军向欧洲西线调度而获得赞誉。他的忠诚的殖民地民兵(对德属东非本地士兵或警察的称呼)遭遇悲惨,因为政府克扣了他们的军饷,直到 20 世纪 60 年代才发还。1919 年《凡尔赛和约》决定了德国殖民主义的命运,所有德国殖民地都被新组成的国际联盟托管。

帝国的领土变化

德国多数殖民地位于非洲和大洋洲(太平洋中部和南部诸岛屿)。包括喀麦隆、东非(今坦桑尼亚)、西南非洲(今纳米比亚)和多哥在内的大部分殖民地位于非洲。在大洋洲,德意志帝国是除英帝国之外的第二大殖民国家。德国占领了新几内亚东北角,即今巴布亚新几内亚,另外还占有俾斯麦群岛及所罗门群岛北部。占领行动主要在 1884 年后完成,只有少数行动——大洋洲密克罗尼西亚及萨摩亚岛西部以及非洲已占领殖民地的小幅扩张——在俾斯麦被撤职后所谓的新政策时期完成。总而言之,德国殖民地对经济发展的贡献十分有限。对殖民地投资总额极少能够超过德国海外投资额的 1％,主要原因在于殖民地资源匮乏。西南非洲在 1906 年开始出产铜和钻石,但是主要经济产业仍然是热带农业。非洲农产品品种丰富,包括棉花、橡胶,甚至鸵鸟毛。另一方面,在太平洋地区,主要农业部门为可可种植业。

1128

国会大厦,1894 至 1933 年德意志帝国议会所在地

人类在打猎后、战争中和选举前的谎言最多。

——奥托·冯·俾斯麦（1815—1898）

近来历史学家提出是资源开发的差异导致德国对非洲和太平洋岛屿管理有所差别，这个解释比较合理。在非洲，战争频发，镇压土著居民行动频繁，因此引起了国内和国际媒体的广泛关注。对于德国统治的指责集中在对西南非洲赫雷罗人（Herero）和纳玛人的行动（Nama，1904—1907）以及镇压东非的马吉马吉起义（Maji-Maji，1905—1907）上。西南非洲是德国少有的定居殖民地（在其他殖民地定居的德国人从来没有超过几百人），有数千名大农场主在这里居住。他们与从事畜牧业的赫雷罗人的关系已经十分紧张，而由于德国人带来的瘟疫蔓延造成牲畜大批死亡，他们之间的关系更加恶化。德国政府以防止土地流失为由削减牲畜数量。1904 年，战争爆发，德国防卫部队残酷屠杀赫雷罗人。洛塔尔·冯·特罗塔中将发布了臭名昭著的灭绝命令，下令军队向每个赫雷罗人开火，不论年龄和性别，即使他们已经决定逃往沙漠。尽管柏林当局立即下令废止特罗塔的命令，但是已经造成严重后果。1907 年，赫雷罗人口减少了 75%。赫雷罗人的宿敌纳玛人也奋起反抗德国的宗主统治，他们付出的代价略小，人口损失了 50%。

德国对非洲的统治政策与其对太平洋岛屿的管理体系大不相同。传统史学认为，德国的非洲殖民政策是纳粹的扩张主义和种族灭绝观念的源头。但是近来的研究对于这个观点持谨慎态度。暴力和滥用权力现象也确实发生在太平洋地区，但只是特例，并非常态。事实上，由于太平洋殖民地相对与世隔绝，这里进行了一系列管理实践。德属新几内亚和萨摩亚官员在任时间异常长久，因此具有稳定性和延续性。他们的家长统治传统与土著语言和司法传统相结合。他们还鼓励人类学家在俾斯麦群岛、密克罗尼西亚和萨摩亚开展研究活动，推动了民族学研究（文化研究），其成果至今仍然是重要的参考著作。

当前德国殖民主义研究

传统的德国殖民主义研究侧重于外交史。渴望创造繁荣的德国殖民主义通常被认为是导致第一次世界大战爆发的主要原因之一。以非洲的两次摩洛哥危机（1905 和 1911）和太平洋萨摩亚群岛的争端（1889—1899）为代表。萨摩亚冲突可能最终导致群岛政权分裂，西部岛屿成为德属萨摩亚的势力范围。

德意志帝国是后殖民主义研究的主要目标。尽管"东方"学者——他们坚持认为学术和殖民主义有内在联系——认为德意志帝国存在时间并不长久，并不足以帮助德国学者在学术与殖民统治之间建立明确联系，但是近来的研究得出的结论却相反。文献研究者认为，丧失殖民地并不能阻止德国人树立"殖民理想"，构建其未来殖民统治的蓝图。从本质上说，这种"无殖民地的殖民主义"将德意志帝国带领到扩张道路上，与欧洲其他列强相同。

当前研究同样揭示了德意志帝国时期人类学取得的进展。这些研究避免了人类学与殖民主义穿一条裤子的单一思维模式，指出德国人对非欧洲人具有浓厚兴趣。德国人类学家意识到世界上那些没有文字的民族的遗存具有重要史学研究价值。博物馆所藏众多这类遗存就是出于这个目的。德国人类学博物馆因此成为世界上最主要的研究机构。这些博物馆的藏品超过英国和法国同类博物馆藏品的总和，尽管后两者均是超级殖民帝国。德国人通过商业化人种展览来引起公众兴趣。总而言之，尽管德意志帝国存在时间不长，但是近来的研究对该帝国有了重新认识和评价。德国在非洲和太平洋地区的殖民统治，在世界历史研究中并非无足轻重，反而具有重要意义。

1129

进一步阅读书目：

Buschmann, R. F. (2009). *Anthropology's Global Histories: The Ethnographic Frontier in German New Guinea, 1870－1935.* Honolulu: University of Hawaii Press.

Farwell, B. (1989). *The Great War in Africa, 1914－1918.* New York: W. W. Norton.

Friedrichsmeyer S., Lennox, S., & Zantop, S. (Eds.). (1998). *The Imperialist Imagination: German Colonialism and Its Legacy.* Ann Arbor: University of Michigan Press.

Gann, L. H., & Duignan, P. (1977). *The Rulers of German Africa.* Stanford, CA: Stanford University Press.

Hempenstall, P. (1978). *Pacific Islander under German Rule: A Study in the Meaning of Colonial Resistance.* Canberra: Australian National University Press.

Hiery, H. J. (1995). *The Neglected War: The German South Pacific and the Influence of World War I.* Honolulu: University of Hawaii Press.

Knoll, A., & Gann, L. (Eds.). (1987). *Germans in the Tropics: Essays in German Colonial History.* Westport, CT: Greenwood Press.

Moses, J., & Kennedy, P. (1977). *Germany in the Pacific and the Far East, 1870—1914.* St. Lucia, Australia: University of Queensland Press.

Penny, H. G., & Bunzl, M. (Eds.). (2003). *Worldly Provincialism: German Anthropology in the Age of Empire.* Ann Arbor: University of Michigan Press.

Smith, W. (1978). *The German Colonial Empire.* Chapel Hill: University of North Carolina Press.

Zantop, S. (1997). *Colonial Fantasies: Conquest, Family, and Nation in Precolonial Germany, 1770－1870.* Durham, NC: Duke University Press.

赖纳·布施曼（Rainer F. Buschmann）文

刘健 译，刘健、王超华 校

Glass　玻璃

古代埃及人已经用融化的沙子制造玻璃，但是数量稀少，没有普及。随着历史发展，高火制造玻璃技术越来越简单，价格越来越低，日益丰富的玻璃制品开始深刻地改变人类的生活，比如：吹管制造成型的中空器皿及其他容器；平面窗玻璃使房屋更加温暖明亮；磨砂玻璃制作的望远镜和显微镜极大地扩展了人类认知世界的视野。

黑曜石类的天然玻璃——一种坚硬的、锐利的自然玻璃是一种快速冷却的火山熔岩，曾经是人类制造刀、矛、箭头等利器的主要原料。它也是地中海地区、欧洲、墨西哥、北美和大洋洲史前贸易的主要商品。从大约公元前 8000 年开始，安纳托利亚已经是美索不达米亚所需黑曜石的主要来源。

人类制造玻璃的历史

人类制造玻璃球的历史最早可以追溯至公元前 3500 年的埃及和美索不达米亚。实用的中空玻璃器皿制造技术约公元前 1700 年在美索不达米亚和埃及出现；大约同一个时期，欧洲北部、希腊和中国的工匠也开始制造玻璃。更加实用的吹玻璃技术于公元前后在巴比伦出现。

罗马人最早大力开发和改进玻璃制造技术。他们使用吹制玻璃模具，发展平面窗玻璃技术，在帝国内外推广使用。11世纪的德意志人以及13世纪的威尼斯人更加广泛地使用窗玻璃；他们改进了制造技术，使得玻璃质量更好、更轻薄。1688年法国的技术革新在18世纪促进了镜子的广泛使用。

古代罗马玻璃器皿。罗马人最早大力改进玻璃制造技术，使用吹玻璃模具。美国国会图书馆

工业革命期间，玻璃成为主要的工业产品，科学研究成果推动的高质量的光学镜片制造技术和大规模生产方法取得了进展。20世纪，玻璃制造技术继续进步，玻璃制品更加便宜，在家居生活中广泛使用。

玻璃的用途

对于玻璃在世界历史发展中的作用，最恰当的解释应该是它体现了世界历史发展的共性，即新知引导重大革新，进而更加深入地认识新事物。人类学家称这类新事物为物质文化。如果这类事物有实用性、有需求、生产相对容易，它们的传播规模将会更大，进而改变人类的生活状况，而其自身也能够得到深入的开发和改进。这种发展一般有两个途径：（1）创造更多财富，有能力投入更大精力以获得新知识；（2）提供更加优良的工具改进认识。这种革新与改变涉及日常生活的多个领域。当这类事物广泛传播的时候，这种模式将持续存在，并且持续相当一段时间。

在世界历史上，玻璃主要有5种用途，但是1850年前只有少数被普遍使用。在众多欧亚大陆文化中，玻璃长期用于装饰，比如玻璃珠、玻璃筹码、玻璃玩具和首饰等。这些东西对吹玻璃技术没有较高要求，而且这个用途对于人类思想和社会发展并无重大影响，它只是奢侈品，满足了审美需求。玻璃大多只是宝石的替代品。

玻璃的另外一个主要用途是制造各类器皿、花瓶和其他容器。1850年前，这个用途仅局限在欧亚大陆西端。在印度、中国和日本，玻璃器皿很少，瓷器占据主要地位。在伊斯兰世界和俄罗斯，14世纪以后，由于蒙古人的入侵，玻璃的使用大幅度下降。玻璃器皿的重大进步出现在意大利半岛，首先是罗马人，之后是威尼斯人。

玻璃的第三种主要用途是窗户。19世纪末以前，窗玻璃仅在欧亚大陆西部使用。在此之前，中国、日本和印度很少使用窗玻璃，这些地方使用竹纸窗。窗玻璃的重大进步仅限于一些地区，主要集中在阿尔卑斯山脉以北的欧洲。

玻璃的第四个主要用途是反光的镀银玻璃。玻璃镜在整个欧洲西部使用发展，但是伊斯兰世界大部分不在其中。玻璃镜在印度、中国和日本则十分少见。

玻璃的最后一个主要用途是透镜和棱镜，主要用于改善人类的视力。几乎所有欧亚大陆文化都知晓玻璃的屈光和放大特性；而且最晚在12世纪，中国人也已经知晓了这个知识。但是，只有西欧人从13世纪开始亲自动手制作透镜。这得益于光学和数学的重大进步，并且满足

1132

了所有学科的需要，包括建筑学和绘画。

世界历史中的玻璃

导致全球范围内玻璃发展不平衡的原因大多具有偶然性——气候不同、饮酒习惯不同、瓷器普及性不同、政治状况不同、地方性特征也各不相同，与主观故意、规划或个人心理因素的影响不大，与高智商和高级资源的关系也不大。玻璃与文艺复兴时期欧洲知识领域的进步没有直接关系，也与17和18世纪的科技革命没有直接关系。但是玻璃确实有所贡献，体现为新型科学仪器的制造，比如显微镜、望远镜、气压计、温度计、真空烧瓶等等。再进一步，玻璃开启了人类的视野，西方人不再听世界，而是开始睁眼看世界。玻璃制造在伊斯兰世界衰落了，在印度、日本和中国等地较少使用，也导致这些地方不可能发生西欧那样的知识革命。

1133

没有玻璃仪器，组织学、病理学、原生动物学、细菌学、分子生物学、天文学、物理学、矿物学、工程学、古生物学、火山学和地质学等学科将不可能出现。没有清晰的玻璃，气体规律、蒸汽机、内燃机、电力、灯泡、照相机、电视机等将无从谈起。没有清晰的玻璃，科学家将无法认识细菌，无法了解传染病。

化学也十分依赖玻璃仪器。没有玻璃，人类将无从认识氮气，也无法生产氮气冷却剂。没有玻璃，19世纪农业也不可能取得重大进步。天文学也是如此，没有玻璃，人们不可能认知太阳系的构成，不可能测量天体视差，不可能证实哥白尼和伽利略的假说。通过使用玻璃仪器，这些发现对人类理解宇宙和外太空产生了革命性影响。在生物学领域，没有玻璃，我们将无从认识细胞分裂（或细胞），不可能深入了解遗传学，当然也不可能发现脱氧核糖核酸（DNA）。没有眼镜，世界大多数50岁以上的人口将不可能看清楚这篇文章。

玻璃在历史发展中的作用不仅体现在科学界。没有镜子、透镜和玻璃片，文艺复兴时期艺术的繁荣将无从谈起。光学规律的新发现以及绘画技巧精度和准度的进步都得益于各种玻璃仪器。如果不是高精玻璃仅在威尼斯发展，1350至1500年间世界艺术格局的分野将不可能实现。

玻璃不仅仅是帮助我们认识世界的工具，它也是增进舒适度、实用性和健康的工具。玻璃能够让光线进入室内，它坚固，易于清洗。这是挑剔的罗马人选择它作为容器原料的一个原因；而荷兰人也是如此——玻璃在这个国家的普及度也最高。透明玻璃引进光线，房间内的脏东西清晰可辨。这必然要求玻璃本身易于清理。因此，也要求玻璃具有卫生

这块彩色玻璃描绘了阿西西的圣弗朗西斯（St. Francis of Assisi）。克里斯·豪威尔（Chris Howell）摄

的属性和功能。而且，玻璃不仅改变了私人房屋，也改变了商铺，人们开始在玻璃窗后展示商品。

玻璃也影响着农业发展以及人类对植物的认识。玻璃用于园艺学不是前近代欧洲人的发明，罗马人已经建立了温室，用玻璃保护葡萄。罗马人的这个理念在中世纪晚期再度得到重视，玻璃花房开始出现，后来又用于水果和蔬菜。由于玻璃价格日益低廉，平面玻璃的质量提高，温室水果蔬菜的产量提高，人类食品结构更加合理。19世纪，玻璃容器保证了种子和植物能够安全进行长途海上环球旅行，欧洲农庄和花园中的物种更加丰富。

其他对日常生活产生重要影响的发明包括防风灯、封闭车厢、灯塔和路灯，它们使旅行和航行更加安全便捷。六分仪制作需要玻璃，没有

希腊周末街头市场中成堆待售的玻璃器皿。沈凯伦摄

玻璃，精密的航行表也无法在海上使用。玻璃瓶也给饮料带来革命性改变，葡萄酒和啤酒的储藏和运输更加便利。玻璃甚至影响到人类的信仰（有色玻璃）及看待自己的方式（镜子）。

总而言之，首先通过饮水器皿和玻璃窗，之后通过灯、灯塔、温室、望远镜和显微镜，再之后通过照相机、电视和计算机屏幕，用球形玻璃制造的现代世界诞生了。

进一步阅读书目：

Blair, D. (1973). *History of Glass in Japan*. New York: Harper Collins.

Dikshit, M. G. (1969). *History of Indian Glass*. Mumbai, India: University of Bombay.

Gottlieb, C. (1981). *The Window in Art*. New York: Abaris Books.

Honey, W. B. (1987). *English Glass*. London: Bracken Books.

Klein, D., & Lloyd, W. (Eds.). (2002). *The History of Glass*. Boston: Little, Brown.

Liefkes, R. (Ed.). (1997). *Glass*. London: Victoria & Albert Museum.

MacFarlane, A., & Martin, G. (2002). *The Glass Bathyscaphe: How Glass Changed the World*. London: Profile Books.

McGrath, R., & Frost, A. C. (1961). *Glass in Architecture and Decoration*. London: Architectural Press.

Phillips, P. (Ed.). (1987). *The Encyclopedia of Glass*. London: Peerage Books.

Tait, H. (Ed.). (2004). *Five Thousand Years of Glass*. Philadelphia: Penn Press.

Zerwick, C. (1990). *A Short History of Glass*. Corning, NY: Corning Museum of Glass.

艾伦·麦克法兰（Alan Macfarlane）

杰瑞·马丁（Gerry Martin）文

刘健 译，刘健、王超华 校

我们必须进行我们希望看到的改变。

——莫汉达斯·甘地(1869—1948)

Global Commons 全球共有

"全球共有"一词的含义是所有国家平等共有地球上的自然资源,比如海洋、大气层和外太空。1959 年《南极条约》 1135 签署后,南极圈也被纳入共有范畴。这个条约终止了各国对该大洲的军事占领和领土要求,保证了自由的科学考察活动。至 2009 年,该公约已经拥有 47 个签约国。

全球共享原则凌驾于任何一个国家的司法体系之上,但是各国及其民众均可使用。一般认为属于全球共享的范畴包括世界上的海洋、南极、大气层和外太空,当前所有这些资源均由国际机构管理。

海洋

海洋最早被归入共享资源。海洋占据地球表面超过 70% 的空间,与 150 个国家接壤,是国际商业贸易活动通道,也蕴藏着丰富的食物、矿物和能源资源。1982 年,《联合国海洋法公约》通过,确立了共同管理海洋资源的框架,至 2009 年该公约已拥有 153 个成员国。其 440 条规定囊括了涉及全球海洋的海面、海上和海下活动的普遍接受的准则。为了尊重沿岸国家的边境,该公约确定了 12 海里领土海域,在这个区域内的沿岸国家享有主权。公约规定了一个新的界线,200 海里专属经济区(EEZ),给予周边国家优先探测开发自然资源的权利。公约制定大陆架外延及深海标准,包括航海、飞行权以及渔猎、铺设管道光缆和从事海洋科学考察的权利。公约还确立了船舶(包括飞行器)无障碍通过各国海域的权利,以及所有国家保护海洋环境、规范海洋科学考察的义务。公约谈判中最艰难之处在于深海矿藏问题,谁有权利开发深海海床的锰结核——是掌握该种技术的国家,还是国际机构?公约确立了国际管理组织机构,规范了未来深海开发活动。

南极

南极资源共享范围囊括南半球大洋包围的冰盖大陆。南极的面积大约相当于美国和墨西哥领土的总和(1 400 万平方千米),是海拔最高、风力最大、最荒芜的大洲。它也是世界上面积最大的沙漠(根据降雨量分布),但是全球淡水的 70% 被凝结在其巨大的冰盖中。阿根廷、澳大利亚、智利、法国、新西兰、挪威和大不列颠及北爱尔兰英国拥有南极领土主权。1957—1958 年,国际地球物理学大会成功举办后,这 7 个国家以 1136 及比利时、日本、南非、苏联和美国认可国际联合开发南极。1959 年,12 个国家签署《南极条约》,至 2009 年时该条约已经拥有 47 个成员。该条约全面终止了各国对该大洲的军事占领和领土要求,保证了科学考察自由。在《南极条约》之外,众多关于南极的条约签署,包括 1964 年的《保护南极动植物议定措施》、1972 年的《保护南极海豹公约》、1980 年的《南极海洋生物资源保护公约》、1988 年的《南极矿产资源活动管理公约》(并未生效)以及 1991 年的《关于环境保护的南极条约议定书》。但是南极资源共享仍然面临严重问题,其中包括该地区日益升温的海上旅游、极地海域日益增加的渔猎消耗以及全球变暖导致的南极冰盖断裂。

大气层

大气层包括对流层、平流层(臭氧层)和中间层等。大气层提供生命所需的无限的氧气、二氧化碳和氮气以及生物资源所需的水。与此同时，它保护地球不受紫外线、宇宙射线和流星雨的侵害。

三种人为的对大气层的危害推动了专门机构建立。第一种危害发生在臭氧层，人类释放的含氯氟烃（CFCs）导致光化学反应，进而破坏臭氧层。这个过程导致紫外线照射加剧，导致南半球大量居民罹患皮肤癌风险大幅提高。1985 年，为了应对这种威胁，《保护臭氧层维也纳公约》签署，但是这个公约并没有提出控制臭氧层减少的具体措施，它只是号召大家行动起来。1987 年 9 月，各国政府谈判签署《关于消耗臭氧层物质的蒙特利尔议定书》，设定逐步淘汰含氯氟烃的时间表。

对大气层的第二种威胁来自全球气候变化。人类的行为——主要是水土流失，煤、油和天然气等生物资源的消费——都已经被确认是改变大气层物质构成的因素，并且对全球变暖负有责任，但是其危害性及对未来的影响尚不确定。这些变化导致冰川和极地冰盖消融，进而导致海平面上升，威胁岛屿和海拔较低的沿海地区。国际社会对于气候变化威胁的应对反映在 1992 年里约峰会上签署的《联合国气候变化框架公约》中，该公约确立了自觉减少温室气体排放的原则。1997 年 12 月《京都议定书》协商提出了工业化国家减少温室气体排放。2001 年，最后一次议定书谈判要求到 2012 年工业化国家每年减少温室气体排放至 5.2%，应低于 1990 年的标准。

对大气层的第三种威胁是跨国航空污染。空气是污染物传播的媒介，主要污染物是覆盖从英国至斯堪的纳维亚、从美国至加拿大广大区域的酸性沉淀物。1979 年，《远程跨国界大气污染公约》签署，它至今仍然是规范跨国界的大气污染的主要公约。至少有 8 个议定书已经签署以防止专门污染物，比如硫黄和氧化亚氮等排放。

外太空

最后一类全球共享资源是地球大气层以外的外太空。由于人类寻求利用这个区域，因此规范开发的需求日益紧迫。目前有一个国际公认的合法机构管理外太空共享资源。主要的条约是 1967 年签署的《关于各国探索和利用包括月球和其他天体在内外层空间活动的原则条约》。该条约确立了各国利用外太空的核心职责。条约规定开发和利用外太空应该符合所有国家利益；外太空应该由所有国家自由开发和利用；外太空不属于国家领土主权范围；在宇宙和星球中不得设置大规模杀伤性武器；月球和其他星球仅用于和平目的；各国应该对空间活动所造成的后果负责。

其他主要的太空法律包括 1968 年的《营救宇宙航行员、送回宇宙航行员和归还射入外层空间的物体的协定》、1972 年的《利用空间资源造成破坏的赔偿责任公约》、1975 年的《外太空物质登记公约》。第五个协议，即 1979 年的《各国在月球和其他星球的政府行为的公约》（《月球公约》）吸引了少数成员国及无空间要求的国家。

工业革命极大地改变了全球共享资源的利用方式，特别是资源开发与环境恶化问题。如果海洋、南极、大气层和外太空将在未来惠及人类，那么各国政府应该加强合作，规范和执行为保存和维护它们而建立的法律体系。

进一步阅读书目：

Cramer, D. (2008). *Smithsonian Ocean: Our Water, Our World*. Washington, DC: Smithsonian.

1137

Dinwiddie, R. et al.(2008). *Ocean* (American Museum of Natural History). London: Dorling Kindersley.

Joyner, C. C. (1998). *Governing the Frozen Commons: The Antarctic Regime and Environmental Protection.* Columbia: University of South Carolina Press.

Oceans and Law of the Sea. (2004). Retrieved August 17, 2009, from http://www.un.org/Depts/los/

Soroos, M.S.(1997). *The Changing Atmosphere: The Quest for Environmental Security.* Columbia: University of South Carolina Press.

Vogler, J.(2000). *The Global Commons: Environmental and Technological Governance*, 2nd ed. Hoboken, NJ: John Wiley.

克里斯托弗・乔伊纳(Christopher C. Joyner) 文

刘健 译,刘健、王超华 校

Globalization — Historical Perspectives
全球化——历史视野

第一批东非人口流散之后,人类的交流网络缓慢地、逐渐地扩展;但是在 1492 年欧洲航海家跨越太平洋之前,人们在全球范围内的活动仍然是无意识的。从工业革命时期至 21 世纪,社会经济和文化影响通过技术进步和航线推进着全球化进程。

1138

从人类获得无与伦比的话语权开始,就开始跨越东非大草原,与周围邻里保持着时断时续的联系;基因交换有助于他们保持单一物种优势,尽管他们已经分散到全球各地。在偏远地方,脆弱的全球交流网络常常中断,有时持续数百年甚至更久,但是人类统一体仍然存在。只要人们只知邻里的情况仍然存在,他们就不可能意识到人类联系网络的极限。

尽管公元前 100 年后,相距遥远的中国人、西亚人和欧洲人之间已经通过军事远征和贸易活动知道彼此,但是他们的关注点仍然集中在欧亚大陆。几百年间交通技术的改进不断扩展旧大陆的界限,人们之间的联系日益频繁。与此同时,与美洲大陆的联系已经建立,只是规模不大。从大约 100 年开始,弓箭从欧亚大陆传播到美洲;1492 年,当哥伦布到达新大陆的时候,弓箭仍然在加勒比群岛间传播;这是我们所掌握的最确实的两地之间相互影响的证据,这时澳大利亚和太平洋岛屿居民仍然不知弓箭。

1492 至 1519 年间,欧洲航海家发现美洲大陆并跨越太平洋后,全球化进程才真正成为有意而为之的行动。最初,只有少数人关心这些欧洲船只带来的新联系。借助印刷商和制图师的工作,这个消息在欧洲知识阶层迅速扩散,但是其他地方的反应则缓慢、冷淡得多。

最为致命的反应是疾病的传播,患病的欧亚居民将疾病传染给原来隔绝的、缺乏免疫力的人群。一系列致命疾病,比如天花、流感、绦虫病,造成大批人口死亡。有些小岛人烟断绝;墨西哥和秘鲁的美洲印第安人在疾病暴发的第一个 120 年间死亡了 80%;太平洋岛屿和其他曾经与世隔绝的人群损失则相对较小。

来自欧洲的殖民者和来自非洲的奴隶迅速取代美洲印第安人。在漫长的边界拓展阶段,南北美洲印第安人付出巨大代价。根据官方统计,这个进程直到 1890 年才在美利坚合众国停止。美利坚合众国以及其他美洲国家比如巴西、墨西哥、阿根廷和加拿大等兴起,迅速改变了旧有的欧亚人在权力和人口上的制衡状态。这是全球化第一个阶段造成的主要变化。

当传染病遭遇气候极限,当本地居民已经产生同样免疫力,当医生已经掌握接种技术并使用抗生素等技术手段控制传染病的时候,疾病对人类的影响已经不再严重。但是,全球化进程仍然严重影响到各地既存的社会秩序,主要表现为经济和文化影响日益深入。

对于机器和非生物能源的依赖促使交通运输和交流水平日益提高,历史学家称之为工业革命。燃煤蒸汽机首先用于工厂(1785)、汽船(1807)和铁路(1825)。后来,石油和电力取代煤成为更加适宜的动力资源。电报的使用使得沟通更加便捷(1837)。电话(1876)、广播(1895)、电影(1895)、飞机(1903)、电视(1936)和电脑(1946)随之快速发展,每种发明最初的影响均比较有限,但是随着使用规模日益扩大,大多数人的日常生活发生改变。

近年来,关于全球化的研究更加关注它对古老习俗和习惯造成的伤害。在经济学领域,其主要表现是国际贸易规模迅速扩大,特别是1978 年以后中国外贸产品激增,中国迅速崛起。价廉物美的中国制造产品在美国和其他国家泛滥,导致部分当地生产商消失。2008 年美国爆发金融危机,并迅速影响到其他国家,美国和欧洲生产商更加雪上加霜。通用公司和克莱斯勒公司的破产证明美国金融危机已经相当严重。

尽管全球化进程可能被丑化,但是废除外贸活动绝无可能。这样做的代价将会十分巨

落合芳几(Yoshiiku Ochiai, 1860)木版画。一名俄罗斯妇女在为一名持枪的英国人吹笛子。工业革命期间技术和航线的进步推动着全球化进程,对社会、经济和文化造成影响

大,无从计算。可行的全球规则及成熟的经济管理体系更加没有可能性。因此,全球竞争仍然可能继续挑战业已确立的经济关系——与从前一样彻底,但是此时将更加迅猛、强烈。

同样的竞争关系也反映在文化领域,首先是电影,其次是电视和流行歌曲,它们开始影响人们的行为方式和理想。美国好莱坞大片和主要在孟买制作的印度电影风靡一时,取得了超越国界的广泛共识。当贫穷的农民和生活在城市贫民窟中的新移民遭遇影星和歌星渲染的财富、奢华和性时,他们将不再满足于自己艰苦的生活环境;特别是年轻人,他们往往反抗父母极

有一种说法,否定全球化就如同否定地心引力规律一样。

——科菲·安南(1938—2018)

力传承给他们的传统习俗和行为方式。

地方习俗和传统因此被日益削弱,导致强烈的宗教反响;特别在伊斯兰国家,针对美国大众文化的"大撒旦"的敌视情绪高涨。恐怖分子的袭击——以2001年9月11日纽约世界贸易中心被毁为标志——迫使美国政府发动"反恐战争",入侵阿富汗,因此而招致的敌视情绪在2010年仍然存在。

看起来可以肯定的是,在将来很长一段时间里,美国人及其政府将面对经济衰退和反恐战争提出的一系列未解决的问题。因此,全球化对穷人和富人造成了同样伤害。加快全球范围内的社会变化脚步的行为,已经接近或超越暴力占据主导地位的临界点。

进一步阅读书目:

Bordo, M. D., Taylor, S. M., & Williamson, J. G. (Eds.). (2003). *Globalization in Historical Perspective*. Chicago: University of Chicago Press.

McNeill, J. R., & McNeill, W. H. (2003). *The Human Web*. New York: W. W. Norton.

Mittleman, J. (2000). *The Globalization Syndrome: Transformation and Resistance*. Princeton: Princeton University Press.

威廉·麦克尼尔(William H. McNeill) 文

刘健 译,刘健、王超华 校

Globalization Modern Conceptions 全球化 现代观念

赞同或反对全球化的争论集中在它是一个过程还是一种现象。作为一个过程,全球化不具有历史普遍性,而且在不同时期会出现不同形式。全球化并非结束国家,而是一个系统工程,它将消除社会界限之间的隔阂,并加强彼此的互动和各种联系。

如果需要更加清晰地认识全球化,首先应该明晰这个词的属性。作为一个名词,它描绘一种现象或一种现状;作为动词,它表达一个过程。作为名词的全球化表现为来自世界各地的消费产品出现在其他国家的市场货架上。同样,在全球范围内的各个角落,我们发现各个岛屿的消费水平与富裕国家并无二致。全球化进程极大地缩短了类似交易的时间,大大提高了消费舒适度。现在,我们可以用相对较少的时间在各地旅行,100年前同样的时间可能仅能够从首都到达某个地方城市。而现在,我们也有可能仅用几秒钟就能够获得遥远地方的声音和信息。

如果我们采用全球化的这个定义,根据西班牙社会学家曼纽尔·卡斯特(Manuel Castells)的观点,我们所生活的这个世界的经济已经与16世纪形成的"世界"的经济有所不同,已经转化为剧烈变化的全球经济。但是保罗·赫斯特(Paul Hirst)和格雷厄姆·汤普森(Grahame Thompson)在他们的著作《全球化问题》(*Globalization in Question*)中提出的证据则显示,当前的全球内在联系进程并不激烈,并没有超过 19 世纪末 20 世纪初的程度。无论该进程具体始于哪一年，我们完全可以确定它始于 19 世纪中叶；在第二次世界大战之后，整个世界已经进入前所未有的全球化发展阶段，特别表现为非经济性的交流关系（比如旅游和互联网）。

如果我们倾向于接受全球化的动词含义，我们可以认定从前相互隔绝的区域之间的联系日益加深，而且这个过程日益简单、日益制度化。在这个意义上，"全球"并非专指涉及全世界的进程，也指可能建立互动联系的已知世界之间的交融。因此，全球化进程已经在各个历史时期发生。罗马、中国、奥斯曼以及 15 世纪的伊斯兰诸帝国，已经在一定程度上参与到全球化进程中。我们可以认为，最早从非洲迁徙的类人动物及他们在全世界的扩张行动应该是最早的全球化活动，并与公元前 2 世纪繁荣发展的、连接中国与地中海的丝绸之路贸易网络具有同等意义。15 世纪欧洲人的扩张则是另外一回事，它与贯穿 19 世纪的帝国创建过程一致。以低廉的机票价格和互联网为标志的通信和运输革命，只是全球化最后一个阶段的特征。

衡量全球化

由于全球化程度是一个太过显而易见的事实，所以衡量全球化的规模并不容易。国际贸易活动的发展曾经是其最直接（或最明晰）的表象，但是其中或与其相关的货币发挥的作用却比货物商品流通更加复杂、巨大。对劳动力的需求仍然大于资本，劳动力在不同国家间流动；同时，每年有几百万人参与国际旅游。无处不在的美国文化已经不再新鲜，而人们可以在任何一个大都市吃寿司，喝博若莱葡萄酒，购买到咖喱。

衡量全球化时，我们可能最常运用全球商品和货币交换增长表。20 世纪 60 年代，贸易活动占全球商品和服务收入的 1/4；21 世纪，流入国际贸易市场的产品产量基本占一半。跨境贸易日益普遍，全世界每年的贸易量甚至超过其产量（因为货物在生产过程中往来运输于各国边境，也考虑到转运因素）。全球金融水平的提高更加明显。1973 年对外交换总额为 15 亿美元，但是 2001 年的总额已超出其 100 多倍。20 世纪 90 年代，外国直接投资额上涨 3 倍，接近 750 亿美元，成为众多经济体的生命线。美国自行承担政府财政和商业赤字，也有赖于全球人口购买债务的意愿和能力。2010 年，政府、企业和个人都在努力摆脱金融危机的困扰，他们从来没有如此清晰地意识到全世界的经济是如此紧密地联系在一起。

但是当前全球化进程与之前的几个阶段都不相同，主要表现在众多与商品和服务交换无关的交流形式上。比如，移民显然在 19 世纪发挥着重要作用，但是在 21 世纪移民的生存状况已经成为输出国和输入国的社会问题。主要的移民体系有三个：从非洲和东欧前往西欧的体系，从拉丁美洲和中国前往美国的体系，从东南亚前往波斯湾地区的体系。在西非和南美洲还有规模较小的移民网络，另外还存在各国内部的移民活动。我们很难确认大多数移民活动，因为它们是非法的。但是 20 世纪 90 年代的统计显示，这类移民中有 2500 万政治移民，有 1 亿经济或社会移民。2005 年，一项联合国统计数据显示，全世界范围内的移民人口在 1.85 亿～1.92 亿。旅游活动是一种更加崭新的现象，许多人有机会游览其他国家，认识异域文化。2001 年旅游者统计数据为 7 亿人次，2008 年为 9 亿人次。富裕国家人口显然占较大比例，20 世纪 70 年代以后旅游活动更加大众化。

文化日益全球化，无论是宗教文化还是世俗文化。大众音乐、电影和电视也已经成为全球商品。它源于 20 世纪七八十年代美国流行的动作电影出口海外，而当前的市场策略则表现为

1142

1143

人们已经在抱怨我太过青睐全球化。这就相当于他们抱怨我喜欢黎明的日出一样。

——克莱尔·肖尔(Clare Short, 1946—)

在各个大洲举办多场首映礼。曾经不为外人所理解的文化现在已经被成百上千万人所理解,尽管他们甚至不懂那个文化的语言。在某种程度上这是全球文化的"美国化"进程,但是在 21 世纪,这个进程已经表现出更显著的多元特征。在全球印度人移民中,"宝莱坞"(印地语电影制作中心)与加利福尼亚的好莱坞齐名。"全球盛典"具有广泛的地理代表性。消费品也具有全球化特征,在国产香烟、啤酒、肥皂和体育品牌兴起前,在 20 世纪的最后 20 年时间里,万宝路、喜力、爱得利和迈克尔·乔丹是主要品牌。音乐的地域特色也在丧失,从麦当娜到"三大男高音",都在进行世界各地巡演。

20 世纪最后 25 年间最为重要的文化进步可能是市场霸权和社会运作中的选举权观念。尽管资本主义和民主制度在实践中表现多样,并且从未表现出理论上的完美性,但是它们仍然成为经济和政治圭臬。其他政治文化还包括反对势力在描述中不再使用社会革命,而代之以民族国家和民族诉求。宗教可能是最为古老的全球化文化现象,但是仍然在 21 世纪达到顶峰。

赞同与反对意见

在过去 10 年时间里,全球化现象给予全世界大多数人福祉还是损害的争论甚嚣尘上。赞同者认为全球化最大化地集合了经济优势和生产效率,生产了从消费品到医学疫苗等产品,惠及大多数人口。全球化进程也遏制了各地专制权力的发展,使得罪恶更加难以掩盖,灾难更加难以隐藏。赞同者运用市场模型理论为全球化辩护,称其提供了前所未有的机遇。全球化的反对者则拒绝承认全球化的收获和代价持平。他们认为文化的趋同化以及部分规模较小的地区和民族集团丧失自治地位均是全球化的代价。在过去几十年时间里,一些语言灭绝就是

一个信号。对于全球化的反对者来说,全球化造就的种类不同、数量不一的产品只能导致全球范围内阶级分化加剧,导致世界上的少数人口走向富裕。市场规模扩大、国家边界消失,都将帮助大的联合企业建立有效的垄断机制。这将导致社会间的恶性竞争,通过廉价劳动力和弱化政府管理达到竞争目的。

有些关注全球化的全部优势的研究重视其基本规模。赞同全球化者认为这个现象的功能性完美地诠释了其兴起的原因。世界正在寻找一个"更加优良的捕鼠器",全球化给予我们琳琅满目的选择。因此,反对全球化只能造成不必要的伤害。而反对者认为,全球化并非全球人类需求而自然形成的事物,而是美国在苏联解体后进行政治统治的产物,是多国联合赢得更大利益的产物。生产商和销售商期望在全球范围内活动,期望美国政客保护他们的利益。此外,还有一个不承认全球化优势的第三派观点,认为全球化是过去数十年间科技发展的产物。这显然是指计算机技术,它所创建的全球联系网络促使国家、企业和个人必须在全球平台上活动。

如果我们将全球化理解为一个过程而非结果,即作为动词而非名词,那么这些争论将不是问题。一个历史发展过程可能导致积极的或消极的后果,这取决于其过程和时机。它可能在不同时期、以不同方式惠及不同人群。将全球化理解为一个结果十分危险,因为时间太短了,我们还不可能准确地衡量和分析其特点及结果。全球化进程也不具有历史普遍性,而且在不同时期发展不同。如不将其视为后果,而是将其解释为减少社会间的地理隔阂,促进这些社会间的互动和各种交流,更加妥当。它将同时引导众多文化、社会和政治体做出选择,引导从前千差万别的社会遵循标准化的发展模式。如果将全球化理解为一个历史循环,它将丧失神秘性,成为另外一种用于研究和比较的社会现象。

将全球化视为一种社会现象(甚至是这种

观念分析的凝聚力)的争论还有很多。当然,关于当前全球化浪潮持续时间的争论也十分激烈,它将会继续吗? 还是会(与之前的几个阶段相同)因地区间爆发武力冲突、联系断裂而终止? 有人认为这个进程将继续深入,没有任何因素能够阻止或导致其倒退。而另一方面,由于过度依赖复杂科技和先进工程技术,当前的进程易受到这样或那样的技术崩溃的影响。此外,世界人口的多数已经或多或少地感受到全球化的好处(至少是间接的),他们迫切需要维持全球联系网络。

1145

进一步阅读书目:

Bentley, J. H. (1993). *Old World Encounters*. New York: Oxford University Press.

Bordo, M. D., Taylor, A. M., & Williamson, J. G. (Eds.). (2003). *Globalization in Historical Perspective*. Chicago: University of Chicago Press.

Castells, M. (2000). *The Rise of the Network Society*. Oxford, U.K.: Blackwell.

Chase-Dunn, C. K., & Hall, T. D. (1997). *Rise and Demise: Comparing World Systems*. Boulder, CO: Westview Press.

Curtin, P. (2000). *The World and the West: The European Challenge and the Overseas Response in the Age of Empire*. Cambridge, UK: Cambridge University Press.

Guillén, M. (2001). Is Globalization Civilizing, Destructive or Feeble? A Critique of Five Key Debates in the Social Science Literature. *Annual Review of Sociology*, 27, 235 – 260

Hirst, P., & Thompson, G. (1999). *Globalization in Question: The International Economy and the Possibilities of Governance*. Cambridge, U.K.: Polity.

McNeill, J. R., & McNeill, W. H. (2003). *The Human Web: A Bird's Eye View of World History*. New York: W. W. Norton.

Mittelman, J. (2000). *The Globalization Syndrome: Transformation and Resistance*. Princeton, NJ: Princeton University Press.

Rodrik, D. (1997). *Has Globalization Gone Too Far?* Washington, DC: Institute for International Economics.

米格尔·森特诺(Miguel A. Centeno) 文

刘健 译,刘健、王超华 校

Gold 黄金

1146   黄金是制作珠宝的珍稀原料,它柔软,闪亮,价值极高。它很少与其他化学物质发生反应,能够敲打制作成薄片装饰较大物品。公元前 6 世纪之后,其主要用途是制作金属货币。19 世纪,黄金矿藏在加利福尼亚、澳大利亚、南非和阿拉斯加的育空区(Yukon Territory-Alaska)被发现,这在经济活动的大潮中造就了一批新的多样化社会。

在地区间贸易活动中,黄金一直发挥着重要作用。作为一种"稀有金属",黄金稀有漂亮,很容易被制作成其他物品,不易产生化学反应,广泛用作装饰材料。尽管数量稀少,黄金仍然在世界多地被发现,它是家喻户晓、被孜孜以求的珍宝。与其他贸易商品相比,少量黄金的运输比

我们生活在黄金统治的时期。得黄金者得天下。

——巴齐·巴瓦西（Buzzie Bavasi，1914—2008）

较容易,因此这种金属成为被普遍接受的交换媒介,是标准贸易(货币)。

黄金与白银、铜一样,是人类最早使用的金属(制作金银制品的记载可以追溯至公元前 4000 年。这两种金属既有纯金属,也蕴藏在其他矿产中)。黄金一般从溪流的源地冲刷而下,储藏在溪流中,不难被发现。19 世纪初叶以前,这样的地方是主要的黄金产地。采矿者一般也直接从地表开采金矿;地下采矿劳动主要由奴隶和囚犯承担,工作条件极为艰苦危险。即使进入 19 世纪,地下采矿仍然是艰苦危险的工作。2008 年,主要黄金产地集中在中国、南非、美国和澳大利亚,但是为数众多的其他国家也在开采黄金(美国地质调查局 2009)。

历史上,如果某地发现大量黄金储备,这里就将聚集"人潮"。他们孤注一掷,渴望获得珍稀金属,一夜暴富。黄金潮曾经在加利福尼亚(1848)、澳大利亚(1850)、南非(1850—1880)以及阿拉斯加育空(1896—1898)发生。这些运动造就了一批新社会,

1897 年左右《克朗代克之心》(*Heart of the Klondike*)一剧的海报。黄金潮将来自世界各地的人群裹挟在同一个经济大潮中。美国国会图书馆

将来自世界各地的人群裹挟在同一个经济大潮中。

黄金和白银最初在贸易活动中以各种形式的重量单位计量,但是并没有统一的纯度和形状大小要求。贸易活动中金银逐渐标准化,最终金属货币产生。最早的稀有金属货币由吕底亚(土耳其)国家在约公元前 600 年左右发行。今天,民间仍然有"像克罗伊斯(Croesus)一样富裕"的说法;克罗伊斯是吕底亚王(前 560—前 546 在位)。稀有的黄金逐渐成为王室和政府储备品,白银则成为主要的流通金属。

在人类历史上,寻找并控制黄金资源十分重要,它是探险、贸易和冲突的主要动力和原因。

埃及法老图坦卡蒙坚固的黄金冥面具。埃及博物馆

1147

伊阿宋(Jason)和阿尔戈英雄们(Argonauts)的故事就是讲述希腊人前往黑海寻找黄金。故事中的"金羊毛"就是早期开矿技术中使用的从水中捞取黄金的羊皮。欧洲人经穿越中亚的丝绸之路用黄金与中国人交换丝绸(前200年至14世纪晚期)。商人携带黄金经过今非洲马里的廷巴克图(通布图,1100年建立)往北,在横跨撒哈拉沙漠的商路上交换盐。欧洲人在墨西哥、

中美洲和南美洲的探险及与土著人爆发冲突的主因也是寻找黄金。

20世纪初至今,黄金的商业价值发生变化。日常消费中使用黄金作为交换媒介已经十分有限,但是它仍然具有储存价值,政府和个人都储备黄金(特别是在经济衰退和货币起伏不定的时期)。黄金仍然是财富和地位的象征,特别体现在珠宝首饰上。

进一步阅读书目:

Amey, E.B.(2002). Gold. *Minerals Yearbook, 1*, 33.1 – 33.15. Washington, DC: U.S. Geological Survey.

Boyle, R.W.(1987). *Gold—History and Genesis of Deposits.* New York: Van Nostrand Reinhold.

Coyne, M.S., & Allin, C.W.(Eds.).(1998). *Natural Resources.* Pasadena, CA: Salem Press.

Green, T.(1984). *The New World of Gold.* New York: Walker and Company.

Hilliard, H.E.(2002). Silver. *Minerals Yearbook, 1*, 69.1 – 69.13. Washington, DC: U.S. Geological Survey.

Sutherland, C.H.V.(1969). *Gold—Its Beauty, Power, and Allure.* New York: McGraw-Hill.

U.S. Geological Survey.(2009). Mineral Commodity Summaries 2009. Retrieved August 31, 2009, from http://minerals.usgs.gov/minerals/pubs/mcs/2009/mcs2009.pdf

加里·坎贝尔(Gary Campbell) 文

刘健 译,刘健、王超华 校

Government　政府

1148　古典希腊思想家对于政府的认识和争论至今仍然延续,尽管政府早在希腊人时期之前就已经存在。政府主要有5种基本类型:僭主制(服务于自身利益的一人统治)、寡头制(服务于一群人的多人统治)、君主制(王权统治)、贵族制(少数杰出公民的统治)和优秀的民主制(或"政权",服务于公共利益的一人、几人或多人统治)。

对于政府类型(我们也可以称其为政治形式或体制)的严肃的探索,始于古典希腊思想家。从他们的研究中,我们能够了解在希腊人之前曾经存在的政府。那些早期政府有些是君主国,有些是还没有发展成熟的扩大的村落,希腊人发现的这些村落也可能是真正的城市或农村。

希腊人的政府观

苏格拉底最早从哲学角度分析人类事务,他认为普通人事务的核心是政治。他的看法和观念被柏拉图发展,在其《对话录》中有所体现。区别苏格拉底和柏拉图的观念只能是徒劳无功

的,关注他们的讨论更加重要。

柏拉图研究政府类型的目的在于理解政治生活的本质,并非研究其变化的环境。真实的理性研究是哲学及其衍生的科学的解释要素。哲学探讨在苏格拉底之前已经开始,即以巴门尼德(Parmenides,约前 515 年生)为代表的所谓前苏格拉底派。

希腊思想家认为政治是人类事务的核心,因为希腊城市波利斯的规模和复杂性已经足以充分展示人类特性或品德。在道德品德中,公正是其核心美德,它是政治组织和统治目标的核心。任何规模和复杂性小于城市的组织,比如村落,不具备这种品德,因为它没有足够的闲暇和自由让所有平等者发展好的或坏的特点,比如战争与和平,比如追求医学等理性艺术和技能。规模较小的单位更加注重经济,更加注重满足需求,更加注重家族统治——主要是扩大的家族。另外,规模大于城市的政府,比如与

希腊敌对的波斯帝国或希腊历史学家——希罗多德(约前 484—约前 425)曾经研究的埃及帝国,完全不注重人类可能存在的美德;尽管这类帝国已经十分复杂多样,但它们并非众多农业国家的主流。

城市的中心地位意味着希腊人对于政府类型的研究集中在城市。城市涵盖人类品德方方面面的观念说明,相关研究——如果确实如此——已经充分理解了规模较大的单位,比如今天我们的国家。古人对于政府类型最为充分的研究体现在柏拉图的《理想国》《政治家》,特别是亚里士多德(前 384—前 322)的《政治学》等著作中。亚里士多德确立了基本框架,对于体制的研究在此后继续发展。政府类型研究已经细化,包括多少人统治的问题、统治是否公正的问题、是否服务于公共利益(而非统治者个人或阶级利益)的问题。5 种基本政府类型有:僭主制(服务于自身利益的一人统治)、寡头制(服务于

乔瓦尼·安东尼奥·萨索(Giovanni Antonio Sasso)的《雅典的(罗马)会场正视图》(*Elevation of the* [*Roman*] *Forum at Athens*)。版画。该会场建于 1、2 世纪,位于卫城以北、原古典希腊市场以东。它曾经是市场所在地,也是城市的行政管理中心。纽约公共图书馆

1149

一群人的多人统治)、君主制(王权统治)、贵族制(少数杰出公民的统治)和优秀的民主制(或"政权",服务于公共利益的一人、几人或多人统治)。

亚里士多德在多个方面进一步发展和细化了这个类型划分。寡头制不仅是少数人的统治,它通常是少数富裕者的统治;民主制是多数人的统治,这些人的共同特点是他们都是穷人。贵族制是少数品德优秀、睿智者的统治。民主制出现的不同形式仅表现为统治者来自哪个相对贫穷的集团,是农民、商人还是城市贫民。另外,存在富人和穷人的混合政体,在这类政体中财富等级划分过细,没有哪个团体能够占据统治地位,或中产阶级势力大于富人或穷人阶层。亚里士多德认为这类混合政体在实践中应该是最好的政府类型。

另外,好的政府一般都确立公民乐于接受的法律(与无政府统治形成对比),而不是强制型统治。此外,规范职能和职责的基本法在能够维持统治诉求时是好的,这种统治通过美德和品德约束来实现,能够维持富人与穷人——一般是自由士兵——之间的平衡。所有属性对生活或好的生活(有德行的生活)都十分重要。我们发现在混合政体或较好的民主政体中,好的法律和实践活动效仿纯粹的,但是并不常见的统治美德,满足有德行的个人和部分人的共同利益。

绝大多数政府采取民主制或寡头制,其宣称的美德程度不一。亚里士多德的言论基础不仅限于在知识分子层面,还包括对众多城市的政府类型的考察,其中就有雅典政体的完整研究成果留存。与柏拉图(及与苏格拉底同时期的历史学家修昔底德)一样,他极其重视公元前5世纪和公元前4世纪的两个主要希腊城邦雅典和斯巴达,它们分别是民主制和寡头制——有观点认为是贵族制——的代表。

柏拉图和亚里士多德认为,政府类型不仅仅是狭义的行政管理体制,也包括城市生活的方方面面。城市中的一切都有组织,以推行统治阶级的生活方式(我们可能也轻率地认为民主的生活方式就是民主体制)。这种体制明示统治者是谁,所有统治者根据基本法确定公正管理准则,对公平者平等,对不公平者不平等。这个准则根据不平等的财富或平等的自由等具体指标确定其属于民主制还是寡头制,通过职责分工依法行使或推动各种活动。这是统治者品德占据重要地位的原因——好的品德和实际评判;在亚里士多德看来这至关重要,因为推动和适应他们的美德也是服务于整个社会。民主制的优势之一是允许众多与哲学或科学生活有关的活动,因此也是对知识美德的接纳。但是,这种民主制的平等特征要付出卓越的道德美德代价。无论如何,苏格拉底被审判及处死都是明证,表明当时的希腊人认为思想家放纵的质疑行为与城市和国家的信仰与态度之间理所当然地存在矛盾。这个问题也反映为宗教信仰是社会规范之一,也是其表现形式。

罗马共和国前后的君主国

亚里士多德和柏拉图的研究是后世研究的基础。确实,君主国——王权统治或僭主制——是马其顿国王腓力(Philip,前382—前336)征服希腊城邦后爱琴海及其周边区域普遍采用的政府类型,中国和埃及也曾经存在类似统治。其中以马其顿的亚历山大(前356—前323)创建的帝国最为典型。罗马共和国(前509—前27)则是典型的例外。罗马被众多罗马人和研究者深入研究或描述,包括李维(Livy,前59—公元17)和波利比阿(Polybius,约前200—约前118);后世思想家也极其关注这个城市,比如马基雅维利(Niccolo Machiavelli,1469—1527)和18世纪美利坚合众国的缔造者们。罗马元老院使罗马在

所以，让我们温柔、友好地对待知识。让我们敢于阅读、思考、表达、写作。

——约翰·亚当斯(John Adams，1735—1826)

维托雷·卡尔帕乔(Vittore Carpaccio)的《觐见教皇的朝圣者》(*The Pilgrims Meet the Pope*，约1492)。布面蛋彩画。教士的地位以及统治者与崇拜者之间的联系，在希腊城市和罗马十分重要。学院美术馆，威尼斯

某种程度上具有贵族制和寡头制特点；该机构同时赋予其人民民主权利，可能有人认为短期的独裁统治和执政官统治具有君主制要素。总体上说，罗马是混合政体，在运行和自我认识上明显具有共和国(也就是说不是君主国)的特征，直到它被罗马帝国取代。

罗马帝国之后存在多种王权统治模式和宗教帝国统治模式。其中的新兴元素是宗教，特别是基督教和伊斯兰教。教士的地位以及统治者与崇拜者的纽带关系在希腊城市和罗马都十分重要。亚里士多德在其政治分析中不屑于讨论虔诚的问题，但是遵守法律与遵从神意之间的联系，甚至二者合一的关系，这一点清晰可见。罗马时期崭新的变化是普世的帝国宗教及其与政治生活的关系。特别是基督教的兴起提出了君主国与有组织的教士团体之间关系的问题，特别是与教皇国的关系。但是，中世纪杰出的基督教思想家托马斯·阿奎那并没有关注这些问

题，反而继续探讨亚里士多德研究的体制问题。我们可以认定封建制度是教会支撑的君主国制度，其间混杂着寡头制要素。依附于土地、土地与政治的关系等，往往导致中世纪政治分工更加具有世袭特征；这种特征超过希腊活跃的民主制的世袭性，也超过罗马共和国，这里的民主制因素是具有世袭特点的元老院的补充。

自由民主制

马基雅维利认为罗马确立了一种新型的政府类型，特别是它的运作方式从 1500 年开始在西方取得巨大成功。这是罗马和希腊思想的一个转折点，受君主制和教会统治的启发，在启蒙时代达到鼎盛，体现在托马斯·霍布斯（1588—1679）、约翰·洛克（1632—1704）、孟德斯鸠（1689—1755）及其他思想家的作品中，也体现在英格兰和美利坚合众国的革命性政府实践中。

这类政府应该被称作自由民主制或代议民主制政府。这种民主制强调保护与接受政治与经济领域内的财富、学识及道德责任的不平等，这样自由和竞争才能够维持平等。这类体制直到美利坚合众国建立时才发展成熟，它首先体现为成文宪法，而 17 世纪末开

始的英国光荣革命的鼎盛时代在 19 世纪英国政党政府形成时到来。自由民主制是今天民主制度的基础。以此为旗帜，其在欧洲和北美占据统治地位，并控制了亚洲、拉丁美洲和非洲众多国家。

自由民主制是以希腊民主制为代表的人民统治的变形，它强调自由、自治，追求平等。但是它们之间差别巨大。自由民主制建立在所有个人权利平等的基础上，而不是像希腊人那样，为了自由采取军事防御措施。与希腊和罗马不同，它们不可避免地抵制奴隶制，尽管奴隶制问题最终通过战争解决，甚至像在美国一样，它们从接受奴隶制开始。这种制度还排除妇女的平等权利。在希腊民主制中，妇女拥有更多自由，特别在家庭内部；她们比当时及现代其他体制拥有更多自由，但是仍然无法与城市的管理者拥有平等地位。另外，自由民主制建立在接受权利和选择统治的基础上，不仅仅是政府管理的必备条件。自由民主制还侧重经济增长和需求，而

1941 至 1942 年，纽约哥伦布广场群众政治集会。群众集会在代议民主制中发挥了重要作用。阿尔弗雷德·帕尔默（Alfred T. Palmer）摄。美国国会图书馆

1920 年的一张海报，海报文字翻译过来的意思是"识字是通向共产主义的通途"。纽约公共图书馆

非平等分配资源，也不强调贵族制特点，并不利用闲暇时间及财富发展和展示其特征。自由民主制推动这种需求，推动知识和科学活动，并辅助以宗教宽容，将宗教视为私人事务，以此达到控制公众宗教矛盾的目的。自由民主制还鼓励建立幅员辽阔、文化多样的国家，因为它们鼓励方方面面的利益竞争，以推动经济增长，阻隔来自下层贫民或少数人口的民主要求。

所有这些代议民主制政府的功能越来越限制个人自由和竞争，提倡平等权利和机会，保卫国家安全。这些有限的职能与大量工作及过剩的法律相伴而生。虽然如此，这些限制仍然意味着国家和社会，或者说公众和个人之间的界限越来越清晰，超过了希腊城市或中世纪的界限。政府类型不再覆盖整个国家或城市，但是昭示了国家结构如何服务社会。事实上，庞大

的、复杂的自由民主制国家通过代表制实行间接管理，直接统治并非希腊民主制那样的议事会。但是，代议制仍然不是一个足以弥合公众热情与政府决策之间距离的机制，它还需要有特殊技能、特征、责任感以及进取心的人，他们对于国家的贡献要超过自身的获利。

这种利益通过封建体制及各种经济体实现，保证其进步，保证其不挑起危险竞争，抢夺固定资源和领导权。事实上，在马基雅维利和其他人看来，现代自由民主制与希腊民主制并不相似，反而与罗马共和制有相似之处。现代自由民主制致力于争取有利的结果，并不寻求完全的政治妥协。为此，他们努力延长民主共和制的寿命，从前的民主制存在时间比较短暂，因为对于富人和其他人来说，民主革命是否能够满足他们的要求是一个极具吸引力的选择。

这种竞争不仅仅是经济或封建范畴的，同时也是政府内部的。自由民主制是政治体制的组成部分及基本特征，比如防止和限制政府中任何权力聚集的权力分割机制，比如鼓励合法的反对党存在的政党机制。

这些原则和机制在 18 世纪经洛克、孟德斯鸠、托马斯·杰斐逊、詹姆斯·麦迪逊、亚历山大·汉密尔顿、约翰·杰伊等人大力发展。他们倡导的政府体制在 20 世纪成为欧洲、英语国家和大半个亚洲占据统治地位的形态。其变种包括议会制，比如英国的行政和司法部门共同选举；美国总统体系则分割行政和立法部门的选举资源，其他欧洲国家采取混合体制。部分国家甚至保留了有限的君主立宪制。而这些政府既拥有上述共同特征，也具有其他体制特征，比如独立审判权、政府不得干预言论和新闻自由以及独立的行政权。

自由民主制占据统治地位的征程并不一帆

1153

风顺。18 世纪多次爆发的法国革命支持少数的、更加直接的民主制度,公民道德、统一政府、权力与代议制分离等成为革命口号,经济利益并不在其中。让·雅克·卢梭倡导的这类政府的规模回到了亚里士多德时代,但是在缓慢发展的自由或合乎情理的预期上则没有倒退。卢梭的主张同样在理论上将政府与民族国家联系在一起,设想国家的发展目标是民族国家。一些王国,比如奥托·冯·俾斯麦融合各种因素建立的德意志王国创建了民族国家政府,君主制度在某些方面发展出立宪原则,同样的政府出现在意大利。这类与民族国家相关的政府类型并非唯一,在多民族代议制政府——比如美利坚合众国或英国,在古代希腊诸城市都没有出现,其占据统治地位的民族或部落也没有对此加以阐释。

进一步阅读书目:

Aquinas, T. (1988). *St. Thomas Aquinas on Politics and Ethics* (P. Sigmund, Ed.). New York: Norton.

Aristotle. (1986). *Politics* (C. Lord, Ed.). Chicago: University of Chicago Press.

Burleigh, M. (2000). *The Third Reich.* New York: Hill & Wang.

Hamilton, A., Jay, J., & Madison, J. (2000). *The Federalist* (C. Kesler, Ed.). New York: New American Library.

Havel, V. (1992). *Open Letters.* New York: Vintage Press.

Locke, J. (1988). *Two Treatises of Government* (P. Laslett, Ed.). Cambridge, U.K.: Cambridge University Press.

Machiavelli, N. (2000). *The Prince* (H. Mansfield, Trans.). Chicago: University of Chicago Press.

Mansfi eld, H. (1989). *Taming the Prince.* New York: The Free Press.

Plato. (1968). *Republic* (A. Bloom, Ed.). New York: Basic Books.

Plato. (1980). *Laws* (T. Pangle, Ed.). New York: Basic Books.

Plato. (1986). *Statesman* (S. Benardete, Ed.). Chicago: University of Chicago Press.

Rahe, P. (1992). *Republics, Ancient and Modern.* Chapel Hill: University of North Carolina Press.

Solzhenitsyn, A. (1974 – 1978). *The Gulag Archipelago* (Vols. 1 – 3). New York: Harper & Row.

Strauss, L. (1991). *On Tyranny* (V. Gourevitch & M. Roth, Eds.). New York: The Free Press.

Strauss, L., & Cropsey, J. (Eds.). (1968). *History of Political Philosophy.* Chicago: Rand McNally.

Tocqueville, A. de. (2000). *Democracy in America* (H. Mansfield & D. Winthrop, Eds.). Chicago: University of Chicago Press.

Tucker, R. (Ed.). (1978). *The Marx-Engels Reader.* New York: The Free Press.

马克·布利茨(Mark Blitz) 文

刘健 译,刘健、王超华 校

Greece, Ancient 古代希腊

古代希腊文明到公元前 4 世纪发展到顶峰,在这一文明所孕育的荷马英雄主义观念的激励下,古典时代的作家和哲学家描绘了人类对抗世界的不确定性的状态。希腊在科学、哲学、艺术、文学、宗教和政治领域的贡献影响深远。14 世纪欧洲的人文主义者重新唤醒了人们对古代希腊文化与理想的热情,而且它们仍在影响着当代的思想观念。

古代希腊文明引发了世界文化史上的两次重大变化。第一次是在马其顿的亚历山大大帝征服西亚、埃及、印度西北部并建立大帝国时，希腊的观念和习俗传播四方；第二次变化开始于 1400 年，最初在意大利，接着在欧洲西北部，衣食无忧的公民们发现古代希腊的文学作品可以有效地指引并充实他们的生活。

希腊的文明模式之所以具有如此大的吸引力，一方面在于，在几代人的时间里，希腊的一些城邦能够动员民众，使他们紧密而广泛地参与到政治与战争之中。另一方面，其非凡的公共艺术与市场经济结合。希腊人将这一不同寻常的结合称为"自由"，希腊式的自由体现在诗歌、史学、哲学等作品中，既实用又令人钦佩，吸引了其他时代其他地区孜孜不倦追求知识的公民们。在当代政治中，自由仍是重要主题，因此希腊的范例在我们的公共事务中仍有共鸣。共鸣最强烈的时期是 1914 年以前，在当时的欧洲政治领袖及其支持者们所接受的学校教育中，希腊（和拉丁）文学研究占据主导地位。1896 年奥林匹克运动会恢复举办，这是后世欧洲人效法古代希腊的一个范例。时至今日，奥运会已成为全世界的盛会。

古代希腊的兴起

古代希腊的独特性是如何形成的呢？在公元前 2000 年之后的 1 000 多年里，当说希腊语的入侵者开始从北方逐渐进入这一地区的时候，与其他地区相似的变化也同样发生于希腊。例如，最初的入侵实际是游牧民族自欧亚大陆的西伯利亚大草原向外迁徙的一个组成部分。通过这场迁徙，雅利安人进入印度，波斯人进入伊朗，赫梯人进入安纳托利亚，斯拉夫人、日耳曼人、拉丁人和凯尔特人进入了欧洲其他地区。新来者崇尚武力，原因是他们必须要防范强盗以及前来复仇的邻人抢走自己的牲畜。而且，

这些部落武士的饮食也更有优势，他们食用牛奶及奶制品，因此他们较之被征服的农耕民族更加魁梧强壮。

希腊大部分地区夏季干旱，不适宜草场生长，因此入侵者不得不更多地依靠农业生产。他们在夏天将牲畜送往高山草原，减少畜牧业生产。这一点，希腊社会与同时代的西亚社会大体一致。在西亚，来自草原的入侵者征服了数量可能更庞大的农业人口，并占据了过去由这些农业人口支撑的城市中心。至大约公元前 1600 年，通过克里特、埃及、西亚各文明中心之间的密切交流，希腊人知晓了王制政府、青铜武器盔甲、战车、文字书写以及修建大型石头建筑的技术。迈锡尼成为重要的财富和权力中心，雄伟的狮门和巨大的圆形穹顶墓见证了下令修建它们的国王的伟大功绩。乡村纳税人有时会被征召来建造这样的建筑。另外，从爱琴海和东地中海沿岸劫掠来的战利品供养着迈锡尼国王以及希腊其他地区几个类似王宫堡垒的统治者。战车和青铜武器盔甲稀有而珍贵，因此全副武装的武士数量很少。大约公元前 1200 年，当第二波入侵浪潮掀起的时候，被称为多利安人（Dorians）的说希腊语的入侵者自北方进入；他们装备了相对便宜而且数量充足的铁制武器，凭借士兵人数上的优势，压垮了旧的社会秩序。新来者很快摧毁并抛弃了迈锡尼以及其他希腊王宫堡垒。

荷马的个人英雄主义观念

伴随着这些入侵活动，一个更原始、更倡导平等主义的时代衰落了。文字消失，大型建筑不再兴建。但在七弦琴的伴奏下，游吟诗人们吟诵着他们的诗歌，记录下至少朦胧存在于人们记忆中的迈锡尼历史；这些记忆更加广泛地流传于前多利安人的希腊语族后裔中，即我们所说的爱奥尼亚人（Ionnians）。就在公元前 700 年之后，荷马创编了两部史诗，使得这种口传传统长

未经审视的生活是不值得的生活。

——苏格拉底（Socrates，前 469—前 399）

女像柱（Caryatids），即将女性雕像作为建筑的支撑柱，取代了许多古代希腊建筑中的圆柱或立柱

久保存下来。其中一部是《伊利亚特》（Iliad），它描述了阿伽门农（Agamemnon）——其身份很可能是迈锡尼国王——率军渡海进攻特洛伊（Troy）的一段重要情节。另一部姊妹篇《奥德赛》（Odyssey）则记述了奥德修斯（Odysseus）自特洛伊归返回家乡伊萨卡（Ithaca）的危险旅程。荷马史诗很快用新形成的字母文字记录下来，成为其后希腊人关于人们应如何行事的假设和理念的基础。这种新的字母文字从腓尼基传入，经过一些改动后确定下来。荷马笔下的英雄提前已知他们迟早会失败或战死，但仍要通过战场上的九死一生来寻求和获得荣耀。而且根据荷马的记叙，神祇会戏弄凡人，他们帮助一些人，又以怪诞的方式打败另一些人。然而一个重要的事实在于，神的不死特质意味着，他们不可能通过生命和身体的冒险成为真正的英雄。相反，在荷马笔下，神常常不怀好意，最终又要屈从于命运，即事物的本质，这经常通过谜一般的、静默的超自然物表现出来。然而怪异的是，人类英雄通过冒险可以超越神，至少道德上如此，而且人与神都要屈从于命运的安排。

在希腊，这种不寻常的纠结削弱了祭司和传统宗教的力量，使得各种类型的思考都致力于剖析命运，以及更深入地探究事物的本质，包括不久之后对人类社会性质和道德本质的探究。除古代希腊以外，没有其他古代文明如此关注人类的事务，如此不顾一切地将人类的推理和想象从神圣传统的束缚中解放出来。这也是之后的城市人常常感到希腊高层次的文化具有强大吸引力的原因。这些城市人有着不同的宗教背景，他们相互间的融合相处使各自所持的神圣教条逐渐失去意义。

从个人英雄主义到集体英雄主义

希腊世界最终分裂为一个个小城邦，当荷

马的英雄主义从个体、个人的追求转变为保卫这些小城邦的集体英雄主义时，希腊文明的魅力得到进一步提升。希腊的城邦经历了复杂的发展过程，由更早时代的迁徙与部落的社会形式发展而来。在多利安人入侵之后，爱奥尼亚希腊人被迫渡过爱琴海，率先在今土耳其海岸建立新定居点。由逃亡者构成的群体带有偶然性因素，因此故有的血缘纽带断裂了，他们不得不创建新的、可以维持相互间和平与秩序的方式。选举出的行政官员非常得力，其任期有限（通常是 1 年），所执行的法律需经过成年男性公民组成的公民大会的通过。这样的自治共同体逐渐兴盛起来，并于大约公元前 750 年之后开始在南意大利的西西里、爱琴海北部和黑海沿岸建立类似的新城邦。一个放大版的希腊世界开始出现，航海、贸易、或多或少相似的语言以及独特的城邦（polis）公共制度使之结合在一起（polis 是希腊人用以表示各独立自治的城市国家的专有名词）。

在希腊大陆，城邦以更缓慢的速度取代了旧有的血亲组织结构。多利安人入侵之后，随着人们定居下来，年复一年地耕种同一片土地，各地开始出现世袭国王，在由贵族土地所有者组成的议事会的协助下进行统治。他们的性质

与同时代西亚的地方统治者非常类似。不久，人口的增长带来了痛苦的社会阶层分化，贵族土地所有者和缴纳地租（和税收）的独立小农之间的差别日益明显。这一进程在亚洲没有受到抑制，很快导致新帝国和王国兴起，比如《圣经》中大卫的王国。然而在希腊，经历了大约 300 年的时间，一种完全不同的模式大行其道。

希腊的军事和经济力量

关键性的变化是希腊人开始在战争中使用方阵。从约公元前 650 年起，身着全副盔甲的农民开始接受训练：他们排成队列，每个人的盾牌都要保护旁边人的安全。事实证明，这样的作战方式要强于荷马笔下那种无组织的个人应战方式。战士们手持长矛和刀剑，排成 6 列，形成希腊人所说的一个方阵。他们协调一致的冲锋行动可以轻易击溃那些组织纪律涣散、队形不紧密的对手。一旦这种简单的战术被证明战无不胜，所有希腊城邦都采纳了它，并尽可能增加方阵的规模，以保护自己免受邻邦攻击。

参加战争的农民不得不用自己家庭农场的收入来购置方阵作战的装备，因此必须出台一些根本性措施，使他们不会因欠下富有地主的

1160

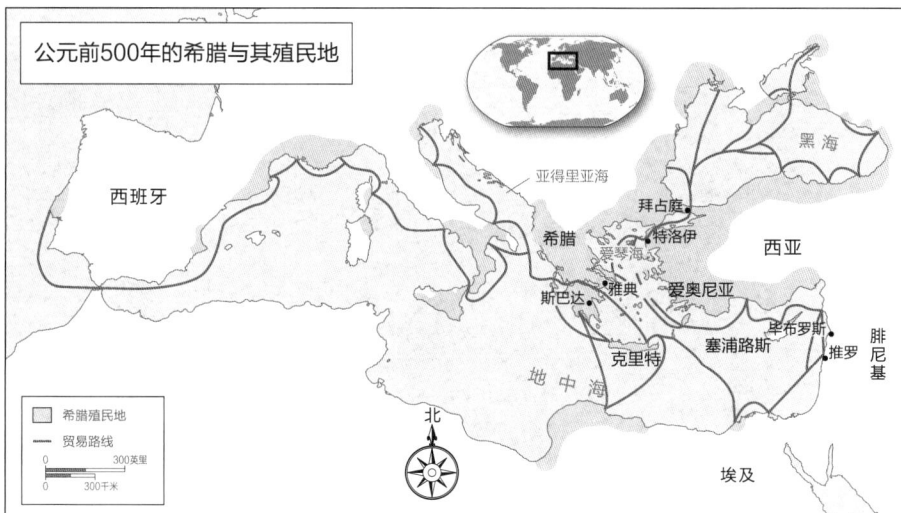

公元前500年的希腊与其殖民地

黑海
亚得里亚海
西班牙
拜占庭
希腊　特洛伊
爱琴海
西亚
斯巴达　雅典
爱奥尼亚
克里特
塞浦路斯　里布罗斯　腓尼基
推罗
地中海
北
埃及

希腊殖民地
贸易路线
0　　300英里
0　　300千米

债务而失去土地。在斯巴达，一位名叫来库古(Lycourgos/Lycurgus)的立法者(可能是传说人物)受命建立起一套军事训练制度。在这一制度中，军队由"平等人"(equals)组成，这是斯巴达公民对自己的正式称呼。斯巴达公民在 20 至 30 岁之间都生活在军营中，操练军事技艺，同吃同住。家庭生活相应地被边缘化。从邻近的美塞尼亚(Messenia)俘虏的希洛人(helots)为平等人提供食物，由此斯巴达公民专门从事战争，形成特殊的上层阶级，他们集体使用希洛人。持久的军事训练很快使斯巴达人的方阵优于其他人，到公元前 490 年斯巴达人已迫使希腊南部大多数城邦加入其同盟。

雅典是希腊世界的另一个城邦，在其后的时间里雅典城邦的历史至关重要。与来库古立法后稳定的斯巴达城邦相比，雅典国内一直处于动荡之中。前 594 年，梭伦(Solon)被选为执掌大权的首席行政长官。他开始采取措施清除雅典方阵的积弊，包括取消债务、禁止债务奴役。但梭伦树立公正和"良法"的努力并未消除富人和穷人之间的嫌隙。半个世纪后，一位篡权的贵族庇西特拉图(Pisistratos)利用武力和下层民众的支持夺取了权力，其竞争对手遭到放逐，他的儿子们得以继承权力，其家族统治延续至前 510 年。在庇西特拉图家族被武力推翻 2 年之后，另一位贵族克利斯梯尼(Cleisthenes)在雅典建立了更为民主的政治制度。相比于雅典的民主制度，斯巴达的制度是混合型的：一方面是公民精英群体的彻底平等，另一方面是对丧失权利的希洛人的残酷压迫。雅典和斯巴达的较量在波斯入侵(前 490—前 489)之后就变得公开化了。斯巴达领导的同盟包括大约 20 个希腊城邦，但同盟内部并不安分，这个同盟试图击退波斯帝国军队的入侵，而后者由波斯国王——也是当时亚洲最大帝国的统治者——薛西斯(Xerxes)领导，人数可能达到 6 万。在史家希罗多德看来，希腊人出乎意料的胜利表明，自由人优于波斯人：因为自由人只服从法律，是自愿作战；而波斯人臣服于一位君主，没有自由可言。更为普遍的看法是，这场胜利使希腊人自信心大增，开创了一个在后世看来充满创造力的黄金时代，而这些成绩尤其集中体现在雅典。

然而在当时的希腊社会，实际上不确定因素和意见分歧盛行，不间断的战争一直滋扰着

卫城及其最顶端的帕特农神庙也许是最知名的古代希腊的象征

1161

社会发展。那些生活在动荡中的人如果知道后代如何充满敬意地看待他们的成就，一定会感到非常诧异。在雅典，选举出来的官员所管理的自治政府以及全体公民都可投票的公民大会一直制造着争端，战争的动员需要不懈努力。在私人和公共生活中，新思想与新困扰转移着人们的注意力，雕塑、建筑、戏剧、历史和哲学所达到的高度被后世视为经典。

日益发展壮大的市场经济支持着希腊——尤其是雅典——全盛期令人惊叹的文明成果。希腊城邦开始铸造小额银币、铜币，甚至铁币，因而所有人都可以买卖日常消费品。反过来，日益扩张的市场使专门的生产者追求新的效能水平，因此全面丰富着社会生活。最重要的商品生产产业是橄榄（榨取橄榄油）和葡萄（酿造葡萄酒）种植。从公元前 7 世纪末开始，以出售为目标的葡萄酒和橄榄油生产在希腊南部和中部广泛发展，那里的气候和土壤适宜这些作物生长。整个地中海和黑海沿岸都是橄榄油和葡萄酒销售的潜在市场，蛮族酋长动员当地人以谷物、鱼、木材及其他原材料换取他们所需的葡萄酒和橄榄油。在相当长的时间内，进出口贸易条件非常有利于希腊人，1 英亩土地上葡萄或橄榄的产量所能换来的谷物远远超过希腊人在同等面积土地上种植谷物的收益。结果在整个古典时期，希腊经济作物的种植使得自由的、享有相当平等权利的希腊公民生活得更加闲适（供养的公民人口也更多），远远超过他们自己种植粮食作物所能够获得的收益。在西亚，城市以无回报的租税形式从其邻近的内地索取谷物；但在希腊，船只航运使城市可以从遥远的地方带来谷物和其他资源，以换取其从事农业劳动的公民每年带到市场交易的橄榄油和葡萄酒。

专门的手工产品的出口，例如图案精美的希腊陶瓶，对这种基础性的农业和原材料交换模式起到补充作用。工匠更加专业化，产品质量和数量大大提高。在几代人以后，日益增加的财富和日渐娴熟的技艺集中于少数几个商业城邦，其中以雅典最为活跃。最终，当地中海其他地区的农民也学会了栽培橄榄和葡萄之后，希腊人失去了早先的优势。希腊繁荣的乡村随之衰落，古典时代希腊人口和财富稳定增长所带来的巨大发展空间也很快萎缩。城邦的理念是英雄主义和正义，其中内在的政治矛盾导致前338 年希腊古典时代戛然而止，一位半蛮族、半希腊人身份的征服者——马其顿的腓力，剥夺了希腊城邦一直珍视的自由。在此之前，希腊的自由在各个方面都以令人不安、冷酷残忍而又令人惊讶的方式高歌猛进。

雅典的优势

对波斯战争取得胜利后，雅典和斯巴达走上了不同的道路。雅典在希波战争中扮演了耀眼的英雄角色。在薛西斯蹂躏其城市时，雅典人逃往附近的萨拉米斯岛（Salamis），拒绝投降。在雅典三列桨战舰（希腊特有的战舰，依靠附在船首上的撞击物将敌船撞沉）的帮助下，雅典人在阿提卡本土和萨拉米斯岛之间的海峡击败了波斯舰队（前 480），迫使薛西斯带着主力部队撤离希腊。第二年，波斯的余部又在普拉提亚（Plataea）遭受致命一击。之后，雅典人选择依靠他们的舰队继续战争，通过海上远征将爱琴海沿岸及更远的希腊城邦从波斯统治下解放出来。直到前 448 年，和平才真正到来。至此雅典建立了自己的帝国，最初是从波斯人手中解救希腊城市，随后又向它们征收贡赋以支持"解放"它们的雅典舰队。斯巴达最初实行收缩政策，对内防范希洛人叛乱，对雅典的突然崛起也感到惊恐。

在雅典方面，舰队每年参加战争迅速转变成内部的平衡机制。那些子嗣较多的公民缺少足够土地购买盔甲，因此加入步兵方阵；但现在他们有了一条有吸引力的新出路，可以在舰上当水手并领取微薄的薪酬，同时每个人还常常能获得战利品作为补充。在冬季，当舰船靠岸停泊时，他们可以自由参加公民大会。而那些散居阿提卡各处的农民，则只能在特殊危机爆发时前来参会。这使得财产较少的公民拥有了一个决定性的优势，可以持续他们维持生计的海上侵略政策。在几代人的时间里，农民们满足于在夏天的农闲时节参加步兵方阵，少数富有的贵族支持民主制并在其中扮演特别的角色。他们不再张扬自己排场的私人生活，反而争先将财富用于不同的公共目标，比如维护三列桨战舰、出资赞助献给狄俄尼索斯神（Dionysos/Dionysus）的悲剧表演。

虽然人口增长迅速，但雅典的公民数量仍相对较少。战争伤亡是相当重要的原因。同时，为巩固正在兴起的帝国，雅典还将几千名无地公民迁往约 12 个殖民地。在前 431 年城邦规模最大时，成年男性公民的数量在大约 3.5 万到 5 万人之间，其中有 2 万人领取国家发放的薪酬（包括在军舰上服役的水手），以及参加其他形式的公共服务，如在公民法庭做陪审员。阿提卡的总人口大概在 25 万到 35 万人之间，其中几乎一半是没有公民权的外邦人和奴隶。因此，与斯巴达一样，大多数（尽管并非所有）雅典公民都成为军事上的"平等人"；经过训练，他们能够比其他人更快更好地操作三列桨战舰，与军事训练使斯巴达士兵在陆上占有优势一样。

雅典民主制将注意力集中于战争，商业和手工业活动大部分由在雅典居住的外邦人承担。在阿提卡新发现的银矿中，奴隶充当矿工，因此他们也在经济活动中扮演重要角色。从银矿开采的白银资助了萨拉米斯海战中的 200 艘雅典战舰。银矿为阿提卡的德拉克马银币提供了原材料，这种银币很快成为地中海沿岸大部分地区通行的标准货币。

雅典经济与军事力量结合的基础包括橄榄油和葡萄酒出口、其他远程贸易交换、农民士兵参加步兵方阵、无地水手在舰船上服役。这些优势都是其他地区无法匹敌的。雅典城邦内的合作体系也常常出现不安定因素，但在前 445—前 429 年伯里克利（Pericles）统治时期，雅典人确实将荷马式的个人英雄主义转变成为城邦奉献的集体英雄主义。富人和穷人追求荣誉胜过追逐个人利益，他们心甘情愿地通力合作带来了不同寻常的成功。

然而这种成功的内涵又相当模糊，因为胜利的雅典人成为集体僭主，压制了其他人的自由。因而，大多数希腊人（包括一些雅典人）开始体会到，雅典的民主和帝国政策带有极大不公正性。争取"希腊人反对不公正僭主的自由"，不论僭主来自本土还是国外，成为人们一个发自心底的诉求，一直持续下去，并在各独立城邦由于扩大化的战争而失去自由之后的很长时间里依旧如此。

古代希腊的陶瓶画常常描绘神话中神界和人间的人物

伯罗奔尼撒战争与腓力的到来

斯巴达的集体英雄主义可追溯到来库古时代。在面对正在崛起的雅典帝国的挑战中,斯巴达居于领袖地位。继之而起的是两场战争。第一场发生在前460—前445年,最终未能分出胜负。但下一场战争,也就是雅典史家修昔底德所说的伯罗奔尼撒战争(前431—前404),则以雅典帝国和民主的垮台告终。然而,获胜的斯巴达人从一开始就饱受诟病,因为他们胜利的前提是接受了波斯人的金钱,以此创立了他们用以在海上战胜雅典的雇佣兵舰队。这场战争的规模和激烈程度深刻地改变了希腊社会。参加战争变成一种职业化、商业化的活动。不论是雅典还是斯巴达,都从外国雇佣军队和水手作为公民陆军和海军的补充。在雅典国内,在谋反者两次(前411、前404)推翻民主制后,富人与穷人分道扬镳。可以肯定的是,民主制在雅典很快得以恢复,至少形式上如此。但富人和穷人为追求共同体的伟大而达成的团结一致,却再也无法重现。相反,独立的农民-公民——士兵被雇佣兵取代;在雅典和希腊其他地区,土地主与依附于土地的耕作者之间的分歧越来越大。

同时,随着希腊人失去对橄榄油和葡萄酒出口的主导地位,商业上的繁荣也消退了。政治变成了对手之间的竞争,大土地主垄断了这种长期存在的、城邦内或相邻城邦之间的政治斗争。前404年之后,胜利的斯巴达人很快变得比曾经的雅典人更加不受欢迎。前371年,斯巴达被忒拜人(Thebans)打败。前338年,马其顿的腓力又战胜忒拜。为了维持和平,腓力本人成为希腊城邦联盟的最高指挥官。他的儿子亚历山大在无情镇压了一场叛乱之后,率领马其顿和希腊联军于前334年进攻波斯。他的胜利终结了波斯帝国。在前323年亚历山大死后,马其顿的将领们分别在埃及、亚洲和马其顿建立了他们自己的王国。希腊城邦名义上重获自由,但事实上却一直是持续不断的强权斗争中的弱者,直至公元前31年罗马人统一整个地中海区域,建立了一个更加持久的帝国。

古代希腊文化及其遗产

在公元前31年之前的很长一段时期,雅典古典时代,即前480至前338年的艺术和文学已被居住于各地的希腊富人们所熟知。正因城邦的自由大势已去、无可挽回,他们格外珍视雅典的文学遗产,以此表明自由人应如何行事、如何过一种善的生活。之后,罗马人也参与了这场怀旧活动,因为罗马共和国的自由也已成为帝国的牺牲品。因此,罗马艺术和文学的主题与思想都取材于先前的希腊传统。而最终形成的混合物,在将近1 400年之后,激励意大利和欧洲其他人文主义者去复兴古代的荣耀,他们教授年轻人阅读、崇拜、效法希腊和罗马的文学作品。

希腊思想的力量与复杂性,以及它于公元前490至前338年在雅典集中出现的状况,至今仍令我们感到吃惊。古典希腊的文学作品探究人们生存的状态,理性、想象、质疑、渴望及恐惧在其中都占有一席之地。命运、神与人之间常常不可思议地发生相互作用。最重要的是,古代希腊作家仍受到荷马的约束,他们描写人类如同英雄一般面对世间的不确定因素。希腊的雕刻家也以人类英雄的模式刻画人和神的形象;相较于此前亚洲或其他地方的传统,希腊的雕刻达到了更贴近真实的视觉效果。希腊的纪念建筑一直比较简单,其特征是圆柱门廊和直线几何形的屋顶。但精细的雕刻和比例使得它们很可能在修建之初就已获得赞赏,并且在现代也同样大受欢迎。之后几个世纪,古典希腊的雕塑和建筑式样广泛散布于欧洲和亚洲,至今仍影响着我们的许多公共建筑。

希腊的宗教

然而，除了视觉艺术、公民的团结一致以及集体英雄主义之外，希腊还留给我们其他文化遗产。理性思辨、科学和哲学都有相当程度的发展，对传统的宗教仪式和信仰形成挑战之势。从希腊社会的这个侧面能够看出，在记载了希腊宗教状况的文献出现之时，希腊的宗教已经成为一个大杂烩。古老秘密的丰产仪式，比如厄琉西斯（Eleusis）秘仪，承诺给参与者永生的生命。这样的秘仪试图匹配荷马史诗中居于奥林匹斯山巅、相互间争吵不休的神祇，但匹配的技艺并不高超。此外，希腊人还举办祭祀酒神狄俄尼索斯的迷狂崇拜仪式；通过梦境向阿斯克勒庇俄斯神（Aesclapios/Asclepius）寻求治病的方法；求取神的口谕以预测未来，比如德尔菲的口谕，那里地下冒出的烟雾使女祭司彼提亚（Pythia）迷醉，之后她会以专业祭司的方式含糊不清地将神意告知前来求取口谕之人。希腊人还脱光衣服、赤裸着参加在奥林匹亚和其他地方举办的专门节日，以此供奉神灵。其他地方的人都对这种做法感到震惊，但它却成为希腊风格的一个典型特征，并随亚历山大的军队传播到西亚各地，存在于由退役老兵建造的新的希腊式城市中。

希腊的哲学

从这样的纷扰中无法产生一种连贯的世界观。当希腊人开始海外贸易之后，他们在埃及、亚洲以及北方地区见识了更加纷繁复杂的宗教观念和实践活动。城邦的行政官员尽量协调这些宗教仪式中的矛盾因素；他们保持传统仪式，有时在仪式上做出精心安排。比如在雅典，随着崇拜狄俄尼索斯的戏剧节的发展，这种情况就表现出来。最著名的雅典戏剧家是埃斯库罗斯（Aeschylus）、欧里庇得斯（Euripides）和索福克勒斯（Sophocles），他们都用戏剧探索道德和政治问题。虽然他们主张正义、道义等城邦精神是人类生命之巨大不确定性的有益替代品，但他们从未阐释这个世界作为一个整体的意义所在。而这项任务由几个哲学家完成。最早的哲学发端于爱奥尼亚，代表人物是米利都的泰勒斯（Thales of Miletus，大约卒于公元前546年）。他迈出了关键性一步，不再理会神和精神，转而推断是城邦中的人通过无形的、有约束力的法律规范了他们自己的生活，自然也许也遵循着它自己的自然法则。例如，可能是在描述美索不达米亚的创世神话时，泰勒斯说，万物源于水，有的通过稀释，有的通过凝缩，但在此没有神的作用，水和其他物质（土、气、火）都遵循自然法则。其他人追随这一飞跃，继续在黑暗中摸索，提出一些对未来有重要意义的观点，如原子理论。数学对于早期希腊哲学家来说也具有特别的吸引力，因为几何论证法在逻辑上是确定的，并且似乎具有普遍真实性。这也许是一个通常的自然法则的模板，城邦法律本身只是其中的一个例子。萨摩斯的毕达哥拉斯（Pythagoras of Samos，约卒于前500年）将这样的观念发挥到极致。他创建了一个秘密盟会，但很快就被迫解散。毕达哥拉斯教授他的学员，世界由数构成，研究数的和谐将使人的灵魂通过轮回实现不死。毕达哥拉斯和其他早期希腊哲学家只有一些格言和著作的片段留存至今，因此对于他们为认识这个世界的意义所做出的努力，现代人知之不多，也不准确。

哲学的探讨对象逐渐转向人类事务，围绕民主制的兴起展开了激烈的争论。雅典成为无可争议的辩论中心，这并不意外。智者群体通过指导年轻人步入政治生涯而赚钱养活自己，他们教授这些年轻人如何在法庭上进行有力的辩护，而不管案情怎样。一些智者声称，对与错本就只是人类的发明而已。这反过来激起其他人的反驳，其中最有影响力的是苏格拉底。反驳者

1165

认为,对与错、真、美、荣誉、正义以及公民所珍视的其他一切观点都是不变的,是植根于物质的本性之中的。与解释他自己的信仰相比,苏格拉底对其对手的反驳更为成功。苏格拉底没有留下任何著述,但他的学生柏拉图继续在这一道路上前进;柏拉图留存至今的大量对话使我们得以审视和欣赏其思想。柏拉图试图相信,存在一个由不变的、非物质的观念构成的世界,这些观念在一定程度上保证了真理的实现。但从他后期的对话来看,他从来没有完全说服自己相信这样的世界确实存在。然而,柏拉图的对话为后来的哲学家提出了永远难以回答的问题。除此之外,柏拉图还设立了学园(Academy),年轻人可以聚集在这里进一步学习、辩论,由此为古代哲学建立了一个持久的机构框架。柏拉图的学生亚里士多德编纂了逻辑理论。在他的其他著作中,对于前辈们争论的几乎所有问题都给出了貌似合理的回答。之后的希腊和罗马哲学家仍在继续论争,直到罗马帝国皇帝查士丁尼(Justinian)在 529 年强制解散了学园。但是,对于希腊化和罗马时代上层有教养的公民阶层来说,非基督徒哲学家的观点为他们的许多个人和科学问题提供了独立于宗教权威之外的答案。

这个知识群体世俗、理性、思辨而又复杂,他们在后来挑战了(也充实了)宗教的世界观。这是古代希腊留下的最重要的遗产之一。在后来的时代,希腊的哲学和自然科学在穆斯林和基督徒中焕发新的生机,而且仍在对当代思想发生作用。

总的来说,来自古代希腊的复杂多样的遗产,仍然影响着当今世界的科学、哲学、艺术、文学、战争和政治。

进一步阅读书目:

Alcock, S., & Osborne, R. (Eds.). (1996). *Placing the Gods: Sanctuaries and Sacred Space in Ancient Greece*. Oxford, U.K.: Clarendon Press.

Andrewes, A. (1992). *Greek Society*. Harmondsworth, U.K.: Pelican Books.

Boardman, J., Griffin, J., & Murray O. (Eds.). (1991). *The Oxford History of Greece*. Oxford, U.K.: Oxford University Press.

Dover, K. J. (1997). *Ancient Greece: A Political, Social, and Cultural History*. New York: Oxford University Press.

Ehrenberg, V. (1973). *From Solon to Socrates: Greek History and Civilization during the 6th and 5th Centuries b.c.* London: Routledge.

Finley, M. I. (1982). *The Legacy of Greece: A New Appraisal*. New York: Oxford University Press.

Finley, M. I., Shaw, B. D., & Saller, R. P. (1982). *Economy and Society in Ancient Greece*. New York: Viking.

Forrest, W. H. (1966). *The Emergence of Greek Democracy, 800-400 b.c.* New York: McGraw-Hill Publishers.

Furley, D. & Allen, R. (Eds.). (1975). *Studies in Presocratic Philosophy*. New York: Routledge.

Guthrie, W. K. C. (1962-1981). *A History of Greek Philosophy* (Vols. 1-6). Cambridge, U.K.: Cambridge University Press.

Hamilton, E. (1983). *The Greek Way*. Mattituk, NY: Amereon Publishers.

Hanson, V. D. (1989). *The Western Way of War: Infantry Battle in Classical Greece*. Berkeley and Los Angeles: University of California Press.

Hurwit, J. M. (1985). *The Art and Culture of Early Greece, 1100-480 b.c.* Ithaca, NY: Cornell University Press.

Thomas, C. G. (c. 1999). *Citadel to City-state: The Transformation of Greece, 1200-700 b.c.e.* Bloomington: Indiana University Press.

Sealey, R. (1977). *A History of the Greek City-states*. Berkeley and Los Angeles: University of California Press.

威廉·麦克尼尔(William H. McNeill) 文

邢颖 译,刘健、王超华 校

Green Revolution 绿色革命

1167 　　20世纪60年代早期,玉米和小麦的高产杂交品种(神奇种子)的成功开发引起了一场富有争议的绿色革命。对于这场革命,大型商业公司和政府视之为农业与食物保障上的突破,而小农场主和生态学家们却认定它破坏环境,破坏农业生产力,忽视当地的农业文化与实践活动,造成更大的全球不平等现象。

　　1968年,美国国际农业开发局(U. S. Agency for International Development,简称USAID)主席威廉·格洛德(William Graud)提出了"绿色革命"的概念。这个概念的缘起有助于解释其在当代历史上的争议性:政府农业开发部门、跨国的化学与生物技术公司以及多边组织如世界银行等,将绿色革命视为农业生产力和食物保障上的巨大突破;而小农场主、生态学家、社会科学家、当地土著和社区活动者却认为,它破坏环境,破坏农业生产力,忽视当地的农业文化与实践活动,给发展中国家造成过度的债务负担,从而给发达国家带来更多财富,由此造成更大的全球不平等现象。为何绿色革命会产生如此两极化的反应和评价? 答案一方面在于,作为现代科学技术在农业领域的实际应用,绿色革命从来都不仅仅是农业技术或实践活动上的飞跃,它从一开始就是政治、经济和社会事件,因而引起争议也是很正常的;另一方面还在于人们如何评价它,这场农业革命到底给什么地方、什么人带来了好处,即它是否确实使既定群体受益?

定义

　　绿色革命的基本特征是:高度机械化和能源密集型的生产方法(例如拖拉机和机械收割机的使用);密集使用化学或合成肥料、农药和杀虫剂;依赖石油动力机械和石油副产品;应用高产杂交品种;大面积统一种植单一农作物(单一种植);双季种植(一年两季);大规模灌溉;持续提供专利技术、投入物资(种子、肥料、农药等)。其目标是使植物能更加有效地利用阳光、水和土壤养分。这次农业革命的核心是培育出一些适合绿色革命技术需求的专利作物品种。

起源

　　虽然绿色革命的先驱可追溯到更早的基因研究,但我们今天所知的绿色革命始于20世纪四五十年代美国科学家在墨西哥指导的研究,这些科学家来自洛克菲勒基金会资助的一个小麦和玉米研究中心。他们的目标是培育出更高 1168 产的水稻和小麦品种。推动墨西哥西北部绿色革命的关键人物是植物病理学家和基因遗传学家诺曼·博洛格(Norman Borlaug)。他的小麦品种很适合使用大剂量的氮肥和水。国际小麦和玉米改良中心于1966年成立;该中心得到洛克菲勒基金会的资助,通过开展与墨西哥政府的合作,继续博洛格的工作。在福特(Ford)和洛克菲勒基金会、联合国粮食和农业组织以及美国国际农业开发局的资金支持下,"神奇种子"在1963年之后扩展到墨西哥以外的地区,并在从土耳其到印度北部的广大区域内种植,取得巨大成功。洛克菲勒基金会还资助了一个水稻研究中心,即1960年在菲律宾成立的国际水稻研究所。该研究所研制出被称为"神奇稻"的高产矮稻品种,在东亚和东南亚的水稻种植区得到应用。来自机构与私人合作的研究中心的研究人员有选择地培育出重要粮食作物的高产品种，主要包括小麦、玉米和水稻的高秆品种。这些品种对化肥和灌溉水的适应性好，对虫害的抵御性强，适于使用机械收割机。

发达国家和发展中国家的化肥、种子公司以及政府官员，将绿色革命视为在世界范围内解决饥馑和营养不良的良方。然而这里还牵涉粮食以外的问题：除墨西哥外，美国资助的企业包围了从土耳其到韩国的社会主义世界。虽然美国的政治家和商人们的一些行为是出于对社会主义的偏见，但从苏联到中国到古巴的社会主义国家也接受了科学培育粮食作物以改善生活水平的观念。从多方面讲，绿色革命成为冷战政治的一个经济分支。

有益的成果

绿色革命发端于20世纪五六十年代，在20世纪七八十年代剧烈地改变了食物生产。1970年，大约15％的第三世界小麦和水稻种植区播种的是新型杂交种子。这一比重到1983年上升到50％以上，到1991年达到75％。支持者声称，在绿色革命技术所带来的全部经济成果中，有超过一半流向了农民。在1960年之后的35年时间里，世界上大部分地区都普遍实现了丰收：小麦作物的产量增产近3倍，水稻产量接近翻番，玉米产量在93个国家增产了两倍多。在高产水稻和小麦的支持下，许多国家都保持粮食生产水平高于人口增长的良好态势。在吸取了第一波应用的教训之后，新一波绿色革命向农民们保证，会增加净收益并减少化学品的使用。绿色革命最成功之处是增加了印度的粮食产量：1978—1979年，印度创下了1.18亿吨的粮食产出纪录，单位粮食产量比1947年增产30％。1965—1966年以来，印度再没发生饥荒。然而，其他尝试绿色革命的国家都没能复制印度的成功，也没能像印度那样由化肥生产厂和水电站等辅助设施提供大量工作岗位。玛蒂

1169

1984年灾难之后，印度中央邦（Madhya Pradesh）博帕尔城（Bhopal）内联合碳化公司（Union Carbide）的废墟。弗雷迪亚尼（Luca Frediani）摄

绿色革命承诺带来农业的丰收和繁荣。柯珠恩摄

娜·麦克格罗林(Martina McGloughlin)等支持者指出,通过绿色革命技术,更多可供销售的食物被生产出来,增加了对外贸易和国内收入,为成功的种植者提供了稳定的收入来源,也创造了农业领域之外的新工作岗位。支持者不相信生物技术作物的使用会带来基因的一致性或感染新型病菌的危险。他们声称,绿色革命技术在规模上是中性的,它提升的是发展中国家以小农场主为核心的可持续农业生产力。虽然有这样的说法,但绿色革命还是导致了世界范围内的单一种植模式,因为每种杂交品种作物为实现最大产量都需要专门的化肥和杀虫剂。通过批量购买种子、化肥和杀虫剂,以及在土地上统一种植和照管同种农作物,农民们节省了金钱。

负面的后果

然而,并非各个方面都如此乐观。虽有支持者的声援,但单一种植还是使农作物更易感染虫灾,遭受某一种虫子的侵害。当农民们转而使用更有效的石油碱杀虫剂时,抗药性更强的虫子存活下来,它们产下的后代会在下一年导致更严重的损失。著名案例包括 1970、1971 年美国发生的南部玉米叶枯萎症;20 世纪七八十年代在菲律宾、斯里兰卡、所罗门群岛、泰国、印度、印度尼西亚和马来西亚出现的攻击不同品种"神奇稻"的褐飞虱,1990 年在泰国、马来西亚和孟加拉再次发生同种虫害;最近在安第斯山脉发生了马铃薯凋萎病;几百万人罹患急性杀虫剂中毒,其中大多数是农业工人,而每年有几万人因此死去。1984 年 12 月 2 日,印度博帕尔的联合碳化公司发生了可怕的化学品泄漏事件,造成大约 3 000 人死亡、20 多万人受伤。在印度的绿色革命中,博帕尔生产的化学试剂西维因(Sevin)起到了关键性作用。此外,剂量越来越大的杀虫剂对水源、动物、人类组织和土壤产生的负面影响难以估量。哥斯达黎加为出口而单一种植香蕉,其使用杀虫剂造成的铜金属残留使之前种植香蕉的 8 万公顷土地遭到破坏,这些土地不能再用于种植国内消费或出口国外的食物,而哥斯达黎加海岸 90% 的珊瑚礁因杀

1170

虫剂而死亡。如今哥斯达黎加一些基本的农作物都依赖进口，包括豆子、玉米和水稻。

　　绿色革命需要的灌溉系统促使中国、印度、墨西哥等国兴建大型水坝工程。大型灌溉工程常常导致土地含盐量增加，即使大剂量使用化肥也无法修复这些土地。批评者将物种多样性的减少也归为绿色革命造成的后果。水稻、小麦和玉米在全球农业生产中占据统治地位，它们供给了全世界 66％ 的种子作物。叶菜类蔬菜及其他食物由于不适应氮、水丰富的种植体系而遭边缘化。批评者指出，在绿色革命之前，人类种植 3 000 多种食用作物；而如今，15 种作物为所有人提供了 85％ 以上的营养。

　　这种农业生产方式需要很高的能量，南伊利诺伊大学人类学教授恩斯特·斯库斯基（Ernest Schusky）称之为“新卡路里革命”。绿色农业的能量效率是牛耕农业能效的一半，是锄耕农业能效的 1/4。美国的谷物种植是绿色革命的模板，但这是相当消耗能源的种植方式，每产出 1 卡路里能量需要相应地消耗 8 卡路里。在批评者看来，30 年绿色革命带来的后果包括日益恶化的环境，不可持续的农业实践，社会分裂，无家可归的农民和遭到破坏的耕地，发展中国家背负上了沉重的外债负担，为偿还债务不得不出口必需的食品。

喜忧参半的遗产

　　反对者和支持者们都承认，绿色革命的收益散布不均衡。拥有稳定水源和贷款来源的相对富裕的农民从中获益；而那些由于支出过高而必须节约使用化肥和灌溉水的农民则处境艰难，他们的农业产量甚至还不如从前。农用化学工业、银行业、大型化工公司、农用机械生产商、水坝修建公司和大土地主是主要受益者。在美国和其他地区，绿色革命造成的社会后果包括：小家庭农场数量减少，农业财富集中于更

少数人手中，社会不平等状况日益严重，人口向城市集中。在中国台湾、韩国和印度尼西亚，少量人口生产了更多的食物，人们迁居城市，这些都促进了燃料工业化。在其他国家和地区，这一进程只造成了城市贫困人口增加。从各国情况来看，韩国、中国、印度和墨西哥降低或消除了对食物进口的依赖，印度成为纯粹的食品出口国。但其他国家的情况并不这么乐观：1981 年以前，发展中国家是纯粹的食物出口者；然而在 1981 年之后却成为进口区。

　　虽然印度是绿色革命的成功范本，但旁遮普地区却承受了这场革命造成的各种负面的生态和社会后果。印度儿童患有维生素 A 缺乏症，每年有 4 000 名印度儿童因此失明。新“基因革命”的拥护者称，科学家正在改良稻米的基因使其含有 β-胡萝卜素，其在肠道内的生化酶可于需要时转化成维生素 A。但批评者指出，维生素 A 的缺乏最好被看作更广泛的饮食结构不足的表现，而正是从多谷物种植体系到单一种植水稻的变化导致了这种不足。印度儿童之所以患上维生素 A 缺乏症，就是由于他们的膳食结构只有单一的水稻，其他食物很少。在混种的农业体系下，印度农民在种植水稻时还种植 brathua，这是一种富含维生素 A 的传统作物。但在绿色革命的单一种植体系中，brathua 被视为有害的植物，遭到除草剂的破坏。

　　为回应绿色革命所带来的诸多问题，一个名为“低投入可持续性农业”（LISA）的农业项目于 20 世纪 80 年代末在美国、古巴和西欧兴起（1990 年它在美国被重新命名为可持续性农业研究和教育项目［SARE］）。该项目开展牲畜牵引、谷物和牧场轮种轮休、土壤保持、有机土壤修复、生物灭虫、对人体无害的微生物肥料和生物灭虫法研究，以此取代农业对重型农机和化学品的依赖。LISA 在古巴进行的一场实验受到密切关注。1991 年，在古巴，苏联杀虫剂和石油补贴的终止导致了以绿色革命为基础的食物生

世界文明的命运依赖于为全人类提供体面的生活。

——诺曼·博洛格(Norman Borlaug, 1914—2009)

产体系崩溃,从 1991 到 1995 年几乎造成饥荒。1993 年,古巴政府开始打破大规模国家农场制度,将土地制度转变成合作社,在全国范围内以 LISA 模式取代苏联绿色革命。其食品生产从 1995 年的低点逐渐缓慢回升,到 2005 年达到原有水平,并且还在不断增长。合作社制度是其中的一个重要影响因素(截至 2008 年,古巴国家拥有全国 65% 的可耕种土地,合作社拥有 35% 的土地,但其产出的农产品却占全古巴农业总产量的 60%)。

影响和方向

绿色革命既有热情的支持者,也有批评的声音。支持者希望能够降低其负面的后果,因此积极地推动基因革命。基因革命将无关联物种各自的基因(及可取的特性)结合在一起,以生产出带有新特性的植物,而这些特性是农民通过传统种植无法产出的。其结果就是"转基因"作物的出现,比如含有 β-胡萝卜素的大米,或能生成杀虫自卫物质或抵御疟疾和霍乱的疫苗的植物。那些拥护 LISA 的人则支持生态农业,主要依靠小农和科学家的努力,将传统与现代的农耕方法结合,减少杀虫剂和化肥的使用,筛选适合不同土壤和气候的自然生物品种,终结单一种植和出口导向,用科学提升农业生产和保护自然生态体系。在 21 世纪的前十几年,人们的抉择不仅会影响未来人们能够吃到的食物的品种和数量,还会影响我们所在星球本身的生态健康。

进一步阅读书目:

Altieri, M. A., & Rosset, P. (1996). Comment and Reply: Strengthening the Case for Why Biotechnology Will Not Help the Developing World: A Response to McGloughlin. *AgBioForum: The Journal of Agrobiotechnology Management & Economics*, 2(3-4), 14. Retrieved January 22, 2004, from http://www.agbioforum.org/v2n34/v2n34a14-altieri.htm

Environmental Health Fund and Strategic Counsel on Corporate Accountability. (1999). *Beyond the Chemical Century: Restoring Human Rights and Preserving the Fabric of Life: A Report to Commemorate the 15th Anniversary of the Bhopal Disaster December 3, 1999*. Retrieved January 22, 2004, from http://home.earthlink.net/~gnproject/chemcentury.htm

Evenson, R. E., Santaniello, V., & Zilberman, D. (2002). *Economic and Social Issues in Agricultural Biotechnology*. New York: CABI Publishing.

Foster, J. B. (2001). *The Vulnerable Planet: A Short Economic History of the Environment*. New York: Monthly Review Press.

Foster, J. B. (2002). *Ecology Against Capitalism*. New York: Monthly Review Press.

Foster, J. B. (2009). *The Ecological Revolution: Making Peace with the Planet*. New York: Monthly Review Press.

Funes, F., Garcia, L., Bourque, M., Perez, N., & Rosset, P. (2002). *Sustainable Agriculture and Resistance: Transforming Food Production in Cuba*. Oakland, CA: Food First Books.

Ganguly, S. (1998). *From the Bengal Famine to the Green Revolution*. Retrieved January 22, 2004, from http://www.indiaonestop.com/Greenrevolution.htm

Greenpeace. (2002). *The Real Green Revolution—Organic and Agroecological Farming in the South*. Retrieved January 22, 2004, from http://archive.greenpeace.org/geneng/highlights/hunger/greenrev.htm

Hughes, J. D. (2001). *An Environmental History of the World: Humankind's Changing Role in the Community of Life*. London: Routledge.

Lappe, F. M., Collins, J., & Rosset, P. (1998). *World Hunger: Twelve Myths* (2nd ed.). New York: Grove Press and Earthscan.

Leff, E. (1995). *Green Production: Toward an Environmental Rationality*. New York: Guilford.

McGloughlin, M. (1999). Ten Reasons Why Biotechnology Will be Important to the Developing World. AgBioForum:

1172

The Journal of Agrobiotechnology Management & Economics, 2 (3 - 4), 4. Retrieved January 22, 2004, from http://www. agbioforum. org/v2n34/v2n34a04-mcgloughlin. htm

McNeill, J. R. (2000). *Something New under the Sun: An Environmental History of the Twentieth Century*. New York: W. W. Norton.

Perkins, J. H. (1997). *Geopolitics and the Green Revolution: Wheat, Genes, and the Cold War*. New York: Oxford University Press.

Pimentel, D., & Pimentel, M. (1979). *Food, Energy, and Society*. New York: Wiley.

Pimentel, D., & Lehman, H. (Eds.). (1993). *The Pesticide Question: Environment, Economics, and Ethics*. New York: Chapman & Hall.

Poincelot, R. P., Horne, J., & McDermott, M. (2001). *The Next Green Revolution: Essential Steps to a Healthy, Sustainable Agriculture*. Boca Raton, FL: CRC Press.

Raffensperger, L. (2008). Changes on the Horizon for Cuba's Sustainable Agriculture. Retrieved April 26, 2010, from http://earthtrends. wri. org/updates/node/306

Rosset, P., & Benjamin, M. (Eds.). (1994). *The Greening of the Revolution: Cuba's Experiment with Organic Agriculture*. Melbourne, Australia: Ocean Press.

Schusky, E. L. (1989). *Culture and Agriculture: An Ecological Introduction to Traditional and Modern Farming Systems*. New York: Bergin & Garvey.

Sharma, M. L. (1990). *Green Revolution and Social Change*. Lahore, Pakistan: South Asia Books.

Shiva, V. (1992). *The Violence of the Green Revolution: Third World Agriculture, Ecology and Politics*. London: Zed Books.

Sinha, R. K. (2004). *Sustainable Agriculture: Embarking on the Second Green Revolution with the Technological Revival of Traditional Agriculture*. Jaipur, India: Surabhi Publications.

Tolba, M. K., & El-Kholy, O. A. (Eds.). (1992). *The World Environment, 1972 - 1992*. London: Chapman & Hall.

World Resources Institute. (1996). *World Resources, 1996 -1997*. New York: Oxford University Press.

亚历山大・祖卡斯(Alexander M. Zukas) 文

邢颖 译,刘健、王超华 校

Gregory VII　格列高利七世

教皇格列高利七世(约 1020—1085,罗马天主教教皇,圣徒)约出生于 1020 年,授教名希尔德布兰德(Hildebrand)。在 1073 年他本人被选为教皇之前,他曾服侍过六任教皇。他的神学思想的核心在于,教会高于世俗国家,教皇的权威是所有重要的教会争端的最终仲裁。他在 1584 年被祝圣,在 1728 年被封圣为教皇圣・格列高利七世。

1173

教皇格列高利七世教名希尔德布兰德,他被认为是罗马天主教会乃至欧洲历史上最有影响的教皇之一。

虽然他早年的生活经历不为人知,但可以肯定他出身卑微,在很小的时候就被送到罗马的一个克吕尼(Cluniac)修道院接受教育。作为一名本笃会(Benedictine)修士,他成为未来教皇格列高利六世的侍从,后又担任他的牧师。在他本人当选教皇以前,希尔德布兰德曾服侍过六位不同的罗马教皇,积累起了权力和名望。他杰出的管理才干使他后来成为罗马天主教会的首脑。希尔德布兰德的神学思想主要包括两个核心主题：教会高于世俗国家；所有重要的教会争端都要由教皇裁决。由于坚持这些观点，他在位期间教会内外争斗不断。

教皇亚历山大二世（Alexander II）去世后（1073），希尔德布兰德被宣布为新任教皇。他认同他最早的宗主格列高利六世留下的记忆和遗产，于 1073 年被尊崇为格列高利七世。在他接掌天主教会领袖之位时，天主教会正经历历史上最严重的一次道德危机。他在道德上的决断促使他在教会内部实行改革，向一些最重要的问题宣战：买卖圣职，教职人员不禁欲，世俗人员被授教职。这位改革派教皇关心的另一个问题是要将东部的基督教徒从塞尔柱突厥人手中解放出来。拜占庭皇帝麦克尔七世（Michael VII，1068—1078 年在位）曾致信教皇（1073）。作为回应，格列高利七世写信给欧洲的君主和亲王，敦促他们团结起来保卫东方基督教。然而，这个号召所换来的只是无动于衷或反对。

1174

在努力改革教会、恢复其完整性的时期，这位教皇（1074）剥夺了许多买卖职位的主教的教职。同年，他发布一道教皇通谕，人们可不再服从那些允许手下牧师结婚的地方主教。1075 年，他下令废除世俗人员的教职。最后，他确认了格列高利六世提出的精神统治权高于世俗君主的观念。在努力改革教会的过程中，格列高利七世遭遇非常大的阻力。反对者不仅包括世俗之人，也包括牧师，甚至还有主教。最终，格列高利七世与他的主要对手神圣罗马帝国皇帝亨利四世（Henry IV，1050—1106）展开了激烈的论战。

教皇与皇帝的争辩被称为"主教叙任权之争"（Investiture Controversy，1075—1122）。双方辩论的主题主要是：在基督教欧洲占据统治地位的到底是皇权还是教权。亨利四世和格列

费德里科·祖卡里（Federico Zuccari）的《教皇格列高利七世赦免亨利四世皇帝》（*Pope Gregory VII absolving Emperor Henry IV*）。据说皇帝赤足在雪中站立三日，以祈求教皇的宽恕

高利七世相互开除教籍，将这场论战推向高潮。格列高利七世想要罢黜亨利四世，挑选一位新皇帝。在他赴奥格斯堡（Augsburg）途中，亨利四世赶到卡诺莎城堡（Castle of Canossa）与他会面。据说这位皇帝于雪中赤足站立三日，才求得教皇的宽恕。虽然事态暂时平息下来，但随后两位领袖间的斗争致使亨利四世出兵罗马，而教皇被迫逃走寻求避难。

1085 年 5 月 25 日，教皇格列高利七世卒于萨莱诺（Salerno）。死前格列高利七世赦免了所有曾被他开除教籍的人，只有亨利四世和伪教皇吉伯特（Guibert）除外。根据宗教史的叙述，教皇临终前最后的遗言是："我热爱正义、痛恨不公，因而死于放逐。"他的遗体葬在萨莱诺的圣·马修大教堂（Church of Saint Matthew）。希尔德布兰德于 1584 年被祝圣。1728 年，教皇本笃

十三世（Benedict XIII）将他封为圣徒，是为　　　圣·格列高利七世教皇。

进一步阅读书目：

Coppa, F. J. (1999). *Encyclopedia of the Vatican and Papacy*. Westport, CT: Greenwood Press.

Cowdrey, H. E. J. (1998). *Pope Gregory VII, 1073–1085*. New York: Oxford University Press.

Cowdrey, H. E. J. (2000). *Popes and Church Reform in the 11th Century*. Burlington, VT: Ashgate Publishing.

Cowdrey, H. E. J. (2002). *The Register of Pope Gregory VII, 1073–1085: An English Translation*. New York: Oxford University Press.

Levillain, P. (2002). *The Papacy: An Encyclopedia*. New York: Routledge.

米歇尔·塔弗（H. Micheal Tarver）文
卡洛斯·马尔克斯（Carlos E. MÁRQUEZ）文
邢颖 译，刘健、王超华 校

Guevara, Che　切·格瓦拉

革命家埃内斯托·切·格瓦拉（Ernesto "Che" Guevara，1928—1967）出生于阿根廷。20世纪中叶，他对国际社会正义事业做出巨大贡献，从而闻名于世。虽然他在古巴、刚果、玻利维亚宣扬的游击战策略令他毁誉参半，但他的著作使人们可以从一个国际主义者而非民族主义者的视角洞察世界历史。

埃内斯托·切·格瓦拉的形象广为人知，世界各国的人广泛将其视为拥有社会正义感、理想主义和反叛精神的人物。格瓦拉是阿根廷人，却为古巴、刚果和玻利维亚的独立而斗争，他代表了一个献身国际社会主义的、无国界的"新人类"。他出版了批判资本主义和帝国主义的著作，表达出20世纪的问题和解决方案都要在全球视野下考量的思想。

格瓦拉于1928年出生于阿根廷的罗萨里奥（Rosario）。由于罹患严重的哮喘病，9岁之前格瓦拉都是在家自学。他一生如饥似渴地阅读，到成年时，对文学、拉丁美洲和西班牙诗歌、法国存在主义哲学、马克思列宁主义、心理学和考古学等学科的知识都有涉猎。1952年12月，格瓦拉从医学院休学8个月，与一位友人一同在南美洲游历。他亲眼见到整个南美洲土著人的普遍生活状态，尤其对智利铜矿矿工的工作条件有所感触。他将拉丁美洲的经济问题归结为外国公司的大肆入侵。

1953年大学毕业后，格瓦拉继续他的游历，来到危地马拉市。当时危地马拉的总统——雅各布·阿本斯（Jacobo Arbenz）正在与美国联合果品公司展开斗争，因为该公司要求占据危地马拉的肥沃土地。格瓦拉在此结识了秘鲁活动家希尔达·加德亚（Hilda Gadea），后者将毛泽东思想介绍给格瓦拉。1954年，在美国中央情报局（CIA）的支持下，阿本斯政权被推翻，危地马拉陷入了持续40余年的政治暴乱之中。格瓦拉亲身经历了这场政变，他由此更加坚定地认为，拉丁美洲在20世纪50年代的主要问题是

沉默是另一种方式的争辩。

——切·格瓦拉（1928—1967）

"扬基帝国主义"（Yankee imperialism）。在他看来，这是融合了政治、军事和经济的强权，美国的政策制定者、商业公司及其在当地的同伙利用这种强权控制了这一地区的经济。他还相信，要解决拉丁美洲大部分地区的问题，武装革命是必需的手段。

格瓦拉和加德亚就此分别，各自去寻求自己国家使馆的保护。之后他们又偶然重逢于墨西哥城，并结为夫妇。格瓦拉在墨西哥城与菲德尔·卡斯特罗（Fidel Castro，1926—2016）相遇。卡斯特罗在1953年曾试图推翻古巴独裁者巴蒂斯塔（Fulgencio Batista）的统治，但遭遇失败。在被囚禁一年多之后，卡斯特罗和其他古巴流亡人士在墨西哥城重新建立组织。卡斯特罗和格瓦拉很快建立起联系。与格瓦拉的关切一样，古巴人也对美国在拉丁美洲的强权感到忧虑，并计划改变这一状况。1956年11月25日，81名古巴人和格瓦拉发动了对古巴的进攻。

格瓦拉最初的工作是做军医。但事实证明，他也是一名优秀的游击队员。在这场起义中，他升至最高军衔。1958年1月，正是他的纵队进入哈瓦那，标志着古巴革命军取得胜利。在战争期间，格瓦拉开办了一所教游击队员识字的学校，创办了一份刊物和一个无线电电台。他还遇见了阿莱伊达·马奇（Aleida March），她成为他的第二任妻子。他后来还出版了第一部有关古巴革命的正史书籍，并推广了游击战的游击中心理论。该理论提出，小股尖锐的队伍可以为更大规模的革命创造条件。

战后，格瓦拉成为工业部长以及国家银行行长。但他的众多出版物、演说以及世界知名的古巴革命代言人的形象令他毁誉参半。作为"新人类"的原型，格瓦拉以道德为行动出发点，希望最终能消灭金钱经济。他鼓励国际合作开展社会主义社会建设，代表了一种人道的马克

表现切·格瓦拉的标志性照片《英勇的游击队员》（*Guerrillero Heroico*），摄于1960年3月5日，当时格瓦拉31岁。阿尔贝托·柯尔达（Alberto Korda）摄

思主义思想，为反对斯大林主义的共产主义者提供了一种新的可能性。

虽然格瓦拉很勤政，但当时的形势显然不适合他。1965年，格瓦拉从古巴"消失"，悄悄地组织了一场游击战以争取刚果的独立，但最终惨败。虽然格瓦拉在致卡斯特罗的告别信中宣布放弃他的古巴公民身份，但1966年他还是回到古巴。格瓦拉决定不虚度光阴，因此，他在当年秋天又发动了他一生中的最后一次游击战，希望能在玻利维亚激发起一场农民革命。他的游击队员在1967年10月8日进行了最后一场战役，他们的对手是美国中央情报局支持下的玻利维亚政府军别动队。格拉瓦被俘，并在第二天遭到处决。

格瓦拉留下的革命遗产及其革命的方法引起争议，但他将帝国主义作为一种理解过去和现在的方式，使人们可以从一个国际主义者而非民族主义者的视角洞察世界历史。他的思想

1176

以及最终的牺牲仍然激励着社会正义运动。可以肯定地说,格瓦拉以一名国际革命家的身份在世界历史上占据一席之地;但他作为一名社会和政治思想家的贡献仍有待肯定。

进一步阅读书目:

Anderson, J. L. (1997). *Che Guevara: A Revolutionary Life*. New York: Grove Press.

Castañeda, J. G. (1998). *Compañero: The Life and Death of Che Guevara* (M. Castañeda, Trans.). New York: Vintage Books.

Gadea, H. (1973). *Ernesto: A Memoir of Che Guevara: An Intimate Account of the Making of a Revolutionary by His First Wife, Hilda Gadea*. London: W. H. Allen.

Guevara, C. (1961). *Guerrilla Warfare* (J. P. Morrat, Trans.). New York: Monthly Review Press.

Guevara, C. (1968). *Reminiscences of the Cuban Revolutionary War* (V. Ortiz, Trans.). New York: Monthly Review Press.

Guevara, C. (1969). *Che: Selected Works of Ernesto Guevara* (Bonachea & Valdes, Ed.). Cambridge, MA: MIT Press.

Guevara, C. (1972). *Venceremos: The Speeches and Writings of Che Guevara* (2nd ed., J. Gerassi, Ed.). New York: Macmillan Co.

Guevara, C. (1995). *The Motorcycle Diaries: A Journey around South America* (A. Wright, Trans.). London: Verso.

Pe'rez-Stable, M. (1993). *The Cuban Revolution: Origins, Course, and Legacy*. New York: Oxford University Press.

埃里克·马丁(Eric L. Martin) 文

邢颖 译,刘健、王超华 校

Guilds 行会

在历史上,工匠、商人和其他工人各自组成了行会,以此使各行业内部的活动有章可循。随着法律地位的提高,行会以明确的条款规范生产,制定学徒制的规矩,既限制了内部的竞争,又抵御了国外的竞争。到 19 世纪初,随着经济管制的逐渐放开,行会被认为阻碍了进步,在世界范围内遭到取缔。

不论是中世纪还是现代,行会都可被理解为一种社团组织,它在西欧尤其典型,由工匠、商人及其他从事同种工作且不得不遵守某些规定的工人组成。行会在意大利被称为 corporazioni 或 arti,在德国是 zunfte、gilden 或 handwerke,在法国是 métiers 或 corps,在西班牙是 gremios,在波罗的海沿岸各国被称为 gilde。

行会历史悠久。在古代希腊城邦中就有以宗教和慈善为目的的社团组织。从公元前 3 世纪起,在古代埃及和古代罗马,它们也作为受国家控制的自由社团(collegia、corpora 或 artes)兴起。随着罗马帝国衰落、蛮族入侵和城市的衰落,这些社团也消失了。1000 年以后,它们在整个西欧范围内再度复兴,但这些社团与之前那些团体并无很大关联。相比之下有证据表明,拜占庭的行会起源于罗马。日本行会的兴起比其他国家都晚,在 17 到 18 世纪之间,城镇的商人(或称 chonin)才联合在一些特权社团组织之下对抗封建地主。至于阿拉伯城镇,我们不知道任何有关 15 世纪之前工匠或商业公会的信息。在印度，17 世纪在莫卧儿帝国的统治之下行会得到发展，通过这种组织联合在一起的大多为商人，但它们仍受国家控制。在君士坦丁堡，政府常常直接任命行会的首脑，因为行会的职责是为城市提供食物。奥斯曼帝国的情况也是如此。但在中国，行会势力微弱，或根本不存在，因为外国商人在那里占据优势。在英国，行会的存在最早可追溯到 1087 年。

托马斯·德·凯瑟(Thomas de Keyser) 的《阿姆斯特丹金匠行会的长官们》(*The Syndics of the Amsterdam Guild of Goldsmiths*，1627)。布面油画。托莱多艺术博物馆

欧洲行会既可能是职业范围非常狭窄的社团(制绳工、梳毛工)，但也可能非常广泛(制衣工)。一个著名的技术行会兴起于西班牙，即 mesta，它是绵羊饲养者的组织，由卡斯提尔的阿方索十世(Alphonso X of Castile)在 1273 年建立。行会有时与少数族裔有关。例如，在 13 世纪后期的西班牙图德拉(Tudela)，摩尔人(Moors)垄断了冶铁和制革业。但这是西班牙唯一的例子，在其他地方也没有再发生；因为从几乎整个欧洲的情况来看，少数民族通常被排除于行会之外。犹太人更是被彻底地排除在外，他们通常被禁止组织自己的行会，至少在 17 世纪之前都是如此，只有特许的情况除外。因此，1684 年哈布斯堡君主暨匈牙利国王斐迪南三世(Ferdinand III)发布的国王敕令，即允许布拉格的犹太人参与所有种类的工作，是一个重要转折的标志。

随着法律地位的提高，行会以明确的条款规范生产，制定学徒制的规矩，既限制了内部的竞争，又抵御了国外的竞争。行会对内指派官员，其成员资格被分成师傅和学徒(意大利语是 maestri 和 garzoni；法语是 maître apprendistes 和 garçons；德语是 meister[师傅]、geselle[学徒期满的熟练工]和 schelinger[学徒])。每个行会都享有特别的审判权，成员之间的争论和有关商贸活动的技术争端由行会首脑裁决。从 12 世纪开始，行会在城镇中成为具有法律地位的独立团体。

随着时间的推移，在许多国家，大型和小型行会之间出现巨大的政治差别：前者常常由商人组成(例如巴黎的 six corps marchands、巴塞尔的 herrenzunfte、1293 年在佛罗伦萨掌权的 arti maggiori)；而后者大多由工匠构成。行会组织所在的地点也决定了它们之间的差别：威尼斯、西西里、法兰西、阿拉贡、加泰罗尼亚、德意志帝国的一些区域、印度的莫卧儿帝国，是中央权力能够保持特权的地区；还有一些地区，中央权力不得不与利益阶层分享特权。因此在一些独立的大城市，如米兰、佛罗伦萨、锡耶纳、博洛尼

1179

亚、佛兰德斯的城市以及一些德国城市,行会在政府中扮演了政治角色。然而随着大民族的形成,行会失去权势,变成日益封闭、垄断的圈子。

到 18 世纪,启蒙运动学说和英国自由主义思潮出现,经济逐渐放开,行会被视为进步的阻碍。1770 年,行会体系在欧洲首次被托斯卡纳的利奥波德二世(Leopold II of Tuscany)废除;1791 年被法国国家议会废除;最终在 18 世纪末 19 世纪初的拿破仑时代,几乎整个欧洲和世界各地都废除了行会。

1180

进一步阅读书目:

Baer, F. (1970). Guilds in Middle Eastern History. In M. A. Cook (Ed.), *Studies in the Economic History of the Middle East* (pp. 34 – 98). London: Oxford University Press.

Kramer, S. (1905). *The English Craft Guilds and the Government*. New York: Columbia University Press.

MacKenney, R. (1987). *Tradesmen and Traders: The world of the Guilds in Venice and Europe, c. 1250 – c. 1650*. London: Croom Helm.

Martin Saint-Leon, E. (1922). *Histoire des corporations de métiers* [History of the Guilds]. Paris: Alcan.

Pini, A. I. (1986). *Città, comuni e corporazioni nel Medioevo italiano* [Towns and Guilds in the Italian Middle Ages]. Bologna, Italy: Clueb.

Wischnitzer, M. (1965). *A History of Jewish Crafts and Guilds*. New York: Jonathon David Co.

米歇尔·西蒙耐托(Michele Simonetto) 文

邢颖 译,刘健、王超华 校

Gum Arabic　阿拉伯树胶

古代埃及人在制作木乃伊的过程中使用阿拉伯树胶,这是从撒哈拉和阿拉伯沙漠附近生长的树木中提取的一种类似汁液的物质。后来人们认定其很有价值,可作饮料增稠剂、墙面釉和美发用品。19 世纪初,它在桑蚕丝和棉布制造业中的使用导致其贸易额迅速增加。时至今日,在化妆品、蜜饯和饮料生产中仍然在使用阿拉伯树胶。

1181

阿拉伯树胶是亚欧区域贸易中最古老、用途最多的商品。它是一种无味、粘稠、色淡、类似液体的物质,从生长在撒哈拉和阿拉伯沙漠边缘地区的几种阿拉伯橡胶树中提取。当干燥的沙漠风使阿拉伯橡胶树裂开时,阿拉伯树胶会自然渗出。收胶工人也可用刀在橡胶树上切一个小口,人工提取渗出的阿拉伯树胶。

在古代埃及,工匠们在制造墨水以及制作木乃伊的过程中使用阿拉伯树胶。在撒哈拉和阿拉伯沙漠的社会中,它被用作食品、饮料和胶水的增稠剂,用作抹墙泥的墙面釉,用于美发用品中,用在木头上做绘画的基料,同时也是治腹泻的药物。它在邻近地区还有许多其他用途,包括造纸和织物整理等。

公元第 2 个千年中期之前,阿拉伯树胶从阿拉伯和北非进入地中海和西南亚市场。到 15 世纪航海革命后,欧洲水手在西撒哈拉沿线发现了充足的阿拉伯树胶资源。然而这一地区出口的阿拉伯树胶仍十分有限,直到 18 世纪大工场主改进生产技艺,在桑蚕丝和棉布制造业中使用阿拉伯树胶，情况才发生改变。自此以后，阿拉伯树胶的重要性大大提升，"胶岸"（gum coast）成为各国争夺的焦点。

季节性采购阿拉伯树胶的主要市场位于撒哈拉沙漠边缘的毛里塔尼亚，还有地势较低的塞内加尔河沿岸港口。控制阿拉伯树胶收获的阿拉伯-柏柏尔人（Arabo-Berber）部落剥削奴隶做辛苦的收胶工人。奴隶们把胶装到皮囊中，然后用公牛驮着带到市场上出售。欧洲商人沿着撒哈拉边缘地带从沙漠游商手中购胶，装载到他们的船上。非裔欧洲商人在河岸市场从沙漠商人那里购买更多的阿拉伯树胶，囤积到塞内加尔河口的塞内加尔圣路易（Saint-Louis du Sénégal）仓库中，之后转运到跨洋货轮上。

七年战争（1756—1763）期间，在美国出生、在伦敦活动的阿拉伯树胶商人托马斯·卡明（Thomas Cumming）带领一支小规模的英国海军舰艇远征队，成功占领塞内加尔圣路易的法国殖民地。英国曾两次对塞内冈比亚（Senegambia）北部施行殖民统治（1758—1779），1758年对圣路易的占领是第一次统治的标志。此外，英国人还在拿破仑战争期间短暂控制圣路易。

19世纪二三十年代，阿拉伯树胶的出口数量成倍增加。阿拉伯树胶交易成为欧洲、欧洲-非洲以及撒哈拉南部边缘地区、临大西洋地带

的阿拉伯-柏柏尔商人和阿拉伯-柏柏尔战士关注的焦点。进出口交换的比价对阿拉伯-柏柏尔人非常有利，一种被称为 guinée 的靛青布料大量进口到这个地区。沙漠商人擅长利用其市场地位，使活动于圣路易的欧洲和欧洲-非洲阿拉伯树胶商人保持着激烈的竞争关系。19世纪三四十年代，许多欧洲-非洲商人欠下巨额债务。阿拉伯树胶贸易危机激怒了法国，促使其在19世纪50年代征服了地势更低的塞内加尔河谷。这个行动的部分原因也是要打破沙漠战士团体的势力，重新整合阿拉伯树胶贸易。这次征服使法国首次在撒哈拉以南非洲占领了内陆领地。

之后，圣路易的进出口贸易公司掌控了阿拉伯树胶贸易，阿拉伯树胶在整个19世纪一直是塞内加尔河谷的主要出口商品。然而，随着新工业产品和生产过程的改进，自然胶的重要性下降，阿拉伯树胶的价值随之大幅下跌。新资源在苏丹得到发展，当地人工种植的阿拉伯橡胶林在20世纪成为供应世界阿拉伯树胶需求的主要来源。

从19世纪中期开始，阿拉伯树胶退回到它早先作为一种自然产品的地位，在世界贸易体系中的地位愈加微不足道。今天，阿拉伯树胶仍然用途广泛，在平版印刷、化妆品、蜜饯和饮料生产中都有使用。

进一步阅读书目：

Curtin, P. D. (1975). *Economic Change in Pre-colonial Africa: Senegambia in the Era of the Slave Trade*. Madison: University of Wisconsin Press.

McLane, M. O. (1986). Commercial Rivalries and French Policy on the Senegal River, 1831—1848. *African Economic History*, 15, 39 – 67.

Roberts, R. (1992). Guinée Cloth: Linked Transformations in Production within France's Empire in the Nineteenth Century. *Cahiers d'Études Africaines* (Notes on African Studies), 32, 597 – 627.

Webb, J. L. A., Jr. (1995). *Desert frontier: Ecological and Economic Change along the Western Sahel, 1600 – 1850*. Madison: University of Wisconsin Press.

Webb, J. L. A., Jr. (1997). The Mid-eighteenth Century Gum Arabic Trade and the British Conquest of Saint-Louis du Sénégal, 1758. *Journal of Imperial and Commonwealth History*, 25(1), 37 – 58.

詹姆斯·韦伯（James L. A. Webb Jr.）文
邢颖 译，刘健 校

H

Hammurabi　汉谟拉比

1185　　巴比伦国王汉谟拉比(前 1792—前 1750 年在位)是一位有才干的军事指挥官和一位充满智慧的政治家。他的一块大石碑最为著名,其上刻写了 282 条法律条文。这部被称为《汉谟拉比法典》(*Code of Hammurabi*)的法律汇编是巴比伦第一王朝留存下来的篇幅最长的文献,其中包括一篇结语,内容是诅咒破坏石碑之人和护佑适当整修石碑之人。

汉谟拉比在位统治时间从公元前 1792 年至前 1750 年(根据最广为接受的古代美索不达米亚编年体系),是巴比伦第一王朝(前 1894—前 1595)的第 6 位君主,也是最杰出的一位。从人种上看,第一王朝的统治者都属于阿摩利人(Amorites)。他们来自非常边远的地区,但其中一些人在公元前第 2 个千年初成为巴比伦和叙利亚城邦的统治者。当第一王朝最早的成员——汉谟拉比的祖先苏姆阿布(Sumuabum)开始施行统治时,巴比伦只是一个规模相对较小的、不太重要的城镇。到汉谟拉比的父亲辛

刻写有汉谟拉比法律条文的著名石柱的细节。法国卢浮宫博物馆

姆巴利特(Sin-muballit,前 1812—前 1792 年在位)统治时期,巴比伦的版图有所扩大,其权威延伸至附近几个城镇。汉谟拉比从他父亲手中继承的国家已具相当规模,面积粗略估计有大约 1 万平方千米。

事实证明,汉谟拉比既是一位有才干的军事指挥官,也是一位充满智慧和忍耐力的政治家。他与几个规模相当的城市国家的统治者联合,打败了他们的共同敌人;而当机会出现时,他又改变联盟策略,转而进攻之前的盟邦,以扩大自己的领土。他击败了强大的拉尔萨城(Larsa)长期在位的国王里姆辛(Rim-Sin,前 1822—前 1763 年在位)。拉尔萨是南部伊姆塔巴国(Emutbal)的首都,汉谟拉比从此一举将美索不达米亚南部的大部分地区置于自己的统治之下。两年之后,他在位的第 32 年,他征服了之前的一个盟邦,即距幼发拉底河上游约 400 千米的马瑞城(Mari),使巴比伦成为美索不达米亚的重要势力。在领土规模和实力上能与之竞争的,只有叙利亚王国亚姆哈德(Yamhad)及其首都阿勒颇城。这一时期巴比伦本身出土的考古和文字资料很少,因为不断上涨的水位给挖掘活动造成巨大障碍。然而,从处于巴比伦统治下的邻近城市可以获得大量证据,因此我们能很好地了解这一时期的社会结构、经济和政治阴谋。文献证据包括许多王室(献祭)铭文,还有大量法律文书和信件。许多信件都来自汉谟拉比本人(肯定是他口述、书吏抄写),他写信给各主要城市的高级官吏。信件内容包1186

如果任何人购买了国王赐予地方长官的牛或羊，那么他就失去了他的钱。

——汉谟拉比，法典第 35 条（公元前 18 世纪）

括：命令他们归还非法从一个农民手中抢走的田地，或命令他们疏浚当地的水渠，或征收一些赋税，等等。显然，即使是大帝国管理中的细枝末节，他都要亲力亲为。我们对汉谟拉比军事扩张的了解大多来自他统治时期的年名。在这一时期，美索不达米亚南部纪年用国王的重要事件或活动命名，如"他打败伊姆塔巴国及其统治者里姆辛（之年）"。

除了干预王国的日常管理，汉谟拉比还履行作为巴比伦统治者所需要的其他传统职责，如在他控制下的许多城市建造或重建神庙、加固城墙、担任正义的传播者。汉谟拉比似乎尤其热衷于展示自己"正义之王"的形象（他以此命名自己的一尊雕像，他统治的第 22 年就以此纪年）。最让汉谟拉比闻名于世的是一块光滑的黑色玄武岩石柱，立于其统治末期；他让人在上面刻写了 282 条法律，一般称《汉谟拉比法典》，虽然这个名称并不精确。这是第一王朝留存下来的篇幅最长的文献。文献不仅包括法律条文，还有一篇序言，内容是神号召汉谟拉比"在大地上宣扬正义，消灭邪恶与罪恶，使强不凌弱"。此外，还有一篇结语，内容是诅咒破坏石碑之人和护佑适当整修石碑之人。

从严格意义上讲，这些法律并不构成一部法典（一部内容广泛、编排系统的法律），而是案例汇编。以法典第 193 条为例："如果一个儿子打了他的父亲，他的手要被剁掉。"这些法律涵盖

一块浮雕上的汉谟拉比肖像，约公元前 2200 年。大英博物馆

的主题包括审讯、偷盗和绑架、土地占有、商业（有关商人的规定、财富转移、债务）、家庭（妇女、婚姻、继承、收养）、人身侵犯、职业收费与雇佣工资、奴隶占有。虽然它并非美索不达米亚最早的法律集成，但却是覆盖范围最广泛的法律。有趣的是，学者们指出，许多被证明出自这一时期的法律文献恰恰未在汉谟拉比"法典"中出现。然而，汉谟拉比和他的法典仍然具有重要的历史意义，因为这部法典规模宏大——不论是作为纪念碑，还是作为已知的第一部内容如此广泛的法律汇编。

进一步阅读书目：

Kuhrt, A. (1995). *The Ancient Near East, c. 3000 - 330 BC*. London: Routledge.

Oates, J. (1986). *Babylon* (Rev. ed.). New York: Thames & Hudson.

Sasson, J. M. (1995). King Hammurabi of Babylon. In J. M. Sasson (Ed.), *Civilizations of the Ancient Near East* (Vol. 2, pp. 901 - 915). New York: Scribner's.

Van de Mieroop, M. (2005). *King Hammurabi of Babylon: A Biography*. Oxford, U. K.: Blackwell.

约翰·许讷加德（John Huehnergard）文

邢颖 译，刘健 校

Han Wudi　汉武帝

　中国汉朝皇帝汉武帝(前156—前87)的在位时间从公元前140年到前87年。他广为人知的统治政策包括巩固中央政权,唯才是举,以及将儒学定为国家意识形态。虽然连年对外冒险活动、领土扩张和奢侈的宫廷消费使帝国动荡不安、国库空虚,但汉武帝为他后世的继承者们奠定了一个强大中央政权的基础。

汉武帝是汉朝的第5位皇帝,也是中国历史上最有影响的皇帝之一。他加强了中央政权的权威,扩大了汉朝的疆域。他将儒学定为国家意识形态,这项政策自此以后一直影响着中国政府与中国社会。他以儒家学识、德、才为标准考察任用政府官员,这些原则一直使用到1905年中国的最后一个王朝(清朝)即将结束之际。他缔结联盟,在中亚进行外交和军事活动,与30多个王国或部落建立关系,并且促成了连接中国与西方的新商路——丝绸之路的开通。在16和17世纪跨海航行实现之前,丝绸之路一直是连接东西方的通道,促进了商品、食物、文化与技术的融合。

汉武帝名刘彻,是景帝的第10个儿子,其母王氏是景帝的妃子。公元前150年,景帝将汉武帝的母亲立为皇后,并立汉武帝为皇太子。汉武帝16岁时登基,但他的祖母窦太后把持朝政。窦太后崇尚汉早期盛行的黄老学说,该学说以传说中的黄帝和道教经典《道德经》的作者老子之名命名。黄老学说的特征在于节制政府开支、减轻赋税、无为而治(一种反对政府干预经济事务的思想学说),对外采取缓和政策。公元前135年窦太后去世,汉武帝开始掌管朝政,改变政治路线。

汉武帝精力过人,渴望建立强大的王朝,积极寻找有才干的官员。他设立考察统治术的特殊考试,并亲自阅卷。他任用了一批才华出众的官员,包括董仲舒和公孙弘。前者成为汉代儒家思想的代表人物,后者官居丞相,他们辅佐汉武帝建立起独尊儒术的大一统帝国。

具有讽刺意义的是,这位定儒家思想为国家意识形态的皇帝常常被学者们称为"法家信徒"。法家思想曾是秦朝的意识形态。法家信徒力主强硬的统治者、强大的帝国和严厉的刑罚。法家思想在汉代早期影响力尚存,汉武帝受其影响。他削减藩国权力,处置官员毫不手软,犯了法或渎职的丞相同样要受惩罚。他还推行强硬的对外政策,任用主张严明刑罚的官员。然而,早期汉代的思想界派别林立,汉武帝最终选择推行儒家思想。他遵循儒家的礼乐制度,倡导儒家孝的思想,派官员帮助鳏寡孤独之人。尽管发动军事战争,但他并未增加农民的税收。在发布的诏书中,他尊崇尧帝,这是传说中儒家的圣王,被汉代皇帝宣称为他们的祖先。此外,汉武帝虽严厉,却不失公允。他接受公开批评,尊重直谏敢言、信奉儒道思想的大臣汲黯。

汉武帝强硬果敢,但接受儒家学说和天命思想的约束。根据天命思想,皇帝统治的基础在于上天庇佑,如果皇帝是一位昏君,那么上天就会收回天命。皇帝要遵循儒家的伦理规范,维护一个一心为民的政府。儒家思想提倡仁爱之君,儒家官员并非无条件地忠于君主。而且,汉代的儒家学说(汉代的儒家学说也吸收了一些非儒家的元素)将天灾视为上天对皇帝所犯错误的警告,以此劝说皇帝进行改革。

公元前124年,汉武帝设立太学,传授儒家学说。有50名学生跟随5位饱学的大儒学习,每位大儒分别专长于一部儒学经典。太学设立

主忠信。

——孔子（前 551—前 479）

的目的是培养儒家官员，但其基础在于德行。太学的毕业生被允许进入候补官员之列，但之前必须通过一场笔试。到汉代后期，太学总共培养了 30 万名学生。

汉武帝还将儒家美德推行到家庭生活中。从公元前 134 年开始，他命令高级官员举荐他们所了解的孝廉之士。官员要对推荐负责，候选人要接受资格考察。由于儒家学说和儒家的美德成为通往官场的必经之路，而当官又是帝国人人向往之事，因此儒家思想得以在社会上扎根。汉代早期，《孝经》也已出现。直至今天，孝仍然是中国社会一个重要的文化价值观。

汉武帝之前的几位皇帝奉行节俭政策，到汉武帝时国库丰盈。然而，汉武帝的军事战争很快耗尽了国库，他为筹集金钱尝试多种办法，包括没收贵族土地、卖官鬻爵。而且，在商人之子桑弘羊的影响下，汉武帝让政府直接介入商业活动，以此增加国家收入。政府垄断了铸币、铁、盐和酒的生产，从而获取收益。汉武帝还指导政府从粮食丰收地区购买粮食，再到歉收地区出售。这项政策为国家谋得利益，平衡了粮食价格，缓解了饥馑。国家还对商人施以重税。除对商品征税，汉武帝还对车船征税。

汉武帝的国家垄断政策影响深远。之后的中国皇帝常常以垄断政策应对极端的财政困难，这样可以不通过提高税收来增加国家收入。然而，对于垄断的做法并非没有反对意见。公元前 81 年，就在汉武帝驾崩后不久，一些人在一场朝廷辩论中批评了国家垄断政策。汉武帝的财政政策与之前 60 年汉代早期的政策形成鲜明对比，但在这场辩论中，政府一方的观点取得胜利。

汉武帝还在其他方面采取多项改革措施，如推行新历法。然而，他的经济政策最具创新性，从某种程度来说可与现代国家掌握关系国家命脉的工业资源如电和石油的做法相提并论。

匈奴是一个说突厥语的游牧民族，大约公元前 200 年，在冒顿的统治下，匈奴建立了一个从咸海（Aral Sea）到黄河的大联盟，威胁汉帝国的北方边境。汉代早期的统治者不愿直接对抗冒顿，因此采取送礼物、和亲等策略。但他们仍无法阻止冒顿或其继承人劫掠中国北方地区。为对抗匈奴，公元前 139 年，汉武帝派张骞出使中亚，寻求与月氏人联盟；月氏人在更早时曾被匈奴驱赶，无家可归。张骞被匈奴人俘虏，被迫居留 10 年，最终到达月氏。但此时的月氏已不再对联合进攻匈奴感兴趣。然而，张骞带回了有关未知地区的信息，还证实可能有一条路线通往印度。随后，汉武帝先是派遣使者，后又派遣军队，最终促成了丝绸之路的开通。

从公元前 133 年起，汉武帝开始对匈奴发动战争。战争持续时间长且耗资巨大，但汉朝军队取得了最终的胜利。汉武帝的将领们迫使匈奴撤离了内蒙古、甘肃和新疆，汉朝疆域大面积扩展。汉武帝在当地设立一套制度：当地的统治者还可维持他们的统治，但身份为中央的诸侯。这样的政策在中国后来很常见，一直延续到 19 世纪中叶。武帝的军队还吞并了朝鲜北部和越南北部。事实上，他在位的大部分时间都有战事发生。汉武帝 69 岁卒，葬于今西安附近的茂陵，谥号为"武帝"，虽然他从未亲征，但他任用了才干突出的将领。

汉武帝为汉代后世的子孙打下了一个强大帝国的基础。他建立了儒家官僚体系，以德行选拔官员（举荐和考试相结合），由此确立了一套统治者和官员的责任制体系，这套体系沿袭了两千多年。他推行儒家道德与学说，儒家思想从此在中国和其他东亚国家产生深远影响。通过与匈奴的军事战争，他开启了东西方的联系，促进了商贸与文化的融合。

进一步阅读书目：

Ban Gu. (1975). *Han Shu*. Shanghai, China: Zhonghua Shuju. (Original work dates c. 114 CE)

Ban Gu. (1944). *The History of the Former Han Dynasty* (H. Dubs, Trans.). Baltimore: Waverly Press.

Bielenstein, H. (1980). *Bureaucracy of Han Times*. Cambridge, U.K.: Cambridge University Press.

De Bary, W. (1999). *Sources of Chinese Tradition*. New York: Columbia University Press.

Loewe, M. (1967). *Everyday Life in Early Imperial China*. New York: G. P. Putnam & Sons.

Sima Guang. (1972). *Zi-zhi Tong-jian*. Taipei, Taiwan: Shijie Shuju. (Original work published 1084)

Ssu-ma Ch'ien. (2002). *The Grand Scribe's Records* (W. Nienhauser, Trans.). Bloomington: Indiana University Press.

Twitchett, D., & Loewe, M. (Eds.). (1986). *The Cambridge History of China: Vol. 1. The Ch'in and Han Empires, 221 B.C. -A.D. 220*. Cambridge, U.K.: Cambridge University Press.

Wang, Z. (1982). *Han Civilization* (K. Chang, Trans.). New Haven, CT: Yale University Press.

Wood, F. (2002). *The Silk Road: Two Thousand Years in the Heart of Asia*. Berkeley and Los Angeles: University of California Press.

Yu, Y. (1967). *Trade and Expansion in Han China: A History in the Structure of Sino-barbarian Relations*. Berkeley and Los Angeles: University of California Press.

莉莉·华(Lily Hwa) 文

邢颖 译,刘健、王超华 校

Hanseatic League　汉萨同盟

1190　　　12 世纪中叶时的商贸活动既无海军护卫货船,也没有国际机构规范关税,德国北部一些城市组成了汉萨同盟,努力确保港口安全并制定关税协定。同盟逐渐控制了广阔的商路。但随着当地鲱鱼产业的消亡以及英国和荷兰商船的兴起,16 世纪早期汉萨同盟衰落。

汉萨同盟是德国北部商业城市联盟,形成于 12 世纪中叶,在之后 200 年中以其经济政策主导了北部欧洲的商业。同盟的名字来自德语 Hansa,是专门与外国城市或国家进行商贸往来的团体。中世纪晚期,商人的生活不稳定、充满危险,加上他们自己的政府不给他们提供有组织的保护,这促使商人们为维护自身安全而团结在一起。这些团体最初是同一城镇的商人的联合体,很快发展成相邻城镇之间更大的联盟。

在古代,性价比最高的商品运输方式是水路运输,坐落于河岸或海岸边的城市较内陆城市更有天然优势。在 11 世纪晚期、12 世纪早期,德国北部的城市成为重要的商业中心,因为它们位于商业往来的通道上,使其成为商品越过北海和波罗的海往来南欧的节点。这个商贸网络范围日益扩大,西到英国,东至俄罗斯。11 和 12 世纪德国政府力量薄弱、权力分散,对其统治下的商人只能提供很少的帮助和保护。由于缺乏政府支持,商人个人和商业城市不得不建立其自己的联系以及互相保护的组织。

1241 年,吕贝克(Lübeck)和汉堡加强了既有的商业联系,两个城市间签订协议保护它们相

汉萨同盟的商路

大西洋

挪威

瑞典

北

诺夫哥罗德

斯摩棱斯克

丹麦

北海

但泽

伦敦

吕贝克

汉堡

布鲁日

科隆

贸易路线

0　　　　300英里

0　　300千米

16世纪初,渔业在德国衰落,同盟权力减弱、成员减少

互间的商业交通。吕贝克在 12 世纪的主要产业是出口在其附近渔场捕捞的鲱鱼。当时,宗教限制人们在某些日子里食肉,因此鱼类成为基督教饮食中的必需品。由于中部欧洲对鱼类的需求越来越大,吕贝克以此累积了资本。汉堡在吕贝克的渔业生产中起关键性作用,因为它向吕贝克提供腌渍和干燥鲱鱼所需的盐,从而防止鲱鱼在运输中腐烂。它们修建了连接两个城市的运河,以方便城市间贸易。为保护这种贸易,它们签订协议,进一步加强相互间的经济联系。

随着其他城市的加入,吕贝克和汉堡早期的同盟逐渐发展成一个更大的联盟。联盟的大部分成员来自德国北部,但也包括荷兰和波兰的一些城市。在其势力最大时,入盟城市超过 165 个。联盟最初的功能只是为了方便共同的商业冒险活动,没有政治或宗教目的。只要愿意,每个入盟城市的商业团体都可派遣代表参加同盟的正式会议。会议在吕贝克召开,主要讨论经济政策。与会代表将会议上做出的经济方面的决议带回各自的城市,让当地的商业团体表态支持或反对。汉萨同盟的经济战略是尽可能保护其成员的商业特权,开辟新市场,创造垄断机会。同盟成员在经济上的成功很快导致其与丹麦国王瓦尔德玛四世(Valdemar IV)发生冲突,焦点是争夺当地鲱鱼产业的控制权。在遭遇最初的挫折之后,同盟战胜了国王,迫使他在 1370 年签订《斯特拉尔松和约》(Treaty of Stralsund)。这份和约给

予汉萨同盟广泛的经济特许权,使同盟城市拥有商贸特权,包括在丹麦自由贸易的权利。同盟对北欧商业的控制一直持续到 15 世纪。1441 年对荷兰的战争失败,迫使汉萨同盟签署了《哥本哈根和约》(Peace of Copenhagen),打破了同盟对波罗的海的控制。

16 世纪初,同盟的权力开始缓慢衰弱,成员数量减少。当地鲱鱼产业的衰落以及英国和荷兰商船的兴起导致竞争对手增强,同盟不再占据优势。汉萨同盟很快失去了其为成员提供的垄断性贸易市场的能力。但同盟并未解体,它的最后一次官方会议于 1669 年召开。

小汉斯·荷尔拜因(Hans Holbein the Younger)的《乔治·吉斯泽肖像》(*Portrait of Georg Gisze*, 1532)。吉斯泽来自但泽(Danzig),是伦敦教行业公会"钢院商站"(Steelyard)的一位汉萨同盟商人

进一步阅读书目:

Dollinger, P. (1970). *The German Hansa*. Stanford, CA: Stanford University Press.

Lewis, A. R., & Runyan, T. J. (1985). *European Naval and Maritime History 300 - 1500*. Bloomington: Indiana University Press.

Samsonowicz, H. (1975). Changes in the Baltic Zone in the XIII - XVI centuries. *The Journal of European Economic*

History 4(3),655 – 672.

Schildhauer, J. (1985). *The Hansa: History and Culture* (K. Vanovitch, Trans.). Leipzig, Germany: Edition Leipzig.

Unger, R. W. (1980). *The Ship in the Medieval Economy 600 – 1600*. London: Croom Helm.

斯科特·摩尔(R. Scott Moore) 文

邢颖 译,刘健、王超华 校

Harappan State and Indus Civilization
哈拉帕国家和印度河文明

印度河文明是南亚最早的文明,与青铜时代的苏美尔、埃及和中国并称。印度河文明属于所谓的"(公元前)第 3 千纪中亚交互作用圈"(the Third Millennium Middle Asian Interaction Sphere),这个体系将其中的各民族与地中海关联在一起,从中亚到阿拉伯湾形成一个重要的商业网络。今天的学者们仍在争论,为何大多数印度河城市在公元前 1900 年以前都被抛弃。

1193

南亚最早的文明被称为印度河文明或哈拉帕文明。这个古代文明在公元前 3 千纪中期(约前 2500—前 1900)兴起于巴基斯坦印度河流域以及印度西南部的平原和山区。印度河文明时期最早的古印度城市出现,因此在世界历史上占有一席之地,与青铜时代的苏美尔文明、王朝时期的埃及和中国并称。

印度河的居民大多是农民、牧人、工匠和商人。他们居住在至少 5 座城市中,其中最著名的是摩亨佐·达罗(Mohenjo Daro)和哈拉帕,此外还有朵拉维拉(Dholavira)、甘维瓦拉(Ganweriwala)和拉希加里(Rakhigarhi)。摩亨佐·达罗和哈拉帕面积最大,每个城市占地约 100 公顷(其他城市稍小,在 65 到 80 公顷之间)。考古学家相信,摩亨佐·达罗和哈拉帕分别有约 2 万人口。

印度河文明是最大的亚洲青铜文明。它覆盖面积约 100 万平方千米,西起今巴基斯坦—伊朗边界,东至古吉拉特邦(Gujarat)南部海岸。

其北部主要居住点的边界是旁遮普邦(Punjab)的西瓦利克山脉(Siwalik Range),但是在阿富汗北部阿姆河(Amu Dar'ya River)畔也有一个偏远的印度河定居点(邵图改[Shortughai])。为了研究印度河文明的人文地理,学者们将其领地划分成若干可能具有政治意义的区域(地理和文化子区)。

早期哈拉帕时代与城市化过程

印度河文明的开端仍不为我们所知。在早期哈拉帕时代(约前 3200—前 2600),有 4 个大致同期的考古文化(果德迪吉[Kot Dijian]、阿姆利-纳尔[Amri-Nal]、达姆·萨达特[Damb Sadaat]和索提-西斯瓦尔[Sothi-Siswal]),但没有大型定居点,也没有明显的社会分层标志。在这一时期,工匠专业化的程度不显著。大约公元前 2600 至前 2500 年是早期哈拉帕文明到印度河文明之间的过渡阶段,其间复杂化的印度河文明社会大多已经出现。

在大约 100 年的时间里，印度河文明标志性的城市化特征发展得相当突然。在长期的逐渐发展与变化之后，印度河流域各民族创造出了城市、书写系统和一个阶层分化的社会。当然，印度河区域的部分旧有传统仍然保存。例如，在生存方式、社会文化、经济及农民与牧民的政治平衡方面变化很小。这个时期也是印度河文明的意识形态或者说世界观开始兴起的时代。其中包含有相当强烈的虚无主义意味（由于虚无主义常常伴随着暴力，因此是一种有负面影响的哲学，当然情况也不总是如此）。一些学者认为，对生活于其中的民族来说，印度河文明的虚无主义在许多方面都是崭新的开端，有大量根本性的转变发生。因此可以说，印度河文明代表了某种新生（有关这个主题在印度河考古中的表现，参见 Possehl 2002）。在印度河文明的意识形态中，水和洁净是强大的力量，人们既重视水的物理属性，即它可以清洁皮肤上的灰尘和油脂；同时，也重视水的象征意义，即象征性的清洗和广义的净化活动。

印度河的古代城市都建于河岸上，包括印度河下游（摩亨佐·达罗）、旁遮普的拉维河（Ravi River，哈拉帕）、噶噶尔-哈克拉河（Ghaggar-Hakra River，甘维瓦拉和拉希加里）。朵拉维拉可能是一个例外，它位于今卡其沼泽（Rann of Kachchh）中的一个岛屿上，这片沼泽是卡其湾（Gulf of Kachchh）的一大片盐碱湿地。我们不清楚今天这片浅滩沼泽在公元前第 3 个千年是不是一个海湾，但可以肯定印度河是卡其沼泽的水源之一；因此从一定意义上说，朵拉维拉也可被认定是因河而生。

这片土地在公元前第 3 个千年与今天的情况大不相同；如今已经干涸的噶噶尔-哈克拉河在当时更为宽阔，旁遮普几条河流之间地势起伏的高地都是不需灌溉的密灌丛草原。树木和草地较今天可能更为茂密。但也有一些因素没有改变，如夏季的季风。旁遮普、信德和俾路支的小麦和大麦作物都得益于从地中海而来、穿越伊朗高原到达这里的冬季降雨，这一情况直至今天都未发生变化。

摩亨佐·达罗与哈拉帕的城市

摩亨佐·达罗是一座保存极好的古代城市。它建于公元前第 3 个千年中期，从兴建之初就有规划，至少城市大部分区域如此。建筑材料是焙烧砖，这也是它能如此完整地保存下来的

现代印度用砖砌的祭坛，曾用于祭祀，起源于古代印度河流域。克劳斯·克罗斯特迈尔摄

在印度的伟大作品中，一个帝国传递给我们的不是微不足道、不值一提的信息，而是伟大、宁静、和谐的古老智慧的声音。在另一个时代和环境下，困扰我们的问题得到沉思和解决。

——拉尔夫·沃尔多·爱默生（1803—1882）

原因。这座城市分成两部分。一个小的、人工堆起的小山位于西边。它在今天被称为"大浴池丘"，因为在其中心位置有一个宗教仪式用的洗浴水塘。"下城"是大多数人生活和工作的地方，呈网格状布局，主要道路贯穿南北和东西方向。在这些道路的两侧排列着多室，可能也是多层的建筑。私人房屋内一般都有洗浴设施，与城市的排水系统相连。这些都是专门的洗浴设施，而非厕所。

哈拉帕位于巴基斯坦的西旁遮普，在距离摩亨佐·达罗东北 650 千米的拉维河南岸上。哈拉帕是与山丘毗邻的现代村庄的名字，并非这座城市的古代名称。与摩亨佐·达罗不同，哈拉帕在印度河文明出现之前就已是一个稳定的定居点。早在前 4000—前 3200 年以及早期哈拉帕时代，那里就已有村镇。从早期哈拉帕时代一直到成熟的哈拉帕文明，这一地点都可找到相关证据，因此它对考古学家来说是一个非常重要的遗址。这里还有一个小的后印度河文明的定居点和墓葬，被称为"墓地 H"（Cemetery H）文化。

哈拉帕被分成几个区域。"山丘 AB"又称"高丘"，类似摩亨佐·达罗的"大浴池丘"。但据考古学家判断，这里没有浴池。北边的"山丘 F"上有一个巨大建筑，很可能是一个仓库。在它附近是加工谷物的打谷脱壳设施。遗址的南部是"山丘 E"，邻近 ET区域，这是居住区和手工业区。在哈拉帕还发现了印度河文明已知的最大的墓葬区。

印度河文明的技术和生活方式

印度河文明拥有一套书写系统，以象形文字的形式表现在一系列物品上，其中最著名的是带有文字和动物图案的印章。虽然许多人曾宣称破译了这种文字，但实际上它至今尚未被解读出来。

印度河流域居民主要从事农耕和畜牧业。他们种植的主要食用作物是大麦和小麦，此外还耕种至少两种豆类作物（鹰嘴豆和紫花豌豆）、芥菜、芝麻、棉花、葡萄以及红枣。没有明确证据表明在印度河文明时期已种植稻米，但也有这种可能。印度河流域居民饲养牛。瘤牛（zebu）是一种长有驼峰的印度牛品种，这种动物的遗骸在考古发现中所占比例达 50％ 以上。牛的艺

1195

1196

印度河流域

北

兴都库什山

巴基斯坦

希达斯皮斯河

哈拉帕

摩亨佐·达罗

印度河

希法西斯河

印度

阿拉伯海

孟加拉湾

0   500英里

0   500千米

术形象也很多。显然牛是这一文化中最重要的动物,可能也是主要的财富来源。印度河流域居民也饲养水牛、绵羊、山羊和猪。鱼类,不论是海鱼还是淡水鱼,都出现在广泛的贸易活动中。

印度河居民还是技艺高超的工匠,他们费尽心力将自己生产的物品交易出去。他们还是技术的革新者,技术发明使他们可以在又长又坚硬的石头上蚀刻和钻孔,其中包括红玉髓,制造石器和陶器。他们还能够冶炼、提纯、加工不同种类的金属。他们制造出的陶器式样时尚,能够批量生产。陶器由复合组件构成,工匠们在烧制之前将这些组件组合在一起。他们还擅长制造宝珠,特别是条形、筒状的红玉髓珠。贝壳,尤其是海螺壳,被制成手镯、勺子和其他物品,也作为装饰嵌入物品当中。

非洲与欧亚之间的文化互动

印度河流域居民的活动丰富了世界历史,他们参与到所谓的"公元前第3千纪中亚交互作用圈"当中。这个体系将印度河到地中海、中亚到阿拉伯湾的人们关联在一起,形成一个重要的商业网络。这种交互作用有久远的历史根源,在印度河文明之前早已出现,但其发展的顶峰是公元前第3个千年后半期。穿越阿拉伯湾与美索不达米亚间的海上贸易是这个网络的一部分;相关证据既包括文献记载,也有考古发现。根据美索不达米亚楔形文字的文献记载,印度河流域流入美索不达米亚的商品包括红玉髓、青金石、珍珠、各种外来木材、新鲜红枣、铜和金。而进口到印度河流域的商品则记载不详,可能是一些易腐物品,如食品、油和纺织品。

印度河文明印章上出现的两个主题在苏美尔神话中都有呼应。第一个主题出现在摩亨佐·达罗的一个印章上,图案是一个半人半牛的雌性怪物正在进攻一只头上有角的老虎。学者们普遍认为,这是在描绘美索不达米亚女神

阿露露(Aruru)的故事。这位女神创造出怪物对付英雄吉尔伽美什(Gilgamesh),但怪物最终却成为吉尔伽美什的盟友,并同他一起与野兽作战。第二个主题是一个有充分记载的美索不达米亚战斗场景:吉尔伽美什双向受敌,与凶猛的野兽战斗。

在印度河宗教中占中心地位的是一位男神,其形象常常是公牛或带有水牛角。他对应许多不同的女性形象。印度河文明中的植物和动物形象都可被视为伟大的天-地、男-女二元性的某种元素的代表。还有许多复合动物的形象,有的是在一个身体上长了三个头,或在人的躯干上有四条腿,或长着公牛头的人(类似于米诺斯的米诺陶[Minoan Minotaur])、长着角的老虎、长着大象躯干的独角兽,还有大树上生长出来的独角兽。没有明确证据表明当时的居民像晚期吠陀印度人那样崇拜火。

昌胡·达罗(Chanhu Daro)位于摩亨佐·达罗以南,该地的印度河文明遗址出土了一个印章,上面的图案是一头公牛正在强暴一位匍匐于地上的妇女。考古学家阿尔奇(F. R. Allchin)认为,它代表了天(公牛)与地(妇女)的二元性。如果我们参考《梨俱吠陀》(*Rig Veda*)和《阿闼婆吠陀》(*Atharva Veda*)中的创世神话,就能够理解这个主题。这也许是证明印度河文明与后来的印度历史之间关系的最好证据。

印度河文明的衰落

印度河流域的古代城市和居民到底发生了什么?公元前1900年,摩亨佐·达罗基本被废弃。另外4个印度河城市的情况也是如此;只有哈拉帕保留了一个小定居点,被称为"墓地H"文化。过去的理论认为,入侵的雅利安部落破坏了这些城市与文明(见《梨俱吠陀》中的描述),但这些理论难以自圆其说,因为没有任何证据表明印度河流域的定居点曾遭劫掠。此外,印度

1197

河文明发生变化的时间是大约公元前 2100 至前 1900 年,这也与《梨俱吠陀》文献的时间(约公元前 1000 年)不符。还有学者假设,一道天然堤坝横亘在信德的印度河上,洪水冲毁了这个文明;但这一假设受到广泛批判,也是一个伪命题。

不论是城市中心的挖掘活动还是区域性的实地调查都证明,在公元前第 2 个千年初期,位于信德和俾路支的印度河文明定居点显然遭到广泛的废弃。表 1 按照地区顺序给出了印度河文明时期与衰落之后的比较数据,后者通常被称为印度河流域后城市文明。

表 1　印度河流域文明与印度河流域后城市文明

地区/时期	遗址数量	平均遗址规模(公顷)	定居面积(公顷)
信德			
印度河文明	86	8.0	688
后城市文明	6	5.6	34
科里斯坦(Cholistan)			
印度河文明	174	5.6	974
后城市文明	41	5.1	209
俾路支			
印度河文明	129	5.8	748
后城市文明	0	0	0
索拉什特拉(Saurashtra)			
印度河文明	310	5.4	1674
后城市文明	198	4.3	815
东部			
印度河文明	218	13.5	2943
后城市文明	853	3.5	2985

从表 1 的数字似乎可以看出,信德和俾路支地区"印度河文明衰落"的情况确实存在;但在其他地区,尤其是在东部和相对不那么典型的索拉什特拉地区(今古吉拉特邦),文明演变的历史则大不相同。在这些地区,明确的连续性贯穿于公元前第 2 个千年的前几百年,如在信德和俾路支地区所发生的那种破坏情况即使有也不常见。公元前第 2 个千年俾路支留下的鲜明印象显然给田野考古带来挑战,因为假设整个区域在这一时期都被废弃似乎是说不通的。

学者们还曾指出,这个曾经十分伟大的文明之所以出现衰落,与印度河文明内部意识形态的变化也有关系,既有的意识形态可能遭到抛弃。例如,城市是确定文明发生了明确变化的地点之一,其定居点和各项制度与复杂的社会文化之间联系最为紧密。在那里,工匠们的技艺严重退步,使用水的明显的标志消失了。但在某些方面,印度河文明的衰落并非悲剧事件。学者们在努力寻找导致印度河文明意识形态可能遭到抛弃的原因,但至今仍然没有结果。

次大陆的城市生活随着印度河文明而兴起,这是它带给世界历史的最突出贡献。在印度河文明与之后的历史时期之间确实存在着一些连续性的痕迹,但都尚未被很好地界定。来自摩亨佐·达罗的著名"原始湿婆"(Proto-Shiva)印章使我们看到,瑜伽或者说宗教修行的方法在印度河文明时期已经出现。农耕、畜牧以及季节性生活方式也有很强的连续性。在古印度社会,牛具有特殊的重要地位,这显然发端于印度河文明。大规模的跨地区贸易(陆路和海路)在印度河文明时期也已开始。从这个意义上说,印度河文明的居民通过"公元前第 3 千纪中亚交互作用圈"预示了以后的"丝绸之路"的开通。

1198

进一步阅读书目:

Allchin, F. R. (1985). The Interpretation of a Seal from Chanhu-daro and Its Significance for the Religion of the Indus Valley. In J. Schotsmans & M. Taddei (Eds.), *South Asian Archaeology* (pp. 369 – 384) (Series Minor 23). Naples, Italy: Instituto Universitario Orientale, Dipartimento di Studi Asiatici.

Possehl, G. L. (1996). *Indus Age: The Writing System*. Philadelphia: University of Pennsylvania Press.

Possehl, G. L. (1999). *Indus Age: The Beginnings*. Philadelphia: University of Pennsylvania Press.

Possehl, G. L. (2002). *The Indus Civilization: A Contemporary Perspective*. Walnut Creek, CA: Altamira.

格列高利·波塞尔（Gregory L. Possehl）文

邢颖 译，刘健、王超华 校

Harun al-Rashid　哈伦·拉希德

1199　　哈伦·拉希德是阿拔斯王朝的第 5 代哈里发，786—809 年在位。在这个文化变动期，伊斯兰的法学、哲学（希腊文典籍的持续翻译）、文学（波斯影响的融汇）和个人信仰（早期苏非主义的兴起）都有重大发展。哈伦·拉希德的统治特点是军事侵略与实用外交策略并重。

尤里乌斯·考克尔特（Julius Köckert）的《哈里发哈伦·拉希德会见查理曼皇帝的代表团》（*Caliph Harun al-Rashid Receiving the Delegation of Charlemagne*，1864）。布面油画。德国慕尼黑马克西米利安奈乌姆基金会

哈伦·拉希德·伊本·穆罕默德·马赫迪·伊本·曼苏尔·阿拔斯是阿拔斯王朝（749/750—1258）第 5 代哈里发，在位时间为 786—809 年。他的统治正值哈里发行政管理和制度发展的关键期，在许多方面都达到鼎盛，之后开始走向衰落。他与西方拉丁社会的联系以及与《一千零一夜》的关系，都使他成为一个著名的，甚至过分传奇化的人物。

哈伦可能在 776 年 2 月生于赖伊（al-Rayy，今伊朗沙赫尔 - 雷伊〔Shahre-Ray〕）。他是哈里发马赫迪（al-Mahdi，775—785 年在位）的第 3 个儿子，母亲名为海祖兰（al-Khayzurun），是一个也门女奴。虽然成长于奢靡且逐渐堕落的哈里发宫廷中，但年轻的哈伦还是获得了军事和行政管理方面的经验，至少名义上如此，因为他参加了对拜占庭的远征，而且担任过西部行省的长官。在他还是王位候选人时，受到他的母亲以及雅

哈伦·拉希德与他的亲信、贾法尔（Jafar）以及交际友伴们宴饮。加百利·欧迪臣（Gabriel Audision）的《哈伦·拉希德：巴格达的哈里发》（*Harun-al-Rashid：Caliph of Bagdad*）一书的插图

赫雅·伊本·哈立德（Yahya ibn Khalid，卒于805年）的操纵，后者是势力强大的巴尔马克（Barmakid）家族成员。哈伦在其兄哈迪（al-Hadi，785—786年在位）统治期间遭到迫害；后哈迪离奇死亡，这为哈伦的登基扫清了障碍。作为哈里发，他的尊称是拉希德（意为"得到正确引导的人"）。

在803年以前，巴尔马克家族是王位的实际操控者。但通过拉拢一批只效忠于自己的宫廷奴隶和门客，拉希德在当时已确立了独立的行政管理体系。他的这一模式也为之后的哈里发们所仿效。在拉希德时期，哈里发统治的领土四分五裂，掌握在地方军队手中，非洲、呼罗珊（Khorasan，今伊朗东北部）和也门都不在中央掌控中，或者说处于失去控制的边缘。这一情况大多由统治者无法操控的因素造成，但他的一些政策，包括将领土分给几个主要继承人，加速了之后的衰落过程。

他统治的时代是一个文化变动的时期，伊斯兰法学（包括4个主要法学派别之一马立克教派）、哲学（希腊文典籍的持续翻译）、文学（波斯影响的融汇）和个人信仰（早期苏非主义的兴起）都有重大发展。

拉希德对东罗马帝国（拜占庭）的政策是军事侵略与实用外交策略并重。在哈里发看来，非穆斯林的拜占庭是一个理想的定期劫掠对象，拉希德本人就曾发动过多次这样的战争。虽然这些战争并没带来永久占领的土地，但却迫使正处于保加利亚人压力之下的艾琳女皇（Empress Irene，780—802年在位）有了缔结和约的意愿。拉希德由于受到哈扎尔人（Khazars，拜占庭的突厥部落同盟，控制着俄罗斯的欧洲部分）的威胁，也被迫接受议和。

798年，法兰克国王，即雄心勃勃地要成为"神圣罗马帝国皇帝"的查理曼（742？—814）派遣使团到访巴格达，提议与其结成共同对付艾琳的同盟。801年，拉希德遣使团回访亚琛（Aachen），一位名叫以撒（Isaac）的犹太商人给使团当向导,使团带去许多令人印象深刻的礼物,包括一个水钟和一头大象。最终双方没有结成实际的同盟关系,但在商旅方面达成了某些一般性共识。然而在806年,阿拔斯王朝的军队大胜,篡夺了艾琳王位的尼斯福鲁斯(Nicephorus)战败,拜占庭被迫屈辱地投降。

拉希德遥远的西方竞争对手、安达卢斯(al-Andalus)的伍麦叶王朝(Umayyad,位于伊比利亚半岛),也在与阿拔斯哈里发的交往中获益。这首先体现在文化和技术方面。拉希德对音乐改革家兹尔亚布(Ziryab)的支持,引起兹尔亚布的主人——宫廷乐官头目伊沙克·阿尔-莫希里(Ishaq al-Mawsili)的嫉恨。在他的精心策划下,兹尔亚布遭放逐。821年,兹尔亚布到达科尔多瓦(Cordoba)。他很快成为国王的宠臣以及安达卢西亚贵族的美食评判家,一手改革了西地中海地区的烹饪、诗歌、音乐与衣着习惯。

阿拔斯家族与中国也保持了长期的商业和外交联系,其中既有通过印度洋的海上交往,也有陆上往来,在此犹太商人起到了中间桥梁的作用。从8世纪中叶开始,中国和拉希德在中亚河中地区(Transoxiania,呼罗珊东北部)展开政治斗争。从8世纪早期开始,阿拔斯家族会定期派遣外交使臣出访唐王朝。在拉希德统治下,这项政策得以延续。

《一千零一夜》是一部综合了阿拉伯、波斯与印度传说的民间故事和寓言集,拉希德是其中一些故事的主角。这是现代西方最早的有关哈里发的史料。这部书的第一个欧洲文字版本1704年出现在法国,最终的版本是理查德·伯顿(Richard Burton)的《阿拉伯之夜》(The Arabian Nights),出版于1885至1888年。正是由于这部书的关系,拉希德享有了文雅、明智、实干之君的声望。

进一步阅读书目:

Al-Tabari, & Bosworth, C. E. (1989). *The 'Abbasid Caliphate in Equilibrium*. Albany: State University of New York Press.

Clot, A. (1989). *Harun Al-Rashid and the World of the Thousand and One Nights*. London: Saqi.

El-Hibri, T. (1999). *Reinterpreting Islamic Historiography: Harun Al-Rashid and the Narrative of the 'Abbasid Caliphate* (Cambridge Studies in Islamic Civilization). Cambridge, U.K.: Cambridge University Press.

Hodgson, M. G. S. (1961). *The Venture of Islam: Vol.1. The Classical Age of Islam*. Chicago: University of Chicago Press.

Le Strange, G. (1983). *Baghdad During the Abbasid Caliphate: From Contemporary Arabic and Persian Sources*. Westport, CT: Greenwood Press.

布莱恩·卡特洛斯(Brian A. Catlos) 文

邢颖 译,刘健、王超华 校

Hatshepsut　哈特舍普苏特

哈特舍普苏特(约前1503—前1482年在位)是古代埃及为数不多的几位女性统治者之一,历史学家对她的重要地位的评价仍然存在争议。传统上她被视为篡夺王位的阴谋家;但晚近的观点承认,作为一位距今约3500年的女性统治者,她可能要应对复杂的困难局面。然而,她似乎可以毫无顾忌地使用自然和人力资源,这使她得以在埃及各地修造宏伟的建筑工程。

哈特舍普苏特是古代埃及第18王朝(约前1567—前1320)的一位女王。她是法老图特摩斯一世(Thutmose I)的女儿,图特摩斯二世(Thutmose II)的同父异母姐姐和妻了,图特摩斯三世(Thutmose III)的继母。她统治埃及约20年。虽然有关她统治及之后王位传承的确切性和状况都很模糊,但她仍是法老埃及漫长的历史上最杰出、最有争议的人物之一。

在她登上王位之前,埃及历史上只出现过很少几位女性统治者。她最初以她年幼的继子图特摩斯三世的代理人身份进行统治,后者是图特摩斯二世的法定继承人。之后她本人登上

女王哈特舍普苏特祭庙,位于埃及戴尔-艾尔-巴哈瑞(底比斯,约公元前1482年建造)。有关哈特舍普苏特的神性以及她出自阿蒙神的故事被刻画在祭庙墙上

埃及王位,拥有了所有必要的国王头衔和标志。她从两方面入手使自己的王权合法化。首先,她拥有纯正的王室血统和完美无瑕的谱系。在称王之前,她最初的王后头衔包括:"国王之女""国王的姊妹""神的妻子""伟大的帝王之妻"和"两土地的女主人"(Seipel 1977;Bryan 2000)。其次,她渲染自己是父亲图特摩斯一世明确指定的继承人。有关她的神性以及她出自阿蒙神(Amun)的故事从宗教上强化了政治宣传,这个故事被工匠们刻画在她位于戴尔-艾尔-巴哈瑞(Deir el-Bahari,西方称底比斯[Thebes])西部的祭庙墙上。

她在位期间实行保守传统的政策,政治上取得成功。对外政策相对稳定,与埃及邻国努比亚(Nubia,今苏丹北部和埃及南部)和黎凡特地区(the Levant,今叙利亚和黎巴嫩)交往频繁。她似乎可以毫无顾忌地使用自然和人力资源,这使她得以在埃及各地修造宏伟的建筑工程。她的神祇父亲阿蒙在卡纳克(Karnak)有一座壮观的神庙,她为这座神庙添加了相当多的纪念物,包括礼拜堂、神殿、方尖碑和一条宏伟的神道(第8塔门[the Eighth Pylon])。她自己位于戴尔-艾尔-巴哈瑞的祭庙被称为"最完整地表现了其统治的物质标志"(Bryan 2000),也是古代埃及建筑最完美的典范,将前朝的元素与其所处时代独特的艺术表现结合在一起。一个著名的画面细致地展现了她对东非蓬特(Punt)地区的海上远征;此次远征带回了野生动物以及活的牙

我的心在踌躇不决，我想到人民的话语。他们在未来将看到我的伟业，他们将谈论我的功绩。

——献给哈特舍普苏特

"哈特舍普苏特像"（雕刻于约前 1473—前 1458）。硬质石灰岩。纽约大都会艺术博物馆

香树（incense）等异域珍宝。还有一个画面表现了一艘大船将两个巨大的方尖碑从阿斯旺采石场运往卡纳克神庙的过程。这两个方尖碑每个重约 144 吨，即使以今天的标准来看，这一行动也堪称建筑工程史上的巨大成就。她的宫廷显然繁荣富足，享有来自女王的巨大经济支持。在她统治时期，为官员修建的奢侈豪华的陵墓数量增加，还出现了大量这些人的私人雕像。

有趣的是，该时期的许多艺术表现都表明，她逐渐抛弃女性特征，凸显出更多男性即国王的属性，包括蓄须、赤身裸体、男性化的上身以及褶裥短裙。学者们常常将此解读为她极度渴望人们接受她的统治者地位。在她去世仅十几年之后，她的继承人图特摩斯三世就处心积虑地破坏她的纪念建筑，极力要将她从公共记忆中抹去，而这表明她的统治可能并未完全获得同时代人的认可。能证明这一点的其他证据还包括她祭庙中的铭文，在其中，她公开要求她的官员效忠和支持她。

有关哈特舍普苏特的死亡原因和情况都没有史料记载，也没发现属于她的国王木乃伊，因此我们无从判断她的死亡性质。学者们对她的埋葬地点也有许多争论，因为至少有 3 个石棺和两处坟墓已经发现，一处在王后谷（可能在她还是图特摩斯二世妻子的时期建造），另一处在卢克索附近的国王谷。

哈特舍普苏特是古代埃及为数不多的几位女性统治者之一，历史学家对她地位的重要性存在争议。传统上她被视为篡夺王位的阴谋家，其统治带来了灾难。而更晚近的学者则认为她是"出色的女性"（Tyldesley 1996），承认她作为一位距今大约 3 500 年的女性统治者可能要应对复杂的困难局面。

由于身处男性占主导地位的王室传统中，因此哈特舍普苏特在生前和身后可能都被偏见所困扰。在 19 和 20 世纪的学术界，同样有明显的、根本性的性别歧视现象，有关哈特舍普苏特历史的编撰也受制于此。在不同的时代，对其统治的历史学研究与其说揭示了她的法老统治的真实性质和意义，不如说更多地显示了学术界存在的偏见。

进一步阅读书目：

Bryan, B. (2000). The 18th Dynasty before the Amarna Period. In I. Shaw (Ed.), *Oxford History of Ancient Egypt* (pp. 237–243). Oxford, U.K.: Oxford University Press.

Dorman, P. F. (1988), *The Monuments of Senenmut: Problems in Historical Methodology*. London: Kegan Paul International.

Grimm, A., & Schoske, S. (1999). *Hatschepsut: König In Ägyptens* [Hatshepsut: King/Queen of Egypt]. Munich,

1204

Germany: Staatliche Sammlung Ägyptischer Kunst.

Naville, E. (1894 – 1908). *The Temple of Deir el Bahari*. London: Egypt Exploration Fund.

Ratié, S. (1979). *La reine Hatchepsout: Sources et problèmes* [Queen Hatshepsut: Sources and Problems]. Leiden, The Netherlands: Brill.

Seipel, W. (1977). Hatshepsut I. In W. Helck & E. Otto (Eds.), *Lexikon der Ägyptologie* [Dictionary of Egyptology], 2, 1045 – 1051. Wiesbaden, Germany: Otto Harrassowitz.

Tyldesley, J. A. (1996). *Hatshepsut: The Female Pharaoh*. London: Viking.

克里斯蒂安娜·克勒(Christiana Koehler) 文

邢颖 译,刘健、王超华 校

Hausa States　豪萨城邦

考古学家和历史学家们相信,大约 10 世纪晚期,豪萨城邦兴起于今尼日利亚境内;到 11 世纪,他们建有围墙的城镇成为繁荣的商业中心。高水平的教育活动、手工业和商业上的成就以及城市组织是豪萨的标志性特征,也为后世留下永恒遗产;豪萨人在尼日利亚的政坛仍有积极表现。

根据豪萨人的建国神话,巴亚吉达(Bayajidda)从东方(一说是从巴格达)来到道腊国(Daura,今尼日利亚北部),7 个"真正的"豪萨城邦由他的 7 个儿子缔造。巴亚吉达杀死了一条邪恶的蟒蛇,由此得以与道腊的女王结合。这位女王就是他 7 个儿子的母亲。这些儿子建立的 7 个城邦分别是:卡诺(Kano)、扎佐(Zazzau)/扎里亚(Zaria)、戈比尔(Gobir)、卡契纳(Katsina)、腊诺(Rano)、道腊和比腊姆(Biram)。传说还称,巴亚吉达还跟一个妾生了几个儿子;在人们的想象中,这些儿子是"不合法的"豪萨城邦的建造者;他们分别是:扎姆法拉(Zamfara)、凯比克(Kebbik)、努佩(Nupe)、戈瓦利(Gwari)、遥里(Yauri)、约鲁巴(Yoruba)和扣罗罗发(Kororofa)。

早期历史

考古学家和历史学家们相信,豪萨城邦兴起于 10 世纪晚期到 13 世纪早期之间。豪萨城镇以其城墙闻名于世:城墙围起来的不仅有房屋,还有农田。随着有城墙包围的定居点的扩大,这种建造城墙的习俗一直保持下来。

到 11 世纪,这些建有城墙的城邦成为繁荣的商业中心。卡诺、卡契纳和戈比尔的商队贸易与服务业比较发达。每个城邦也有各自的专长,例如,卡诺专于皮货和纺织,扎佐长于奴隶贸易。此外,这些城邦的农村也为其积累财富,那里出产粟米、高粱、甘蔗和棉花。牲畜的数量也很多。然而,它们的富庶却招致邻邦的觊觎,包括西方的桑海(Songhai)和东方的卡内姆-博尔努(Kanem-Borno)。豪萨城邦向卡内姆-博尔努帝国纳贡,却与其他邻邦交恶;它们劫掠奴隶,与柱坤(Jukun)和约鲁巴城邦公开交战。

伊斯兰教和豪萨城邦

虽然在 11 世纪豪萨城邦居民已经知道伊斯

兰教,但传统观点还是认为,伊斯兰教是 15 世纪由一位伊斯兰教教士传入的。社会上层率先接受这一新宗教,但同时也继续坚持旧有的宗教传统。伊斯兰教为上层提供了有效管理国家和发展教育的方法。它还将统治者与那些接受了伊斯兰教育的人融合进一个广大的伊斯兰商贸网络之中;阿拉伯语被接受,成为这个网络所使用的语言。豪萨城邦与北非之间通过商业贸易一直保持着联系(豪萨城邦位于跨撒哈拉商路的南端),而伊斯兰教的传入使这种联系得到加强。远赴麦加的朝觐活动也有助于维系这种关联。

大约就在统治阶层完全接受伊斯兰教的时期,富拉尼(Fulani)的游牧民来到豪萨。富拉尼人在今塞内加尔接受了伊斯兰教,他们在 13 世纪定居于豪萨的城市中,开始与豪萨人通婚。这些豪萨-富拉尼人组成一个有教养的宗教精英阶层。由于他们拥有政府管理、法律、教育等方面的知识,因此受到豪萨统治者的重视。

之后的历史

在 13 和 14 世纪,7 个豪萨城邦形成松散联盟,结盟的基础在于豪萨语和共同的习俗,还有统治阶层所接受的经过一番调整变化的伊斯兰教。每个城邦的统治者(emir 或 sarki)都从城邦内的各个行会征收赋税。这些商业行会实行自治,忠于为它们提供保护的国王。行会成员是平民百姓,不论男女都依赖手工业为生。维修城墙和种植农作物的工作由奴隶完成。

从 16 世纪早期起,位于乍得湖(the Lake Chad)盆地的博尔努国(Bornu)日益强大。豪萨城邦被置于它的控制之下,在整个 18 世纪,它们都从属于博尔努。到 19 世纪初,富拉尼宗教领袖奥斯曼·登·福迪奥(Usman dan Fodio, 1754—1817)在豪萨城邦发起圣战运动,力图使普通人也皈依伊斯兰教,并净化上层的宗教实践活动,博尔努的统治被推翻。1808 年,奥斯曼·登·福迪奥的索科托(Sokoto)哈里发帝国建立,豪萨城邦被包括在其中。至 1903 年索科托被英国击败之前,豪萨城邦一直是索科托的一部分。较高的教育水平、手工业和商业上的成就以及城市组织是豪萨的标志性特征,也为后世留下永恒遗产。豪萨人(他们中的许多人生活在今尼日利亚北部)在尼日利亚的政坛上有积极的表现。如今,豪萨人仍然生活在尼日尔南部,以及加纳和多哥的部分地区。

1206

进一步阅读书目：

Art & Life in Africa Online. (1998). *Hausa Information*. Retrieved March 31, 2010, from http://www.uiowa.edu/~africart/toc/people/Hausa.html

BBC World Service. (n. d.). *The Story of Africa*: *West African Kingdoms*. Retrieved August 3, 2004, from http://www.bbc.co.uk/worldservice/africa/features/storyofafrica/4chapter5.shtml

Cavendish, R. (2003). The Fall of Kano: February 3rd 1903. *History Today*, *53*. Retrieved July 19, 2004, from http://www.questia.com/PM.qst?a=o&d=5000613021

Falola, T. (1999). *The History of Nigeria*. Westport, CT: Greenwood Press.

Graham, F. (1998). Documenting Kano "market" Literature. *Africa*. Retrieved July 19, 2004, from http://www.questia.com/PM.qst?a=o&d=5001503736

Greenberg, J. (1947). *The Influence of Islam on a Sudanese Religion*. New York: J. J. Augustin.

Hodgkin, T. (1960). *Nigerian Perspectives*: *An Historical Anthology* (G. S. Graham, Ed.). London: Oxford University Press.

Smith, M. G. (1997). *Government in Kano*, *1350–1950*. Boulder, CO: Westview Press.

弗兰克·萨拉莫内(Frank A. Salamone)

邢颖 译，刘健、王超华 校

Henry the Navigator　航海家亨利

葡萄牙亲王亨利(1394—1460)——直至 19 世纪人们才封他以"航海家"的称号——因其支持对西非海岸的远洋航行而闻名于世。这其中的一次航行，使人们发现了通往印度的海上航路。他还在马德拉群岛和亚速尔群岛设立定居点，由此带来经济发展，这实际上使他本人及整个葡萄牙获得了更直接的收益。

1207

航海家亨利是欧洲海上扩张和探险最早、最强有力的支持者之一。亨利亲王（Dom Henrique）是葡萄牙国王若昂一世（João I）与其王后——来自英格兰金雀花（Plantagenet）王室家族兰开斯特的菲利帕（Philippa of Lancaster）的第 3 个儿子。人们通常认为，亨利在葡萄牙西南部的萨格里什（Sagres）开设了一所航海学校。但实际上亨利并不是一位航海家，他最远的航行旅程可能都不超过摩洛哥北部，而且萨格里什或其他地方并没有航海学校。作为教会激进派的坚决拥护者，他于 1415 年参加了攻陷摩洛哥港口休达（Ceuta）的军事行动；这个地方在经济和战略上的价值都不大，而且事实证明，要想

守住它需要花费巨资，但要放弃它却又不可能不失体面。接下来对丹吉尔（Tangier）的进攻又遭失败，使得亨利最终转而追求商业利益。在亨利本人的支持下，他的帆船（caravel）到达了大西洋东部和西非几内亚沿岸的群岛。虽然这些航行的主要动机是商业性的，但推动亨利开展这项事业的动机还包括宗教信仰的因素。正义战争与十字军东征的理念在中世纪经久不衰，人们认为自己有义务向异教徒宣扬真正的信仰，并对异端和穆斯林发动十字军东征。

1433 年，亨利成为马德拉群岛的捐赠领收人（领主），自此开启了他获取海外利益的事业。他开始在那里组织殖民，开发利用岛上的木材、

> 在25岁时，他迈出了第一步，在葡萄牙的南端为自己建造了一座简陋的房子。他站在那里，欧洲在他的身后，他的面前是非洲，"未知"撞击着两者之间的边界。
>
> ——让·弗里茨（Jean Fritz, 1915—2017）

葡萄酒和蔗糖。1439年，他又以类似的方式在亚速尔群岛设立定居点。亨利曾试图使葡萄牙人控制加那利群岛（the Canary Islands），但最终失败，该群岛的所有权被卡斯提尔（Castile）获得，亨利对非洲海岸的兴趣自此发端。15世纪20年代，亨利开始支持一系列沿非洲西海岸的航行活动，以期建立一个拥有大量奴隶、黄金和渔业产品的王国。到1434年，葡萄牙人对非洲海岸地区的控制最南到达博哈多尔角（Cape Bojador），这里的纬度与加那利群岛相同——人们广泛认可这是安全航海活动所能到达的最南端。到1445年，一大拨探险船队（据说有26艘船只）向里奥德奥罗（Rio de Oro）进发，其中一些船只到达塞内加尔河以及更南部的佛得角。3年之后，葡萄牙人在阿尔金（Arguin）岛上（毛里塔尼亚境内）建造了一个要塞，在这里进行象牙、黄金和奴隶等利润丰厚的商品贸易。到12年之后亨利去世时，葡萄牙人已完成了对4000千米长的西非海岸的考察活动，包括对塞内加尔河、冈比亚河以及其他河流的探险；他们还发现了佛得角群岛。

亨利资助这些航海活动都有回报预期。他给他的船长们设定了明确的目标，规定了航行的距离，确保他们收集到沿岸航海和地理状况、商业货物、土著语言等细节。这些非洲航海活动的一个结果是发现了通往印度的海上航路，但不论是亨利还是他的同时代人都没有预料到这个结果。然而，他们确实相信他们可以到达祭司王约翰（Prestor John）的国度——约翰是中世纪传说故事中埃塞俄比亚的基督徒国王，是未来对伊斯兰国家进行十字军东征的盟友。人们认为通往那里的道路要经过塞努斯·埃提奥皮库司（Sinus Aethiopicus）——人们想象中的非洲海湾，这个名词最早出现在14世纪的文本中。在当时人看来，从这个海湾出发经陆路行

与其说亨利亲王是一位航海家，不如说他是一位西非海岸航行活动的热心支持者

进不远就可到达埃塞俄比亚。从海上绕过非洲到达印度的可能性确实存在，但只有在葡萄牙人经过佛得角并向东转向几内亚湾之后，这种可能性才能够成为现实。

虽然马德拉群岛和亚速尔群岛的经济发展为他本人及整个葡萄牙带来了更多直接利益，但亨利最为人们记住的却是他对非洲航海活动的支持，而这尤其要归功于他的同时代人戈麦斯·雅内斯·德·阿祖拉拉（Gomes Eannes de Azurara）为取悦他而编纂的编年史。相对来说，威尼斯人阿尔维斯·卡达莫斯托（Alvise Cadamosto）的叙述更为可靠，他在亨利的资助下于1455和1456年两次出海航行。由于亨利身上拥有金雀花王朝的血统，塞缪尔·帕切斯（Samuel Purchas）宣称他是"伟大事业的真正缔造者，这些功绩不仅属于葡萄牙，而是……特别属于英国人的英雄伟业"（Russell 2001）。19世纪，人们又给予他一个更夸张的称号——"航海家"。另外一个更直接的影响是亨利与克里斯托弗·哥伦布之间的间接关联。1446年，亨利将马德拉群岛圣·波尔图（Porto Santo）的行政管

1208

辖权交给巴托罗梅·佩雷斯特雷罗（Bartolomeu Perestrelo）。此人在亨利家中长大，可能在大西洋航海的问题上给过亨利一定的建议。佩雷斯

特雷罗的女儿菲利帕·穆尼斯（Felipa Muniz）后来嫁给哥伦布，哥伦布因此获得了他岳父所拥有的地图和资料。

进一步阅读书目：

Cadamosto, A. (1937). *The Voyages of Cadamosto and Other Documents on Western Africa in the Second Half of the Fifteenth Century* (G.R. Crone, Ed. & Trans.). London: Hakluyt Society.

Diffie, B.W., & Winius, G.D. (1977). *Foundations of the Portuguese Empire, 1415–1580: Vol.1: Europe and the World in the Age of Expansion*. Oxford, U.K.: Oxford University Press.

Phillips, W.D., Jr., & Phillips, C.R. (1992). *The Worlds of Christopher Columbus*. Cambridge, U.K.: Cambridge University Press.

Russell, P.E. (2001). *Prince Henry "the Navigator"*. New Haven, CT: Yale University Press.

Zurara, G.E. (1896–1899). *The Chronicle of the Discovery and Conquest of Guinea* (2 vols.). C.R. Beazley & E. Prestage (Trans.). London: Hakluyt Society.

林肯·潘恩（Lincoln P. Paine）文

邢颖 译，刘健、王超华 校

Herodotus　希罗多德

希罗多德（约前 484—前 425）是第一个写作他已知范围内的世界史的希腊作家。其 9 卷本《历史》的核心主题是探究希腊人与波斯人之间发生的冲突与战争。他通过旅行、询问和对比亲耳听到的各个版本的轶事来收集信息。他虽然意图探寻真相，但也常常在原样复述他听到的故事时，警告读者他本人并不相信这些。

1209

希罗多德是希腊历史编纂（即记述历史）传统的奠基人。虽然更早的作家可能也创作了历史体裁的作品，但希罗多德开启了为叙述并解释一个复杂的历史事件而以希腊语写作长篇散文体著作的先河。随着希罗多德的作品在公元前 5 世纪晚期公开发表，这种历史写作的传统一直延续至古代世界末期，成为研究公元前 6 世纪到公元 7 世纪地中海地区历史的首要信息来源。

关于希罗多德的身世背景，没有古代资料存留于世。了解其生平的唯一线索是他的作品，还有 10 世纪时一部名为《苏达》（*Suda*）的拜占庭百科全书中的一篇文章。从这些史料推

断，希罗多德出生于安纳托利亚西南部的哈利卡纳苏斯（Halicarnassus，今土耳其境内），卒于南意大利的图里城（Thurii）。在他家族成员的名字中既有希腊语也有卡利亚语（Carian，属于安纳托利亚的一个地区），表明他的祖先可能具有希腊和卡利亚人混合血统。我们对希罗多德的了解包括，他曾试图驱逐哈利卡纳苏斯的僭主，失败之后遭放逐，最终卒于图里。除此之外，有关他的生平我们唯一知道的就是他在作品中提到的旅行经历。他游历范围甚广，到过的地方包括雅典、埃及、北非、南意大利和黑海。

《历史》是已知的希罗多德创作的唯一作品，

知识是唯一的善，无知是唯一的恶。

——希罗多德

据信此像为希罗多德的半身像，收藏于雅典古阿哥拉博物馆。在古代，"历史之父"被称为"谎言之父"，但现代学者已经证实了他的可信性和他所叙述的许多怪异事件

公开发表于公元前 5 世纪 20 年代，是截至当时以希腊语写作的篇幅最长、最复杂的散文体作品之一（即使不是最长的作品，也是最长的作品之一）。希罗多德在《历史》的开篇即阐述了他的写作目的：为使人们记住希腊人与蛮族人的丰功伟绩，并解释他们相互间战争的原因。

在《历史》的前 4 卷中，希罗多德追溯了波斯帝国从公元前 6 世纪中叶开始崛起直至公元前 499 年爱奥尼亚起义止的兴起过程，以展现他的写作目的。对波斯所征服的不同民族历史文化的记录散布于其叙述之中，这展示了希腊人已知世界的全貌。在后 5 卷中，他详细记述了希腊人与波斯人之间的战争，从爱奥尼亚起义直至公元前 480 至前 479 年波斯国王薛西斯大规模入侵希腊失败。有一个观念贯穿于他的叙述之中，即这场战争实际上是欧洲与亚洲之战，也是这两大洲的领袖——希腊人和波斯人的自由与奴役之战。

希罗多德的作品很快成为希腊人对波斯战争叙述的标准版本。修昔底德及其他希腊史家延续了他的叙述，但没有人试图重写这段历史。然而从古代开始，希罗多德作为历史学家的地位就有争议。有关这种争议的证据包括，他不仅被视为"历史之父"，同时也被称为"谎言之父"，因为在他的作品中记载了许多不可思议的故事。在地理大发现时期，希罗多德作为历史学家的名誉得以恢复，因为这一时期人们将他的作品与欧洲探险家对美洲的记述相对比，发现了大量相似之处。考古发掘进一步提供了他作品可信性的证据，证明他对非希腊人的纪念性建筑和墓葬的许多记述都是准确的。最后，晚近的学者还指出，希罗多德在《历史》中使用的叙述手法与非洲及其他地方的传统口述史家所使用的方法有类似之处，由此证实了他自己的说法，即他的作品主要基于两方面的资料：旅途中他个人的观察以及对其他人所述故事的批判性接受。

希罗多德牢固确立了他作为希腊历史写作传统奠基人的地位，他对世界历史的贡献也毋庸置疑。这种贡献包括 3 个方面：他是根据可靠证据划定历史时代的第一人；他引入了帝国继承关系的观念，为欧洲在 19 世纪之前的世界历史叙述提供了基本框架；最重要的是，他认识到所有人都有其独立的历史，确立了史家应依靠当地证据书写当地人历史的原则。虽然希罗多德本人在实践中并不总是遵循这项原则，虽然他最重要的继承者修昔底德将主流的希腊历史写作范围缩小到同时代的战争与政治，但《历史》仍然为整个古典时代的世界历史提供了一个模板和基本史料。

进一步阅读书目：

Bakker, E. J., de Jong, I. J. F., & van Wees, H. (Eds.). (2002). *Brill's Companion to Herodotus*. Leiden, Netherlands: Brill.

Dewald, C., & Marincola, J. (Eds.). (2006). *The Cambridge Companion to Herodotus*. Cambridge, U. K.: Cambridge University Press.

Evans, J. A. S. (1991). *Herodotus Explorer of the Past: Three Essays*. Princeton, NJ: Princeton University Press.

Momigliano, A. (1990). *The Classical Foundations of Modern Historiography*. Berkeley and Los Angeles: University of California Press.

Romm, J. (1998). *Herodotus*. New Haven, CT: Yale University Press.

Thomas, R. (2000). *Herodotus in Context: Ethnography, Science and the Art of Persuasion*. Cambridge, U. K.: Cambridge University Press.

斯坦利·伯斯坦(Stanley M. Burstein) 文
邢颖 译,刘健、王超华 校

Hinduism　印度教

印度文化在公元前 16 世纪兴起于印度次大陆。今天在世界范围内大约有 9 亿信徒遵循印度教传统,或者说"吠陀制度"(Vedic dispensation)。早期吠陀文化建立于一种假设的基础上,即人们生而不平等。在这一文化中,社会和个人的福祉都必须依赖于家庭和公共的宗教仪式。多神论是其宗教特征,吠陀赞美诗中对多位男神和女神进行了描述。

1211

19 世纪早期,英国学者用"印度教"这一名词统称印度本土各种宗教。他们在 Hindu 这个词的后面加上后缀-ism。Hindu 一词的使用可追溯到几千年前的波斯人和希腊人时代,他们用它称呼生活在印度河彼岸的人们。我们不能将印度教定义为一种宗教,称其为印度文化或印度文明则是合适的。几千年以来,在印度次大陆,一种独特文化兴起发展,它包含了人类活动的各个层面。这一文化从印度扩展到东南亚大片地区,包括斯里兰卡、缅甸、印度尼西亚和菲律宾。从印度起航、途经菲律宾的船只很可能早于哥伦布几百年就已经到达了中美洲。如今,印度教的各个分支在世界范围内的信徒超过 9 亿人。

起源

印度人称他们自己的传统为"吠陀制度"。其最初的核心地带是"七河"(Sapta Sindhava)——这片区域有 7 条可用于灌溉的大河,它们最终都注入印度河。其中的一条河流在后来干涸,还有一条改道,于是这个地区开始被称为"旁遮普"(Punjab),即"五河之国"。《往世书》(*Itihasa Purana*)是一部庞大的古代叙事文学作品,也是古印度历史的宝库,它包含了人类和印度文明的起源神话,还记载了几千年前的王朝列表。

为解释许多欧洲语言与印度语言之间的密切关联,在 1860 年左右英国学者提出了雅利安人入侵假说。这一假说并没有文学或考古学证据的支撑,纯粹是基于语言学的推测。他们宣称,有一支来自西方的战士群体入侵了印度,并将他们的文化、语言和社会结构强加给当地人。因为古印度的一部宗教文学作品《吠陀经》(*the Vedas*,约前 1500—前 1200)中提到了雅利安人,上述理论的支持者就将这个入侵者群体等同于雅利安人。考虑到当时印度本土人口有大约2300万,因此这次入侵如果真实存在的话,那可被视为惊人的壮举。20世纪20年代,印度河流域文明的遗迹首次被发掘出来,它们是经过合理规划的、庞大的、古老的城市废墟。这最初被认定是《吠陀经》中描述的建有防御工事之地,被雅利安战神因陀罗(Indra)摧毁。后来人们逐渐认识到,这些城市并非由外族入侵者破坏。它们在公元前1750年之前已遭到废弃,原因可能是剧烈的气候变化。《梨俱吠陀》将娑罗室伐底河(Sarasvati)描绘成一条强有力的河流,但在公元前1900年之前它已完全干涸。

如今人们日趋一致地认为,吠陀文明于大约公元前4000年或更早的时代起源于印度北部(而非西部),印度河文明(约前2500—前1750,当今一些学者称之为信德-娑罗室伐底[Sindhu-Sarasvati]文明)是其中的一部分。在"七河"地区的定居点不得不被废弃之后,大多数居民向东转移到亚穆纳河(Yamuna)与恒河(Ganges Rivers,被称为"亚穆纳-恒河河间地带")之间林木繁盛的地区,这里成为吠陀文明新的核心地带。考古学家坚信,在印度北部早期和晚期文明之间并没出现过文化的断裂。

印度教圣地

印度文明从最初开始就与今天印度这片土地紧密联系在一起。"祖国"对于印度人来说有独特的情感吸引力:这个国家的自然特征与神祇、宗教活动以及印度人的末世预期都有关联。恒河(梵文和北印度语称其为Ganga)、亚穆纳河、纳尔马达河(Narmada)和卡佛力河(Kaveri)不仅是水库和运输河道,也是灵感和宗教净化的源泉;它们都是应受到尊崇的神灵。河岸边的城镇和城市——瓦拉纳西(Varanasi)、马图拉(Mathura)、纳济克(Nasik)、钵罗耶伽(Prayaga,即今阿拉哈巴德Allahabad)等等,是信徒们求取上天庇佑的聚集地,他们在此实现解放。喜马拉雅山脉、温迪亚山脉(Vindhyas)、高止山脉(Ghats)和尼尔吉利山区(Nilgiri Hills)是神祇们的住所,自远古时代起上千名圣人(rishis)和门徒(sannyasins)将这些山脉神圣化。古代和中世纪的印度有许多神圣树林——这是一些无人居住的辽阔地带——神灵在此居住,任何人如果伤害了这里的动物或树木都要遭受惩罚。在印度的土地上坐落着数不清的寺庙,它们将这个国家转变成一片神圣土地,神灵就居住于人们之中。

普迦仪式(Puja)是崇拜湿婆(Lord Siva)等伟大印度教神祇的仪式,包含在古老的吠陀仪式之中

1212

经文

印度教经文主要有两个流传源流:《吠陀经》和《阿含经》(Agamas)。前者是专业宗教人士的文学作品,仅婆罗门才可记录吟诵。《吠陀经》包含 4 部本集(Samhitas,它们是圣诗的集合:《梨俱吠陀》、《娑摩吠陀》(Sama Veda)、《夜柔吠陀》(Yajur Veda)和《阿闼婆吠陀》(Atharva Veda),还有大量梵书(Brahmanas,宗教文献)、《森林书》(Aranyakas)和《奥义书》(Upanishads)。《阿含经》则是普通人的宗教文学作品。伟大的史诗——《罗摩衍那》(Ramayana)和《摩诃婆罗多》(Mahabharata)也是印度教的重要资料。许多印度教徒认为《薄伽梵歌》(Bhagavad Gita),即《摩诃婆罗多》的一部分,是其宗教的缩影。《宇宙古史》(Puranas)是类似《圣经》的圣书,被各阶层印度教徒广泛阅读。《毗湿奴教派本集》(Vaisnava Samhitas)、《湿婆阿含经》(Saiva Agamas)和《性力派坦陀罗》(Shakta Tantras)等文献都被认为由特定崇拜传统的信徒受天启后而作。它们包括了创世故事、国王和元老的谱系、众神传说、教谕故事以及末世传说。以这些文献为基础,迦梨陀娑(Kalidasa,活跃于 5 世纪)、巴纳(Bana,7 世纪)等诗人和剧作家用梵语创做出高水平的戏剧文学作品。以图拉西达萨(Tulasidasa)和卡姆巴(Kambha)为代表的诗歌圣人们(16 世纪)为这些经典创做出大众白话版本,直至今日还被改编成戏剧在舞台和大银幕上(自电影出现之后)表演。

吠陀语(Vedic)是印度教最古老的文献所使用的语言,它是梵语的一种古代形式,是一种上层语言,公元前 400 年左右帕尼尼(Panini)将之规范化。梵语被称为"神的语言"(deva vani),是一种神圣语言。它既是印度教徒的治学语言,同时也是印度教文学所使用的语言。

仪式

家庭和公共仪式是早期吠陀文化的一个显著特征。人们认为,对于社会和个人的福祉来说,这些仪式不可或缺。祭祀的实践活动与理论完全可被视为一门学问,几百条错综复杂、相互关联的制度都要牢记并遵守。建造祭坛需要解决天文学和几何学领域的难题。专门修建祭坛的砖石要依照特定的几何模式排列,它们被认为是人体和宇宙的象征符号。一个祭坛的 360 块砖石代表一年 360 天以及人体的 360 块骨头。此外,确定吠陀仪式举办的恰当时间也需要相当高深的天文学知识,古代文献解释了如何确定一年内不同时间各天体的位置。

固定的或者说必须遵循的例行仪式,构成了每一年的时间以及人的生命周期,成为支撑共同体和家庭的框架。仪式伴随着季节的更替,也伴随着人成长的各个阶段。公共供奉确保了土地和家畜的丰产,而家庭内部的仪式则伴随

印度教高僧(Sadhus)在队伍中行走。克劳斯·克罗斯特迈尔摄

1213

一个人的出生、成年、结婚和死亡。偶然的、并非必需的仪式用于在特殊场合给予精神支持，也给个人以额外的慰藉。在后期的几百年间，普迦仪式，即结合神像和神庙尊崇毗湿奴（Vishnu）、湿婆等大神的仪式，成为占主导地位的宗教形式，但旧的吠陀仪式并没有被抛弃。除普迦仪式外，吠陀仪式活动也持续至今，婆罗门在入会、结婚和终结仪式上吟诵吠陀圣诗。

许多印度教徒参加每日的庙宇普迦仪式，分享神圣食物。对于各个村庄和城镇来说，主要的庙宇节庆都是盛大的公共事件。许多家庭仪式，如向神像奉献食物，或晚上在神像前转动一个装有燃烧着的樟脑块的盘子，至今仍在印度广泛存在。

音乐是印度教仪式的一个重要组成部分。吠陀圣诗都要依照一个明确的音高模式来吟诵。器乐、声乐以及仪式舞蹈是神庙崇拜中不可或缺的要素。

社会分层与政府管理

传统吠陀社会的运作基于一个假设，即人生而不平等，不同的种姓出身确定了各自的权利和义务。婆罗门（Brahmans）自梵天（Great Being）的口生出，是《吠陀经》的保管者，处于最高等级。刹帝利（Kshatriyas）生自梵天的胸部，是统治者和武士。吠舍（Vaishyas）生自腹部，是商人、工匠、农夫和书记员，为社会提供生活必需品。首陀罗（Sudras）生自梵天的足部，要服侍之上的3个等级。达利特（Ati-sudras）是等级比首陀罗还低的人，在英语中被称为"不可接触者"。达利特不属于印度教社会的范围，要做的工作也是宗教上认定的不洁净之事，如去除动物皮、清扫厕所、抬尸体等。他们不被允许居于村庄内，无权使用为4个种姓准备的设施。今天，虽然已有立法禁止歧视，但他们仍经常处于弱势地位，受到不公正对待。四种姓中的每一个都包括几百个次种姓（jatis），也要遵循相互间的等级规范。

义务的差别不仅取决于种姓，也与一个人所处的人生阶段有关。前3个等级成员在入教后的头12年要跟随一位德高望重的老师学习。然后他们必须要结婚生子。在他们的孩子长大成人之后，他们就要过一种朴素和冥想的生活。最终，他们要以无家可归的朝圣者身份拜访圣地，直至死亡使他们从肉体的负担中解脱出来。但在现实中，只有极少数人真的以无家可归的朝圣者身份终结生命。

印度教传统的一个重要元素是管理政府的理论与实践。国王通常是刹帝利种姓，但婆罗门作为顾问和首辅也有很大影响力。印度教觉醒运动自12世纪早期开始，其目的之一是在非印度教徒统治了

象首神（Ganesh）崇拜仪式上供奉的花朵。象首神是最著名的印度教神祇之一，又被称为"障碍清除者"，常被刻画成长有象头的形象

1214

天神创造出不同的宗教以适应不同的期待、不同的时代以及不同的国家……只要一个人全身心地投入到任何一种宗教之中，他就可以触及天神。
——罗摩克里希那（Ramakrishna，1836—1886）

1215
几百年之后，重建印度教的统治权。第一个现代印度教政治派别——印度教大斋会（Hindu Mahasabha）——在其宣言中声称：“印度教徒有权像一个印度教徒那样和平地生活，有权立法，有权根据印度教的精神和理念自治，以各种合法的方式建立一个以印度教文化和传统为基础的印度教国家，从而使印度教的意识形态和生活方式可以有自己的家园。”（Pattabhiram 1967）

20世纪，在印度摆脱英国的独立斗争中，许多人都以复兴印度教文明为战斗目标。贾瓦哈拉尔·尼赫鲁（Jawaharlal Nehru，1889—1964）是印度第一任总理（1947—1964），他宣扬世俗社会主义和国家工业化，称钢铁厂和水电站大坝为“新印度的神庙”。但他的继任者们都将复兴印度教文化作为一个重要议题。

在之前几个世纪，印度教的统治者修建神庙，支持宗教捐赠。今天，由政府任命的庙宇管理委员会监督着多数大型神庙的活动和财政预算。商人和实业家，以及德高望重的古鲁（gurus）的追随者，在印度各地兴建神庙。自1947年独立以来，在印度新建的印度教神庙比过去500年修建的还多，其中最著名的是新德里的比尔拉神庙（Birla Temple）。如今，有超过2500万印度教徒在印度以外生活。在东南亚、欧洲、北美洲、非洲、大洋洲，人们建造了几百个印度教神庙，它们常常仿照著名的印度神庙，由印度教的祭司主持印度教仪式。“世界印度教协会”（Vishva Hindu Parishad，或World Association of Hindus）于1964年在孟买成立，活跃于印度本土以及海外的印度教徒之中，致力于保护和提升印度教文化。

传统的承继

吠陀宗教以家庭为基础，《吠陀经》的特定部分被保存在单个家庭中。家庭也是宗教活动的一个中心。神圣灶火不许熄灭。丈夫与妻子一起完成家庭的宗教仪式。家庭还要举办生命周期仪式。小男孩们住进古鲁们的家庭接受教诲。当一些宗教共同体在富有魅力的个人的领导下得到发展时，古鲁的地位就会非常突出，领袖们常常宣称自己是某位神的化身。这些宗教领袖有助于主流印度教的塑造，而且从总体上对印度教徒产生巨大影响。他们规定信徒们的生活方式，重新解释经书和传统教义。他们的著述——尤其是对《奥义书》的评注，《薄伽梵歌》以及《梵经》（Brahma sutras）——是研习印度教神学的学生们学习的主要文献。在一些领域内，吠陀传统原封不动地保存下来；但在其他一些领域则并非如此。许多大城市的男孩没有离开家庭追随古鲁，而是在合适的年龄跨越神界；传授他们传统伦理和学问的老师可能是他们的长辈，也可能是他们家的一位婆罗门朋友。

多神主义是印度教从最初就具有的一个特点。吠陀圣诗中出现许多男神和女神，印度教徒仍然在他们的神庙中供奉许多神祇。印度教中并不存在所有印度教徒都遵守的教义，也没有对所有印度教徒都适用的教条或实践活动，这里的例外可能只有名义上接受《吠陀经》为神启经文以及相信因果报应和死后重生。

教育

在入教仪式上，小男孩会接受神圣之线（如今也越来越多地给予女孩），这是他的“第二次出生”，由此他拥有了接受教导的权利。这个仪式只限于婆罗门、刹帝利和吠舍前3个高级种姓，首陀罗和达利特被排除在外。从传统上讲，婆罗门享有优先教育权，他们早年的生活都要在学习中度过；而且对他们来说，终生的教育是一种责任。除了在古鲁家中跟随古鲁学习以外，学生可能还会进入附属于静修地或神庙的学校。古代印度的大学组织有序，并得到公共或私人的

1216

资助,如旁遮普的呾叉始罗(Taksasila,今塔克西拉［Taxila］,建于约公元前 700 年)、那烂陀寺(Nalanda,传统认为其修建于公元前 6 或前 5 世纪,但是考古证据显示其修建时间大约在 5 世纪)和比哈尔(Bihar)的超戒寺(Vikramasila,建于约 800 年)中都有几千位教师和上万名学生。这里不仅教授《吠陀经》,还教授"十八技"(eighteen sciences),之后又增补了"六十四艺"(sixty-four arts)。基础课程包括语言学、艺术与工艺、医学、逻辑与辩证法,以及灵性。

学生和教师都要有较高的道德水准。学生不仅要通过严格的考试以证明他们的才能,还要过一种朴素纯粹的生活。印度教徒相信价值的平衡,如同 4 个"生活目标"中体现的那样。获取财富和享受生活都是合理的要求,但一个人为了获得完满的生活,也要践行道德与宗教,从而最终从生存的羁绊中解放出来。

阿育吠陀医学

阿育吠陀医学(Ayurvedic medicine)的原则来自《吠陀经》,从很早开始就得到系统发展。其主要目标是通过草药预防和治疗疾病。身体健康不仅是人们普遍的渴望,而且也被认为是实现精神圆满的一个前提条件。医学实践活动作为一种慈善形式,受到印度教统治者的广泛推荐和支持。向病患免费提供医药被视为善举,是僧侣们应该参与的活动之一。印度的两部医药指南——《遮罗迦集》(Caraka samhita,时间跨度从公元前 200 年到公元 300 年)和《妙闻集》(Sushruta samhita),是几百年发展凝结的成果,闻名于古代世界,影响远远超出印度的范围。阿育吠陀医学也被应用于动物和植物,有一本专门供职业园艺师参考的古代指南,还有一本专门给兽医阅读的教科书;另外,还有典籍涉及给马匹和大象治病的兽医学。古代印度既有兽医院也有动物诊所。母牛庇护所(Goshalas)是专门提供给老牛生活的场所,至今在印度的一些地方仍然流行。今天,西方主要的制药公司都认识到阿育吠陀药学的科学价值,古印度典籍中发现和描述的药用植物被应用到全世界病人的身上。

哲学

现代西方思想史的一个特征是将哲学与神学加以区别,但印度没有这种区分。对于印度教徒来说,带着探究的意识去分析和研究他们传统的教义是很自然的事,有印度教背景的专业哲学家也利用在哲学上有意义的方式处理宗教问题。印度教哲学体系不仅是抽象的构想,也是通向理解生命最高目的的路径。要想拥有从事哲学研究的资格,一个人必须要热忱地渴望摆脱重生与死亡的循环周期从而获得自由,而做到这一点就要无视现实的真正本质。

数论派(Samkhya)是 6 个正统的哲学体系(darsanas)之一,它提倡普遍的演化理论,演化的基础是自然和物质相互间的对立:一端是精神,另一端是灵魂。一切现实存在都被归入源于同一基础的五乘五原理之下。数论派将多样化的世界归为 25 个类别,这在印度教思想中被广泛接受。第二个哲学体系——帕坦伽利(Patanjali)的瑜伽(Yoga)体系,可追溯到公元前 200 年左右,其基础是完全的数论派。

6 个哲学体系中的第 3 个是胜论派(Vaisesika),是一种原子理论。它可能早于希腊哲学家德谟克里特(Democritus,约前 460—前 370)的理论,同时也是一种针对质量和差异的详细分析,还对动力概念有所发展。

内明(Adhyatma vidya,这一专业名词指的是普遍意义上的灵性——不是一个特定的体系)是与梵天相关的精神的或内在的科学,是一种高级的现实,被认为处于最高地位。它利用个人的经验、连贯的认识论和对神启的释注。《奥

1217

义书》提到了 32 个 vidyas，即通向所有科学目标的路径。以贯通所有这些为目的的知识是一个特别门类，涉及学生的一种转变。《奥义书》中的观念进一步发展成吠檀多（Vedanta）哲学，主要记载于《梵经》的注释之中，《梵经》的作者据说是跋达罗衍那（Badarayana，公元后前几百年）。从商羯罗（Shankara，8 世纪）开始，直到茹阿玛努佳（Ramanuja，约 1017—1137）和摩陀婆（Madhava，1296？—1386？），印度最伟大的精神导师都致力于发展这种精神永恒存在的科学。

世界历史上的印度教

在很长一段时期，对印度教共同体成员的身份要求是：父母同为印度教徒并经历了各种圣礼的人；这些圣礼使得一个印度教徒成为印度教共同体的全权成员，不论他身在何处。印度教通常是一种"世界宗教"，因为印度一直是一个人口稠密的大国，其人口占世界总人口的比例很大。在其全盛期，印度吸引了来自亚洲各地的学生和朝拜者；他们在当地大学学习，或拜访与佛陀等人物有关的圣地。

在公元元年至公元 500 年间，印度教还扩展到东南亚大部分地区，这一点之前已经提到过。此后，人们被禁止渡过"黑海"（black seas），如这样做就会丢掉种姓身份。这个禁令很像是一个保护印度教共同体不被侵蚀的措施，因为当时

穆斯林已入侵印度，他们逼迫印度教徒皈依伊斯兰教。然而，这一时期许多与印度有接触的外国人接受了印度教的思想文化。随着 18 世纪英国在印度建立统治，以及基督教传教士进入，印度教徒要将其宗教扩展到国外的热情被激发出来：1893 年，在芝加哥的"世界宗教大会"上，斯瓦米·维韦卡南达（Swami Vivekananda）发表了非常著名的演说，随后他访问了美国和英国。从此，许多地方成立吠檀多中心（Vedanta centers），印度教引起相当广泛的兴趣。自 20 世纪 60 年代以来，有更多印度教学者和古鲁来到西方，他们让几千人熟悉了印度教的各个宗派，并吸引了许多西方人加入印度教共同体。出生于印度教家庭不再是成为印度教徒的必要条件；一个人只要接受印度教教义和仪式活动，并由一位合格的印度教古鲁介绍入教，他就可以成为一名印度教徒。

迄今为止，有几百万印度教徒定居于世界各地，将印度教作为他们的信仰带到他们现在居住的地方。有印度教背景的科学家常常致力于将印度教传统思想与他们所从事的科学领域相结合，有意识地提升印度教作为一种现代信仰的地位。在西方有教养的人群中流行的"新时代"文学充满了印度教的观念和形象，预期现代科学的发现和洞见。由于印度教拥有大量信徒，再加上其博大精深的文化和哲学，因此这一宗教必将对未来的全球文明产生重要影响。

进一步阅读书目：

Basham, A. L. (1959). *The Wonder that was India*. New York: Grove Press.

Dasgupta, S. N. (1925 - 1955). *A History of Indian Philosophy*. Cambridge, U. K. : Cambridge University Press.

Fuller, C. J. (1992). *The Camphor Flame: Popular Hinduism and Society in India*. Princeton, NJ: Princeton University Press.

Halbfass, W. (1988). *India and Europe: An Essay in Understanding*. Albany: State University of New York Press.

Heimann, B. (1964). *Facets of Indian Thought*. London: Allen & Unwin.

Kane, P. V. (1933 - 1975). *History of Dhamasastra*. Pune, India: Bhandarkar Oriental Reseacrh Institute.

Klostermaier, K. K. (1984). *Mythologies and Philosophies of Salvation in the Theistic Traditions of India*.

1218

Waterloo, Canada: Wilfrid Laurier University Press.

Klostermaier, K.K.(1994). *A Survey of Hinduism* (2nd ed). Albany: State University of New York Press.

Klostermaier, K.K.(1998). *A Concise Encyclopedia of Hinduism*. Oxford, U.K.: Oneword.

Klostermaier, K.K.(2000). *Hinduism: A Short History*. Oxford, U.K.: Oneword.

Klostermaier, K.K.(2000). *Hindu Writings: A Short Introduction to the Major Sources*. Oxford, U.K.: Oneword.

Kramrisch, S.(1981). *The Presence of Siva*. Princeton, NJ: Princeton University Press.

Lannoy, R.(1971). *The Speaking Tree: A Study of Indian Culture and Society*. Oxford, U.K.: Oxford University Press.

Lipner, J.(1994). *Hindus: Their Religious Beliefs and Practices*. London: Routledge.

Majumdar, R.C. (Ed.). (1951–1969). *The History and Culture of the Indian People*. Mumbai (Bombay): Bharatiya Vidya Bhavan.

Pattabhiram, M.(1967). *General Election in India 1967*. New York: Allied Publishers.

Prabhu, P.H.(1961). *Hindu Social Organisation* (5th ed). Mumbai (Bombay): Popular Prakashan.

Ramakrishna Institute of Culture.(1958–1972). *The Cultural Heritage of India* (2nd ed). Calcutta, India: Author.

Singhal, D.P.(1969). *India and World Civilization*. East Lansing: Michigan State University Press.

克劳斯·克罗斯特迈尔(Klaus K. Klostermaier) 文

邢颖 译,刘健、王超华 校

History, Maritime　海洋史

1219　　　不论是战争还是和平时期,世界不同地区相互间都有商业和文化往来。从事航海的水手们在其中扮演了重要的角色,而这正是海洋史所要研究的内容。海上商贸活动和海上战争对地方、地区以及国际关系的发展、结构和扩张起到了关键性作用。

从事航海活动的水手们在塑造我们当今世界的面貌方面扮演了关键性的,甚至常常是决定性的角色。他们的重要性不仅体现在那些依赖大海生存的人们身上,即使对那些生活在内陆、远离大海的人也是如此。我们要想恰当地理解文明的起落、人类的迁移以及由此导致的语言、宗教、技术的传播,理解宗教生活与政治体系,认识世界范围内的动植物,海洋史的研究都具有至关重要的意义。同样,如果要认识距离较近的地区间的相互交往,不论是类似地中海那样的内海,还是靠河流湖泊连通的内陆地区,海洋史研究也同样重要。

21世纪初,世界商业贸易的90%依赖水路。

大多数情况下,船运货物都较陆路运输更为节约。用船运输1吨货物所需的能源是用火车运输的1/5,是用卡车运输的1/10。只是随着过去200年间铁路、内燃机和硬地公路的发展,陆路运输才具有足够的吸引力,从而取代了船运。直至20世纪,一船货物穿过一个码头所需的时间,仍旧与其穿越大海所用的时间相当。

航海尝试的开始

由于尝试航海的行动分散于多个地区,而且技术的扩散没有规律可循,商业交往的方式也各不相同,因此仅用寥寥几笔概括其进程是

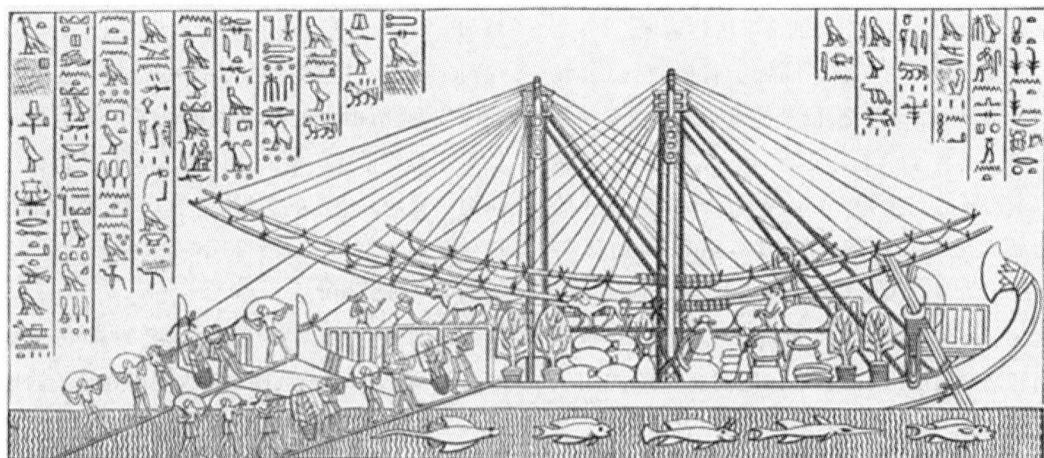

"满载着来自蓬特（Punt）的货物的哈特苏（Hatasu）船只。"选自格奥尔格·埃伯斯（Georg Ebers）的《描述、历史与图片中的埃及》（*Egypt: Descriptive, Historical and Picturesque*），伦敦：卡塞尔，1881—1882

不可能的。人们接触大海已有几万年历史：5万年前就有人从印度尼西亚渡海到达澳大利亚；1万年前斯堪的纳维亚人的石刻上已经有船的图案；约公元前4000年，苏格兰的赫布里底群岛外围（Outer Hebrides）开始有人居住。大体上说，公元前1500年之前，欧亚大陆存在大量区域间往来活动，但几种海上文化是在各地相对孤立的状态下发展起来的。

就远洋航海来说，最引人注目的成就出现在大洋洲。从公元前1500年到公元1500年，在从所罗门群岛到复活节岛、新西兰到夏威夷的区域内，全部适于居住的岛屿，如波利尼西亚、马来西亚、密克罗尼西亚等岛屿，事实上都已经有人类居住。人们为此创造出多种多样的船舶，与欧亚大陆及其他地方的都不相同。虽然航海工具或形成文字的指南尚未发明，但人们却在航海中将对天象的观察、对风向和涌浪的观测、对鱼类和海上哺乳动物以及鸟类生活习性的观察结合在一起。此外，对口传信息也有帮助。

1500年之前，美洲人显然对航海一无所知——可能只有那些在厄瓜多尔和墨西哥东海岸之间开展贸易活动的水手除外。但是商人们划着独木舟航行在纽约到纽芬兰的航线上，并从内陆到达大湖区和密西西比。加勒比海的阿拉瓦人（Arawak）和加勒比人（Carib），以及太平洋西北部、阿拉斯加南部海岸的居民和阿留申人（Aleutians），取得的成就少有文献记载。北极、次北极地区的水手们则乘坐兽皮舟沿欧亚和北美北海岸航行、捕鱼和捕鲸。

古代世界

公元前第3个千年，第一波人类文明出现于东地中海到西印度洋地区。其对船舶的使用促成或者说体现了这些文明在技术和政治组织方面的先进性。在尼罗河上，造船和航行技术对于埃及的政治、经济和社会稳定具有至关重要的意义。对船只航行最早的描绘出现在公元前4千纪晚期上埃及的一个陶瓶上。到斯尼夫鲁（Sneferu，约前2600）统治时期，埃及人定期前往黎凡特（Levant）运输雪松木。他们还经红海到蓬特（可能是今索马里）获取没药、黄金、银金矿（一种金银合金）、香料和化妆品。埃及人的文字记录还包括第一次真正意义的海战，即公元前13至前12世纪海上民族（Sea People）的入侵。

1220

埃及人还利用尼罗河运输上千吨重的石料,从采石场直到几百千米外的金字塔建造地。

类似的活动推进了同处于青铜时代(公元前3千纪到前2千纪)的其他文明对内对外商贸活动的发展,也促进了国家的形成和扩展,其中以米诺斯的克里特(Minoan Crete,以及之后的迈锡尼希腊)和黎凡特港口城市乌加里特(Ugarit)、毕布罗斯(Byblos)及推罗(Tyre)最为著名。美索不达米亚人的船只航行于底格里斯河和幼发拉底河,也航行在他们所修建的用于抗洪、灌溉和运输的运河上。公元前第3个千年,在波斯湾和印度河流域之间存在远程水上贸易往来。《汉谟拉比法典》中有关船运的法律条文要早于后来的地中海法律习俗。公元前第3个千年的《吉尔伽美什》提供了方舟洪水、英雄海上漂泊的故事原型。方舟洪水的故事因后来的希伯来《圣经》闻名于世,而《荷马史诗》中的奥德修斯(公元前第1个千年早期)则是最著名的海上英雄的例子。无论吉尔伽美什还是奥德修斯,都无法找到对应的历史人物原型,但这些故事中的地理环境却是以各自作者同时代人的经验为背景的。

公元前第1个千年早期,地中海世界首先开始展开海上扩张活动,这导致了双向文化交流,因此区别于过去单向的移民或交易量较小的商贸活动。公元前9世纪,腓尼基人在迦太基、西地中海和伊比利亚半岛及摩洛哥西海岸建立殖民地,希腊人开始在黑海和地中海北部开展殖民活动。公元前5世纪早期,波斯人入侵希腊,以失败告终;希腊人取胜的部分原因在于萨拉米斯(Salamis)海战中雅典人的胜利。海上霸权与陆地霸权的概念因此产生,但这种区分常常不是绝对的。

在接下来的几百年间,海上事务变得越来越重要。亚历山大里亚是马其顿的亚历山大大帝(Alexander of Macedon)修建的城市,2 300年

之后它仍然是一个重要港口。该地的法洛斯灯塔(Pharos)与标志罗得岛入口的巨人雕像(Colossus)同被列为古代世界的奇观。在希腊化时代,亚历山大的继承人展开了世界上最早的海军军备竞赛。他们之间主要争夺的目标是东地中海地区出产的木材,这与18和19世纪对巴尔干森林的争夺以及20和21世纪对海湾石油的争夺极其相似。

通过公元前3至前2世纪的布匿战争(Punic Wars),罗马从迦太基人手中夺走了西地中海的控制权。虽然罗马作家都轻视大海,但帝国的生存却要依赖安全的海上航线。庞培(Pompey the Great)在公元前1世纪摧毁了地中海的海盗势力;屋大维在亚克兴(Actium)的胜利是内战的关键之役;罗马人依靠的是从西西里、西班牙和埃及进口的粮食。罗马人控制莱茵河、多瑙河以及英吉利海峡的航路后,帝国北部的边界才算确定下来。5世纪,日耳曼和斯拉夫部落进入地中海地区,西方罗马与东方拜占庭遭遇了两种截然不同的命运,其部分原因就在于拜占庭拥有一支强大的海军力量。

在亚洲,印度和中国之间持续的海上活动直至公元前1000年左右才开始出现,而且在其后的500年里都没有重大发展。在《梨俱吠陀》《奥义书》等印度教作品(公元前第2个千年晚期),以及佛教典籍和印度阿育王统治时期(Asoka,公元前第3个千年)的法令中,我们都能找到印度人海上活动的痕迹。亚历山大重新激发了地中海世界对印度洋的兴趣,最详细的商贸活动记录来自希腊、罗马的地理志,如托勒密(Ptolemy)所描述的世界范围直至东方的马来半岛。除地理志外,还有公元前2世纪到公元2世纪的商人指南。虽然西方人参与了亚洲的海上商业活动,但当地的商人仍起着更重要的作用。除了运输物质产品,海上的商人们还将佛教和印度教从印度传播到东南亚。印度商人对东

你告诉人们在这艘船上有4种做事的方式：正确的方式、错误的方式、海军的方式和我的方式。如果他们遵循的是我的方式，那么我们就会合作愉快。

——汉弗莱·鲍嘉（Humphrey Bogart，1899—1957）在《凯恩舰叛变》（The Caine Mutiny）中饰演少校菲利普·弗朗西斯·魁格（Philip Francis Queeg）

南亚大陆的重要性体现在扶南（Funan）王国的两个建国故事中。扶南是重要的稻米产区，控制着以澳佑（Oc Eo）为起点的东西贸易通道，澳佑是泰国湾靠近湄公河的一个港口。

如同埃及和美索不达米亚一样，中国人的航海尝试起于通过建造灌溉运输用的水渠以治理河道的活动。虽然中国与朝鲜和日本的商贸往来可追溯到很早的时期，但中国更热衷于南方的贸易。这一区域的贸易开始于公元前4世纪对南越人的合并，还有对越南的首次进攻，其中的一些行动是经由海上展开的。直到5世纪扶南衰落时，中国的僧侣和商人都定期开展经过东南亚的航海活动，最远到达锡兰（今斯里兰卡）及佛教世界的其他地区。

中世纪

7世纪伊斯兰教的兴起导致地中海商贸活动再度发生变化。穆斯林攻占亚历山大里亚，埃及谷物贸易从拜占庭转移到麦加的红海港口吉达（Jidda），这些是重要的标志。穆斯林的哈里发依靠东地中海当地的航海团体驾驶其船舰。虽然有几次海上袭击，但穆斯林并未攻占拜占庭。不过他们确实控制了地中海世界东西方贸易的大部分份额，当时的地中海世界被分成基督教北方与伊斯兰教南方。大约1000年前后，意大利的商人们渗透进拜占庭帝国在地中海和黑海的商业网络，势力的平衡由此再次发生转移。到该世纪末，威尼斯人利用十字军累积了资本。虽然第一次十字军东征经由陆路到达黎凡特，但临海的十字军国家仍然需要海上的武器装备，威尼斯、热那亚、比萨和其他地方的商人维护着他们在繁荣的亚洲贸易中的有利地位。

4，5世纪罗马对不列颠群岛统治衰落的一个原因是来自西北欧的日耳曼劫掠者的压力。在维京人的领导下，北方民族的海上扩张加速。

航海技术使维京人得以迅猛扩张，这种技术大约7世纪时到达波罗的海。维京人袭击了不列颠群岛以及欧洲的边缘地区，最远到达穆斯林统治的西班牙。他们越过北大西洋到达冰岛（跟随爱尔兰的僧侣）、格陵兰岛和纽芬兰。他们还顺着欧洲东部的河流，从今天的波罗的海各国、波兰和俄罗斯到达里海和黑海。10至13世纪，在拜占庭皇帝精锐的瓦兰吉卫队（Varangian Guard）中有许多维京人。维京人中最著名的代表人物是挪威国王哈拉尔·哈德拉底（Harald Hardradi），他在1066年率领一支有300艘船的舰队入侵英格兰，但在约克附近的斯坦福桥（Stamford Bridge）战役中被盎格鲁-丹麦国王哈罗德·高德温（Harold Godwinson）击败。不过两周之后，哈罗德·高德温在黑斯廷斯（Hastings）与诺曼底公爵威廉（征服者）的战斗中遇害。作为最早的维京人入侵者以及法国北部居民的后裔，威廉率领大约900艘船舰越过英吉利海峡，成为英国国王。

威廉的胜利在许多方面标志着维京时代的终结。在下一个世纪，波罗的海和北海的贸易落入德意志商人手中，他们形成一个被称为"汉萨同盟"的松散联盟，专营经水路运输的大宗商品如谷物、木材、鱼和羊毛，这些货物在运输途中都装载于容积很大的船舶上。依赖于这些贸易活动，北欧在接下来的几百年间实现了持续繁荣。

这一时期更为重要的事件是伊斯兰势力的扩张。这一扩张行动通过阿拉伯人和波斯人的海上商船到达东非海岸的莫桑比克，向东到达中国。在唐宋近7个世纪的统治时期里（618—1279），中国的海上贸易兴盛起来。海外的阿拉伯、波斯、亚美尼亚、犹太、基督教、马来和日本的商人们聚集在港口城市广州、泉州和扬州，人数达几十万。周期性的暴力排外事件使几万名外国人遇害，迫使这些外国人暂时退到越南北部。

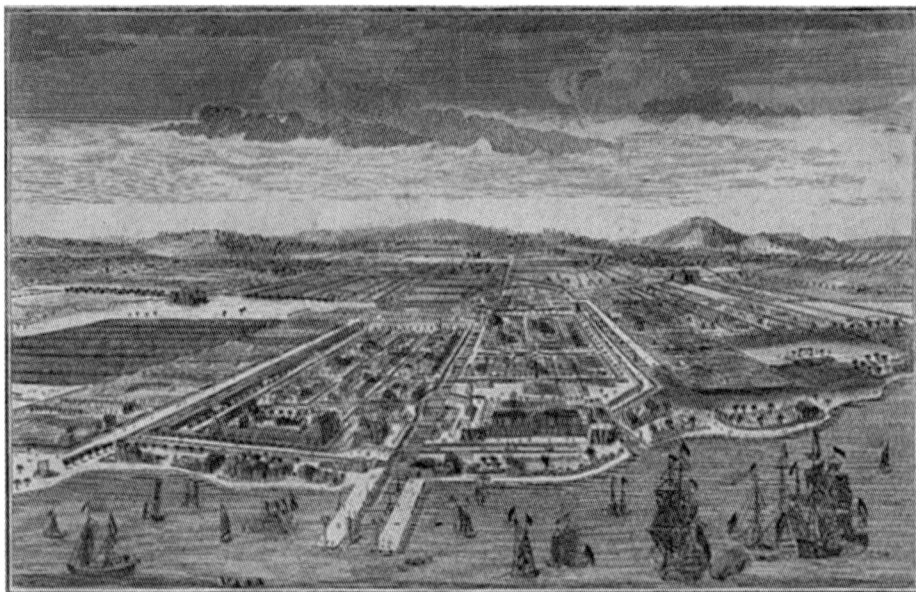

扬·范·莱恩(Jan van Ryne)的《荷属巴达维亚的岛屿和城市风光,荷属东印度公司》(*View of the Island and the City of Batavia Belonging to the Dutch*,*for the India Company*,1754)。彩色手绘,选自 KITLV/皇家尼德兰东南亚与加勒比研究所的收藏,莱顿

中国海域与印度洋之间日益活跃的交流影响了东南亚政治。到 7 世纪,海上船只都抛弃了东南亚沿海路线,直接从海上穿越南中国海。横跨马六甲海峡的室利佛逝(Srivijayan)诸国控制着远东与印度洋之间的航线。东西贸易也使南印度和马尔代夫群岛的财富增加。11 世纪,奉行扩张主义政策的南印度注辇(Chola)王国侵略孟加拉湾以东 2 400 千米外的室利佛逝。由于相距遥远,注辇人无法抓住这个胜利的契机,但东爪哇兴起的国家却借机取代其羸弱的邻居。在其崛起的过程中,爪哇人最早开始了对印度尼西亚东部香料群岛(Helaku)的大规模开发利用。由于亚洲海路两端的地区都很富庶,丁香、肉豆蔻和豆蔻香料成为从宋朝中国到法蒂玛埃及(Fatimid Egypt)和地中海地区的主要贸易商品。

近代早期

商人国家利用各种手段控制了地中海和欧洲的商路,在这些国家形成了在基督教欧洲具有普遍性的商业文化。它们的成功源于这一时期两次重要的战争:一是基督徒进攻穆斯林西班牙;二是 1291 年穆斯林将十字军逐出黎凡特。尽管后者迫使威尼斯人、热那亚人及其他基督教商人到其他地方寻求财富,但穆斯林对直布罗陀海峡控制力的减弱又为这些商人的商业热忱找到一条新出路。13 世纪 70 年代,地中海与北欧间建立了直接的海上贸易关系,这促进了西北欧的经济增长,使西北欧的商业繁荣程度逐渐可与地中海地区匹敌。

由于北欧与地中海之间海上商业活动不断繁荣,造船业经历了几个关键性变化,最终在 15 世纪,第一代快速帆船出现。这些庞大、坚固的大帆船以一个龙骨为核心建造,装配方形船帆(垂直于船体的中线)和从船头到船尾的三角帆,以中线舵取代了侧方的船桨。除了装载能力和操控耐久程度增强之外,这些大帆船还配有重装船的枪支,使得商业和海上战争的性质发生了改变。

1223

虽然欧洲与地中海世界的发展对推动欧洲的海外扩张非常关键,但亚洲财富的诱惑也同样重要。很久之前,来自古吉拉特(Gujarat,印度西北部)以及今孟加拉一带的印度商人就在东南亚建立了重要的对外贸易共同体。这些国家在13世纪皈依了伊斯兰教,宗教及其相关的文化准则——包括语言和法律——通过贸易网络轻而易举地到达东方。15世纪末,伊斯兰教在东南亚海上区域牢固确立,这是在印度以东得以立足的首个一神教。

中国元朝初期,忽必烈发动了4场海外战争:分别对战日本(1274、1281)、越南(1283)和东爪哇(1291)。这些战争都未取得成功。但远征爪哇却为满者伯夷帝国(Majapahit Empire)在当地的兴起扫清了障碍,这一帝国统治东南亚岛屿贸易长达2个世纪。在1405至1433年间,明朝对这一地区施加了更直接的影响。这一时期,宦官郑和率领船队7次取道这一地区,到达从锡兰到东非、红海和波斯湾的印度洋港口。这些船队有几万名水手,他们打击海盗,将钱币引入东南亚作为交换媒介,当地伊斯兰国家的重要地位因此加强。虽然中国的海上贸易活动在15世纪中叶遭到官方禁止,但穆斯林和中国商人双向穿越东南亚的活动仍成为促进这一地区财富不断增加的最重要因素,而这些财富在15世纪末将欧洲人吸引至此。

随着13世纪地中海与北欧开展直接贸易活动,欧洲人开始尝试征服大西洋。在200年的时间里,欧洲人征服了马德拉群岛、亚速尔群岛、加那利群岛和佛得角群岛。其后欧洲人大范围的扩张带来具有一定特点的意识形态和利益的融合。在此影响下,15世纪中叶,葡萄牙王子——"航海者"亨利("the Navigator" Henry)推动了探索非洲西海岸的行动,这一地区出产黄金、奴隶和便宜的胡椒。这些努力使人们发现通往印度洋群岛的海路,因此带来一波航海活动的高潮:克里斯托弗·哥伦布具有划时代

意义的跨大西洋航行(1492),费迪南·麦哲伦(Ferdinand Magellan)和胡安·塞巴斯蒂安·埃尔卡诺(Juan Sebastian del Cano)分别进行的由东向西的环球航行(1519—1521),以及安德烈斯·德·乌尔达内塔(Andrés de Urdaneta)自西向东跨太平洋航路的发现(1565)。哥伦布及其同代人(包括造船工人、银行家、制图师和枪支制造者)的时代,是世界历史上的关键点。但这个时代所取得的成就是集体累积经验的结果,而非个人的灵感。此外,取得进步的过程相当艰辛;水手的死亡率很高,也经历了多次失败,特别是对通向东方的西北和东北航路的探索困难重重。

全球贸易的诞生

受到多种因素影响,海上贸易的方式各不相同。当西班牙人到达美洲时,他们没有发现曾经存在海上贸易体系的迹象,这一点有助于解释他们在美洲偶然的、爆炸性的兴起。在亚洲,葡萄牙人融入一个成熟的商贸网络,因为他们早已了解应对的办法。虽然葡萄牙王室垄断了香料贸易并向本土商人颁发许可,但葡萄牙人从未控制整个地区的贸易活动。在许多人看来,参与亚洲内部所谓的国家间贸易,比开辟亚洲、非洲、葡萄牙和巴西之间的远途商路更有利可图。17世纪荷兰和英国之间的贸易方式有所不同。荷兰法学家雨果·格劳秀斯(Hugo Grotius)在《论海上自由》(Mare Liberum)一书中详细阐述了自由贸易的哲学思想,以反对葡萄牙的垄断;然而他随即又为荷兰在亚洲专门针对英国的垄断行动辩护,后者在量大价低的印度商品贸易中处于劣势。荷兰与英国的东印度公司为各自政府在19世纪的殖民政策打下了基础。

1500年以后,通过语言、宗教、物质文化的交流以及谷物和牲畜的运输,人类迁移的速度

加快,其规模足以令人类社会发生变化。造成文化变化的最重要因素是非洲奴隶的大规模迁移(16—19 世纪)、欧洲向大西洋彼岸和大洋洲的移民(整个 20 世纪),以及被输入非洲、拉丁美洲的中国和印度劳工(19、20 世纪)。

从纯粹商业的角度来说,区域贸易的重要性仍然超过远途贸易。19 世纪以前,中国的海船装载着大批亚洲贸易商品;而北欧和南欧的集中航海行动在哥伦布时代之前 200 年才开始,到这一时期仍在艰难摸索之中。荷兰大量财富的来源并非印度群岛,而是欧洲的商业和渔业。欧洲人还主宰了大西洋世界,这是一个发展迅猛的商业和文化区域;以欧洲、西非和美洲为边界,欧洲人在此留下不可磨灭的印记。

从 18 世纪开始,欧洲人开展了一系列航海探险活动,其驱动力是科学调查精神,但目标仍然是现实的:航海安全、新市场,以及抢在对手之前实现结盟或征服的愿望。18 世纪 60 年代,

法国探险家布干维尔(Louis-Antoine de Bougainville)所率领的探险队中包含了人种学家、动物学家和植物学家,他的这种探险方式得到英国人詹姆斯·库克(James Cook)及其继承者的效法。不列颠和法国在太平洋上积极探险,一直持续到拿破仑战争时期。此后俄国人和美国人积极参与航海探险活动。俄国的航海目标是配合其向东方穿越西伯利亚和阿拉斯加的扩张活动;而美国是要与英国在太平洋西北部以及太平洋的捕鲸区域展开竞争。19 世纪,探索西北和东北航路的努力仍在继续,后者于 1878 至 1879 年实现,而前者实现的时间是 1903 至 1906 年。大约在 19、20 世纪之交,对南极洲沿岸的探险活动开始。同时,由于有铺设海底电缆和研究商用鱼类健康与潜能的需求,再加上之后海底采矿以及环境监控和大气研究的需要,科学家们转向了对海洋本身的探索。

费雷德·潘星(Fred Pansing)的《正在费城克拉姆坡造船厂建造的新战舰"缅因号"》(*New Battleship Maine*, *Building at Cramp Works*, *Philadelphia*, 约 1900)。第一艘美国舰"缅因号"于 1898 年西班牙-美国战争初期被击沉。第二艘"缅因号"由威廉·克拉姆坡子弟造船厂(William H. Cramp and Sons)建造,于 1901 年下水

蒸汽时代

随着铁制和钢制船只的发展，1807 年罗伯特·富尔顿（Robert Fulton）的《北河蒸汽船》（*North River Steam Boat*）出版，标志着商业上可行的蒸汽航海时代开启，并由此改变了世界。将蒸汽运用到海洋航海耗费了 30 年的时间；但同时，能在湍急的河流中逆流而上的蒸汽船也打开了各洲的大门，将它们联系起来。

蒸汽船与不列颠强权下的和平（Pax Britannica）同步发展，后者正是得益于英国具有压倒性的海上优势。英国皇家海军（Royal Navy）的实力相当于世界第二、第三大海军势力的总和。1900 年，英国商船的数量占世界船运船只总数的一半还多。欧洲和北美工业资本主义的迅猛发展，有助于满足那些长期经营海外贸易的国家的殖民愿望，如法国和尼德兰；而且新的海上力量得以兴起，如美国、德国、日本；俄国则相对稍逊一筹。装煤港的需要促进了 19 世纪末欧洲资本主义的爆炸式发展。燃料（一种新形式的船运成本）的消耗促成苏伊士和巴拿马运河等交通枢纽的建设，海外贸易因此突然改道。几乎是一夜之间，横跨在航海路线上的老牌港口变成一潭死水，而新加坡等其他港口由于处于蒸汽船经过的更直接的道路上，因而成为重要的贸易枢纽。

各国的海上竞争导致第一次世界大战爆发，并且在 20 世纪初，海洋国家的公民都将他们的注意力集中在海军和商船，尤其是北大西洋的客轮上。第一次世界大战之后，美国的商船兴起，成为仅次于英国的一支重要的海上力量。受益于第二次世界大战期间一项激进的造船项目，1946 年美国拥有了世界上最大的商船和海军力量。

从 1950 年开始，全世界的商船数量急剧增加，船舶数翻了近 3 倍，总吨数翻了 5 倍以上。同时，1960 年之后的集装箱化和计算机智能化促成了产业联合，提高了效率，这使得海运行业所需的雇工数减少，港口设施也要搬离伦敦、纽约等传统城市中心。在西方国家，这样的转变都已完成，但转变过程却没有引起人们的注意，因为在 19 世纪，欧洲和美国的船舶经营者开始将他们的船只变成"方便旗"（flags of convenience）——商船在别国注册，因为那里的劳工法、安全标准和环境标准都更宽松。然而在亚洲国家，比如日本、韩国、中国，商船运输和造船业是国家经济的一个内在组成部分。这一情况也说明，世界力量的平衡即将重新定位。

进一步阅读书目：

Abulafia, D. (Ed.). (2003). *The Mediterranean in History*. London: Thames and Hudson.

Beaglehole, J.C. (1966). *The Exploration of the Pacific* (3rd ed.). Stanford, CA: Stanford University Press.

Braudel, F. (1973). *The Mediterranean in the Age of Philip II*. New York: Harper and Row.

Casson, L. (1991). *The Ancient Mariners: Seafarers and Sea Fighters of the Mediterranean in Ancient Times* (2nd ed.). Princeton, NJ: Princeton University Press.

Chaudhuri, K.N. (1985). *Trade and Civilisation in the Indian Ocean: An Economic History from the Rise of Islam to 1750*. Cambridge, U.K.: Cambridge University Press.

Crosby, A.W. (1972). *The Columbian Exchange: Biological and Cultural Consequences of 1492*. Westport, CT: Greenwood.

Cunliffe, B. (2001). *Facing the Ocean: The Atlantic and Its Peoples 8000 BCE – AD 1500*. New York: Oxford University Press.

Fernández-Armesto, F. (2001). *Civilizations: Culture, Ambition and the Transformation of Nature*. New York: Free Press.

Gardiner, R., et al. (Eds.). (1992 – 1996). *Conway's History of the Ship*. Annapolis, MD: Naval Institute Press.

Gungwu W. (1998). *The Nanhai Trade: The Early History of Chinese Trade in the South China Sea* (2nd ed.). Singapore: Times Academic Press.

Hall, K. (1985). *Maritime Trade and State Development in Early Southeast Asia*. Honolulu: University of Hawaii Press.

Irwin, G. (1992). *The Prehistoric Exploration and Colonisation of the Pacific*. New York: Cambridge University Press.

Johnstone, P. (1980). *The Seacraft of Prehistory*. London: Routledge & Kegan Paul.

1227　Jones, G. (1968). *A History of the Vikings*. New York: Oxford University Press.

McPherson, K. (1993). *The Indian Ocean: A History of People and the Sea*. Delhi, India: Oxford University Press.

Needham, J. (1971). *Science and Civilization in China: Vol 4, Part III: Civil Engineering and Nautics*. Cambridge, U.K.: Cambridge University Press.

Parry, J. H. (1966). *Trade and Exploration in the Age of the Renaissance: The Establishment of the European Hegemony: 1415 – 1715*. New York: Harper and Row.

Pryor, J. H. (1988). *Geography, Technology and War: Studies in the Maritime History of the Mediterranean, 649 – 1571*. Cambridge, U.K.: Cambridge University Press.

Reid, A. (1993). *Southeast Asia in the Age of Commerce 1450 – 1680: Vol 1. The Lands below the Winds, Vol 2: Expansion and Crisis*. New Haven, CT: Yale University Press.

Wachsmann, S. (1998). *Seagoing Ships and Seamanship in the Bronze Age Levant*. College Station: Texas A & M University Press.

林肯·潘恩(Lincoln P. Paine) 文

邢颖 译,刘健、王超华 校

History，Oral　口述史

1228　口述史是一个获取、解释和保存来自口头叙述的历史信息的研究领域。事件的见证者,或者至少是某一事件或某一时段的亲历者,能够提供给历史学家重要的一手史料,而且常常从不同的立场出发看待问题。

口述史所关注的是亲身经历或见证历史事件的人们所给出的信息(口头叙述)。虽然同是收集在世者的口头信息,但口述史不同于民俗学和民族志研究(文化研究)。所有上述研究领域都相当依赖于口头访问,但它们追求的目标不同。

一般来说,民俗学家想要解释的是一个群体范围内的民俗传统,而民族志学者则要阐明一个群体的文化模式和组织结构。民俗学家和民族志学者都会在群体中抽取代表进行访问,以此发现具有普遍性的文化模式;许多民族志学者还热衷于收集其中嵌入大量历史背景的人物传记。因此,民俗学家和民族志学者关注口述传统的重构。口述传统是对更遥远的过去所发生事件的口头叙述,这些事件一代代传诵下来,在一群人中分享。经过较长时段之后,口述传统

记录——历史——都只存在于媒介中,那些创造了媒介的人创造了历史。

——詹姆斯·莫纳克(James Monaco)

会有所改动,其目的常常是为了认同一个群体的同一性和合法性。随着一个人一点点转向过去,在口述传统和民俗叙述中,历史经常与传说、神话融合在一起。然而,这些研究领域之间的分界通常很模糊,因为文化传统经常潜藏于一个群体真实历史的有趣信息当中,同时代的口述史叙述常常可以揭示一个民族的文化特点。

口述史叙述的早期应用

毫无疑问,口头叙述和书面历史的结合与历史本身一样古老。事实上,在书写技术发明以前,口头叙述可能是一个群体的后代掌握过去的事件与观念的首要工具。在世界范围内各个非文字社会中,口头传诵是历史和传统得以一代代传承下来的常见方式。古代希腊史家修昔底德是最早明确依赖口头叙述的史家之一,他访问了伯罗奔尼撒战争(前 460—前 404)的亲历者。历史上还有许多其他例子。例如,16 世

纪新西班牙(墨西哥)的方济各会修士依赖"长者的记忆",以当地语言记录了土著人的历史和习俗(Dibble and Anderson 1982);在准备书写法国国王史的过程中,法国作家伏尔泰(Voltaire, 1694—1778)对领主和仆役都进行了咨询。

口述史的方法与目标

作为一个系统的研究领域,口述史出现得相对较晚。在美国,正式的口述史研究可追溯到 1938 年,美国历史学家阿兰·奈文斯(Allan Nevins)提议成立一个组织,在收集重要事件的相关书面资料的同时,也向事件的参与者收集口头资料。这一理念得以延续,1966 年正式的"口述史协会"(Oral History Association)成立。自 20 世纪 60 年代以来,口述史研究在拉丁美洲受到欢迎,从 20 世纪七八十年代开始在欧洲也备受关注。

口述史学家强调通过访问采集口头信息。

1229

皮埃尔·波尼洛特(Pierre Bonirote)的《那不勒斯的说书人》(*A Neapolitan Story-Teller*, 1840)。布面油画。民俗学家和民族志学者研究的是一代代传承下来、最终与成文历史结合在一起的口述史

其他口头来源,如照稿诵读的表演以及自发的对即兴事件的记录,可能都嵌入了历史信息,但在严格的口述史研究中却常常不被用作主要史料。在收集口头叙述时,口述史学家会在头脑中构思一个研究课题,同时还预设一系列问题,以便引出对研究这个课题有益的信息。

口述史的核心必然是最晚近的几代人,他们亲身经历或被卷入历史学家感兴趣的历史事件或历史时刻当中,他们因此对这些情况有所记忆。最初,这一研究领域的兴趣点集中在杰出人物身上,但后来发展到普通的目击者和亲历者,此外比较重要的关注点还有种族和性别的多样化问题。21 世纪精深的数字技术使口述史学家能够从口头和视觉上准确记录采访内容,并且有效地储存、收藏和使用这些采访。

限制、主题和意义

如同依赖文字资料的历史学家一样,口述史学家也意识到他们的史料来源存在缺陷,比如记忆模糊,人们将过去的经历理想化,而且叙述可能带有选择性、持有偏见,甚至是杜撰的。每个人都从他或她个人独特的视角看待一个事件,这个角度不仅印着个人的特色,而且还有他的文化背景。例如,苏族人(Sioux)对 1876 年 6 月 25 日小巨角河战役(Battle of the Little Bighorn)的口头叙述与真实情况大相径庭。这种差异可能并非源于错误记忆或选择性记忆,

而是由于苏族的军事战略风格鼓励个人壮举压倒集体协作行动,因而所有战士都无法认识到战役的整体局面。口述史的问题还在于采访过程本身,采访者特别的问题和方式可能对叙述者的叙述具有引导作用;另一方面,叙述者也可能调整他们的叙述以满足他们所体察到的采访者的要求。历史学家们都清楚地知道,推动历史研究本身的命题就反映了变动的政治与社会环境。

如同所有领域一样,口述史也有自己的问题。一个反复出现的问题涉及这个研究领域的基本任务。它究竟应该为后代提供一份记录,还是应把目标设定为更直接地解读最近发生的历史? 另一个问题反映了社会的变化。口述史是否应该成为一种手段,即使是被剥夺了公民权的人也可借助它对外发出声音? 此外还有方法上的问题。原始的录音带或其文字记录是否可被视为原始史料? 接受采访的人是否可以将他们受访的文字记录编辑出版? 哲学上的问题映射出其他社会科学领域的普遍趋势,尤其是人们如何看待采访者对于采访本身及其所收集的信息质量的影响作用。

依赖于多样化的辅助性原始史料,历史学研究从中受益。在各个种类的原始史料中,口述史学又为其增添了一个独特的维度。最近的研究追求广泛的主题,从各方人士那里收集口头叙述。在土地使用权、历史保存、政府和商业史、文化交互影响研究等领域,口述史学也都有实际的应用。

1230

进一步阅读书目:

Allen, B., & Montell, L. (1981). *From Memory to History: Using Oral Sources in Local Historical Research*. Nashville, TN: American Association for State and Local History.

Dibble, C. E., & Anderson, A. J. O. (Eds.). (1982). Sahagún's Historia. *Florentine Codex: General History of the Things of New Spain, Introductions and Indices* (pp. 9 – 23). Salt Lake City: University of Utah Press.

Dunaway, D. K., & Baum, W. K. (1996). *Oral History: An Interdisciplinary Anthology*. Walnut Creek, CA: Altamira Press.

Henige, D. P. (1982). *Oral Historiography*. New York: Longman.

Monrtell, W. L. (1981). *The Saga of Coe Ridge: A study in Oral History*. Knoxville: University of Tennessee Press.

Nevins, A. (1938). *The Gateway to History*. Boston: Appleton-Century.

Oral History Association. (1992). *Guidelines and Principles of the Oral History Association*. Los Angeles: Oral History Association.

Perks, R., & Thomson, A. (1998). *The Oral History Reader*. London: Routledge.

Ritchie, D. A. (1995). *Doing Oral History*. New York: Twayne Publishers.

Thucydides. (1972). *History of the Peloponnesian War*. New York: Penguin.

Vansina, J. (1985). *Oral Tradition as History*. Madison: University of Wisconsin Press.

弗朗西斯·柏丹(Frances Berdan) 文

邢颖 译,刘健、王超华 校

History, Social 社会史

历史叙述常常被国家行为、文化精英和军事领袖占据。社会史家认为,"好的"历史研究必须关注权力核心以外的普通人。他们要探究人类的行为和经历,比如工作与休闲、情感与感知或贫穷与压迫。

1231

"社会史"这一专业术语有几个相互关联的定义。其基本定义是要探索那些处于主流权力之外的群体的历史及其所处的历史地位,比如工人阶级与农民、奴隶、妇女、青年——这份名单可能很庞杂,但目标却具有一致性。社会史家认为,这些群体构成了一部严肃的历史,它可追溯到历史记录的早期时代;而且这部历史有力地塑造了国家、文化精英和军事领袖的活动——这些伟大事迹与人物在历史叙述中更为常见。社会史家还致力于探究人类广泛活动的历史,主张这些活动也构成一段严肃的历史过去,有助于解释人类在更早时期的不同时段以及当前是如何活动的。这些活动和经历包括:休闲、工作、情感、感知、犯罪、家庭关系——这个名单非常之长,我们所能定义的随时间不断变化的各方面人类状态都包含其中。

一些社会史家声称,他们的路径涉及对整个人类历史的根本定位;另一些学者则认为,只要能从实质上对他们研究领域中的经典课题有所调整,就已经足够了。

优秀的历史学家常常会涉猎一些社会史内容——有些人关注普通人的生活;有些人则了解到,人类的生活都是由相互影响的活动构成的,政治在这些活动中确实占有一席之地,但却不是值得关注的全部。正式的社会史研究在20世纪30年代的法国才得以界定,而在英语世界中,社会史直到20世纪五六十年代才独立出来,当时出版了许多重要著述。从其成为大的历史学之下的一个分支开始,社会史经历了一系列演变。起初的研究大量集中在诸如社会异见、阶级结构和流动等主题上,非常重视定量研究以及与社会学的联系。到20世纪80年代,学者们转向更为定性的研究方式——有时被称为"文化转向"——并且与人类学相结合。如今,随着文化转向逐渐退热,学者们正在讨论新的方向,同时过去的关注点也有所复苏。

社会史和世界史之间有密切关联，但这种关联有时并不合适，而且也不完善。当代人对世界史的正式兴趣发生于社会史受到关注并逐渐活跃之后，两者相差至少10年时间。各自独立的开端不可避免地带来进一步调和的需求。而且，世界史领域常常特别关注伟人的事迹——国王、将军，还有哲学家。一些坚定的支持者甚至主张，由于普通人的社会生活界限比较模糊，他们又同样是穷人和受压迫者，因此很少能影响到世界历史的关键事件，至少在现代社会强调将大众带上历史舞台之前都是如此。这一说法实际上已经过时，现在再没有世界史研究者支持它，但是它确实在一段时间内扭曲了社会史与世界史之间的联系。在社会史方面，过去通常认为，其特征只表现在一些特定地点。"新"社会史的概念由来已久，美国在这一领域有一些开创性研究，但这些研究集中于新英格兰。法国人的研究也常因特殊的地理因素或历史传统而聚焦于个别地区。其他社会史家基于政治体系与民族文化对社会的影响作用，将民族作为研究的单位。原始史料也决定了这将限于相当狭隘的地理范围。由于社会史家研究的是历史上不为人熟知的侧面，常常涉及那些少有资料记载的群体，因而他们大都依赖地区性或民族性的资料，而这样的资料通常很难找到。最后，在20世纪80年代，随着"文化转向"，社会史家开始对文化元素、信仰以及表达和叙述的方式给予更多关注。这种文化路径与文化人类学的关联相当紧密；与文化人类学一样，对这些方面的关注促使社会史家将他们的研究集中在相当小的范围内，很难再进行全球视野下的思考。

从属者

显然，社会史对世界史有影响，反之亦然。一般来说，这两个研究领域都普遍涉及受他人控制的从属者群体。事实上，随着过去30年社会-历史学框架的崛起，学者们常常在这一框架下考察非洲史——他们关注农民和工人的活动，关注民众对外界权威的抵抗和妥协——这一方法取代了旧有的方法。过去的研究通常对殖民政府给予重视，却忽视这一范围以外的非洲历史。妇女史研究作为社会史的一个分支，不仅涉及妇女本身，还具有更广阔的社会框架。世界史家发现这一研究极具吸引力。过去20年，一些地区开始将妇女史并入世界史，这一过程尚未完全结束。最后，在21世纪早期，社会史本身开始有了新的界定，地理界限得到重新审视，表明未来将有更广泛的结合空间。

社会史和世界史在一定程度上仍然各自独立。社会史的许多主题，尤其是对政治领域以及

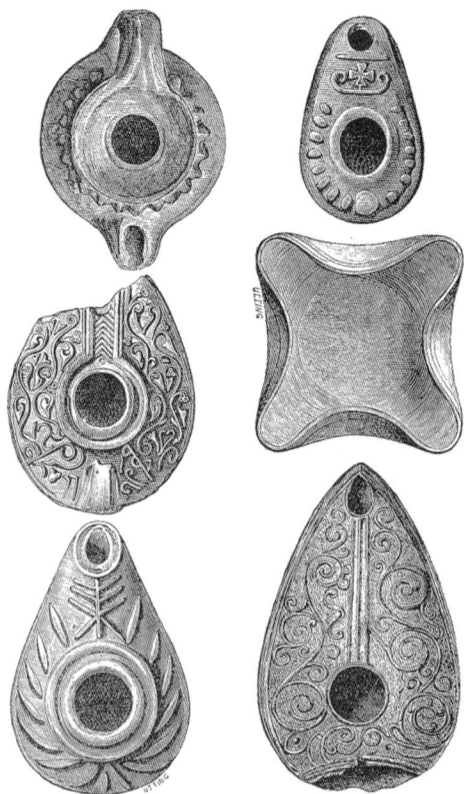

19世纪考古学家在耶路撒冷发现的6盏油灯兼（或）容器的图画。社会史家常常考察能够展现普通人日常生活各方面的物品

1232

正式的知识生活以外的行为的探讨，都有待于寻找与世界史之间的关联。事实上，学者们主要以西方为背景探索这些富有启发性的主题；迄今为止，这些主题仍缺乏足够的广度以支撑重大的比较研究。

尽管如此，社会史与世界史之间的关联也还是显著的，随着两个领域的学者更深入的交叉研究，它们之间的联系肯定还会进一步扩展。如今学界越来越重视全球交往的发展过程，它已成为世界史的一个基本关注点，这不可避免地涉及社会主题。例如，全球贸易或生产体系对工会组织和社会不平等现象的影响。饮食习惯作为一个社会史主题，也日益受到关注，这其中蕴含了全球商品交换的重要性。

甚至在社会史研究的早期，许多更大的主题也表明其与世界史之间存在重要关联。法国社会史的开创者之一费尔南·布罗代尔（Fernand Braudel），令人信服地阐述了环地中海地区一些共同的社会结构。尽管在研究中还存在明显的国家和宗教藩篱，但布罗代尔提出了这些地区普通人日常生活的一个共同框架。这一研究并非根据宗教或政治体系确定研究的目标地区，而是依据农业模式、村庄类型、大众文化。如果将这一方法扩展至其他地区，那么这种类型的研究可以作为世界史的一个重要组成部分。一些研究家庭结构的历史学家和人类学家也用类似的方式界定基本的家庭类型——根据家庭规模、亲缘关系体系等等——并且在世界范围内，同样常常将一些大多被认为属于不同文明或区域的地区纳入一个假定单一的文明之中。

20世纪80年代，学者们不再认为各地的普通人都千篇一律。他们认识到，一个社会中的社会史发现可能也适用于其他社会。汤普森（E. P. Thompson）的《英国工人阶级的形成》（*Making of the English Working Class*）是西方社会史领域的一部经典著作。该著作阐述了随着工业革命的开展而出现的工人抗争所涉及的价值体系。其中一个关键性因素就是汤普森所说的"道德经济"，即工人们对于劳动负荷、雇主给予的待遇、技术水平和培训，以及其他与工作相关的问题的期望。在现代的、以机器为基础的工厂出现之前，在手工业者中已经出现这种道德经济的思考。而新的工作状态，包括在工作时间和效率上的全新要求，破坏了道德经济；这反过来又促成了反复发生的抗争，并塑造了抗争的目标。事实证明，这种道德经济与其他传统行业的工人、农民和手工业者的抗争密切相关，他们反对更进一步的资本主义经济模式，包括19世纪日益深化的全球经济框架下出现的那些问题。詹姆斯·斯科特（James Scott）研究了南亚和东南亚反抗运动中的道德经济的关联。这一研究具有指导性意义，其他学者沿着他的研究思路，将其方法应用到拉丁美洲历史研究中。这里出现了另一个连接社会史和世界史的巨大可能性，即将一些最初对某一地区进行研究的重要方法应用于其他地区，即使两者之前的经济和文化结构存在本质性的差别。在这一情况下，正如早期以社会历史为基础的区域性研究一样，未来的工作如果以研究普通人对大致相似的挑战的回应为基础，那么很可能有机会出现巨大的进步。

比较的方法和年代序列模式

随着世界历史的发展，另外两种方法成为世界史与社会史之间最普遍的关联。第一种是比较的方法。社会结构或社会经验的比较构成了使用一种标准世界史模式的突出方式，它强调通过探讨异同来分析单个的社会或文明，同时倾向于以地理范围为划分标准的专门研究。

许多世界史家在借鉴了各地区专题研究的基础上，对古典时代（约前1000—公元500）和之后的基本社会体系进行比较,指出它们之间存在的相似性,然而更显著的却是它们的相异性。比较的对象包括印度的种姓制、地中海地区普遍存在的以奴隶劳动为基础的体系,还有中国(一定程度上)由儒家价值观塑造出的社会体系。学者们更广泛地分析了奴隶制本身,这可能也是社会史和世界史领域成果最多的比较研究主题。通过对古代地中海、其后的近东奴隶制以及更晚近的美国奴隶制之间的比较,我们认识到,虽然罗马和美国的奴隶法律之间存在关联,但在更早的社会体系中,奴隶占有的规模更大,政治地位常常也更高。美洲内部的比较研究表明,虽然美国的制度中有更多种族主义因素,但与北美相比,在拉丁美洲和加勒比地区的社会体系中,身体暴力更多、死亡率也更高。最近的比较研究还扩展到 19 世纪的释奴进程。最终,成果丰富的比较方法延伸到将俄国农奴制、南非奴隶制和种族关系与美国进行比较。

另外一些重要的社会史主题刚刚开始使用比较方法。在性别研究领域,虽然学者们已经就基督教和伊斯兰教对后古典时代(500—1450)妇女的影响做出了一些卓有成效的分析,但比较方法的使用尚处于探索阶段。学者们还特别关注了蒙古等游牧民族更为不平等的性别体系。女权主义的比较主要集中在北美-欧洲(包括俄罗斯)。然而,对亚洲和非洲妇女的研究肯定能唤起更为耳熟能详的西方历史经验,至少可以有比较的前景。对城市工人阶级以及工人运动历史的研究也是如此,同样的还有日益兴起的对残疾人历史的研究。学者们还对全球范围内的城市类型和移民模式展开了丰富的比较研究。在所有这些领域,仍然存在大量可比较的对象,尤其在那些涉及更广泛人类经验的社会史层面,如情感或感受。甚至是在老年人研究方面,人类学家也比历史学家更多地使用比较的方法,后者主要研究西方范围内的老年人历史。

第二种将社会史广泛应用于世界史的方法是提出社会变化的年代序列模式。这些模式适用于单一时代或跨时代的众多社会。其中部分模式探索了跨社会交往的结果或商贸等全球性动力的影响作用——这是在比较研究之外的另外两种重要的探索世界史的途径。

在近代早期之前,即 16 世纪以前,年代序列模式不容易辨别。由于各主要社会之间差异巨大,除了父权制家庭结构等普遍相似性以外,地区性发展似乎常常具有特殊性。相互间的接触有迹可循。例如,在儒学观念对妇女和家庭等级的影响下,中国人接受了佛教。前古典时代中国对日本的影响导致日本妇女地位下降,但并未降到中国的水平;而且具有讽刺意义的是,这使得日本精英阶层的一些妇女有机会对日本文化形态(因为中国的形态更受尊重)或佛教进行革新。伊斯兰教对撒哈拉以南非洲两性关系的影响十分有限,这一特征常常被一些旅行者注意到,如阿拉伯旅行家、作家伊本·白图泰(Ibn Battutah)。

一些学者试图寻求更具普遍性的模式。他们假设,随着时间推移,农业社会中的妇女地位日趋下降。这一论断的依据在于,随着政府管理日益复杂,政治权力也更加行之有效,这削弱了妇女通过非正式渠道发出声音的可能性。财富的积累使贵族有经济实力以更具装饰性的手法对待上层妇女。一个更文明的贵族制度,在厌倦了战争之后,也致力于这种装饰主义的做法(在男人出外打仗时,女人常常履行职能)。在中国唐代(618—907)、前古典时期的印度以及更晚的伊斯兰中东地区,都能发现这种妇女地位日趋下降的共性模式。然而,也存在许多例外。在一些时期,妇女在商业或知识生活中扮演着更重要的角色。因此,这一模式仍然处于探索阶段。

社会变化的全球性动力

随着全球性动力获得越发清晰的认识,普

我们应该知道，历史是一门包含很多方法的学科。

——伊本·赫勒敦(Ibn Khaldun, 1332—1406)

遍性规律变得更加牢固。重要的社会史论题都建立在自近代早期开始形成的世界经济理论的基础上。根据这一理论的设想，一个社会在世界经济中的位置(假设这一社会已有效地参与进来)决定了其劳动制度的特征：从边缘社会的强制性劳动(拉丁美洲、波兰)，到半边缘社会的收益分成，再到核心经济体系下的廉价劳动。这一理论常常遭到批评，但由于其能够将社会和经济在全球基础上日益发生的变化关联起来，因而仍然受到关注。19世纪晚期，随着农奴制和奴隶制的废除，这些联系变得模糊起来，但资本主义在全球经济中的地位与工作条件之间强有力的关联仍然存在。现在有关全球化对经济不平等的影响的讨论，都直接源于更早期的世界经济模式和探索。

世界经济理论不是唯一可以解释全球——或者说广泛的——社会变化的模式。美洲与欧洲、非洲之间的哥伦布大交换表现了近代早期种群层面上生物交换(食物、动物、疾病、征服者和奴隶)的重要影响作用，这些交流发生在美洲、非洲、亚洲和欧洲。最近的研究更关注殖民主义通过经济转型对两性关系的影响，既包括妇女失去制造业领域的工作，也包括文化和法律上的影响。

19、20世纪全球社会变化的其他模式——除了世界经济加速发展以及相当长时间内的帝国主义——难以得到很好的界定。对现代革命动力的关注常常使社会性元素受到重视，涉及对统治阶级的攻击，以及对执行革命政治任务的进攻者群体的混合身份的讨论。一些学者在20世纪80年代对1789年法国大革命的社会历史基础展开辩论，他们更强调意识形态层面的因素，但这样的方式目前正在修正。而且这样的社会历史基础也影响了整个19世纪中叶更大范围的大西洋地区革命。对于20世纪的革命，学者们更关注农民的生活条件和角色，以及其他革命的要素，包括20世纪早期的墨西哥和俄

国革命，直至20世纪50至70年代古巴和其他拉美国家的革命。同样，革命的影响可通过社会变化的程度来衡量，例如之前占主导地位的地主阶层在多大程度上被推翻。民族解放运动的社会基础和结果更难界定，但也引起了学者们的注意。在此，女性的参与，以及时常接踵而来的约束，增加了20世纪一个重要发展变化的社会维度，革命在某种程度上也是如此。

更宽泛地看，一些社会史家还抓住了20世纪更宏观的社会变化进程，这些变化伴随着传统贵族制的衰落(凡贵族阶层存在之处，此为一个普遍现象)，以及专业的(或管理层的)中产阶级的兴起。对更大一组趋势下的精确的专业化模式进行比较，要结合全球性社会史的两个主要方面。这些解释尤其适用于日本和西方引领下的工业社会，但随着其他社会中产阶级的迅速成长，在中国、印度以及拉丁美洲的许多地区这些解释也能够成立。

对于全球性的社会变化，消费主义是另外一个日益受到关注的现象。随着19、20世纪消费主义在西方的勃兴，大众文化的变化以及传统社会边界的逐渐模糊——阶级、性别、年龄差别——都融入现代消费主义之中。长期以来，这一乍看起来缺乏严肃性的主题在历史研究中没有受到重视，因而相关的系统分析比较罕见。然而，吸引人的个案研究日渐增多。有一项研究考察了墨西哥的漫画书籍，其结果显示了自20世纪30年代以来，美国的产品如何被邻国的文化接受和调整。现在有关伊斯兰文化的研究表明，越来越多的人在斋月里互赠礼物或卡片，成为这个以禁欲为主题的宗教节日的一个重要变化。与其他全球模式一样，包括20世纪90年代出现的"全球史"本身，都指出重要的普遍规律的机遇与比较分析的挑战并存。

过去的10年，世界史家试图与社会史的主题和资料更广泛地结合，但却遭遇障碍，部分原因在于学者们对各个社会的研究不均衡。最近，

社会史家正在更积极地探讨如何从更广阔的地理空间开展他们的工作。要想实现世界史和社会史两个领域间有效的结合,还有许多工作要做,但其前景越来越乐观。

进一步阅读书目:

Adams, P., Langer, E., Hwa, L., Stearns, P. and Weisner-Hanks, M. (2000). *Experiencing World History*. New York: New York University Press.

Blackburn, R. (1997). *The Making of New World Slavery: From the Baroque to the Modern, 1492–1800*. New York: Verso.

Braudel, F. (1976). *Mediterranean and the Mediterranean World in the Age of Philip II* (S. Reynolds, Trans.). Berkeley and Los Angeles: University of California Press.

Fredrickson, G. M. (2003). *Racism: A Short History*. Princeton, NJ: Princeton University Press.

Fredrickson, G. M. (2008). *Diverse Nations: Explorations in the History of Racial and Ethnic Pluralism*. Boulder, CO: Paradigm Publishers.

Goody, J. (1969). *Comparative Studies in Kinship*. Stanford, CA: Stanford University Press.

Kolchin, P. (1987). *Unfree Labor: American Slavery and Russian Serfdom*. Cambridge, MA: Belknap Press of Harvard University Press.

Patterson, O. (1982). *Slavery and Social Death: A Comparative Study*. Cambridge, MA: Harvard University Press.

Perkin, H. J. (1996). *The Third Revolution: Professional Elites in the Modern World*. London: Routledge.

Pilcher, J. M. (2006). *Food in World History*. New York: Routledge.

Scott, J. C. (1976). *The Moral Economy of the Peasant: Rebellion and Subsistence in Southeast Asia*. New Haven, CT: Yale University Press.

Skocpol, T. (1979). *States and Social Revolutions: A Comparative Analysis of France, Russia, and China*. Cambridge, U. K.: Cambridge University Press.

Wallerstein, I. (2004). *World Systems Analysis: An Introduction*. Durham, NC: Duke University Press.

彼得·斯特恩斯(Peter N. Stearns) 文

邢颖 译,刘健、王超华 校

Hitler, Adolf　阿道夫·希特勒

1237　　　阿道夫·希特勒(1889—1945),这个独裁者的名字会让人联想起犹太人大屠杀(Holocaust)的恐怖时期。他利用极端日耳曼民族主义和日益兴起的反犹主义宣泄他在年轻时遭受的挫败。希特勒在德国组织了一场影响深远的社会革命,但这场革命高度排外。1938 年发生了一场激烈反对犹太人的暴力活动,其造成的后果是犹太人被强制移居"犹太人居住区"(ghettos);它和 1942 年纳粹的"最终解决方案"(Final Solution)都是大规模杀害犹太人的委婉说法。

　　阿道夫·希特勒以法西斯最高独裁者的身份为世人所知。第一次世界大战之后,他领导的德国国家社会主义工人党(National Socialist German Workers Party),也就是人们熟知的纳粹党(Nazi Party),在德国魏玛共和国显露头角,并在 1933 年建立一党独裁统治,将德国带入第二次世界大战。希特勒反对民主、排外、反对知识分子、反对布尔什维克、反对犹太人,但他却具

有个人魅力，他造就了有效的经济复兴，并在宣传部长约瑟夫·戈培尔（Joseph Goebbels, 1897—1945）的帮助下利用强大的情感和政治控制力量在 20 世纪 30 年代后期控制了大部分德国人。多数历史学家认为，希特勒是导致第二次世界大战爆发和犹太人大屠杀的关键人物。因此，他的名字与邪恶联系在一起。

阿道夫·希特勒出生于布劳瑙（Braunau），这是与德国相邻的一个奥地利乡下小镇。他的父亲是一个海关小职员，祖父母身世不确定。希特勒的家庭生活不幸福，在学校不服管教。他为自己设定的远大目标是成为一个非严格意义上的艺术家，也许是一个建筑师、布景设计师或音乐评论家，但他在这方面的成就远未达到预期。生活窘迫、四处流浪，希特勒在极端日耳曼民族主义、煽动人心的政治和日益兴起的反犹主义中寻找到排解窘困的慰藉。1914 年欧洲的战争动员"拯救了"他。他加入一个巴伐利亚军团，为

这份 1942 年墨西哥城出版的政治漫画印刷品嘲讽了纳粹党、希特勒以及西班牙独裁者弗朗西斯科·佛朗哥

> 有一条通往自由之路。其里程碑是服从、努力、忠诚、秩序、纯洁、清醒、真实、牺牲和热爱祖国。
>
> ——阿道夫·希特勒(1889—1945)

德国服兵役。当兵成为他的第一份真正的工作。

反败为胜

作为 1914 年志愿者中的一员，希特勒经历了 4 年堑壕战，以低等级的下士身份赢得德国铁十字勋章(Iron Cross，他被认为不具将才)。这一荣誉使他在战后的德国政坛如鱼得水。1919 年，在战争中负伤的老兵希特勒来到慕尼黑，从事间谍活动，其工作是对形形色色的政治运动做出评估。德国在战败后处于革命骚乱之中，这些政治运动由此兴起。希特勒受军队的派遣，对一些不引人注目的小党派进行监视，在这个过程中他加入了其中一个党派，偶然地进入政坛。

魏玛共和国从建立之初就处境困难，因为其受到《凡尔赛和约》的苛刻条款的制约，尤其是赔款条约。许多极端政治党派兴起，希特勒所在的巴伐利亚运动就是其中之一；1921 年它定名为德国国家社会主义工人党，希特勒担任发言人。由于这个党派的名称过于冗长，为了日常使用方便，名称中的 National 被缩写成 Nazi。希特勒本人选定纳粹党党徽——一个带弯钩的十字，这成为该运动的核心标志。政治煽动为希特勒赢得核心地位。战前就已在他心中酝酿的激情和偏见现在完全显露出来。作为一个有活力的、不知疲倦的演说家(和阅读爱好者)，希特勒在他 30 岁时发现，不论在啤酒馆还是沙龙，他都有能力让人们的目光汇聚到他身上。他还意识到，口头表达具有超过书面文字的情感力量，于是他乐于率先使用新的电子媒介如麦克风、无线电和电影。

希特勒政治成功的途径很有效，但却称不上十分精妙。他为其党派选择的名称具有象征意义。德国国家社会主义工人党这一名字具有极端民族主义特征(德国国家)，但同时也为"小人物"代言(社会主义工人)。因此，纳粹党人首

先是德国人，但他们都来自小人物所处的社会底层，正是他们未被意识到的天赋使得他们的民族成为一个伟大民族，也就是说他们都与希特勒一样。希特勒巧妙利用了公众的恐惧和愤懑，这种情绪在德国战败后积蓄已久。他的讯息建立在绝对真理的基础上：反对我们的人是叛国贼，支持我们的人是爱国者。

在这一自我肯定的讯息的包装下，希特勒主导了他的党派，党派中难以驾驭的成员都被迫认可他的个人魅力。外部因素也有助于他确立政治基础。1923 年，魏玛共和国遭受第一次打击，法国和比利时军队占领了德国的鲁尔工业区。工业生产停滞，猖獗的通货膨胀一下子耗尽了国家的财富。作为一个机会主义分子，希特勒在他认定的正确时刻主动出击。不过，他在 1923 年 11 月 9 日发动的啤酒馆政变(Beer Hall Putsch)以他的被捕告终，希特勒被判入狱 5 年。

然而希特勒将对他的审判转变成一场政治讨论，并在德国获得知名度。在被减刑到 1 年的刑期内，他写下了自传兼政治宣言《我的奋斗》(Mein Kampf)。在浮夸的行文中，希特勒设想，恢复了活力的德国将扩展成为纯种雅利安德国人的帝国，犹太人、斯拉夫人和其他无用之人都会被驱逐出去。对他来说幸运的是，在他的党派之外没有什么人把他的言论当真。出狱后，希特勒重新控制了难以驾驭的追随者，蓄谋未来的战争。

从傀儡到元首

从 1924 至 1929 年，在美国私人贷款的支持下，魏玛共和国赢得经济上的稳定，这使其得以支付战争赔款。经济繁荣也削弱了纳粹分子等政治极端主义者的诉求。然而，1929 年股市的崩盘给德国的出口经济造成重创。德国保守派商人和政治领袖无法挽回工人大量失业的局

面,纳粹党人成功地使政府陷入僵局。危机进一步加深,温和派选民逐渐右倾转向纳粹党阵营。最终,在 1933 年 1 月 30 日,保守派领袖支持希特勒成为联合政府总理。他们认为他们可以把希特勒作为一个傀儡。

希特勒证明他们都错了。一旦掌权,他就采取削弱民主的措施,精心策划了国会大厦纵火案,制造社会恐慌。纳粹党将共产党人和其他反对派关入匆忙建好的集中营。1933 年 3 月,希特勒强制通过授权法案,他被授予独裁者权力,魏玛共和国宪法失效。在魏玛共和国的最后一次选举中,纳粹党只获得 43.9% 的选票,但这个多数足以使希特勒拥有全权。他很快镇压了其他政治派别,吸收了工会运动,实现了国家的"一体化"(Gleichschaltung),将所有政治、社会和职业联盟收编进他的党组织之中。德国人每天相互问候时,都必须伸展右臂说"嗨!希特勒!"(Heil Hitler)这种问候的方式有力地强化了政治上的一致性。

希特勒排斥正统的经济政策,开始兴建高速道路和公共住房,而这些项目都是他在野时百般阻挠的。他还悄悄开始了大规模重整军备的计划。在数月内,德国的经济状况得到改善,失业率下降,希特勒的民意支持率飙升。复苏的经济又使恐怖措施进一步加强,即使在他自己的党内都是如此——1934 年 6 月,他在所谓的"长刀之夜"(Night of the Long Knives)清洗了他的纳粹冲锋队(Sturm Abteilung)——制造了一个希特勒神话:德国尽人皆知的元首(Führer)对内实现团结,对外重振声望。宣传部长戈培尔有力地强化了希特勒作为一个绝对正确的元首的形象。

希特勒在德国发动了一场影响深远的社会革命,影响了德国人的日常生活和观念。但这场革命却是极端排外的,只有德国人可以参与进来。因为在希特勒看来,犹太人和其他种族都比雅利安人低级。通过一步步措施,他孤立

了德国的犹太人。1933 年,首先在商业上抵制犹太人,并将犹太人从政府机关清洗出去;然后在 1935 年,通过了《纽伦堡法案》(Nuremberg Laws),剥夺了犹太人的公民权以及与雅利安人通婚的权利;1938 年 11 月 9 日,发生了大规模屠杀犹太人的事件,针对犹太人的暴力活动开始,犹太人被强制移居"犹太人居住区",这是之后悲剧发生的预兆;最后在 1942 年 1 月秘密的万湖会议(Wannsee Conference)上,希特勒核心集团成员,包括党卫队头目莱因哈特・海德里希(Reinhard Heydrich, 1904—1942),确定了他们的"最终解决方案",即纳粹大规模屠杀全体犹太人的委婉说法。希特勒从未签署过书面命令,但下属们了解他的心思,全力执行这些政策。

1240

谎言大师

从一开始希特勒就知道他的政策会引发其他国家的恐惧。在有所预料的情况下,他将自己伪装成和平的捍卫者。回顾他的行为,他可以说是一个谎言大师,利用欧洲的厌战情绪赢得让步。在 1935 到 1939 年之间,他多次趁其他国家不备出击,尤其是对英国和法国。这些国家的领袖们希望以适时的妥协来满足他的野心。希特勒使《凡尔赛和约》沦为废纸。他在 1935 年公开重整军备;一年之后进军莱茵非军事区(Rhineland),吞并奥地利;1938 年入侵捷克的苏台德区(Sudetenland),几个月后占领捷克斯洛伐克其余地区。同时他以 6 倍的军备力量拖垮了法国和英国,1939 年 9 月 1 日入侵波兰,第二次世界大战正式爆发。此时,德国已成为当时的超级军事强国。

希特勒的军队在战争初期所向无敌,战胜了所有对手,迫使英国的远征军退回英伦岛屿。1941 年 6 月,希特勒与其轴心同盟国(德国、意大利、日本)的搭档——意大利总理贝尼托・墨索里尼(Benito Mussolini, 1883—1945)一起横

扫了从挪威到北非的广大地区。然而在这时，希特勒的性格缺陷暴露出来。他的最终目标——生存空间——要求他征服被斯拉夫人占据的东部辽阔区域，以实现他要建立延续千年的德意志大帝国的幻想。他甚至还相信，他仅凭一己之力就可实现这个壮举。由于对自己的身体健康状况缺乏信心，希特勒决定要在他有生之年完成征服行动。

1940年7月，德国军队在西线取得胜利，希特勒下令准备执行"巴巴罗萨行动"（Operation Barbarossa），他计划征服苏联。于是在1941年6月22日，300万士兵进攻东线。起初，他的国防军（Wehrmacht）轻松取胜，因为苏联当时并无准备。但是，由于苏联领土广阔、天气条件日益恶劣，1941年12月，苏联幸存下来的防卫力量在莫斯科城下阻止了德国军队的进一步侵略。苏联的后备军发起激烈反攻，击退了处于惊愕之中的德国军队。希特勒想要速战速决的计划化为泡影。他使德国陷入了漫长的消耗战。令人惊讶的是，希特勒又进一步犯错，他在日本袭击珍珠岛4天之后对美国宣战，将这场战争转变成世界大战。

全面战争体现了希特勒政府结构上的缺陷。从青年时代起，希特勒就接受了社会达尔文主义观念，将生命看作永恒的斗争。他自传的题目《我的奋斗》就暗示了这一点。希特勒创造出权力重叠的机构，以便有竞争关系的官员们相互间形成紧张关系，这种方式实际上反映了希特勒的永恒斗争观念。最终，一切都掌控在他的手中。通过同僚之间的争斗，希特勒得以控制他的部下。结果，效率低下和权力关系混乱损害了德国的行政与武装力量。管理者本来可以使混乱局面有所改善，可希特勒的个性却又不适合这种乏味的行政管理工作。因此，战略决策被耽搁，或根本没得到制定。科学家和技术人员在武器研发和其他与战争相关的行动上得到相互矛盾的命令（许多德国最优秀的

科学家逃亡国外）。实业家们从未准备好打持久战，生产一直跟不上形势。希特勒对妇女的蔑视阻碍了她们有效地投入战争。被占领的欧洲民族发现，他们的征服者举止如同恶棍一般，以强制劳动抢夺产品、劳动、资本、艺术品和人力。真正的合作停止了，占领一方只能得到很少的支持。希特勒对犹太人、斯拉夫人等"低等"民族的憎恶将东线战争转变成一场种族战争。

最终，希特勒的总司令身份击垮了他本人。在取得1939至1941年的胜利之后，他确信了自己的军事天赋。在年轻时，他的直觉曾告诉他，他是一个伟大的艺术家。现在，在战争年代，他的直觉又让他确信，他是类似于马其顿国王亚历山大、迦太基将领汉尼拔或法国皇帝拿破仑那样的伟大统帅。但事实上，他却是一个军事外行。希特勒下令入侵苏联就是一个很不明智的决定。在1941年最初的战役中他就造成了军队军心涣散，当时他签署了残忍的"政委行政命令"（Commissar Order），凡是苏联的领袖人物一律处决（这里暗示整个俄国知识分子界）。最为致命的是，一年之后，他又引导他的军队陷入斯大林格勒战役，一整支德国军队在此被歼灭。不论是希特勒，还是崇拜他的民众以及他的军队，都无法从同盟国（法国、英国、中国、苏联和美国）的东西夹击中获得喘息的机会。因此，虽然他和他的宣传部长放出虚假消息，宣称有外来的新式"复仇"武器、一堵"不可攻破的"大西洋城墙或德国人民"狂热的"抵抗意志，但实际上他们并无真正的应付办法。

少数德国人意识到，希特勒正带领他们的民族滑向深渊，但这样的认识为时已晚。1944年7月20日，他们差一点成功刺杀希特勒。然而，这个尝试失败了。希特勒仍然掌权，直至1945年4月30日苏联军队攻克柏林后他自尽身亡。甚至在大限已近时，他仍拒绝接受对他的指责，也不后悔他的任何决定。1945年2月，他签署了臭名昭著的"尼禄"（Nero）命令，号召破

1241

坏德国的基础设施。如果他的追随者执行了他的焦土政策，那将会有上百万德国人死于营养不良、遗弃和疾病。幸运的是，这道命令的接受者，他的主要技术专家阿尔伯特·斯佩尔（Albert Speer，1899—1979）等人没有执行命令。但遗憾的是，他们没有更早地违背他的命令。

在自杀前，希特勒写下了他的遗嘱和最后的愿望。但其中完全没有表达歉意，而是暗藏着对犹太人的讥讽，并控诉他的人民阻碍他完成充满仇恨的计划。他的遗嘱成为历史记录的一部分，有助于解释"希特勒"这个名字等同于"邪恶"的原因。

进一步阅读书目：

Browning, C. (2004). *The Origins of the Final Solution: The Evolution of Nazi-Jewish Policy, September 1939 – March 1942*. Lincoln: University of Nebraska Press.

Bullock, A. (1962). *Hitler: A Study in Tyranny*. Harmondsworth, U.K.: Penguin Books.

Burleigh, M. (2000). *The Third Reich: A New History*. New York: Hill and Wang.

Fest, J.C. (1974). *Hitler*. New York: Harcourt Brace Jovanovich.

Hamann, B. (1999). *Hitler's Vienna: A Dictator's Apprenticeship*. New York: Oxford University Press.

Hitler, A. (1933). *Mein Kampf*. Marburg-Lahn, Germany: Blindenstudienanstalt.

Keegan, J. (1989). *The Mask of Command*. New York: Penguin.

Kershaw, I. (1999). *Hitler: 1889 – 1936 Hubris*. New York: W.W. Norton.

Kershaw, I. (2000). *Hitler: 1936 – 1945 Nemesis*. New York: Longman.

Kershaw, I. (2000). *The Nazi Dictatorship: Problems & Perspectives of Interpretation* (4th ed.). New York: Oxford University Press.

Weinberg, G. (Ed.). (2003). *Hitler's Second Book: The Unpublished Sequel to Mein Kampf by Adolf Hitler*. New York: Enigma Books.

詹姆斯·滕特（James F. Tent）文

邢颖 译，刘健、王超华 校

HIV/AIDS　艾滋病

1984 年，流行病学家分离出人类免疫缺陷病毒（HIV），这种病毒会引起免疫缺陷综合征（AIDS，艾滋病）。对于这一具有传染性的、通过性行为传播的疾病及其感染者——同性恋者、男女性工作者、瘾君子、欠发达国家公民——的文化态度，限制了最初对这一危机的反应。在针对人类免疫缺陷病毒的疫苗研制出来之前，艾滋病将继续危害那些在经济和政治上欠发达的共同体和国家。 1242

　　1981 年，在西方的医学记录中出现了一组陌生的、无法解释的临床症状——特殊的机会感染、恶性肿瘤、代谢失调或神经障碍——标志着一种即将在全球流行的疾病的出现，即免疫缺陷综合征或艾滋病。21 世纪初，科学家们都在全力寻找治愈艾滋病的办法。但在危机兴起之初，人类的反应却很迟缓。究其原因，一是人们看待这种疾病（具有传染性、通过性行为传播）

的文化态度,二是最容易感染艾滋病的恰恰是那些社会经济上的弱势群体(同性恋者、男女性工作者、瘾君子、欠发达国家公民)。

这种传染病的历史

虽然研究疾病起源的流行病学家在一定程度上要依赖医疗和实践报告等书面文件以及血清和组织样本等物质证据,但追踪一种疾病的历史终究还是要有一定的推测成分。对于引起艾滋病的病毒(人类免疫缺陷病毒或 HIV,在 1984 年首次分离出来),占优势的证据表明它起源于西非的猴子,可能最早于 20 世纪中叶从猿猴转移到人类身上。此后,通过感染了病毒的体液,如血液、精液或阴道分泌物,这种疾病迅速在人和人之间传播。

在后殖民时期,非洲的乡村与城市之间交往增多,非洲与欧洲或美国之间的往来也有增加,这都导致这种病毒向发达国家传播。现代社会的许多方面——包括人口流动,开放的性

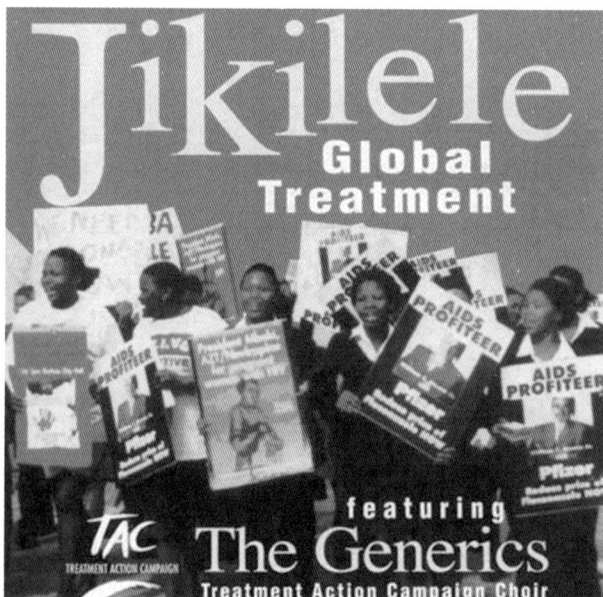

2001 年 Generics 合唱团录制的唱片 *Jikilele*。这一合唱团由"治疗行动运动"(the Treatment of Action Campaign,简称 TAC)的成员组成。TAC 致力于为所有南非人提供更多的治疗途径

观念,静脉注射毒品,以及输血、器官移植等医疗创新——都能够造成 HIV 的传播。而且这种病毒在感染了相当长的时间之后,才会以机会感染的形式表现出来。

20 世纪 70 年代后期,在一些美国城市中心的大规模同性恋社区,在男同性恋群体中出现了第一批记录临床症状的病历,这些城市中心主要指洛杉矶、旧金山和纽约。对于这种最终被称为艾滋病的疾病,1981 年 6 月疾病控制中心官方报告进行了认定。法国和英国的医生注意到了这些病症,发现其与同期他们自己的临床观察有一致性。

艾滋病与其说是一种疾病,不如说是一种综合症状,它与大多数细菌或病毒感染不同,并不表现为单一的某一种症状,甚至也不是一个小的症候群。相反,HIV 攻击的是负责人体免疫防御的细胞,它导致身体在各种虽常见但通常不具威胁性的细菌和病毒面前也十分脆弱。因此,在这种流行病初期,只有出现了继发性感染之后医生才能做出医学诊断;这使医生在最初难以确认,甚至难以确定病原体及其在病人身上的表现。几年之后,引发这种流行病的病毒和抗体的临床试验才得以明确。HIV 以缓慢的速度造成人体免疫缺陷,直到这时人们才会发现它的存在。因此,它有充分的机会从那些尚不知道自己已感染这种病毒的人身上向外传播。与过去那些流行病——如瘟疫、天花或流感——的情况不同,HIV 可能在感染的数月甚至数年内都不易被发觉。

从历史上看,不同文化都以相当类似的方式对待流行病。不论在古代还是现代,瘟疫都常常被视为因打破禁忌或犯罪而造成的天遣(例如,荷马的《伊利亚特》和索福克勒斯的《俄狄浦斯王》的开头都出现了这样的瘟疫惩罚故

1243

事）。由于艾滋病最初的病历集中于静脉注射吸毒者、性工作者和男同性恋群体，而他们早已受到指摘，因此许多人认为不值得给这些人提供治疗。这些患者的行为一方面遭到文化和法律上的禁止，另一方面却已成为疾病传播的途径，但公众通常都不愿对此进行讨论。即使是今天，在这种疾病已经流行了 20 余年之后，许多有关 HIV 防治的讨论仍然会陷入有关文化和宗教价值观的争论，而不是关于有效的公共健康措施的讨论。

此外，在一种流行病的传播期，一个未感染者会设想：可能是只有边缘群体容易感染这种疾病（在这种情况下，无须采取进一步的措施）；也可能是所有人都容易感染（因此边缘群体要被驱逐或被控制和管理起来）。在艾滋病流行的最初 20 年间，政府和社会团体做出上述两种假设，这违背了规范的公共健康措施。工业化国家的异性恋者认为，艾滋病是同性恋的问题。美国的黑人牧师和领袖们认为，它是白人的问题。非洲的领袖们认为，它是之前法国、英国或比利时殖民者以及美国霸权资本家的问题。中国和苏联的共产主义领袖们认为，它是腐朽的资产阶级的问题。认识的盲区导致世界范围内缺乏对艾滋病的预防教育和健康监控，使得这种疾病肆意蔓延。

最近的趋势和未来的展望

随着冷战结束和全球经济更加紧密地联系，艾滋病问题在许多层面愈发严重。在苏联，共产主义的终结导致了经济混乱和困难局面，这反过来使得贫困、静脉注射毒品和卖淫者的比例增加，同时，应对这种流行病的社会化医疗

AIDS: 1 in 61

One in every sixty-one babies in New York City is born with AIDS or born HIV antibody positive.

So why is the media telling us that heterosexuals aren't at risk?

Because these babies are black. These babies are Hispanic.

Ignoring color ignores the facts of AIDS. STOP RACISM: FIGHT AIDS.

Uno de cada sesenta y uno de los bebés nacidos en la ciudad de New York nacen con SIDA, o con el anticuerpo HIV positivo.

¿Pero, por qué es que los medios de comunicación nos dicen que los heterosexuales no corren riesgos?

Será porque estos bebes son negros, o porque estos bebes son hispanos.

El SIDA no discrimina entre razas o nacionalidades. ¡PARE EL RACISMO! ¡LUCHE CONTRA EL SIDA!

"艾滋病：每 61 人中就有 1 人"（AIDS：1 in 61）。一份双语海报，格兰·弗瑞（Gran Fury）创作（艺术家团体）

能力又有所削弱。非洲和亚洲扩大的商业贸易同样导致 HIV 在边缘群体或劳工移民群体内传播。互联网的兴起以及随之而来的网络色情的扩散，导致新型色情行业成为一种经济产业。再者，航空管制的解除也刺激了西方人以性为目的去发展中国家旅行。

此外，近些年研制的有效应对 HIV 感染的治疗药物却带来了意外的后果。在西方发达国家人们可以得到这些药物，一些人在预防艾滋病的措施方面松懈下来，在一些群体内感染率上升。但在发展中国家，艾滋病药物异常昂贵，政府和非政府组织不得不为降低药物价格四处游说。

理性主义的西方科学世界观还将继续与各种各样的本土信仰和价值观相抗争。在西方医

1244

学界看来,艾滋病只是由一种病毒(HIV)引起的疾病,而这种病毒常常会通过不安全性行为传播。因此,预防 HIV 的传播就只是要预防 HIV 的感染(通过节制性欲,通过忠诚于单一性伴侣,抑或通过使用安全套或"较安全的"性行为)。但性行为显然不受理性选择的支配。而且,在许多文化中,采取或强制实施安全性行为的决定权常常是不对等的:男人比女人拥有更大的权力,嫖客比妓女拥有更大的权力。有关 HIV 和艾滋病的错误信息与谎言在一些共同体内成泛滥之势(比如有人相信,人们可以通过一个人的外表判断他是否感染了 HIV;如果一个男人感染了 HIV,他可以通过与一个处女发生性关

系来治愈疾病)。甚至 HIV/AIDS 否定主义(否认 HIV 是艾滋病的原因)也不仅仅是少数人的过激言论,它可以影响到公共决策,比如前南非总统塔博·姆贝基(Thabo Mbeki)就曾反对在他的国家使用抗逆转录病毒药物。

在针对 HIV 的疫苗被研制出来之前,艾滋病将继续危害那些在经济和政治上欠发达的共同体和国家。治疗艾滋病的研究工作正在取得迅速进展。但在研究者研制出一种有效的疫苗之前,预防艾滋病的教育以及西方国家为治疗提供资金的行动,将一直是限制这种流行病的首要手段。

进一步阅读书目:

AIDSTruth. (2009). Retrieved August 26, 2009, from http://www.aidstruth.org

Barnett, T., & Whiteside, A. (2006). *AIDS in the Twenty-first Century: Disease and Globalization* (2nd ed.). New York: Palgrave Macmillan.

Boffin, T., & Gupta, S. (Eds.). (1990). *Ecstatic Antibodies: Resisting the AIDS Mythology*. London: Rivers Oram Press.

Bullough, V. L., & Bullough, B. (1977). *Sin, Sickness, and Sanity: A History of Sexual Attitudes*. New York: New American Library.

Centers for Disease Control and Prevention. US Department of Health and Human Services. (2009). *HIV/AIDS*. Retrieved on August 26, 2009, from http://www.cdc.gov/hiv/

Clark, C. F. (1994). *AIDS and the Arrow of Pestilence*. Golden, CO: Fulcrum Publishing.

Corless, I. B., & Pittman-Lindeman, M. (Eds.). (1989). AIDS: Principles, Practices, and Politics. *Series in Death Education, Aging, and Health Care*. New York: Hemisphere Publishing Corp.

Douglas, M. (1992). The Self as Risk-taker: A Cultural Theory of Contagion in Relation to AIDS. *Risk and Blame: Essays in Cultural Theory* (pp. 102 – 121). New York: Routledge.

Fee, E., & Fox, D. M. (Eds.). (1988). *AIDS: The Burdens of History*. Berkeley: University of California Press.

Gilman, S. L. (1988). *Disease and Representation: Images of Illness from Madness to AIDS*. Ithaca, NY: Cornell University Press.

Grmek, M. D. (1990). *History of AIDS: Emergence and Origin of a Modern Pandemic* (R. C. Maulitz & J. Duffin, Trans.). Princeton, NJ: Princeton University Press.

Haver, W. (1996). *The Body of this Death: Historicity and Sociality in the Time of AIDS*. Stanford, CA: Stanford University Press.

Iliffe, J. (2006). *The African AIDS Epidemic: A History*. Athens, OH: Ohio University Press.

Jonsen, A. R., & Stryker, J. (Eds.). (1993). *The Social Impact of AIDS in the United States*. National Research Council. Washington, DC: National Academy Press.

Kalichman, S. (2009). *Denying AIDS: Conspiracy Theories, Pseudoscience, and Human Tragedy*. New York: Springer.

Klusacek, A., & Morrison, K. (Eds.). (1992). *A Leap in the Dark: AIDS, Art, and Contemporary Cultures*. Montreal, Canada: Véhicule Press.

Leavy, B. F. (1992). *To Blight with Plague: Studies in a Literary Theme*. New York: New York University Press.

1245

Long, T. L. (2004). *AIDS and American Apocalypticism: The Cultural Semiotics of an Epidemic*. New York: State University of New York Press.

Lupton, D. (1994). Moral Threats and Dangerous Desires: AIDS in the News Media. *Social Aspects of AIDS Series*. London: Taylor & Francis.

Mack, A. (Ed.). (1991). *In Time of Plagues: The History and Social Consequences of Lethal Epidemic Disease*. New York: New York University Press.

Shilts, R. (1987). *And the Band Played on: Politics, People, and the AIDS Epidemic*. New York: St. Martin's Press.

UNAIDS. *The Joint United Nations Programme on HIV/AIDS*. Retrieved April 1, 2010, from http://www.unaids.org/en

托马斯・劳伦斯・朗(Thomas Lawrence Long) 文

邢颖 译,刘健、王超华 校

Ho Chi Minh 胡志明

胡志明(1890—1969)是 20 世纪四五十年代越南人民反对法国殖民主义的民族独立运动的最杰出领导者。在他身上集中体现了殖民地人民想要摆脱西方帝国主义而独立的愿望,但同时也汇聚了两种明显矛盾的意识形态:民族主义和马克思主义。

1246

胡志明原名阮必成,出生于越南义安河省的金莲乡。在他的革命生涯中曾使用多个别名,其中最著名的是胡志明,意为"启蒙者"。胡志明成长于一个贫穷的读书人家庭。他的父亲虽然是一位有文化的政府官员,但却宁愿在乡里教书,也不愿去辅佐在其看来业已腐朽的帝国朝廷。当时越南在法国的殖民控制下分裂成三个部分(东京、安南和交趾支那)。越南朝廷以帝国首都顺化为中心,名义上处于阮氏王朝的统治之下,却听命于法国殖民者。因此,胡志明从很早开始就接受了狂热的民族主义熏陶。越南自 1862 年之后就一直处于法国的殖民统治之下。1911 年,在顺化国立学校接受了一段时间的教育之后,胡志明决定去西方游历,以寻找解放祖国的道路。他的游历历经 30 年。1917 年,胡志明在巴黎落脚,这里是革命者的乐土。他加入法国社会党(French Socialist Party),常常接触越南的民族主义者,并以阮爱国的别名在他创办的《流浪者》(*The Pariah*)杂志上发表反殖民统治的文章。1918 年第一次世界大战结束,1919 年凡尔赛和平会议召开。胡志明以这次会议为契机,向与会代表提交了一份请愿书。在请愿遭到拒绝之后,已经参加了法国社会主义者活动的胡志明更坚定了信仰马克思主义的决心。1920 年,他成为法国共产党的缔造者之一,倡导越南的独立。

1923 年,为了成为更合格的马克思主义者,胡志明前往莫斯科。从 1924 年开始,他以一名共产主义革命家的身份在亚洲不同国家和地区游历和工作。他最大的动力就是将越南从法国统治下解放出来,为此付出任何代价都在所不惜。胡志明曾坐牢,受刑,被判处过死刑,经历了数年的艰苦斗争,成为越南共产主义运动的绝对领袖。1930 年,他在香港创立了印度支那共

> 可能你们杀死了 10 个我们的人，而我们只杀死了 1 个你们的人，但最终厌倦的肯定还是你们。
>
> ——胡志明（1890—1969）

胡志明像（约 1946）。这张照片是送给胡志明的教女的父亲雷蒙·奥布拉克（Raymond Aubrac）的礼物。照片边缘写的法文翻译过来是"深深亲吻我们小教女芭贝特（Babette）。你的教父，胡"

产党（ICP）。

在日本占领越南期间，法国殖民统治处于最薄弱的阶段。1941 年日本占领时期，胡志明回到越南，创立越南独立同盟。1945 年 8 月 15 日日本投降，越南独立同盟抓住机会发动全国范围内的"八月革命"，夺取了政权。1945 年 9 月 2 日，瘦削、憔悴的胡志明在河内发表独立宣言，宣布越南民主共和国（DRV）成立。

法国人决意要夺回他们的殖民地，但第一次印度支那战争（1946—1954）以 1954 年 5 月法国人在奠边府的失败而告终。1954 年 7 月签署的日内瓦协议以北纬 17 度线为界，交战双方被暂时分隔开，并计划于 1956 年举行选举。北方是以胡志明为主席的越南民主共和国；南方是法国政府，1955 年 10 月 23 日吴庭艳（1901—1963）统治下的越南共和国（RVN）建立。吴庭艳拒绝按照日内瓦协议规定，在 1956 年举行重新统一的选举。随着美国介入，第二次印度支那战争（1960—1973）使越南陷入更加血腥、更具破坏性的战争之中。共产党的军队继续与美国支持下的南方政权作战，而南方政权则认定北方为非法政府。1969 年 9 月 2 日，胡志明去世。此前，他一直致力于坚持这场战争。他的境界达到了传奇的程度，被支持者称为"胡伯伯"（Bac Ho）。胡志明逐渐成为越南坚持抵抗的象征，他的名字在 20 世纪六七十年代西方和第三世界国家反战游行的歌曲中被反复提到。中苏危机期间，胡志明领导越南民主共和国巧妙地渡过中苏对立的潜在危机，并成功从中苏双方获得经济、财政和军事支援。他最后的愿望是将他的骨灰分成三份，分别存放在越南的三个地区。但在去世后，他的遗体经防腐处理，一直被安置于河内的胡志明陵园。

进一步阅读书目：

Duiker, W. (2000). *Ho Chi Minh*. New York: Hyperion.

Minh, H.C. (1994). *Selected Writings*. Hanoi, Vietnam: The Gioi Publishers.

Minh, H.C. (2002). *Prison Diary*. New York: Ross & Perry.

Quinn-Judge, S. (2003). *Ho Chi Minh: The Missing Years*. Berkeley and Los Angeles: University of California Press.

Tin, B. (1999). *Following Ho Chi Minh*. Honolulu: University of Hawaii Press.

敦·阮（Dieu T. Nguyen）文
邢颖 译，刘健、王超华 校

Holocaust　大屠杀

第二次世界大战期间,阿道夫·希特勒计划"将欧洲的犹太人种族灭绝",这一计划的表现形式就是我们所说的"大屠杀"。大约 600 万欧洲犹太人因此遇害。

1248

第二次世界大战期间,纳粹对欧洲的犹太人实施大屠杀政策,一般称为"大屠杀"。在大屠杀发生之前,德国独裁者阿道夫·希特勒没有隐瞒他的意图。1924 年,他在狱中写下《我的奋斗》一书,其中表达了他的反犹观点。1933 年掌权之后,他付诸实际行动。虽然希特勒努力掩盖集中营大量杀害犹太人的罪行,但他曾多次当众谈论他的计划,比如 1939 年 1 月预言在战争期间"种族灭绝欧洲的犹太人"。

虽然希特勒公开表达了他的目标,但德国内外几乎没有什么人把他的话当真。毕竟,德国被视为世界上最文明的国家之一,而犹太人又在德国公民中地位显赫。因此,1933 年抵制犹太人商业活动的措施震动了整个社会。

德国迫害犹太人的行为逐渐升级,在 1935 年《纽伦堡法案》通过时达到高潮。这一法案禁止犹太人参加所有公共商业活动,剥夺他们投票以及担任公职的权利。之后,犹太医生等职业人士被取消从业资格。《保护日耳曼血统和日耳曼荣耀的法律》(Law for the Protection of German Blood and German Honor)禁止犹太人与非犹太人通婚。其他禁令禁止犹太人和非犹太人使用同样的公共设施。1937 年,纳粹党开始没收犹太人的财产。犹太人的子女不许上学,犹太人被禁止参加文化和体育活动,他们的公共行动受到限制。

这些禁令由一个专门处理"犹太问题"的官僚机关设计、制定和强制实施。最终,所有政府机构都在纳粹党的反犹政策中发挥了作用。其中最重要的是出版和宣传部门,这一部门一直对德国人民宣传反犹思想。其导致的结果就是,犹太人被非人化,甚至普通公民也愿意迫害乃至杀害犹太人,而其他人只是默不作声地旁观。一些学者认为,德国人比较容易接受反犹思想。

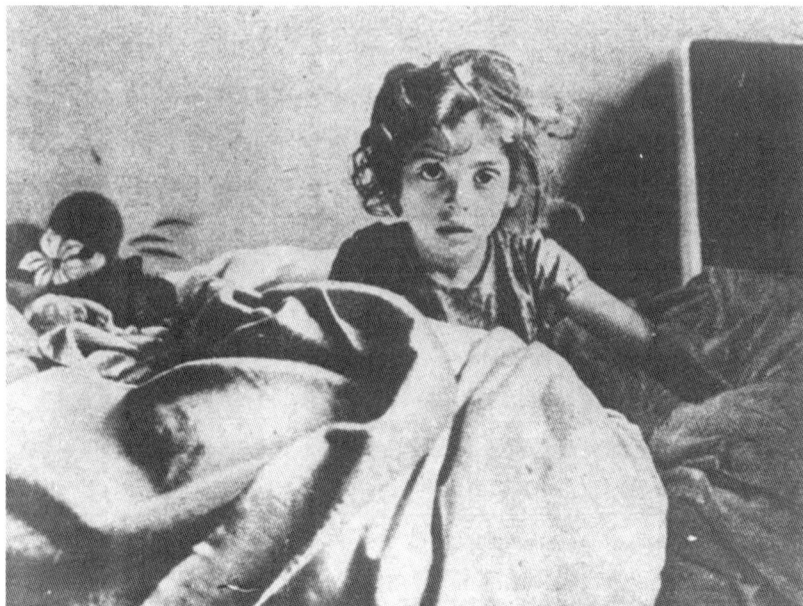

波兰"犹太人居住区"内的犹太小女孩(约 1940)。居住区内生活的人普遍营养不良,饿死病死的事件每天都在发生。纽约公共图书馆

这种说法可能言过其实,但的确只有很少的德国人对希特勒的政策表示反对。

危险来临

最初,德国实行的歧视政策并未对犹太人造成身体上的威胁。但局面在 1938 年 11 月 9—10 日开始发生变化。政府组织暴民发动袭击,毁坏了 191 座犹太会堂,洗劫了 7 500 家商铺。至少有 91 个犹太人在"水晶之夜"(Kristallnacht)遇害。

当局在袭击中的明确态度使犹太人感到必须要准备离开了。对于那些有勇气也有能力离家出走的人来说,问题是要逃到何处。就在 4 个月以前,来自 32 个国家的代表在法国埃维昂(Evian)召开会议,讨论如何应付日益增多的试图逃离欧洲的难民。美国最早提议召集这次会议,但美国对解决这个问题没有什么兴趣;而其他国家都认为,没有必要接纳这些逃难的犹太人。最终,多米尼加共和国是唯一对犹太人表示欢迎的国家。

对犹太人来说,前景变得越来越黯淡,有超过 2.6 万名男性犹太人被关进位于达豪(Dachau)、布痕瓦尔德(Buchenwald)和萨克森豪森(Sachsenhausen)的集中营。第一个集中营——达豪集中营——于 1933 年 6 月建立,关押纳粹政权的非犹太人反对者和其他罪犯,但达豪以及其他几个集中营都逐渐沦为主要关押犹太人的监狱。

第二次世界大战的爆发

1939 年 9 月 1 日,德国入侵波兰,标志第二次世界大战爆发。希特勒称他发动战争是为德国人争取"生存空间"(lebensraum)。在他看来,德国必须征服东欧,才能建立一个广阔的德意志帝国,得到更多的人口和新领土来提供食物

和原材料。

然而,对波兰的征服造成另外 200 万犹太人处于德国的统治之下。为了创造德国的生存空间,这些人必须得移除出去。为达到这个目标,德国党卫军首领海因里希·希姆莱(Heinrich Himmler)在精英党卫队(SS)内部组建了一支特殊任务武装力量,名为特别行动部队(Einsatz-gruppen),负责清除第三帝国的所有政敌。

特别行动部队屠杀犹太人的方式是命令男人、女人和小孩子列队站在壕沟前面,然后用机枪扫射,仅仅用这种方式他们就杀害了大约 140 万犹太人。然而到了后来,大规模射杀波兰犹太人在现实中已经难以操作,因此纳粹党计划兴建特殊的集中营以迅速地种族灭绝犹太人,于是他们决定用单独的居住区隔离犹太人。

第二次世界大战期间德国布痕瓦尔德集中营的焚尸炉。美国国会图书馆

强制犹太人集中居住

波兰的犹太人居住区是一个个封闭的区域——罗兹(Lodz)的居住区围着铁丝网,华沙和克拉科夫(Cracow)的围有砖墙——由德国士兵把守。犹太人在里面尽可能地维持正常生活,但居住区的生活条件相当恶劣。这里的犹太人普遍营养不良,饿死病死的事件每天都在发生。

每个居住区都由一个犹太居民委员会(Judenrat)负责管理,其成员是犹太社区中有影响力的人物。他们必须决定是协助纳粹,还是冒着生命危险拒绝。犹太居民委员会希望改变居住区内犹太人的困难处境,但他们常常不得不决定被送往死亡集中营的人选。最终,他们的合作也无法使自己逃脱与其他犹太人相同的命运。1942 年,希特勒决定清除犹太人居住区。于是在 18 个月内,有超过 200 万的犹太人被送往死亡集中营。

最终解决方案

希特勒有组织杀害的第一批人并非犹太人。1939 年 9 月,他发布一道命令,让医生给"那些患有不治之症的人安乐死"。这个项目的总部设在柏林的蒂尔加滕街(Tiergartenstrasse)4 号,因此后来被称为 T-4 行动。帝国各地医院中被认为是衰老的、疯癫的或在某方面"有心理缺陷"的人都要被处死。起初这些人都是因饥饿而死,之后通过注射过量的镇静剂,最后则是施放毒气处决。毒气室被伪装成淋浴房,首先在 T-4 行动中使用,然后死者的尸体再被焚烧,这个过程就像后来对待集中营的犹太人一样。在希特勒的种族灭绝行动实施了近 3 年之后,SS 帝国安全总部的头目莱因哈特·海德里希筹划了一次会议。会议召开的时间是 1942 年 1 月 20 日,地点在柏林郊区万湖(Wannsee)。此时,德国军队已经征服欧洲的大部分地区,纳粹党人认识到,他们不同的机构和官员之间需要更通力的合作,以完成针对犹太人问题的"最终解决方案"的目标,即要种族灭绝 1 100 万犹太人,这是希特勒认定的生活在欧洲的犹太人的总数。

从这时起直到德国投降,纳粹党一直遵循万湖会议的路线,杀害了大约 600 万犹太人,同时还有差不多相同数目的非犹太人。即使在战局已经对德国不利之时,杀戮行动仍在继续,而且没有减少的趋势。即使在每个德国人都必须要去战斗,食物、油和运输工具都短缺的时候,分配给用于杀害犹太人的资源仍然比用于战争的更多。

德国人力图寻找一些可操作的方式,以尽可能快的速度杀害尽可能多的人。他们建立了 6 座集中营——切姆诺(Chelmno)、特雷布林卡(Treblinka)、索比堡(Sobibor)、贝尔赛克(Belzec)、马伊达内克(Majdanek)和奥斯维辛/比克瑙(Auschwitz/Birkenau)——专门用于杀害犹太人。仅在奥斯维辛一地,就有超过 100 万人被杀害,大多都死在毒气室。

最后一站

被从家中或居住区逐出的犹太人通常得到的消息是:他们要被转移到另一个地方,或要被送去做工。当他们像动物一样被塞入货车车厢或轮船赶赴他们最终的目的地时,他们并不了解未来会怎样。在他们搞清楚状况之前,他们的财产已经被剥夺,他们要面对的是狂吠的猎犬、全副武装的士兵以及吼叫着向他们发布命令的军官。那些下了火车就直接被带入毒气室的人并不知道迎接他们的会是死亡,因此他们没有机会反抗。

最终,由于掩埋的尸体数目实在太多,集体墓地饱和了。因此,一些集中营内安装了焚尸

1250

这只是一个开端——当一个人焚烧书本时,他最终也会焚烧人。

——海因里希·海涅(1797—1856)

1251

两名男性从诺德豪森死亡集中营(Lager-Nordhausen Death Camp)被解救出来之后的坐像,约1945年4月14日。美国国会图书馆

炉,用于焚烧尸体。在犹太人被杀害之后,同营的关押者被强迫从尸体的牙齿中提炼黄金,金钱、珠宝以及任何其他有价值的东西都被没收,送往德国的帝国银行。其他个人物品,如表、钱包和衣服都被清洗干净送往德国军队。最好的战利品会分给SS的官员。

那些没有被立即杀害的犹太人会按性别分别关押,他们的个人物品被拿走,头发被剃掉。集中营配发囚服给他们;在奥斯维辛(1941年之后),他们的胳膊都会烙印上数字。分配给囚禁者的食物非常少,他们遭到士兵的粗鲁对待。

由于德国人相信犹太人是低等人,从本质上就次于人类,因此他们在残忍地对待犹太人时心中没有犹豫。在奥斯维辛,德国人使用杀菌技术做实验。在其他集中营,纳粹党人反复打断犹太人的骨头,以观察经过多少次之后骨头无法再愈合。囚犯被暴露在极端高温和低温环境下,以试验人体所能忍受的最高和最低的

温度;还有试验要证明气压加于人体后的影响。

犹太人不仅在集中营被杀害。在奥斯维辛等集中营的入口处,一个标语写着:"劳动赢得自由。"(Arbeit Macht Frei)几千名囚犯被活活累死。其他人死在大公司——如法本(IG Farben,生产合成橡胶和燃料)、克虏伯(Krupp,生产导火线)——旗下的德国工厂里。

幸存者和反抗行动

能在集中营幸存下来或通过藏匿幸存下来都需要运气和决心。有人在地下洞穴中生活数年,通过公共厕所逃走,伪装成非犹太人藏身于修道院内。集中营的囚犯都必须保持身体健康以应付工作,这常常需要偷盗或交易食物和衣服。小孩儿和老人几乎没有存活的机会。在大屠杀期间,有超过100万名儿童被杀害。女性比男性更容易被杀,因为她们相对无法承受艰苦的劳动,而且她们也不被允许抚养和生育更多的犹太人。

虽然犹太人处于极度弱势,缺少训练和武器,而且常常身体虚弱,但他们还是组织了一些反抗行动,如加入武装党派群体、参加华沙犹太居住区的起义行动、尝试逃离索比堡集中营以及在奥斯维辛引爆焚尸炉。那些拒绝向集中营非人遭遇低头的囚犯表现出另一种反抗形式,他们秘密组织宗教祷告仪式或团体。

漠视行为

国外的新闻媒体中出现了许多有关犹太人遭遇的报道,但它们常常被湮没于报章之中,其记录的方式使读者对它们的可信度产生疑问。多数人无法相信,成百上千的人会在同一个地方被杀害。

美国政府了解德国犹太人在20世纪30年

1252

代的遭遇,也了解 1942 年的"最终解决方案"。罗斯福曾被敦促使用军事力量去减缓或阻止希特勒的杀人机器,但国防官员拒绝了用炸弹炸毁集中营的建议。罗斯福相信,解救犹太人的最好办法是利用全国资源打赢战争。同盟国的胜利无疑解救了欧洲和几百万人的生命,但导致 600 万犹太人丧命的部分原因还是在于美国官员的行为导致犹太人——除了那些名人或对战事有帮助的人——很难,甚至不可能逃离希特勒的魔掌而前往美国。后来在战争期间,罗斯福建立了战时难民事务委员会(War Refugee Board),采取有限的措施解救犹太人,但这样的帮助非常微薄,而且也来得太迟。

营救者

只有在普通公民都串通一气的情况下,犹太人大屠杀才成为可能。然而除了凶手和旁观者以外,也有成千上万人拥有勇气和道德,他们牺牲自己的生命去营救其他人。这些"正义人士"尽自己的一切力量,向处于危险中的犹太人提供避难所、食物和文件。几个外交官,如瑞典的拉乌尔·瓦伦堡(Raoul Wallenberg)、日本的杉原千亩(Chiune Sugihara),通过提供签证帮助犹太人逃离。在法国勒尚邦(Le Chambon),整个城镇都帮助犹太人躲避折磨他们的人。在所有被占领国中,丹麦是唯一积极抵制纳粹政权驱逐其公民的国家,因此挽救了几乎全国犹太人的生命。

战争罪行

希特勒和他的几个高层帮凶在战争结束时自杀,以避免被抓捕和审判的命运。在世的 22 名最高级军官因战争罪行在德国纽伦堡受审。对于集中营的卫兵和其他犯下暴行的人,也有几百场法庭审判。低等级军官宣称,他们"只是服从命令",不应为他们的行为承担责任,但法官不接受这样的辩解。发布杀人命令的人和执行杀人命令的人都有罪。

许多纳粹分子因他们的罪行被处死刑,但多数人都获得减刑。有些人未被审判,他们逃到拉丁美洲或其他地方,改名换姓在那里平静地生活。美国积极征召一些纳粹,用于对付苏联的情报机构。许多抓捕纳粹的人参与寻找那些逃过正义审判的纳粹分子。最戏剧化的是阿道夫·艾希曼(Adolf Eichmann)事件,他是"最终解决方案"的设计者之一,战后逃往阿根廷,后被以色列特工发现并绑架,之后带回以色列,在那里被审判并宣告有罪,最终以反人类罪被处决。到 21 世纪初,仍然有一些战争罪犯被发现和审判。

进一步阅读书目:

Bard, M.G. (Ed.). (2001). *The Complete History of the Holocaust*. San Diego, CA: Greenhaven Press.

Bard, M.G. (1994). *Forgotten Victims: The Abandonment of Americans in Hitler's Camps*. Boulder, CO: Westview Press.

Conot, R. (1984). *Justice at Nuremberg*. New York: Carroll & Graf.

Dawidowicz, L.S. (1991). *The War Against the Jews, 1933 - 1945*. New York: Bantam Doubleday Dell.

Feingold, Henry. (1970). *The Politics of Rescue: The Roosevelt Administration and the Holocaust, 1938 - 1945*. New Brunswick, NJ: Rutgers University Press.

Frank, Anne. (1967). *Anne Frank: Diary of a Young Girl*. New York: Amereon Ltd.

Friedlander, S. (1997). *Nazi Germany and the Jews: The Years of Persecution, 1933 - 1939* (Vol 1). New York: HarperCollins.

1253 Goldhagen, D. J. (1996). *Hitler's Willing Executioners: Ordinary Germans and the Holocaust*. New York: Alfred A. Knopf.

Gutman, I. (Ed.). (1995). *Encyclopedia of the Holocaust* (Vols. 1 – 4). New York: Macmillan.

Gutman, I. (1998). *Resistance: The Warsaw Ghetto Uprising*. Shelburne, VT: Chapters Publishing Ltd.

Hilberg, R. (1985). *The Destruction of the European Jews*. New York: Holmes & Meier.

Kogon, E. (1998). *The Theory and Practice of Hell*. New York: Berkley Publishing Group.

Lengyel, O. (1995). *Five Chimneys: A Woman's True Story of Auschwitz*. Academy Chicago Publishers.

Lifton, R. J. (1986). *The Nazi Doctors: Medical Killings and the Psychology of Genocide*. New York: Basic Books.

Lipstadt, D. (1993). *Beyond Belief*. New York: Free Press.

Paldiel, M. (1997). *Sheltering the Jews: Stories of Holocaust Rescuers*. Minneapolis, MN: Fortress Press.

Shirer, W. (1991). *The Rise and Fall of the Third Reich: A History of Nazi Germany*. New York: Fawcett Books.

Toland, J. (1992). *Adolf Hitler*, New York: Anchor Books.

Wyman, D. S. (1998). *The Abandonment of the Jews*. New York: New Press.

Yahil, L. (1991). *The Holocaust: The Fate of European Jewry, 1932 – 1945*. New York: Oxford University Press.

米切尔·巴德(Mitchell G. Bard) 文

邢颖 译,刘健、王超华 校

Homer 荷马

1254　荷马(前9？—前8？世纪)被认为是《伊利亚特》(*Iliad*)和《奥德赛》(*Odyssey*)的作者。这两部史诗对古代希腊人的影响与《圣经》在基督徒中的地位相差无几。荷马史诗所呈现的英雄主义典范为后世敬仰,且常被效法。文艺复兴时期,当希腊和拉丁文学研究在欧洲再次兴起之际,荷马式的英雄主义也在知识阶层复兴,并对战争和政治局势一再造成影响。

荷马是希腊史诗作家,被认为是《伊利亚特》和《奥德赛》两部史诗的创作者。然而,只有很少的证据证明确实存在一位名叫荷马的真实历史人物。最早提及他的书面文献可追溯到公元前7世纪,但这些文献的说法并不一致。许多希腊城市都自称荷马的故乡,这些城市大部分位于安纳托利亚的爱奥尼亚(Ionia,今土耳其)。文献和语言学的分析表明,荷马来自优卑亚(Euboea),这是与希腊大陆东部隔岸相望的狭长岛屿,与爱奥尼亚遥遥相对。荷马的生活年代大概是公元前800年至前750年。

虽然两部史诗都以发生在今土耳其境内伊利乌姆(Ilium)的特洛伊战争(约公元前13世纪)为背景,但《伊利亚特》和《奥德赛》的主题不尽相同。《伊利亚特》以英雄阿喀琉斯(Achilles)之怒开端。阿喀琉斯感到自己被希腊联军领袖阿伽门农(Agamemnon)侮辱,拒绝出战,且要求他的母亲忒提斯(Thetis)劝说诸神转变战局,使之有利于特洛伊一方。在赫克托耳(Hector)杀死了阿喀琉斯的挚友——穿着阿喀琉斯的盔甲出战的帕特洛克罗斯(Patroclus)之后,阿喀琉斯的愤怒转变为悲痛。他回到战场上,杀死了赫克托耳,并威胁要污辱其尸体,直至赫克托耳的父亲普里阿摩斯请求阿喀琉斯归还他儿子的尸体,以为他举办一场合宜的葬礼。最后阿喀琉斯满足了普里阿摩斯的请求。这部史诗的所有活

啊！你们这些蛮横的神，喜好嫉妒！你们嫉妒我们能与凡人同床共枕。

——荷马在《奥德赛》中借神女卡吕普索(Kalypso)之口所说

动都集中发生在战争最后一年中的几日内，但荷马也叙述了战争的源起以及之前9年发生的许多事件。

《奥德赛》记叙了希腊英雄奥德修斯(Odysseus)战后返乡的故事。虽然这部史诗的内容类似民间故事，比如英雄到访冥府和一些仙境。但《奥德赛》中的地理概貌显然以公元前8世纪希腊的实际情况为原型，希腊正是在那时开始向西方扩展。由于海神波塞冬(Poseidon)设下的重重障碍，奥德修斯花费了10年时间才得以返乡。除了记叙奥德修斯的流浪与所受磨难之外，《奥德赛》还讲述了奥德修斯的儿子特勒马科斯(Telemachus)为除掉赖在家中的许多求婚者而付出的努力，这些求婚人都想娶他的母亲佩涅洛佩(Penelope)为妻。最后，父子团聚，联手杀死了求婚者，奥德修斯夺回了自己伊萨卡(Ithaca)国王的地位。

《伊利亚特》和《奥德赛》以其对人类(和神界)动机的探寻、叙事的力量以及优美的语言而被视为古代以来西方文学传统的奠基石。晚近时代对荷马的评价还为他确立了重要的历史地位。19世纪末，德国考古学家海因里希·谢里曼(Heinrich Schliemann)发现了据信毁于约公元前1250年的古特洛伊遗址。这一发现表明，《伊利亚特》所记叙的故事有真实的历史根据。如果说这些故事最早发生在公元前13世纪，那么之后它们曾经历过一场情境转变；到这些故事以文字形式被记录下来时，除了一些有意的复古笔法，史诗中的许多细节都只能反映公元前8世纪的希腊社会状况，而这一社会的发展基础是历经几百年的黑暗时代，而非之前更加繁荣的迈锡尼时代。

即使我们不能肯定荷马史诗是最古老的

"囚禁中的荷马为外国水手表演。"选自奥托·科林(Otto von Corrin)主编的《图解世界历史》(*Illustrierte Weltgeschichte für das Volk*)，莱比锡，1880—1883

以希腊文书写的作品，但也能够确认它是最古老的作品之一。史诗的抄写标志着文字书写史上的一个关键性转折。希腊语以西闪米特语(West Semitic)为基础发展而来，后者只有辅音字母，而希腊语则既有辅音也有元音，这对希腊诗歌的韵律至关重要。一种说法指出，最早以文字记录荷马史诗的人同时掌握这两种语言，因此不得不引入元音以适应希腊语的需要。荷马使用了长短格六步格，这在古代文学中被广泛模仿，最著名的是史诗《埃涅阿斯纪》(*Aeneid*)，作者维吉尔(Virgil)记载了从特洛伊流亡出来的英雄埃涅阿斯建罗马城的故事。

《埃涅阿斯纪》的前半部以《奥德赛》为模本,记叙了埃涅阿斯航行到意大利的故事,而后半部则更具《伊利亚特》的尚武精神。

荷马史诗的重要性在于,它是"西方"文学传统的基石,许多情节和主题都源于更古老的近东传统,其中最著名的是《吉尔伽美什》(*Epic* *of Gilgamesh*)。荷马史诗是西方文学概论课的必读书,詹姆斯·乔伊斯(James Joyce)在创作仿英雄史诗小说《尤利西斯》(*Ulysses*,奥德修斯的拉丁文名字)时,继承了荷马的遗产,将其作品分成尤利西斯的流浪(Telemachiad)和归乡(Nostos)两部分。

¹²⁵⁵

进一步阅读书目:

Clarke, H. W. (1981). *Homer's Readers: A Historical Introduction to the Iliad and the Odyssey*. Newark: University of Delaware Press.

Homer. (1990). *The Iliad*. (R. Fagles, Trans.). New York: Penguin.

Homer. (1996). *The Odyssey*. (R. Fagles, Trans.). New York: Penguin.

Parry, M. (1980). *The Making of Homeric Verse*. (A. Parry, Ed.). New York: Arno.

Powell, B. B. (2004). *Homer*. Malden, MA: Blackwell.

林肯·潘恩(Lincoln P. Paine) 文

邢颖 译,刘健、王超华 校

Hong Merchants 行商

¹²⁵⁶ 由于清代的中国官方政府拒绝与18世纪中叶开始进入中国的欧洲和美国商人进行直接贸易,因此政府特许行商作为中间人在广州(广东)从事贸易活动。广州是1759至1842年中国唯一开放的对外贸易口岸。许多行商因此成为杰出、富有的人物。

自中国广东开始中西贸易的早期阶段起,清王朝的统治者就向一些中国商人颁发许可,特许他们与外国商人进行贸易,这些商人就是行商。这个专门的名称来自商贸行会的名字"公行",这一行会创立于1720年,行商都是其中的成员。行商的数目被严格限制在12人以内,甚至更少。到1775年左右,贸易量已经十分巨大,因此许多行商成为中国最杰出、最富有的商人。19世纪早期,势力最大的行商是伍秉鉴(卒于1843年)。他的财富数量不为人知,因为除了在中国广泛经营商业活动以外,他还与旗昌洋行(Russell & Company)有合资关系,后者是在中国从事商业活动的一家美国公司。他在中国政府不知情的情况下,联署担保这家公司将特定货物销往海外。他还在美国有直接投资,包括投资横贯美洲大陆的铁路。从可收集到的各种账目来看,伍秉鉴似乎拥有价值几百万美元的资产,因此可能是当时的世界首富。

但并非所有行商都如此成功。事实上,也有许多人因为各式各样的原因——高风险投资、管理不善、来自政府官员的过度压力、奢侈挥霍、从天而降的厄运等等——不得不宣布破产。在

乔治·钱纳利(George Chinnery)的《广州：外国工厂》(*Guangzhou：The Foreign Factories*，约 1840)。铅笔和水彩画。画作描绘了指定给欧洲和美国商人使用的河岸边的 13 家工厂

一定时期，这样的失败变得非常普遍，因此到 1775 年，公会决定设立一种被称为"公所基金"的自我保险基金，以偿还破产成员遗留下来的债务。这个基金在 1780 年得到官方认可。每位成员每年向基金缴纳其前一年利润的 10%。1789 年，为确保不拖欠外国商人债务，清政府强制对外国进口货物征收 3% 的关税，以此补充基金的数额。

行商的主要功能是跟聚集在广州的外国商人交易货物，此地是 1759 至 1842 年中国唯一开放的对外贸易口岸。同时他们还负责确保口岸安全，向每艘来往的外国船只征收港务费和文件，确保外国商人行为得体。对于他们出售给外国人的货物，行商也要保证质量和其中涉及的可靠性，如果货物遭退回，行商必须要免费更换。他们还向押运员(商船上负责贸易相关事宜的办事员)和私营商人提供建议。事实上，许多西方商人和行商之间建立了终身的友谊，他们

乔治·钱纳利的《超级行商伍秉鉴肖像》(*Portait of the First-Ranking Hong Merchant Howqua*［*Houqua*］，约 1828)。布面油画。香港汇丰银行收藏

1257

购买是一种意义深远的娱乐。

——西蒙娜·德·波伏娃(Simone de Beauvoir, 1908—1986)

不仅提出专业意见,而且常常还有涉及社会和个人方面的建议。然而,这些朋友关系并未带来彼此在文化建设上更深层次的相互理解。因为中国官方拒绝与欧洲和美国的商人进行直接贸易,所以行商不得不扮演中间人的角色。因此,除了从事商业活动,他们还要照顾外国商人的个人需要,比如帮助他们起诉不满之事,为他们寻找住所和佣人,为他们偶尔离开住所去郊外度假获取官方批准。这些官方职能,再加上他们能为帝国内务府(Imperial Household Bureau)征集到数目可观的关税——因为所有来自对外贸易的税收都直接流向皇帝的私人财政——给他们提供了接触高级官员、接受官员举荐的机会。

一些行商的第二代或第三代子弟通过了国家考试,取得与当地官员平起平坐的地位。作为一个群体,他们在中国商人阶层占据相当独特的位置。行商独有的与外国人贸易的特权,以及他们作为外国商人与中国官方之间的中间人身份,随着1842年第一次鸦片战争的终结,行商和他们的公行解体。行商被视为一个时代的遗存,在这个时代,中国与西方世界有了接触,但相互间了解很少。中国政府不认为对外贸易是一个公民的私人权利,根据规范的儒家价值观,与外国人贸易属于一种外交活动,因此应该受到高度控制和范围限制。然而,这又不是与帝国直接相关的最重要的事务,因而,中国官员与外国商人之间的任何交往都要通过行商在中间沟通。另一方面,中国商人和外国商人可以很好地合作,因为他们在私人企业和营利动机方面的价值观相似。1842年之后,许多外来者加入行商队伍,他们继续以买办(在外国公司做事的中国职员)的身份从事对外贸易活动。中国人的世界观本身仍然是断裂的,直到一两代人之后,中国政府才对国家贸易以及行商所扮演的关键角色给予正确的认识。

1258

进一步阅读书目:

Fairbank, J. K. (Ed.). (1978). *The Cambridge History of China: Vol 10. Late Ch'ing, 1800－1911* (Part 1). Cambridge, U.K.: Cambridge University Press.

Chan, W. K. K. (1998). Comprador. In W. Ke-wen (Ed.), *Modern China: An Encyclopedia of History, Culture and Nationalism*. New York: Garland Publishing.

Hao, Y. (1986). *The Commercial Revolution in Nineteenth Century China: The Rise of Sino-Western Mercantile Capitalism*. Berkeley and Los Angeles: University of California.

Liang, J. (1960). *Guangdong Shi'san Hang Kao* [A Study of the Guangdong Thirteen Hong] (Rev. ed.). Taizhong, Taiwan: Commercial Press.

威灵顿·陈(Wellington K. Chan) 文
邢颖 译,刘健、王超华 校

Horses　马

马镫的发明(约500年)使骑马民族变得特别强大。在作战过程中,他们冲锋陷阵,骑在马上投掷长矛,或用双手拉弓射箭。在接下来1000年的战争中,骑兵战成为整个欧亚大陆最重要的战争方式。马一直在战场上使用,直到后来才被用于犁地和拉车。

在世界历史上,马扮演了两个重要角色:首先,也是最重要的,它们在战争中被使用——在世界许多地方,人们驾着马车或骑马驰骋疆场,这持续了多个世纪。其次,在被束以有效的马具之后,马可以拖曳耕犁、货车和四轮大车,其速度比牛更快,因此在一段时间内成为短距离陆上交通的主要工具,直到20世纪才被拖拉机和汽车取代,至少在西方世界的情况是如此。而马的第三个角色至今仍然存在,人们举办赛马比赛,精英群体还常常将骑在马上打马球和捕猎狐狸作为娱乐项目,这已经存在了几百年,而且全球各地都有。孩子们偶尔还会骑在旋转木马上取乐。

进化

相对来说,人类对马的进化过程了解得比较详尽。它从一种被称为"始祖马"(Eohippus)的小型三趾生物进化而来。始祖马在大约250万年前生活在北美和欧洲,之后接续的物种体型增大,腿变得更长,趾的数目变少,直至成为有蹄类、单趾生物。现代的马、斑马和驴都由此进化而来。现代马于大约250万年前出现在北美洲,之后横穿阿拉斯加和亚洲之间连贯的陆地,到达旧大陆,占据了欧亚大陆的草原。但由于未知的原因,在1万到8000年前期间,这一物种从北美洲消失,直到1519至1521年西班牙人征服墨西哥时才又重新来到这里。之所以出现这一状况,也许是因为它们被来自亚洲的狩猎者杀光。但这个理由纯属臆测,可能并不确切。

当马到达欧亚大陆时,它们是纯粹的食草动物,群居(每个群体都有一匹领头的公马),靠速度躲避来自人类等方面的攻击。在法国马格

一个家庭带着铁锹和马车在巴卡利山(Bakaly hills,邻近俄国的叶卡捷琳堡)上的铁矿工作。谢尔盖伊·米哈伊洛维奇·普罗库丁-古斯基(Sergei Mikhailovich Prokudin-Gorskii, 1863—1944)摄。美国国会图书馆

达林时期的(Magdalenian)洞穴绘画上出现了一些马的形象,这些绘画的时间是1.6万年前到1.3万年前之间。这说明马也是马格达林人狩猎的猎物之一。然而,要驯化行动迅捷的马并非易事。生活在西伯利亚大草原西部,即今乌克兰一带的人类可能在大约6000年前成功驯服了马。但在很长一段时间内,人们都是将马杀死吃肉,这跟过去狩猎者的做法一致。直到后来一个未知的时间,人们如同喝牛奶一样开始喝马奶。对于那些穿越大草原的游牧民族后代来说,马奶仍然是一种重要的食物来源。但马奶的数量并不多,奶牛相对来说可以产出更多的奶。而且为了确保母马产奶,就要杀死新生的小公马——这个做法用在牛身上是可行的——对于马匹饲养者来说,这是一种浪费,因为他们可以骑着公马管理和保护畜群。

₁₂₆₀

用于战争

几乎从刚一接触到马开始,人类可能就知道骑马了。但我们所能找到的最早证据是大约公元前3000年的几个陶土小塑像。经历了很长时间之后,骑马者才能安全地在马背上使用武器。最初的骑马者可能更希望用马引导他们的畜群前往更肥美的草场,以及将畜群聚拢到一处,而不是骑着马攻击他人。

据我们所知,大约公元前1700年,在邻近伊朗高原的草原、美索不达米亚的北部和东部,马最早开始在有组织的战争中扮演重要角色。车匠们学会了如何制造纤细的、装有辐条的车轮,这样的车轮能够承受在战场上快速旋转所引起的颠簸碰撞。两匹飞奔的马可以带动轻型车上的两个人:一人抓紧缰绳、策马前进;另一人则站在马车上,准备拉弓射箭对付敌人。这样的马车刚开始出现时,造价很高,但在战场上所向披靡。步兵根本不可能对付得了一大队疾驰的马车,也无法躲避飞速袭来的箭矢。马车夫使用较短的、有弹力的弓,这些弓用木材、动物骨和筋合制而成,这种武器与马车的车轮一样制造难度很高。

建造战车和制造组合弓都需要专门的技艺和材料,只有文明或半文明社会才可能完成。在西伯利亚草原以外的地区养马的代价非常高,因为最早的文明中心草场都很少。因此相对来说,马车数目一直非常稀少,但战场上的成功使其最终从发源地扩散至各处。西亚受到的影响最大最直接。到公元前1687年,来自大草原的马车征服了美索不达米亚、叙利亚和埃及,希克索斯人(Hyksos)驾着马车入主埃及。公元前1500年左右,马车和马随着征服者到达印度,中国的统治者在大约200年之后接受了它们。往西,马车可能经小亚细亚到达希腊。瑞典的一块石刻显示,公元前1300年左右,遥远的欧洲部落也已经使用马车。欧亚大陆第一次全面接受马的影响,马以马车的形式参与战争。此后欧亚大陆上居民相互间的接触虽然仍不紧密,但却具有重要意义,尤其体现在军事和技术发展方面。

₁₂₆₁

马车的衰落

可以肯定的是,驾驭马车的少数精英群体未能掌权很长时间,因为在战场上又有更进一步的两点变化。

变化之一是铁制盔甲和武器的发明。地球上铁的储备量十分充足,但冶炼铁需要很高的温度,在冶炼术完善以后,铁的价格比青铜便宜得多。成功冶铁开始于塞浦路斯和小亚细亚东部,时间是公元前1200年,这项技术很快在旧大陆传播。它在西亚和希腊造成巨大影响,步兵开始装备铁制的头盔、盾牌和矛头,这样可以前所未有地抵御战车兵的箭矢。步兵能够在数量上占据优势,而战车兵的箭矢很快就会用光,箭矢用光后战车就变得毫无用处,因而在持久战中取胜的肯定是步兵。

因此,在接下来的几百年间,在希腊和西欧,步兵又重获之前拥有过的优势地位,即使在草原游牧民族又带来骑兵战争之后,情况也未发生改变。骑兵战使得单个的弓箭手在没有马车拖累的情况下,可以更加敏捷地移动。但反过来,这需要骑马者松开缰绳,靠腿和声音引导他们胯下飞奔的马匹,腾出的双手可以拉弓射箭。马与人必须学会在喧嚣激烈的战场上协同移动、相互信任。两个物种间的合作达到极高水平,几乎和母牛、母马让人用手挤奶的情况一样神奇。

每个能够骑马射箭的成年男子都是草原游牧民族潜在的军事力量,这弥补了游牧民族对农耕民族人口上的劣势。而且骑兵作战时迅捷的移动速度使得游牧民族拥有了延续 2 300 年的持久性优势:从公元前 612 年草原骑兵参与推翻亚述帝国,直至 1757 年中国军队迫使最后一个与文明社会的军队交战的草原同盟溃逃、投身于俄国的保护之下。

在这段漫长的历史时期,牧场与耕地间边界线的变化体现了骑马的游牧民族与定居于他们南面的、人口更多的农耕民族之间长期的斗争。劫掠和商业贸易是双方交替使用的生活方式。游牧民族想要来自南方的谷物和其他给养;而开化的民族则需要和平来种植庄稼,他们常常雇用边界上的牧民保护他们,使其免遭其他草原劫掠者的伤害。但和平总是很脆弱,劫掠和征服经常发生,交战双方都尽可能从对方那里借鉴军事技术和组织形式。

新品种

帕提亚帝国(Parthian Empire,前 247—公元 224)统治期间,在伊朗发生了一个重要的、影响军事平衡的变化,帕提亚人培植出一类新品

这幅日本浮世绘表现了武士佐佐木高纲(Sasaki no Takatsuna)骑在马背上参加宇治川之战(Battle of Uji River)的场景。1772—1789 年间重政北尾(Shigemasa Kitao)创作

种的马,它比其游牧民族邻居所使用的草原小马体型更大、更强壮。这种食苜蓿的马可以驮着一个全副武装的骑士,马身上还戴着胸甲,帕提亚士兵因此能够轻易地击退不穿盔甲的草原骑兵。但这种大马仅靠草原牧草无法长大,而且没有小马动作敏捷,因此只能有效保护帕提亚农民不受劫掠,双方形成僵局。这种强壮的马出现的消息在公元前 101 年传入中国,汉武帝派遣一支军队横穿亚洲带回了几匹。但在中国喂养这个品种的马要花费相当高昂的代价,因此它在中国军队中非常罕见。

欧洲的情况却有所不同。当罗马军队在东部边界见到了这种大型战马和全副武装的弓箭

1262

马是一种美丽的动物……在它展现自己的光彩时，所有人都看不厌它。

——色诺芬（约前 430—前 354）

这幅插图表现了荷马（英雄）时代的希腊战争中武士们在马车上战斗的场景。选自《慕尼黑图片集》(*Münchener Bilderbogen* series)，慕尼黑，1852—1898。纽约公共图书馆

手之后，他们认为帕提亚类型的重装骑兵值得采用。查士丁尼皇帝（Emperor Justinian，518—565 年在位）统治时期，东罗马（或拜占庭）军队主要都由骑着大型战马、全副武装的弓箭手组成，被称为甲胄骑兵（cataphracts）。此时马镫也已发明出来，这使骑士们在马背上更为安全。

两个世纪之后，查理·马特国王（714—741 年在位）将地产授予法兰克士兵。他们成为装甲骑士，宣誓每年为他履行一段时间的兵役。这些骑士也同样骑着大型战马，然而与帕提亚和拜占庭的骑兵不同，他们手持长矛参加战斗，可能是因为当时的西欧仍然森林密布，箭矢无法在树林中自由穿梭。当骑士用长矛刺杀敌人时，马镫对于保证他们的安全至关重要。坐在一匹飞奔的马上投掷长矛可以使骑士战无不胜，除非对方也是一个这样的骑士；在这种情况下，双方中的一人甚至两个人都会坠落马下或被杀死。在之后几百年间，这些身着盔甲的人弹成为西欧军队的中坚力量，骑士在整个欧洲社会成为一个强大的而且常常是任意妄为的特权阶层。

骑兵的兴衰

在开阔的草原上，大马找不到足够的食物。然而，草原骑兵也从马镫的发明中受益。在森林不足以阻止他们前进的地方，游牧袭击者仍然很可怕。成吉思汗及其后裔创建了一个庞大的帝国：从蒙古草原穿过中亚，向西直到俄国和地中海东岸，同时还囊括整个中国，这标志着游牧民族的势力达到顶峰。蒙古人之所以能取得如此惊人的胜利，在于成吉思汗打破了传统的部落组织形式。他借鉴中国的军事官僚模式，分别以十人、百人、千人、万人为常规单位，以战功为标准提拔军官，而非依照血缘或其他身份地位。

蒙古军队具有无与伦比的移动速度和精确度，他们几乎完全依靠骑兵。然而，他们也积极接受中国新发明的火药，由于火药具有爆炸性的威力，因此迅速传播开来。这为最终打败草原游牧民族的军队铺平了道路，直至约 1700 年左右，手枪淘汰弓箭。在蒙古帝国达到极盛之时，成千上万的个人和商队来来回回横穿亚洲，欧亚大陆的居民开始更频繁地交换货物和思想。最终，指南针、造纸术、火药等有影响力的中国发明全部传到欧洲以及中间经过的地区。骆驼是沙漠商队中最有效率的动物，但马甚至是驴，也都在长途贸易活动中使用。

在欧亚大陆的大部分地区，虽然火药弹打破了旧有的平衡，重型攻城炮可以近距离攻破城池，军队更容易摧毁城市，但马仍在战争中扮

1263

演关键角色。在文明地区,步兵、骑兵和火炮的结合成为势在必行的趋势。然而,骑兵仍保持他们大部分旧有的特权,处于队伍的前列或前进部队两翼的位置,以观察是否有埋伏或奇兵。在战争开始后,他们会准备大规模冲锋陷阵,在敌人军心动摇时给予致命一击,从后撤转变为紧追不舍。

1264　　在轻型野战炮被用于战争之后,马的作用加强,因为人们要用马拖拉火炮和弹药上战场。随着道路逐渐改善,更多的军需靠马车运输——如帐篷、炉灶、食物、药物、绷带——这对远途行军的效率至关重要。马饲料对于每支军队来说都是关键性的给养,发动战争的时间长期限于夏季,因为这时水草丰美,不必从后方运送干草。直至晚近的 1914 年 8 月,在为身处法国的英国军队运送的给养中,干草占据的船舱空间仍然超过其他任何单项物资。

但是,在随后的 1914 至 1918 年的壕沟战中,马匹的作用不复存在。铁路成为运输非机动部队的首要工具。在第二次世界大战中,运动战继续被采用,但坦克、卡车和飞机上的内燃机取代了马匹;在日常生活中,马的作用也被拖拉机、卡车和汽车取代。因此,马在世界军事史上的重要地位最终被排放有毒气体的机械替代了。

拖拉耕犁和车辆

马匹在普通生活中的作用没有军事上那么显著。长期以来,牛的价格更低,也更容易驾驭,因此在欧洲一直是拉犁和车辆的动物。在中国和印度,水牛是拖拉耕犁的最重要的动物。西亚盛行一种更轻便的耕犁,主要靠牛牵引,有时也用驴。但在约公元 900 年之后,西欧开始使用一种体积更大的铧式犁,要拉动它需要 6～8 头

莱昂纳多·达·芬奇的《对马的研究》(*Study of Horses*,约 1490)。用银尖笔在特制纸上的绘画

牛。在马拉重物时,马的肩上要垫有保护肩胛骨的护垫,在它被发明出来之前,农夫无法用马来工作,因为如果没有护肩,在拖拉重物时,皮带会勒住马的气管。而且马比牛需要更好的饲料,因此花费也更高。

虽然如此,17 世纪马的护肩被发明出来之后,西欧一些地区开始用马拉车和耕犁,因为与牛相比,马的速度更快,可以耗费较少的人力耕种更多的土地,也能用更少的时间运送更多的货物。此后,欧洲农民对马的依赖逐渐增强,他们不再使用牛耕地。同样,随着路况的好转(主要在 18 世纪),四轮大车和两轮车开始更迅捷地长途旅行,这些车都是马拉车。在城市里也是如此,铺好的街道使马车越来越频繁地运输各种货物到达目的地。人口和马匹的数量都有所增

加。虽然在 18 世纪 50 年代以后,运河和铁路运输大大降低了国内长途运输的成本,但随着地区性货物运输规模的扩大,马拉的交通工具仍在增加。

在北美,大约 1910 年之后,内燃机迅速地替代了马,但是在芝加哥等城市,马仍然拉着送奶车穿梭在街道上,直到 1940 年左右。然而,这只是特例。20 世纪 40 年代以后,在街道上只有一些警察还在骑马,维持社会秩序。在整个北美以及其他大部分发达地区,农场的马都被拖拉机取代。今天,除了一些欠发达国家仍在交通和农业上使用马以外,最多出现马匹身影的场合是体育比赛——例如赛马和马球,还有阿富汗著名的马背叼羊比赛——此外就是孩子们经常玩的旋转木马。

进一步阅读书目:

Chamberlain, J. E. (2006). *Horse: How the Horse has Shaped Civilizations*. New York: BlueBridge.

Clutton-Brock, J. (1992). *Horse Power: A History of the Horse and Donkey in Human Societies*. London: Natural History Museum Publications.

Clutton-Brock, J. (1999). *A Natural History of Domesticated Animals* (2nd ed.). Cambridge, U. K.: Cambridge University Press.

DiMarco, L. A. (2008). *War Horse: A History of the Military Horse and Rider*. Yardley, PA: Westholme Publishing.

Kelekna, P. (2009). *The Horse in Human History*. Cambridge, U. K.: Cambridge University Press.

Langdon, J. (2002). *Horses, Oxen and Technological Innovation: The Use of Draught Animals in English Farming from 1066 - 1500*. Cambridge, U. K.: Cambridge University Press.

Olsen, S. L. (2003). *Horses through Time*. Lanham, MD: Roberts Rinehart Publishers.

Simpson, G. G. (1951). *Horses: The Story of the Horse Family in the Modern World and through Sixty Million Years of History*. New York: Oxford University Press.

White Jr., L. (1967). *Medieval Technology and Social Change*. New York: Oxford University Press.

威廉·麦克尼尔(William H. McNeill) 文

邢颖 译,刘健、王超华 校

Hudson's Bay Company　哈得孙湾公司

哈得孙湾公司是一家重要的英国商业公司,主要从事皮毛贸易,并探索和拓展加拿大的荒地。从 1670 年建立到 1869 年被迫出售它控制的领地,这家公司曾是世界上最大的土地拥有者。而且从出售土地至今,它仍然在加拿大的商业中扮演重要角色。

哈得孙湾公司的建立源于国王查理二世(Charles II, 1630—1685)颁发给其堂兄鲁伯特王子(Rupert, 1619—1682)的一道皇家特许状,这家公司由国王的廷臣认购。从最初开始直至 1970 年,公司总部设在伦敦,但主要的活动区域是在哈得孙湾地区,即今加拿大东部和美国东北部。哈得孙湾公司在成立之初与法国人,尤其是那些已经在哈得孙湾地区建立了商业网络的蒙特利尔人形成对抗。然而,双方政治上暂时的亲密关系消除了哈得孙湾公司与法国人之间的敌意,直到 1689 年情况发生变化。威廉三世(William III,1650—1702)和玛丽(Mary,1662—1694)登上英格兰王位,加入奥格斯堡同盟(League of Augsburg),与尼德兰人联合对付法国,英法从此交恶。由于政治上处于敌对状态,法裔加拿大人与哈得孙湾公司之间的利益争夺导致了持续近一个世纪的纷争。双方都极力争取美洲土著人的效忠,因为这些土著既可以成为他们的战争盟友,也可以是贸易伙伴。

哈得孙湾地区地广人稀,当地的主要产品就是动物皮毛,尤其是利润丰厚的海狸皮。海狸皮在欧洲价格昂贵,欧洲人将它加工成毛毡,然后制成各式毡帽,其中就有 18 世纪流行的三角帽。在与美洲土著进行的贸易中,海狸皮需求量很大。美洲土著通过选择贸易伙伴来选择是与法裔加拿大人还是哈得孙湾公司结盟。最初,哈得孙湾公司用以与土著人交换海狸皮的是一些常规性的欧洲商品,如剪刀、短柄斧等金属工具,还有一些价值不高的东西。双方的交换以海狸皮作为固定衡量单位:一张"成品海狸皮"可被精确换算成欧洲制品以及其他加拿大猎物皮毛的价格,哈得孙湾公司为了匹配海狸皮的价格,甚至将此标记铸造在钱币上,这些钱币的价值从五分之一张海狸皮到一整张不等。1780 年,该公司引入一种新产品——羊毛毯。这是一种用经久耐用的羊毛材质的毯子,它赢得了欧洲裔加拿大人和美洲土著人的广泛欢迎。他们发现,这种羊毛毯既可制成衣服,也可作为毯子使用,因此开始接受它为主要贸易产品之一。

美国独立战争使得围绕土地的争夺更加激烈,哈得孙湾公司和新成立的美国都声称大湖周围的边界地区是自己的领土。但随着英国在《巴黎和约》(Treaty of Paris,1783)中承认了新成立的合众国及其国家边界,双方的争议也得到了解决,而且在很大程度上对美国有利。

哈得孙湾公司拥有大片地产,鼎盛时期的土地面积达到地球陆地面积的 1/12。通过它对特许领地的探索,人们得以了解有关这些地区的大量讯息。在该公司创办的早期,公司成员几

1267

3 艘哈得孙湾公司的船只驶离英国的格林尼治,绘于 1769 年,绘画者约翰·胡德(John Hood)是一位造船工匠,擅长用粗钢笔和淡水彩绘制航海的场景

乎都是男性,管理者以及员工通常都独居,因为人们认为加拿大寒冷的气候不适合白人女性居住。

1869 年,《英属北美法案》(British North America Act)通过,加拿大成为英帝国的一个自治领。新国家成立的一个条件就是出售特许土地并终结哈得孙湾公司的特许权。哈得孙湾公司只能出售它控制的土地,但它对于土地和权利的放弃也换来丰厚的报偿。在土地出售和特

许权终结之后,公司逐渐转向零售业。1929 年以后,该公司的主要经营项目是石油和天然气。它在加拿大仍然占据重要的商业地位,在第一次世界大战和第二次世界大战期间都是盟军的一个重要赞助方。1970 年,一份补充的皇家特许状将这个公司转为一家加拿大公司,总部从伦敦搬到温尼伯。21 世纪,哈得孙湾公司是加拿大普通零售业领域内规模最大的公司,也列居加拿大五大公司之一。

进一步阅读书目:

Aylmer, G. E. (1998). Navy, State, Trade, and Empire. In N. Canny (Ed.), *The Oxford History of the British Empire: The Origins of Empire* (pp. 467 – 481). Oxford, U. K.: Oxford University Press.

Braddick, M. J. (1998). The English Government, War, Trade, and Settlement, 1626 – 1688. In N. Canny (Ed.), *The Oxford History of the British Empire: The Origins of Empire* (pp. 286 – 308). Oxford, U. K.: Oxford University Press.

Hudson's Bay Company. (2009). *History of the Hudson's Bay Company*. Retrieved September 25, 2009, from http://www.hbc.com/hbcheritage/history/

O'Brien, P. K. (1998). Inseparable Connections: Trade, Economy, Fiscal State, and the Expansion of the Empire, 1688 – 1815. In P. J. Marshall (Ed.), *The Oxford History of the British Empire: The Eighteenth Century* (pp. 53 – 77). Oxford, U. K.: Oxford University Press.

Rich, E. E. (1961). *Hudson's Bay Company, 1670 – 1860*. New York: Macmillan.

Steele, I. K. (1998). The Anointed, the Appointed, and the Elected: Governance of the British Empire, 1689 – 1784. In P. J. Marshall (Ed.), *The Oxford History of the British Empire: The Eighteenth Century* (pp. 105 – 127). Oxford, U. K.: Oxford University Press.

玛莎·埃布森(Martha Ebbesen) 文

邢颖 译,刘健、王超华 校

Human Evolution 人类进化

作为一个过程,人类进化与其他原始人的起源和进化既有相关也有不同之处,这项研究涉及的学科领域包括人类学、考古学、古生物学、灵长类动物学、语言学和遗传学。由于时间跨度大,信息数据相对匮乏,研究人类进化需要一定程度的假设推理,因此是一项不精密的科学研究。

世界史学家将关注点扩展到人类的过去,其中一个重要的方法在于,将人类的进化与他

们通常考虑的最近 5 000 年所发生的事件整合在一起进行研究。为了理解人类的进化,他们转

向古生物学家的发现,后者主要依靠化石证据而非文字记录来重新建构 500 万到 700 万年前的史前模式。令人惊异的是,我们人类种族最早的直系祖先包括多个物种,这些物种,尤其是更新纪灵长类,或称南方古猿,都形成了其自己的进化序列。7 000 万年的原始进化参数决定了原始人起源和发展的可能性。从最初的遗传开始,人类就具有一系列独特的身体特征,包括相对于身体来说较大的头部、具有双目视觉的眼睛、灵巧的手、较小的犬齿以及适合直立行走的骨架。人类的进化还基于长期的原始行为发展倾向,包括社会学习与合作、制造工具和群体组织。

然而,在更细致地探讨人类进化以前,我们有必要讨论古人类学所使用的证据以及学者们的争议。由于古人类学家可使用的证据十分匮乏,既有知识存在巨大空白,再加上最近的考古发现对一些盛行的观点提出质疑,因此,学者们对有关原始人类进化的变量一直存在不同意见是很正常的现象,世界史学家不必感到惊讶。研究者们仔细进行现场勘测,使用地层观测、计时学的方法以及气候学、生物分子学和比较解剖分析领域的精确手段来解读他们的发现。他们越来越强调早期原始人类的差异性而非一致性。他们认为,早期原始人可能广泛分布于撒哈拉以南非洲的各个地区,但在如何区分物种和种属上,学界仍有分歧,因而在专业术语的使用上也还未达成一致。人类进化的一些基本要素,如行走、语言的发展以及对狩猎-采集生活的适应,仍是有广泛争议的话题。

最早的原始人类

尽管存在尚未达成一致的争议和不确定性,也没有证据能够证明最早的原始人确实保持直立姿态,但古人类学家还是以双足行走作为区分我们最早的祖先与其他原始人的关键要

素。直立行走是人类的一种特殊能力,人类能够保持完全竖直的姿态,以两条腿有效地行走。可以确定的是,生活于非洲东部和南部的南方古猿具有类人猿的身体特征,能够在直立和双脚步行时保持平衡。在非洲大片森林和热带草原的环境中,双足行走是一种有益的适应性变化。我们遥远的祖先为了寻找食物或夜晚的栖息地,必然要穿越漫长的距离,从一片林区到另一片森林地带。他们从直立的姿态中获益,这个姿势可以使他们瞭望全景,尤其是步行在高高的草丛中时;他们还可以腾出双手拿食物、拎手工品、抱孩子。随着南方古猿逐渐适应特殊的生态环境,自然选择稳步强化了人类偶然出现的双足行走的行为,这一行为方式为随后出现的那些有别于其他原始人的基本特征创造了条件。其他身体变化,包括进步性的毛发脱落、改良的汗腺以及人手的精细化,也可能由此发展而来。直立行走还间接促进了工具的使用和高水平的社会交往,文化行为的发展历程就此开启。

1974 年,南方古猿阿法种(*Australopithecus afarensis*)被发现,在之后的几十年间,古人类学家对这个化石给予了相当大的关注。这种被称为南方古猿阿法种的物种体型相对较小、细长,400 万～500 万年前生活于东非地区。大多数研究者认为,阿法种是之后所有原始人物种的共同祖先。阿法种颈部以下的肢体骨骼与人类近似,但脑容量只有现代人平均水平的 1/3 左右。在 20 世纪 90 年代中叶,考古学家发现了另外 2 种之前未知的原始人化石:一是湖畔南方古猿(*Australopithecus amanensis*),这是一种类猿生物,在 400 万年前或更早时期生活于东非茂密的森林中;另一种原始人最初的名称是南方古猿始祖种(*Australopithecus ramidus*),这也是生活在东非的物种,与黑猩猩非常接近。

始祖种在大约 580 万年前生活在平坦的林区,他们显然直立行走,至少在必要时如此。但也有研究者怀疑他们是否具备双足行走的能

力，并据此认为这应该是一个不同的属——地猿始祖种（*Ardipithecus ramidus*）。如果后一种观点被采纳，那么就只有湖畔南方古猿可被视为南方古猿的直接祖先。南方古猿于 250 万年前彻底灭绝，但由这个物种发展出其他多种更新纪灵长类动物，而且在将近 300 万年前演化为我们最古老的祖先。

这些物种之一——南方古猿——生活于 300 万到 250 万年前的非洲南部，其后发展出一个强壮的种群，包括埃塞俄比亚种（*Australopithecus aethiopicus*）、东非的鲍氏南方古猿（*Australo-pithecus boisei*）和更靠近南方的粗壮型南方古猿（*Australopithecus robustus*）（一些古人类学家将埃塞俄比亚种、鲍氏南方古猿和粗壮型南方古猿归为傍人属[*Paranthropus*]，并在这一领域引起争论）。粗壮型南方古猿于 150 万年前灭绝，而鲍氏南方古猿则多存活了 50 万年，最终被更粗壮的生物取代。后者拥有相对身体比例来说更大的头部，以及更强大的工具使用能力。我们人类（*Homo*）最早期的形态统称为"能人"（*Homo habilis*），据信生活在约 200 多万年前的非洲东部，与鲍氏南方古猿同时存在了至少 100 万年，与非洲南部的强壮型古猿同时存在的时间更短。

人类属的出现

古生物学家将一些在某方面有密切关联的物种统称为能人。一些专家坚持，至少要把卢多尔夫智人（*Homo rudolfensis*）和能人加以区分；另一些研究者则依据明显的两性性征（即两性在身体体征上的明显不同）解释本质变化。但所有人都一致认为，大约 260 万年前，确实发生过一场突然的物种转化，而且在 60 万年之后，能人的大脑尺寸又有明显改变。但除了脑容量以外，能人仍相当类似于猿。古生物学家用最早的系统制造工具的证据——这是一项重大成

就，文化作为人类的一种主要适应机制从此得以发展——作为区分能人与南方古猿的标志。

最晚在 240 万年以前，东非原始人——他们可能是能人的直接祖先——突然开始修整那些堆积在河床上的光滑的鹅卵石和岩石，将它们打造成形状适于当时某种需要的原始石制品。190 万年前，能人制造出一系列简单但可明确识别的工具，包括斧头、刮刀、雕刻刀、锤石。它们的制造过程都是用一块小石头敲打一个石核，以削去一些边缘锋利的石片。这种被称为奥尔德沃（Oldowan）工具的基础性工艺最终扩展到非洲和欧亚大陆大部分地区，直至 20 万年以后，仍有一些封闭的地区在使用这一工艺技术。专门设计的奥尔德沃工具使能人越来越依赖肉食，从而拓展了他们的生活范围。虽然能人的食物仍以蔬菜为主，但他们很可能更频繁地抓住偶然机会，杀死肉食动物，而且还能熟练地追踪小型猎物。能人的狩猎活动仍十分有限，但他们已经开始明确采集和狩猎的基本界限。

这一群体的社会组织日益复杂，个体在与他人交往时的需求推动了大脑的发展。手的灵巧程度、双足行走以及工具的使用都显示出进步迹象，所有这些因素又提升了心智能力。真正使人科动物体现出特别之处的是其大脑分区。人的大脑分为两个结构不对称的半球，每个半球都有用来控制特定心理和行为功能的可识别区域。能人可能还拥有一种对我们当今人类意义重大的大脑皮层功能，这种被称为布洛卡区（Broca's area）的脑区与现代人的语言功能相关。能人的咽喉发育得并不成熟，这可能限制了他们所能发出的音域，但能人也许已经可以清楚地发出一些元音和辅音的组合音，这足以保证他们相互交换一些真正复杂的观念。

直立人的重大意义

越来越复杂的文化革新促进了生物的变

化,原始人进化的步伐也加快了,首先就是直立人(*Homo erectus*)的出现,这一物种显然由能人进化而来,出现于 190 万到 160 万年前的东非。在解剖学特征和行为模式方面,直立人比他们的其他原始人前辈都更接近人类。之所以说他们是人类生物进化过程中的一个里程碑,就在于他们的脑容量大大增加。直立人的大脑不仅更大,而且不对称性明显增强,因为大脑的每个部分扩展的速度不同,而且执行的功能也不相同。

与人类进化有关的重要的非洲地名

大脑与躯干比例的进步促进了直立人对手的控制,他们的手达到前所未有的灵巧程度,这使直立人成为更老练的工具制造者,创造出人类学家所说的阿舍利文化(Acheulian)传统。从大约 160 万年前开始,他们逐渐学会制造一种更加模式化、用途更为广泛的石器——手斧。直立人学会了如何去除已定型的石核两边(面)的石片,制造出两个交汇于一点的锋利直棱。直立人另一个重要的技术革新是石斧,同时也开始关注其他材质的原料,如火山岩和燧石。最晚在 100 万年前,他们已拥有一套标准化工具,包括至少 18 种有效工具,每种的大小都与其设定的功能相符。

将近 150 万年前,直立人向火的使用迈出了坚实的一步,这是继石器使用之后又一项重大文化进步。考古学家所找到的人类用火的证据最早可追溯到 40 万年前,这是人类第一次真正地成功控制一种强大的自然力量。能人还不能自主点火,但他们已学会收集火山爆发和雷击带来的火种,并将它们保存在小火炉中。火苗既能带来温暖,也能吓跑野兽。早在 70 万年前,直立人偶尔会利用火来烹制食物。当遇到机会时,他们用火驱赶猎物到一个指定的方向,为他们的狩猎行动创造条件。他们也用火制造工具,利用火炉的热度烘干木头,偶尔是骨头或鹿角,使它们变得坚硬。火不仅提供温暖,还带来光亮,直立人因此延长了他们活动的时间。

直立人学会了如何用动物皮制衣,至少在 40 万年前,他们开始搭建坚固的椭圆形帐篷。这些成就凸显出,与其原始人祖先相比,他们更依赖于文化的变化,而非生物学上的变化。直到约 100 万年前,每种生物的进化在很大程度上都是在回应自然环境带来的挑战。直立人则独具特色,他们费尽心思地学会并一代代传承其对事物的理解和行为准则;这些文化行为开始压倒那些由生物遗传决定的行为,越来越有力地设定了他们的生存背景。

由于脑容量大且结构复杂,直立人很可能更擅长用语言交流思想。近似人类的语言能力使他们成为积极主动,甚至可能是熟练的猎手。他们成群结队地活动,以增加成功探险捕获大型猎物的机会,这加强了直立人相互依赖的模式,使他们拥有比能人的社会关系网更复杂、更

1272

严密、更接近于人类的社会组织。他们经历了大概整整 100 万年的时间才形成了与采集和狩猎生活相适应的吃苦耐劳的品质，其生活方式既有高度的灵活性又非常稳定。

直立人是第一批远途跋涉走出非洲大陆的原始人类。接二连三的远离非洲的移民浪潮开始于 150 万年前，但第一波直立人迁移到欧亚大陆无霜区的充分证据仅可追溯到约 50 万年以后。直立人越过中东地区，分散到南亚各地，在那里他们遇到了与他们所离开的地理环境相似的森林和热带草原环境。同时，他们中也有人向西迁移到欧洲部分地区，但并未在此留下深刻的印迹。由于遭受日益强大的人口压力，唯一存活下来的原始人中的一些小群体通过反复不断的萌芽成长分散开来——即一个小群体从既有组织中分裂出去——这样一个连续的进程使他们在至少 80 万年前取道印度和东南亚到达中国。

约 40 万年前，进化的节奏再次加快。在一个相互支持的反馈进程中，非洲和欧洲的直立人突然表现出明显的颅骨扩大特征。此时他们掌握了自主取火的技能，创造出真正的捕猎大型猎物的策略。就在 20 万年以后，直立人完全消失，他们在与更晚近的原始人种——智人（*Homo sapiens*）的竞争中败下阵来。5 万到 6 万年前，在智人来到爪哇岛时，该地区还有一些孤立的直立人存在。相关研究者认为，一个被称为匠人（*Homo ergaster*）的原始种群可能才是现代人的祖先，而直立人应被视为人类世系的一支。但对于世界史学家来说，这种分类过于复杂。

智人的出现

由于考古证据存在断层，学者们无法确切知道生物学意义上的现代人出现的真正过程。然而尽管如此，我们还是可以了解到，智人很可能最早出现在非洲的中北部和东部，但到 20 万年前，他们已分布在非洲大部，并且已经进入欧亚大陆的中纬度地区。非洲的人口一直比其他地方更加稠密，不难看出，从非洲大陆迁移出去的古代人类群体先后在不同地区取代了直立人，最终分散在各个类型的区域之中，并且没有逐渐衍生为多个物种。从文化学角度看，除了工具制造以外，古代的智人并未创造出多少革新技术。然而，大约 20 万年前，热带非洲在石器制造上的进步毋庸置疑，而且随后通过文化交流传播到欧洲。这一更为复杂的技艺被称为勒瓦卢瓦（Levallois）技术，它依赖于被预先打造成固定模式的石核（基本是燧石）。依靠经验判断，工匠们通过石核的模式可确定石片的规格。勒瓦卢瓦有 50 多种专门设计的全套工具，其中包括安在木柄上的专门的刮刀和粗制的矛镞。

在 25 万年前的欧洲和西亚，尼安德特人（*Homo neanderthalensis*）形成，他们的出现标志着文化上的飞跃。对于他们到底是构成了一个不同的物种，还是仅为智人的一个亚种的问题，学界一直以来都有争议。不管怎样，尼安德特人成功地适应了严寒气候，将原始人的生活范围扩展到无霜生态区以外很远的地区，直达西伯利亚大森林和令人难以忍受的北极冻土区。尼安德特人是出色的工具制造者。他们通过改进勒瓦卢瓦文化的预制石核技艺，将石器制造的工艺朝更小、更轻的方向发展。他们虽然没有探索用骨头、鹿角或象牙制造工具的可能性，但已使用木头装配出第一批复合工具。他们急于增加专业工具的数量，发明出圆盘石核方法来生产容易修整出锋利边沿的薄石片。利用这个方法，尼安德特人拥有了 60 多种不同类型的精巧工具，包括带柄的矛头和精致的小锯及钻孔器。

到 12 万年前，被古人类学家称为具有莫斯特（Mousterian）制造特征的技术扩展到非洲，这一技术可能源于法国南部。尼安德特人开发自然的程度前所未有，他们的居住地分散在俄罗斯西伯利亚大草原和亚洲广阔的山区。他们喜

1273

欢用动物的皮毛做衣服,用兽骨和树枝搭建兽皮帐篷和类似茅屋的建筑,用野兽的筋制成陷阱,利用火炉中的火种点燃营火,这些技能使他们得以在北至北冰洋的地区群居。尼安德特人使用的重型矛和基本口语比直立人更为复杂,他们能捕猎到厉害的大型猎物,但仍缺乏现代语言必需的认知能力。不过最晚在 7.5 万年前,他们已开始举办简单但却高度自觉的葬礼仪式。学者们认为,他们纪念死者的仪式至少反映了他们对死亡的初步认识:他们需要思考死亡,甚至可能相信来世。

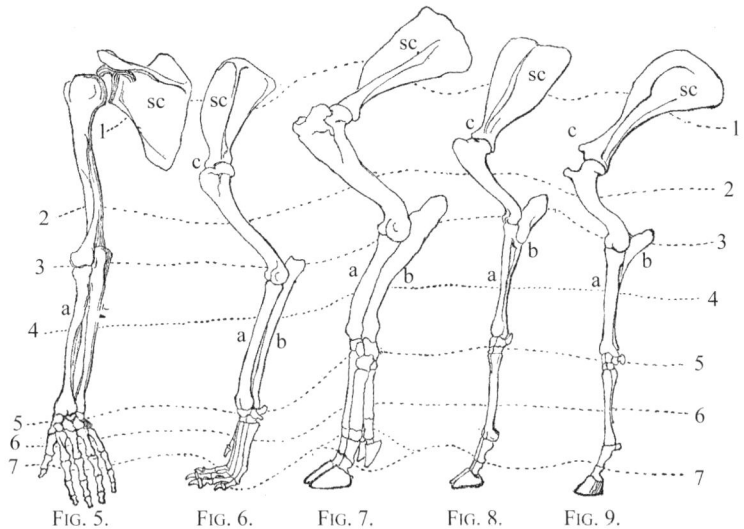

FIG. 5.　　FIG. 6.　　FIG. 7.　　FIG. 8.　　FIG. 9.

FIGS. 5—9.—5. 人类的前肢. 6. 狗. 7. 猪. 8. 羊. 9. 马. sc:肩胛骨;c:喙突;a、b:上肢的两块骨(来自多方资料和不同种属)

这一涉及人类进化的早期研究描绘了人类和其他动物的骨骼。比较解剖学是有关人类进化的早期研究中的一个焦点

在晚些时候,尼安德特人用鹅卵石、兽牙和兽骨制成了最早的仪式用品和装饰品。个人的装饰,不论是宝石制品还是人体彩绘,可能都带有一种个体的暗示,是一种宣扬被装饰者所处的社会阶层的方法。他们还能明确表达出自己的亲缘关系,规范群体内和群体之间的相互关系。然而,这些成就都不意味着尼安德特人达到了生物学意义上的现代人所达到的文化高度。他们如果拥有这样的文化高度,就能相应地调整自身的行为,这样,即使不能避免,也能推迟灭绝的时间。

生物学意义上的现代人

提倡对人类起源进行跨地区研究的学者认为,大致在同一时期,东半球不同地区的智人经历了相似的进化演变过程。然而,现在大多数的考古学、生物学和化石证据似乎都表明,真正在生理学和行为能力上与当今地球人无差别的生物都起源自大约 20 万年前的非洲祖先。在 10 万到 3 万年前之间,智人出现在东半球的大部分地区,逐渐取代了他们不同的祖先。最晚在 3 万年前,他们成为唯一的原始人类型,后来成为人类标志的生物学特点和文化能力已经完全形成。

智人的标志性特征都显示在颈部以上的部分。他们的面部有特定的形态:高前额、小眉骨和牙齿、狭窄的下颌骨以及突出的下巴。改进的声道使他们有空间扩大咽部,并且对声带、喉和舌做出调整,能够发出更多样化的声音——尤其是元音。流利说话的能力与人脑的进一步扩大和内部调整相关,而容纳大脑的颅骨变得更大更圆。令人吃惊的是,我们心理潜能的不同层面都是复杂的大脑结构的产物。虽然近 4/5 的大脑皮层无特定功能,脑区中相当大的部分并不能将之前的经验提供给当前的情况作为参考,也无法在表面上无关的一些观念之间建立联系,但大脑中也有一些区域执行着高度专门化的功能,左脑掌管顺序思维和语言,右脑掌管抽象思维和直觉反映。

智人拥有独特的创造符号的能力,并通过

1274

通过不断的观察我们得知，万物皆由变化而生；而且我们要习惯于认定，宇宙本质所钟爱的事情无非是改变既有的事物，并创造出与旧事物相类似的新事物。

——马可·奥勒留（Marcus Aurelius，121—180）

创造符号将任意的、超越源于感官经验的意义注入对象和观念。符号的最终表现形式是语言，这也许最能反映我们智力的发展。随语言一起出现的还有最早展现出来的文化，其基础是大家都能理解的表达符号。创造出含义和价值的能力，以及将含义和价值注入对象和事件的能力，使人类文化得以成为非常灵活的、可以迅速修正的、无穷累积的适应机制，几乎取代了生物进化成为决定我们长期存活的首要因素。

旧石器时代晚期的飞跃

从大约 4 万年前开始，生物学意义上的现代人即将引领一场文化上的突破，这是人类发展历程中一道意义深远的分水岭。他们掌握了有利于信息传递的口头语言，可能第一次感受到人口压力，以更快的速度积累遗产。旧石器时代晚期（Upper Paleolithic）的人类祖先处于创造文化的边缘，他们已经拥有使用符号的能力，已经形成了以此为基础的行为体系，他们即将创造一种完整的生活方式。他们日益增强的创造力在 1.8 万年前的末次冰期盛期达到顶峰，在大约 1.1 万年前开始衰退。在跨越旧石器时代晚期的这道分水岭时，人类从根本上改变了社会结构，形成了较以往更复杂、多样和专门化的新的采集和狩猎方式。最晚在 1.5 万年前，人口稠密地区的群体形成了更大的部落组织，有的部落最多达 800 人。

随着交流网络的扩大，他们越来越需要正式的信仰表达，这有利于他们保存价值观、增强社会凝聚力、克服生活中的不安定性和不确定性，肯定也促进了人类美学的迅速发展。工艺创造力呈现出相当多样化的特征。石刻的时间可追溯到 3.5 万多年前，而数量更多的由木头、兽骨、鹿角、象牙、贝壳和石头制成的工艺品也至少可追溯到这一时期。这些工艺品包括项链、垂饰、手镯等个人物品，也有仪式和装饰用

途的工具和武器。考古学家挖掘出 3 万多年前的手工艺品，上面的图案可能是月历和数学符号。他们在法国和西班牙还发现了相当美丽的洞穴壁画，差不多同样古老的小雕像，以及遗留下来的兽骨长笛、口哨、拨浪鼓、鼓等各种各样的乐器。除此之外，旧石器时代晚期的人们显然已通过诗歌、舞蹈、歌曲的节奏进行自我表达，但是学者们获得的相关证据仍然很少。

这些艺术起源于他们由超自然信仰得到的社会潜能，这种信仰几乎与智人本身一样古老。然而，抽象思考、人类灵性和对所在世界的宗教性反应还表现为其他形式，而且很快渗透于日常生活的各个方面。智人发现了一种理解精神层面的感观现象的方法，这种方法有助于通过几乎所有人都能理解的活动来判断世界上发生的事情。他们通过具体体现这些精神活动的一整套神话概念表明，他们依靠直接经验对这个世界的了解是多么匮乏，他们幻想将人类融入一个单一的、无所不包的生存秩序之中。

如同艺术和宗教上的惊人突破一样，大约从 3.5 万年前开始，旧石器时代后期工具制造水平迅猛提高，这反映了现代人刚刚开始提升的创造符号的能力。仿佛突然之间，工匠们设计出一整套更专门化、更耐用和更有效的工具。除了至少 130 种能识别出的工具以外，生物学意义上的现代人发明了裁制的衣服、控制火的方法以及保温的住所，这些帮助他们在旧石器时代晚期扩展到世界上所有可居住的地区。

人类在地球上的迁移

非洲是当时人口最密集的地区，移民浪潮最晚开始于约 10 万年前，在 4 万年之后出现了大批移民，到 1 万年前全新世（Holocene）初期，人类事实上已在全球范围内生活。由于种群内部经常发生分裂，智人很快穿越撒哈拉地区，迁移至近东。撒哈拉地区在当时还是一片辽阔草

原,气候较现在更为凉爽湿润。其后,日益干燥的气候条件驱使过剩的人口进入西伯利亚大草原以及南欧和西亚的冻土地带。生物学意义上的现代人类最迟于 7 万年前出现在欧亚大陆,并且可能于 3 万年前到达了今天中国所在区域的腹地。在此之前不久,克罗马农人(Cro-Magnons,生物学意义上的现代人类中的一支)已在欧洲定居。而且大约就在这一时期,这支先锋队开始尝试适应北极的气候。

沿着亚洲的南海岸,人类在大约 4 万年前迁移到大洋洲,最早的可能比这还早 2 万年。大约 4.5 万年前,大洋洲的海平面可能比现在低 200 米左右,这意味着大洋洲大陆和相邻岛屿都连在一起。人们普遍认为,当时人类已到达这一地区。还有一些证据,如新南威尔士(New South Wales)蒙哥湖(Lake Mungo)的发现表明,大洋洲早在约 6.2 万年之前已有少量人口居住。有观点认为,人类向大洋洲的迁移早于 4.5 万年前,这批最早的移民在后来被隔绝于岛上,与世界其他地区失去联系。这一观点引起了争议,但至少线粒体 DNA 的证据证明了它的合理性。

尽管专家们对人类向美洲的迁移持有不同观点,但他们一致认为,人类迁徙美洲的时间相对较晚,其最可能的路线是穿越了连接白令海峡两岸的白令陆桥(Beringia),这片陆地随着海平面的涨落时而出现、时而消失。虽然人类迁居美洲最早的证据在很大程度上存在疑问,但早在 4 万年前,一些相互没有关联的种群可能已到达阿拉斯加中部。最近,考古学家又确认了蒙特威尔德(Monte Verde)的一个人类居住点,它位于智利圣地亚哥(Santiago)以南大约 800 千米处。这个定居点的使用时间至少是 1.25 万年以前,很可能可以追溯到 3 万多年前。

专家们确信,在 1.4 万到 1.2 万年前之间,分散的古印第安人(Paleo-Indian)定居点扩展至整个白令陆桥东部以及后退冰川的南部,直至大平原,这些定居者所使用的组合工具、语言以及文化传统都与海峡对岸的居民相似。距今 1.2 万年前之后不久,古印第安人的人口突然迅速增加,他们在几千年时间里不断迁移,最终扩展至美洲大部分地区。

还有一个观点也值得一提。这个观点与大约 7 万到 7.5 万年前苏门答腊(印度尼西亚)多巴湖(Lake Toba)的火山喷发有关。这可能是最近 2.5 万年间最大规模的一次火山喷发。人们认为,这次火山喷发使得本已处于冰期的地球进入了一个更黑暗寒冷的阶段。基于线粒体 DNA 的证据,这次寒潮被认为很可能使世界人口只剩下不到 1 万对育种配偶,因此导致了人类进化史上出现"瓶颈"。然而,到距今最近的冰期末期,智人还是成为地球上数量最多、分布最广的哺乳动物,并且也成为文化上占据统治地位的物种;他们既可改造自然环境,使之朝有利于自身的方向发展,同时又不破坏微妙的生态平衡。虽然旧石器时代晚期的转折点使世界人口可能达到了 1 000 万,但在智人生活的所有地区,采集和狩猎的生活方式仍然占据上风。使我们区别于其他动物的人类属性分别出现在不同阶段,经历了一个长期、复杂的进化过程。对这一过程的解释,尽管最近在科学上已有许多进展,但仍未达到最终目标。虽然撒哈拉以南非洲相对舒适的热带草原确实为我们这个物种的出现提供了条件,但我们仍然无法确认,到底在世界历史上的哪一个具体时期,我们的行为具有了真正的人类特征。我们能确认的只是,在旧石器时代晚期,人类曾出现过一次巨大的进化飞跃。

进一步阅读书目:

Binford, L. R. (1983). *In Pursuit of the Past*. New York: Thames and Hudson.

Bowler, P. J. (1986). *Theories of Human Evolution*. Baltimore: Johns Hopkins Press.

Brian, M. (Ed.). (1996). *The Oxford Companion to Archaeology*. New York: Oxford University Press.

Cela-Conde, C. J., & Ayala, F. J. (2007). *Human Evolution: Trails from the Past*. New York: Oxford University Press.

Cochran, G., & Harpending, H. (2009). *The 10 000 Year Explosion: How Civilization Accelerated Human Evolution*. New York: Basic Books.

Deacon, T. W. (1997). *The Symbolic Species: The Co-evolution of Language and the Brain*. New York: W. W. Norton & Company.

Fagan, B. M. (1990). *The Journey from Eden: The Peopling of Our World*. London: Thames and Hudson.

Fiedel, S. J. (1992). *Prehistory of the Americas* (2nd ed.). Cambridge, U. K.: Cambridge University Press.

Fleagle, J. G. (1997). *Primate Adaptation and Evolution*. New York: Academic Press.

Foley, R. (1995). *Humans before Humanity*. Oxford, U. K.: Blackwell Publishers.

Gibson, K. R., & Ingold, T. (Eds.). (1993). *Tools, Language and Cognition in Human Evolution*. Cambridge, U. K.: Cambridge University Press.

Ingold, T., Riches, D., & Woodburn, J. (Eds.). (1988). *Hunters and Gatherers: History, Evolution, and Social Change*. Oxford, U. K.: Oxford University Press.

Johanson, D., Edgar, B., & Brill, D. (2006). *From Lucy to Language: Revised, Updated, and Expanded*. New York: Simon & Schuster.

Johanson, D., & Wong, K. (2009). *Lucy's Legacy: The Quest for Human Origins*. New York: Harmony.

Klein, R. G. (1989). *The Human Career: Human Biological and Cultural Evolution*. Chicago and London: University of Chicago Press.

Lane, N. (2009). *Life Ascending: The Ten Great Inventions of Evolution*. New York: W. W. Norton.

Lewin, R. (2005). *Human Evolution: An Illustrated Introduction* (5th ed.). Oxford, U. K.: Blackwell.

Lewin, R., & Foley, R. A. (2005). *Principles of Human Evolution*. Second edition. Oxford, U. K.: Blackwell.

Lieberman, P. (1991). *Uniquely Human: The Evolution of Speech, Thought, and Selfless Behavior*. Cambridge, MA: Harvard University Press.

Lockwood, C. (2008). *The Human Story: Where We Come from & How We Evolved*. New York: Sterling.

Mellars, P., & Stringer, C. (1989). *The Human Revolution: Behavioral and Biological Perspectives on the Origins of Modern Humans*. Edinburgh, U. K.: Edinburgh University Press.

Mithen, S. (1996). *The Prehistory of the Mind: The Cognitive Origins of Art and Science*. London: Thames and Hudson.

Noble, W., & Davidson, I. (1996). *Human Evolution, Language, and Mind*. Cambridge, U. K.: Cambridge University Press.

Price, T. D., & Brown, J. (Eds.). (1985). *Prehistoric Huntergatherers: The Emergence of Cultural Complexity*. New York: Academic Press.

Rappaport, R. A. (1999). *Ritual and Religion in the Making of Humanity*. Cambridge, U. K.: Cambridge University Press.

Regal, B. (2004). *Human Evolution: A Guide to the Debates*. Santa Barbara: ABC-CLIO.

Sawyer, G. J., Deak, V., Sarmiento, E., Milner, R., Johanson, D. C., Leakey, M., and Tattersall, I. (2007). *The Last Human: A Guide to Twenty-two Species of Extinct Humans*. New Haven, CT: Yale University Press.

Scientific American. (Ed.). (2003). A New Look at Human Evolution (special issue). *Scientific American, 13*(2).

Shubin, N. (2009). *Your Inner Fish: A Journey into the 3.5-billion-year History of the Human Body*. New York: Vintage.

Straus, L. G., Eriksen, B. V., Erlandson, J. M., & Yesner, D. R. (Eds.). (1996). *Humans at the End of the Ice Age*. New York: Plenum Press.

Stringer, C., & Gamble, C. (1993). *In Search of the Neanderthals*. New York: Thames and Hudson.

Stringer, C., & Andrews, P. (2005). *The Complete World of Human Evolution*. New York: Thames and Hudson.

Tattersall, I. (1996). *The Fossil Trail: How We Know What We Think We Know about Human Evolution*. New York: Oxford University Press.

Tattersall, I., & Schwartz, J. H. (2001). *Extinct Humans*. Boulder, CO: Westview Press.

Wood, B. (2005). *Human Evolution: A Very Short Introduction*. New York: Oxford University Press.

Zimmer, C., (2007). *Smithsonian Intimate Guide to Human Origins*. New York: Harper.

约翰·米尔斯(John Mears) 文

邢颖 译,刘健、王超华 校

Human Rights 人权

第二次世界大战之后,新的国际法体系得以构建。人们意识到,保护所有人的人权是避免未来发生全球性冲突的必要条件。民主制的传播进一步推动了人权议题的发展。虽然各个国家对某些人类权利是否具有普世性的问题存有争议,但一个全球性的共识已然达成,即每个个体的基本权利必须得到承认。

1278

自 1945 年以来,人权已经发展成为国际法的一个重要主题。第二次世界大战以前,国际团体很少关注一个国家如何对待其境内的公民。第二次世界大战期间,德国对其公民实行恐怖统治,德国和日本对其占领国的公民也犯下滔天罪行。在目睹了这些惨剧之后,过去对这一问题的忽视状态得以扭转。

历史背景

在欧洲,以君主开始认可某一部分人的政治和经济权利为标志,其对人权的关注已有几百年时间。在英格兰,1215 年的《大宪章》(Magna Carta)以及之后几个世纪所发生的事件使得英国富有的男性土地主阶层拥有了一些权利,他们甚至可以对君主提出抗议。1776 年美国的《独立宣言》(Declaration of Independence)称"人人生而平等",但实际上,最初的 13 个州都只把这种权利授予男性白种人,而且其中许多州只授予男性地主阶层。非裔奴隶、土著印第安人以及妇女都不享有参与政治决策的权利。直到美国宣布独立将近 90 年之后,奴隶制才被废除。妇女自 1920 年才开始拥有投票权。直至

1924 年,土著印第安人才最终被承认为美利坚合众国公民。

如同美国革命一样,1789 年的法国大革命也以个人自由的观念为基础。当时一些欧洲作家所发表的对政府的认识具有转折性意义,他们认为政府的统治基于被统治者的许可,要保护每个个体的价值。法国和其他欧洲国家的人权观念虽然发展缓慢,但其方向却是对个人平等的真正认可。

有关战争的法律

19 世纪的西方国家还致力于减少战争所带来的毁灭性后果,具体措施包括:区分战斗人员和平民,保护战争中的俘虏。在美国,亚伯拉罕·林肯总统让政治哲学家弗朗西斯·列贝尔(Francis Lieber)起草一份命令,以规范美国内战(1860—1865)期间的军事行为。之后的一些国际公约进一步扩展了有关军事战争的法律,例如,1899 和 1907 年海牙会议所发表的国际公约,意在保护战争中的平民,避免使用不会带来巨大军事优势却可能导致不必要伤害的武器。

1929 年的《日内瓦公约》(Geneva

我的人性与你的人性息息相关，因为我们只有在一起时才能成为人类。

——德斯蒙德·图图（Desmond Tutu, 1931—　）

Conventions）包含大量意在保护战争中的战俘和平民的协议，得到广泛认可。这些协议在1279 1949 年的 4 项《日内瓦公约》中得到修订，并通过 1977 年拟定的两项公约得到进一步修正。

这些早期努力对于认识个人权利具有重要意义，但真正从国际层面保护人权的动力起于第二次世界大战之后。战后，德国和日本的战犯分别在纽伦堡和东京受审，这是决定性的时刻，确认了侵犯人权的罪行。虽然当时有批评指出这是"胜利者的正义"，即战争的胜利方对失败方的惩罚，但经过仔细调查的、关键性的档案证据资料表明，政府曾周密地计划和执行了这些战争暴行，因此我们需要建立一个新世界，使类似的邪恶事件"未来永远不会再发生"。

战后的国际人权法

在当代人权规范的发展过程中，最重要的事件是 1945 年联合国的成立。《联合国宪章》中包含两个关键条目，认可了保护所有人人权的重要性：第 55 和 56 条规定，联合国及其成员国应促进"全体人类之人权及基本自由之普遍尊重与遵守，不分种族、性别、语言或宗教"。

根据这一要求，联合国创始成员国派出的代表们，在美国前第一夫人埃莉诺·罗斯福（Eleanor Roosevelt）的带领下，起草了《世界人权宣言》（Universal Declaration of Human Rights），列出个人的基本权利。1948 年的联合国大会颁布了这一章程。同年，《种族灭绝罪公约》（Genocide Convention）也被提出核准（1951年生效）。《世界人权宣言》已成为一份具有权威性的权利条例，其条款在今天被广泛视为国际习惯法。

联合国许多国家的代表都希望能签署一份正式条约，使《世界人权宣言》中列出的权利具有更强大的效力。起草条约的过程延续了 18 年多。美国和其他一些国家将人权视为基本的公民权利和政治权利，坚持认为要允许个人参与政治决策，保护他们免受政府的侵犯。但也有一些国家强调经济、社会和文化权利的重要性，宣称对于发展中国家的人民来说，与更抽象的公民和政治权利相比，食物、居所等具有更基础性、更重要的意义。不同的权利类型要求不同的运作体制，因为经济权利只有通过花费金钱才能得到保护，因此，经济权利的运行通常被视为最好由平衡竞争对手的立法机构来执行，而非由不承担预算职责的法庭来执行。

由于这些差异，最终决定制定两份不同的条约。在 1966 年的联合国大会上，发表了《公民权利和政治权利国际公约》（International Covenant on Civil and Political Rights）以及《经济、社会及文化权利国际公约》（International Covenant on Economic, Social, and Cultural Rights）两份条约。

在第一份条约中，基本的公民权利和政治权利包括：生命权利；免受酷刑以及免受残忍的、不人道的、侮辱性的待遇的权利；免受奴役的权利；免受任意逮捕和拘禁的权利；不分种族、性别，得到平等对待的权利；直接或通过选举出的代表参与政治决策的权利；思想、信念和宗教自由的权利；意见、表达、结社和集会自由的权利；隐私权；迁徙自由的权利；在刑事、民事和行政案件中享有公平程序的权利。

《公民权利和政治权利国际公约》由人权事务委员会（Human Rights Committee）监督执行。这一委员会总部设在瑞士日内瓦，由 18 名从缔约国选举出的委员组成。缔约国定期向委员会呈交有关该国人权状况的报告。如果政府也签署了《公约》的《任择议定书》（Optional1280 Protocol），那么个人可对其政府提起控诉。委员会的意见对条约中权利的明晰具有影响力，控诉方可在他们的国家法庭上加以使用。根据公约第 41 条，一国也可对另一国提起控诉。

第二份条约中经济、社会和文化的基本权利包括：自由选择工作以及组织、参加工会的权利；教育、食物、住房和卫生保健的权利；休息的权利；参加共同体文化生活的权利。同样，缔约国也要向委员会呈交有关其保护这些权利的报告，而委员会审阅这些报告，向缔约国提出指导意见。

国际法还认可一些群体的人权：《公民权利和政治权利国际公约》第 27 条规定，在那些存在着人种的、宗教的或语言的少数人的国家中，这些少数人有权享有自己的文化，信奉和实行自己的宗教，使用自己的语言。非自治的土著居民也享有民族自决的权利。一般来讲，其他方面的权利也受到重视，但其具体内容和运作方式不断发展，包括获得清洁健康环境的权利、经济发展的权利以及享有和平的权利。

除了这些全球性公约，国际社会还有许多涉及某些特别人权领域的专项条约，包括 1951 年的《关于难民地位的公约》（Convention Relating to the Status of Refugees，及其 1967 年的备忘录），1966 年的《消除种族歧视公约》（Convention Relating to the Status of Refugees），1979 年的《消除对妇女一切形式歧视公约》（Convention on the Elimination of All Forms of Discrimination Against Women），1984 年的《禁止酷刑和其他残忍、不人道或有辱人格的待遇或处罚公约》（Convention Against Torture and Other Cruel, Inhuman, or Degrading Treatment），1989 年的《儿童权利公约》（Convention on the Rights of the Child），1989 年的《关于独立国家土著和部落人口的国际劳工组织公约》（International Labor Organization Convention Concerning Indigenous and Tribal Peoplesin Independent Countries）。相当重要的还有 3 项区域性人权条约：《欧洲保护人权和基本自由的公约》（European Convention for the Protection of Human Rights and Fundamental Freedoms）、《美洲人权公约》（American Convention on Human Rights）和《非洲人权宪章》（African Charter on Human and Peoples' Rights）。

欧洲人权法院（European Court of Human Rights）所发表的意见对欧洲各国具有约束力，它已发展成一个终审法庭，广泛涉及一些重要的、有争议的议题。在 2003 年的劳伦斯诉得克萨斯州（*Lawrence v. Texas*）案件中，美国最高法庭就引用了一些欧洲的判例，为裁决佐治亚州禁止同性性行为的法律违宪提供支持。《美洲人权公约》由一个 7 人委员会和一个 7 人法庭监督执行，总部都设在哥斯达黎加的圣何塞（San Jose）。虽然这一条约尚未达到《欧洲公约》那种几乎全体批准的程度，但美洲国家间人权委员会和法庭（Inter-American Human Rights Commission and Court）已对明晰西半球人权准则发表了许多重要意见。

联合国最高人权委员会（United Nations Commission on Human Rights）也有助于确认和保护人权，该委员会向联合国经济与社会理事会（ECOSOC）汇报。最高人权委员会由经济与社会理事会选举出的 53 名政府代表构成，任期 3 年。代表们每年春季于日内瓦会面，在为期 6 周的时间里，他们将商讨具体的人权侵犯事件、新项目的研究、真相调查，并起草条约和宣言。

普遍管辖权

由于国际和地区性的执行机制（欧洲人权法院除外）在某种程度上仍然处于草创阶段，准备并不充分，因此一些人权受害者试图通过国家法庭控诉人权侵害者。这些案件适用于"普遍管辖权"（universal jurisdiction）理论。该理论使得那些侵害了最基本人权的被告人能够在他们被发现的任何管辖区域内接受控告和起诉。

1998 年在伦敦,戴着面具的抗议者要求将皮诺切特将军(General Augusto Pinochet)引渡回智利接受战争罪行的指控

1281　　美国联邦法院曾裁定许多普遍管辖权的申请,所依据的就是 1789 年第一届联邦国会颁布的《外国人侵权索赔法》(Alien Tort Claims Act)和 1992 年颁布的《酷刑受害人保护法案》(Torture Victim Protection Act)提供的管辖权。例如,1986 年夏威夷的联邦法院收到一份申请,控诉在 1972 至 1986 年间费迪南德·马科斯(Ferdinand Marcos)实行独裁统治期内,菲律宾有 9 500 位受害人遭受酷刑、被害或失踪。美国联邦陪审团裁决,马科斯个人要对这些暴行负责,判给这些受害人补偿性损害赔偿金 7. 75 亿美元,还有 12 亿美元的惩罚性损害赔偿金。这一判决在执行过程中遭遇挫折,但至今仍在继续。

其他国家,尤其是西班牙和比利时,也使用普遍管辖权将人权侵害者绳之以法。1998 年末,前智利独裁者皮诺切特将军为治疗椎间盘突出症来到伦敦,一位西班牙法官要求英国将其引渡到西班牙,以对他自 1973 至 1990 年 17 年统治期间施行酷刑和谋杀罪进行起诉。英国上议院裁定,皮诺切特没有免于起诉的理由,因此他应该被引渡。但因皮诺切特的健康状况每况愈下,引渡裁决并未执行。

20 世纪 90 年代,联合国安全理事会设立刑事法院,以起诉那些在前南斯拉夫内战和卢旺达种族屠杀中犯下战争罪、反人类罪或种族灭绝罪的犯人。在更晚近的时期,同时使用当地法官和国际法官的法院也设立起来,以起诉那些在塞拉利昂和东帝汶犯下罪行的犯人;目前在柬埔寨也正在设立类似的法庭。

为了设立一个永久法院以处理未来有组织的侵犯行为,许多国家的代表于 1998 年夏天在罗马开会,起草一份创建国际刑事法院的规约。条约需要 60 个缔约国,这一目标很快实现。2002 年 7 月法院成立,来自世界各地的 18 名法官宣誓就职。国际刑事法院拥有对战争罪、反人类罪和种族灭绝罪的裁决权,在相关条款被进一步细化之后,它还将获得对侵略罪的裁决权。虽然一些重要的国家,如中国、印度、俄罗斯和美国直到 2010 年才签署这一法令,但其建立是全球范围内保护人权诉求的一个里程碑。

21 世纪的人权状况

虽然各国对某些人权的普遍性仍存在分歧,但对于保护每个个体基本权利的必要性,全球性的共识已经达成。在过去 60 年对人权的界定中,世界各国取得巨大进步。虽然保护人权的机制仍在发展变化,但现在被用于控诉侵害者,为受害人提供赔偿的各个国家、地区和国际法院开始联合起来。世界上每个人的权利都得到保护的梦想虽然尚未实现,但朝向这个目标的努力一直在持续。

1282

进一步阅读书目：

Buergenthal, T., Norris, R., & Shelton, D.(1986). *Protecting Human Rights in the Americas* (2nd ed.). Kehl, Germany: N.P. Engel Publisher.

Buergenthal, T., Shelton, D., & Stewart, D.(2002). *International Human Rights*. St. Paul, MN: West Group.

Henkin, L., Neuman, G.L., Orentlicher, D.F., & Leegbron, D.W.(1999). *Human Rights*. New York: Foundation Press.

Janis, M.W., & Kay, R.S.(1990). *European Human Rights Law*. Hartford: University of Connecticut Law School Foundation Press.

Joseph, S., Schultz, J., & Castan, M.(2000). *The International Covenant on Civil and Political Rights: Cases, Materials, and Commentary*. Oxford, U.K.: Oxford University Press.

Ratner, S.R., & Abrams, J.S.(1997). *Accountability for Human Rights Atrocities in International Law*. Oxford, U.K.: Oxford University Press.

Rehman, J.(2003). *International Human Rights Law: A Practical Approach*. Harlow, U.K.: Longman.

Shelton, D.(1999). *Remedies in International Human Rights Law*. Oxford, U.K.: Oxford University Press.

Steiner, H.J., & Alston, P.(1996). *International Human Rights in Context*. Oxford, U.K.: Clarendon Press.

Van Dyke, J.M.(2001). The Fundamental Human Right to Prosecution and Compensation. *Denver Journal of International Law and Policy*, 29, 77–100.

Van Dyke, V.(1970). *Human Rights, the United States, and World Community*. New York: Oxford University Press.

Weissbrodt, D., Fitzpatrick, J., & Newman, F.(2001). *International Human Rights: Law, Policy, and Process*. Cincinnati, OH: Anderson Publishing Co.

乔恩·范戴克(Jon Van Dyke) 文

邢颖 译，刘健、于超华 校

Hygiene 卫生学

卫生学在现代指的是个人和家庭保持清洁的活动，而它实际上是昆虫、鸟类、鱼类和动物（包括人类）的适应性行为。寄生虫的预防可以最有效地减少疾病的危险，并实现生物体的进化。卫生活动还可从文化角度解读出象征性的、仪式性的和道德上的功能。

卫生学是保持个体及其周围环境清洁的一系列行为，其最重要的目的是预防传染病。随着历史的发展，"卫生学"一词所包含的范围越来越狭窄。其词根来源于印欧语言：hy 被认为表示"好"的意思，gies 意为"生活"。希腊语"hygies"一词的意思是"健康状况良好"或一种"对健康有好处、利于健康"的因素。海吉亚(Hygieia)是希腊健康女神，是阿斯克勒庇俄斯(Asclepius)的女儿(Parker 1983)。在 19、20 世纪的英语世界中，卫生作为公共健康科学，还具有更广泛的含义。但在最近几十年，其含义变成仅仅指个人和家庭的清洁活动。如今一些人甚至将其用于更狭义的范围，仅仅指预防细菌的行为或仪式活动。

所有动物，包括人类在内，都展示出卫生行为，因为它具有适应性。动物要一直预防病毒、真菌和细菌等微生物寄生虫，线虫、蠕虫等大寄生虫，以及昆虫。这些生物会在动物体内或其身体上寻找营养、居所和繁殖机会。在其他条件相同的情况下，能够通过预防寄生虫得以最有效地减少带病的动物在生物进化中占据优势。因此，动物都尽力保持卫生，发现、制止、避免和消除它们身体及周边环境中的有害寄生虫。人类的卫生行为除了上述基本功能之外，还可从文化角度解读出象征性的、仪式性的和道德上的功能。

动物卫生学

如今，卫生学无处不在，由此看来，这一行为可能在动物出现之初就已存在。例如，秀丽

山雀巢。大鸟将排泄物、蛋壳、外来的碎屑和皮外寄生物从鸟巢中清除出去，以确保后代的健康。选自罗伊·吉尔松《曙光》，插图作者爱丽丝·巴伯（Roy Gilson, *In the Morning Glow*, illustrated by Alice Barber, New York: Harper, 1903）。纽约公共图书馆

隐杆线虫（*Caenorhabditis elegans*）是简单的线虫生物，只有 32 个神经元，在其培养皿内却能发现细菌寄生虫，并从中逃走。昆虫有许多卫生行为：蚂蚁和白蚁等群居昆虫都能相互清洁，它们使用可抗真菌和细菌的物质造网；许多群居昆虫都用不同的群体将废弃物如生病者或死者运往垃圾堆。如果一个属于"清洁工"群体的蚂蚁想要与其他蚂蚁联系，它会遭遇暴力驱逐（Holldobbler and Wilsoon 1990）；为了不使排泄物污染自己的生活范围，有些昆虫会在排出排泄物时直接将其射到远处，有些会在排出后将之推走，有些用网将其堆起来，有些丢在废弃的洞穴中（Weiss 2006）。龙虾（Lobsters）要确保洞穴清洁通风，群居的加勒比大螯虾拒绝与其他已感染了致命的 PaV1 病毒的同伴分享洞穴，这些都展现了动物的社会卫生行为。同样，鳉鱼也不和其他似乎已带有寄生虫的鱼聚集一处。红海的刺尾鱼在暗礁上进食，但每 5 到 10 分钟就停止一下，游到暗礁以外的地方排泄。爬行动物也表现出类似的行为。例如，壁虎在其生活范围的边缘地带排泄。牛蛙蝌蚪不与其他带有酵母样真菌感染危险的蝌蚪接触。蝾螈遵循不食同类的卫生习惯，以减少感染寄生虫的危险。

鸟类，如蛎鹬，都小心地避免吃到可能带有寄生虫的食物。雏鸟特别容易生病，因此大鸟会将幼鸟的排泄物、蛋壳、外来的碎屑、皮外寄生物和幼鸟尸体从鸟巢中清除出去。鸽子可将粪便射到距离鸟巢约半米以外的地上，其留下的痕迹可用于由卫星进行的生物多样性监测。大山雀常见于欧洲山林之中，如果其幼鸟身上带有很多跳蚤，它们会减少睡眠时间清洁鸟巢。蓝冠山雀、猎鹰和燕八哥会带回芳香植物的碎片，这些植物的成分与人类用来制造

1284

空气清新剂和草药的植物成分相同。已知超过250种鸟类将碎昆虫在羽毛上摩擦，这一行为可以产生蚁酸等合成物，保护它们免受寄生虫细菌、真菌和节肢动物的感染。

哺乳动物采取大量卫生行动，包括：清洗窝穴（獾要定期更换筑窝材料）；有选择地进食（绵羊不在大量施粪的草场进食）；避免与生病的同类接触（雌性家鼠可辨别出生病的雄性的气味，拒绝与其交配）；排泄物处理（盲眼鼹鼠有专门的排泄间；獾、獾、浣熊和狐猴有专门排泄的地点）；清洁行为（黑斑羚用它们的牙齿把虱子清理走）。驯鹿每年一次的移居甚至可能就是出于卫生目的——其转移是对栖息地施粪肥的反应。

灵长类动物相互清洁的行为已为人熟知。例如，黑猩猩进行自我清洁，保持阴茎卫生——在交配过后用树叶擦拭——母猩猩有时会给刚排泄完的小猩猩擦屁股。疣猴用树叶和水果的汁液擦洗皮毛，可能是为了清除寄生虫，许多灵长类动物会避免在结有果实的树上——或其附近——排泄。灵长类动物限制群体的规模，尤其是在寄生虫较多的地理分布区，对新成员施行隔离措施，直至确信其身体健康。

因此，多个种属的动物都展示出食物卫生（避免将寄生虫带入体内）、个人卫生（赶走或阻止皮外寄生虫）、社会卫生（避免与生病的同类或可能带有寄生虫的外来者接触或交配）和家庭卫生（将寄生虫、带菌体和带有寄生虫的废弃物清除出居住环境）习惯。一些定居的和群居的动物还表现出清洁的行为（建造一个与寄生虫隔绝的生态空间）。

人类卫生学

较晚进化的灵长类动物智人（*Homo sapien*）从其祖先那里继承了食物的、社会的、个人的、家庭的和清洁的卫生习惯。大脑会催生出一种嫌恶的情感反应来躲避微寄生物或大寄生物，这是卫生习惯的最大推动力（Curtius 2004）（促进动物卫生行为的心理学层面尚未得到细致研究，但可以想象这涉及某种形式的原始厌恶情感）。

厌恶的情感在人类中普遍存在，卫生行为也是如此。因而古代人类并非如漫画形象那样，他们很可能也讲卫生。但有关人类早期卫生行为的证据却很难发现。最早的对死者进行埋葬的痕迹可追溯到旧石器时代中期。尼安德特人曾使用贝壳钳，也许是用于拔除毛发。早期的洞穴壁画上有无胡须者的形象，说明这种清洁行为很普遍，可能是为了清除面部寄生虫。在已发现的最早的物品中有卫生用品，例如，在纽约大都会博物馆的藏品中有一把象牙梳，其时间是埃及前王朝的巴达里文化时期（前3200）。公元前17世纪巴比伦的一封书信建议，不要与一个

古代罗马浴室和洗浴工具。洗浴在罗马是一种公共活动，图书馆或演讲厅常常配有公共浴室

患病的妇女共享一把椅子、一张床或一个杯子。印度河流域最早的城市国家出现在公元前3000年,考古发掘发现其中修建了排水系统。早期米诺斯和罗马的管道与排污设施也都得到了很好的证明。

清洁工具也有久远的历史。早期的穴居人可能已经发现,他们可以用烤肉后剩下的油脂灰烬残渣清除顽固的污渍。最早对肥皂的记录来自巴比伦时期,而希腊罗马时期则更为普遍地使用橄榄油和刮澡器来清洁皮肤。

仪式和宗教性的清洁活动

上述例子表明早期人类对卫生行为极为关切。随着文字资料的出现,我们发现了更深层次卫生活动的证据。想象力丰富的人类开始觉察到,卫生的观念具有象征性和仪式性意义。嫌恶是一种似乎带有魔力的强大情感因素。不仅死尸、不合适的食物、生物的排泄物、某些动物以及病状会引发这种情感,而且与这些事物有关联的一切——即所有的污染——都是如此(Rozin 2008)。道德上的侵犯也会引发嫌恶(可能因为嫌恶有助于谴责与社会寄生现象同类的不道德行为)。

早期宗教将卫生制度融入它们对正确行为的规范中。在古代埃及,祭司要每日从头到脚清洗两遍,每夜也是如此。塞族宗教中有"Kippuru"等洁净仪式,仪式上要清洗掉专门用于此用途的面糊,表明去除了物质和道德上的污秽。希腊文献中规定了清洁污秽的洁净仪式,包括去除分娩、死亡、交媾和谋杀所带来的污秽(Parker 1983)。如果不去除道德上的污秽,则可能会引起神的愤怒。例如,在索福克勒斯(Sophocles)的古代希腊戏剧《俄狄浦斯王》(Oedipus the King)中,由于俄狄浦斯犯下弑父娶母的罪行,一场瘟疫降临忒拜。俄狄浦斯的污秽(miasma)因其自残双目和流放的行为得以净化。

《摩奴法典》(Laws of Manu)是印度教4部吠陀经的一部分,其中规定要避免12种身体的不洁之物:油脂、精液、血、尿、粪便、鼻涕、耳垢、痰、眼泪、眼屎和汗液。同样,《利未记》(Leviticus)也记载了有关洁净和不洁的详细规定,例如,洁净的和不洁的动物,不洁的体液以及需要采取净化仪式的不洁行为。

在其研究洁净和污染的重要著作中,玛丽·道格拉斯(Mary Douglas)指出,这些有关不洁的规定是社会组织自身进行管理的副产品。她写道:"污垢从来不是一个独特的、

杰拉德·特·博奇(Gerard ter Borch)的《正在净手的妇女》(Woman Washing Hands,1655)。橡木油画

孤立的事件。有污垢的地方都有一个体系。污垢是事物有体系地进行整理和归类的副产品，主要涉及对不合适的元素的丢弃。"(Douglas 1966)

然而，正如我们所看到的，有关污染和污秽的规定兴起于古代的卫生本能，这种本能受到嫌恶情感的驱使，因此不能单纯解释成一种文化产物。虽然在不同文化中，被贴上"污染"标签的物质和事件有些许有限的差异，但历史学和民族学的记录表明，这些模式具有一致性，都是本能地避免那些带有较高寄生虫感染风险的物品和情况。

近期历史上的卫生学

在前科学时代对卫生学的认识中，神会介入对污染的惩罚。世俗信仰认为，被污染的坏空气或瘴气是导致疾病的原因，这种信念取代了之前的认识，在西欧占主导地位长达2000多年之久。最终，全部这些观念都让位于细菌理论。目前学界对细菌致病理论确立的时间和过程仍有争议。但可以肯定的是，显微镜是其发展中的关键一步。荷兰生物学家安东·凡·列文虎克（Anton van Leewenhoek，1632—1723）曾展示，在他"通常非常干净"的洁白牙齿上，有丰富的微生物存在。然而直至300多年之后，相信有细菌存在才成为西方医学论述中的基本准则。19世纪下半叶，看不见的生物体导致疾病的观念断断续续地在欧洲和美洲传播。

在西方的流行病学向其他文化传播的过程中，对于卫生的本能想法起到巨大的支持性作用：令人厌恶的微小虫子、真菌或细菌入侵肯定对人体有害。这一理论之所以能站稳脚跟，在于其教授者都是值得尊敬的、确实可以治愈

托特神(Thoth,左)和荷鲁斯神(Horus,右)为托勒密埃及的法老举行净化仪式。来自安东尼奥·贝亚托(Antonio Beato)等人所摄19世纪埃及和努比亚的照片集。纽约公共图书馆

疾病的人，即带来了科学和显微镜的强大殖民者。然而，细菌理论在世界各地的传播道路并不平坦，它有的取代了当地的疾病起源观念，但有时也与当地的观念共存或混合在一起。例如，在布基纳法索，污垢导致疾病的观念根深蒂固。儿童腹泻被认为是喝了受污染的母乳所致，而导致母乳污染的原因则是精液——如果产后又发生性行为的话——或蛲虫。只有"toubaboukonoboli"，译为"白人的腹泻"，被认为是由细菌所致。

在现代人类社会中，卫生行为普遍存在(Brown 1991)。如果不考虑对细菌的认知或相信程度，已纳入研究的各个文化群体都体现出食物、个人、社会和家庭的卫生，并且意识到它们的重要性。随着经济和科学的发展，西方的环境

健康和卫生状况得到改善。但流行病学的研究表明,欠发达国家还需要增加公共健康和卫生上的投入。在发展中国家,如果能有更多的人用肥皂洗手、用水冲洗粪便、拥有更好的食物卫生条件以及现代卫生设施,那么千百万人将会避免传染病,他们的性命能够得到保全。

进一步阅读书目:

Brown, D.E. (1991). *Human Universals*. New York: McGraw-Hill.

Curtis V., Aunger R., & Rabie, T. (2004). Evidence that Disgust Evolved to Protect from Risk of Disease. *Proceedings of the Royal Society B.*, *271* (Suppl 4), S131 – 133.

Curtis, V., & Cairncross, S. (2003). Effect of Washing Hands with Soap on Diarrhoea Risk in the Community: A Systematic Review. *Lancet Infectious Diseases*, *3*, 275 – 281.

Douglas, M. (1966). *Purity and Danger: An Analysis of the Concepts of Pollution and Taboo*. London: Routledge and Kegan Paul.

Höldobbler, B., & Wilson E.O. (1990). *The Ants*. Cambridge, MA: Harvard University Press.

Weiss, M. (2006). Defecation Behaviour and Ecology of Insects. *Annual Review of Entomology*, *51*, 635 – 661.

Parker, R. (1983). *Miasma: Pollution and Purity in Early Greek Religion*. Oxford: Clarendon Press.

Rozin, P., Haidt J., & McCauley, C.R. (2008). Disgust. In M. Lewis & J.M. Haviland (Eds.), *Handbook of Emotions, 2nd ed*. New York: Guilford Press.

瓦莱丽·柯蒂斯(Valerie A. Curtis) 文

邢颖 译,刘健、王超华 校

I

I Ching（Classic of Changes） 《易经》

1289　《易经》发源于3000年前的中国。它深刻影响了东亚的思想,被列为五部儒家经典之一,对全世界的作家和思想家都产生影响。作为一本有关占卜和探索智慧来源的著作,《易经》既包含大量道德和政治上的洞见,同时也指导个人完善自身的人格。

中国古代文献《易经》展现了伟大持久的哲学和宗教文献(经)在一种文化环境中的演变进程,以及这些文献——中间通常有所变化——向其他文化传播的过程(威妥玛拼音法将其译为 I Ching,这一英文译法至今仍广泛使用;最近的拼音译法是 Yijing。在英语中又常常将其翻译为 Book of Changes)。《易经》是古老的占卜文献,发源于3000年前的中国,6世纪起传播到东亚许多地区。17世纪起,《易经》传入欧洲并最终传入美洲。今天,《易经》已被翻译成几十种语言文字,世界各地有几百万人将其奉为圭臬。

《易经》到底是一部什么样的文献? 它为何能在全球有如此普遍的影响力? 这部古代“基础文献”包括64个分别由6条横线组成的符号,被称为“卦”。《易经》理论在于,这些卦代表了世界变化的基本要素,人们通过虔诚地咨询文献,可以选择一个卦作为现时和未来的指导。

每一卦都有一个“卦名”,表示一种物品、一种行动、一种状态、一种形势、一种品质、一种情感或一种关系,其中有鼎(大锅)、遁(退避)、蒙(年幼无知)、豫(热情)、讼(斗争)、同人(人与人之间的友谊)等等。此外,每一卦还包括一段含义模糊的、只有几个字的文字叙述,称为“卦辞”。最后,每一卦中的每一条横线都有一段简短的、关于该横线写法和象征含义的文字解释(爻辞)。通过对横线关系及其他细微差别的复杂分析,一个人不仅可以“知命”,还可“立命”,即建立一种成功的战略,以应付所有天定的境遇。

《十翼》

汉代早期,一整套对《易经》的注释出现,称为《十翼》。这部文献被帝国统治者定为五部重要的儒家经典之一。《十翼》尤其是其中的《大传》(或称《系辞传》),阐述了《易经》含蓄的宇宙观(与宇宙万象相关的玄学),并赋予这部经典新的哲学意味和有吸引力的文体风格。在这部扩充版的《易经》中,其世界观强调关联性思维,人道的宇宙观和天、地、人的结合。在后来2000多年的时间里,《易经》在中国被视为“(儒家)第一经典”。

1290

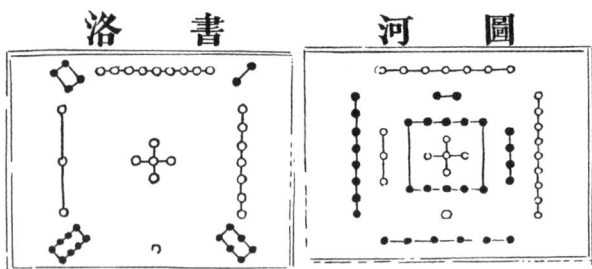

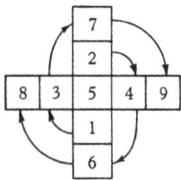

《易经》中的图表。“洛书”与“河图”代表了从1到9的简单幻方和十字形数组。偶数(阴)以黑色表示,奇数(阳)以白色表示。在“洛书”幻方(左下)中,横向、纵向、对角线方向的数字之和都是15。“河图”方格(右下)中的奇数和偶数(不包括中间的5)旋转相加之和都是20

这块唐代铜镜的图案来自《易经》，描绘了星座图、黄道十二宫以及天宫的四个标志性动物。美国自然历史博物馆

从汉代直到帝国时代结束（1912），在哲学、宗教、艺术、文学、政治生活、社会习俗，甚至科学等领域，《易经》对中国文化产生了深远的影响，其他重要文明也接受了这部中国经典文献。所有哲学流派的思想家，包括儒家、道教、佛家等，都从《易经》的语言、符号、意象、宇宙论、认识论（对于知识的性质和背景的研究或理论）、本体论（有关本体存在的性质和关系的玄学）和道德伦理中汲取灵感。《易经》还激发了大量的艺术和文学作品，并提供了广泛应用于许多领域的分析性语汇。在前近代，中国的"科学家们"使用卦的符号以及起源于《易经》的数字命理学（对于数字的神秘性的研究）和数学来解释广泛的自然进程和现象，其知识领域涵盖今天的物理学、天文学、化学、生物学、气象学和地理学。

《易经》在中国拥有巨大声望，并扮演着多种文化角色，因此影响着中国周边许多文明，特别是朝鲜、日本和越南等。在所有这些地区，《易经》都享有盛名，并被用于诸多文化领域。随着时间的推移，对《易经》的使用和理解自然而然地反映出"主体"文化自身的特殊需求和旨趣。在

此过程中，《易经》变得越来越不像一种外来的"中国"文献，而更多地表现出"本土"特征。例如在日本，其符号开始被用于表示日本人的特殊情感，比如与茶道和插花相关的情感。一位被称为慈云尊者（Jiun Sonja，1718—1804）的学者曾说，"《易经》中的每个词语都很有趣、很重要"，由于《易经》的本土化进程，他甚至认为，"整部书完全是（中国人）从我们（日本人）这里借用过去的"（Ng 2000）。

类似的转用和改造的过程也发生在西方世界。17 世纪，一群被称为"索隐派"（Figurists）的耶稣会士最早将《易经》介绍到欧洲（同时将《圣经》介绍给中国人）。白晋（Father Joachim Bouvet，约 1660—1732）是其中最杰出的代表。索隐派最重要的目的在于，通过奇特的哲学方法，在《圣经》与《易经》间建立密切关联。例如，乾（天）卦中三条没有断裂的横线表现了中国早期对三位一体的认识；需（等待）卦则与"升入上天的云彩"有关，象征着"救世主辉煌的升天"。白晋曾与德国数学家莱布尼茨（Wilhelm Gottfried von Leibniz，1646—1716）书信往来，莱布尼茨由此看到《易经》卦中"断裂的"和"不断裂的"横线组合与他自己二进制数学体系的极大相似性。

在更晚近的时代，人们仍然努力为《易经》在西方文化中寻找一席之地，尤其在 20 世纪 60 年代，《易经》译本出现在西方世界（及非西方世界）的许多地方。反正统文化的拥趸很看重《易经》，他们疏远自身的政治、社会和哲学传统，致力于为永恒的或紧迫的问题寻找新鲜答案。同时，在艺术和科学上具有创新精神的思想家使用《易经》作为他们原创观念的灵感来源或跨文明的证据。

对西方的影响

《易经》影响了现代西方生活的许多领域，从卡尔·荣格（Carl Jung）的心理学到贝聿铭（I. M.

1291

恒卦第三十二：九四，田无禽。

——《易经》

Pei)的建筑。编舞大师摩斯·康宁汉（Merce Cunningham）和卡罗琳·卡尔森（Carolyn Carlson)都曾经从《易经》中寻找灵感，著名作曲家约翰·凯奇（John Cage）和尤杜·卡塞梅茨（Udo Kasemets)也是如此。它还是埃里克·莫里斯(Eric Morris)艺术作品的重要元素，同时也出现在许多西方作家的作品中，包括菲利普·迪克（Philip K. Dick）、艾伦·金斯堡（Allen Ginsberg)、奥克塔维奥·帕斯(Octavio Paz)、雷蒙·格诺(Raymond Queneau)和菲杰弗·卡普拉(Fritjof Capra)。在"流行"文化领域,《易经》成为表达许多意识形态、观点和方向的载体，从女权主义(《一个女人的易经》)到体育(《高尔夫易经》)。

《易经》曾在历史上激发了人们的创新精神。而在未来，我们可以认为，基于同样的原因,《易经》还将继续激发人们的这种精神，不论在东方还是西方。例如：具有挑战性的、含糊不清的文本本身促成了人们富有创新性的解读，蕴含于其中的复杂的命理学及其他形式的符号表现形式，其所具有的占卜功能，其在哲学上的深奥寓意，其在心理学上的潜在可能性(作为一种获得自觉的工具)，以及它在人们心目中无所不包的全面性。对于那些严肃探讨文本、对其进行深入思考并从心理学角度进行考察的人来说，它无疑仍然是一部可激发灵感的作品。而对那些只进行浅层次解读的人来说,《易经》可以有更为肤浅的用途。中国有一句谚语,"仁者见仁，智者见智"，浅薄者见(《易经》的)肤浅之处，深邃者见(其)深奥。

进一步阅读书目：

Adler, J. (Trans.). (2002). *Introduction to the Study of the Classic of Changes (I-hsüeh ch'i-meng)*. New York: Global Scholarly Publications.

Hacker, E., Moore, S., & Patsco, L. (Eds.). (2002). *I Ching: An Annotated Bibliography*. London: Taylor and Francis.

Henderson, J.B. (1984). *The Development and Decline of Chinese Cosmology*. New York: Columbia University Press.

Jullien, F. (1993). *Figures de l'immanence: Pour une lecture philosophique du Yi King, le Classique du Changement* [Figures of Immanence: For a Philosophical Reading of the *Yi King* or Classic of Changes]. Paris: Grasset.

Lynn, R.J. (Trans.). (1994). *The Classic of Changes: A New Translation of the I Ching as Interpreted by Wang Bi*. New York: Columbia University Press.

McCaffree, J.E. (1982). *Bible and I Ching Relationships*. Seattle, WA: South Sky Book Co.

Ng, B.W. (2000). *The I Ching in Tokugawa Thought and Culture*. Honolulu, HI: University of Hawaii Press.

Nielsen, B. (2003). *A Companion to Yijing Numerology and Cosmology: Chinese Studies of Images and Numbers from Han (202 BCE-220 CE) to Song (960–1279 CE)*. London: Routledge Curzon.

Rice University. (2009). *The Classic of Changes (Yijing): Texts and Images*. Retrieved August 31, 2009, from http://asia.rice.edu/yijing.cfm

Rule, P. (1987). *K'ung-tzu or Confucius?: The Jesuit Interpretation of Confucianism*. London: Allen and Unwin.

Ryan, J.A. (1996, January). Leibniz's Binary System and Shao Yong's *Yijing*. *Philosophy East and West*, 46(1), 59–90.

Smith, R.J. (1998, Winter). The Place of the *Yijing (Classic of Changes)* in World Culture: Some Historical and Contemporary Perspectives. *Journal of Chinese Philosophy*, 391–422.

Smith, R.J. (2003, Autumn). The *Yijing (Classic of Changes)* in Global Perspective: Some Pedagogical Reflections. *Education about Asia*, 8(2), 5–10.

Smith, R.J. (2008). *Fathoming the Cosmos and Ordering the World*: The Yijing (I-Ching, or Classic of Changes) *and Its Evolution in China*. Charlottesville: University of Virginia Press.

Wilhelm, R. (Trans.). (1967). *The I Ching or Book of Changes* (C.F. Baynes, Trans.). Princeton, NJ: Princeton University Press.

理查德·史密斯(Richard J. Smith) 文

邢颖 译，刘健、王超华 校

Ibn Battuta　伊本·白图泰

伊本·白图泰(1304—1368/1369)是一位阿拉伯学者和旅行家,他的旅行见闻比马可·波罗还要丰富。他曾在欧亚非三洲进行游历,并记录下他的见闻,其中涵盖了 14 世纪人类生活的各个方面,记述了蒙古时代晚期穆斯林有教养阶层的价值观念、习俗和国际观。

1293

在前近代时期所有曾记录下旅行见闻的旅行家中,伊本·白图泰(Abu ʿAbd Allah Muhammad ibn ʿAbd Allah al-Lawati at-Tanji ibn Battuta)的行程之长和见闻之广无人能及。他曾于 1325 至 1354 年间在欧亚非三洲游历,其游记成为中世纪留存下来的最吸引人、最具史料价值的文本之一。《伊本·白图泰游记》(Rihla)的突出之处在于,它既阐述了 14 世纪伊斯兰文明的广阔世界观,同时也展示出当时所存在的密集的交流和货物交换网络,东半球几乎所有地区都通过这一网络建立了关联。

伊本·白图泰出生于马里尼德(Marinid)王朝时期,其出生地是摩洛哥的丹吉尔(Tangier),他的家族有从事法学研究的传统。他曾接受过宗教、科学、文学、法学等方面的教育,这使他成长为一名阿拉伯绅士。1325 年,他离开摩洛哥,踏上赴阿拉伯西部圣城麦加的朝觐之旅。最初,他可能想要在开罗或其他伊斯兰学术中心研习伊斯兰法律,然后回家从事令人尊敬的法学职业。然而令人惊异的是,他的奥德修斯式的归乡之旅总共持续了 29 年,从今坦桑尼亚到哈萨克斯坦、从南中国海到地处热带的西部非洲。他的旅行距离约 11.6 万到 12 万千米,借助的交通工具包括驴、马、骆驼、车和船。他的游记记载了他一路上所经历的无

数次惊喜、磨难,以及与死亡擦肩而过的惊险。他曾在斯里兰卡沿岸遭遇海难,在安纳托利亚的山间暴雪中迷路,被印度的劫匪俘获,遭马拉巴尔沿岸海盗袭击,差点儿被德里苏丹处决,他还曾感染疾病,也曾被卷入推翻马尔代夫群岛政府统治的阴谋之中。他数次结婚又离婚,数次被买卖为奴,养育子女,并成为蒙古国王的座上宾。

对于伊本·白图泰的旅途与目标,我们所了解的一切都来自他在旅程即将结束时所著的游记。他给出的旅行路线和年代顺序很复杂,常常使人感到迷惑。然而,虽然有诸多不确定因素,我们还是可以很肯定地将他的旅行划分为 10 个主要阶段:

1. 1325—1326 年,从丹吉尔到麦加,途经开罗和大马士革。

2. 1326—1327 年,从麦加到伊拉克、伊朗西部,回到麦加。

3. 1328—1330 年,从麦加到也门、东非、阿拉伯半岛南部、波斯湾,回到麦加。

4. 1330—1333 年,从麦加到叙利亚、安纳托利亚、东欧大草原、拜占庭、伏尔加河流域、河中地区(今乌兹别克斯坦)、阿富汗和印度北部。

5. 1333—1341 年,居住在德里苏丹国,游历印度北部。

6. 1341—1345 年，从德里到古吉拉特邦、马拉巴尔、马尔代夫群岛、锡兰（今斯里兰卡）和孟加拉。

7. 1345—1347 年，从孟加拉到印度支那半岛、苏门答腊和中国南部。

8. 1347—1349 年，从中国南部到苏门答腊、马拉巴尔、波斯湾、伊朗西部、叙利亚、埃及、麦加、突尼斯和摩洛哥。

9. 1349—1351 年，游历摩洛哥和西班牙南部，包括非斯（Fez）、丹吉尔、直布罗陀、格拉纳达（Granada）、萨莱（Salé）和马拉喀什（Marrakech）。

10. 1351—1354 年，从摩洛哥撒哈拉沙漠北部边缘的西吉尔马萨（Sijilmasa）到西非苏丹，回到非斯。

在 14 世纪的第 2 个 15 年里，亚非欧大陆许多地区的政治形势都相对稳定，这无疑为伊本·白图泰的非同寻常的旅行提供了便利。蒙古统治在这一时期渐趋没落。在他旅行开始时，4 个蒙古大国统治着欧亚大部分地区，其中有 3 个是伊斯兰国家。其他繁荣的大国包括埃及和叙利亚的马穆鲁克帝国、印度北部的德里苏丹国以及西非的马里帝国，它们都是伊斯兰国家。这些国家的统治者通常都鼓励长途商贸活动，为伊斯兰外交使节、传教士和学者的跨城市旅行提供安全保障，伊本·白图泰也得到了他们的保护。

伊本·白图泰的旅行有多重目的。首先，这是一个宗教信徒的朝觐之旅。在他的旅行中，他曾六七次参加麦加朝觐仪式，事实上，圣城是他游历旅程的核心。其次，他想要进一步研习伊斯兰法律，虽然据我们所知他只在大马士革和麦加听过讲授。第三，他还是苏非派信徒，这是伊斯兰教的一个神秘主义派别。他特别拜访了许多城市和苏非派的聚居地，拜谒在世的圣贤以及故去者的陵墓，以使自己笼罩在他们的神圣氛围中。第四，他出去游历也是为

求得官职，在德里，他成为穆斯林突厥人政府的法官和王陵管理者，以此得到丰厚的俸禄和荣誉；在马尔代夫群岛，他担任了几个月的法官。当然我们也要承认，他对一些地方的访问，如热带东非，则纯粹是因为他尚未去过这些伊斯兰地区。

14、15 世纪的其他阿拉伯文献很少提到白图泰。但根据这些匮乏的文献，我们也可知道，他亡故于 1368 或 1369 年，晚年曾在某一个摩洛哥城镇担任法官。传统认为，他的陵墓至今仍位于丹吉尔的中心。摩洛哥学者阿拜尔哈迪·艾尔-塔兹（Abelhadi al-Tazi）最近公布了一些文献证据，指出这位旅行家的遗骸可能葬于安法（Anfa），位于今卡萨布兰卡南方的一个港口城镇。

伊本·白图泰将自己认定为穆斯林学者阶层（阿訇）的一员，他在信仰、穿着、社交礼仪和宗教知识上都展示了他的社会地位，这使他得以进入权贵的家族和王廷。然而我们没有证据能证明他是一个已完成学业的学问家。当他在非斯结束了他的旅行生涯时，他口述了冒险的旅程，记录者是一位年轻的摩洛哥学者穆罕默德·伊本·朱扎伊（Muhammad Ibn Juzayy, 1321—1356/1358），后者能够以合适的语言编纂这部游记，而伊本·白图泰显然不具备这一能力。

《伊本·白图泰游记》的正式名为《异境奇观》。14 世纪，这部著作以手抄本的形式在北非有教养阶层中流传，之后几百年间传到西非、埃及，可能还包括叙利亚。19 世纪中叶，法国学者在阿尔及利亚发现了《伊本·白图泰游记》的抄本，于是出版了它的阿拉伯文版本和法语译本。自此之后，这部游记被译成英语、西班牙语、德语、波斯语及其他几种语言。最近一些年来，由于发表了一些有关他的受欢迎的文章，再加上多数百科全书和世界历史教科书中都对他有所介绍，伊本·白图泰在西

方各国更为知名。

1295　《伊本·白图泰游记》具有重要的文献价值，一方面它记述了蒙古时代晚期穆斯林有教养阶层的价值观念、习俗和国际观，另一方面其记录几乎涵盖了穆斯林生活的各个方面，且在某种程度上也涉及非穆斯林的社会生活。他的游记主题生动，有时还带有批判性评论，包括宗教、教育、国家政治、王室仪礼、法律、战争、两性关系、奴隶制、商贸活动、农业、饮食、手工业、地理、交通以及许多法学家、神学家、君主和政府官员的功过评说。《伊本·白图泰游记》是现存有关 14 世纪马尔代夫群岛、西非苏丹以及其他一些地区的唯一实证记录。

这部著作的文体形式是 rihla，即通常以麦加朝觐之旅为核心的游记。这种体裁兴盛于 12 至 15 世纪的北非和穆斯林西班牙，《伊本·白图泰游记》是其中最好的代表。学者们普遍认同《伊本·白图泰游记》的原创性和可靠性，其他独立的史料已经佐证了这位旅行家的许多细致观察。然而，其中的旅行路线和年代顺序出现了诸多不连贯和难解之处，旅行家的叙述有时并不精确。对于叙利

1296　亚、伊拉克和阿拉伯的部分记述都转引自至少两部更早的旅行游记，而且常常没有求证，但我们无法确认这种引述在多大程度上是由于伊本·

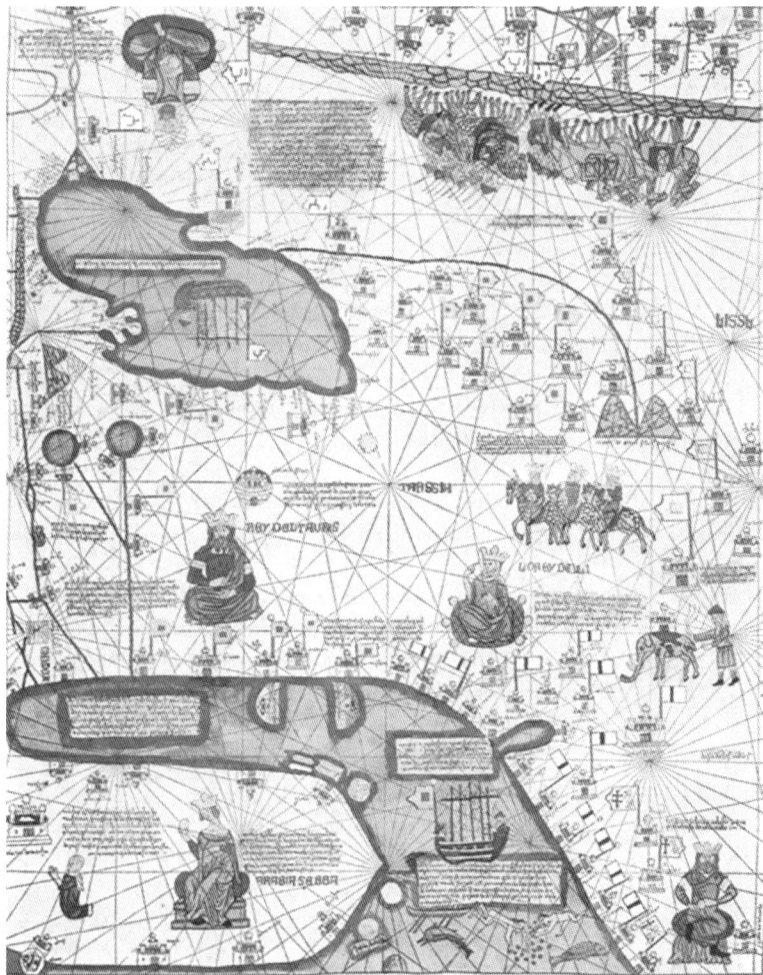

著名的《加泰罗尼亚地图》(Catalan Atlas)片段，为中世纪最重要的地图。这一部分表现了 1375 年的中东地区，是伊本·白图泰在其(开始于 50 年前的)长途旅行中所探索的地区

朱扎伊的记录或后世抄写者的传抄所致。学者们还推断，有关伏尔加河上游的保加尔(Bulghar)、也门的萨那城(Sanaa)以及中国北方的游记几乎可以肯定是伪造的。而且，对于伊本·白图泰声称到过中国的说法，其真实性也一直存有争议。不管怎样，《伊本·白图泰游记》是 14 世纪世界历史的重要史料，作者在很大程度上表现了自己的个性、观点和主张(远远超过大约同时代的马可·波罗)，因此他的叙述仍然可以吸引现代读者。

进一步阅读书目：

Abercrombie, T. J. (1991). Ibn Battuta: Prince of Travelers. *National Geographic*, *180* (6), 3 - 49.

Beckingham, C. F. (1993). The *Rihla*: Fact or Fiction? In I. R. Netton (Ed.), *Golden Roads: Migration, Pilgrimage and Travel in Mediaeval and Modern Islam* (pp. 86 - 94). Richmond, U. K.: Curzon Press.

Dunn, R. E. (1993). Migrations of Literate Muslims in the Middle Periods: The Case of Ibn Battuta. In I. R. Netton (Ed.), *Golden Roads: Migration, Pilgrimage and Travel in Mediaeval and Modern Islam* (pp. 75 - 85). Richmond, U. K.: Curzon Press.

Dunn, R. E. (2004). *The Adventures of Ibn Battuta: A Muslim Traveler of the 14th Century* (2nd ed). Berkeley and Los Angeles: University of California Press.

Gibb, H. A. R. (Trans.). (1958 - 2001). *The Travels of Ibn Battuta, a. d. 1325 - 1354, Translated with Notes from the Arabic Text* (C. Defremery & B. R. Sanguinetti, Eds.) *Vols. 1 - 3*, Cambridge, U. K.: Cambridge University Press for the Hakluyt Society;. Vol. 4, London: Hakluyt Society; *Vol. 5* (Index, A. D. H. Bivar, Compiler), Aldershot, U. K.: Ashgate Publishing.

Hamdun, S., & King, N. (Trans. & Eds.). (1994). *Ibn Battuta in Black Africa*. Princeton, NJ: Markus Wiener.

Hrbek, I. (1962). The Chronology of Ibn Battuta's Travels. *Archiv Orientalni*, *30*, 409 - 486.

Mackintosh-Smith, T. (2001). *Travels with a Tangerine: A Journey in the Footnotes of Ibn Battutah*. London: Picador.

Mackintosh-Smith, T. (Ed.). (2003). *The Travels of Ibn Battutah*. London: Picador.

Université Abdelmalek Essaadi. (1996). *Ibn Battuta: Actes du Colloque International organizé par l'Ecole Supérieure Roi Fahd de Traduction à Tanger les 27, 28, 29 Octobre 1993*. [Ibn Battuta: Proceedings of the International Colloquium Organized by the King Fahd Advanced School of Translation at Tangier le 27, 28, and 29 October, 1993] Tangier, Morocco: L'Ecole Supérieure Roi Fahd de Traduction.

罗斯·邓恩(Ross E. Dunn) 文

邢颖 译,刘健、王超华 校

Ibn Khaldun 伊本·赫勒敦

¹²⁹⁷ 伊本·赫勒敦(1332—1406)被广泛认为是最伟大的阿拉伯-穆斯林历史学家以及前近代的社会思想家。人们将他的作品与亚里士多德、修昔底德、伊本·路西德(Ibn Rushd)、马基雅维利和维柯等巨匠的作品相比较,还与 20 世纪世界历史学家的作品比较。

伊本·赫勒敦(又称 Abu Zayd 'Abd ar-Rahman ibn Khaldum)的名望在很大程度上源于他的历史和社会学思想,他还是一位广泛游历的官员,经历过与伟大的前近代旅行家马可·波罗和伊本·白图泰类似的跨文化碰撞。

伊本·赫勒敦的家族在阿拉伯征服伊比利亚半岛期间来到西班牙,他们在西班牙生活了 4

个世纪,曾效力于伍麦叶、穆拉比特和阿尔摩哈德(Almohad)王朝,担任行政和军事上的要职。他的家族于 1248 年离开西班牙,定居北非。

伊本·赫勒敦出生于突尼斯。他父亲是一位学者,伊本·赫勒敦因此得以接受了以研习《古兰经》、阿拉伯语法和法学为基础的完整教育。伊本·赫勒敦对他的老师们非常感兴趣,他

我们应该知道,历史是一门包含很多方法的学科。

——伊本·赫勒敦

记叙了他们的生平及其所教授的课程主题。但 1349 年伊本·赫勒敦 17 岁时,黑死病肆虐,这场 14 世纪波及欧洲和非洲的大瘟疫夺去了他的伟大导师和双亲的性命。伊本·赫勒敦后来意识到,黑死病正是造成 14 世纪西班牙和北非伊斯兰王国政治不稳定的因素之一。

1350 年,伊本·赫勒敦开始游历北非和穆斯林西班牙,开始他混乱的奥德修斯式的旅程。从 1350—1375 年,他先后为多位君主担任秘书、使节和宫廷大臣;他曾被囚禁,甚至还在阿尔及利亚的贝都因人部落生活过。1362 年,他来到格拉纳达(Granada),作为格拉纳达苏丹的使节,他会见了卡斯提尔(Castille)基督教国王——残忍者佩德罗(Pedro the Cruel)。伊本·赫勒敦与佩德罗相见甚欢,他甚至获得了佩德罗治下的一个职位。虽然伊本·赫勒敦曾在卡斯提尔基督教国家担任过官职,但他在基督教西班牙的经历还是给历史学家们提供了有关基督教向穆斯林西班牙扩张的具有启发性的、欧洲视角以外的观点。

在结束了 15 年密集的政治生涯以后,伊本·赫勒敦在 1375 年隐退于卡拉特·伊本·萨拉玛(Qal'at ibn Salama,邻近今阿尔及利亚的弗兰达[Frenda])的城堡。他开始写作 7 卷本的历史巨著《世界史》(Kitab al-'ibar),其中包括他的名作《历史绪论》(Muqaddimah)。《世界史》还包含一部北非区域史;以及一部客观的自传,详细说明了他众多的政治和学术职位。这个阶段,他一直从事学术研究;直至 1382 年,他赴麦加朝觐,这次旅程使他在开罗展开了一段全新生涯。

1382 年,伊本·赫勒敦会见埃及马穆鲁克苏丹巴库克(Barquq)。这位苏丹任命他为艾资哈尔大学讲师以及逊尼派穆斯林法学的马利基学校的首席法官(qadi)。1400 年,伊本·赫勒敦

一张纪念历史学家伊本·赫勒敦的突尼斯邮票

作为特使陪伴苏丹会见征服者帖木儿(Tamerlane,1336—1405),后者正在围攻大马士革。伊本·赫勒敦与帖木儿的会面表明,面对来自中亚的入侵者,阿拉伯的势力已经衰落。然而这一事件也凸显出伊斯兰文明的团结,将穆斯林西班牙、马穆鲁克埃及和中亚的土耳其蒙古都联系在一起。

在《世界史》一书中,伊本·赫勒敦探究了社会组织的宗教、经济和地理环境因素。然而,其社会组织科学中最重要的元素是社会团结(asabiyah)。他认为,小型的、原始的社会组织具有最强大的社会凝聚力,有潜力发展成为大帝国;而大型的、城市化的国家则容易被奢靡风气腐蚀。社会团结力的削弱会导致经济和社会的衰退,并最终使这些社会组织沦为更强大征服者的囊中之物。由此可见,伊本·赫勒敦具有惊人的现代历史哲学和社会组织科学的观点,

1298

他清楚地表达了有关文化变化和文明兴衰的一般性循环规律。

虽然伊本·赫勒敦生活和创作的时代在 14 世纪,但他的历史学方法预示了阿诺德·汤因比、奥斯瓦尔德·斯宾格勒等 20 世纪世界史学家们的史学方法。如同今天的世界史学家一样,伊本·赫勒敦关心跨文化互动、帝国间的多元比较,以及影响帝国和文化的历史模式。因此,随着世界史学科的发展,伊本·赫勒敦的作品也得到日益广泛的认可。

进一步阅读书目:

Baali, F. (1992). *Society, State, and Urbanism: Ibn Khaldun's Sociological Thought*. Albany: State University of New York Press.

Fischel, W. (1967). *Ibn Khaldun in Egypt*. Berkley and Los Angeles: University of California Press.

Issawi, C. (1950). *An Arab Philosophy of History: Selections from the Prolegomena of Ibn Khaldun of Tunis* (C. Issawi, Trans.). London: John Murray Publishers.

Lacoste, Y. (1984). *Ibn Khaldun: The Birth of History and the Past of the Third World* (D. Macy, Trans.). London: Verso.

Mahdi, M. (1957). *Ibn Khaldun's Philospophy of History*. London: Allen and Unwin.

Rosenthal, F. (1957). *Introduction to Ibn Khaldun. The Muqaddimah: An Introduction to History* (F. Rosenthal, Trans.). Princeton, NJ: Princeton University Press.

Schmidt, N. (1930). *Ibn Khaldun*. New York: Columbia University Press.

迈克尔·洛(Michael C. Low) 文

邢颖 译,刘健、王超华 校

Ice Ages　冰期

1299　　在地球 46 亿年的历史上,至少出现过 5 次漫长的冰期——即冰川覆盖所有大陆的时代。而在整个地球的气候记录中,这 5 次冰期只是异常的、相对短暂的插曲(总共 5000 万到 2 亿年,只占地球历史总长的 1 到 4 个百分点),但它们毁灭了整个生态体系,留下巨大的冰山。

冰期是被称为冰川的巨大冰盖和小块浮冰广泛覆盖地球表面的时代。在冰期,地球寒冷、干燥、荒凉,森林覆盖面积很小,大多是冰雪覆盖的地区和沙漠。冬季更为漫长、严寒,冰盖规模巨大,累积厚度达几千英尺。这些冰盖重量很大,在重力的作用下从高海拔地区缓慢向地势较低的地区移动。在这一过程中,它们改变河道,摧毁了整个区域的生态体系,使地貌更加平坦,在冰盖的边缘区域累积了大堆冰川碎石。

冰期的证据

冰期的证据,即覆盖在大洲一样大小的区域的冰川所发生的作用,来自于几个方面。正在融化的冰川下面广泛分布着特殊的泥土沉积物(被称为"冰碛"),这些沉积物包含来自不同区域的多种岩石。此外,冰川作用还留下一些标记,包括表面有沟槽的、条纹状的、光滑的基石,冰碛中的风凌石,散布的、包含不同岩石种类的岩石层。侵蚀形式也证实了冰期的存在,这些形式由向前推进的冰盖造成,其中有刻蚀地貌,如冰川高地或 U 型谷。

这些证据说明至少存在过 5 段漫长的冰期:(1)前寒武纪,17 亿到 23 亿年前;(2)元古宙末期,约 6.7 亿年前;(3)古生代中期,约 4.2 亿年前;(4)石炭纪,古生代晚期,开始于 2.9 亿年前;(5)第四纪的更新世,开始于 170 万年前。在最晚的时代,冰盖覆盖了北美和欧洲的高地,占据了北半球大部分地区。大量冰盖覆盖了今加拿大全部、大湖区南部,以及格陵兰、斯堪的纳维亚和俄罗斯。每一段冰期至少延续 100 万年,其间巨大的冰盖来回移动,越过面积广阔的史前大洲。这些冰期总共延续 5 000 万～2 亿年,在地球 46 亿年的历史中仅占 1％ 到 4％ 的时长。因此,在地球的气候记录中,冰期虽然相对较短,但还是代表了几段异常的时期。

有关冰期形成原因的理论

虽然科学家们对冰川作用已有大量研究,但有关冰期形成的原因仍然没有一种理论被广泛接受。然而,几种相关的理论可被归纳为两类。第一类是陆地诸理论。其中一种理论由加拿大地质学家、探险家科尔曼(A. P. Coleman)在 1941 年提出。他认为,一些大洲海拔的变化为冰期的形成提供了自然条件。随着山脉上升或海平面降低,地面由于陆块的隆起而升高,这使得陆地更加寒冷,为冰期的形成创造了条件。根据板块构造论,地球上大洲的位置不断变化,第二个理论就与此相关。1922

年,德国地球物理学家阿尔弗雷德·魏格纳(Alfred Wegener)开创了大陆漂移说。他指出,大洲在地球表面上的漂移可造成更为寒冷的气候条件,由此产生冰盖,因为一个大洲的气候主要取决于它的纬度和板块大小。第三个理论认为,由于火山爆发向天空喷射出火山灰,因而频繁的火山活动可以将太阳辐射热反射回太空,从而降低地球表面的温度。海洋-大气假说与此密切相关。这一理论假设,只有海洋才能为如此大规模的冰川积累供应足够的水。由于陆上冰盖的形成依赖于风和天气条件,因此从逻辑上讲,海洋和大气之间影响深远的变化可能导致冰期的形成。另一个假说由美国气候学家莫林·雷默(Maureen Raymo)在 1998 年提出。她认为,地球上山区——特别是喜马拉雅山——的化学风化作用的增强造成了大气中二氧化碳减少,由此带来过去 4 000 万年地球气候日渐寒冷的趋势。她还指出,喜马拉雅山的升高实际上可能已经引发了冰期的到来。

第二类理论用地球以外的因素解释冰期。早在 1875 年,苏格兰科学家詹姆斯·克罗尔(James Croll)提出,地球绕日轨道的天文变化为

国利伐(A. de Quatrefages)1875 年出版的《人的自然史》(*The Natural History of Man*)中的猛犸象插图。猛犸象的厚毛使其可以抵御冰期严寒的天气

1300

冰期的形成创造了条件。他认为,月球和太阳的干扰导致地球轨道发生周期性变化,因此影响了地球所能接收到的太阳热能以及地球表面上的气候模式。如果只接收较少的热能,气候就会变冷。

1938年,南斯拉夫科学家米卢廷·米兰科维奇(Milutin Milankovitch)修正了克罗尔的理论,提出当今最广为接受的有关更新世气候变化的理论。米兰科维奇相信,太阳辐射量是影响地球气候、导致冰期产生的最为重要的因素。他提出,三个关键点造成了辐射量的变化:(1)地球并非完全像一个车轮那样围绕轴线转动,其旋转的方式更像一个晃动的陀螺。根据米兰科维奇的计算,每2.2万年,地球的晃动就会有细微的变化(被称为"岁差")。(2)每10万年,地球绕日的轨道就会发生变化(他称之为"偏心度")。地球基本为圆形的轨道变得更为椭圆,使地球离太阳更远。(3)最后,米兰科维奇发现,每4.1万年,地球轴线的倾斜度就会发生一次变化,使得北半球或南半球距离太阳更远(被称为"黄赤交角")。这些循环意味着在某些时段地球所能接收到的太阳光更少,因此冰雪较少融化,而且有冰雪的寒冷区域还会进一步扩大。冰雪持续的时间更长,日积月累。雪将一些太阳光反射回太空,也造成气候变冷。温度下降,冰川开始向前推进。这些因素足以从实质上引发大量冰盖的周期性扩张与收缩。通过掌握这些变化的气候因素以及隔绝太阳能的情况,并将这些数据输入到计算机的冰盖演化变化模型中,科学家们发现这些周期与更新世冰盖在过去60万年间的周期性增减现象之间存在关联。在轨道周期的作用下,夏季对太阳光的吸收(太阳光的辐射)在北纬55度更少。高纬度凉爽的夏季利于保存冬季的降雪,因此在几千年间累积了连年冬季的降雪,从而造成北方冰盖增加,最终一个新的冰期开启。

目前地球可能正处于一个冰期,因为在每个重要的冰期,冰冠和高山冰川都在扩张和收缩之间摇摆。最后一次收缩大约结束于1万年前,这可能只是摇摆的一个过程,而非最终的结果。然而,最近全球气候变暖的趋势削弱了人们对冰期将要马上回归的恐惧。

进一步阅读书目:

Andersen, B.G., & Borns, H.W. (1994). *The Ice Age World*. New York: Scandinavian University Press.

Erickson, J. (1990). *Ice Ages: Past and Future*. Blue Ridge Summit, PA: TAB Books.

Fagan, B. (2009). *The Great Warming: Climate Change and the Rise and Fall of Civilizations*. London: Bloomsbury Press

Macdougall, D. (2006). *Frozen Earth: The Once and Future Story of Ice Ages*. Berkeley: University of California Press.

克里斯托弗·乔伊纳(Christopher C. Joyner) 文

邢颖 译,刘健、王超华 校

Imperialism 帝国主义

虽然世界历史上许多政府和政治团体都曾被贴上"帝国"的标签,但专业术语"帝国主义"在今天指的是一套意识形态原则。在这套原则之下,一个团体试图将其信仰体系强加于另一团体。这种强加于人的行为最常发生在政治领域,但也可能出现于文化、宗教、经济甚至生态领域。

1302

"帝国主义"这一概念的实质应该界定为权力关系,以及一个团体坚持某种权力形式或控制另一团体的能力。研究帝国主义的历史学家试图考察这种权力的某一方面,或某一个具体的例子,如一个帝国或一种体系的扩张。最普遍来说,帝国主义指的是出现于 19 世纪的一个特定类型的政治组织,即"新帝国主义"(New Imperialism)——欧洲在非洲、亚洲和大洋洲(太平洋中部和南部的岛屿)建立了帝国。

帝国主义的主要影响在于,意识形态观念在不同民族,特别是高度世界化的帝国中传播。帝国遵循两个关键性原则:一是获取财富,表现为获取金钱或其他资源;二是信仰体系向其他民族传播,以此建立单一帝国结构下的整体性。这个结构伴随着一套世界观,涉及宗教、社会、文化及政治领域。帝国的附属国必须要接受这一世界观,至少也要适应它。帝国内部的斗争常常源于附属国人民对这种帝国世界观的抵制。现代帝国都在此基础上确立,同时添加了更为复杂的官僚体系结构和明确的宗教转变驱动力。交通方式的进步,尤其是帆船和后来的蒸汽船的使用,再加上新大陆的发现,都增加了海外扩张以及建立更多样化帝国的机会。

起源(16—18 世纪)

新大陆的发现在许多方面开辟了新的剥削路径。在西班牙征服者最初劫掠墨西哥(阿兹特克)和印加帝国之后,玻利维亚和墨西哥的银矿给西班牙帝国带来了惊人的收入。这笔收入成为哈布斯堡王朝(Habsburg,欧洲的一个统治家族)与欧洲对手进行战争的资金来源,其对手包括荷兰、英格兰和奥斯曼土耳其。这些战争将西班牙拖入窘境。哈布斯堡的皇帝们发现,对这样一个大帝国难以施行有效的管理。西班牙的对手们也开始对新大陆进行开发,同时将目光投向印度洋和太平洋。征服所导致的生物学后果远比攫取白银更为深远。旧大陆带来的疾病害死了 90% 的土著人口,

英国政客威廉·皮特(William Pitt)和拿破仑正在瓜分世界。詹姆斯·吉尔雷(James Gillray)创作的漫画,约 1800 年。英国大英图书馆

因此非洲奴隶大量输入，成为蔗糖、棉花、烟草等新型种植园的劳动力。新作物，如玉米和马铃薯，传入旧大陆，促进了农业多样化，促使人口大幅增长。这些农作物还使欧洲人得以在气候相似的地区定居，从而开始了对美洲、南非以及澳大利亚的移民。随着人口和资源的增加，需求增长，新的贸易机会出现，商业贸易得到发展。

欧洲的战争逐渐呈现出全球化趋势。战争的地点扩展至世界各地的公海，参与者既有部分欧洲士兵，也有加拿大、印度等各地支持欧洲军队的土著力量。其中最好的例子就是"七年战争"（1756—1763）。最初，相比于定居点，人们更看重商业贸易点，因为定居点所能带来的

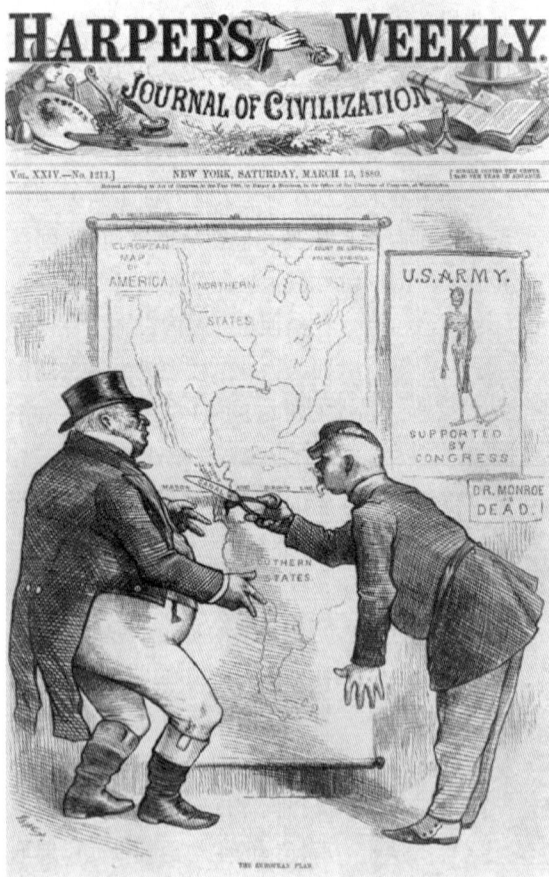

1880 年，漫画家托马斯·纳斯特（Thomas Nast）描绘了法国回绝美国和英国想要控制巴拿马运河的帝国主义野心

利润较少。英国、法国和荷兰都建立了东印度公司，该机构被赋予巨大的权力：管理领地，招募陆军和舰队，为扩大和管理商贸活动发动战争。

欧洲人定居的地区气候都与欧洲相似，而且土著人口较少（大量土著死于欧洲人带来的疾病），无法形成抵抗力量。向这些地区移民大多被视为欧洲排除过剩人口或不安分分子的有效手段。而且这些地区往往有较大的自治权，以换取它们向母国运输资源。这样的行为方式被称为"重商主义"。随着殖民地经济的发展，殖民地居民逐渐对此感到不满。美国革命之前，英国在 18 世纪是最成功的典型，它取代荷兰成为世界海军实力最强大的国家，赢得了一系列战争。

这些胜利使英国在加勒比海和北美居于统治地位，也使英国成为统治印度的最重要的欧洲国家。

19、20 世纪英国对印度的统治对帝国主义理论和实践的发展具有关键意义。之前的欧洲帝国都以贸易为主导，即建立贸易点以方便交换；或以建立殖民地为目的，即利用有利的条件迁移人口，从根本上实现海外的自我复制。而新帝国主义则是哲学意义上的转变，欧洲国家开始将其政治、经济和文化制度强加给附属国。

英国与印度

通过与当地军队以及法国军队的一系列战争，英国在印度占据了统治地位。英属东印度公司（EIC）承担了巩固英国在亚洲贸易地位的任务，尤其是茶叶贸易。作为军事征服和政治策略的一个产物，18 世纪末东印度公司逐渐成为管理印度大部分地区的机构，尤其是在孟加拉。但腐败丑闻引来议会的调查，在此影响下，该公司的使命遭到严重质疑。英国政府还想让东印度公司执行更多任

务,但其中一些被拒绝,因为公司担心这样的活动可能会激怒印度的印度教和伊斯兰教信徒。

19世纪上半叶,东印度公司强化了其对印度的政治统治,强化的途径包括军事征服以及从法律上攫取那些统治者死后无继承人的土地。19世纪中叶,几乎整个印度都处于英国的控制之下,有些是直接统治;有些则是"间接统治",即当地君主仍统治国家,但其对外政策和贸易政策要服从东印度公司的指挥。这种逐步征服的行动使人们开始质疑英国参与印度事务的目的所在。传教运动试图转变更多人的宗教信仰,人们因此提出道德上的疑问。还有一些人反对将越来越多印度产的鸦片运往中国,正是这种鸦片贸易导致了中英第一次鸦片战争(1840—1842)。这场战争凸显出欧洲的技术优势,因此带来现代帝国主义的一个重要观念:技术优势表明文化优势,并最终体现种族优势。

1857年印度民族起义(Great Mutiny)爆发,它使人们重新评价帝国主义的目标。东印度公司不再是行政管理机构,印度被置于英王统治之下。随着贸易不再占据最重要的地位,一种教化使命的概念又出现了。英国人给印度带来先进技术,政府管理方式和文化,但仍然攫取印度的资源。这种转变对于新帝国主义非常关键,因为帝国主义的"教化"功能将成为征服最重要的借口。

对非洲的争夺

奴隶贸易构建起欧洲人对非洲的许多观念:首先,非洲人是低下种族,因此奴隶制度正当合法。其次,非洲是未开化的"黑暗"大陆,有待探索开发。

欧洲更大规模挺进非洲的首要障碍是热带疾病带,许多欧洲的移民、商人和传教士都在这一区域死亡。医学的进步,特别是可以治疗疟疾的奎宁药物的出现,使得欧洲人在19世纪六十年代可以更大规模地在中非地区活动。大卫·利文斯通(David Livingstone)可能是这些新探险家中最重要的人物。利文斯通是一名苏格兰传教士和探险家,他本人对非洲的记述,以及另一位探险家——英国的亨利·莫顿·史丹利(Henry Morton Stanley)对他的搜寻,吸引了公众注意。有关奴隶贸易以及非洲生活条件的骇人听闻的记述,引发了人们走进非洲的欲望。

最初,欧洲人只在北部和南部非洲建立殖民地,但在19世纪晚期,一波征服狂潮使得非洲其余部分也被迅速占领。1884—1885年的柏林会议为欧洲各国瓜分非洲开创了先例,这种武断的瓜分并未顾及当地的部落和种族群体。欧洲人声称他们担负着教化使命,终结了奴隶贸易,将欧洲先进的生活方式带入非洲,以此为其统治寻找合理性。但现实情况却并非如此,因为征服活动的标志是相当严重的暴行和掠夺。自然资源是一个重要目标,黄金、钻石、象牙、橡胶都遭到掠夺,还常常伴随有强迫劳动。征服活动也遭遇一些抵抗,比如意大利在世纪之交未能征服埃塞俄比亚(他们在1936年法西斯统治者墨索里尼的统治下曾经征服埃塞俄比亚),英国刚开始在南非对抗祖鲁人(Zulu)和布尔人以及在苏丹对抗马赫迪派(Mahdists)时也遭遇了挫折,但这些只是少数情况,当地人的抵抗行动大部分都无果而终。

帝国主义的意识形态

启蒙运动(18世纪的一场哲学运动,标志是抛弃传统的社会、宗教和政治观念,强调理性主义)使欧洲人习惯用理性和逻辑推理的方式处理事情。科学进步和有序的社会成为欧洲人衡量世界的标准。他们同样使用这一标准认识和衡量其他民族,为帝国主义的合理性寻找依据。为世界上的愚昧民族带来进步、科学和理性,这是帝国主义的积极动力。但在现实中,这种驱动力却变成"上帝、黄金和荣耀",当地的土著成为牺牲品,而帝国主义者却告诉他们一切都是为他们好。经济收益因情况不同而有所差异,一些自然资源丰富的殖民地为母国带来巨大收益,而另一些地区则导致母国财政枯竭。帝国主义的批评者,如英国经济学家约翰·霍布森(John Hobson),将殖民地视为阻碍自由贸易的不必要的财政负担。俄国共产党领袖列宁则认为,在不可避免地发生世界范围的无产阶级革命——正如德国政治哲学家卡尔·马克思所预言的那样——之前,殖民地是资本主义的最后阶段。因此,帝国主义在一定程度上是非理性的。因为要建立经济占主导地位的非正式帝国,其基础更应该是商业活动,而非直接的军事和政治控制。

但商业和科学方面的好奇与浪漫的冒险精神结合在一起,被史丹利和利文斯通的叙述所吸引的普通民众热切欢迎有关帝国主义题材的连载故事和小说。英国作家鲁德亚德·吉卜林(Rudyard Kipling)、莱德·哈格德(H. Rider Haggard)以及英国以外的同时代作家都让读者们感受到了激动人心的帝国主义使命。即使大多数人无法参加,但他们至少可以感受到这个伟大计划的一部分。吉卜林的诗歌《白人的负担》是为美国的读者创作的,它号召"生逢盛世"的人统治"半魔半人的"菲律宾人。工业革命之后出现的白领中产阶级整日伏案工作,与自然割裂,对他们来说冒险经历很有吸引力。帝国主义成为一个以合理方式重塑世界的机会,可以创造出男人活跃、女人顺从的新世界。然而,女人也在寻找机会争取平等,利用殖民地人民对待妇女的方式作为争取妇女平等权利的一种手段。

英国博物学家达尔文的观点验证了人类社会也存在生存竞争的哲学观念,即社会的优胜劣汰。社会达尔文主义者扭曲了达尔文物竞天择、适者生存的理论,将之用于人类社会,从而为帝国主义提供了借口。在这一逻辑下,欧洲的民族国家为争夺殖民地相互斗争,而附属国的人民则不具备自治能力,是自然选择的牺牲品。通过这一逻辑,帝国主义者为在非洲犯下的滔天暴行——大屠杀、大规模强迫劳动——找到了

在这幅画中,袒胸露乳的女人代表美国,她正受到英国政客们的骚扰和约束。代表英国形象的女性站在一旁,以手遮面。来自《伦敦杂志》(*London Magazine*),1774 年 5 月

我非常支持使用毒气对付那些未开化的部落。其道德上的效果并不差……还能带来真正的恐惧……

——温斯顿·丘吉尔

正当理由。民族主义和种族主义的元素也日益掺杂进来。人类的种族被认为像达尔文的物种一样相互间存在竞争关系,这一观念使欧洲在第一次世界大战前转向了更具侵略性的军国主义。

虽然对帝国主义的抵制从一开始就存在,但明确的抵抗活动出现于 20 世纪。19 世纪晚期已经开始有人反抗帝国主义,但欧洲的军事优势使得这些战争大多无功而返。千禧年运动(天启的反现代主义宗教运动)某种程度上正是对欧洲优势的回应,它期望以宗教信仰的力量战胜科学技术。这些运动包括美国的苏族(Sioux)起义、中国的义和团运动以及苏丹的马赫迪(Mahdi)圣战。虽然这些运动都在不久后宣告失败,但它们却提出了有关帝国主义使命的道德问题。大量土著人惨遭欧洲武器屠杀的场景很快成为北欧佛兰德斯战场的写照,许多欧洲年轻人倒在第一次世界大战的战壕之中。

第一次世界大战期间,同盟国使用大量殖民地军队,其中许多在法国军队服役。战争的可怕以及军队生活条件的恶劣使很多人开始质疑西方社会所谓的优越性。印度国民大会党(Indian National Congree)等领导的运动在战前已经开始,到此时更具紧迫性。印度民族主义者莫汉达斯·甘地领导了争取印度自治的斗争。其斗争的出发点是,虽然英国宣称其统治印度是为了实现美好的目标,但事实上种族主义压倒了这些目标。甘地的可贵之处在于倡导不抵抗运动。他意识到,西方人的价值观本身就可能转变成反对帝国主义的理念。在印度及其他地方,随着欧洲人所信奉的理想在当地扎根,人们对于自治、言论自由以及种族平等的渴求更加强烈。

如果说第一次世界大战动摇了帝国主义的结构,那么第二次世界大战就是对它的致命一击。第二次世界大战以自由的名义彻底摧毁了种族民族主义,带来了对于独立的强烈渴望。印度是第一个在此意义上获得独立的国家,但却也留下一个悲剧性的后果,即印度分裂为印度教印度和穆斯林巴基斯坦两部分。类似的后果也出现在世界其他后殖民主义地区。在为争取独立而进行的流血斗争中,部落、民族、宗教矛盾又呈现卷土重来之势。随着冷战的到来,共产主义将自己定位为世界的解放者,要把世界人民从产生帝国主义的资本主义制度中解放出来,于是各种矛盾和斗争融合在一起。人为任意划分出的殖民地疆界导致非洲和亚洲的内战以及民族战争,其带来的苦难与愤怒至今仍未消除。

进一步阅读书目:

Adas, M. (1979). *Prophets of Rebellion: Millenarian Protest Movements against the European Colonial Order*. Chapel Hill: University of North Carolina Press.

Adas, M. (1989). *Machines as the Measure of Men: Science, Technology, and Ideologies of Western Dominance*. Ithaca, NY: Cornell University Press.

Anderson, B. (1983). *Imagined Communities: Reflections on the Origin and Spread of Nationalism*. London: Verso Editions.

Burton, A. (1994). *Burdens of History: British Feminists, Indian Women and Imperial Culture, 1865‑1915*. Chapel Hill: University of North Carolina Press.

Cannadine, D. (2001). *Ornamentalism: How the British Saw Their Empire*. New York: Penguin.

Chaudhuri, N., & Strobel, M. (Eds.). (1992). *Western Women and Imperialism: Complicity and Resistance*. Bloomington: Indiana University Press.

Crosby, A. W. (1986). *Ecological Imperialism: The Biological Expansion of Europe, 900‑1900*. Cambridge, U. K.: Cambridge University Press.

Ferguson, N. (2003). *Empire: The Rise and Demise of the British World Order and the Lessons for Global Power*.

New York: Basic Books.

Frank, A.G. (1998). *ReORIENT: The Global Economy in the Asian Age*. Berkeley and Los Angeles: University of California Press.

Green, M. (1980). *Dreams of Adventure, Deeds of Empire*. London: Routledge.

Headrick, D. (1981). *The Tools of Empire: Technology and European Imperialism in the Nineteenth Century*. New York: Oxford University Press.

Hobson, J.A. (1965). *Imperialism*. University of Michigan Press (Reprinted from 1902, New York).

Hochschild, A. (1998). *King Leopold's Ghost: A Story of Greed, Terror and Heroism in the Belgian Congo*. Boston: Houghton Mifflin.

James, L. (1998). *Raj: The Making and Unmaking of British India*. New York: St. Martin's Press.

Kipling, R. (1937). *Selected Prose and Poetry of Rudyard Kipling*. Garden City, NJ: Garden City Publishing.

Lewis, W.R. (Ed.). (1998). *The Oxford History of the British Empire*. New York: Oxford University Press.

Mackenzie, J. (1986). *Propaganda and Empire: The Manipulation of British Public Opinion 1880 – 1960*. Manchester, U.K.: Manchester University Press.

Mackenzie, J. (Ed.). (1992). *Imperialism and Popular Culture*. Manchester, U.K.: Manchester University Press.

Packenham, T. (1991). *The Scramble for Africa: 1876 – 1912*. New York: Random House.

Said, E. (1978). *Orientalism*. London: Routledge and Kegan Paul.

Said, E. (1993). *Culture and Imperialism*. New York: Knopf.

Stoler, A., & Cooper, F. (Eds.). (1997). *Tensions of Empire: Colonial Cultures in a Bourgeois World*. Berkeley and Los Angeles: University of California Press.

Williams, E. (1994). *Capitalism & Slavery*. Chapel Hill: University of North Carolina Press.

Wills, J.E., Jr. (1993). Maritime Asia, 1500 – 1800: The Interactive Emergence of European Domination. *American Historical Review*, 98, 83 – 105.

杰里米·尼尔(Jeremy H. Neill) 文

邢颖 译,刘健、王超华 校

Imperialism and Gender　帝国主义与性别

1308　　从 19 世纪后期开始,关于男性和女性"适当"的性别行为的态度与殖民帝国的活动密切相关,比如那些允许殖民者将土著民族划分成不同且可知的群体的理念。殖民统治者和被统治者的遭遇常常改变当地性别关系和人们的思想,深刻地影响着殖民地和帝国的大都市文化。

　　从 19 世纪后期直到第二次世界大战结束,地球上所有最强大的国家(和其他渴望成为大国的国家)都奉行帝国主义政策,意图实现国家的政治和经济目标。虽然帝国主义并不新奇(典型例证就是几个世纪前英帝国和西班牙已经开始谋求帝国地位),但这个时期在历史上是独一无二的,因为很多国家参与帝国主义投机并声称其拥有广袤的疆土。仅在 1885 和 1914 年之间,欧洲国家领土增加了 28 亿公顷,美国和日本也加入到欧洲国家寻求帝国地位的活动中。几乎所有的非洲国家都沦为殖民地,英帝国的扩张使其成为拥有世界四分之一人口的大国。

　　跨越不同时空的帝国建立的社会制度差别很大。有些成为定居殖民地,殖民者在此建立大型的固定社会。因可以攫取的资源或战略位置而建立的其他类型的殖民地，由军队支持的少数管理者或殖民者监督的土著群体统治。无论帝国社会呈现何种形式，都在经济、社会、文化和政治上深刻地影响着统治者和被统治者。此外，在过去 20 年中，学者们已经开始认识到，世界各地的帝国——至少部分帝国——通过运用基于性别理念的语言和政策来维护殖民统治，将其合法化。这种性别理念包括男女间适当的性别行为及性关系，它经常用来区别殖民文化和土著文化。它也往往与信仰和种族差异观念密不可分，往往被用来支撑殖民地人民对固有的不平等关系的态度。此外，殖民统治者与被统治者之间的关系尽管存在巨大差异，但是它改变了当地的性别关系和观念，深深地影响殖民地和帝国大都市文化。这些变化在殖民地之间，甚至在不同"民族"帝国之间，都不是固定不变的。相反，它们依赖于既有的土著文化、存在或不存在的自然资源、殖民者、纳入全球经济的程度、获得土地的途径以及其他许多要素。从全球的角度来看，帝国主义与性别之间的关系被认为是一个复杂的现象。与此同时，我们还可以发现一些明显的相似之处，用之阐明全球联系及模式。

作为阶层标志的性别

1309

　　关于性别、性倾向、性别角色的信仰在世界各地的帝国主义活动中至关重要，因为这种信念为保持统治者和被统治者之间的差异提供了合法性，因为它有助于殖民者将土著人民分类，并因而分裂成不同且可知的群体。虽然这种信念所呈现的具体形式因跨越不同时空而发生变化，但是，通过语言和与性别及性别差异相关的实践活动划分殖民者与被殖民者之间的界限，是许多帝国通用的做法。

　　几乎每一个帝国都通过自身与被殖民者中

男性和女性的性别行为、爱好和态度的差异，来证明不平等的权利分配存在的合理性，包括殖民当局本身的存在也是合理的。在法属印度支那、英属印度、荷属东印度群岛和英属南非，一个反复出现的主题是，被殖民者中男性贪婪的性欲和不正当的性嗜好导致白人妇女时常处在危险之中。不畏强暴以及保护白人妇女不被强暴成为一个借口，用以严格区分殖民者和被殖民者，用以严格控制男性被殖民者和白人妇女建立联系。其结果是白人妇女发现她们在殖民地的生活相当矛盾，既舒适（因为公务员身份、特权和闲暇时间）又受到严格限制。对于男性被殖民者来说，他们经常被排除在那些能够对白人妇女行使权力的职位之外。男性被殖民者还发现，如果他们越过与殖民者女性之间的界限，可能受到严厉惩罚。必须控制男性被殖民者和保护白人妇女的说辞在殖民高压时期更加普遍，这也许并不奇怪。

　　利用性别划分阶层，保持统治者和被统治者之间的界限，其中一个范例是 1883—1884 年英属印度关于《伊尔伯特法案》(Ilbert Bill) 的争论。该法案承认印度法官有少量权力对一些涉及欧洲人的案件进行司法审判。然而，印度的英国人强烈反对。他们认为印度人不能拥有任何一点儿权力审判欧洲人。他们公开抨击该法案，理由是它威胁到白人妇女的安全。尽管该法案本身对妇女只字未提，但反对者争辩说它给印度本土公务员打开了妄想的大门。他们断言，印度人妄想拥有白人妇女，并利用他们的新权力对英国女性制造性别优势。此外，反对者声称，不能指望印度男人善待英国妇女，因为据说他们对待自己的女人的态度相当糟糕。这项法案最终因印度的英国人团体强烈反对而搁浅。据此，将权力赋予男性被殖民者将导致性别化后果的观念，将印度男性牢固地桎梏在从属者的位置。

　　对种族混合通婚的忧虑也在 19 世纪后半叶

的帝国体制中产生广泛影响,关于性别和性的信念在维护统治者与被统治者之间的差别上再次发挥了重要作用。大多数帝国制度的前提是男性殖民者有性需求。但问题是,即使是在那些鼓励家庭定居的殖民地社会中,女性殖民者数量依然十分有限。因此,男性殖民者经常通过嫖娼、纳妾或不太常见的婚姻关系与土著妇女建立性关系。这种关系很少建立在真正的伙伴关系的基础上,甚至当殖民者因自己的需要而与女性建立这样的关系时(大量证据表明,使用强权和操控手段是很常见的现象),她们也仅仅享有少许权利或特权,并可能被随意丢弃。此外,这些性关系产生了一系列新问题。其中最主要的是,这种亲密关系的存在如何保持殖民者和被殖民者之间的区别。更大的问题是,如何区分和对待因为这样的关系而产生的混血子女。

在荷属东印度,应对这些问题的措施既说明性别管理对帝国统治的重要性,又表明有关性别规定的国家政策可能会随时发生改变。20世纪以前,荷属东印度公司严格限制荷兰妇女移民到东印度。公司的理由是,如果荷兰男性与土著妇女建立了长期关系,他们会更愿意留在东印度。此外,维持与土著妇女的关系比维持与欧洲妇女的关系花费少,除了满足性欲,土著妇女还可以从事家务劳动。由于这些原因,公司主张荷兰男人可以拥有妾室——这些妇女承担妻子的所有职责,但没有婚姻的名分和法律保护。19世纪80年代,印度的欧洲男性纳妾是比较常见的现象,成千上万的混血子女因此出生。然而,20世纪早期,大量混血人口的存在已经开始引起荷属东印度公司和荷兰政府的担忧,因为它有模糊殖民者与被殖民者之间界限的危险。这些孩子属于哪一方?他们是荷兰人还是印度尼西亚人?他们会支持荷兰统治,还是会试图颠覆它呢?由于这些忧虑,越来越多的荷兰官员开始强调印度尼西亚人妾室既没有

技能也没有品德,来抚养他们的混血子女并使他们成为合格的荷兰公民。因此,20世纪早期,荷兰政府改变了此前的政策,推行禁止纳妾政策,鼓励荷兰妇女移民到东印度群岛。此时,政府相信这些妇女将对荷兰男性产生好的影响,她们掌握文化技能,能够养育子女使其成为合格的荷兰公民。对于无钱迎娶荷兰妻子的欧洲男人,政府鼓励嫖娼行为,将其作为一种辅助的、与土著妇女维持长期的家庭关系的手段。在20世纪前后的东印度群岛,政府关注男性和女性、殖民者和被殖民者的性欲和性行为,强调性别管理以及这种管理所依赖的性别关系对帝国统治具有重要性。

关于性别的信念有助于帝国执行分而治之的政策。这种政策强调被殖民人群之间的差异,以削弱他们团结一致反对帝国统治的可能性。在上述印度、印度尼西亚、南非、法属西非等地,分而治之政策鼓励优待某些群体,这往往会导致被优待群体与不受优待群体之间出现矛盾冲突。此外,殖民列强往往会对殖民地上有阳刚之气的群体恩宠有加。例如,在法属阿尔及利亚,法国殖民当局认为该地区有两个主要族群:卡比尔人(Kabyles)和阿拉伯人。殖民当局认为,卡比尔人在大多方面优于阿拉伯人:卡比尔人是定居者,不是游牧民;他们住在山区,而非平原;他们说雅利安语,而非闪米特语;他们的信仰更加世俗。性别观念对卡比尔人的优势地位至关重要。法国人认为卡比尔人伟岸、善于运动,这能够让人与法国人的理想男性体质联系在一起。据说卡比尔人是骁勇善战的战士,这足以证明他们能够与法国人匹敌。最后,尽管凶猛,但据说卡比尔人尊重自己的女人,而这又与法国人的观念产生了共鸣。另一方面,阿拉伯人被视为身材矮小、懒散、不修边幅和懦弱的人,对自己的女人相当凶狠。这种性别差异的看法既不琐碎,也非简单的表象。在阿尔及利亚,卡比尔人得到了优惠待遇,两个土著群体之间存在严格

我在法庭上的发挥取决于我的辩论能力,而非我的性别。

——桑德拉·戴·奥康纳(Sandra Day O'Connor, 1930—　　)

的界限,这些都深深地影响着法国与阿拉伯人的关系。事实上,在帝国主义时代,性别差异的表述不仅表现了统治者与被统治者之间的差别,也表达了殖民地不同群体之间的差异。

性别与殖民融合

殖民地统治者和被统治者的融合对全世界的社会、文化、政治和经济产生了深远影响。就性别而言,这样的融合往往对本土观念、关系和传统造成毁灭性打击,导致各方面发生变化。在几乎所有的殖民融合中,殖民国家的性别观念都对殖民地的法律、文化及其实践造成影响。然而,这种观念转化为政策的方式取决于殖民地人民的反应,因此这种观念的效果不一致,也不可预见。此外,殖民融合对性别观念的破坏不是单向的,因为它也影响到帝国本土的性别观念。

19世纪夏威夷的情况说明,殖民者的性别观念可能会以意想不到的方式与土著人的性别观念相互影响。在18世纪与西方人接触之前,夏威夷文化强调男女之间的性别隔离,要求妇女遵循一定的饮食禁忌。然而,在其他方面,夏威夷妇女发挥着重要的社会、经济、政治和精神作用,并在很大程度上拥有个人自主权。19世纪,随着西方尤其是美国对夏威夷影响的加强,夏威夷妇女被指责为淫乱者,永远不会被写进美国主导的政治学著作,并越来越多地被强加应该合法地臣服于夏威夷男人和美国男人的观念。由于美国对夏威夷社会的干预,夏威夷妇女的法律及社会地位日益恶化。然而,同样的干预也导致夏威夷妇女作为土地拥有者的地位在19世纪下半叶得到改善。这意想不到的改善源于1848年的《土地大分配法令》(Great Mahele),当时夏威夷政府在美国利益的威胁下分配夏威夷的土地并允许售卖。结果,夏威夷人的土地被大规模剥夺。然而,对于夏威夷妇女,结果却模糊得多,因为在土地大分配以后,继承土地的女性人数大幅增加。部分原因是妇女被视为夏威夷土地的有效监护人,这是本土化选择和信念产生的结果。其效应是夏威夷妇女在经济和社会生活中的重要地位得以保留,尽管美国歧视性的政策导致夏威夷妇女的法律地位下降。

接下来的例子来自非洲殖民地,殖民者和土著人口性别观念的互动现象比比皆是。例如,在加纳北部,英国司法制度导致土著妇女的法律地位下降。特别是殖民统治寻求引进和强制执行妻子是丈夫的财产的理念,虽然有别于加纳的性别观念,但它允许男人加强对妻子的合法控制。在坦噶尼喀(Tanganika)殖民地,欧洲当局制定的政策——如税收和将牛的销售转变为现金的政策——逐渐将马赛族(Masai)男子限定为户主,并允许他们进入政治领域。马赛族妇女曾长期在其共同体内扮演重要的经济和社会角色,但随着男性作为政治和经济行为者的殖民政策的实施,她们被日益边缘化。非洲妇女不仅仅是殖民者和土著男性家长制合作关系模式下被动的牺牲品,在许多殖民国家,她们也操纵殖民地法院系统获取自己的利益,投资独立的经济企业,并进入在殖民融合过程中对她们开放的新的职业,比如教师或助产士等。

殖民融合也可以在帝国本土塑造性别关系。在英国,帝国主义明确女性和男性的性别身份,并经常提供建立适当的性别角色的环境。一个典型的例子是,发展和壮大于19世纪后半叶,英帝国大规模扩张时期的英国女权运动。英国女权主义者主张与英国男子平等的法律权利,但她们辩称代表被殖民者尤其是印度妇女,应教育她们争取平等地位。事实上,女权主义者认为,印度妇女受压迫的状况需要通过自己的政治参与,并利用其优越的道德权威"提高"印度"姐妹"的地位。在此背景下,英国女权主义者的女性自我意识主要依赖于她们在一个更加广泛

1312

的帝国主义世界中对性别关系的理解。

性别政策和民族主义者对帝国主义的反应

性别意识形态在全世界帝国主义活动中发挥了重要作用,其在民族主义对帝国主义的多样性反应上同样具有重要地位。然而,对帝国主义性别观念的反应没有一套跨越时空的模式可以遵循,其因殖民力量和地方文化的关系而差别很大。一种多样化的模式出现在1945年后的印度和印度尼西亚、20世纪六七十年代的津巴布韦、20世纪五六十年代的阿尔及利亚,这个模式就是积极的、男性至上(hypermasculine)的民族主义论。这种模式在哪里出现,哪里的女

欧仁·德拉克洛瓦(Eugene Delacroix)的《希腊在密淑伦的崩溃中灭亡》(*Greece Expiring on the Ruins of Missolonghi*, 1826)。布面油画。西方艺术家传统上把妇女当成一个国家或一件事情的化身。法国波尔多美术博物馆

性被殖民者就往往成为民族主义者暴力袭击的目标。在其他情况下,她们被理想化并被视为纯洁和传统的象征。民族主义斗争的两种策略都将女性角色边缘化,并往往使后帝国时代的性别关系趋于复杂化。第二种似是而非的模式是妇女积极参与到遍及世界的民族主义运动中。事实上,从法属印度支那到牙买加再到安哥拉,女人扮演着使者、供应商,甚至士兵等各种重要角色。

在非洲,津巴布韦的情况说明性别可以是反帝国主义的民族主义运动的话语和实践手段。在殖民统治下的津巴布韦,男人感到越来越无力,其传统地位被白种欧洲人取代,他们被视为儿童,无法保护津巴布韦妇女免遭男性殖民者的性侵犯。这种无力同样以不同的物质形式存在,因为殖民统治使津巴布韦男子更难以实现那些被认为是理想的男性化标志的目标,尤其是娶妻、购买土地并供养家庭。因此,津巴布韦民族主义在20世纪六七十年代呈现出积极的男性化姿态(两个主要政党按照公鸡和公牛的风格塑造自己),强调男子气概,强调阳刚和异性的重要性。在此期间,针对妇女的暴力事件急剧增加,强奸和强奸未遂犯罪人数大幅上升。与此同时,妇女实际参与到津巴布韦的民族主义运动是其最终成功的关键。她们给民族主义者游击队提供情报,给民族主义战士提供食物和住所,1975年以后她们也被培训成为游击队战士。然而,尽管有妇女的积极参与,1980年津巴布韦获得独立并没有使津巴布韦妇女获得与男性平等的地位。相反,像其他许多成功反抗帝国主义后出现的国家一样,父权制以新的面目重新出现,男子汉气概被突出强化,许多殖民地男性以这种方式回应其殖民统治者。

第二次世界大战后不久出现的印度尼西亚民族主义运动,和津巴布韦民族主义运

1313

动一样,也盛行男性至上的观念。与津巴布韦一样,印度尼西亚男人长期忍受着荷兰殖民者的侮辱,他们被认为是软弱和女性化的人。此外,荷兰男子取得了接近印度尼西亚妇女的特权。为了回击这种对印度尼西亚男人没男性气概的嘲讽,在1945—1949年的反抗殖民统治的斗争中,印度尼西亚民族主义者用极其强烈的男性化行为回应这种论调,其方式是强调强韧、男子气概和军国主义气质,与传统的(爪哇的)礼貌和优雅的文化决裂。在这次革命运动中,妇女和女性被看作危险的人,甚至是卖国者。殖民地妇女作为妾的角色曾让她们被怀疑为潜在的间谍,女性的柔弱被视为潜在的消耗,甚至是扼杀革命事业的原因。事实上,因为如此多的印度尼西亚民族主义者觉得有必要重树一个新的男性至上的性别认同观念,以与欧洲帝国主义进行斗争,这一运动就与女性支持者希望

按照欧洲模式创建一个新的意义上的男性化社会的想法背道而驰。

启示

全球帝国主义与性别之间的关系是复杂的,并没有跨越时间和空间上的一致性。其精确的形式因不同的地域条件、被强加的殖民文化以及所涉及的具体问题而不断变化。此外,在帝国主义时代,性别观念的后果往往以一种意想不到的、模糊的方式起作用。但是,可以明确的是,性别观念对世界各地帝国主义活动至关重要,它在物质世界中发挥着真实、可观察到的影响,正如在代议制、演说和心理的王国中一样。此外,对帝国主义控制的性别反应,在许多新独立国家塑造性别关系中发挥作用,其影响目前仍可感知。

进一步阅读书目:

Allman, J., & Burton, A. (2003). Destination Globalization? Women, Gender and Comparative Histories in the New Millennium. *Journal of Colonialism and Colonial History*, 4(2),1-10.

Allman, J., Geiger, S., & Musisi, N. (2002). *Women in African Colonial Histories*. Bloomington: Indiana University Press.

Ballhatchet, K.(1980). *Race, Sex, and Class under the Raj: Imperial Attitudes and Policies and Their Critics*. London: Weidenfield and Nicolson.

Burton, A.(1994). *Burdens of History: British Feminists, Indian Women, and Imperial Culture, 1865-1915*. Chapel Hill: University of North Carolina Press.

Chaudhuri, N., & Strobel, M.(1992). *Western Women and Imperialism: Complicity and Resistance*. Bloomington: Indiana University Press.

Clancy-Smith, J., & Gouda, F.(1998). *Domesticating the Empire: Race, Gender, and Family Life in French and Dutch Colonialism*. Charlottesville: University Press of Virginia.

Cooper, F., & Stoler, A.L.(1997). *Tensions of Empire: Colonial Cultures in a Bourgeois World*. Berkeley and Los Angeles: University of California Press.

Dawson, G.(1994). *Soldier Heroes: British Adventure, Empire, and the Imagining of Masculinities*. London: Routledge.

Epprecht, M.(1998). The "Unsaying" of Indigenous Homosexualities in Zimbabwe: Mapping a Blindspot in an African Masculinity. *Journal of Southern African Studies*, 24(4),631-651.

Hodgson, D.(1999). "Once Intrepid Warriors": Modernity and the Production of Maasai Masculinities. *Ethnology*, 38(2),121-150.

Holden, P., & Ruppel, J. (2003). *Imperial Desire: Dissident Sexualities and Colonial Literature*. Minneapolis: University of Minnesota Press.

Kleeman, F.Y.(2003). *Under an Imperial Sun: Japanese Colonial Literature of Taiwan and the South*. Honolulu:

1314

University of Hawaii Press.

Levine, P. (2003). *Prostitution, Race, and Politics: Policing Venereal Disease in the British Empire*. New York: Routledge.

Linnekin, J. (1990). *Sacred Queens and Women of Consequence: Rank, Gender, and Colonialism in the Hawaiian Islands*. Ann Arbor: University of Michigan Press.

Lorcin, P. (1999). *Imperial Identities: Stereotyping, Prejudice, and Race in Colonial Algeria*. London: I. B. Tauris.

Midgley, C. (1998). *Gender and Imperialism*. Manchester, U.K.: Manchester University Press.

Sangari, K., & Vaid, S. (1990). *Recasting Women: Essays in Indian Colonial History*. New Brunswick, NJ: Rutgers University Press.

Sinha, M. (1995). *Colonial Masculinity: The "Manly Englishman" and the "Effeminate Bengali" in the Late Nineteenth Century*. Manchester, U.K.: Manchester University Press.

Stoler, A. L. (2002). *Carnal Knowledge and Imperial Power: Race and the Intimate in Colonial Rule*. Berkeley and Los Angeles: University of California Press.

Streets, H. (2004). *Martial Races: The Military, Masculinity, and Race in British Imperial Culture, 1857–1914*. Manchester, U.K.: Manchester University Press.

希瑟·斯特雷茨(Heather Streets) 文

李军 译，刘健、王超华 校

Inca Empire　印加帝国

1315　　　1533 年，西班牙征服者弗朗西斯科·皮萨罗(Franciso Pizzaro)夺取印加首都库斯科(Cuzco)。在这之前的 100 年间，印加人统治了一个可以媲美中国的庞大帝国。通过外交和武力手段，印加人征服了具有不同信仰和社会结构的多元族群。而在西班牙统治的第一个 50 年里，疾病、内战和强制劳役消耗了其一半以上的人口。

15 世纪中叶，印加帝国是西班牙殖民者到来之前最大的美洲国家。帝国覆盖了将近 100 万平方千米的土地，占据安第斯山脉 4 000 多千米的土地。北起今厄瓜多尔北部边境，向南延伸到智利首都圣地亚哥，其疆域涵盖了滨海、沙漠、崎岖蜿蜒的山脉和林木葱茏的森林。在帝国首都库斯科(位于现今秘鲁首都利马东南方向)，被称为萨帕印加(Sapa Inca，独特的印加)的皇帝拥有 1 000 万不同种族的臣民，他们语言不同、生活方式不同、政治组织结构不同，且崇拜不同的神祇。

印加人称他们的帝国为"塔万提苏尤" (Tawantinsuyu)，意思是"有着千丝万缕的联系的 4 个部分"。这 4 个部分分别是克拉苏维奥 (Collasuyo)、安迪苏维乌(Antisuyu)、昆第苏维乌(Cuntisuyu)、钦查苏维乌(Chinchasuyu)，是根据源自首都的假想线划定的政治省份。塔万提苏尤的名称与其说反映了现实，还不如说反映了愿望。在帝国短暂的统治时期，这 4 个区域的人口生活艰难。帝国建立大约 100 年后，168 名西班牙冒险者在弗朗西斯科·皮萨罗(1475—1541)的带领下，于 1533 年灭亡塔万提苏尤。由于在安第斯山区没有发现文字记载，我们只能从考古、早期的西班牙文件和大量来自当地的叙述材料中去解读这个帝国。这些资料记录存在众多矛盾之处,这使我们对印加人的认识依然存在不少差距。

帝国的兴衰

根据口述传统,印加文明起源于四兄弟和四姐妹,他们出现在库斯科附近一个叫"黎明"(Pacariqtambo)的山洞里。在曼科·卡帕克(Manco Cappac)和他的妹妹/妻子玛玛·奥克拉(Mama Oqlla)的带领下,兄弟姐妹寻找安身之处。在这次寻找结束之后,曼科·卡帕克建立了库斯科,并成为第一个印加王。印加人只是许多人数较少但骁勇善战的族群之一,15世纪初之前他们一直居住于秘鲁中部山区。此时,第8位统治者维拉科嘉·印加(Viracocha Inca)正准备将王位让给他的一个儿子。在权力转移之前,对手昌卡人(Chancas)侵略并包围了库斯科村。

维拉科嘉·印加和他的继承人逃离城市,他的另一个儿子库西·印加·尤潘基(Cusi Inca Yupanqui)留下来保卫库斯科,抵抗占据优势地位的敌人。就在库西·印加·尤潘基和他的部队坐以待毙,准备死在昌卡人手下时,他得到启示。造物主上帝告诉他,如果他传播真正的宗教,他会是一个伟大的统治者和征服者。受到神灵的鼓舞,库西·印加·尤潘基突破了包围,继而击溃了昌卡人。他被加冕为统治者,名为帕查库特克(Pachakuti),意为"大灾变"或"重塑世界的人"。在之后50年的时间里,帕查库特克(1438—1471年在位)和他的儿子图帕克·尤潘基(Tupac Yupanqui,1471—1493年在位)征服了几乎所有可能成为印加帝国臣民的族群。帝国的其余部分——厄瓜多尔和秘鲁北部的查查波亚斯酋邦(Chachapoyas)——被随后继承王位的瓦伊

1316

纳·卡帕克(Huayna Capac,1493—1526年在位)征服。

印加人以传播真正的宗教为名使其扩张合法化。真正的宗教需要做两件事情——对现存的神祇重新安置,创建一个"正确"的帝国万神殿,并将印加太阳神(Inti)置于该神灵体系的第二位(造物主维拉科嘉在最高位置)。只要被征服者默认神在神灵体系中的地位并崇拜太阳神,当地宗教就能够完整地保留下来。这样,印加人可以不用冒犯当地信仰,能够继续进行他们神圣的扩张。

外交加武力是印加人的征服方式。抵抗帝国的后果往往十分严重,例如,击败的的喀喀湖的科拉人(Collas)后,萨帕印加人的军队(Sapa Inca)摧毁了许多村庄,杀害了许多居民,并将所有的科拉贵族斩首。然而,那些接受印加统治的人,却被赏赐丰盛的礼物并在新帝国被赋予特权地位。

这幅18世纪的雕刻画表现了1532年弗朗西斯科·皮萨罗抓获印加领袖阿塔瓦尔帕(Atahuallpa)

瓦伊纳·卡帕克统治末期,维持庞大帝国的压力开始显现。萨帕印加的北部和南部边界动荡不安。叛乱更加频繁,尽管这个问题在整个帝国统治期间一直存在。亚热带森林和东部边境居民滋扰帝国,由于种种原因他们很难被击败。他们人数很少,移动迅捷,并且没有政治首领。印加人的军事战术无法在热带森林中发挥作用,因为那里的民族往往采用游击战术,以小股士兵作战。印加人还面临罹患疾病,尤其是南美锥虫病、寄生虫感染的风险。印加人在东部低地的探险活动也没有获得巨大利益,野生动物、蜂蜜、毛皮及他们掠取的黄金数量,与他们的付出不成比例。在西班牙人侵略前夕,瓦伊纳·卡帕克患天花死去,这加速了内乱,他的两个儿子瓦斯卡尔(Huascar)和阿塔瓦尔帕(约1502—1533)为争夺王位展开斗争。阿塔瓦尔帕最终击败了他的哥哥,但几天之后,1532年11月16日他就被皮萨罗抓获。该年11月,阿塔瓦尔帕和瓦斯卡尔双双死去,西班牙人控制了库斯科。1572年,印加人的最后抵抗因比尔卡班巴(Vilcabamba)丛林堡垒被攻克而告终。

印加建设者将精细切割的石块拼装在一起,无须使用砂浆,库斯科城墙就是这样修建的。美国国会图书馆

在印加帝国征服时期,它的扩张看起来有些过度。瓦伊纳·卡帕克统治时,帝国扩张的步伐明显减缓,皇帝花了大部分时间在各个地方平息叛乱。如上所述,帝国的压力因瓦斯卡尔与阿塔瓦尔帕争夺王位陡然增强。瓦斯卡尔被指定为瓦伊纳·卡帕克的继任者,并得到了库斯科皇族势力的支持。而阿塔瓦尔帕控制了基多(Quito)经验丰富的军队,他最初承认瓦斯卡尔为合法的继承人,但拒绝访问这位住在库斯科的同父异母兄弟。瓦斯卡尔有背叛的嫌疑(也许是理所当然的,因为阿塔瓦尔帕似乎打算在王位继承权问题上赌一把),他派出一支人数众多但纪律散漫的军队企图占领基多而未果,继承战争随之爆发。在此后的6年时间里,兄弟间有过多次军事和外交上的交锋,但未分胜负。最后,瓦斯卡尔在战斗中落入敌军的陷阱被捕。当阿塔瓦尔帕被皮萨罗抓获时他正在前往接管库斯科的途中。

虽然关于晚期印加帝国的叙述大多比较准确,但考古证据与他们的崛起的事实并不相符。例如,研究表明,印加人控制了库斯科地区周围许多山谷,是中间期晚期(Late Intermediate Period, 1000—1438)之前重要的地区大国。虽然昌卡人攻击印加,但在遭受攻击时印加已是一个强国。另一个例子是,最近的碳14研究表明,帝国扩张的时间比文字记载的历史早25到50年。

中心地带

1533年,当西班牙人到来时,首都库斯科有超过10万人居住,是南美洲最大的城市。这座城市坐落于今库斯科所在地,即秘鲁中部海拔3 395米的肥沃山谷里。印加人扩张的时候,库斯科只是一个典型的山区小城,由生活在不同区域的几个茅屋族群组成。大约在1463年,帕查库特克从他征服的地方返回,将所有非印加族群从城市中心驱逐,并重新安置他们到边缘地区的飞地。萨帕印加重建库斯科作为他的首都。

城市的中心分为上下两部分,旁边是一个也被分成两部分的广场。在广场中间,一块尖顶覆盖黄金的石头是举行许多国家仪式的核心。围绕广场的大型厅堂可能是神庙、宫殿和服侍皇帝的宫女的住处。城市中心区可能按照美洲狮的形状建造,萨克萨瓦曼(Saqsawaman)巨石台阶为其头部。建设者用切割完好的石块严密地拼装在一起建造萨克萨瓦曼,并且不用砂浆。库斯科的许多重要建筑都使用这种类型的砖石,建筑装饰包括梯形龛和双层(甚至三层)门框。然而,印加中心和各省的绝大多数建筑都是由鹅卵石或土坯(或两者混合)建造。

印加皇帝从至少来自 10 个王室家族(称为 *panacas*)的成员中挑选出来,他被授予王位,是一个绝对的统治者。萨帕印加是神圣的国家创造者维拉科嘉神和太阳神的儿子英迪的后代。皇帝去世时,他的全部财产都由他的后裔继承。他的木乃伊受到崇拜,他继续进食(通过燔祭)、探访朋友(其他木乃伊),并出席仪式。在这个制度下,有必要为每个继任的统治者建立自己的宫殿、地产和梯田。通过继承分割,每一次新帝加冕都会形成一个新的城市(*Panaca*)。以前皇帝的城市都存放他的财产,每一个新皇帝都需要建立自己的产业,因为他新建的城市一无所有。皇家产业通常由一批建筑精美的住宅、会堂和神社组成,占据了库斯科周围大量土地。保存完好的马丘比丘(Machu Picchu)的位置 1911 年由美国考古学家海勒姆·宾厄姆(Hiram Bingham)确认,可能是帕查库特克的产业之一。

除造物主和太阳神外,印加神祇中还包括象征其他星辰和自然力量的神祇,比如月神、闪电神、雷神和彩虹神。印加人还崇拜几百个圣地,大多是泉水、岩石、湖泊和山脉,被称作瓦卡斯(*huacas*);另外还崇拜存放在地上圣所中的祖先的木乃伊。供奉者向这些神祇贡献黄金、白银、服装、瓷器、玉米酒、美洲驼、羊驼,少数情况下还供奉人牲。根据 12 个太阴历月份,还要举行众多仪式。在库斯科周围,这些圣地通过由库斯科太阳神庙科里坎查(Coricancha)辐射出来的 40 或 41 条线组成一个网络。这个网络被称作塞克(*ceque*)体系,每条线都属于一个特定的社会团体,他们负责在各个瓦卡斯举行仪式活动。

1318

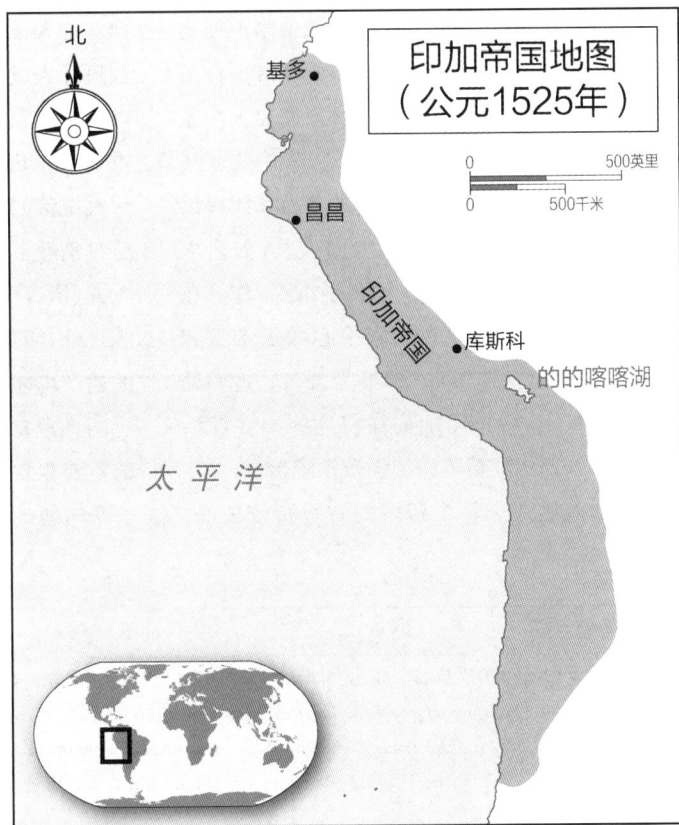

印加帝国地图(公元1525年)

印加各省

　　印加帝国的 4 个部分至少被分为 80 个省。虽然印加人在这些省份中通常控制最重要的政治和宗教职位，但地方贵族依然保留对当地事务的控制权。在一般情况下，印加人鼓励一定程度的自主权，以减少行政成本和防止拉帮结派，努力保持当地的宗教、服饰和语言传统。尽管如此，帝国仍然是一个破坏力量。帝国声称拥有所有自然资源，将土地划分成块分配给印加人、国家宗教和地方共同体，将拓荒者——称米特马克-库纳（mitmaq-kuna）——迁入新区，并在物产富饶的地方建立定居点。此外，帝国根据其利益取消或确立政治制度，将当地人口按照 100、500、1 000、5 000 和 10 000 的规模组织起来以方便普查、招募劳动力。

　　印加人的经济体制既不是市场经济，也不是朝贡制度。国家没有货币，严格来说帝国不需要向臣民征收什么实物。相反，帝国的经济支柱是劳动税，遵循互惠的原则。每家每户需要为国家提供某种服务，如耕作、放牧、建筑、采矿或服兵役等。作为回报，国家提供大量的食品和饮料供应臣民。国家还供养了一些专门人员，如艺术家、家内仆人、神庙工人等，全职为国家工作。在这些专业劳动者中，以在国家中心酿玉米酒和织布的年轻女性（aqllakuna）最为著名。她们处于严密保护下，萨帕印加往往将这些妇女嫁给印加人和本地贵族精英以加强政治统治。

　　印加人建造了整个帝国的省级行政中心。

1319

　　这些中心是地方行政、宗教仪式、军事行动和劳工招募的枢纽。最重要的是，印加人在这些地方积累了丰厚的劳动税。在一些大城市，比如维尔卡瓦曼（Willkawaman）、旁普（Pumpu）、卡哈马卡（Cajamarca）和瓦努科潘普（Huánuco Pampo），有数百个仓库。一种结绳记事装置（Quipus）记录了仓库的存储货物。人口普查数据、历法、天文观测，甚至历史也用这种结绳记事装置记录。虽然很多产品在各省就地消化，但是人力和骆驼牵引的大篷车在 3 万千米的印加道路上往返运输商品。在地形崎岖的安第斯山脉，这条道路是一个奇迹，它有利于部队运动。在这些遥远漫长的道路上，信息和小件物品能快速传递。

印加与世界

　　西班牙人征服印加后，他们几乎没有机会向印加人学习。借助印加王位继承斗争的契机，西班牙人成功地占领印加。被征服群体的反抗以及冒险家带来的疾病——这个因素可能最为重要——几乎完全抹杀了安第斯文明。在西班牙人统治的第一个 50 年里，流行病、内战和强制劳役消耗了印加一半以上的人口。村庄被完全废弃，语言失传，各类仪式被淡忘。在安第斯山脉之外，印加人和西班牙人相融合影响最深远的遗产可能是马铃薯。作为印加平民和精英人士的日常食物，马铃薯现在已经成为世界各国的重要粮食作物。但它不大可能让我们联想到一个短暂的强大帝国。

进一步阅读书目：

Bauer, B. S. (1992). *The Development of the Inca State*. Austin: University of Texas Press.

Cobo, B. (1979). *History of the Inca Empire* (R. Hamilton, Ed. & Trans.). Austin: University of Texas Press.

D'Altroy, T. N. (2002). *The Incas*. Malden, MA: Blackwell Publishing.

De Betanzos, J. (1996). *Narrative of the Incas* (R. Hamilton & D. Buchanan, Eds. & Trans.). Austin: University of Texas Press.

Gasparini, G., & Margolies, L.(1980). *Inca Architecture*. Bloomington: Indiana University Press.

Hemming, J.(1970). *The Conquest of the Incas*. Orlando, FL: Harcourt Brace.

Hyslop, J.(1984). *The Inka Road System*. New York: Academic Press.

Hyslop, J.(1990). *Inka Settlement Planning*. Austin: University of Texas Press.

Laurencich Minelli, L. (Ed.).(2000). *The Inca World: The Development of Pre-Columbian Peru, a.d. 1000 – 1534*. Norman: University of Oklahoma Press.

Malpass, M.A. (Ed.).(1993). *Provincial Inca: Archaeological and Ethnohistorical Assessment of the Impact of the Inca State*. Iowa City: Iowa University Press.

Moseley, M.E.(2001). *The Incas and Their Ancestors: The Archaeology of Peru* (Rev. ed.). New York: Thames and Hudson.

Murra, J.V.(1980). *The Economic Organization of the Inka State*. Greenwich, CT: JAI Press.

Rostworowski de Diez Canseco, M.(1999). *History of the Inca Realm*. New York: Cambridge University Press.

Rowe, J.H.(1946). Inca Culture at the Time of the Spanish Conquest. In J. Steward (Ed.), *Handbook of South American Indians* (Vol.2, pp.183 – 330). Washington, DC: United States Bureau of American Ethnology Bulletin.

贾斯汀·詹宁斯(Justin Jennings) 文

李军 译,刘健、王超华 校

Indigenous Peoples 土著

虽然"土著"常被用来形容起源于一个特定的地方的人类(或非人类的生命),但"土著人"一词专指那些在自己的土地上已经成为少数的民族。其原因包括从游牧到农业的转变,以及入侵、迁移和殖民活动。21 世纪,许多民族在与殖民大国的斗争中已经"丧失"土著特性,成为独立的民族国家的公民。

在一定意义上说,所有人都是土著,因为他们总是来自某地。"土著"一词指那些因一个技术更先进的民族的扩张而在自己的领土内成为少数民族的人。在过去的 500 年中土著出现的进程不断加速,尽管这一过程像农业社会来临一样古老。在 21 世纪,土著的主要群体是美洲印第安人、澳大利亚和大洋洲的原住民(包括巴布亚新几内亚、新西兰和夏威夷人)、遥远的北半球的因纽特人(俗称"爱斯基摩"人)和西伯利亚人,以及日本的阿伊努人。

虽然土著的类型非常多样,从亚马孙热带丛林中的小族群、危地马拉高原的百万民众、太平洋岛屿上的数千人口到苔原地区的小村庄,但他们都有着相似的特征。相似之处是主流,大多数情况下,这些团体在过去的几个世纪中已经从原来的居住地流散,其他民族占领了原住民的居住地。土著没有独立的国家——尽管他们可能将自己定义为"民族"(如加拿大土著人在许多领域都被正式称为"第一民族")——但是他们有相当大的自主权,加拿大的因纽特人就是这样。土著人还改变了地区殖民化形态,使自己成为民族国家的公民。在民族国家里,他们是多数并握有政治权力。

历史时期

从某种意义上说,原住民征服活动可以追溯到史前时期,它可以解释尼安德特人消失的原因。土著人遍布世界各地,主要经历过 4 个历史时期。第一阶段为通过征服和殖民化缓慢地

1320

实现统治土著人的进程,这一进程始于农业社会形成和首批国家建立的时期,大约在 7 000 至 8 000 年前。由于人口增长的速度超出狩猎和游牧社会能够承受的界限,农业社会逐步取代了这些土著人社会。游牧民族偶尔入侵农业社会,但最终被同化,比如公元前 13 世纪雅利安人入侵印度,13 世纪蒙古人入侵俄罗斯、中东。

16 世纪,这一进程大大加速。随着西班牙、葡萄牙征服美洲和菲律宾,征服土著人的第二阶段开始。那些被称为"印第安人"的族群,如玛雅人、墨西哥人(阿兹特克人)和印加人,主要是农业社会人口,这改变了原有的农业社会和狩猎社会的关系。美洲印第安人遭受欧洲人及其后继者的征服和同化,这个过程直到 20 世纪才结束。在这里,"Indian"一词显然是误用,克里斯托弗·哥伦布以为他到达了印度,因此他称当地居民为"印第奥斯"(*indios*)。一代人之后,各种各样的土著人在西班牙人占领并建立有利于印第安人的法律后接受了这个新名称。

第三阶段开始于 18 世纪后期欧洲列强征服太平洋岛屿和澳大利亚,而当西欧国家在 19 世纪瓜分非洲和亚洲部分地区时,这一进程加快。在这个阶段,工业化社会征服农业和渔猎社会,使他们变成土著人。

最后一个阶段开始于 20 世纪中叶,土著人反抗殖民列强,在非洲、亚洲和大洋洲建立独立的民族国家,其中有些土著人不再把自己视为土著。该过程一直持续到 20 世纪 90 年代,苏联解体和独立国家建立,土著群体转变成民族社会。同样,在美洲和太平洋岛屿的民族国家内,土著群体组织起来争取越来越大的自治和政治权利,社会变得更加民主,他们的多族裔特征日益得到承认。

美洲土著的形成

15 世纪 50 年代,西欧列强开始对世界各地进行殖民扩张,这是土著人产生最集中的时期。

虽然欧洲人均实行占领土地、剥削劳工、严惩反抗者的政策,但欧洲主要殖民列强对被征服人口的政策也有明显变化。土著社会类型的差异导致它们之间的互动关系也各不相同。例如,16 世纪的西班牙人发现在加勒比海有一个小型族群难以征服。后来,埃尔南·科尔特斯和弗朗西斯科·皮萨罗分别率领一支西班牙人进入墨西哥(阿兹特克)和印加帝国,通过与持不同政见的土著群体结成联盟征服了墨西哥和印加帝国。巴西的土著群体则过于松散,最终被相对较弱的葡萄牙人征服。同样,在北美东海岸,17 世纪的英国殖民者发现自己面对着联系松散但军事上相当强大的、无法轻易征服的人民。

在这张 20 世纪初的照片中,玻利维亚的艾马拉(Aymara)美洲原住民展示他们的传统服饰

葡萄牙人和英国人花了几十年处理殖民地土著人事务,欧洲的疾病也在殖民地蔓延。此后,西班牙人试图给印第安人保持一定的土地和法律权利,同时确立剥削他们劳动的原则,而葡萄牙殖民者(尤其是在巴西圣保罗)更加热衷于奴役土著人到东北部的甘蔗种植园工作。英

土著也努力保持他们的文化、语言和生活方式。这道障碍使外来者远离吉瓦会堂（kiva），这是一种地下宗教场所。新墨西哥州陶斯·普韦布洛

国人发现土著人用处不大，便掠走他们的土地；少数生活在北美北部和中部的法国人则和强大的土著群体结盟，开展皮草贸易。

中亚和太平洋地区土著的"形成"

17 世纪也是俄国征服西伯利亚的世纪。俄国人跨越乌拉尔山脉向东推进，俄国商人控制了布里亚特（Buryat）的蒙古牧民，同时也取得了对图瓦（Tuvan）、卡尔梅克（Kalmyk）、哈萨克、塔吉克等民族的脆弱的控制权，因为他们组织有力，并有机会比当地人获得更先进的武器。同样，中国人，尤其在清朝时向西扩展疆域，征服了今中国西北部新疆地区的蒙古人和突厥人。

18 世纪是太平洋岛民"转变为"土著人的转折点。爪哇和其他印度尼西亚主要岛屿的穆斯林与佛教徒慢慢向东扩张并征服岛上居民，英国接管了澳大利亚和新西兰。澳大利亚殖民地在 18 世纪中叶建立时还只有植物湾（Botany Bay），殖民者粗暴对待土著人，占领他们的土地，甚至杀死他们。英国与法国争夺新西兰。毛利人组织有力，能够使用火枪抵抗。1840 年，英国与许多毛利人酋长签署了《怀唐伊条约》（the Treaty of Waitangi），将毛利人变成英国臣民。毛利人的土地使用权概念不同于英国，出卖土地意味着对方购买了临时使用权，而不是永久地失去土地。由于欧洲殖民者开始征服新西兰，毛利人在 19 世纪 60 年代进行了一系列反抗，但均无果而终。后来英国人非法攫取了土地。

日本列岛最北部的北海道居住着不同人群组成的阿伊努人。14 世纪，日本国家扩张，阿伊努人被征服。在江户或德川时期（1600/1603—1868 年），国家优待日本人，贬低阿伊努人。1868 年明治维新后，由于人口压力，国家以进步的名义派日本人移居北海道，使阿伊努人在自己的土地上成为少数民族。阿伊努人被迫学习日语并放弃他们的习俗，但是许多家庭仍然保持他们的神秘文化。

美洲民族国家和土著

19 世纪初，大多数北美的前欧洲殖民地已

1323

经独立,但土著人的处境日益恶化。在北美,美国和加拿大屠杀印第安人或迫使他们进入土地贫瘠的保护区。在 19 世纪的巴西,帝国政府将印第安人视为必须被同化的人,如果他们反对同化就会被灭绝。在西班牙的前殖民地,印第安人最初在独立后被赋予公民权利,但此后这些权利被剥夺,因为所谓的精英——主要是欧洲人的后裔强化了其国家统治,并以科学的种族主义和社会达尔文主义作为他们强取豪夺的借口。这导致土著人口在 19 和 20 世纪初变得一贫如洗。此外,19 世纪末,民族国家开始入侵尚未纳入其统治的土著人地区,比如阿根廷的潘帕斯和巴塔哥尼亚地区。

从 20 世纪 80 年代开始的土著运动

土著运动自 18 世纪民族国家成立时就一直存在,由于其成员的从属关系和无法在国家的政治舞台上发出自己的声音,大多数运动主要通过暴力来表达其要求。在过去的几十年时间里,情况有了变化,因为政府已经为本国公民提供了表达不满的途径。作为组织人民的阶级概念有所衰落,在许多国家,种族的概念取而代之。在这些国家里,土著人无论是在数量还是在他们居住地的面积上都占据优势。

20 世纪的最后几十年,土著运动在世界各地蓬勃发展,从拉丁美洲到亚洲、非洲、欧洲。土著运动的类型多种多样,目标不尽相同,但是许多运动都是受到 1989 年通过的国际劳动组织(ILO)第 169 号公约的激励。作为国际法的一部分,这个公约规定土著人民有权保持他们的文化、语言以及生活方式。这一公约的起草者可能是非政府组织(NGO),它还帮助组织和资助这些土著运动。

更多在美洲的成功

虽然存在很大的差异,但美洲国家对待土著人的措施更积极些。20 世纪 70 年代,美国印第安土著运动(AIM)试图迫使美国政府兑现它在 19 世纪与美国原住民部落签署的条约,但这种努力招致联邦调查局(FBI)的镇压;1973 年,在南达科他州的伍德尼(Wounded Knee),政府和印第安土著运动活动家发生对峙。从此,土著运动一直没有取得明显的进展。1991 年通过关于保护区赌博合法的法律后,许多部落都试图通过开办赌场而不是以统一的集体运动的方式来发展保护区的经济。

有一些土著运动更为成功,尤其是加拿大的因纽特人建立了自治区。自 1975 年以来,加拿大政府已经签署了一系列法律,在遥远的北方地区建立大型自治区。最大规模的自治区建在努纳武特地区,在那里因纽特人对立法和司法体系有实质性的控制权,从而在加拿大联邦政府内部获得极大的自治权。

南方的土著运动也在不同程度上获得成功。在墨西哥,从 1994 年开始,南部恰帕斯州的武装萨帕塔运动(Zapatista)推动着土著运动星火燎原,但事实上,土著人没有从中获益。危地马拉的土著活动家里戈贝塔·门丘(Rigoberta Menchú)赢得了 1992 年诺贝尔和平奖。敢死队和暴力的政治氛围迫使玛雅人联合建立语言和文化组织,但没有明确的政治目标。门丘的例子更重要的是给在拉丁美洲的其他地方的运动提供了道德标志。

最成功的土著运动发生在南美洲的安第斯山脉,那里大量的土著人口已经能够在政治上动员起来。20 世纪 80 年代后期,厄瓜多尔土著人将高原地区的农民与平原地区以狩猎和采集为生的人口联合起来。在高原地区,农产品价格、交通、耕地缺乏等问题对土著人极为重要;而在低地定居的入侵者、石油公司和矿工对环境的破坏以及不分青红皂白地道路建设是平原地区最重要的问题。尽管如此,不同群体组成厄瓜多尔土著民族联合会(CONAIE),并筹

一个没有历史的民族就像风中的野牛草一样。

——苏人谚语

划大规模和平占领厄瓜多尔首都基多的运动。20世纪90年代，厄瓜多尔土著民族联合会组成了帕卡丘提克党（Pachakutik），并在2000年1月大选中击败时任厄瓜多尔总统。2003年帕卡丘提克党选举厄瓜多尔陆军上校卢西奥·古铁雷斯（Lucio Gutiérrez）为领袖，他曾在2000年与土著人合作；但此后不久，因为古铁雷斯不愿满足土著人的要求，帕卡丘提克党与其产生对立。此后，拉斐尔·科雷亚（Rafael Correa）左派政府改组帕卡丘提克党，帕卡丘提克党失去其政治意义。

在玻利维亚，土著组织虽有起伏，但在21世纪早期仍然发挥重要作用。土著政党虽然从来没有赢得较多选票，但它们已经与其他左翼政党结盟。在2002年的选举中，艾沃·莫拉莱斯（Evo Morales）"发现"土著的价值，并利用之将时任总统赶下台，他本人则在2005年以多数票当选。从那时起，政府实施扶持土著的政策，并让大多数土著领袖进入体制。在秘鲁，土著运动处在初创期，相对来说效果寥寥。但是，阿里桑德罗·托莱多（Alejandro Toledo）在2001年利用土著的作用赢得总统大选。2009年，警方在东秘鲁丛林中屠杀土著活动家，导致政府重新审视采矿业和土地政策，但目前还不清楚这是否会给土著人口造成更大影响。

土著运动在南美的其余地方没有什么发展，只有智利的马普切人（Mapuche）在该国南部有比较大的政治影响。在巴西，不同的土著群体与非政府组织联合以保护自己的土地。在这些国家和南美其他国家，相比于其他人口，土著群体的人数较少，这也削弱了他们对国家政治的影响力。尽管如此，民主制度以及跨国的非政府组织给予他们以网络和资金援助，使得土著运动在南美洲成为一股不可忽视的力量。

非洲的种族乱象

土著运动在非洲已经出现，但情况十分混乱，因为族群之间的冲突已经持续了几个世纪。主要是大陆北部阿拉伯语人口和非阿拉伯语人口之间的冲突，以及讲班图语的人口和萨恩人（San，布须曼人）之间的冲突。萨恩人已经组成包括南非、博茨瓦纳、纳米比亚、赞比亚和津巴布韦人在内的跨国组织。每个国家都有土著运动发生，而且在萨恩人存在的国家都形成了伞状的、波及全国的运动。这样的组织对跨国非政府组织有吸引力，与非萨恩人群相比，萨恩人人口较少，对国家政治的影响相对较弱，这导致萨恩人的运动在任何一个国家都难以立足。

太平洋岛屿居民的民族地位

在太平洋岛屿国家去殖民化过程中，种族运动（在许多岛屿可以等同于民族运动）获得了民族地位。唯一的例外是在法国和美国人口较多的岛屿，这里居民的祖先从西欧迁移而来，与新西兰和澳大利亚类似。在新西兰，毛利人已经取得了相当大的自主权和政治权利（2001年他们的人口约占全国人口的15%），并依据他们的人口数量在议会占有相应的代表席位。1980年，新西兰设立怀唐伊法庭，审查从19世纪开始的土地拥有权。1995年，英国女王伊丽莎白为英国对毛利人犯下的罪行公开道歉，土著人赢得了道义上的胜利。

在澳大利亚，原住民虽然已经获得了一些权利，但在政治组织和权利方面仍然落伍。土著人比毛利人更加乡土化，教育程度较低。目前尚不清楚由前总理约翰·霍华德在2004年制定的免费让原住民子女上学的政策是一种新形式的家长作风，还是因白人征服所犯下的一切罪恶而承担的"共同责任"之一。

土著运动的未来

在某些地区，比如美洲，土著运动将继续存在，虽然在厄瓜多尔、玻利维亚，以及某种程度上在阿根廷，政府对一些运动采取了包容态度。通

1326

过互联网沟通以及与非政府组织促进机构加强联系,秘鲁和危地马拉土著运动可能会展示柔和民主的政治力量。

然而,土著运动并不总是积极发展的。20世纪90年代,在卢旺达、土库曼斯坦和津巴布韦,统治者经常以收回土著人权利的名义迫害定居的土著人口。

进一步阅读书目:

Anaya, A. J. (2000). *Indigenous Peoples in International Law*. Oxford, U.K.: Oxford University Press.

Anderson, A. (1998). *The Welcome Strangers: An Ethno-history of Southern Maori, 1650 – 1850*. Dunedin, New Zealand: University of Otago Press.

Brown, D. (2001). *Bury My Heart at Wounded Knee: An Indian History of the American West*. New York: Henry Holt.

Dean, B. C., & Levi, J. M. (Eds.). (2003). *At the Risk of Being Heard: Identity, Indigenous Rights, and Postcolonial States*. Ann Arbor: University of Michigan Press.

Forsyth, J. (1994). *A History of the Peoples of Siberia: Russia's North Asian Colony 1581 – 1990*. Princeton, NJ: Princeton University Press.

Hiatt, L. R. (1996). *Arguments about Aborigines: Australia and the Evolution of Social Anthropology*. Cambridge, U.K.: Cambridge University Press.

Howard, B. R. (2003). *Indigenous Peoples and the State: The Struggle for Native Rights*. DeKalb: Northern Illinois University Press.

Keal, P. (2003). *European Conquest and the Rights of Indigenous Peoples: The Moral Backwardness of International Society*. Cambridge, U.K.: Cambridge University Press.

Kicza, J. E. (2000). *The Indian in Latin American History: Resistance, Resilience, and Acculturation*. Wilmington, DE: Scholarly Resources.

Langer, E. D. (Ed.). (2003). *Contemporary Indigenous Movements in Latin America*. Wilmington, DE: Scholarly Resources.

Langfur, H. (2006). *The Forbidden Lands: Colonial Identity, Frontier Violence, and the Persistence of Brazil's Eastern Indians, 1750 – 1830*. Stanford, CA: Stanford University Press.

Martin, P. (2002). *The Globalization of Contentious Politics: The Amazonian Indigenous Rights Movement*. New York: Routledge.

Martin, T. (2001). *The Affirmative Action Empire: Nations and Nationalism in the Soviet Union, 1923 – 1939*. Ithaca, NY: Cornell University Press.

Millward, J. A. (1998). *Beyond the Pass: Economy, Ethnicity, and Empire in Qing Central Asia, 1759 – 1864*. Stanford, CA: Stanford University Press.

Orange, C. (1996). *The Treaty of Waitangi*. Crawford, Australia: Paul & Co Pub Consortium.

Purich, D. (1992). *The Inuit and Their Land: The Story of Nunavut*. Toronto, ON: Lorimer Press.

Rudelson, J. J. (1997). *Oasis Identities: Uyghur Nationalism along China's Silk Road*. New York: Columbia University Press.

Sharp, A. (1997). *Justice and the Maori: The Philosophy and Practice of Maori Claims in New Zealand since the 1970s*. Oxford, U.K.: Oxford University Press.

Steckley, J. (2001). *Full Circle: Canada's First Nations*. Toronto, Canada: Prentice Hall.

Walker, B. L. (2001). *The Conquest of Ainu Lands: Ecology and Culture in Japanese Expansion, 1590 – 1800*. Berkeley: University of California Press.

Wanganeen, E. (1986). *Justice without Prejudice: The Development of the Aboriginal Legal Rights Movement in South Australia*. Sidney, Australia: South Australian College of Advanced Education.

1327

埃里克·兰格(Erick Langer) 文

李军 译,刘健、王超华 校

Industrial Revolution　工业革命

18世纪中后期，英国、法国和美国从一个以农业为基础的社会向一个专注于工厂生产的社会转变，学者们将这个过程定义为"第一次工业革命"。虽然他们并不同意蒸汽动力的发展是其最主要的原因，但他们认同工业化和日益增长的城市人口导致人类过度消耗矿物能源和自然资源。 1328

工业革命标志着人类社会从以农业为基础的经济和家庭作坊向工厂商品生产转变，这与人口的增长和货物运输交通网络的建立相对应。第一次工业革命发生在18世纪的英国，经济学家一般认为，起始时间在1740至1780年之间。学者们并不认为工业革命是一个突变，也不认为工业革命是几个世纪积累的结果。同样，他们也不认同工业革命某种程度上是蒸汽机作为动力的结果。但是，从环境的角度来看，工业革命的意义是增加使用矿物能源和其他自然资源，对环境的要求不断增强。资源使用的增强不仅来自制造业对能源的需求，也来自工业化可以供养更多人口以及运送工人到工作场所和把制成品运输到市场上的需要。

工业革命的前提条件

如果英格兰的"农业革命"能够使用更少的工人生产更多的粮食，工业革命就不会发生。农业革命的形式很多，包括圈占牧场、播种机的发明、犁的改进和更高效的作物轮作系统等。从美洲进口的马铃薯的亩产量比其他谷物产量更高。

工业化反过来对农业和经济发生积极影响：如珍妮纺纱机和轧棉机的发明增加了种植棉花的利润；机械收割提高了作物收割的速度；机械工具的发展使得农具制造更方便；运河和铁路更加便利地将食品运输到市区，将工业品带到市场。

工业化需要一个稳定的货币和银行系统。工人需要确信支付给他们的硬币或纸币在购买商品和服务时会被普遍接受。工业家往往需要借贷资金来建设和添置设备。银行和其他放贷者需要确保他们借出的货币还回来时拥有和借出时一样的购买力。以英国物理学家和数学家艾萨克·牛顿爵士为代表，早期的科学发展也对工业革命产生促进作用，同时，新教思想在物质繁荣和神恩之间建立了积极的关联。 1329

煤炭业和蒸汽机

可以说，工业革命的后续影响之一是英格兰发生了生态变化——由于取暖和烹饪、建筑和生产玻璃中使用木材，导致英国森林资源枯竭。煤作为第一种被广泛使用的矿物燃料，是一种比木材更高效的热源；铁也被证明是一种更为耐用的建筑材料。但煤和铁的开采导致矿山

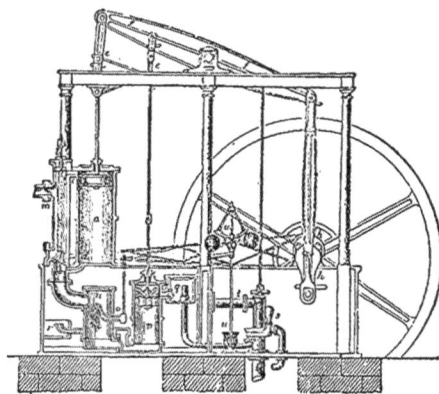

詹姆斯·瓦特通过引入第二缸改良了早期的蒸汽机

中到处是污水。一种原始的蒸汽发动机，被称为"矿工的朋友"，在 1698 年由德文郡的英国工程师托马斯·萨弗里（Thomas Savery，1650？—1715）申请专利，用来抽除矿井中的污水。德文郡铁匠托马斯·纽卡门（Thomas Newcomen，1663—1729）对萨弗里的发动机进行了改进，使机器运行更安全。但是，纽卡门的发动机是非常低效的，因为大部分煤燃烧所释放的能量在重新加热一个气缸的过程中浪费掉了，这个气缸在使用前需经过冷却是其操作过程中的一个环节。苏格兰发明家詹姆斯·瓦特（1736—1819）引入了第二个汽缸压缩蒸汽，从而使发电缸保持温暖。1775 年瓦特制造了模型，1780 年瓦特的公司在康沃尔矿山已经安装了 40 台发动机。瓦特改进后的蒸汽机越来越多地在工厂和矿山使用。1800 年，有超过 500 台蒸汽机在商业中应用。

蒸汽机的发明意味着热能第一次被应用到机械运转之中。在其发明之前，唯一可用的工业动力来源是人力和畜力，以及受地理因素限制的水能与风能。而现在，只要有水和燃料的地方就可以安装蒸汽机。蒸汽机是工业革命时期科学和技术相结合的一个典范。最早的蒸汽机是萨弗里和纽卡门在没有什么科学理论指导下不断试验制造成功的。事实上，关于热能的正确科学理论直到 19 世纪中叶才应用于实践活动。瓦特虽然没有受过大学教育，但他曾在英国格拉斯哥大学工作，与这一时代顶尖的科学家，特别是约瑟夫·布莱克博士（Joseph Black，1728—1799）相识，正是后者引入了潜热和比热容的概念，这对了解发动机工作原理必不可少。瓦特的设计也要求工人能够精准生产零部件，要求他们掌握更先进的工具和测量设备。

建造更好的蒸汽机成为研究热能和机械能结合的热力学发展的主要动力之一。1824 年，法国物理学家萨迪·卡诺（Sadi Carnot，1796—1832）发表了《热动力散论》（*Essay on the Motive Power of Heat*），表明环境温度对任何热机的效率都有限制。因此，在热能转换成机械能的过程中会导致热能被释放到环境中。

1330

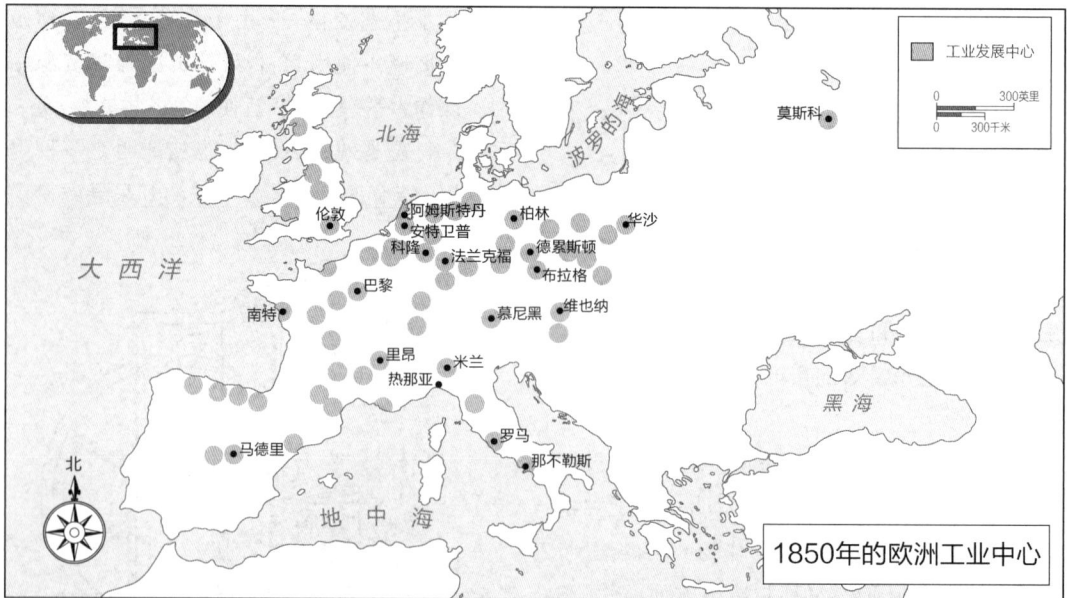

1850年的欧洲工业中心

纺织工业

不列颠和苏格兰的气候、地形很适合养羊，很多农户参与到纺羊毛和羊毛服装制造中。他们也开始制造棉布服装。英国使用的棉花来自美国南部、加勒比地区和中东的种植园。种植500克棉花的成本远低于500克羊毛，将棉料织成布是一个密集劳动的过程。从印度进口的棉织物在英国生产棉质服装。棉布生产中的基本操作是纺纱，其中短纤维先被织成一条连续的线或纱，然后织成布。工业革命期间，纺织业中的第一个重大发明是飞梭织机，英国发明家约翰·凯（John Kay，1704—1768）在1733年申请该项专利。改进的织机大大提高了将线纺成布的速度，这就需要生产更多的纱。1764年由詹姆斯·哈格里夫斯（James Hagreaves，1720—1778）推出的珍妮纺纱机满足了这一需求，它可以同时生产多股纱线。但是哈格里夫斯的珍妮纺纱机生产的纱较纤细。理查德·阿克莱特爵士（Richard Arkwright，1732—1792）发明了一种机器，通过精心控制纤维的张力，可以生产一种更结实的线。哈格里夫斯和阿克莱特的邻居们都认为，纱线和衣服生产者无法在市场上立足，因此要求他们搬家。1778年，2万台纺纱机已经投入运行。安装在纺织工厂的"原动力"蒸汽机给纺纱机以及后来的动力织布机提供了机械能。1793年，美国发明家伊莱·惠特尼（Eli Whitney，1765—1825）开始生产轧棉机，这一设备大大加快了从棉花纤维中去除棉籽的速度，英国纺织厂家预期进口的棉花总量增加。

钢铁和运输业

工业革命期间，从矿石中提取铁以及铁在建筑业中的运用取得重大进展。在能源方面，钢铁生产成本高昂。木材只有燃烧到足够高的温度才可以直接用于加热矿石，所以，木炭被广泛使用。铜矿开采中已经开始使用焦炭，这是一种提纯的煤，是更可靠的热源。该行业的英国工程师亚伯拉罕·达比（Abraham Darby，1678?—1717）发现焦炭可以有效地用于铁粉提取。1708年，他开办了布里斯托尔钢铁公司（Bristol Iron Works Company）；在几年之内，这家公司制造了

1331

古斯塔夫·卡耶博特（Gustave Caillebotte）的《阿让特伊河畔的工厂》（*Factories at Agrenteuil*，1888）。布面油画。与巴黎相连的阿让特伊铁路线将这个曾经以芦笋和葡萄酒制造闻名的塞纳河畔小镇变成了一座小城市，它很好地将皮革厂和化工厂与优良住宅及河边小道结合起来，在审美上对印象派画家产生了足够吸引力

大量纽卡门蒸汽机需要的巨大气瓶,并安装在许多矿山中。

水陆交通的许多进展促进了工业革命。私人地主建造运河已经成为英格兰的传统。然而,1760 年议会批准使用公共资金建造大约 16 千米长的布里奇沃特运河(Bridgewater Canal),将沃思里开采的煤运输到工业名城曼彻斯特。对纺织品制造商来说,这降低了 50% 的煤炭成本。布里奇沃特运河的成功一时间引发了密集的运河建设浪潮,到 18 世纪末,建设中的运河近 50 条,工厂主在运河边开设工厂以减少运输成本。

英格兰还有强大的海军和商业船队。木匠和钟表匠出身的约翰·哈里森(John Harrison,1693—1776)发明了在船上也能保持准度的天文钟,配合天文观测,能够准确测定经度,使船舶在公海上航行更安全。然而,船舶航行仍然受到风的影响,这使航行还是有些变化莫测。直到 1787 年,美国发明家罗伯特·富尔顿(Robert Fulton)发明了一种更加实用的汽船,这种汽船通过使用瓦特的蒸汽机推动水车和后螺旋桨,因此,在水上航行更快、更安全。

蒸汽机车出现在 1802 年,英国发明家和工程师理查德·特里维西克(Richard Trevithick,1771—1833)委托达比的布里斯托尔钢铁公司生产出第一台火车头。铁路是钢铁最大的消费者,蒸汽动力的火车和铁轨都需要钢铁。虽然 1820 年全世界只有 320 千米的铁路(全部在英国),但是到 19 世纪中叶全世界修建的铁路已经有几千千米。

社会后果

大致与英国工业革命同时,美国和法国都爆发了革命。虽然三大革命在许多方面是不同的,但在削弱地主和世袭贵族的力量上都富有成效。法国采用处决相关人员的行动,美国采取

中国是世界上最大的发展中国家(也是世界上人口最多的国家),是 21 世纪建设和工业化的中心

政治行动,英国则是依靠新兴企业家积累财富。因此,社会的流动性大大增加,出现了一类新型的技术熟练的工人、机械师、绘图员、工程师。与此同时,非技术或半技术工人的地位下降。工人需要每周工作7天,每天10小时或更长时间。许多工序要完成,机器一直在运行,因为停止生产的成本过高。这导致包括许多儿童在内的工人病残。最终,关于儿童健康的法律颁布,工会组织建立,致力于减少工业化过程中的人员伤亡,而更开明的厂商逐渐意识到报酬高且健康的工人工作起来更有效率,并最终是制成品市场的重要组成部分。

发展中的世界

发展中国家普遍羡慕美国、英国和北欧诸国等工业化国家的繁荣,许多贫穷的国家纷纷制定工业化时间表。但是,没有一个稳定的货币、政府和高素质的人口体系,成为工业化强国谈何容易。文化因素也开始发挥作用,不是所有的文化都认同欧洲的进步观念。因为工业化需要能源,工业化国家和国际社会必须对比建造核电站的可能性与矿物燃料使用量增加产生的优势和风险。政府在刺激工业化过程中发挥的作用也很有限。苏联领导人们能够实现军事设备和农机的工业化,但几乎不能提供消费品。在环太平洋地区,工业化取得很大进展,跨国公司发现在这些国家制造电子产品更容易,因为这里劳动力价格低廉,而且环境法律也不甚严苛。如何最好地促进工业化而不会进一步导致环境恶化,仍然是国际社会热议的问题。

进一步阅读书目:

Allen, Robert C. (2009). *The British Industrial Revolution in Global Perspective*. Cambridge U. K. Cambridge University Press.

Crowther, J.G. (1962). *Scientists of the Industrial Revolution*. London: Cresset.

Deane, P. (1965). *The First Industrial Revolution*. New York: Cambridge University Press.

Jacob, M.C. (1988). *The Cultural Meaning of the Scientific Revolution*. Philadelphia: Temple University Press.

Schlager, N., & Lauer, J. (2000). *Science and Its Times: Understanding the Social Significance of Scientific Discovery: Vol. 4. 1799 – 1800*. Detroit, MI: Gale Group.

Sieferle, R.P. (2001). *The Subterranean Forest: Energy Systems and the Industrial Revolution*. Cambridge, U.K.: White Horse Press.

Stearns, P. N. (2006). *The Industrial Revolution in World History* (3rd ed.). Cambridge, U.K., Westview Press.

Thompson, A. (1973). *The Dynamics of the Industrial Revolution*. New York: St. Martin's Press.

Toynbee, A. (1923). *Lectures on the Industrial Revolution of the Eighteenth Century in England*. New York: Longmans, Green, and Co.

Von Tunzelmann, G. N. (1978). *Steam Power and British Industrialization to 1860*. New York: Oxford University Press.

唐纳德·弗朗西斯切提(Donald R. Franceschetti) 文

李军 译,刘健、王超华 校

Information Storage and Recovery　信息存储和修复

　几千年来，人类通过故事、符号和图片传递知识。苏美尔人（约前 3000）和中国人（约前 1500）首先发明了初级的文字书写方法。15 世纪以后，信息以百科全书的形式存储在图书馆，并随大批量生产的书籍进一步传播。跨越到 21 世纪，计算机和互联网已经重新定义了"查阅"的内涵。

知识如果不能被存储和检索的话就会遗失。纵观 50 万年的人类历史，最好的存储方法是最原始的。古代部落人记录信息的唯一方法是使用符号和图像，人们将它们绘制在悬崖和洞穴墙壁上，或者将木条切割成有特定意义的缺口。大多数知识通过重复的故事和旋律记忆代代相传。这样的故事，比如原始人之间的传说，传播相关部落的历史、社会规范，并告诉年轻人，老一代对自然世界中危险和温顺的动植物的知识。这样的故事叙述了人类发展的整个历程，在数量上相当庞大。美国人类学家梅尔维尔·赫斯科维茨（Melville Herskovits）估计，今天的非洲部落流传着 20 万到 25 万个故事。北美印第安人有记载的传说也有好几千个，在今波利尼西亚、澳大利亚以及世界各地的其他部落中也有很多传说。这些故事大多节奏性强并不断重复，充满情感和视觉细节，准确地传达了内容。

古代人类的记录保存

今天我们习惯于在图书馆、字典、百科全书和互联网上查找信息，很难看到孩子们通过学习成人口口相传的知识长大。当人们创造出基本的书写方法时，最初使用这个方法只是记录日常事项，例如标示所有权、记录易货交易以及神奇的咒语等等。直到大约公元前 4000 年，埃及人发明了莎草纸，信息才可以写下来并保存在卷轴以及后来的书卷中，它们能够很容易地从一个地方被搬到另一个地方并存储在图书馆中。约公元前 3000 年，美索不达米亚的苏美尔人首先使用基本的符号进行书写。约公元前 1500 年，中国人创造了他们的写作形式，用独立的符号表示每个字。若干世纪以来，汉字符号一直在增加，直到今天他们的语言仍然使用约 5 万个单独的字符，它们都是在商代使用的那些符号的基础上发展而来的。

手写莎草纸卷轴和后来印刷的书籍往往被收藏在私人和公共图书馆里，经过允许，人们可以查看。著名的亚历山大里亚图书馆馆藏莎草纸卷轴估计有几十万轴，包含有大量的埃及人和希腊人所掌握的知识的内容。当图书馆在军事包围中被摧毁时，所有这些都遗失了。据说胜利者燃烧书卷为公共浴池加热。这不是唯一有关阻碍知识积累的灾难的记录。16 世纪中叶，主教迭戈·德·兰达（Diego de Landa）下令西班牙征服者烧毁所有能找到的玛雅树皮书，因为书里"除了迷信和魔鬼的谎言"之外什么也没有。玛雅天文知识因此被毁，那些知道如何解读它们的玛雅官员和知识分子也被杀害。现在，考古学家仍在试图破译几部幸存的手稿。

知识的范围——百科全书

对于古代希腊人来说，知识是静态的，而不是动态的。他们认为，一旦掌握知识，就可以控制世界；即使发现新事物，知识不会改变。希腊人收集所有已知的事实并记录成册，即后来所谓

游客正在参观位于犹他州印第安溪峡谷的"报纸岩国家历史纪念碑"上的岩石壁画。阿那萨齐人（Anasazi）在 2000 年前最早创造了其中的符号。美国国家档案馆

的"百科全书"（enkyklios 意思是"圆形或完整的"，paideia 指的是"教育"）。老普林尼（Pliny the Elder，23—79）用这两个词为他的《自然史》（Natural History）一书作序。他说，他把所有物体看成学习的范围。普林尼的著作包括 37 个羊皮纸卷轴和 2 493 篇文章。但是，历史将"第一个百科全书编纂者"的称号授予了柏拉图之甥斯彪西波（Speusippos，约前 408—前 339），他在公元前 347 年柏拉图死后接手领导雅典学园。斯彪西波的著作只有一些片段留存下来，但我们知道，他计划将他的百科全书作为教学辅助应用于学园教育。

罗马第一个百科全书作者是马尔库斯·波尔基乌斯·加图（Marcus Porcius Cato，前 234—前 149），他是一位将军，也是一位著名的罗马公民。他的著作《给儿子的教诲》（Praecepta ad Fillum）涵盖农业、法律、医药、演讲和战争等主题，整个文本最终遗失。其他保存下来的罗马百科全书由马尔库斯·特伦提乌斯·瓦罗

（Marcus Terentius Varro，前 116—前 27）和奥鲁斯·科尼利厄斯·塞尔苏斯（Aulus Cornelius Celsus）撰著，后者 26 卷的著作写于提比略统治时期（Tiberius，14—37）。

和希腊人一样，古代中国也成立学院搜集学者所有的知识，让这些知识可以传给后人。他们的第一部百科全书是约 220 年皇帝下令撰写的《皇览》。这部著作没有保存下来，但后来的中国百科全书形容它结构严谨、文字精练。中国人还完成了世界上内容最广泛的百科全书，有 11 095 册，超过 50 万页，这就是《永乐大典》。1403 年，朱棣（即著名的永乐皇帝）委派约 2 000 名学者开展此项工作，在 1408 年编纂完成。这个庞大的百科全书现存 370 卷，散布于世界各地的图书馆。

阿拉伯教师和语言学家伊本·库特巴（Ibn Qutaiba，生于 828 年）撰写了第一部阿拉伯文百科全书《传统菁华》（Kitab Uyun al-Akhbar）。该著作共 10 卷，内容涵盖了禁欲主义、性格、食

1336

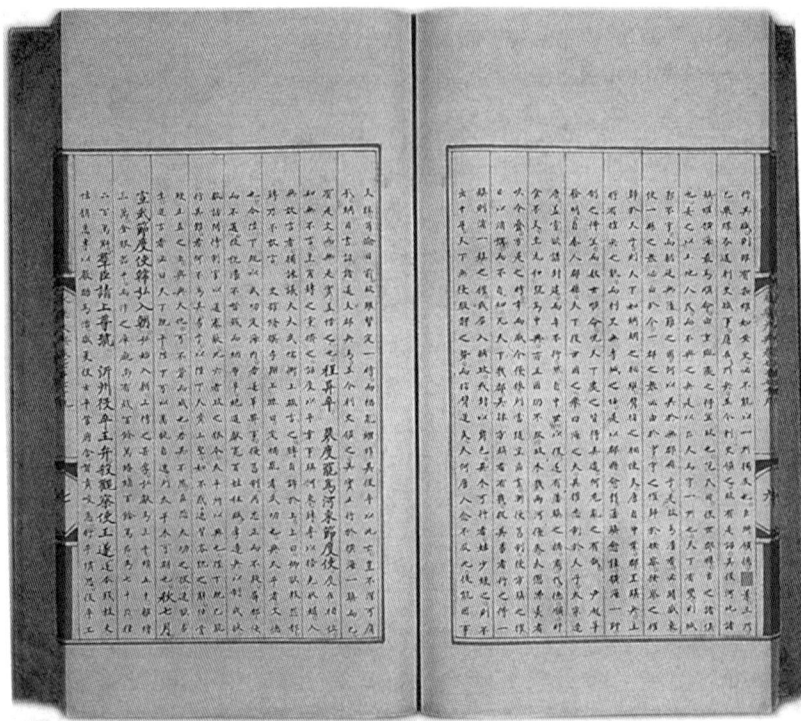

《永乐大典》中的两页。《永乐大典》共有 11 095 卷,现仅存 370 卷,散落在世界各地的图书馆

一部著作应该提及,因为它做工精细,它的作者是阿尔萨斯的斯特拉斯堡附近的霍恩贝格修道院的哈拉德修女(Abbess Harrad),该百科全书名为《愉悦之园》(*Hortus Deliciarum*),是史上最经典手稿之一。

由于文艺复兴时期学术研究回归,也由于多册图书的印刷技术发展,撰写百科全书蔚然成风。其中最著名的有:由英国牧师约翰·哈里斯(John Harris)撰写的百科全书,他首次按字母顺序安排条目(1704);德国人约翰·泽德勒(Johann Zedler)编撰的百科全书,第一次包括在世名人的传记(1732);由法国学者丹尼斯·狄德罗(Denis Diderot)和让·达朗贝尔(Jean D'Alembert)编纂的百科全书(第一部分于 1751 年出版)不仅是精湛的学术著作,而且因其"颠覆性的内容"被法国大革命前的政府列入禁书。《大不列颠百科全书》(*Encyclopaedia Britannica*)也应该被提及,约 1768 至 1771 年间它第一次以系列的小册子(100 册)形式出版。这些小册子可订合在一起,装订成真皮封面的三卷本。《大不列颠百科全书》已经有许多版本,其丰富的条目——有的篇幅超过 100 页——及广泛的内容,已经成为百科全书的经典模式,并为后世百科全书著作采用。几乎每一种语言都有现代百科全书,并在每一个比较先进的国家出版。

品、友谊、学习和口才、贵族、权力、祈祷、战争和女性等领域。此后还有其他阿拉伯百科全书面世,其中包括一本著名的医学百科全书——阿威罗伊(Averroes,1126—1198)的《治疗论》(*Al Shifa*)。欧洲中世纪大部分时间里,伊斯兰教在学术领域硕果累累,保留了许多在基督教世界里已被遗忘或销毁的古代希腊和古代罗马的文本。直到中世纪后期,基督教学者通过与阿拉伯人的接触,开始重新发现和收集这些知识。

中世纪的欧洲也产生了一些仅限于基督教社会感兴趣的百科全书。其中之一是塞维利亚的圣伊萨多尔(St. Isadore of Seville,560—636)撰写的 20 卷著作《词源研究》(*Originum seu Etymologiarum Libri XX*)。在当时,它是独一无二的,因为圣伊萨多尔的出发点是文学而不是神学。大多数的中世纪百科全书多多少少都是来自其他人的著作,却没有得到这些作者的同意。抄袭显然是中世纪抄写运动的产物。有这样的

1337

接触信息

在大量存储的数据中准确找到一条所需的信息已不新鲜,尽管今天的数据可能很多。5 000 多年前,亚述人试图解决这个问题,因为他们在泥土制作的圆筒上刻下的符号太小了,几乎无法读取。苏美尔人发明了一种索引以标记他们的泥板。但将这些组合成信息并转化为可用的类别和子类别,只是在16 世纪以后才开始出现。主要推动者之一是英国哲学家和政治家弗朗西斯·培根,他试图将他全面的知识观按照逻辑进行组合,这样对任何识字的人都有好处。近年来百科全书编撰者已经使用培根的方法,这一方法发表在培根的《学术的进步》(*De Augmentis Scientarum*,1623)中,狄德罗在他的百科全书中高度赞扬了这一方法。诗人和散文家塞缪尔·泰勒·柯勒律治(Samuel Taylor Coleridge,1772—1834)也试图将所有人类的知识编撰成结构严谨的百科全书,这一工作史无前例。柯勒律治采用那个时代比较流行的按照字母顺序排列的百科全书编纂方法,因为这样的安排"是由首字母随机决定的"。

杂乱无章的知识几乎没有任何价值,因此,每一个图书馆都需要一些体系来安排各种书籍。托马斯·杰斐逊总统在他自己的图书馆里运用弗朗西斯·培根倡导的体系。美国图书馆馆长梅尔维尔·杜威(Melvil Dewey,1851—1931)发明的方法在世界上许多图书馆被广泛使用。杜威根据十进制系统将书分为 10 个主要类别,每个类别由从 000 到 999 不等的 3 位数字表示,每一组数字下面又包括 10 组,后续数字依据时间顺序排列,进一步划分为更专业的领域。

"托勒密时代的亚历山大里亚图书馆",由安德列·卡斯泰涅(J. André Castaigne)绘,来自《哈珀杂志》(*Harper's Magazine*,1908 年 5 月)。纽约公共图书馆

计算机和超文本的出现让过去所有的存储和恢复系统相形见绌。1944 年,第一台被称为"马克一号"的数字电脑出现,这是一台通过一系列的机电设备控制的大型机器。它与今天的台式电脑和笔记本电脑完全不同,主要用途是进行快速数学计算。在几年时间里,计算机的存储容量以惊人的速度增长,今天任何可以被数字化处理的东西(由不连续的断点表示)都可以存储在计算机里,比如文字、图像、声音和其他更多内容。大型计算机的海量内存模块能将世界上所有图书馆收藏的知识存储在一个地方。根据《纽约时报》报道,2007 年 3 月,流行的电脑网页浏览器谷歌已经将 100 万册印刷书籍进行了数字化处理;到 2009 年约 600 万册书籍已经实现数字化。任何人在他们的起居室都可以用电脑访问任何一本或所有这些书籍。

1338

如果不使用具有超文本和快速检索能力的计算机，这种超负荷的信息将无法管理。超文本这种方法标示出某些在计算机上显示出来的文字（超链接），读者可以按键或点击鼠标立即找出该档案中与该文本类似的其他文本，甚至在其他档案中实现这一点。计算机的检索能力允许用户只需在"查找框"里输入几个字就能够立即找到文本里特定的词或短语。

因此，人类储存知识和恢复已获得知识的能力，已经从简单的记忆方法发展到书面文件和书籍再到电脑储存系统，而在 50 年前没有人能够想象到这一点。

进一步阅读书目：

Collison, R. (1966). *Encyclopaedias: Their History throughout the Ages*. London: Hafner.
Hayes, H. R. (1963). *In the Beginnings*. New York: G. P. Putnam's Sons.
Needham, J. (1956). *Science and Civilization in China*, Vol. 2. London: Cambridge University Press.
Stockwell, F. (1998). *A History of Information Storage and Retrieval*. Jefferson, NC: McFarland & Company.

福斯特·斯托克韦尔（Foster Stockwell）文

李军 译，刘健、王超华 校

Initiation and Rites of Passage 成人与过渡仪式

1339 　　一些社会使用过渡仪式来指个人从童年到青春期或加入特定群体的整个生命历程的变化。在不同文化背景下，这种仪式因时间不同而有很大差异。在世界历史上，青少年成人仪式很好地阐明了仪式的模式，也许是研究与生命相关仪式最好的实例。

"过渡仪式"一词是指一个人在生活中从一种状态过渡到另一种状态的仪式。所有人在一生中都会经历一系列这样的转换。人生的转型反映了生理上的成熟。例如，出生标志着子宫内生命体发育成熟变为外部世界的生命；青春期标志着从性不成熟到成熟的过渡；死亡标志着向离开生命的过渡。个人也可能经历教育、职业、法律或社会地位、群体身份以及角色分配的转变。从学校毕业、从事一份职业、婚姻、新的社会阶层的转变、成为兄弟或姐妹以及为人父母，都是这种转变的例子。人类社会往往通过仪式来纪念这种生活方式的转变。洗礼、命名仪式、戏弄新生仪式（hazings）、犹太人受戒仪式（bar mitzvahs）、女子出闺礼（coming-out balls）、毕业典礼、入职仪式、婚礼、葬礼等，都是过渡仪式。具有过渡元素的仪式同时可能还有其他目的。举例来说，婚姻可能标志着从单身状态向婚姻配偶关系的过渡，也是促使夫妻生育的过渡仪式。

过渡仪式的结构

在每一个已知的人类社会，不论过去和现在，都有过渡仪式。此外，这些仪式往往共享某些共同的结构特点。人在一段时间处于一个边缘或从过去到将来的过渡状态。最后，在仪式整合阶段，个体转变进入新的状态或地位。一种特定的实质性仪式细节往往象征性地反映了具体的过渡性质。例如，出生仪式庆祝一个人来到世界，很可能强调仪式的阶段整合；而葬礼仪式标志着个人离开世界，则阐述了仪式的分离特征。另外，仪式的内容可能是某些方面变化的象征性参照。因此，打开的大门折射这样的观点，即个人正在进入一个新的状态。同样，一个人进入新的状态可能会反映在饮食行为上，它本身也是一种物质与肉体的结合。不同文化过渡仪式结构上的相似性，戏剧化地导致惊人的历史一致性，人类社会就是以这种方式进行生命过渡。

过渡仪式的通用功能

1340

人类跨越历史时空以相同的方式标记生命过渡，意味着过渡仪式参与其中的人可能会源于同样的目的。过渡仪式在历史和地理上一致的特点可以在生命过渡的泛通用性质中找到。特别是从一个状态转换到另一个状态可能会破坏顺利运行的共同体功能，可能导致个人心理发生变化。例如，出生、婚姻和死亡会扰乱个人、家庭、共同体和社会的正常关系。过渡仪式用于帮助制定一些策略建议，用来调节与生命过渡相关的社会波动和个人紊乱的情绪。

过渡仪式的多样性

不同文化应对生命过渡的方式有显著差异。过渡仪式标志着哪种变化，不同社会对此看法亦有所差异。关于仪式的细节和它们所阐述的意义差异也因时因地不同。仪式的重要性、热烈程度以及在社会中与其他仪式相比持续时间长短等也有差别。这种差别在某种程度

犹太人结婚仪式，土耳其（1862）。亨利·约翰·范-伦内普（Henry John Van-Lennep）印。纽约公共图书馆

上说明了某种社会认同功能的变化，其突出特征是人口规模和文化机构在不同程度上适应变化。因此，过渡仪式往往体现在规模小、较稳定的文化中。相比之下，在以技术性创新为特点的大型社会，仪式一般不太重要。同样，在等级差别比较严格的社会，过渡仪式比较重要；在等级差别并不明显的社会，这类仪式的重要性略低。在某些存在明显差异的地方，过渡仪式比较普遍，比如年代差异、职业差异等等。

上述的每一个趋势都包含这样一种理念，即礼仪可以用来控制生命过渡产生的断裂。在只与少数群体交往的小型社会里，这种断裂最有可能发生，而且很可能最激烈。这是因为，任何个体的位置和行为都有可能影响到这一群体中的其他人。此外，在看重制度和行为稳定性的地方，任何变化都有可能最大限度地威胁到群体。

西坡拉岛(Sipoera Island)的西奥班人(Sioeban)的成人舞蹈,该岛是印度尼西亚明打威群岛(Mentawai)的一部分。右下方是奥艾玛(OEMA)灵屋。保罗·费约(Paul Fejos)摄。纽约公共图书馆

相比之下,在大的群体和容忍变化的群体中,任何特定的个人或群体的状态或行为不太可能威胁或实际影响到其余成员。此外,在一个变化型社会,比如技术文化创新的社会中,过渡仪式难以执行。这是因为,过渡仪式的过渡阶段包括非常具体的内容,涉及给予个人新角色、新权利和新责任。在不断变化的社会,未来与以往不同,因此需要切实将已知的角色和规则融入新的身份。最后,不同群体间的差异都经过精心定义,由于过渡仪式的需要,这些团体的成员身份可能更难以获得。这样的仪式内容将包括教导新状态下个人的权利和责任的内容。它也可能要证明新人拥有良好的资质,让原有的群体成员接纳他。总而言之,不同地方的过渡仪式,包括仪式流程的差异,是处于特定历史时刻的社会的性质所决定的。一个社会的特征在历史上发生变化,

同样的社会对其成员的生命过渡仪式的具体规定也在变化。随着人口增多、社会革新、社会身份差异不再重要,仪式的文化意义将不再重要。

历史趋势

与过渡仪式相关(或不相关)的社会特征往往依历史时代顺序体现在其创建的文化中。因此,任何一个社会都可能经历从小到大、从前工业化到工业化、从稳定到创新不断进步的过程。社会也遵循从平等社会到身份等级社会再到平等社会的不断进步的历程。这样,在简单社会生活的人,比如那些依赖锻造经济的人、那些生活在当代工业社会的人,与生活在中世纪以农业为生的人相比,一般不会受身份等级的严格制约。这意味着,过渡仪式的存在和方式将遵循可预测

的符合特定历史时期的文化轨迹。不同社会在从简单到复杂、从小到大、从前工业化到工业化、从平等社会到不平等社会的各个历史阶段,都会有不同之处。这意味着,在任何一个历史时间点上,不同的社会将存在不同的过渡仪式。

未成年人成人仪式

1342

　　未成年人的成人仪式也许是研究生命过渡最好的例子,它很好地证明了过渡仪式的方式及其与历史背景的结合。未成年人的成人仪式是一个人从社会公认的未成年身份向成人转变的仪式。未成年人的成人仪式从被社会采纳开始就在青春期举行。虽然青春期仪式往往与生理变化相关,但这些仪式很重要,因为它们赋予加入者一个新的社会身份。

模式

　　根据《青春期:一项人类学研究》(Adolescence: An Anthropological Inquiry, Schlegel & Barry, 1991),从已知的信息来看,世界上大约一半的社会都举行某种形式的未成年人的成人仪式。在存在青少年成人仪式的社会里,所有的年轻人都必须参加仪式。有时候,一个社会只为一个性别的未成年人举行成人仪式,在这种情况下,只有该性别的人参加该仪式。

　　男性未成年人的成人仪式在非洲和太平洋岛屿十分常见,超过一半的女性未成年人的成人仪式发生在非洲。非洲的仪式通常包括男孩的割礼和不太常见的女孩的割礼(cliteridectomy)及文身仪式。一些北美印第安人部落传统的未成年人的成人仪式是一种追梦仪式(vision quest),两种性别都可以参加。在这样的追梦仪式中,一个年轻人会独自在森林里待几天,禁食并期待着这样一个场面,超自然神可能给男孩或女孩揭示一些与未来生活角色相关的信息。

结构

　　未成年人的成人仪式遵循着普遍的共性模式,包括在非洲常见的公共仪式以及在北美土著中常见的个人追梦仪式。最初,男孩或女孩与他或她以前的生活分离。这种分离具有象征意义,例如,青少年可能会在生理上搬离父母家庭。过渡阶段至少在某种程度上是为成人角色做准

古代罗马一个 17 岁的男孩接受“托袈”(Toga,传统意义上只有成年罗马公民才能穿着的长袍)作为他成人仪式的一部分。纽约公共图书馆

类似于共济会仪式的这些奥秘是家长或长者们不希望展示给未成年人，包括所有儿童的东西。因此我们（儿童）渴望获知。
——安东尼·赫希特（Anthony Hecht, 1923—2004）

备。一旦完成过渡，青少年会被传授重要的社会传统以及作为成年男女所需要的技能。年轻人可能获得他或她成人生活方面的重要信息，比如追梦仪式的内容。成年人的权利和义务也将被详细传授。更重要的是，老一代人主持成年礼仪式。仪式的风格总体上是屈从。这些例子可能体现为公共仪式，比如在非洲；也可能体现为个人仪式，比如在北美的追梦仪式。在仪式最后的整合阶段，成人者融入社会整体。通常情况下，成人者此刻已经被群体的其他所有成员视为一个完整的成人，尽管在追梦仪式后并非如此。

未成年人的成人仪式的多样性

未成年人的成人仪式在前工业化时代规模较小的文化中更为普遍，这与过渡仪式总体上一致。举行未成年人的成人仪式的社会通常具有共同特征，它们保持零星的或游牧的定居生活模式。女性的成人仪式往往出现在渔猎和采集社会，在那里，血统可以通过女性或男女双方溯源，而不是只有男性，如伯班克（V. R. Burbank）在《未成年人社会化及成人仪式》（Adolescent Socialization and Initiation Rites, 1997）中的阐述。一般情况下，女性成人仪式常见于人类学家定义的简单社会里，也就是没有阶级分化、职业化、专业化、复杂的政治体系、私有财产或个人继承规则的社会。男性成人仪式主要发生在以种植为主要谋生手段和通过男性追溯血统的社会中。

功能

有一些研究关注未成年人的成人仪式的功能性，所有这些解释都将成人仪式与历史上曾经出现的一些具体的社会特征联系起来。因此，未成年人的成人仪式被看作一个社会化的实践，让年轻人的知识和精神面貌看起来与他或她的文化特征相一致。青年与社会的潜在冲突随着青年过渡到成年而减少到最小。

为了迎合这种对未成年人的成人仪式的功能解释，成人仪式和身份差异的一般联系已经转向着重解释男性未成年人的成人仪式。这里的观点是，在强调性别差异的社会里，男性成人仪式，尤其是那些包括割礼的仪式，将有助于强调和维持差异。在男性亲密联系十分重要的社会里，男性未成年人的成人仪式也被看成团结男性的场合。男性未成年人的成人仪式、园艺和适度复杂的文化之间的联系也用这种方式进行解读，其前提是这些社会特征为创造独一无二的男性组织提供了借口。

青春期女性也有类似的与特定的社会特征相关的仪式，尤其是与妇女在文化中的地位有关的仪式。在已婚夫妇与妻子的家庭住在一起或在其附近的传统社会，在女性为经济自给做出重要贡献的情况下，女性成人仪式被看成从少女过渡到成年女性的重要时刻。

教育功能

无论特殊社会结构特征如何解释不同社会未成年人的成人仪式，所有这些仪式似乎都有一个共同目的，那就是教育年轻一代。成人者会得到详细的指导，告知他们在自己的社会文化中成人的角色、责任和特权。他们也接受文化中神话和伦理制度的指导。因此，个体成年生活方式在很大程度上由老一代决定。

新几内亚恩登布拉人（Ndumbra）的成人仪式说明了仪式的教育功能。在对未成年人的成人仪式的研究中，伯班克（1997）描述了这种文化中孩子们在3天内经历5或6次启灵的成人仪式。母亲给自己年幼的儿子穿衣打扮，一群男人将男孩接走并带到森林，母亲假装抗议。在戏剧化的仪式中，我们看到男孩与他原来的角色分离。仪式适当包括一些身体磨难和屈辱，以及与成人在其文化中必须遵守的各种禁忌及不遵守这些禁忌的后果的细致指导。仪式结束后，孩子们被视为真正的战士,并开始生活在一个特殊的、给男性保留的房子里。根据希尔格(I. Hilger, 1951)对齐佩瓦(Chippewa)的成人仪式的研究,仪式教育方面的作用也同样反映在齐佩瓦少女成人仪式中。在这个北美印第安人土著社会中,第一次来月经的青春期女性在自己建造的一个窝棚中被隔离数天。隔离女孩的传统源自这样一个信仰,即有月经的女人对共同体而言是危险的,共同体必须得到保护,不致受到她的危害。但同时,在这个女孩被隔离期间,她的母亲会教导她未来作为一个成年女性的角色责任。

未成年人成人仪式的消失

　　无论是哪里的未成年人的成人仪式,也不论它具有什么样的具体功能,都是老一代控制的仪式。年轻人得到的回报是,在仪式完成时他们开始被赋予成年人的全部身份。这可能是因为未成年人的成人仪式往往发生在规模较小、势力均衡且稳定的社会中。正是在这种社会中,成人拥有与道德指引、社会传统、仪式、实用知识有关的种种知识。在大型的、复杂的、多元的、充满变数的社会中,老一代人的知识不太可能与年轻人相关。事实上,在这样的社会中,未成年人可能会按照自己的意愿建构自己的成人身份,包括他们是谁、他们相信什么、他们如何表现、他们行为如何、他们将生活在哪里并和谁生活、他们遵循什么样的道德标准等等。工

业化社会就是如此,成人仪式——如果存在的话——不再承担教育年轻一代或赋予成人身份的功能。其结果是,年轻人可能无法确定成人角色的内容,即便他们其实已经获得了成人的身份。另一方面,在大型的、多元的、不断变化的社会中生活的青年也有追求自己的利益、发展自己的才能的自由,这些是生活在规模较小的、势力均衡且稳定的社会中的年轻人不可能拥有的。在有些情况下,某个文化中不再保留成人仪式去实现生命的顺利过渡,而个体本身可能创造出自己的成人仪式。心理学家乔治·戈索尔斯(George Goethals, 1967)以男性未成年人为例证解释说,当社会不再为未成年人提供指导时,他们就会按照自己的意愿勾勒他们的角色和规则。

含义

　　一般意义上的过渡仪式和特殊的未成年人的成人仪式的存在及其重要性因一个社会的不同特点而有所差别,这一点已经在本节中得到阐述。因此,一般意义上的过渡仪式以及若干种这些仪式,在某些类型的社会比较常见,而在其他社会中不容易被发现。当一个社会发生变化,无论是内部演变还是外部影响的结果,过渡仪式的作用可能或多或少有所显现。这是由一个特定的社会在其自身历史轨迹上的位置决定的,应该会对社会在指导其成员生命过渡时发生最重要的影响。

进一步阅读书目:

Brown, J. K. (1963). A Cross-cultural Study of Female Initiation Rites. *American Anthropologist*, 65, 837-853.

Burbank, V. R. (1997). Adolescent Socialization and Initiation Rites. In C. R. Ember & M. Ember (Eds.), *Cross-cultural Research for Social Science* (pp. 83-106). Englewood Cliffs, NJ: Prentice Hall.

Chapple, E. D., & Coon, C. S. (1942). *Principles of Anthropology*. New York: Holt & Company.

Goethals, G. (1967, April). *Adolescence: Variations on a Theme*. Paper Presented at Invited Presentation to the Psychology Department at Boston University.

Harrington, C. (1968). Sexual Differentiation in Socialization and Some Male Genital Mutilations. *American Anthropologist*, 70, 951-956.

Hilger, I. (1951). *Chippewa Child Life and Its Cultural Background*. Washington, DC: U.S. Government Printing Office.

Schlegel, A., & Barry, H., III. (1991). *Adolescence: An Anthropological Inquiry*. New York: Free Press.

Textor, R. B. (1967). *A Cross-cultural Summary*. New Haven, CT: Human Relations Area Files Press.

Turner, V. (1987). Betwixt and between: The Liminal Period in Rites of Passage. In L. C. Mahdi, S. Foster, & M. Little (Eds.), *Betwixt and between: Patterns of Masculine and Feminine Initiation* (pp. 3 – 22). La Salle, IL: Open Court.

Van Gennep, A. (1960). *The Rites of Passage*. Chicago: University of Chicago Press.

Young, F. W. (1965). *Initiation Ceremonies: A Cross-cultural Study of Status Dramatization*. Indianapolis, IN: Bobbs Merrill.

格温·布劳德(Gwen J. Broude) 文

李军 译,刘健、王超华 校

International Court of Justice 国际法院

1346　　设在海牙的国际法院是联合国的 6 个主要机构之一。国际法院的作用是解决成员国(或其他经批准的)国家提交的法律争端以及履行法律顾问的职能。国际法院作为一个真正的国际法律机构面临许多困难,最重要的难题是要求争端国必须服从法院的权威。

以世界法院闻名的国际法院是联合国的 6 个主要机构之一。它是联合国的主要司法机构,其前身是 1946 年正式解散的国际司法常驻法院 (Permanent Court of International Justice)。国际法院的运作主要依据《联合国宪章》第 6 章有关和平解决争端的条文,以及作为《联合国宪章》组成部分的《国际法院规约》。联合国所有成员是该规约的当然缔约国,非成员国申请成为缔约国必须经过联合国大会和安全理事会的批准。

国际法院设在荷兰海牙,由 15 名当选法官组成,任期为 9 年(每 3 年改选其中 5 名法官),经联合国大会和安全理事会通过可再次当选。各国以国为单位提名法官候选人,候选人以个人名义参选,与国籍无关,但是规定不得有 2 名法官来自同一个国家。按照传统,安全理事会常任理事国(中国、法国、俄罗斯、英国和美国)在国际法院均有当选法官,但是由于中国台湾地区和中华人民共和国在联合国代表席位的争议,中国在 1960 至 1984 年期间没有法官任职。

作为一个承担解释和适用法律功能的机构,国际法院与其他机构解决争端的方式相比具有一定的优势。其一,法院保持随时运作,所以它可以即时处理纠纷。其二,它推动了遵从共同法律规章的机制的发展,既包括实体机构,也包括法律程序,用于解决国家之间的分歧。在这方面,争端国双方必须自愿同意出席,法院判决才具有约束力,且没有上诉机制。自 1946 年以来,法院已将 144 个案件纳入司法程序,许多争议涉及陆地边境和海上边界、领土主权、不使用武力、不干涉国家内政、外交关系、劫持人质、庇护权、国籍、监护、通行权和经济权利等等。当事国几乎都接受和执行这些判决。事实上,越来越多的国家开始将案件提交国际法院裁决,仅 2009 年就审理了 14 起案件。国际法院也在联合国其他 5 个机构或者联合国经济和社会理事会 16 个专门机构要求下提供咨询意见。这个功能主要解决请求机关的法律地位问题(如 1985 年联合国大会提出的核武器合法性的议案),或就争议问题阐述法律意见。自 1946 年以来,法院已就各种各样的问题提交 24 条建议,比如成为联合国会员国的条件、在联合国工作过程中受到伤害的赔偿、西南非洲(纳米比亚)和西撒哈拉的领土地位、国际行政法庭提交判决的地位、联合国某些活动的经费来源、联合国总部协议的适用性、使用或威胁使用核武器的合法性、以色列修建的隔离墙将巴勒斯坦领土分开的合法性等等。

某些困难仍然阻碍着国际法院成为一个真正的国际司法机构。最重要的问题是,争端国必须愿意服从法庭的权威。在这方面,仍然存在着一个根本性的问题,那就是不信任。并非所有联合国成员国都能够被命令出席法庭。有些国家,包括美国,还保留对案件是否涉及其国内管辖范围做出终审判决的权利。这实际上意味着它们可以拒绝接受管辖。国际法院只在政府同意的情况下才使用对每起案件的司法管辖权。这种限制削弱了世界法院在解决国家间重大政治冲突中的作用。法律裁决的不确定性、缺乏有权威的立法机构适应不断变化的国际环境以及缺乏有组织的司法程序强制执行判决,都导致许多国家不愿意将国际法院作为解决国际争端的途径。

荷兰海牙和平官,摄于 2006 年国际法院成立 60 周年

进一步阅读书目:

Franck, T. A. (1986). *Judging the World Court*. London: Allen & Unwin. International Court of Justice Website. (2009). Retrieved August 18, 2009, from http://www.icj-cij.org/

Lowe, V. (Ed.). (2007). *Fifty Years on the International Court of Justice: Essays in Honour of Sir Robert Jennings*. Cambridge, U.K.: Cambridge University Press

Riddell, A., & Plant, B. (2009). *Evidence before the International Court of Justice*. London: British Institute of Comparative and International Law.

Scott, J. B. (2009). *The Status of the International Court of Justice*. BiblioLife

克里斯托弗·乔伊纳(Christopher C. Joyner) 文

李军 译,刘健、王超华 校

> 公正是这样一种思想正义——一个人做他所在的环境中应该做的事。
>
> ——托马斯·阿奎那（1225—1274）

International Crimnal Court 国际刑事法院

1348 　　2002 年 7 月 1 日成立的国际刑事法院是一个常设法院，承担涉嫌种族灭绝罪、危害人类罪、战争罪以及未来可能发生的侵略罪的独立审判职能。法庭设在荷兰海牙，但它可以在几乎世界上的任何地方审理案件。

　　国际刑事法院（ICC）是全球首个永久性的司法机构，承担起诉国际社会最关心的罪行的审判工作，包括种族灭绝罪、反人类罪、战争罪以及经协商后定义的侵略罪。国际刑事法院创建于 1998 年 7 月 17 日，当时 120 个国家出席"联合国大使级外交会议"探讨设立国际刑事法院的议题。位于荷兰海牙的国际刑事法院在 2002 年 7 月 1 日正式成立。

　　国际刑事法院的创立是长达数十年努力的结果，旨在建立一个国际法院管辖的司法机构，审理反人类犯罪案件。第二次世界大战以后，此类犯罪的法律定义是建设新国际法律秩序的组成部分，比如成立联合国维护国际和平与安全，并防止能够引发战争恐慌的动乱发生。

　　起诉德国纳粹和日本战犯的法庭开创了国际刑事法院的先例。该机构选择国家代表承担国际责任，法庭的组织者希望国际刑事法院能够为高级政府官员提供助力，避免制定和执行促进暴行或侵略战争的政策。此外，起诉战犯也将鼓励低级官员拒绝服从这样的命令和政策。组织者希望法庭将有助于防止国家间的暴力冲突和暴行。

　　纽伦堡法庭和东京法庭完成了各自的任务。但是，因为苏联和美国之间的敌对情绪越来越严重，建立一个永久性的国际司法机构以接替其职能的动议发生动摇。在怀疑和阻挠所带来的冷战气氛中，判决执行权力转给了国家。冲突不断，暴行发生，这些往往与超级大国的默许或直接参与有关。直到 20 世纪 90 年代国际社会才重新起诉反人类罪，1993 年成立了南斯拉夫问题国际刑事法庭（前南刑庭），1994 年成立了卢旺达问题国际刑事法庭（ICTR）。然而，与纽伦堡法庭和东京法庭一样，前南问题国际刑事法庭和卢旺达问题国际刑事法庭（因特定目的和案件）的司法管辖权十分有限。

国家主权

　　国际刑事法院的目的是超越政治行使审判权，其在理论上是国际性的、公正的和非选择性的。国家主权受到了保护，因为国际刑事法院的管辖权仅限于被普遍认为是毋庸置疑的犯罪行为的少量案件。恐怖主义和毒品走私因解释不同，依然由国家行使司法管辖权。然而，一些国 1349 家，尤其是美国，质疑国际刑事法院的创建将是真正的非政治化。有 7 个国家（美国、中国、利比亚、伊拉克、以色列、卡塔尔和也门）反对成立国际刑事法院，主要因为担心它会超越国家主权。

　　有关国际刑事法院最具争议性的问题是各国的国家法院和联合国安全理事会拥有多大程度的独立性。只有当罪行发生或被起诉公民所属国家的法院不能或不愿提起诉讼时，国际刑事法院才有权行使管辖权。美国期望安全理事会控制国际刑事法院，其理由是作为唯一的超级大国，它被要求干预、维持或恢复国际和平与安全，制止世界各地的人道主义灾难。如果美国的这一期望得到满足，它将可能使美方人员受国际刑事法院管辖。美国担心反美的独立检察官可能会压制美方的军事人员，导致与美国宪法所承诺的保护权发生冲突。

结构

　　许多法律机构已对这样的担忧提出质疑，尤其对国际刑事法院的结构有所担心。该法院由大法官（presidency）、法官办公室（the Chambers）及书记处组成。国际刑事法院不设立陪审团，而是沿用了大陆法系传统中聘请法官团决定法律事务与问题的做法。18位任期9年的法官是法院的永久成员，由缔约国大会以无记名投票方式选举产生。

　　法官团选举大法官，并组成法官办公室。2003年3月11日，菲利普·基尔希法官（Philippe Kirsch，加拿大）当选为主席，法官阿夸·宽耶海亚（Akua Kuenyehia，加纳）担任常务副主席，法官伊丽莎白·奥迪奥·贝尼托（Elizabeth Odio Benito，哥斯达黎加）为第二常务副主席。2003年4月22日，出席国际刑事法院的国家选举阿根廷的路易·莫雷诺-奥坎波（Luis Moreno-Ocampo）为任期9年的首席检察官。莫雷诺-奥坎波曾经以阿根廷律师的身份参与审判纳粹战犯、智利秘密警察官员和阿根廷"肮脏的战争"的领导人。2010年的大法官是韩国的宋相现（Sang-Hyun Song），他于2009年3月11日当选。

　　国际刑事法院最后一个组成机构是书记处，负责法院非司法方面的行政管理和服务工作，如财务、翻译、建筑管理、采购、人事以及法律服务，这些事务对国际法院来说十分独特。法律服务包括法律援助事项的管理、辩护律师管理、法院管理和拘留所管理。另外还有一个富有创建性的举措，即在书记处成立一个"受害者和证人组织"。这个组织帮助受害人参与司法程序并要求赔偿，这在国际刑事司法历史上尚属首次。被害人包括需要创伤辅导的强奸受害者，需要资金重建家园、弥补生意损失的村民，以及被迫服兵役和可能已经经受巨大灾难的童子军。尽管法院存在时间较短，但是已经收到成千上万来自世界各地的许多国家人民和非政府组织提交的违法报告，其中大部分不在国际刑事法院管辖范围之内。截至2009年12月，有乌干达、刚果民主共和国和中非共和国3个国家向法院投诉，联合国安全理事会也曾经提出非缔约国苏丹达尔富尔的案例。在乌干达，法院已经对"上帝抵抗军"（Lord's Resistance Army）的领导成员发出5个逮捕令。在对刚果民主共和国展开调查后，已经有3宗案件进入聆讯阶段，检察官分别对托马斯·卢班加·迪罗（Thomas Lubanga Dyilo）、博斯科·恩塔甘达（Bosco Ntaganda）、热尔曼·加丹加（Germain Katanga）和马修·恩古·久罗（Mathieu Ngudjolo Chui）提起诉讼。在中非共和国的案件中，检察官诉刚果民主共和国前副总统让-皮埃尔·本巴·贡博（Jean-Pierre Bemba Gombo）的案件处在预审阶段。有关苏丹达尔富尔的3个案件处在预审阶段：检察官诉艾哈迈德·穆罕默德·哈伦（Ahmad Muhammad Harun，"艾哈迈德·哈伦"Ahmad Harun）和阿里·穆罕默德·阿里·阿卜杜拉-拉赫曼（"阿里库沙卜"，Ali Muhammad Ali Abd-Al-Rahman "Ali Kushayb"）案件；检察官诉奥马尔·哈桑·艾哈迈德·巴希尔（Omar Hassan Ahmad Al Bashir）案件；检察官诉巴哈尔·伊德里斯·阿布·加尔达（Bahr Idriss Abu Garda）案件。除巴哈尔·伊德里斯·阿布·加尔达自愿出庭外，包括苏丹前总统奥马尔·巴希尔在内的其他人仍然在逃。

　　截至2009年底，已经有110个国家加入国际刑事法院，另有38个国家已签署但尚未批准《罗马规约》。一些国家，包括一些强大并占世界人口多数的国家仍然没有签约。

1350

进一步阅读书目:

Schiff. B. N. (2008). *Building the International Criminal Court*. Cambridge, U.K.: Cambridge University Press.

Broomhall, B. (2003). *International Justice and the International Criminal Court: Between Sovereignty and the Rule of Law*. New York: Oxford University Press.

Cassese, A.; Gaeta, P.; & Jones, J. R. W. D. (Eds.). (2002). *The Rome Statute of the International Criminal Court: A Commentary*. Oxford, U.K.: Oxford University Press.

Elsea, J. (2003). *International Criminal Court: Overview and Selected Legal Issues*. New York: Novinka Books.

McGoldrick, D.; Rowe, P.; & Donnelly, E. (Eds.). (2004). *The Permanent International Criminal Court: Legal and Policy Issues*. Portland, OR: Hart Publishing.

Roach S. C. (Ed.). (2009). *Governance, Order, and the International Criminal Court: Between Realpolitik and a Cosmopolitan Court*. Oxford, U.K.: Oxford University Press.

Schabas, W. A. (2004). *An Introduction to the International Criminal Court* (2nd ed.). Cambridge, U.K.: Cambridge University Press.

凯瑞·纽曼(Caryn E. Neumann) 文

李军 译,刘健、王超华 校

International Monetary Systems　国际货币体系

1351　从(古代社会的)贝壳到(第二次世界大战期间战俘营中的)香烟,这类商品已经成为历史上公认的支付货币。但是从公元前8世纪开始,金银逐渐占据主导地位。现代世界曾经尝试参照黄金标准打造国际货币,但因汇率不稳定导致收支不平衡而最终作罢。

虽然历史上的某一时期商品用作支付方式,但关于古代社会的发现证明,利用贵金属制造的一定面额的钱币使用和流通更加方便。从亚里士多德到亚当·斯密,众多作家指出黄金和白银具有可分解、同质、易存储(与其他元素反应而不生锈或腐烂)的优点。此外,因为稀缺和昂贵的生产成本,每单位重量的黄金和白银价值很高,所以,只要少量即可完成支付。

起源

从公元前8世纪起,安纳托利亚和爱琴海地区的国家和城市开始铸造银及琥珀金(electrum,黄金和银的混合物)。尽管商人可能是最早制造货币的人——他们制造了有一定重量的贵金属圆盘(discs),但已知最早的金币由小亚细亚吕底亚国王克罗伊斯(Croesus)在公元前6世纪发行。公元前6世纪,雅典人梭伦引进铸币税(seigniorage)——是造币的附加利润——规定每一塔兰特银(talent)浇铸6 300德拉克马(drachmae)银币,但是公认的度量衡标准则是6 000德拉克马(60米那[minae])等于一塔兰特。若干世纪以来,黄金、白银、青铜和铜制造的钱币在众多统治者和城市间流动,外部交易率反映了不同的金属含量和不断变化的货币金属的相对价值。征收铸造税源于铸造货币的金银含量不足,这样的利润诱惑统治者采取货币贬值手段降低货币的市场价值。中国铸造铜"钱"、银锭用于大额交易;同时,13 世纪,马可·波罗吃惊地发现,中国已经发行了国家纸币。

19 世纪的殖民时代

在 16 世纪"价格革命"时期,从新征服的西班牙殖民地墨西哥和上秘鲁(玻利维亚)流入的白银提高了价格水平,降低了白银在欧洲的购买力。但是 17 世纪后期,从欧洲流向亚洲的白银用于购买香料和纺织品,却又导致白银价值提升。1717 年,英国皇家铸币厂大臣艾萨克·牛顿将几内亚金确定为 21 银先令,1 枚 3 磅重硬币等于 17 先令,每盎司黄金为 10.5 便士(含金量为 15/16),该标准维持至 1939 年。为了与"格雷欣法则"(Gresham's Law)即"劣币驱逐良币法"保持一致,牛顿抬高了金价,贬低银价;只有金币可以流通,银币则熔铸成银锭。1752 年,大卫·休谟(David Hume,1711—1776)阐述了黄金标准下实物流动机制理论,指出如果国际贸易和支付不平衡,黄金将从贸易逆差国流向贸易顺差国,这将降低贸易逆差国货币供应量和价格水平,并提高贸易顺差国货币供应量和价格水平。相对价格水平的变化会导致贸易顺差国净出口量下降,并提高贸易逆差国的出口量,最终实现收支平衡,而盈余和赤字都将归零。根据需求,纸币可兑换为硬币,硬币或金银锭用于国际结算,当黄金外流威胁到国家储备时,银行将提高贴现率。19 世纪,伦敦已经成为世界金融和商业中心,英格兰银行成为标准黄金的关键组织。

1797—1821 年,英格兰银行暂停纸币兑换,英国政府采用的通货膨胀的金融政策在拿破仑战争中发挥了作用,公众和英格兰银行手中持有的国家债券大幅增加,英格兰银行不可兑换的纸币贬值,金价提高。恢复平价兑换水平需要采取急剧通缩政策,但随后近 1 个世纪时间里,全球贸易量不断增长,汇率大致趋于稳定(只有美国从内战开始直到 1879 年实行不可兑换的"美元"纸币标准)。1865 年创建的拉丁国家货币联盟是以法国为首的欧洲货币联盟,它将法国、意大利、比利时、瑞士、西班牙和希腊的货币与双金属标准挂钩;但由于英国和德国反对,金银比价降低,最终解散。

19 世纪的印刷品。表现了约翰·索恩爵士(John Soane)重建的伦敦英格兰银行大楼南侧

> 最近许多国家都在为战争举债；还没有哪个国家曾为教育借钱。也许，没有哪个国家富裕到可以兼顾战争和文明。我们必须做出选择，二者不可兼得。
>
> ——亚伯拉罕·弗雷克斯内尔（Abraham Flexner, 1856—1959）

20 世纪及以后

第一次世界大战扰乱了黄金标准确立的进程，在中欧和东欧引发恶性通货膨胀，导致严重的汇率贬值；1924 年，德国马克价值稳定在战前黄金价值的一万亿分之一的标准上。1925 年，约翰·梅纳德·凯恩斯（John Maynard Keynes）极具预见性地批评英国将黄金标准恢复到战前价格的举措；并警告说，在一个较高的汇率上维持国际竞争的物价和工资紧缩会加剧失业。继 1929 年华尔街危机后，固定汇率的黄金标准将通缩和萧条从一个国家传播到另一个国家，1931 年英国被迫放弃金本位制，1933 年美国采取黄金贬值政策并停止美元与黄金的兑换。20 世纪 30 年代的大萧条期间，汇率不断波动，保护主义关税盛行，资本流动受到限制，世界贸易萎缩，全球化进程放缓。

第二次世界大战结束时，凯恩斯爵士和哈里·德克斯特·怀特（Harry Dexter White）指导的国际货币会议在新罕布什尔州的布雷顿森林召开；该会议设计了固定汇率体系，在关键的支付不平衡的时刻可以调整。该会议倡导成立国际货币基金组织（IMF），用于外汇借贷，并将美元作为关键储备货币。美元与黄金挂钩，每盎司黄金价值 35 美元，但只有其他中央银行给美国联邦储备局（Federal Reserve）美元以兑换黄金。国际货币基金组织的贷款建立在结束收入赤字的政策基础上，它导致借款国政府和国际货币基金组织之间发生摩擦。虽然少数国家采取浮动本国货币政策（尤其是 1950—1962 年的加拿大），但是 1949 和 1967 年英镑发生贬值，中央计划经济国家如苏联和中国未受影响。尽管如此，1945—1973 年间，布雷顿森林体系还是为不断扩大的全球贸易和投资流动提供了稳定的机制。但美国持续收支赤字削弱了布雷顿森林体系的作用，随后一段时间里汇率极不稳定。用于稳定欧洲国家货币的汇率机制由于投机性行为开始崩溃，比如 1992 年 9 月英镑贬值事件。而由于欧洲央行实行单一的货币政策，欧元成为共同货币，使用国家从 1999 年初的 11 个欧洲国家增长到 2010 年初的 22 个，它力图消除可能发生的投机性投资行为，同时保持欧元对美元、日元及其他货币的浮动汇率。

进一步阅读书目：

Bayoumi, T., Eichengreen, B., & Taylor, M. P. (Eds.). (1997). *Modern Perspectives on the Gold Standard*. Cambridge, U.K.: Cambridge University Press.

Bordo, M. D., & Eichengreen, B. (Eds.). (1993). *A Retrospective on the Bretton Woods System*. Chicago: University of Chicago Press.

Eichengreen, B. (1996). *Globalizing Capital: A History of the International Monetary System*. Princeton, NJ: Princeton University Press.

Einaudi, L. (2001). *Money and Politics: European Monetary Unification and the International Gold Standard (1865-1873)*. Oxford, U.K.: Oxford University Press.

James, H. (2001). *The End of Globalisation: Lessons from the Great Depression*. Cambridge, MA: Harvard University Press.

Spahn, H.-P. (2001). *From Gold to the Euro: Monetary Theory and the History of Currency Systems*. Berlin: Springer Verlag.

罗伯特·迪曼德（Robert W. Dimand）文

李军 译，刘健、王超华 校

International Organizations　国际组织

从最严格意义上讲,国际组织是将国家而不是个人作为其成员,该组织在国际事务中发挥官方作用,特别为集体安全提供支持。

1354

国际组织的成员是各个国家,它在国际事务中发挥官方作用。在这个意义上,最典型的国际组织是联合国(UN)。联合国有自己的工作人员、运作规则和总部,其成员是国家而不是个人,几乎世界上的所有国家都是其成员。联合国的目标是在国际事务中发挥官方作用,尤其注重提供集体安全保护。

什么样的组织可以被认为是国际组织? 什么不能? 这其实并没有明确的界限。比如联合国依据国家间的条约建立,并将这些国家作为其成员,显然符合上述定义。而跨国公司和其他以营利为目的的企业,即使符合上述定义,一般也不会被认为是国际组织。非营利组织将个人而不是国家作为其成员,通常被称为非政府组织(NGO),其定义往往比较模糊。鉴于本文的目标,因为非营利组织显然具有国际性质,在国际社会发挥半官方作用,如"红十字国际委员会"(International Committee of the Red Cross, ICRC)在国际事务中发挥的作用,因此这类组织也包含在本文讨论中。

战争、和平和国际组织

国际组织以许多不同的方式影响战争与和平。一些组织旨在提高集体安全;其他组织则通过消除一些可能导致战争的因素,比如贫困或种族冲突,从而防止战争发生。一旦战争爆发,还有一些组织致力于减轻战争造成的苦难。最后,还有一些被称为联盟的国际组织,旨在帮

助其成员赢得战争。前两类组织的活动旨在保障集体安全,消除可能导致战争的因素,这类工作往往由联合国及其所属组织承担。第三类减轻苦难的工作由联合国下属组织,如联合国难民事务高级专员公署(Office of the United Nations High Commissioner for Refugees),和非政府组织如红十字会承担。第四类,联盟,包括政府间的组织,但不属于联合国系统。

在这一点上,我们应该区分集体安全组织和联盟组织,联盟由两个或两个以上同意在战争时期相互帮助的国家组成。这可以是一个纯粹的防御协议,据此,缔约方同意如遭到第三方攻击时,相互间提供援助,或订立攻击第三方的协议。无论哪种方式,联盟的一个关键特点是它具有排他性,也就是说,它是联合起来对抗非成员国利益的组织。国际联盟已存在几千年,联盟的特色突出表现在修昔底德有关公元前5世纪伯罗奔尼撒战争的叙述中。但传统上它们还不是这样的组织。它们虽然签订了协议,但这些协议一般都没有建立新的特殊目标机构。联盟作为一个国际组织是20世纪后半期的现象,始于北大西洋公约组织(North Atlantic Treaty Organization,NATO)和华沙条约组织(Warsaw Pact)的创建。

1355

集体安全组织不同于联盟,因为它们具有包容性。这些组织维护国际和平的规则,其成员遵守这些规则。如果其成员国破坏规则,威胁到国际和平,那么所有其他成员国都应该采取行

"联合国为自由而战斗"海报（1941—1945），绘有承诺在第二次世界大战期间支持盟军的国家的旗帜。美国国家档案馆

动以应对威胁。换句话说，联盟旨在保护其成员免受来自外部的威胁，集体安全协议旨在捍卫其成员免受来自其他成员国的威胁。因此，集体安全组织的成员涵盖范围更广，运作效果最佳。联合国已经成为最重要的集体安全组织，联合国安全理事会是其主要的执行机构。

集体安全的历史

在现代国家制度下，最早尝试订立集体安全协议的组织是欧洲同盟；它是在拿破仑战争之后，由当时的欧洲主要大国通过年度会议，而不是联盟和战争，协调欧洲事务的同盟。然而，该同盟并未真正建立国际组织，因为它没有创建新机构以监督集体安全行为。不论从哪个角度看，该同盟都是失败的。19世纪20年代中期，它已不再对欧洲政治产生重大影响，19世纪中期时已经不复存在。

国际社会另外一次尝试建立的集体安全组织是国际联盟（League of Nations），该联盟在第一次世界大战后建立，它显然是一个国际组织，它的总部设在瑞士日内瓦，有自己的机构，即常驻秘书处。建立国际联盟的主要推动者是美国总统伍德罗·威尔逊（Woodrow Wilson），他认为第一次世界大战爆发的主要原因是秘密联盟政治主导欧洲国际关系长达半个世纪。他希望建立一个组织使国家在公共论坛上讨论问题，从而摆脱国际通行的闭门磋商。他还希望建立一个组织保障和平，从而消除结盟现象。

国际联盟与欧洲同盟一样，也不是很成功。由于美国从未加入，因此，从一开始它就缺乏底气。尽管威尔逊总统是国际联盟成立的原动力，但美国参议院没有批准美国加入该组织。该组织的决策结构也制约其发挥作用。国际联盟的基本运作模式是一国一票，因此，占据多数的、军事实力较弱的小国能够投票通过要求军事行动的决议，尽管支持这一决议的国家无力执行这个决议。由于国际联盟本身没有军事力量，它只能期望各成员国执行其决议，而这些成员国往往相互推诿，它们可能期望某种结果发生，但希望其他国家去完成。

第二次世界大战期间，国际联盟解体。1945年成立的联合国取代了它的地位。联合国开展各种各样的活动，范围覆盖了大部分人类活动的地区，但其核心功能是维护集体安全。与国际联盟相比，联合国有两个优势：首先，所有的主要大国都是其成员；第二，它的宗旨是尽量避免推诿扯皮。联合国有一个全体大会，这类似于联

1356

盟,以多数票支持的方式通过决议。但是,大会不负责执行集体安全规则。在联合国的设计中,这项任务由一个名为安全理事会的新机构承担。安全理事会只有少数成员(原来是11个,现在为15个),它始终保持运转,以便快速高效地处理威胁国际安全的事务。其成员包括5个在第二次世界大战结束后最强大的军事强国;只有在所有5个大国授权的情况下,才可以使用武力。

联合国及国际和平与安全

联合国体系从来没有真正按目标运作。联合国曾授权以美国为首的联合国军干预1950年的朝鲜战争,但在那之后它没能够成功地介入冷战纠纷,因为美国和苏联在安全理事会有否决权。1956年,为应对"苏伊士危机"(Suez Crisis),安全理事会发明了一种新的负责集体安全的机制,称"维和部队"。这是指由安全理事会授权部队在冲突发生后监督实施停火,是一个比执行国际安全更为温和的角色;几十年来,联合国已经成功地完成了多项维和任务。

1990年冷战结束,联合国在战争与和平问题上的作用有所恢复。安全理事会从美苏对抗的约束中解脱出来,与之前的30年相比承担了更多工作,它有权参与更加艰巨的任务。比如在伊拉克和前南斯拉夫等地发挥作用,这类工作的价值超过维和,更接近传统的集体安全保障任务。联合国也卷入了后来被称为和平建设的任务;这一任务是在因冲突导致政治和法律制度缺失,或反之因政治和法律制度缺失导致冲突的地方,创建行之有效的政治和法律制度。20世纪90年代,联合国在前南斯拉夫、柬埔寨和东帝汶执行这类任务。集体安全行动的恢复期历时10年多,对它的影响既来自伊拉克入侵、美国单边主义的兴起,也来自其他两个常任理事国俄罗斯和中国的外交政策。联合国在国际

和平与安全事务中角色演变的方向,目前还不清楚。

超越集体安全

其他还有一些组织帮助安全理事会执行集体安全任务。一些组织通过仲裁解决争端以防止冲突,比如国际法院(ICJ);还有一些组织在地区事务中发挥着与联合国在全球事务中一样的作用,包括非洲联盟(African Union,AU)、美洲国家组织(Organization of American States,OAS)和欧洲安全与合作组织(Organization for Security and Cooperation in Europe,OSCE)。这些组织的成立时间差异很大,美洲国家组织创建于1948年,而2002年非洲联盟才成立,但是几十年前它们的组织形式已经成型。

国际组织在减轻因战争造成的苦难中发挥作用,这要从它们在集体安全任务中的角色进行追溯。创建于1863年的红十字会是第一个这样的组织,它旨在帮助受伤的士兵,监督执行善待战俘的政策。虽然红十字会是一个非政府组织,但它在国际事务中发挥了半官方的作用。它监督执行善待战俘政策的作用被写入《日内瓦公约》中的战争规则。其他还有一些改善型政府组织,比如联合国难民事务高级专员公署(难民署),该机构可追溯到1921年国际联盟任命的难民事务高级专员。目前,联合国难民署负责监督全球2 000多万难民的救援工作。

其他大部分国际组织的历史可以追溯到20世纪50年代,它们致力于帮助各国从战争影响中恢复过来,发展其自己的经济和基本服务,其中包括联合国开发计划署(United Nations Development Programme,UNDP)和联合国儿童基金(United Nations Children's Fund,UNICEF)。众多非政府组织致力于改善最贫困国家的条件,也对这些组织的工作提供支持。

展望 21 世纪

一个多世纪以来,国际组织一直活跃于促进国际和平与安全活动中。集体安全组织的有效性随时间发生变化。1991 年冷战结束后的 10 年间,国际组织的作用总体上有所加强,但此后削弱了。未来 10 年中其有效性变化的方向,将有助于确定 21 世纪战争与和平的模式。侧重于减轻战争带来的负面影响的组织的作用在持续增强,特别是自第二次世界大战结束以来,并很可能继续增强。

进一步阅读书目:

Barnett, M., & Finnemore, M. (1999). The Power, Politics, and Pathologies of International Organizations. *International Organization*, 53, 699 – 732.

Cox, R., & Jacobson, H. (Eds.). (1973). *The Anatomy of Influence: Decision Making in International Organization*. New Haven, CT: Yale University Press.

Diehl, P. (1994). *International Peacekeeping*. Baltimore: Johns Hopkins University Press.

Jervis, R. (1982). Security Regimes. *International Organization*, 36, 357 – 378,

Kennedy, D. (1989). International Refugee Protection. *Human Rights Quarterly*, 8(1), 1 – 9.

Keohane, R., & Nye, J. (1977). *Power and Interdependence: World Politics in Transition*. Boston: Little, Brown.

Mearsheimer, J. (1994 – 1995). The False Promise of International Institutions. *International Security*, 19(3), 5 – 49.

Meisler, S. (1995). *United Nations: The First Fifty Years*. New York: Atlantic Monthly Press.

Mingst, K., & Karns, M. (2000). *The United Nations in the Post-Cold War Era* (2nd ed.). Boulder: Westview Press.

Pease, K. (2002). *International Organizations: Perspectives on Governance in the Twenty-first Century* (2nd ed.). Upper Saddle River, NJ: Prentice Hall.

Ryan, S. (2000). *The United Nations and International Politics*. New York: St. Martin's.

Weiss, T., Forsythe, D., & Coate, R. (2004). *The United Nations and Changing World Politics* (4th ed.). Boulder, CO: Westview Press.

Ziring, L., Rigg, R., & Plano, J. (2000). *The United Nations: International Organization and World Politics*. Toronto: Wadsworth Publishing.

塞缪尔·巴金(J. Samuel Barkin) 文

李军 译,刘健、王超华 校

Internet　互联网

¹³⁵⁸　20 世纪 50 年代,美国军方寻求保护领空的技术支持,这推动了计算机信息交流技术的发展。在"包技术交换" (packet switching,一种捆绑独立的"信息包"以更迅速的方式传输信息)的初期,通信领域的先锋们开发出日益复杂的计算机网络,最终互联网(Internet)出现。截至 2010 年,全世界的互联网用户超过 17.3 亿人。

在 20 世纪四五十年代,计算器(电子数字　积分计算机,ENIAC)以及随后的计算机(通

用自动计算机 UNIVAC；旋风［Whirlwind］）体型庞大，十分笨重，这种昂贵的机器只有屈指可数的专家才能使用，而且它们之间没有连通。在不到 40 年的时间里计算机进入公共领域，并使数据、声音和图像在全球范围传递，但其仍然以 20 世纪 60 年代的计算机为核心。这种网络信息和通信联系体现在互联网中，它是一个连接越来越多各种规模计算机的全球网络。从 20 世纪 60 年代后半期美国（涉及几个美国大学）"高级研究计划局"（Advanced Research Projects Agency，ARPA）发起该项目到 2010 年，互联网用户超过 17.3 亿人，互联网的应用程序、使用者和相关问题都具有了全球性特征。

从阿帕网（ARPANET）到互联网：美国起源

尽管计算能力是一个昂贵的要素，但将这个难得的资源让尽可能多的人利用，很快成为计算机发展历史上的主要任务。连通计算机的其他动力也很快成为最大化利用计算机的要件。从出于管理目的的数据共享到保存系统、命令和控制，20 世纪 50 年代是将计算机相互连接的互联网时代的第一次飞跃；特别是在美国，军事自然占据主导地位，比如防空计划半自动地面防空系统（SAGE［Semi-Automatic Ground Environment］）大型项目。这个项目的目的是给美国空军提供一个系统用于检测、识别并拦截任何对美国领土造成空中威胁的目标。为了实现这一目的，一系列的设备、雷达、计算机、飞机和船只都需要通过使用电报和无线电终端等电信系统相连接。20 世纪 50 和 60 年代之间的半自动商务研究平台（SABRE［Semi-Automatic Business Research Environment］）航空订票系统（airline reservation system）也是这次演进过程中的一个重要成果，它展示了网络给商业发展提供的诸多可能性。这些系统纳入"时间共享"（允许计算机在较少时间里处理任务，用户直接访问计算机，而不一定要通过运营商，以及更易"互动"的计算形式）的概念，但它们超越了这个概念并提供了一个高度创新的用法。它们引领了"在线交易处理"（On Line Transaction Processing，OLTP）时代，并运用设备接触到一个完整的计算机网络。

由于占据了主要是由计算机科学家开发的电信和计算的中间地带，新概念出现在 20 世纪五六十年代。这就是"包技术交换"（将信息划分成数据包，单独传送数据包，当它们到达目的地后再重组信息），其中三股可以识别。它首先是一个军事问题，由保罗·巴兰（Paul Baran）在工作中发现；巴兰从 1959 年起在兰德公司（Rand Corporation）从事研究工作，研究能否建立一个通信网络来处理繁杂的信息以使其免受敌人攻击。为此，他向美国空军提出了基于数字化信息和以大小相同的信息块或数据包传输信息的研究项目。该项目并未得到批准，但上述理念得以传播。与此同时，莱昂纳德·克莱瑞克教授（Leonard Kleinrock）也在独立从事网络架构工作。1961 年 7 月，他在麻省理工学院（Massa-chusetts Institute of Technology）发表了一篇"包技术交换"理论的论文；随后在 1964 年，他出版了第一本有关这个理论的专著。此后不久，英国国家物理实验室（Britain's National Physical Laboratory，位于伦敦附近）的唐纳德·戴维斯（Donald Davies）设计了一个在技术上非常相似的项目，但侧重于互动性，而不是安全性；他于 1968 年开发了一个"包技术交换"网络。从 20 世纪 60 年代起，这些理念在高级研究计划局开发的项目中得到体现。该机构成立于 1958 年冷战背景下，其目的是应对双向挑战：对外是太空竞赛（苏联在 1957 年发射了第一颗人造卫星），对内是重组军事科研活动。

高级研究计划局比 SAGE 项目的设计走得

1359

ARPANET LOGICAL MAP, MARCH 1977

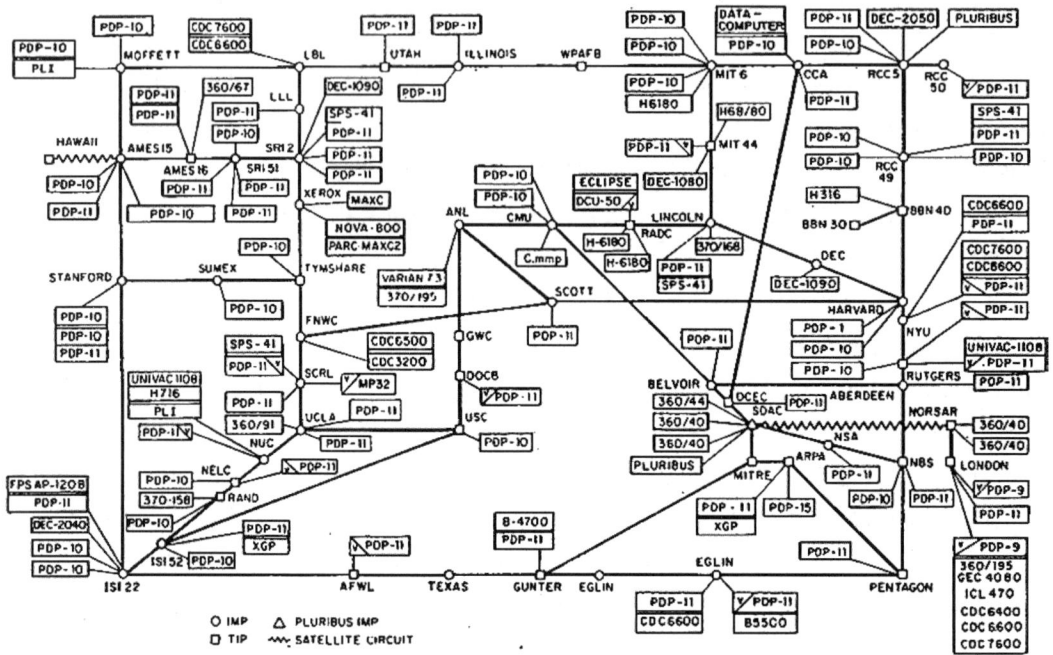

约 1977 年的 ARPANET 逻辑图。雄心勃勃的 ARPANET 工程的目标是建立一个基于"包技术交换"的计算机网络

更远,该机构计划建立一个指挥和控制网络,并在 1967 年春获正式批准。其目的是允许在不兼容的计算机和软件中建立互联网络。1967 年底,高级研究计划局结束了与"斯坦福研究所"合作的明确未来网络参数的第一份合同。埃尔默·夏皮罗(Elmer Shapiro)是背后的主要筹划者。劳伦斯·罗伯茨(Lawrence Roberts)在高级研究计划局信息处理技术办公室主持该项目。1968 年,网络工作组(Network Working Group)成立,首任组长是史蒂芬·克罗克(Stephen Crocker),一个完全成熟的团队组建起来,计划完成宏大的 ARPANET 项目,建立一个基于"包技术交换"链接不同计算机的网络。网络领域的先锋人物,如莱昂纳德·克莱瑞克,加利福尼亚州立大学洛杉矶分校的劳伦斯·罗伯茨以前的同事和几个同学,包括温顿·瑟夫(Vinton Cerf)和琼·普斯泰尔(Jon

Postel)等,都为这个网络的诞生做出了贡献。罗伯特·卡恩(Robert Kahn)于 1968 年通过总部设在马萨诸塞州坎布里奇市的一家名为 BBN(Bolt, Beranek, and Newman)的咨询公司进入这一领域,赢得了与高级研究计划局建立接口信息处理器(Interface Message Processors, IMPS)的合同,这使得不同的计算机之间的连通成为可能。1969 年,在美国大学之间的网络上已经有 4 个连接,第一个建在加利福尼亚州立大学洛杉矶分校,其他中心是斯坦福研究院、美国加利福尼亚州立大学圣巴巴拉分校和犹他州立大学。

该项目强调这项创新具有双重优势,它可以对计算机网络可能会是什么样进行全面的测试,同时给大学实验室和军队提供一个预运行工具。它的年度预算高达几百万美元。尽管不同中心之间发展联络的问题委托给了 BBN 公

1360

司,但各个中心之间和网络的交流问题均由各中心处理。学者们亲身参与到定义网络的工作当中。1968 年夏天,埃尔默·夏皮罗主办了一个研讨会,参会人员都是负责未来网络的各中心的程序员。这次会议必将永载史册;由于该项目没有任何现成的网络基础设施,与会的研究人员白手起家,能够完全体现创新思路。一个粗放的理论方法因此成为辩论的一部分,不是出于科学的"野心",而仅仅是为全新领域奠定基础。"请求注解"(the Request for Comments,RFC)证明了研究人员的创造力,它最初是会议记录。1969 年,史蒂芬·克罗克将其整理结集,后以论文形式发表;随着文件传输协议(File Transfer Protocol)建立,它的内容实现了在线阅读。RFC 的公开加快了思想的交流,并逐步创建了"开放文档"(open documentation)和作品系统。

1971 年 10 月,在麻省理工学院举行的一次会议期间成功地进行了第一次重大实验,此后进展相当迅速。该项目(此时已被称为 ARPANET)启动后仅仅 4 年便实现了目标。1972 年,在计算机通信国际会议(the International Conference on Computer Communication)上,罗伯特·卡恩首次向公众展示这一项目。1974 年,罗伯特·卡恩与温顿·瑟夫合作发表文章,提出了一个在互联网历史上具有决定性意义的协议(TCP),之后发展成为传输控制协议和互联网协议(Transport Control Protocol and Internet Protocol, TCP/IP),并取代了第一个 ARPANET 协议,即网络控制程序(Network Control Program,NCP)。他们的想法是,在基于不同设计的无数独立网络之间实现连接,甚至与使用数据包的无线电或卫星网络之间实现连接(这是 NCP 不允许的),并为"网中之网"(network of networks)铺平道路。

直到 1983 年,TCP/IP 才被引入 ARPANET。军事与阿帕网分离,称军事网络(MILNET);而大学则利用美国国家科学基金会(National Science Foundation)与其强大的计算机连接,并与互联网的前身 NSFnet 网络合并。

欧洲人的创意

从 20 世纪 70 年代开始,欧洲研究人员就开始探索普通网络和数据包交换技术,他们一直与外界保持联系。他们认为,在面对美国工业,尤其是国际商业机器公司(International Business Machines,IBM)控制欧洲市场和数据网络咽喉的风险时,普通网络可以成为一个选择。通过提供仅支持自己的机器的网络架构(IBM 提供系统网络构架,数字设备公司提供 DEC 网络等),制造商们限制了用户、管理和以连接不同制造商的产品进行买卖的能力。将各种机器连接到网络中,正如 ARPANET 所设计的那样,为国家制造商的产品赢得一席之地,能与美国同行的产品齐头并进。其意图是防止欧洲与美国在研究和前景广阔的尖端行业方面的差距越来越大。1972 年,ARPANET 的展示意味着来自大西洋彼岸的研究人员加入了美国人的队伍,包括英国国家物理实验室的唐纳德·戴维斯和英国电信公司的约翰·韦德莱克(John Wedlake);来自电信领域的雷米·德普雷(Remi Després)和法国国家计算机科学与控制研究所(National Institute for Research in Computer Science and Control,IRIA)的路易·普赞(Louis Pouzin)以及意大利人杰苏阿尔多·列莫里(Gesualdo LeMoli)和瑞典皇家学院(Swedish Royal Institute)的谢尔·塞缪尔森(Kjell Samuelson)。法国人和英国人都参与到数据包交换的初步探索之中。20 世纪 70 年代,在更侧重于计算的研究中心(英国国家物理试验室的马克 I 号或法国国家计算机科学与控制研究所的基克拉泽斯〔Cyclades〕)和电信实验室(在英

1361

国邮政局和法国的 Transpac 的实验数据包技术交换业务），试验同时进行。1971 年，当法国国家计算机科学与控制研究所（后来成为 INRIA，国家信息和自动化研究所）在路易·普赞的指导下启动基克拉泽斯项目时，ARPANET 网络已经在美国的 15 个中心连接。20 世纪 70 年代，他的团队开发了一个基于数据原理的网络，1974 年该网络被纳入 TCP/IP 协议。这个团队是以温顿·瑟夫（Vinton Gerf）为首的国际网络工作组的成员，它提交了报告，并与 ARPANET 团队直接对话（例如与 BBN 签署咨询合同）。同时，由于彼得·柯尔斯坦（Peter Kirstein）的不懈努力，1973 年，英国人完成了 ARPANET 网络和伦敦大学学院的连接。

除了国家的努力外，从 20 世纪 70 年代起，欧洲人组成团队建立跨国网络，如欧洲信息网和欧洲网（European Informatics Network and Euronet）；他们的研究在 20 世纪 80 年代取得进展，创造了一个真正的欧洲研究者的网络。然而，当时计算机领域与电信领域分属不同领域，后者倾向于基于虚拟电路的技术（1976 年通过的 X25 协议）以及国家分别寻求解决方案（英国的 JANET，德国的 DFN，荷兰的 SURFNET 等），而不采用数据报（datagrams）。然而，20 世纪 80 年代中期，欧洲研究人员出于采用 OSI 技术的目的走到一起。1977 年国际标准化组织（International Organization for Standardization，ISO）开始进行开放系统互联（Open System Interconnection，OSI）工作；普通网络的 7 层模型（seven-layer model）在 1984 年被正式采纳，但该项目在 20 世纪 90 年代终止。虽然从 1986 年起，欧洲人提出以 OSI 为基础建立"余弦"（Cosine）欧洲研究机构，但 1990 年他们不得不承认 TCP/IP 协议更加有效。正是在这一时期，得益于 EUNET 网络，互联网在欧洲快速发展。自 1988 年以来，它已借鉴 Unix 操作系统和 TCP/IP 协议，其在欧洲的主要合作伙伴是斯德哥尔摩皇家理工学院（Royal Institute of Technology）、阿姆斯特丹数学与计算机科学研究所（National Research Institute for Mathematics and Computer Science，CWI）及法国国家信息和自动化研究所。同时，针对普通大众的远程信息处理系统也开始进行试验（英国的 Prestel，德国的 Bildschirmtext）。这些互动系统已经得到广泛和持久的传播，比如法国电信管理局开发的公共信息网络终端技术（Minitel technology）。但是，一些国家的网络已经采用互联网技术，包括斯堪的纳维亚国家和荷兰（SURFnet）。从 1988 年起，被称为"欧洲 IP 网"（Réseau IP Européen，RIPE）的一个欧洲非营利组织负责为欧洲的互联网分配地址。第二年，欧洲成为互联网发展的新贵和决定性力量，其标志是万维网（World Wide Web）的创建。虽然互联网及其部分最著名的应用不应该被混为一谈，但网络的发明标志着一个转折点。互联网的历史始于 1989 年，这一年瑞士欧洲核研究组织（European Organisation for Nuclear Research，CERN）的研究人员蒂姆·伯纳斯-李

1362

Cords 等于连通性：若干网线插在网络集线器上。黛西·德拉姆（Daisy Durham）摄

> 互联网正在成为明天全球村的市镇广场。
>
> 比尔·盖茨（1955—　）

(Tim Berners-Lee)为适应研究人员的需要，计划创造一种超文本系统（hypertext documentation system）的操作软件。被称为万维网的导航软件在1991年年底问世，而此时马克·安德森（Marc Andreessen，伊利诺伊大学）的"马塞克"游览器（Mosaic）、网景公司的"导航者"浏览器（Navigator）和微软的 IE 浏览器仍在开发之中。1994年，万维网联盟（World Wide Web Consortium，W3C）在麻省理工学院创建。1995年法国国家信息和自动化研究所创建了欧洲 W3C 系统。其研究人员之一让-弗朗索瓦·阿布拉马提克（Jean-François Abramatic）于1996—2001年出任该公司主席，此后2003年他在欧洲信息与数学研究联盟（European Research Consortium for Informatics and Mathem-atics，ERCIM）任职，该联盟由大约30个来自欧洲国家的代表组成。21世纪初，互联网从研究者的网络向公共网络过渡，欧洲已经有超过 1.05 亿互联网用户，仅略少于美国。

全球性和公共性扩张

20世纪90年代至21世纪前10年，互联网开始赢得愈来愈多拥有个人电脑的公众，它的发展已经触及全球的每一个角落。尽管 Web 引导公众使用互联网，但其他应用也扩展了互联网的影响，比如电子邮件（1975年，ARPANET 有大约1 000个电子邮件地址，第一个版本的"简单邮件传输协议"［SMTP］由约翰·普天（John Postel）在1982年提出）的流行，90年代末，互联网在零售市场区域（retail space）取得巨大成功。eBay 和亚马逊等网站促进了电子商务繁荣；1998年，日内瓦协议确认了这一提案，支持此提议的美国总统比尔·克林顿说，关税暂时不应适用于网络上电子商业交易。信息搜索机构，包括网景公司提供的服务器、谷歌模式及

门户网站雅虎、AOL、MSN，都发挥了关键作用。1995年，网景公司上市；随后其他公司（eBay、亚马逊）上市以及纳斯达克（科技股）价值上涨，成为20世纪90年代繁荣的标志。由于2000年投机泡沫破灭，股市陷入危机。

近来互联网用途和模式已经发生变化。1999年，宽带技术和 Napster 使点对点传输面试（P2P，对等互联网资源共享）取得成功。P2P 提供了一个不同于客户端-服务器模型的操作模式，交换的数据可以传输到每个参与者的机器上，每个人都可以从任何一台连接到网络的机器下载文件，并制作自己的文件提供给他人。

公众使用功能已经超过了组织和技术层面，"互联网""网络"经常被不加区分地使用。对于大多数人来说，互联网是网上冲浪，发送和接收电子邮件，使用搜索引擎如谷歌，读写博客和维基百科，成为社交网络如脸谱（Facebook，全球最人的社交网络网站，成立于2004年）和 YouTube（一个视频共享网站，成立于2005年）的一员，以及参与电子商务。至少有 80.6 亿个网页可供索引；2009年，脸谱的活跃用户超过 3.5 亿人；移动接入也在发展，互联网的流动性需要重新思考。

互联网应用中经常提出责任赔偿、处理个人数据和知识产权等法律问题，而且由于网络具有全球展示特性，导致这些问题更加复杂。垃圾邮件和网络犯罪的问题也值得关注。除了这些因素，目前还有两个主题引起国际社会的关注：数字鸿沟和互联网治理（the digital divide and Internet governance）。国际电信联盟强调其目的是"到2015年连接未连接的"以及"实现每个人的公平交流"。事实上，尽管2009年互联网在北美的普及率接近75%、在欧洲是50%，但这个数字在非洲不到7%。全世界 17.3 亿互联网使用者中近一半在北美或者欧洲，非洲最高估计只有 6 500 万互联

网用户。

除了互联网接触和使用中存在国际失衡现象,也有人在信息社会世界峰会(World Summit on the Information Society,2003 年在日内瓦,2005 年在突尼斯)上呼吁对互联网进行治理,减少美国主导因素。20 世纪 90 年代是互联网重大动荡时期,使用者和牵涉的各方日益复杂,其中包括 1992 年创立的互联网协会以及 1994 年成立的万维网联盟。通过不断扩大范围,互联网结构的多样化过程——一个多元组织结构初具规模。一些因素导致治理的概念不断丰富,包括 1998 年 10 月由美国创立互联网名称和编号分配公司(Internet Corporation for Assigned Names and Numbers,ICANN)用来处理有关域名管理事宜,(1995 年 11 月)在突尼斯信息社会世界峰会上成立的互联网治理工作组(Working Group on Internet Governance),互联网治理论坛(Internet Governance Forum),联合国开发计划署 2001 年提交的世界人类发展报告,2003 年世界信息技术项目,以及对 IPv6(新一代互联网连接,扩展寻址的可能性近乎无限的比例)的辩论。包括多语言、域名、免费软件使用价值和伦理、发表意见和言论的自由等诸多问题,都是 21 世纪互联网领域面临的全球性挑战。在不歧视的基础上获取上网渠道以促进每个人的交流的基本权利,由此使一个单纯的"信息社会"能够向一个民主的社会进步,在这个社会中获得知识和沟通的渠道将惠及所有人。

进一步阅读书目:

Abbate, J. (1999). *Inventing the Internet*. Cambridge, MA: The MIT Press.

Aspray, W., & Ceruzzi, P. E. (2008). *The Internet and American Business*. Cambridge, MA: The MIT Press.

Baran, P. (2002). The Beginnings of Packet Switching: Some Underlying Concepts. *IEEE Communications Magazine*, 40(7), 42 – 48.

Beltran, A., & Griset, P. (2007). *The History of a Computer Science Pioneer, 40 Years of Research at INRIA*. Les Ulis, France: EDP France.

Berners-Lee, T., & Fischetti, M. (1999). *Weaving the Web: The Original Design and Ultimate Destiny of the World Wide Web by Its Inventor*. San Francisco, CA: Harper.

Cerruzi, P. E. (1998). *A History of Modern Computing*. Cambridge, MA: The MIT Press.

Gillies, J., & Cailliau, R. (2007). *How the Web was Born: The Story of the World Wide Web*. New York: Oxford University Press.

Mathiason, J. (2008). *Internet Governance: The New Frontier of Global Institutions*. New York: Routledge.

Schafer, V. (2007). Datagrams vs. Virtual Circuits: Rivalries on Different Scales. *Histoire, Economie & Société*, 2007(2), 29 – 48.

帕斯卡尔·格里泽(Pascal Griset)、瓦莱丽·谢弗(Valérie Schafer) 文

李军 译,刘健、王超华 校

Interregional Trade Networks　区域贸易网络

自从古代腓尼基航线和丝绸之路开通以来,世界不同区域之间通过贸易进行长期和频繁接触已经成为世界历史的一部分。21世纪,资本、劳动力、商品的全球性经济贸易是跨地区网络最突出的现象,在文化领域也存在类似现象。 ¹³⁶⁵

虽然"全球化"一词试图表明这是一个相对崭新的现象,但是全球历史可以被理解为世界不同地区之间长期和频繁接触的历史。全球关系可以比喻为网络。网络连接成网,或一群点与交叉线组相互渗透。比较浅显的例子是人体的循环系统——静脉和动脉的网络,或一个国家的道路交通网络,如铁路、河流和运河。全球区域网络是由一系列复杂的相互作用所界定的,如跨越相对广泛的地理区域的贸易和交流活动等。

区域网络有两个重要的共同特征。第一个是网络间点与点的距离,这需要一套先进的管理组织和合理结构。这些结构自然反映并鼓励有关各方的社会发展。此类联系的第二个重要特征是它们不是暂时的联系,而是在相当长的一段时间内存在并逐步达到一定规模的、可持续的联系。因此,我们将区域网络理解为复杂的结构,在长距离的两点或多点之间保持非永久联系。而贸易很早就是这种网络的催化剂。

早期网络

有足够的证据证明史前贸易存在。例如,黑曜石上的图案表明,公元前5000年前,一些遥远的交换关系就已经建立。比较充分的证据证明,早在公元前第2个千年,地中海东部就已经出现贸易中心。这一地区的文化似乎已经渗入进口产品之中,比如锡、琥珀、青金石等可能来自遥远的英国和阿富汗。除了贸易活动,大规模的人口迁移在整个地区建立了分散的共同体。公元前800年,腓尼基贸易网络覆盖的范围从今黎巴嫩一直延伸到直布罗陀,甚至可能更远。这一时期西半球区域间联系的证据要少得多,包括中美洲与安第斯山脉联系;甚至中国和印度河文明之间联系的证据都十分单薄。目前还不清楚印欧语系人口及其以战车为代表的文化向中亚地区的传播是否反映了正在进行的交换关系,还是只是简单的单向征服。但是,马其顿亚历山大大帝(Alexander the Great)的征服行动无疑创造了一个中程网络。

到公元元年时,横跨欧亚大陆的大部分区域间已经形成复杂的区域交流系统。从印度尼西亚进口的香料出现在罗马的餐桌上。帝国的存续得益于地中海霸权所促进的区域间交换关系和良好的道路网络。从汉朝中国延伸到君士坦丁堡和亚历山大里亚的著名的丝绸之路,在公元500年已经建立起来。 ¹³⁶⁶

中世纪的网络

至少在欧洲半岛,许多网络在中世纪早期被切断。其中可能有两个特例,一个是从伏尔加河延伸到纽芬兰的维京人定居点,另外一个是连接相对孤立的修道院的朝圣路线和其他联系。直到12、13世纪,跨地中海网络才得以重建,这些网络大部分由意大利城市国家管理。具有历史意义的是,这一时期是欧洲中部真正的市场网络发展的时期;该网络东西端分别是莱

阿尔贝托·帕西尼（Alberto Pasini）的《商人》（*The Traders*，约 19 世纪 70 年代）。布面油画。这幅画描绘了丝绸之路上的一个阿拉伯商队，这是 19 世纪在西方流行的有关东方的画像

茵河和塞纳河，南北界是阿尔卑斯山和北海。1347—1352 年，黑死病的传播是欧洲内部以及欧洲与世界其他地区重新建立联系的最明显标志，它反映了这个网络可以传输许多元素，并非所有的都是受欢迎的。

在非洲，这一时期的标志是承载重大贸易任务的撒哈拉沙漠"海洋"兴盛。黄金、盐和其他大宗商品的多边贸易在地中海沿岸和几内亚湾、红海和大西洋之间进行。也许一个更发达的网络使商品、人口和信息从莫桑比克海峡（Mozambique Channel）沿非洲海岸北上，并跨越印度洋（它可以说是这一时期的国际贸易路线）。在这个以商业为主的网络之外，7 世纪开始的伊斯兰征服运动带动的各种联系也应该纳入进来。从西班牙南部的格拉纳达王国（1492 年前）到太平洋爪哇岛（至 15 世纪末），《古兰经》和通过阿拉伯语表达的共同信仰为众多联系提供了基础，尽管在政治上仍然分裂。这些联系和共性使这一时期的伊斯兰世界成为第一个真正全球化的社会。另外一个稍逊一筹的网络是13 世纪蒙古帝国创建的跨越欧亚的国家，它推动了长距离交流与互动关系的发展。

现代网络

欧洲发现美洲大陆，标志着区域网络的发展进入一个新阶段。1492 年之前，葡萄牙人就已经在南亚、东南亚和地中海之间建立了直接联系。随着一年一度来自马尼拉的西班牙银元船队到来，国际联系逐渐跨越海洋。但是，这仅仅是全球贸易网络的一部分，这些贸易还将来自东方的香料和丝绸，来自北方的木材和粮食，来自西方的蔗糖、咖啡、棉花和烟草，以及来自南方的奴隶在北海的仓库装船交换。奴隶贸易也许是新帝国时代区域网络的最好例证。这种贸易的基础是在非洲大陆间进行一系列复杂的交易，它塑造了几个世纪以来该地区的经济、政治和人口状况。由于与这些贸易联系在一起，欧洲西北部新制造业中心需要制造船舶和手工业品交换奴隶。横渡大西洋后，同一艘船载着热带商品横跨大西洋返回，然后重新开始航程。尽管大西洋主导了这个时期的贸易，但陆路贸易网络在亚洲次大陆的奥斯曼和萨菲帝国以及东亚地区也一直存在。然而，19 世纪，欧洲人已经完全主宰了所有的区域贸易网络。

如上所述，贸易网络也不仅限于商品，文化

1367

比尔·克林顿总统和戈尔副总统会见签署《北美自由贸易协定》的环境小组，1993 年 9 月 14 日。美国国家档案馆

理念和文化现象也在地区间交流，形成新的同化、组合现象，有时则是冲突。人口迁移也是这些网络的一个重要部分。据估计，1600 至 1900 年之间，有 4 000 万欧洲人横渡大西洋。至少有 2 000 万非洲人被迫为奴（其中数百万东移）。印度侨民到达各大洲，中国人口的流动规模更大（仅在 19 世纪就超过 2 000 万）。

20 世纪，殖民地的大量居民迁移到前殖民者的土地，制造了探亲、业务往来和汇款的密集网络。当代全球区域网络保留了从这个帝国的过去遗留下来的重要遗产。因此，非洲的航空和电信网往往被分成以伦敦为中心和以巴黎为中心两部分。在许多情况下，这些强加的网络联系和随之而来的专门化现象很难使弱国出现经济增长。正如"依附理论"（Dependencia Theory）——最著名的对于拉丁美洲、欧洲和北美之间的外部金融和商业的不对称关系的研究理论——所述，我们还可以在对苏联发展模式的挑战中看到这种现象的后果。

显然，当代区域网络也有重要优势。最明显的例子应该是欧洲共同市场和欧洲联盟的建立，它们完成了其所有成员国 2/3 的贸易量。东亚地区在东南亚国家联盟（Association of Southeast Asian Nations，ASEAN）内同样建立了一系列的联系，只是在那里的国家主权仍然神圣不可侵犯。其他同样成功的的例子是《北美自由贸易协定》（North American Free Trade Agreement），但美国的中心地位使它不像一个网络，而只不过是 3 个经济体的联合；我们看到平等主体间的交流很少，而更多的是单个国家的垄断。这 3 个地区（欧洲、北美和东亚）占据了全球地区间交流的大部分份额。

虽然资本、劳动力和商品的贸易是区域网络最明显的表现，但类似的现象也存在于文化领域。朝觐或到麦加朝觐，制造了整个伊斯兰世界内广泛的支持网络。更为奇特的现象是，人口流动和国际奴隶贸易创造出了别具一格的文化产品网络，包括印度的宝莱坞电影、巴西肥皂剧和美国动作史诗影片（American action epics）。

1368

进一步阅读书目:

Braudel, F. (1986). *Civilization and Capitalism, 15th -18th Century*: Vol. 3. *The Perspective of the World*. New York: Harper and Row.

Castells, M. (1996 - 1998). *The Information Age* (Vols. 1 - 3). Oxford, U.K.: Blackwell.

Chaudhuri, K. N. (1990). *Asia before Europe: Economy and Civilisation of the Indian Ocean from the Rise of Islam to 1750*. Cambridge, U.K.: Cambridge University Press.

Crosby, A. (2004). *Ecological Imperialism: The Biological Expansion of Europe, 900 - 1900*. Cambridge, U.K.: Cambridge University Press.

Curtin, P. (2000). *The World and the West: The European Challenge and the Overseas Response in the Age of Empire*. Cambridge, U.K.: Cambridge University Press.

McNeill, J. R., & McNeill, W. (2003). *The Human Web: A Bird's Eye View of World History*. New York: W. W. Norton.

O'Brien, P. K. (Ed.). (1999). *Atlas of World History*. New York: Oxford University Press.

米格尔·森特诺(Miguel A. Centeno) 文

李军 译,刘健、王超华 校

Interwar Years(1918—1939)两次世界大战之间(1918—1939)

1369

尽管人们希望在新时代享有更大的国内自由和更广泛的国际合作,但第一次世界大战的遗产是伤痛、歧义条约和没有解决的纠纷。在 20 世纪 30 年代,帝国和殖民地、民主和专制、民族主义和国际主义之间的冲突在世界舞台上相继出现,1939 年终于引发了比第一次世界大战更具破坏性的第二次世界大战。

第一次世界大战,这个在全球范围内动员人力和物力资源的"重大的战争",导致了 19 世纪以欧洲为中心的等级政治秩序在两次世界大战之间幻灭。科技无限进步的自由梦想促进了武器的发展,造成 700 万士兵和平民丧命,另有 1 300 万人受伤。德国作家奥斯瓦尔德·斯宾格勒的《西方的没落》(*The Decline of the West*)将战争视为西方衰落的因素。此外,全球范围内的被殖民国家开始质疑欧洲国家用来将殖民政策合理化的所谓的"西方优越性"。因此,尽管世界舆论呼吁和平与稳定,但人们强烈感受到,简单地恢复到战前的美好年代不是最可取的解决方案。

尽管有人企图恢复 1914 年之前的资本主义的社会政治结构,但似乎已无可能。战争带来的群众动员、大规模生产和消费、大众文化,也有助于大众社会和大众政治取代 19 世纪的精英主义。在整个战争期间,男性和女性越来越多地卷入政治事务,既是因为他们做出的牺牲,也是因为大众媒体使人们不断了解战争状况。此外,越来越多的全球观众依赖媒体提供信息和解释,政治家们开始利用媒体宣传和争取支持。而来自每一个政治阶层的领导人就战争平息时"人民"的希望和需求做出公开承诺。俄国革命后,苏联共产党领导人弗拉基米尔·列宁(1870—1924)曾呼吁工人团结起来,战胜资本主义。另一方面,美国总统伍德罗·威尔逊(1856—1924)曾承诺到战争停止时,所有参战者将能够享受更大的平等、自由、民主和民族自决权。

因此,随着战争结束,人们迫切期待一个更加美好的世界。然而,关于新的世界秩序应该是什么样子,人们的看法有很多,而且往往相互矛盾。除了共产主义、自由民主和新兴的保守主义之间存在的意识形态分歧外,到处都有人集会要求扩大选举权、较短的工作日、更高的工资以及将民族团体或被帝国主义占领的地方转变为主权国家。此外,也有反对技术的声音,认为技术使战争成为可能;而更多的人比以往任何时候都渴望共享现代化的设施,如无线电和汽车,等等。1918 年 11 月 11 日,战争终于停止,法国总理乔治·克列孟梭(Georges Clemenceau, 1841—1929)宣布:"我们已经赢得了这场战争,现在我们必须赢得和平。"正如克列孟梭预料,恢复秩序的任务非常困难,战争结束后有许多棘手的问题仍然没有得到解决。

1919 年 1 月巴黎和会召开,其目标是决定战败的侵略者(德国、奥地利和土耳其)的命运,这些帝国在战争中被推翻。一年前的 1918 年 1 月 8 日,威尔逊向美国国会提交了他的"十四点原则",为以国际法为基础的更公平的国际关系体系提供了结构框架,通过独立国家合作维持秩序。虽然和平与国际合作的愿望相当普遍,而且威尔逊在巴黎和会的作用也相当突出,但大多数代表都以本国利益最大化为方向推动解决问题。尽管威尔逊坚持普遍的权利自决,但同盟国(俄国、法国、英国、意大利和美国,尤其是法国和英国)则达成和平协议以瓜分领土,攫取众多战利品,包括前奥斯曼帝国在中东的油田

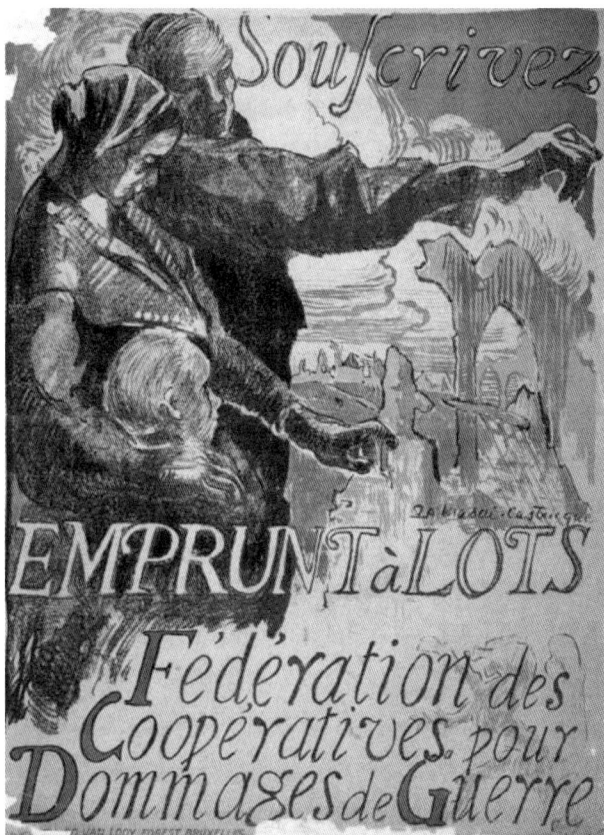

1918 年马苏-卡斯特李克(P. A. Masui-Castrique)制作的比利时海报,描绘一对男女和一个孩子盯着一个小镇的废墟,表达了 19 世纪欧洲等级秩序观念的幻灭。美国国会图书馆

和德属东非矿产资源丰富的地区。为了安抚威尔逊,战胜国同意以"托管"方式管理领土,直到这些地区能够进行自我管理,而没有采取简单的兼并手段。

动乱和反抗

《凡尔赛和约》(The Treaty of Versailles)和威尔逊设想的政府组织国际联盟于 1920 年 1 月 10 日开始生效。但即使在正式签署该条约前,不满和反抗情绪仍然在全世界蔓延。步俄国革命(其领导人认为国际联盟是资产阶级的幌子)后尘,政治革命在库恩·贝拉(Bela Kun)领导的匈牙利、欧根·莱维纳(Eugene Levine)领导的德国巴伐利亚州,以及卡尔·李卜克内西(Karl

Liebknech,1871—1919 年)和罗莎·卢森堡(Rosa Luxemburg,1871—1919 年)领导的德国酝酿。劳工运动/种族骚乱在墨西哥、阿根廷、玻利维亚、巴西和美国爆发,尽管墨西哥从 1910 年开始已经陷入内战。此外,对社会主义呼吁全世界革命的担忧刺激了反革命势力,非正规军队或民团开始以民族主义的名义报复左翼激进主义运动。

1371 革命活动和社会动乱在亚洲东部和南部爆发。1919 年 4 月 13 日,印度旁遮普邦的阿米斯塔平民抗议英国统治政策,英国将军雷吉纳德·戴尔(Reginald Dyer)下令士兵向人群开火,造成 379 名印度人死亡,1 200 人受伤。获知《凡尔赛和约》将德国在山东半岛的权利割让给日本后,成千上万的中国学生在北平游行抗议,抵制日货。在这一切的政治动荡之中,流感疫情也向全球蔓延。它通过贸易路线传播,在北美、欧洲、亚洲、非洲、南太平洋、巴西、印度爆发,死亡率极高,疫情加剧了全球范围的不安情绪。

尽管存在这种不安,但从许多方面来讲,《凡尔赛和约》和国际联盟的成立是一个伟大的胜利。它们给国际主义的拥护者带来了希望,通过裁军和合作有可能实现和平。但和平几乎和战争一样有始有终。强加给德国的苛刻赔偿条款,以及给一些领土国家地位而否认其他国家地位的争议,都造成进一步的争论,并将伴随国际稳定与和平的努力。人们普遍认为,该条约并未给予许多人期望,给予他们所遭受的损失应有的赔偿。伍德罗·威尔逊没能取得自己国家的同意签署该条约,1920 年 3 月 19 日美国参议院未能批准《凡尔赛和约》,并拒绝加入国际联盟。这给"十四点原则"和威尔逊设想的未来世界以当头一棒。

尽管德国、俄国和美国缺席,但国际联盟仍然开始履行其宗旨和职能。1921—1922 年,华盛顿会议拟定了一个海军条约,旨在限制英国、美国、日本、法国和意大利的军舰数量。此外,

裁军谈判会议于 1922 年在热那亚、1925 年在瑞士的洛迦诺举行,英国、法国、德国、意大利和比利时参与拟定条约,以保证西欧边界不受侵犯。然而,尽管欧洲主导的国际联盟试图"使世界因民主变得安全",但欧洲和欧洲以外的国家和人民都在继续寻找威尔逊的自由民主理念的替代品。

反殖民主义

在被殖民时间不长的肯尼亚,哈利·塔库(Harry Thuku)要求英国提供更好的教育,并返还被掠夺的土地。1922 年,他被英国人逮捕。在印度,一个彻底的反殖民主义的民族主义运动正在进行。成群的印度人在甘地(1869—1948)领导下,参加 1922 年开始的非暴力不合作运动,以获得自治。在埃及,一位精英政治家被邀请出席凡尔赛和平会议,介绍脱离英国而获得独立的经验。然而,当他到达时,英国人逮捕 1372 了他。这一事件导致埃及人起义,并在 1922 年获得部分独立。

1926 年,基于信任,国际联盟邀请德国加入。1928 年,法国外长阿里斯蒂德·白里安(Aristide Briand)和美国国务卿弗兰克·凯洛格(Frank Kellogg)发起签署协议,将排除战争作为外交政策的一个选项,自卫战争除外。有 65 个国家在巴黎举行会议,签署了《白里安-凯洛格公约》(Kellogg-Briand pact)。可以确定,《白里安-凯洛格公约》是一个巨大的成就,但是,这期间分歧不断加深。英国虽然同意签署该协议,但条件是英国在其自己的殖民地内部可以使用武力。贯穿整个 20 世纪 30 年代的冲突并没有在 1928 年的巴黎消失。事实上,在面临毁灭性的经济衰退时,冲突处于加深的边缘。

1929 年 10 月 29 日(黑色星期二),美国股市崩盘,对整个世界经济造成冲击。20 世纪 20 年代中后期,"爵士时代"的消费保护主义导致大

批产品产量下降,价格回落。此外,摇摇欲坠的政府深陷战争债务泥潭,小投资者已经开始拖欠从美国获得的贷款。因此,联邦管理者上调利率,金融机构开始崩溃。恐慌情绪蔓延全球市场,投资者为迅速获利而进行投机生意。经济崩溃导致"关税边界"兴起,世界贸易萎缩。全世界都在遭受失业和饥饿的威胁。萧条导致了对自由主义的市场学说的质疑,国家开始更多地干预经济事务。

对于许多人来说,美国式自由放任的民主(反对政府干预经济事务)似乎未能提供它曾经承诺的繁荣,人们开始欢迎独裁来解决贫困和大规模失业问题。苏联、纳粹德国、意大利法西斯和日本军国主义动员人民反对自由民主国家,声称要克服自由民主国家的"道德沦丧""颓废"问题。意大利的墨索里尼(1883—1945)和纳粹德国的阿道夫·希特勒承诺提供社会福利,不会出现诸如阶级分化、对城市工业的压榨或道德和社会腐败等副作用。然而,为了制定自己的计划,右翼和左翼的集权主义领导人首先确定替罪羊,他们把不利的经济和社会条件责任都推给替罪羊,然后他们以国家进步的名义主张暴力消灭其"敌人"。纳粹党将所有现代的罪恶都归咎于犹太人。希特勒反对"犹太人资本主义"(Jewish capitalism)和"犹太人布尔什维主义"(Jewish bolshevism),在 1933 年上台后,他立即制定了一系列有关犹太人问题的计划,这些计划将导致种族灭绝。

20 世纪 30 年代中期,凡尔赛、华盛顿和洛迦诺条约建立的国际秩序出现崩塌,世界各国开始重整军备。西班牙的左派和右派进行内战(1930—1939)。墨索里尼无视《白里安-凯洛格公约》于 1931 年入侵埃塞俄比亚,日本于 1931 年入侵中国东北,国际联盟无奈地袖手旁观。1936 年,希特勒派兵占领莱茵兰,并于 1938 年吞并奥地利。为了避免第一次世界大战的恐怖再次发生,法国、英国与德国寻求和平解决方案,并向希特勒做出了一些让步,此举被称为"绥靖政策"。1938 年,在慕尼黑的一次会议上,希特勒获得了苏台德地区;然而,他貌视所有协议,于 1939 年 9 月 1 日入侵波兰。9 月 3 日,世界再次进入战争状态。

尽管人们期望享有更大的国内自由和更广泛的国际合作的新秩序,但第一次世界大战已经留下了太多的伤痕、歧义条款和没有解决的纠纷。20 世纪 30 年代,帝国与殖民地、民主与专制、民族主义与国际主义之间的冲突在世界舞台上此起彼伏。到 1939 年,这些冲突似乎注定要通过另外一场战争解决,而这将是一场比第一次世界大战更具破坏性的战争。

进一步阅读书目:

Hobsbawm, E. (1994). *The Age of Extremes: A History of the World, 1914 - 1991*. New York: Pantheon Books.

Horne, J. (Ed.). (1997). *State, Society, and Mobilization during the First World War*. Cambridge, U. K. : Cambridge University Press.

Mazower, M. (1999). *Dark Continent: Europe's Twentieth Century*. New York: A. A. Knopf.

Overy, R. J. (1994). *The Inter-war Crisis 1919 - 1939*. New York: Longman.

Winter, J. M. (1989). *The Experience of World War I*. New York: Oxford University Press.

卡罗琳·比尔托夫特(Carolyn N. Biltoft) 文

李军 译,刘健、王超华 校

Iron 铁

1374　　人类掌握炼铁技术后，铁迅速成为制造工具和武器的首选金属。铁便宜且坚硬，在亚洲和欧洲社会发展中都发挥了关键作用。铁是钢的关键材料，也是重要的民用和军用产品的制造材料。

铁是地球上最常见的元素。行星的核心由熔融铁组成，大约 4% 的地壳是铁与氧结合形成的化合物。人类掌握精炼铁的技术后，铁迅速成为最廉价的制作武器、盔甲和工具的材料。钢——铁与少量的碳和其他元素的混合材料——和铁至今仍然是最常用的金属，在大型机械、武器、日常工具和家用产品制造中广泛使用。

在固体状态下，铁原子可以形成几个不同的晶体结构，每个都有自己的特点。一些微量杂质，特别是碳，会对铁的硬度、柔韧性、熔点、磁性和锈迹造成影响。若干世纪以来，化学家迷惑于铁的多样性。然而，在铸造厂，不同种类的铁矿石都被转变成有用的金属。铁匠们在实践中获得了各种经验，取得了预期效果。但他们喜欢保守自己的商业秘密。

一种新的金属

将铁从矿石中分离出来需要高温（1 540 摄氏度或 2 800 华氏度）。公元前 1400 年，塞浦路斯和安纳托利亚东部的冶炼师利用冶炼炉创造空气的自然流力，辅以风箱，使用木炭燃料，以

1375　接近铁熔点所需的高温。200 年后，炼铁技术传播到周边地区，生产规模不断扩大，历史学家一般称这个时期为青铜时代之后的铁器时代；而在之前那个时期，青铜这种昂贵的金属在西亚和遥远的中国被统治阶级用于制造武器和盔甲。约公元前 700 年，冶铁技术传到中国，很快，

四处流动的铁匠将这种技术带到欧亚大陆和非洲的许多地区；公元 1500 年后，欧洲探险家将铁引入大洋洲和美洲，澳大利亚原住民和美洲印第安人直到这时才使用铁。

在西亚及其邻近地区，铁的使用很普遍，因为这种新型金属有两个主要特点。首先，铁比铜便宜得多，所以越来越多的步兵能够配备剑、矛、头盔和盾牌等装备，能更加有效地保护他们免受战车、弓箭的攻击。由于铁甲步兵成为战争的决定性因素，以战车为先锋的军队在各地被击溃。先在希腊，之后又在意大利，一个更加平等的社会出现，普通农民用铁甲和武器装备自己，学会了如何在一个不可击破的盾牌后保持阵型以对付组织不力的敌人，并将敌人击退。古代希腊和古代罗马共和国建立了特别的军事组织，用长矛和剑武装公民、保卫城邦。相比之下，在西亚，强大的帝国仍然存在，依靠专业的骑兵和步兵继续用弓箭发起远距离攻击。

廉价铁的另外一个影响是它使越来越多的种植者有能力使用铁锄头和犁，这使得耕耘更加容易、速度更快、效率更高，产量因此增加。这让许多人第一次到市场上销售他们收获的一部分粮食，并购买可以终生使用的铁制工具。由于农民开始使用铁制工具，他们开始依赖专业工匠开采铁矿石，冶炼、浇铸或锤打制成各种形状的工具。同样重要的结果是，在生产和分配的过程中，矿石、铁和工具从一个地方运输到另一个地方，从一类工匠手中转到另一类工匠手中；如果这个过程顺利，人人都会受益，财富也会增加。

1902 年明尼苏达州一个铁矿山的全景照片。美国国会图书馆

铁的供应量日益增加，在越来越多的地方普通消费者也可以享受新型工具、武器及它们带来的便利。与之对应，社会文明在欧亚大陆各地蔓延，相互依存关系加强了。可以肯定，铁的供应是推动该进程的唯一元素，它在民用和军用领域同样重要。

亚洲铁

1376

第一次记录规模冶铁的文献出现在中国。那里的纳税记录表明，新型的、体型更大的熔炉使用焦炭（煤衍生物）为燃料，将铁的产量从 998 年的每年 32 500 吨提升至 1078 年的 125 000 吨。在 80 年的时间里，产量增长了近 4 倍。铁熔炉主要集中在中国的河南、湖北两省，在那里，铁矿和焦煤产地比较集中。矿石的开采者、煤炭的制造者、熔炉的经营者尚不可知；但是帝国政府发挥了主导作用，它垄断分配给农民的

铁制工具，保持铁器高价，并从中获利。此外，政府还征用大量的铁矿石制造武器、修建桥梁、制造货币。零星的记载提到政府曾经一次使用19 000 吨铁制造硬币，并提到一个兵器工场一年生产 32 000 副盔甲。

这体现了政府消费和监督铁器的规模。但是灾难很快发生，没有记录保存下来告诉我们究竟发生了什么。官员可能无意间扼杀了钢铁行业，因为官府所定价格太低以致无法弥补生产成本。1125 年，中国东北和西伯利亚南部草原的女真人征服了中国北方，此时熔炉已经停止生产；但他们需要的铁器数量和汉族统治者一样多，所以熔炉一直没有熄火。1194 年，严重的灾难发生，这一年黄河决堤，淹没大片地区，并吞没了连接冶铁中心与帝国首都的运河。由于运河无法完成运输原材料并向用户运输铁产品的任务，至少在一段时间内，生产不得不停止。此后运河再也没有完全恢复通航；这并不奇怪，

当官方再次发布有关河南、湖北的铁产量数字时，蒙古大汗成吉思汗的继承人已经征服了中原（建立元朝，1279—1368），幸存下来的熔炉每年只能生产 8 000 吨铁，全部用来装备蒙古军队。随后在 1736 年，因不明原因，河南、湖北的冶铁熔炉完全停止，直到 20 世纪才恢复。

日本工匠发明了能够制造更加锋利的铁刀的技术，但时间不详。加热，再加热，无数次敲击夹层钢剑；与其他同样制造铁刀的国家相比，日本人生产的刀更加锋利、耐用。佩刀武士成为一个特权阶层。因生产这种武器耗时极长，每把刀都十分昂贵、独一无二，所以日本战刀并没有给国家带来多少福祉。

欧洲铁

如果说 998 年和 1078 年间中国铁产量的惊人增长促使该国比其他地方更加需要持续不断地获得丰富的铁供应，那么，这很容易让人联想到类似 18 世纪英国工业革命那样的革命性变革必然会随之而来。当时的情况是，中国是人口大国，与世界其他地方的居民相比，中国人能够制造丝绸、瓷器等众多品种的产品，但是在 1300 年左右，欧洲人，尤其是英国人，已经开始不断扩大钢铁生产规模，西欧人改进的大熔炉已经能够达到更高的温度。

因为铁在火药爆炸的压力下容易断裂，黄铜和青铜是制造重炮的首选金属。这是因为在大部分铁矿石中发现了各种微量化学物质。但是来自英国苏塞克斯的铁矿石并没有被化学物质污染；1543 年，枪支制造商偶然发现他们可以用来自苏塞克斯的铁制造加农炮。英国铁匠因此生产出便宜的枪械，并超越了原来生产规模

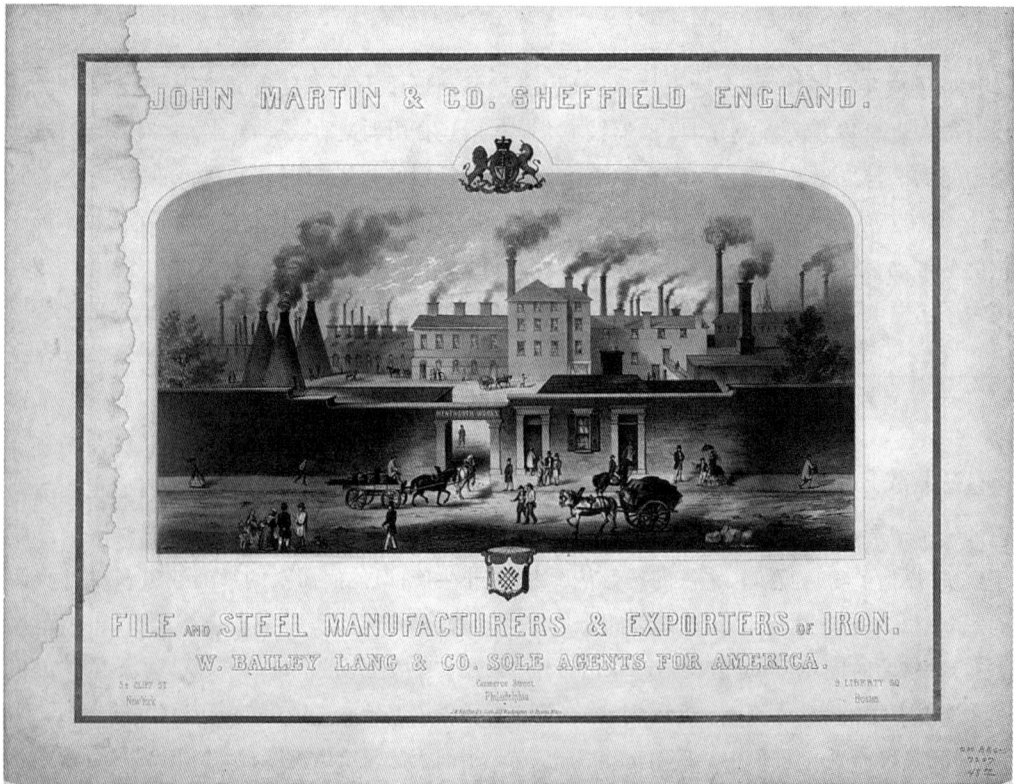

英国谢菲尔德钢铁制造商/出口商约翰·马丁公司（John Martin & Company）为其在美国唯一的代理商贝利·郎公司（W. Bailey Lang & Company）在纽约、费城和波士顿设立办事处。1856 和 1864 年之间的彩色版画

的限制。铁枪武装起来的英国战舰在 1588 年击败西班牙无敌舰队，而皇家海军还需要沉重的铁锚以及数百门大炮，因此在接下来的 2 个世纪中英国成为主要铁器市场。

对欧洲西部地区茂密森林的砍伐严重限制了公元 1300 年后的木炭供应。这对铁器生产的上限是一个限制，并驱使 17 世纪荷兰和其他国家的企业家在瑞典甚至俄罗斯的乌拉尔山脉建立冶铁炉，因为那里铁矿石和森林资源十分丰富。1709 年，英国铁匠亚伯拉罕·达比（Abraham Darby）发现，可以使用焦炭（加热煤驱散有害化学物质）炼铁。由于英国煤田分布广泛，煤炭开采已经成为一个重要行业，这就使扩大铁生产量成为可能，并大大超越了早期的限制。

工业革命

1712 年，托马斯·纽卡门（Thomas Neewcomen）建造了第一台铁质蒸汽机，铁的用途进一步扩大。它被用于制造煤矿抽水设备，使更多的深层煤炭能开采出来。詹姆斯·瓦特改良的多用途的蒸汽引擎（1776）、铁质桥梁、第一台铁机车（建于 1802），预示着铁更加广泛地用于制造蒸汽轮船（1807 年开始）、铁路（1825 年后）和铁甲船只（从 19 世纪 40 年代开始）。

随之而来的冶铁业快速发展，在通常被称为的"英国工业革命"（British Industrial Revolution）中发挥了核心作用。与以前一样，海军军官寻求新型的、更强大的武器，以确保军事安全或占据压倒性优势；偶尔因这种需求激发的民间发明也能满足这类需要。

战争刺激了钢铁生产，因为它提高了对大炮、装甲船和其他大型装备的需求；而和平时期不再有战时需求，铁器制造商只得寻求开发新的民用市场，以消化他们的剩余产品。英国与法国的战争（1756—1763，1778—1783，1793—1815）与工业革命的加速到来有关。英国制铁业

托马斯·波洛克·安舒茨（Thomas Pollock Anshutz）的《钢铁工人的午间》（*The Ironworker's Noontime*，1880）。布面油画。美国旧金山美术博物馆

的扩张反过来促进了英帝国在军事和经济上取得成功。

军用与民用之间的联系在整个 19 和 20 世纪依然具有影响力，不仅在英国，在法国、德国以及所有其他国家也是如此，各国均出现了大量新矿山、工厂和铸造厂，其规模和数量可与英国媲美——不论何时，新的战争都导致政府军备采购大幅增加。不论在任何地方，煤铁供应对工业现代化都至关重要。在德国（1870 年后统一）和美国，煤铁行业比其他行业的发展更加迅速，到 1900 年之前，它们的煤铁总产量都已经超过英国。

科学技术迅猛发展。19 世纪，化学家们发明了一种方法来检测、去除或增加影响铁和钢的质量的微量元素。1856 年，亨利·贝塞麦（Henry Bessemer）设计了一种传导热空气的高炉熔铁并炼钢。这种更坚硬的材料价格更加便宜，产量大幅提高。此后，钢和特种钢合金因用途多样而取代了铁。经过长时间的实验，阿尔弗雷德·克虏伯（Alfred Krupp）在德国制造了第一尊钢炮，并在普鲁士军队入侵法国（1870—1871）时显示了其在该领域的优势。这使得钢成为制造大炮和装甲战舰的首选材料。第一次世界大战和第二次世界大战在陆地上使用的坦克也使用钢，直到今天，钢壳标准仍在使用。

20 世纪，煤、铁、钢丧失了部分从前曾经占据的优势。石油在多个领域取代了煤炭；铝和塑料取代了钢铁，虽然相比之下并不十分普遍，但很显著，主要体现在飞机制造领域。在可预见的未来，钢及许多不同的合金以及各种形态的铁，似乎仍然是日常生活中使用的各种金属物件以及建筑业和军事装备领域最常使用的制造材料。

进一步阅读书目：

Ashton, T.S. (1963). *Iron and Steel in the Industrial Revolution*. Manchester, U.K.: Manchester University Press.

Diamond, J. (1997). *Guns, Germs, and Steel: The Fates of Human Societies*. New York: W.W. Norton.

McClellan III, J.E., & Dorn, H. (1999). *Science and Technology in World History*. Baltimore, MD: Johns Hopkins University Press.

McNeill, W.H. (1982). *The Pursuit of Power: Technology, Armed Force and Society since A.D. 1000*. Chicago: University of Chicago Press.

Needham, J. (1958). *The Development of Iron and Steel Technology in China*. London: The Newcomen Society.

Pacey, A. (1991). *Technology in World Civilization: A Thousand Year History*. Cambridge, MA: MIT Press.

Schubert, H.R. (1957). *History of the British Iron and Steel Industry from c. 450 B.C. to 1775*. London: Routledge & Kegan Paul.

Wallace, A.F.C. (1982). *The Social Context of Innovation: Bureaucrats, Families, and Heroes in the Early Industrial Revolution, as Forseen in Bacon's New Atlantis*. Princeton, NJ: Princeton University Press.

Wertime, T.A. (1962). *The Coming of the Age of Steel*. Chicago: University of Chicago Press.

威廉·麦克尼尔（William H. McNeill）文

李军 译，刘健、王超华 校

Isabella Ⅰ 伊莎贝拉一世

1469年，卡斯提尔的伊莎贝拉(1451—1504)和阿拉贡的斐迪南二世的婚姻，标志西班牙最大的两个王国统一。伊莎贝拉是文艺复兴的第一个世纪在位的女王，她是哥伦布新大陆航行的赞助人。她制定政策恢复和巩固了罗马天主教会在伊比利亚半岛的主导地位。

1379

卡斯提尔的伊比利亚君主伊莎贝拉女王一世(Isabella I，在西班牙语中拼作 Isabel)又称"天主教的伊莎贝拉"和她的丈夫阿拉贡的斐迪南二世（西班牙语中拼作 Fernando，1452—1516)重新占领了伊比利亚半岛。她是克里斯托弗·哥伦布新大陆航行的皇家赞助人，是卡斯提尔的约翰二世和葡萄牙的伊莎贝拉的女儿。

1468年，她的兄弟阿方索因故去世，伊莎贝拉成为卡斯提尔女王。由于伊莎贝拉与阿拉贡的斐迪南二世——后来是卡斯提尔的斐迪南五世——结婚(1469)，伊莎贝拉的同父异母兄弟亨利四世立即剥夺了她的继承权，并指定他自己的女儿胡安娜为新的继承人。亨利四世去世(1474)后，在塞戈维亚城的伊莎贝拉自命为合法的卡斯提尔女王，从而导致伊莎贝拉和胡安娜(1475—1479)的支持者之间爆发内战，引发国际冲突。《塞戈维亚合约》(Concordat of Segovia，1475)规定，伊莎贝拉和斐迪南共同统治卡斯提尔，随后《阿尔卡苏瓦什条约》(Treaty of Alcaçovas，1479)签署，内战结束。从此，伊莎贝拉和斐迪南作为平等的天主教国王统治西班牙，这个称号由西班

牙出生的教皇亚历山大六世授予，该教皇来自具有强大影响力的波吉尔(Borgia)家族。

伊莎贝拉和斐迪南二世的婚姻最终导致西班牙最大的两个王国——卡斯提尔和阿拉贡统一。与普遍看法相反，无论是天主教女王伊莎贝拉一世，还是天主教国王斐迪南五世，都不希望被称为统一的西班牙王国的君主。相反，他们宁愿按照传统称"卡斯提尔和莱昂，阿拉贡和西西里岛、托莱多、瓦伦西亚、加利西亚、马洛卡、塞维利亚、撒丁岛、科西嘉岛、穆尔西亚、哈恩、阿尔加维、阿尔赫西拉斯、百布罗陀的国王和王后，巴塞罗那伯爵和伯爵夫人，维斯卡亚和莫利纳的领主，雅典和涅奥帕特亚公爵，鲁西和塞尔达涅

卡斯提尔女王伊莎贝拉一世和阿拉贡的斐迪南二世结婚像，约1469

伯爵"。

伊莎贝拉和斐迪南的儿子们死后,他们的女儿胡安娜成为卡斯提尔王位继承人。胡安娜与她的丈夫奥地利的菲利普之子就是未来的神圣罗马帝国皇帝查理五世,或称西班牙的查理一世。伊莎贝拉的另一个女儿凯瑟琳与英国国王亨利八世结婚。亨利八世与阿拉贡的凯瑟琳离婚事件,导致英国与罗马天主教会的决裂。

伊莎贝拉的历史地位不仅仅在于她是文艺复兴的第一个世纪中唯一的在位女王,也在于她追求恢复和巩固罗马天主教会在伊比利亚半岛的主导地位。在她的统治中,执行了一系列臭名昭著的政策,包括建立西班牙异端裁判所、从西班牙王国的土地上驱逐犹太人、改革西班牙教会和宗教教职、发动对北非穆斯林的战争,并最终征服格拉纳达(1492)——伊比利亚半岛上最后一块穆斯林飞地。伊莎贝拉也支持占领加那利群岛和克里斯托弗·哥伦布到新世界航行的努力,而哥伦布的新大陆探险将使西班牙获得一个新的海外帝国。

《托德西拉斯条约》(The Treaty of Tordesillas,1494)也许是伊莎贝拉女王统治期间签署的最重要的国际仲裁条约。条约的目的是结束西班牙和葡萄牙之间因新世界领土所有权展开的混战;该条约基本上让两个国家瓜分了所有已经发现的新大陆土地。天主教女王伊莎贝拉一世去世后,按照她的遗愿,她的遗体被安放在与格拉纳达大教堂相邻的皇家礼拜堂。她和她的丈夫天主教徒斐迪南国王,以及他们的女儿胡安娜和她的丈夫菲利普,葬于一处。

伊莎贝拉的统治催生了文艺复兴时期被称为"伊莎贝拉式"的装饰和建筑风格。伊莎贝拉期望越来越多的人信仰天主教,因此大力发展帝国统治和文明延续最重要的工具:西班牙人文学者埃利奥·安东尼奥·德·内布里哈(Elio Antonio de Nebrija)编撰了第一本欧洲语言语法书。

进一步阅读书目:

Boruchoff, D. A. (2003). *Isabella la Católica, Queen of Castile: Critical Essays*. New York: Palgrave Macmillan.

Carroll, W. H. (1991). *Isabella of Spain: The Catholic Queen*. Front Royal, VA: Christendom Press.

Earenfight, T. (2005). *Queenship and Political Power in Medieval and Early Modern Spain*. Burlington, VT: Ashgate Pub.

Weissberger, B. F. (2003). *Isabella Rules: Constructing Queenship, Wielding Power*. Minneapolis: University of Minnesota Press.

迈克尔·塔夫(H. Micheal Tarver) 文

卡洛斯·马尔克斯(Carlos E. Márquez) 文

李军 译,刘健、王超华 校

Islam　伊斯兰教

伊斯兰教既是一个世界性的信仰者社会，也是信仰唯一真主的世界主要宗教。21世纪，200多个国家和地区有将近15亿穆斯林（接受并信仰伊斯兰教者）。

1381

虽然最初在历史上穆斯林是阿拉伯人的代名词，但今天世界上只有15%左右的穆斯林（信仰伊斯兰教者）是阿拉伯人，最大的穆斯林共同体在南亚和东南亚。历史悠久的伊斯兰社会在7世纪起源于阿拉伯半岛西部。2个世纪后，伊斯兰世界从中亚延伸至北非和西班牙。"伊斯兰"一词指一个全球性的信仰者群体和世界上的一种主要宗教。

伊斯兰教的核心是肯定只存在一个神（真主）。"真主"这个词在阿拉伯语中是"神"的意思。"伊斯兰"一词的意思是"服从"，伊斯兰教的基础就是服从一个真主，服从真主的人被称为"穆斯林"。穆斯林确认，他们的信仰是真主通过一系列的使者和先知，包括亚伯拉罕与耶稣，传递的讯息的延续。在伊斯兰教信仰中，最后传达真主信息的人是先知穆罕默德，他于7世纪初生活在今沙特阿拉伯的麦加和麦地那。记录并保存启示的《古兰经》（Qur'an），是伊斯兰教的圣书。

伊斯兰教的基本要求一般被称为"伊斯兰教五功"，即念、拜、斋、课、朝。

社会和信仰的形成

570年，穆罕默德出生在麦加。他是一个活跃的商人群体的一员，曾经参与印度洋和地中海贸易。麦加是商业中心，也是宗教中心，供奉着该地区许多部落重要的宗教圣物。穆罕默德本人的家庭受宗教和商业活动的影响，他的父亲在他出生之前已经去世，在他幼年时母亲也去世了。年轻时代，他赢得了可靠的声誉，迎娶了赫蒂彻，并经营着她的事务。610年，当第一次经历启示时，他的命运发生转变。

1382

当时麦加的宗教信仰基本上是多神教，但麦加人了解基督教和犹太教。穆罕默德传布严格的一神教，并很快引起麦加商贾名流的反对。经过多年斗争，他和他的小部分追随者迁至麦加附近的一个绿洲耶斯里卜（Yathrib），这里的首领邀请穆罕默德担任调节纠纷的仲裁员和法官。该"绿洲"被称为"麦地那""先知之城"。622年的迁移被称为希吉拉（Hijra），标志伊斯兰社会开始成为一个独立的实体。穆斯林将伊斯兰历追溯至希吉拉时代，622年在伊斯兰教历上成为伊斯兰元年，该日历遵循一个阴历年约354天或12个阴历月的传统。

在之后的10年里，阿拉伯半岛的大多数人成为穆斯林，或以某种方式与新的伊斯兰社会结盟。在克尔白圣殿（the shrine of the Kaaba）——它是麦加的中心，是一个立方体形建筑——多神教的圣物被清除，这里成为亚伯拉罕的祭坛。在礼拜规范中，穆斯林应面对克尔白（他们面对耶路撒冷的时间很短）；这栋建筑成为朝觐仪式的中心，伊斯兰教和伊斯兰社会的基础就此建立。

哈里发时代

632年穆罕默德去世，此时伊斯兰社会已经十分活跃。失去穆罕默德的伊斯兰共同体如何发展？这是时人困惑的问题。大部分人接受这样一个观点，即继承穆罕默德担任领袖的人（哈利法或哈里发，khalifah or caliph）应该是他的亲密同伴之一阿布·伯克尔（Abu Bakr）。共同体内的少数人相信，这个想法是错误的，并认为第一继任者本来应该是穆罕默德的女婿和堂弟阿里。后来，这个少数群体被认定为"阿里派"（什叶派，Shiah, Shi'as），而多数人团体被称为"逊尼派"（Sunni，指遵循圣训或共同体的惯例）。

前四任哈里发都与穆罕默德有密切联系，他们的统治被逊尼派穆斯林认为是"正统哈里发"（632—661）时代。在他们的领导下，伊斯兰军队征服萨珊帝国全部、拜占庭帝国中东大部分领土。通过这些征服行动，伊斯兰教成为伟大的波斯和罗马帝国及中东一神教传统的继承者。在社会结构和行政管理中，新兴的哈里发帝国与被征服的旧帝国相似。

在最初的几个世纪里，伊斯兰的政治历史与哈里发王朝国家的兴衰以及塑造信仰体系的社会政治过程密切相关。内战造成"正统哈里发"时代结束，新的政治社会先由伍麦叶王朝

（661—750），之后是阿拔斯王朝（749/750—1258）统治。

阿拔斯王朝初期的哈里发在巴格达建立新首都，距离帝国旧都不远。虽然阿拔斯王朝十分强大，但它从没有控制伊斯兰世界的所有领土。伍麦叶王子继续统治伊比利亚半岛，并建立了横跨北非的、日益独立的伊斯兰国家。10世纪末，有3个哈里发声称对伊斯兰世界拥有权威，一个是伍麦叶王子在西班牙的统治者，一个是埃及什叶派统治者，还有一个是巴格达的阿拔斯哈里发。而获得"苏丹"称号的当地军事首领逐渐主导政治事务。1258年，蒙古人攻克巴格达，阿拔斯哈里发统治结束。虽然哈里发仍然是伊斯兰团结的象征，但苏丹国已经成为基本的伊斯兰政治组织，成为军事首领统治的标志。这种转变之所以具有可能性，源于伊斯兰社会本身性质的演变。

信仰为本的共同体

在伊斯兰历史上最初的几个世纪中，哈里发是新的伊斯兰共同体最明显的特征。然而，伊

1383

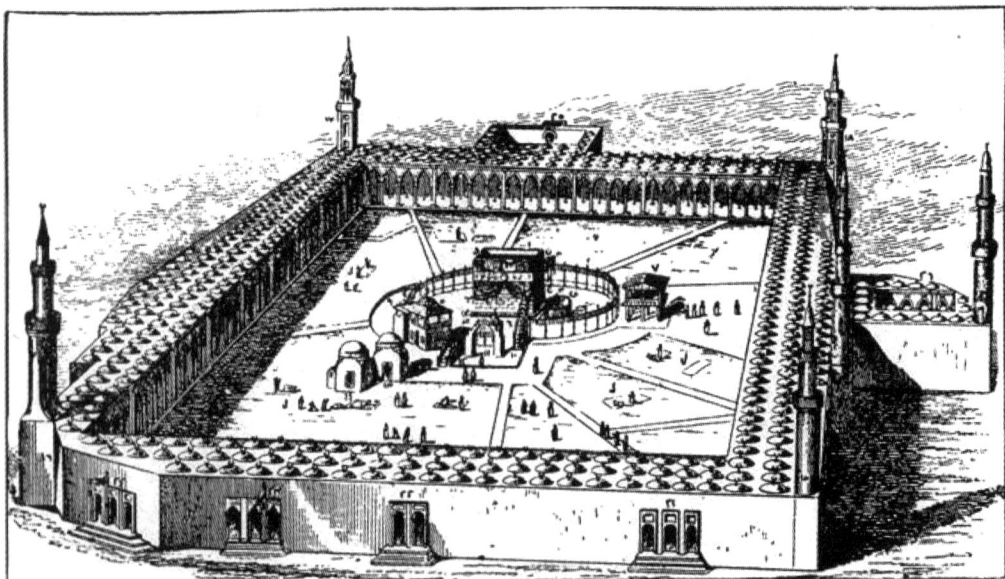

20世纪初麦加的一座清真寺

斯兰信仰体系的发展有利于一个以信仰为基础的共同体的建立。在这个共同体中，除了向一个特定统治者或政治制度的效忠，还有其他。法律和规范框架塑造的政治制度有助于营造社会认同感。虔诚的组织与日益占据重要地位的苏非派(Sufi，伊斯兰神秘主义者)兄弟联合，加强了身份认同感。

伊斯兰教最初在哈里发框架内发展，但不依赖于具体的政治体制。是学者而不是政治领袖承担这样的功能；他们解释《古兰经》，将穆罕默德的传统作为法律和规范的基本来源。"学者"一词的字面意思是"有学问的人"(ulama，乌里玛)，他们从来不是统治者任命的神职人员，他们保持着独立性。然而，伊斯兰教中的政治和法律要素是一个重要组成部分。这些是逊尼派和什叶派分歧的主要领域。逊尼派认为，历史上的哈里发是伊斯兰教合法的统治者，而什叶派坚持唯一合法统治者是真主指定的穆罕默德的后代伊玛目(imam，伊斯兰教领袖)。多数什叶派穆斯林被称为"十二伊玛目派"(Ithna Ashari)，他们相信，第十二伊玛目被带到真主那里隐居，并会在未来某个时间回来建立真主的统治。

阿拔斯时代的学者制定法律概念和案例的框架，是伊斯兰教(伊斯兰法)法律和规范的基础。但统一的法典没有形成。相反，在逊尼派占多数的地方有4所教授法律思想的学校，每一个学校都以权威的早期学者命名，他们是哈乃斐、马立克、沙斐仪和罕百里。在什叶派中，大多数人认可第六伊玛目贾法尔·萨迪格(Jafar al-Sadiq，卒于765年)的法律思想。在这些学校中，《古兰经》和穆罕默德的传统或圣训被视为伊斯兰法的根本来源。虽然神学十分重要，但穆斯林智慧的核心是法律分析以及收集和分析圣训。在类比推理和社会共识之间，分歧出现了。独立判断分析的手段称为"伊智提哈德"(ijtihad)。在以后的几个世纪中，逊尼派的研究

限制多于什叶派。

这种法律结构强调根据真主的启示和所有信徒平等的普遍法律。它不是严格意义上的法典，而是公正和良性社会的框架。伊斯兰法定义了对真主和社会的责任，涵盖了商业惯例、家庭生活和犯罪行为。对社会的这种态度不依赖于一个特定的国家结构，其规划者是学者而不是统治者和士兵。

传教者和教师的灵修生活是启发灵感，也塑造了大多数人的信仰。特殊的灵修渠道(或称tariqahs)的发展与后来被称为"苏非派"的早期励志教师的神秘虔诚联系起来，11、12世纪，与这些渠道有关的社会组织在伊斯兰社会中发挥着越来越重要的作用。灵修者组成兄弟组织，推动了中亚、东南亚部分地区和撒哈拉以南非洲社会的伊斯兰化进程。

社会发展和大苏丹

10至18世纪之间，伊斯兰世界的规模几乎翻番。庞大的贸易网络将伊斯兰商人带到东半球大部分地区。伊斯兰学者和苏非派教师也步商人后尘，人口的流动促使许多社会伊斯兰化；在与当地人互动的过程中，日益活跃的信徒群体获得发展。

16世纪，伊斯兰世界的大中心国家表现出一种"指挥的活力"。在地中海东部，13世纪奥斯曼帝国在爱琴海地区崛起，1453年征服君士坦丁堡(今土耳其伊斯坦布尔)，18世纪占领巴尔干半岛、阿拉伯世界和北非。在南亚，中世纪时代规模较小的伊斯兰苏丹国被莫卧儿帝国取代，17世纪莫卧儿帝国几乎占领了整个印度次大陆。在西非，一些伊斯兰国家，包括形成于中世纪的加纳和马里以及16世纪灭亡的桑海帝国，在该地区建立伊斯兰社会，形成主要的历史力量。类似情形也发生在非洲东南部和中亚。

剧烈的变化发生在波斯—伊朗腹地。长期

1384

以来,伊朗逊尼派占据多数,什叶派占据少数。然而,1500 年左右,一个被称作"萨非"(Safavids)的宗教团体征服了今伊朗及其周边地区。在接下来的 100 年间,萨非统治者宣布第十二伊玛目的什叶派是国家宗教,大多数伊朗人改变了信仰。什叶派学者,特别是来自阿拉伯世界的什叶派学者,来到萨非帝国,被赋予伊朗什叶派乌里玛这种具有重要影响力的特权,并一直延续到今天。

当今时代的挑战

这个强大的、不断扩大的伊斯兰世界与西欧和基督徒多数社会早已发生互动。这些互动在 18 世纪随着西欧社会转型进入一个重要的新阶段;特别是工业革命后,欧洲帝国主义开始扩张。在整个伊斯兰世界,欧洲人开始主宰伊斯兰领土,穆斯林则以多种方式进行回应。穆斯林动员主要力量反抗欧洲扩张;1830 年,法国入侵阿尔及利亚,"埃米尔"(统治者)阿卜杜拉·卡迪尔(Abd al-Qadir)领导了反抗法国的战争;但大多数军事抗争都以失败告终。

主要伊斯兰国家的领导人开始进行改革,按照西方模式重塑其社会和国家。早期改革者包括埃及的穆罕默德·阿里(Muhammad Ali,1805—1849 年在位)和奥斯曼帝国苏丹马赫穆德二世(Mahmud II,1808—1839 年在位),他们为现代世俗国家的形成奠定了基础。后来的其他改革者强调知识和宗教方面的内容。19 世纪末,伊斯兰教和现代主义融合,造就了伊斯兰现代化运动。重要人物包括穆罕默德·阿布杜(Muha-mmad Abduh,1849—1905)和加马路丁·阿富汗尼(Jamal al-Din al-Afghani,1839—1897),他们的思想对 1912 年爪哇的穆哈穆迪亚(Muhammadiyya)运动和印度及北非知识分子产生影响。另外一个改革重点由清教徒运动提出,旨在"回归"更严格的、字面意义上的伊斯兰

教义。这种改革模式源于伊斯兰历史,反映在穆罕默德·伊本·阿布杜·瓦哈布(Muhammad ibn Abd al-Wahhab,1703—1792)的前现代运动中,他的思想已经成为现代伊斯兰复兴主义运动的重要组成部分。

伊斯兰社会对 19 世纪现代性挑战的普遍反应中,既包括西化的国家改革方案,也包括明确的伊斯兰现代主义和激进主义。所有这些成为 20 世纪伊斯兰世界和社会发展的框架因素。19 世纪末只有少数人被认为是纯粹的"非现代的"人士(或者用 20 世纪社会科学学者的术语——"传统势力"),因为即使最保守的人也在与现代性产生互动。这一时代仍然主要根据西欧经验定义,以至于现代化往往被看作欧洲化或西方化的过程。但是 19 世纪末,独特的非欧洲的现代模式开始出现,这些不同风格的现代性塑造了 20 世纪伊斯兰社会的历史和思想。

19 世纪中国穆斯林用阿拉伯文和中文书写的传单

20 世纪的现代性

20 世纪全球的伊斯兰社会经历了重要的变化。在世纪之初,大多数伊斯兰世界在欧洲帝国

礼拜让我们距离真主一半，斋戒将我们带到他官殿的门前，施舍给我们入门的许可。

——《古兰经》

主义的直接或间接控制下，在政治上被认为是西式民族国家。旗帜鲜明的伊斯兰运动和组织，甚至"现代"的穆斯林，都被看成迂腐过时的，是现代化的障碍。然而，20世纪末，几乎每一个穆斯林占多数的社会在政治上都已经独立，欧洲传统帝国主义已经是看似遥远的过去的影像。1979年，伊朗爆发革命，推翻了西化的专制国家，创建了伊斯兰共和国；21世纪初，该国已经十分强大，成为重要的地区势力，并被视为潜在的核国家。穆斯林和伊斯兰运动成为全球事务中有重要影响力的一方。

这种转型经历了3个大的历史阶段，这是根据20世纪现代化演变的特征界定的。20世纪上半叶，欧洲列强一统天下，大多数政治运动追随欧洲模式。对欧洲统治的反抗表现为民族主义运动，社会和政治改革走向世俗化。现代性是西欧人的术语。在这些运动中，最成功的运动由穆斯塔法·凯末尔（Mustafa Kemal Ataturk）领导；第一次世界大战后奥斯曼帝国崩溃，凯末尔在土耳其建立了世俗的民族主义国家。

20世纪中叶，第二次世界大战结束后是转型的第二阶段，新兴政治独立的国家形成。大多数伊斯兰国家在政治上取得独立，各种各样的世俗和激进的民族主义主导着意识形态和政治领域。埃及的贾迈勒·阿卜杜拉·纳西尔（Gamal Abd al-Nasir）和阿尔及利亚的本·贝拉（Ben Bella）等领导人将伊斯兰理论与激进的民族主义相结合，但这些计划在方向或定位上大多表现出非伊斯兰特征。20世纪60年代，伊斯兰世界出现了最重要的政治发展和改革运动，它是现代化的激进方案与旧的现代性理念的竞争。现代化或多个现代化的定义竞相塑造着穆斯林的政策和理念。这方面发展的高潮是1979年的伊朗伊斯兰革命，激进主义被明确按照伊斯兰教的理解界定，旧有的世俗的激进主义被边缘化。

在20世纪最后25年，独特的伊斯兰现代性特征广泛传播，成为社会的理念和政治纲领的

基础。20世纪第三个阶段的运动具有早期的组织背景，这些现代组织在知识结构上更为严谨。其最重要的代表是1928年哈桑·班纳（Hasan al-Banna）在埃及建立的穆斯林兄弟会（Muslim Brotherhood）和1941年阿布·阿拉·马杜迪（Abu al-Ala Mawdudi）在印度建立的哲玛提伊斯兰教（Jamaat-i Islam）。

在20世纪的最后几十年中，激进的世俗民族主义运动未能给伊斯兰人民带来预期的繁荣和自由。20世纪80年代初，其他具有强烈的伊斯兰目标和章程的运动走向前台。这些运动标志被称为"政治伊斯兰"势力出现，因为这些计划的首要目标是控制国家。一些运动，比如阿尔及利亚的伊斯兰拯救阵线（Islamic Salvation Front）参与选举；而其他运动，比如苏联占领时期，阿富汗人根据圣战指令参加暴力对抗。这些圣战运动成为20世纪90年代伊斯兰社会历史的一个重要组成部分。在全球化的背景下，基地组织（al-Qaeda）之类的好战分子是伊斯兰教与世界建立联系的重要组成部分。然而，这样的运动仍然只是伊斯兰教生活的一小部分，它们往往与主流伊斯兰组织和大多数穆斯林的态度相冲突。

政治伊斯兰运动虽然吸引了最广泛人民的关注，但在20世纪80年代其他一些重要趋势也有所发展。知识分子对妇女在伊斯兰社会的地位给予了越来越多的关注，21世纪初"伊斯兰女权主义"组织出现。女权主义参与对《古兰经》的再解读，注意到《古兰经》强调所有信徒的平等，关注按照伊斯兰传统界定的家长式的观点产生的影响。同样，一些知识分子强调多元的伊斯兰教世界观和传统，也重点强调政治行动作为实施伊斯兰教规范的手段，这是历史上曾经存在的观点的回归。

这些发展的动力来自西欧和北美的少数伊斯兰团体，它们是更广泛的伊斯兰世界的重要组成部分。在这些地区，性别平等和多元宗教问

题对伊斯兰团体的生活具有非常重要的意义。

新的 21 世纪的现实

21 世纪初,宗教的持续的重要地位已经被证实,各种形式现代性的发展不同于 19 和 20 世纪流行的现代化的定义。与那些时期现代化理论的期望相反,现代化并不意味着国家与社会不可避免地走向非宗教的世俗化。在伊斯兰世界,新运动的发展不只是延续前现代时期的传统模式,甚至也是只在形式上略有不同的 20 世纪现代运动的延续。

类似基地组织的好战运动得到最广泛的关注。它们与 19 世纪抵制欧洲帝国主义扩张的早期苏非运动以及 20 世纪激进的民族主义运动有明显差异。全球化和新的电子媒体改变了组织机构的性质,塑造着运动信息架构的方式。

但最大的新运动不是恐怖组织。新型大众传教者和教师在整个伊斯兰世界的许多国家都有数以百万计的追随者。比如埃及的阿姆鲁·哈立德(Amr Khaled)建立的伊斯兰电视部门在重塑穆斯林形象,有许多穆斯林在同属于一个全球信徒的团体内参与活动。分析人士谈及"i-穆斯林"和"e-圣战"的方式,解释 21 世纪全世界新穆斯林的现代性特征。伊斯兰社会悠久的灵活适应性和随历史条件变化的信仰传统表明,信徒们将继续界定新形式的伊斯兰制度和观点。

1388　进一步阅读书目:

Ahmed, A. S. (1999). *Islam Today: A Short Introduction to the Muslim World*. London: I. B. Tauris.

Ali, A. (Trans.). (1988). *Al-Qur'an: A Contemporary Translation by Ahmed Ali*. Princeton, NJ: Princeton University Press.

Al-Tabari, A. J. M. b. J. (1985 – 1999). *The History of al-Tabari* (E. Yar-Shater, Ed.). Albany: State University of New York Press.

Barlas, A. (2002). *"Believing Women" in Islam: Unreading Patriarchal Interpretations of the Qur'an*. Austin: University of Texas Press.

Eaton, R. M. (1990). *Islamic History as Global History*. Washington, DC: American Historical Association.

Esack, F. (2002). *The Qur'an: A Short Introduction*. Oxford, U. K.: Oneworld.

Esposito, J. L. (1998). *Islam, the Straight Path* (3rd ed.). New York: Oxford University Press.

Esposito, J. L. (Ed.). (2000). *The Oxford History of Islam*. New York: Oxford University Press.

Hodgson, M. G. S. (1977). *The Venture of Islam: Conscience and History in a World Civilization*. Chicago: University of Chicago Press.

Knysh, A. (2000). *Islamic Mysticism: A Short History*. Leiden, The Netherlands: Brill.

Kurzman, C. (Ed.). (2002). *Modernist Islam, 1840 – 1940: A Sourcebook*. New York: Oxford University Press.

Lapidus, I. (2002). *A History of Islamic Societies* (2nd ed.). Cambridge, U. K.: Cambridge University Press.

Lewis, B. (2001). *The Emergence of Modern Turkey* (3rd ed.). New York: Oxford University Press.

McCarthy, J. (1997). *The Ottoman Turks: An Introductory History*. London: Longman.

Nasr, S. H. (2004). *The Heart of Islam*. San Francisco: Harper San Francisco.

Peters, F. E. (1994). *A Reader on Classical Islam*. Princeton, NJ: Princeton University Press.

Rahman, F. (1984). *Islam and Modernity*. Chicago: University of Chicago Press.

Ramadan, T. (2003). *Western Muslims and the Future of Islam*. New York: Oxford University Press.

Schulze, R. (2002). *A Modern History of the Islamic World*. New York: New York University Press.

Sonn, T. (2004). *A Brief History of Islam*. Oxford, U. K.: Blackwell Publishing.

Voll, J. O. (2000). Islam as a Special World System. *Journal of World History*, 5, 213 – 226.

Watt, W. M. (1974). *Muhammad: Prophet and Statesman*. London: Oxford University Press.

约翰·沃尔(John O. Voll) 文

李军 译,刘健、王超华 校

Islamic Law　伊斯兰法

在很长一段时间里,伊斯兰社会的一些学校负责阐释《古兰经》的权威性,解释和编纂先知穆罕默德(约570—632)的言论,这些最终成为伊斯兰法的主要内容。伊斯兰法是指导穆斯林个人、宗教、社会和政治生活方方面面的法律体系。

1389

"sharia"一词通常被翻译为伊斯兰法,但狭义上讲它并不是法律。根据其字面意思,它被翻译为"一种生活方式""办法"或"路径"更为妥当。换言之,伊斯兰法涉及每个人的宗教、经济、社会和政治生活的方方面面。公认的伊斯兰法的指示和戒律只有4个来源:《古兰经》、圣训、公议和类比。但是,这是一个理想化的法律阐释,事实上伊斯兰法的形成经历了数个世纪发展,学校(伊斯兰学校)、编纂穆罕默德及圣门弟子的传统言论(圣训),伊斯兰法得到了全面发展。

伊斯兰法的第一个来源是《古兰经》。穆斯林各方面的生活都在真主的喻示下,真主是全能的和至高无上的立法者,他的意志记录在《古兰经》中,遵守它是每一个穆斯林的宗教义务。《古兰经》既是经文,也是法律文件。

《古兰经》反复强调穆斯林应服从穆罕默德,并尊他为信徒的榜样。作为先知,他解释经文和应用启示,担任人民的法官。而且,由于穆罕默德受到神的启示,他的行动和话语就是真主的旨意。因此,穆罕默德的行为即为众所周知的圣行(Sunna),以圣训(传统)的形式流传,也具有法律约束力。圣行阐述了许多《古兰经》的法律条文以及其他更加丰富的内容。因此,尽管《古兰经》是伊斯兰法的最高来源,但许多法律都来自对圣行的诠释。即使到了今天,还有许多对圣行的不同解释。对于多数穆斯林来说,圣训是自己的行为指引;在许多情况下,它们也是仅次于《古兰经》的法律来源。

第4个来源是类比。例如,如果《古兰经》禁止饮酒,那么触类旁通,毒品也将被禁止。其逻辑是,酒对人的判断力有所损害,毒品造成的伤害与此类似。如果前者是被禁止的,则后者也是。

教法的主要流派

穆斯林接受这4个来源为唯一合法,主要得益于伟大的教法学家沙斐仪(Abu 'Abd Allah ash-Shafi'i,767—820)。在他之前,穆斯林统治者在帝国内制定法律,但是这些法律可能因地区不同而出现巨大差异。鉴于各自的情况,各地使用的法律包括阿拉伯部落法、《古兰经》戒律和拜占庭本地的法律或萨珊法。一个迅速扩大的帝国的行政管理,只得权且依赖这些法律。各种法律流派在帝国境内各城市形成。这些城市通过略有不同的方法分别制定各不相同的法律。在麦地那,以马立克·伊本·阿奈斯(Malik ibn Anas,约715—795)为中心形成了一个流派,他是第一个将伊斯兰法律汇编成册的人,在这个过程中,通过从《古兰经》里引述有关诗句、从圣行里引用圣训,他讨论了许多法律问题,然后按照麦地那法学家的公议解释它们。以库法的阿布·哈尼法(Abu Hanifah in Al-Kufa,699—767)为中心形成另一个流派。库法这个城市是一个国际大都会,并且距离麦加和麦地那十分遥远,这导致该城市对法律有许多不同的解释。例如,在麦地那,过失致人死亡者所属的整个部

1390

落都要为他的行为负责，并赔偿死者的家庭。在麦地那，阿拉伯部族的司法实践仍然遵从习俗。在库法，阿拉伯部落制度日益衰弱，逐渐被新的城市社会结构取代。因此，只有有罪的一方赔偿损失。库法的哈乃斐派（Hanafi school）尊重《古兰经》和圣训，但也更加包容外来影响，比如罗马法和推论方法等。

沙斐仪注意到这些差异，他认为伊斯兰法律的制定方式在每一个地方、每一个统治者那里都应该是一样的，因为伊斯兰法作为真主的律法，本身必须是统一的。4 个来源的至上性观点以及沙斐仪法律流派的形成都源于他的著作。沙斐仪和他对圣行的重视产生巨大影响力，马立克派和哈乃斐派最终都基本采纳了他的 4 个来源理论。

在现存的伊斯兰教逊尼派的 4 个流派中，只有艾哈迈德·伊本·罕百勒（Ahmad ibn Hanbal，780—855）学派保留下来。尽管集中强调《古兰经》和圣训的法律来源地位，但沙斐仪在接受和拒绝类比来源之间采取折中态度。伊本·罕百勒则属于拒绝派。他认为每一条法律必须来源于《古兰经》或圣训。伊本·罕百勒坚决地维护这个观念，据说他拒绝吃西瓜，因为《古兰经》中没有提及这种水果，而且他也不知道圣行传统中是否有穆罕默德吃过西瓜的记录。

逊尼派伊斯兰法还有其他几个流派，但只有马立克派、哈乃斐派、沙斐仪派和罕百勒派留存下来。阿拔斯王朝采纳哈乃斐派教法，其影响曾经到达印度，并从那里传到东非和东南亚。奥斯曼人也曾经接纳它，至今，它仍是波斯尼亚和黑塞哥维那、土耳其、叙利亚、伊拉克、约旦、埃及部分地区和北非的穆斯林遵从的教法。马立克派教法从其家乡麦地那向西传播到非洲。苏丹、厄立特里亚、索马里、利比亚、突尼斯、阿尔及利亚、埃及和尼日利亚部分地区采纳马立克派教法。沙斐仪派教法朝相反的方向传播，从埃

及传播到阿拉伯南部，然后沿着贸易通道向东传播到印度沿海和东南亚地区。马来西亚、新加坡、印度尼西亚、菲律宾和斯里兰卡的大多数穆斯林遵守沙斐仪派教法。最后形成的罕百勒派教法只在沙特阿拉伯使用。

什叶派传统的伊斯兰法有所不同。《古兰经》和圣训仍然是最重要的教法来源。然而，什叶派和逊尼派在教法来源问题上存在巨大差异。首先，什叶派穆斯林圣行传统的形成方式不同于逊尼派穆斯林。其次，阿訇的法律观念对什叶派具有约束力，因为真主引导阿訇。第三，对于十二伊玛目什叶派穆斯林来说，公议不具有法律效力，但高级法学家通过推理得出的法律意见得到重视，因为这些法学家受到隐形的阿訇的影响。今天，伊朗仍然遵从这个流派的教法。

推理的使用

每一个不同的法律流派采用不同的推理方法。有人认为，在法律事务中使用推理方法与学者的意见没有太大的不同。但是，这种看法最终被抛弃，因为人们普遍认为，法学家也没有权力利用他认为正确的观念制定法律。与之相反，法律意见必须在《古兰经》或圣行等源头法律的基础上做出。问题是每个法学家都有自己的思想，法律不仅因地区而异，也会因人而异。而且，更重要的是，基于人类意见的法律不是神圣的法律。沙斐仪派和罕百里派强烈反对使用人为法律。然而，在早期马立克派和哈乃斐派中，推理意见被采用，但是其得出的很多结论也应得到伊斯兰法 4 个来源的支持。

意见或判断仍然在类推和公议中使用。也就是说，当进行类比时，法官必须确定什么是新旧案件共同的东西（在上面的例子中，"共同的东西"是酒和毒品所造成的损害）。同样，作为法律源流的公议意味着意见一致。然而，由于穆斯林

1391

的多样性，在所有最基本的信念和实践中使用这种方法是不切实际的。此外，穆罕默德的伙伴，比如"正确引导的哈里发"的意见，或者更准确地说是正式的司法判决，往往被认为具有法律约束力。

法学家的进一步意见

还有其他两个彼此紧密相关，并与推理方法相关的法律源流。第一个是允许法官为公平起见保留一定的自主量裁权。法学家可以尽可能公平地选择解决方案。第二个是考虑公序良俗。也就是说，防止伤害社会或确保社会受益的规定可以由法官签署。

这些合理的方法至少在一些流派中实行。没有什么方法——包括类比方法——可以违反《古兰经》和圣训的规定。当涉及宗教教义和行为等《古兰经》和圣训专属管辖的事宜时，这些方法也不被采用。但是，它们表明，伊斯兰法可以为适应新情况而做出调整，尽管沙斐仪已经设计了固定的框架。

习惯法

穆罕默德受真主启示之前，阿拉伯部落可能没有任何正式的法律制度，但他们有传统行为方式规范和引导他们的生活，即使这些并没有被书写下来。阿拉伯部落的传统习俗也保存在即将到来的伊斯兰教中。事实上，阿拉伯部落的法律传统以及一些在埃及、叙利亚和伊拉克实行的罗马（拜占庭）和萨珊帝国的法律都被融入了伊斯兰法。

在伊斯兰法中，习惯法通常不是正式的法律来源，它也没有非常突出的地位。然而，在实践中它有巨大的影响力。习惯法的许多方面被吸收到伊斯兰法中。圣行不仅包括了穆罕默德所说所做的事情，还包括他默许的言行。也就

是说，穆罕默德时代穆斯林的活动，如果他没有明确发表意见，就被假定为得到了他的默许。麦地那的马立克派认为，那些生活在先知故乡的人践行着穆罕默德认可的习惯，其他任何人都无可比拟。对于马立克派的创始人马立克·伊本·阿奈斯而言，麦地那当地的习俗等同于公议——因为所有（麦地那）的穆斯林都认同他们的习惯。更多的阿拉伯部落习俗以这种方式融入伊斯兰法。

特权法（苏丹的特权）

伊斯兰法通常被认为涵盖生活的各个方面。它为多样的活动提供了相关的法规，如祈祷、缴纳什一税、结婚、通奸、扣除贷款利息、接受继承、服从主管部门及向犹太人和基督徒征税等。宗教、社会、经济和政治都属于伊斯兰法的管辖范围。因此，一般也认为，伊斯兰法规范了生活的所有方面。然而，穆斯林统治者——哈里发和后来的苏丹——发现，他们需要制定自己的活动规则，而不是由伊斯兰法阐述。这些法规、民事法律或法典被称为特权法（Qanun），该词来源于希腊语，意为"帝国税收"。

特权法（尤其是统治者颁布的金融法规）最早出现在伊斯兰国家第二任哈里发欧麦尔一世（Umar I，586—644）时期。他决定，新征服的原属于萨珊国家、贵族和祭司的伊拉克土地不在征服者之间瓜分，而是用于支付穆斯林的报酬。同样，欧麦尔采用的土地税制度以萨珊制度为基础。对于这样的做法，伊斯兰法保持沉默，所以它和特权法之间没有冲突。

金融特权法由哈里发或其他一些统治者签署，开创了苏丹签署伊斯兰法未做规定事务的法令的先例；他们的法令并没有考虑伊斯兰法中创立法律的原则。他们这样做的出发点是权力——他们的统治者权威。

尽管这些苏丹的做法具有独裁特征，特权

1392

法和伊斯兰法之间并没有发生冲突。最初,特权法并没有侵犯伊斯兰法的管辖范围。此外,在伊斯兰教早期,伊斯兰法对其他法律源流更加包容。例如,那些由欧麦尔颁布的敕令与习惯法一样,可以按照符合穆罕默德及其伙伴和早期伊斯兰社会的行为做出解释,而不仅仅是按照穆罕默德的行为做出解释,并集成法律。此外,沙斐仪改革的结果之一是对伊斯兰法的构成内容做出了严格的限定。因此,哈里发和苏丹的很多行政管理措施在伊斯兰法管辖范围之外。这符合苏丹的利益,因为他们渴望增强自己的实力,以应对致力于推动教法的哈里发。最终,苏丹制定和执行法律的权力在伊斯兰法内得到承认,它被认为有利于公众利益。法学家和伊斯兰法给予苏丹军事、非穆斯林税收、土地征服、刑法、经济和任何伊斯兰法管辖范围之外事宜的司法裁决权。更重要的是,公众有宗教义务遵从苏丹的法令。

伊斯兰法和特权法

1258 年阿拔斯王朝覆灭,之后情况有所改变,苏丹制定法律的权力大大增强。突厥人和蒙古人从中亚带来的传统,授权统治者为了正义和国家利益而签发相应的法令。这种国家法的形式在奥斯曼帝国和莫卧儿帝国十分普遍。奥斯曼帝国苏丹苏莱曼一世(Süleyman I, 1494/1495—1566)颁布了一套正式的特权法。一般来说,苏丹会根据需要发布诏书。这类法律首先适用于行政、财政或刑法领域。例如,在奥斯曼人统治下,行会中出现了由伊斯兰法法官执行的法典。然而到后来,奥斯曼帝国的特权法也涉及财产法律领域,它原本由伊斯兰法管辖。一些法学家对此提出批评,因为他们认为苏丹超越了自己的权限;在任何情况下,伊斯兰法都不能被取代。也有人援引公序良俗的司法原则、习惯法,甚至传统法律支持苏丹,尤其是在

新征服的领土上。

亚非社会的传统法律

与伊斯兰教产生之前阿拉伯人的习惯法一样,伊斯兰教所到之处也有当地的习惯法。那些土著习惯法数量并不比阿拉伯人少;特别是在亚洲、非洲、南亚和东南亚,土著习俗历史悠久。然而,他们不能借助默许和公议的方式将其作为圣行吸收到伊斯兰法中。这些传统法律与特权法不同,不能回避伊斯兰法的管辖。有些传统被淘汰,有些则成为反伊斯兰法势力。伊斯兰教观念认为伊斯兰法是穆斯林生活的唯一指南,但对于一些穆斯林来说社会现实与这个理念并不一致。伊斯兰教成为他们的宗教,但不是他们的生活方式。

当然,在现实中伊斯兰教信仰和当地习惯之间有妥协。一方面,宗教法庭执行伊斯兰法时,在很大程度上已经消除当地风俗的因素;另一方面,有些地方甚至没有宗教法庭,所有法律事务都在习惯法管辖范围内。然而,既然划分了司法领域,这两套法律系统也可以结合起来。苏丹在这个问题上有一些自由裁量权,传统法律与伊斯兰法结合更加容易。有时候,通过使用各种法律手段,如法官的偏好以及确保公序良俗,伊斯兰法仍然可以对传统行为做出裁决。伊斯兰法也有可能在原有的宗教法庭内发挥作用,但人们根本不理会法院而只拥护传统。北非、印度和东南亚三个伊斯兰地区往往首选传统法律和习惯,而非无所不包的伊斯兰法。而且,正像我们在下面将要看到的一样,在这些情况下,两个法律体系往往结合产生唯一的伊斯兰法形式或者至少是唯一的执法方式。

北非

在北非地区,伊斯兰法和当地风俗在婚姻、继承和农业地租等事宜上有差异。例如,当一个

柏柏尔男人结婚时,他的家人将给新娘的父亲一笔钱,而不是将钱给伊斯兰法规定的新娘。同样,与《古兰经》和伊斯兰法的规定相反,柏柏尔人习惯法允许女人继承财产。柏柏尔人给主人一定比例的粮食就可以租用农田,这个做法与伊斯兰法固定的、预订的货币支付规定矛盾。在继承问题上,一些柏柏尔人根本无视伊斯兰宗教法庭,而支持习惯法。在地租的问题上,伊斯兰宗教法庭已经意识到问题,并将习惯法纳入管辖范围。当然,这导致问题更加复杂,因为摩洛哥、突尼斯和阿尔及利亚的柏柏尔人的习惯法有差异,即使是一个国家的柏柏尔人之间的习惯法也有不同。在非洲其他地区,伊斯兰法和当地习俗相结合,形成单一的、复合的法律制度。

印度

在印度,穆斯林一直是庞大的印度教人口中的少数。因此,印度教的习俗和法律在印度穆斯林中仍然占主导地位。这特别体现在继承和婚姻法律事务中。一些穆斯林团体追随印度教做法,排斥女性继承。而在其他南方的伊斯兰社会中,女人及其后裔都有直接继承权。这两种做法都违反了伊斯兰法中将财产严格按照一定比例分配给家庭成员中男性和女性的规定。此外,根据伊斯兰法,个人财产可以支配的比例不超过 1/3。这意味着,至少有 2/3 的财产要被分成规定的份额。同样,一些穆斯林遵循印度教徒的做法,随意分配所有房产。至于婚姻,印度南部穆斯林交换礼金,但它是新娘的家人支付给新郎的钱,习惯上称为"嫁妆"。即使伊

斯兰法明确禁止收取贷款利息,一些印度穆斯林却仍然坚持这种做法。因此,对于生活在印度教社会的穆斯林来说,习惯法似乎比伊斯兰法更具有强制性。

东南亚

伊斯兰法和传统发生冲突的第三个地区是东南亚。伊斯兰教不是因为征服而来到该地区,所以伊斯兰法不是通过武力强加给今天马来西亚和印度尼西亚的原住民的。因此,尽管存在伊斯兰法,但习俗的元素还是保存下来,东南亚的穆斯林继续按照传统习俗生活,这与北非和印度不同。举例说,伊斯兰法没有颠覆苏门答腊岛上母系社会的习俗。这些社会与中东不同,人们只通过母系家庭追溯其家庭关系。这意味着,涉及继承问题时,最重要的亲属是你的母亲和她的兄弟姐妹。

理想与现实之间

在任何时候、任何地方、任何情况下,所有穆斯林都坚持真主永恒的神圣意志,这个伊斯兰法理念仍然是一种理想,而许多穆斯林按照当地习惯法对其进行修改。关于家庭和财务的习惯法,特别是涉及继承和婚姻问题时,往往发挥着重要影响。甚至在阿拉伯地区,也门的一些部落拒绝放弃剥夺妇女拥有财产权的权利,而这与伊斯兰法不符。伊斯兰教以何种方式被带到了一个地区,以及这些地区的人们在何种程度上采用伊斯兰法,都对穆斯林在日常生活中是遵从伊斯兰法还是习惯法产生影响。

进一步阅读书目:

Ali, A. Y. (Trans.). (1989). *The Holy Qur'an: Text, Translation, and Commentary* (Rev. ed). Brentwood, MD: Amana Corporation.

Al-Mawardi, A. M. (1996). *The Ordinances of Government: A Translation of Al-Ahkam Al-Sultaniyya Wa-l-Wilayat Al-Diniyya* (W. H. Wahba, Trans.). London: Garnet.

Al-Shafi'i, M. I. I. (1987). *Al-Risala fi Usul Al-Fiqh: Treatise on the Foundations of Islamic Jurisprudence* (M. Khadduri, Trans.). Cambridge, U.K.: Islamic Texts Society.

Al-Tabari, A. J. M. I. J. (1989). *The History of Al-Tabari*. Albany: State University of New York Press.

Coulson, N. J. (1964). *A History of Islamic Law*. Edinburgh: Edinburgh University Press.

Daftary, F. (1990). *The Isma'ilis: Their History and Doctrines*. Cambridge, U.K.: Cambridge University Press.

Kamali, M. H. (1991). *Principles of Islamic Jurisprudence* (Rev. ed). Cambridge, U.K.: Islamic Texts Society.

Khaldun, I. (1958). *The Muqaddimah: An Introduction to History* (F. Rosenthal, Trans.). New York: Pantheon Books.

Lapidus, I. M. (1988). *A History of Islamic Societies*. Cambridge, U.K.: Cambridge University Press.

Pearl, D. (1987). *A Textbook on Muslim Personal Law* (2d ed.). London: Croom Helm.

赫伯特·贝格(Herbert Berg) 文

李军 译,刘健、王超华 校

Islamic World 伊斯兰世界

1395

> 在社会或文化意义上,伊斯兰世界是指遍布全球的穆斯林共同体。该词语也具有地缘政治意义,指穆斯林占多数的国家或民族的集合体,或伊斯兰教占主导地位的信仰社会,包括政治社会。伊斯兰世界也因"乌玛"(ummah)的称谓而为世人所知。

伊斯兰世界一般被定义为穆斯林人口占多数的国家。但不是所有的伊斯兰国家都彼此相邻,只有在特定地区,比如中东,有几个国家是这种情况。这是一个巨大的多样性世界,包括了许多族群,使用和遵循各种各样的语言、文化传统和社会习俗。这一事实似乎反映了《古兰经》所宣扬的多样性,是真主设计的世界的一部分,是真主慈悲的体现。《古兰经》(30:22)说:"天地的创造,以及你们的语言和肤色的差异,对于有学问的人,此中确有许多迹象。"

乌玛

"伊斯兰世界"一词一般被认为等同于阿拉伯语词语"乌玛",这个模糊而有力的感性概念自伊斯兰教出现后就已经存在。"乌玛"的意思是"共同体"或"国家",一般是指全球穆斯林群体,无论他们居住在哪里。

"乌玛"这个词源于《古兰经》,并在经文中出现62次。在《古兰经》里,乌玛并不总是专指穆斯林,而是指正义和虔诚的宗教共同体。因此,犹太人和基督徒宗教共同体中的正义成员组成了"中和的人"(阿拉伯语 *ummahmuqtasida*,《古兰经》5:66)和"一派正人"(阿拉伯语 *ummah qa'ima*,《古兰经》3:113)。《古兰经》将正义的穆斯林共同体描绘成乌玛瓦萨特(*ummah wasat*,"一个中庸的或中等的国家"),它导人于至善,并劝善戒恶(《古兰经》3:104)。这是真主计划的一部分;《古兰经》断言,应该有多种宗教团体存在,因为"如果真主意欲,他必使你们变成一个民族"(《古兰经》5:48)。

622年,先知穆罕默德从麦加迁到麦地那,

让-莱昂·热罗姆(Jean-Léon Gérôme)的《开罗的祈祷者》(*La Priére au Caire*，1865)。热罗姆在土耳其和埃及旅行，他的绘画明确显示出欧洲人眼中的伊斯兰社会

制定麦地那宪章，将那里的穆斯林和犹太人描述为互有权利和义务的单一的共同体（乌玛）。632年，先知去世，伊斯兰教从阿拉伯半岛扩张到西亚甚至更远。在伊斯兰纪年第3个世纪（公元9世纪），伊斯兰王国的势力范围从南亚印度河流域延伸到中亚阿姆河流域以及欧洲南部的安达卢西亚。在一般意义上——《古兰经》用法的外延——"乌玛"一词逐步专指居住在广袤土地上因信仰结成的跨国界、跨社会或散居的伊斯兰社会。

　　"乌玛"被视为一个政治单位，中世纪的政治理论家通过下列方式构思这个跨区域的穆斯林政体。在理论和观念上，"乌玛"在哈里发的领导下联合起来，有时在伊玛目的领导下。统治者被认为是芸芸众生中的第一人，他的任命至少要通过人民默许，并通过那些重要且有影响力的人士向他表示忠诚，这样他的合法性才得到承认。哈里发期望通过与臣民中的知识分子协商统治他的臣民，他的主要使命是维护宗教

原则、维护法律和政令、抵御外来侵略。至于臣民的政治职责，只要他们服从宗教法则、向国库交税、忠于服从宗教法则的统治者。穆罕默德去世后的前4个哈里发被神圣化，被称为"正确引导"的哈里发，因为他们被认为已经通晓善治的原则，特别是对臣民负责的原则。"正确引导"哈里发时期的一切，都源于他们的美德对穆斯林政体和统治概念化产生持续影响。它从根本上提出一种理想，即对后世宰负人民期望的政府可以进行衡量和批评。

　　然而8世纪中叶，"乌玛"社会中，在巴格达和与之对立的西班牙穆斯林区域各存在一个合法的哈里发。在下一个世纪，又出现了一批被称为"苏丹"或"埃米尔"的小统治者，他们以某种程度的自治方式统治国家。11世纪，穆斯林政治理论家开始承认这种确实发生的变化，承认可能有一个以上的穆斯林政体统治者，但前提是至少有一个大的水域将他们分隔开。

　　哈里发的统治几经沉浮。13世纪蒙古人洗

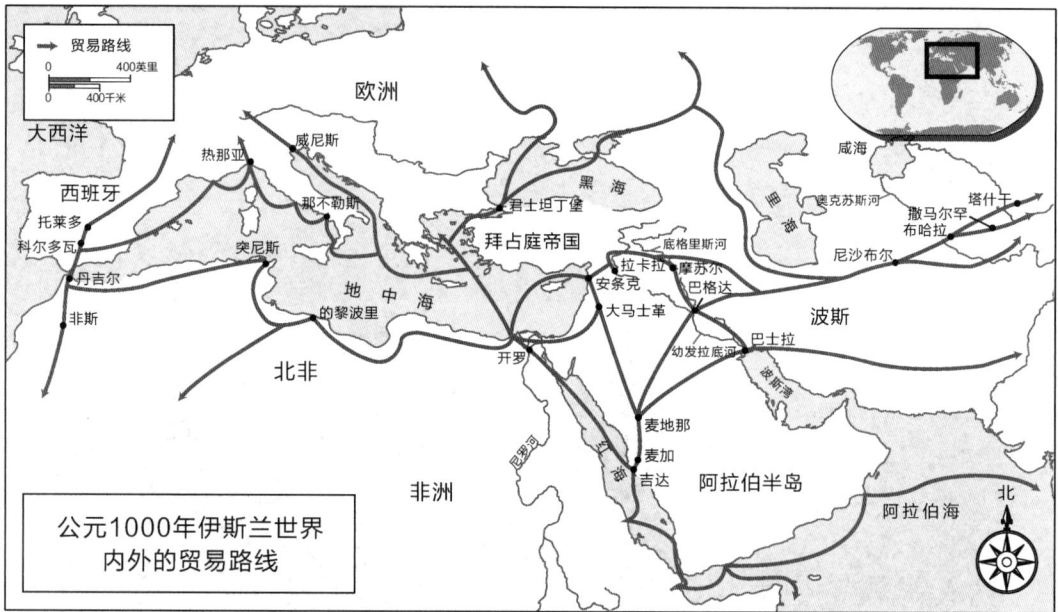

公元1000年伊斯兰世界
内外的贸易路线

劫巴格达后,哈里发的权力大大削弱,但在16世纪奥斯曼帝国统治时期又死灰复燃。奥斯曼人中流传这样一个故事,阿拔斯王朝最后一任哈里发将哈里发的称号转让给奥斯曼人,因此,奥斯曼人有权进行统治。最后一任奥斯曼哈里发于1924年被土耳其共和党人废黜。

哈里发至少名义上是世界各地穆斯林团体的首脑,是伊斯兰王国团结的象征。尽管伊斯兰世界往往在政治上行使自主权力,不同地区的文化和语言呈现多样性,但是确实存在一个拥有共同宗教活动、社会习俗和独特的观察世界方式的伊斯兰联合体。"伊斯兰"一词不仅指宗教,也指一个有着特殊但多样价值观的文明。伊斯兰文明是(在很大程度上仍然是)文化多元的、多民族和多宗教的文明。除了穆斯林,这个文明的组成还包括来自阿拉伯、波斯、印度、非洲、中国、马来等的各种人类团体,这与犹太人和基督徒一样。我们之所以称之为文明,称其为伊斯兰世界,是因为所有这些不同民族在各种伊斯兰政府统治下生活(在一定程度上还将继续);这不一定是因为他们信仰伊斯兰教。伊斯兰世界的居民遵循某些共同的伊斯兰文明价值观和理念,例如慈善、热情、尊重学问,它们创造了集体团结和共同身份意识。

伊斯兰区

伊斯兰世界也有特殊的疆域意义,尤其在中世纪法学家眼中。他们创造了 Dar al-Islam 一词指"伊斯兰居所"或"领土",与指代"居所"或"领土战争"的"dar al-harb"相对。著名法学家沙斐仪补充了第三种类型,即居留权、领土协议或和解。这些概念和术语没有在《古兰经》或先知圣训(穆罕默德的言行录)中出现;相反,它们反映了法学家在法律和政治上的实用主义观念,这些人希望了解他们生活的时代的现实,并将加入自己理解的道德秩序。

在这方面,他们遵循一个由来已久的习俗,通过划分文明世界的界限来界定他们自己和他们居住的政治体;而这个文明世界,是他们从无序和道德混乱的社会中体认的。古代希腊人将自己与所有非希腊人对立,非希腊人被称为蛮族;同样,前伊斯兰时代的阿拉伯人区分自己与不文明的非阿拉伯人。在早期宗教共同体内,犹

无知且不自知者，蠢人，避之；无知且自知者，天真人，教之；知之而不自知者，梦中人，唤之；知之而自知者，智者，趋之。

——阿拉伯谚语

太人将自己与不纯的非犹太人分开，基督徒将不可拯救的异教徒视为异端。对于这个时期的穆斯林法学家来说，伊斯兰领土是真主世界里合法和道德高尚者的绝对代表，处在真主法则治理之下。而在这个范围之外，世界其他地方都需要真主的指导；通过传播伊斯兰教观念或承认穆斯林领袖的统治，这些地方随时（有希望）成为伊斯兰教领地。这样一个世界观，伴随伊斯兰教先知死后几十年间伊斯兰领土快速增加而形成，造就了伊斯兰教必胜的信念。然而，这样的世界观并不符合《古兰经》中（2：256）绝不强迫非伊斯兰教徒皈依的原则；它仅仅要求政治上服从，最好通过和平方式，但在必要时军事手段也是允许的。

因此，尽管 7 世纪晚期阿拉伯人已经通过军事征服占领了埃及和叙利亚，但直到大约 10 世纪时，那里的居民中大部分人仍然是基督徒。同样，对印度西部信德省的征服导致"被保护人"（ahl al-dhimma）的身份扩展至印度教徒，根据伊斯兰法，这个身份原来特指犹太人和基督徒，这使得印度教徒可以继续信仰印度教，而作为回报，他们要效忠新的穆斯林政权。但并不是所有法学家都支持这个帝国构架，持不同意见的法学家和许多普通的虔诚穆斯林都质疑进攻性军事活动理念，认为可以通过祈祷协调一个可能对立的两极世界。

12 世纪左右，这些词汇已经去除其最初的含义，被重新定义以适应不断变化的历史和政治现实需要。穆斯林政体分裂成几个拥有独立统治者、彼此对立的独立王国。穆斯林偶尔也前往非穆斯林地区旅行，有些人在那里定居。这里出现的问题是：这些王国和穆斯林不再是"伊斯兰区"（dar al-Islam）的一分子了吗？这个时期的法学家意识到形势发生的变化，提出了新观点，即有些信仰自由的非穆斯林国家可以被归入"伊斯兰区"。据此，中世纪"伊斯兰世界"概念出现扩展，不仅包括以穆斯林为主的国家

和地区，也包括穆斯林人口占据少数的、但并不强迫他们放弃信仰的国家。同样，在当代，"伊斯兰世界"一词不仅包括传统的伊斯兰教中心，也包括欧洲和北美，在这两个地区穆斯林人口占据了相当规模。这可以理解为"乌玛"概念的全球化反响，表明穆斯林拥有若干共同价值观和共同的宗教仪式，无论他们在哪里，也不管他们是否在穆斯林统治者的政治管辖下。

当代伊斯兰世界

今天绝大多数的穆斯林都集中在南亚和东南亚、中东和非洲北部，而在非洲和亚洲的其余地区以及欧洲和北美也有少数的穆斯林人口。伊斯兰教已经是当今世界上发展最快的宗教，目前约有 12 亿～15 亿信徒，约占世界人口的 1/5。伊斯兰世界虽然看似毫无联系，甚至是分裂的，但它仍然在一定程度上拥有凝聚力。

西方殖民统治的共同的创伤性经历，促使一些伊斯兰国家（也与其他有类似经验的不发达或发展中国家）建立了正式的联盟。今天伊斯兰世界的很多人仍然感到自己非常脆弱，遭受了世俗现代性、经济全球化和西方文化习俗的冲击；这些冲击有些被视为殖民时代的延续，并因此被命名为"新帝国主义"或"新殖民化"。伊斯兰社会的部分要素因面对后殖民世界时的无能为力而变得激进。这些激进要素试图建立高度政治化的——在某些情况下是高度军事化的——伊斯兰社会认同观念，努力抵制西方创造的全球化和世俗化倾向，抵御其对伊斯兰世界经济和文化的"占领"。这些观念在伊斯兰社会内部已经并继续造成严重破坏，因为它们反对许多地方的统治精英（他们被视为西方意志的代理人），而对外部世界的破坏也是如此。但伊斯兰世界的绝大多数人并不认可流血策略，尽管他们可能经历过共同的经济和政治

1398

挫折。

1399　　　有一个全球性的团体声称是穆斯林的代言人，他们将"乌玛"这个模糊概念具体化。这个团体就是"伊斯兰会议组织"（Organization of the Islamic Conference，OIC），1969 年 9 月 25 日在摩洛哥拉巴特成立，到 2010 年时已有 57 个成员国，都是穆斯林人口占据多数的国家，另外还有 13 个观察员国家。"伊斯兰会议组织"网站主张"设立一个机构具体表达乌玛的严重关切"。此外，"伊斯兰会议组织"代表成员国希望，"用一个声音说话，以保障利益，并确保其人民和世界各地的穆斯林的进步和福祉"。成员国的政治领导人每年在主要的伊斯兰国家首都举行一次会议。当然，"伊斯兰会议组织"可能被视为伊斯兰世界的一个缩影，它试图确定共同利益、调解内部矛盾，并就当前许多问题和政治纠纷阐明统一立场。近年来，"伊斯兰会议组织"已经在全球问题，比如海湾战争、联合国在波斯尼亚和黑塞哥维那维和行动、阿富汗重建工作等议题上采取了特别立场。尽管其在穆斯林内部事务和全球政治中的作用已经被边缘化，但"伊斯兰会议组织"仍然是公开阐述伊斯兰社会普遍主张和愿望的唯一组织，并努力使伊斯兰社会成为全球话语的一个组成部分。

进一步阅读书目：

Cole, J. (2009). *Engaging the Muslim World*. Basingstoke: Palgrave Macmillan.

Dallal, A. S. (1995). Ummah. In J. L. Esposito (Ed.), *The Oxford Encyclopedia of the Modern Islamic World* (pp. 267–270). Oxford, U. K. : Oxford University Press.

Egger, V. O. (2009). *A History of the Muslim World since 1260: The Making of a Global Community*. Upper Saddle River, N. J. : Prentice Hall.

Egger, V. O. (2003). *A History of the Muslim World to 1405: The Making of a Civilization*. Upper Saddle River, N. J. : Prentice Hall.

Hodgson, M. G. S. (1974). *The Venture of Islam: Conscience and History in a World Civilization*. Chicago: University of Chicago Press.

Khan, S. S. (2001). *Reasserting International Islam: A Focus on the Organization of the Islamic Conference and Other Islamic Institutions*. Karachi, Pakistan: Oxford University Press.

Mandaville, P. G. (2001). *Transnational Muslim Politics: Reimagining the Umma*. London: Routledge.

Manoucher, P. , & Sommer, M. (1980). Dar Al-Islam: The Evolution of Muslim Territoriality and Its Implication for Conflict Resolution in the Middle East. *International Journal for Middle East Studies*, 11 , 1–21.

Sheikh, N. S. (2003). *The New Politics of Islam: Pan-Islamic Foreign Policy in a World of States*. London: Routledge.

Tausch, A. , & Hermann, P. (Eds.) (2006). *The West, Europe and the Muslim World*. New York: Novinka.

阿斯玛·阿夫撒鲁丁（Asma Afsaruddin）文

李军 译，刘健、王超华 校

Islands　岛屿

岛屿的多样化特点几乎和它的数量一样多：或大或小，或富或穷，以及是否有人居住或生活。很久以前，当人类在世界各地定居时，岛屿就已经成为落脚点和殖民地。岛屿曾经是贸易货栈、仓库、海军基地和加油站。今天，它们的价值往往体现为异域风情和地处遥远。

1400

地理学家告诉我们，在地球上有 5 675 个岛屿，其大小从 10 平方千米（3.86 平方英里）至 100 万平方千米（386 万平方英里）不等，另外还有 800 万个小岛。岛屿只占地球表面陆地的 7%，但拥有 10% 的人口，22% 的主权国家对领海的要求延伸到海洋的 1/4。

岛屿是多样的，如同其数量一样。"大陆"岛屿是大陆架的一部分（如大不列颠及爱尔兰是连接到欧洲大陆架的大陆岛）；"海洋"岛屿是深海火山喷发的产物。有些岛屿是独立的；有些则属于列岛。岛屿上动植物种类繁多。有些岛屿从未有人居住，有些则已经被人群占据。热带和极地的岛屿全年保持相同温度，温带岛屿则四季不同。通过桥梁和隧道，通过海上和空中通道，大陆与岛屿相连。在经济上，有的岛屿贫穷，有的岛屿富裕；有的岛屿拥有主权，有的岛屿依附于其他国家。岛屿政权的政治类型不同，有民主国家，也有独裁统治。英国和日本可以被看作世界历史上最著名的两个岛国，而许多岛屿也已经取得令大陆羡慕的成就。

岛屿的定义

尽管岛屿千差万别，我们仍然倾向于依照传统标准对岛屿进行分类。它们的历史和地理特征曾经被大陆人定义为通常较小、处于外围、偏远、孤立、永远存在。岛屿和岛民都曾经领教过大陆人的傲慢。15 世纪以前，西方地理学家认为世界包括唯一岛屿——一个大的岛屿，即寰宇（Orbis Terrarum）——和许多较小的岛屿。早期欧洲探险家认为，他们遇到的每一块土地都是一个小岛；直到 16 世纪，大陆和岛屿才终于被区分开，岛屿被定义为完全被水包围的土地。

即使现在，我们也很难将岛屿与大陆分开，因为大陆也四面环海，这就对岛屿和大陆的元地理学提出了系统性质疑。现在可以确认的是，岛屿从来都不是完全地处外围或偏远的，也不是孤立或静止的。它们的历史背景显示，岛屿在人类心理以及身体发育的每一个阶段都发挥了巨大的作用。我们所知的人类物种起源于大海边缘。人类离开非洲东部以后，跨越岛屿的过程并没有结束，直到整个地球被人类占据。水一直是人类移动和接触的最大促进力量，这个优势也解释了岛屿往往处于发展前沿的原因。史前时期的狩猎-采集人群将岛屿作为捕鱼营地和贸易点。约公元前 6000 年，黎凡特（地中海东部）内陆农业革命的成果经由塞浦路斯岛传播到欧洲。

1401

岛屿的重要性

岛屿对于印度洋和地中海的古代人类至关重要，腓尼基人和希腊人在这里建立了殖民地。第一次征服太平洋的努力开始于约公元前 4000 年，在偏远的大洋洲，人类采用跳岛的方式开始类似行动，并于公元 700 年在新西兰沿海最终实现。太平洋岛民认为自己占据了一个伟大的岛屿，在他们看来这些岛屿根本就不是遥远或外

一个人不算什么，但没有人是一座孤岛；每个都存在于一个比以前更为复杂和动态的关系网中。
——让-弗朗索瓦·利奥塔（Jean-Francois Lyotard，1924—1998）

从法罗群岛看加利西亚的西耶斯南岛。岛屿的魅力是现代旅游产业的一个基石

围的。大西洋的远航时间较晚，但也以类似方式完成。如果不知道维京人采用的跳岛方式，如果不是意识到海上布满了岛屿（其中大多数是传说），哥伦布决不会向西航行。他坚信他到达了印度的近海岛屿，以至于误把加勒比海群岛命名为西印度群岛。直到19世纪初，寻找通往印度的航线仍然受到这个观念的启示，即北美洲是一个群岛，通过水路可以到达。

从很早开始，岛屿就受到殖民者的觊觎。腓尼基人和希腊人将岛屿作为进入大陆腹地的起点。16、17世纪欧洲的海洋帝国广泛使用岛屿。岛屿成为渔业基地和毛皮交易点。甘蔗种植技术从地中海诸岛传播到马德拉群岛和加那利群岛，再到加勒比海岛屿。对于欧洲人来说，从非洲西海岸岛屿贩卖奴隶，使他们避免了热带内陆地区炎热气候对身体健康造成的危害。当欧洲帝国的触角触及印度洋和太平洋时，岛屿的地位更加重要，因为岛屿是中转站（贸易及转口贸易中转中心）、补给点和海军基地。在接下来的岁月中，它们成为每一个商业和资本主义发展中心争夺的焦点。18世纪，大西洋已成为岛屿自己的海，这些岛屿因导航技术和共享的世界性文化而被紧密地联系在一起。19世纪，仍然与世隔绝的是大陆，而不是岛屿。

文化意义

在西方人的思想中，岛屿的作用至关重要。它们早已是异教徒和基督教精神追求的目标。它们是天堂，也是地狱（比如美国作家赫尔曼·麦尔维尔［Herman Melville］）描述的加拉帕戈斯群岛（Galapagos Islands）。托马斯·莫尔将一个虚构的小岛设想成第一个伟大的乌托邦。威廉·莎士比亚选择一个岛屿作为他的话剧《暴风雨》（The Tempest）的场景，丹尼尔·笛福的著名小说《鲁宾逊漂流记》则讲述了一个小岛上遭遇船难的水手的故事。人类学研究起始于海岛，海岛成为自然学家、科学进化论的创始人

1402

达尔文的实验室。迷恋于岛屿者——被称为islomania——仍然是西方文化的重要主题，也是现代旅游业的支柱。

但是，即使岛屿文化的意义不断提升，它们的经济和政治中心地位却在下降。19 世纪，从商业到工业资本主义的转变与以牺牲岛屿为代价的大陆同步崛起。新的工业城市建在大陆。19 世纪奴隶制的废除导致许多岛屿的种植园出现劳动力危机。随着蒸汽动力的出现和铁路的扩展，古老的水运优势大大削弱，岛屿作为中转站、补给点和渔业基地的作用下降。20 世纪，世界各地的岛屿人口流失严重。规模政治与经济使岛屿处于劣势。在第二次世界大战后的去殖民化浪潮中，许多岛屿在政治上获得独立，但是在经济上仍然依附于旧殖民帝国主人。战后，岛屿逐渐成为外围、孤立和落后的代名词。

岛屿面临的挑战

今天，岛屿在很多方面遭遇挑战。在地球上所有的陆地中，岛屿最容易受到海平面上升和全球变暖导致的频繁风暴的影响。岛屿人口继续向大陆流失。岛屿居民成为世界上最大的海外侨民群体之一，许多被开辟新土地的亲属遗弃的岛民只能靠私人汇款生存（例如，古巴经济长期依赖汇款，其中大多来自古巴裔美国人；2004 和 2009 年，美国政府进一步限制允许汇款的金额上限，并制定了更为严格的标准，汇款只能汇给直系亲属）。另一方面，游客和寻找度假屋的大陆人正在涌入岛屿。桥梁和隧道的建设有助于大量人口涌入最接近大陆的岛屿。虽然新来者前来寻求"岛屿生活方式"，但原居民更担心他们的传统生活方式正在消失。

联系

在全球化的早期阶段，岛屿往往是国际贸易和经济发展的促进者。今天，它们将以不同的方式继续扮演这个角色。世界上最大的单一产业——旅游业主要依赖岛屿。远离海岸的位置特征，使它们成为合法的跨国企业和毒品走私、海盗以及间谍行动的总部。由于众多世界贸易仍然依赖船运，它们作为海军和空军基地的重要性在提高。由于面积小，许多岛屿能够灵活地运用新技术。但是，冰岛的经验已经表明，岛屿在成为互联互通的典范时，也更容易受到世界经济危机的影响。冰岛繁荣的经济、低失业率和相对平等的财富分配曾是 21 世纪初全球金融业快速扩张的产物，但它具有不可持续性。当面向世界市场导致克朗大幅贬值，随后冰岛三大银行在 2008 年宣布破产。

如今，很少有岛屿是真正遥远的、外围的或孤立的。岛屿肯定不是静止的存在。区分岛屿和大陆，或一成不变地看待它们及其居民已经没有实际意义。在一个较大的宇宙中，地球本身就可以被看作一个小岛。它的居民占据了或大或小的海岛，但都保持着紧密的联系和相互依赖关系。大陆和岛屿的未来取决于如何协调两者的关系。只有在世界历史的大背景下审视岛屿，才能理解它们的地位和意义。

1403

进一步阅读书目：

Baldacchino, G. (Ed.). (2007). *A World of Islands: An Island Studies Reader*. Charlottetown, Prince Edward Island: Institute of Island Studies.

Cosgrove, D. (2001). *Apollo's Eye: A Cartographic Genealogy of the Earth in the Western Imagination*. Baltimore: Johns Hopkins University Press.

D'Arcy, P. (2006). *The People of the Sea: Environment, Identity, and History in Oceania*. Honolulu: University of

Hawaii Press.

Gillis, J. R. (2004). *Islands of the Mind: How the Human Imagination Created the Atlantic World*. New York: Palgrave Macmillan.

Wigen, K. E., & Lewis, M. W. (1997). *The Myth of Continents: A Critique of Metageography*. Berkeley: University of California Press.

约翰·吉利斯(John Gillis) 文

李军 译,刘健、王超华 校

J

> 我如此仰慕耆那教的原则，以至于我想在一个耆那教共同体中重生。
>
> ——乔治·萧伯纳（1856—1960）

Jainism　耆那教

　　耆那教产生于公元前 6 世纪的印度，其宇宙观主张业束缚人的灵魂，并无限轮回，主张善行和严格的非暴力道德准则（ahimsa）。今天约有 400 万～600 万耆那教信徒——主要在印度、东非、英国和北美——在寻求摆脱业的束缚。

　　2500 多年前，耆那教出现在印度。伟大的耆那教祖师大雄摩诃毗罗（Mahavira Vardhamana，约前 500 年）与佛陀是同时代人，他们都传授放弃世俗关怀的教义。公元前 300 年左右，耆那教出现两个分支：其一是主要分布在印度南部和中部的空衣派（Digambara），其二是主要分布在印度西部和北部的白衣派（Svetambara）。前者要求高级僧侣完全裸体，并声称妇女必须重生，男人实现解放（kevala）；后者却允许他们的僧尼穿白衣，并认可妇女有可能上升到最高的精神境界。大多数耆那教徒都接受世俗生活，并在商业，特别是出版、医药、钻石贸易、大理石和纺织品领域有出色表现。虽然许多耆那教徒认同印度教传统，但人口普查数字显示耆那教众人数仍然有 400 万～600 万。

　　耆那教强调非暴力。根据传统，业附着于灵魂，无限轮回。通过遵循五戒，人能够减少业并最终摆脱业的影响，从而获得解脱。据说 24 位伟大的祖师蒂尔丹加拉（tirthankara）曾经完成这个目标，并以身作则为他人树立了典范。第一位被称为阿迪那或勒舍婆（Adinath，Rishibha），据说他建立了农业、王权、婚姻和精神路径。最后一位祖师是大雄，他前面的一位是巴湿伐那陀（Parshvanatha，约前 800 年）。

　　现存最早的耆那教经典是《阿伽蓝伽集》（Acaranga Sutra，约前 400 年），用俗梵语写成，为白衣派经典。它详细说明了怎么实现五大誓言：非暴力（ahimsa）、诚实语（satya）、不偷窃（asteya）、纯洁行（brahmacarya）和不执着（aparigraha）。两种传统都认同错综复杂的耆那教的因果报应论和宇宙理论，公元前 5 世纪，学者乌玛斯伐蒂（Umasvati）在其梵文文本《入谛义经》（Tattvartha）中强调了这个理论。

　　乌玛斯伐蒂的《入谛义经》宣称，无数的个体生命的力量（jiva）在时间开始的时候就已经存在。它们呈现多种可以转换的形式，并存在于土、水、火、气等四大元素以及微生物（nigodha）、植物、动物中。在死亡之际，依靠业，生命力量从一个躯体转移到下一个躯体。耆那教的目标包含人提升业的意识，业导致人体的诞生，并通过采取非暴力的生活方式最终将一个人从所有业中解脱出来。在这个最后的幸福阶段，一个人上升到完美境界（siddha-loka），人在这个永恒境界中能观察到世界上的阴谋，但永远不会屈服于诱惑。据说所有 24 位伟大的耆那教祖师和数量不多的圣徒曾经达到这种状态。

　　乌玛斯伐蒂根据拥有感官的数量将生命分为若干层次。最低层次是只拥有触觉的地球生物和微生物、植物。蚯蚓、软体动物同样有味觉和触觉。此外，爬行昆虫有第四个感官：嗅觉。飞蛾、蜜蜂和苍蝇增加了第五个感官：视觉。耆那教将有听觉的动物和那些可以听并能思考的生物包括爬行类、鸟类和哺乳动物等放在最高层次。因此，这些生命形式拥有道德机构，可以对它们的行为做出明确的决定。耆那教宇宙观贯穿于我们的感情和意识的各个方面。我们脚踩的地球，我们喝的水，我们吸入的空气，我们倚靠的椅子,为我们提供光明的灯光——通过触觉,我们感知所有这些东西,尽管我们可能很少承认它们的存在。人类,作为有生命、有感觉、有感情的生物,被赋予特殊任务和责任,能够理解其他生命形式,并采取相应行动。人类有机会培养德行,尊重宇宙间有生命、有呼吸、有意识的生命。因此,耆那教共同体建立了成千上万的动物收容所(pinjrapole),尤其是在印度西部。

耆那教的传统强调因果报应,并敦促人们避免一切形式的伤害。有一个传说对肆意破坏树木的行为发出警告,同时解释了因果报应的原理:

> 一个饥饿的人用最消极的黑业将整个树连根拔起并将其杀死以获得一些芒果。蓝业者再次砍伐树干,仅仅为了获得一把水果。第三个充满灰业的人吝惜树干,却砍掉了主枝。橙红业者为获得芒果不小心、也不必要地砍掉了树枝。第五个人,表现出白业或良业,"仅仅捡起已经掉到树下的成熟的果实"。(Jaini 1916)

这种伦理关怀强调不能仅仅觊觎树木的果实,应像尊重所有生命一样给予树木尊重而不造成伤害。该观念扩展到整个生物群落,产生了珍惜生命本质的意识。

伊斯兰教向印度渗透时,耆那教社会同样遭遇损失,一些寺庙被接管并变成清真寺。然而,一些耆那教僧侣在伊斯兰世界内施加了非暴力的影响力。1591 年,白衣派卡罗塔罗派(Khartar Gacch)的领袖吉那昌德拉苏里二世(Jinacandrasuri II, 1531—1613)前往拉合尔,对莫卧儿皇帝阿克巴大帝(Akbar the Great)影响极大。阿克巴大帝宣布对耆那教朝圣地点进行保护,以及确保耆那教仪式不会受到阻碍。他甚至支持耆那教的不杀生主张,每年禁止屠宰动物一周。

甘地(1869—1948)——通过执行非暴力原则帮助印度摆脱英国殖民统治的人——也深受耆那教传统的影响。他放弃一切形式的暴力,甚至按照耆那教第二个誓言命名他的长篇自传:《非暴力不合作》(Satyagraha)又名《我体验真理的故事》(My Experiments with Truth)。他童年时期曾经在耆那教徒众多的古吉拉特邦学习,师从著名的耆那教世俗教师莱昌德拉(Raichandra)学习耆那教义。

另外一个著名的耆那教激进主义派别体现在阿查里雅·图尔西(Acharya Tulsi, 1914—1997)和他的继任者阿查里雅·玛哈普拉贾(Acarya Mahaprajna)的著作中,两人都是白衣派特罗般提派(Svetarnbara Therpanth Movement)领袖。1945 年 6 月,阿查里雅·图尔西出于对第二次世界大战深感不安的情绪,就非暴力基本原理发表了九点声明,这些原则包括对个人和政府的指导方针。

20 世纪之前耆那教社会仍然以印度为中心,后来许多耆那教徒迁移到东非、英国和北美。如今,这些侨民团体大多认同以环保为中心的价值理念。古典和宗教学教授安妮·瓦来利(Anne Vallely)注意到,"不再是通过自我实现的话语或灵魂的净化,道德正在通过环保和动物权利的论述来表达"。这些价值观在一些杂志中得到表达,如由前耆那教僧侣萨蒂什·库尔(Satish Kumar)编辑出版的《复活》(Resurgence),由耆那教世俗学者阿图尔·沙阿(Atul Shah)编辑出版的《耆那精神:全球共享耆那教的价值观》(Jain Spirit: Sharing Jain Values Globally)等。分布广泛的网络扩展了耆那教的全球影响力,耆那教共同体继续将素食主义和动物激进主义作为其道德表达的关键要素。

耆那教的宇宙观断言,这个世界由无数的灵魂组成,所有灵魂都在寻找自己的路。由于业的桎梏,他们的灵魂沉重不堪。通过慈善行为,

1407

他们的业的负担将减轻。通过非暴力的严格道德准则，耆那教寻求业的解脱。这需要对生命由什么构成、一个人在遇到各种各样的生命时如何培养关怀和爱护这类问题有一个清晰的认识。通过严格的膳食习惯、限制欲望，灵魂逐渐脱离业的束缚。这个过程也有利于他人；通过消减一个人的贪婪，别人能够更自由地生活。随着人类冲突以及环境管理不善等由来已久的问题变得更为紧迫，耆那教的有节制的生活方式可能会对那些追求和平和环保的人有越来越多的启发。

进一步阅读书目：

Chapple, C. K. (Ed.). (2002). *Jainism and Ecology: Nonviolence in the Web of Life*. Cambridge, MA: Harvard Divinity School.

Dundas, P. (2002). *The Jains* (2nd ed.). London: Routledge.

Jaini, J. (1916). *The Outlines of Jainism*. Cambridge, U.K.: Cambridge University Press.

Jaini, P. S. (1979). *The Jaina Path of Purification*. Berkeley: University of California Press.

Vallely, A. (2000). From Liberation to Ecology: Ethical Discourses among Orthodox and Diaspora Jains. In Chapple, C. K. (Ed.). *Jainism and Ecology: Nonviolence in the Web of Life*. Cambridge, MA: Harvard University Press.

克里斯托弗·基·查普尔（Christopher Key Chapple） 文

李军 译，刘健、王超华 校

Japanese Empire 日本帝国

为了回应 19 世纪末欧洲和美国在亚洲的统治，日本发展工业经济和强大的军队，建立自己的帝国，并逐渐吞并了东亚、东南亚和南太平洋的大部分地区。而日本在第二次世界大战中战败，其海外领土流失、本土遭到破坏并被外国势力占领。

1868 年，明治天皇（Emperor Meiji）继承日本皇位时，欧洲人和美国人正以征服、购买、指派代理人或其他方式控制亚洲的许多地区。为了保护自己的国家免受西方列强的威胁，19 世纪 70 年代，日本的领导人建立并巩固了国界，将日本原有的本州、四国和九州的岛屿领土空间向北扩展到北部的北海道（阿伊努人的家园），向南扩展到冲绳、琉球群岛，向东南扩展到面积较小的小笠原诸岛。他们还鼓吹"帝国民族主义"意识，政府提出"富国强兵"的口号，发展工业经济，按照西方战略建设强大的军事力量，装备西方武器。日本新近装备的军队最初是用来对付内部的叛乱，但其第一次真正的考验来自亚洲大陆。

朝鲜和第一次中日战争

日本曾长期将朝鲜半岛视为一个战略地区，需要外交关注，并在需要时进行军事控制。朝鲜地理上与日本毗邻，这导致它比较容易并有可能遭受威胁。蒙古统治者忽必烈汗（Khubilai Khan，1215—1294）在 1274 和 1281 年曾两次试图从朝鲜入侵日本，16 世纪 90 年代日本军阀丰臣秀吉（Toyotomi Hideyoshi，1536/1537—1598）发动两次侵朝战争，都造成大量死亡和破坏。

朝鲜名义上由本国李氏皇室统治，但其保持与中国的朝贡关系，北京的清朝统治者实际控制着朝鲜的外交事务。而俄国野心勃勃地计划将朝鲜作为其庞大的西伯利亚大铁路网络的终点。1876 和 1884 年，日本强迫朝鲜（在中国清政府不情愿的默许下）签署商业和政治条约。然而，中国和俄国这样的大国对日本在朝鲜的战略利益仍然构成潜在的威胁。1894 年，朝鲜国内的东学党起义（Tonghak Rebellion）爆发，朝鲜政府难以应对，它要求清廷派军队镇压。日本对此感到惊慌，日军立即在朝鲜半岛登陆，中日甲午战争很快爆发。中国和朝鲜的军队战败。

《马关条约》和"三国干涉"

这场战争的结果是《马关条约》（Treaty of Shimonoseki，1895）的签署，中国向日本支付高额赔偿，清政府承认朝鲜"独立自主"（因此更容易受日本影响），台湾全岛和辽东半岛割让给日本。但是，该条约使俄国、德国和法国感到不安，这些国家不希望日本在靠近条约地区的、具有重要战略意义的半岛上站稳脚跟。他们要求日本归还辽东半岛，否则将面临三国的对日战争。俄国是"三国干涉事件背后的推动者"，它也不允许日本有更多的领土与自己有利益需求的"满洲"接壤。由于无法获得英国或美国的支持以对抗三国干涉，日本只得勉强让步。

1904—1905 年的日俄战争

由于对三国干涉耿耿于怀，加之俄国军队

东京的靖国神社，明治天皇于 1869 年修建，专门供奉那些为日本帝国服务，尤其是在战争中失去生命的人

又占领了辽东半岛,日本于 1904 年 2 月 8 日对俄国发动突然袭击,击沉俄国在旅顺的亚洲舰队的大部分船只。2 天后,日本对俄宣战。日本和俄国地面部队交战,1905 年 3 月日本终于占领辽东半岛北部重镇奉天(沈阳)。1905 年 5 月,俄国从波罗的海派出的海军在对马海峡被东乡平八郎上将(Togo Heihachiro, 1848—1934)指挥的日本海军击败。在陆地特别是海上战斗的失利,同时又要应对国内反沙皇统治的革命,俄国政府同意与日本举行和平谈判。1905 年,在美国总统西奥多·罗斯福斡旋下,日俄缔结《朴茨茅斯和约》(Portsmouth Treaty),战争结束。《朴茨茅斯和约》对日本来说是一个巨大的胜利。日本独占辽东半岛,并得到了俄国在中国东北的权益,萨哈林岛(库页岛)南部被割让给日本,朝鲜明确处于日本的政治和经济控制下。1905 年日本宣布朝鲜为其保护国,1910 年将其正式吞并。一个非白人国家军队击败了以白人为主的西方国家,这让有着根深蒂固的种族优越感的西方人感到不安。相反,在日本,战争导致民族主义情绪高涨,东京被年轻的、充满活力的亚洲人视为圣地,他们想在那里学习如何建立一个经济和军事强国以抗衡西方。

第一次世界大战时期的日本帝国

1410　　因为 1902 年英日结成同盟,日本参加了第一次世界大战(1914—1918),站在协约国(英国、法国、俄国、美国、意大利)一方。日本给盟军提供军备和非军事物资,但没有参与在欧洲的战争。然而,日本派兵占领了德国控制的南太平洋岛屿,并控制了以前由德国控制的中国山东省。日本还签署了"二十一条",要求中国在政治、经济和军事上做出一系列让步。中国没有得到外国盟友的帮助,因为这些盟友正深陷欧洲战争,中国被迫接受日本略有让步的要求。

朝鲜的最后一位国王高宗(1852—1919)死后,许多朝鲜人计划举行和平示威,反对日本统治,以配合 1919 年 3 月 1 日举行的葬礼。在朝鲜的日本殖民当局抽调军队残酷镇压了和平示威。约 7000 名朝鲜人被杀害,数万人受伤。仅仅 2 个月后,5 月 4 日,当巴黎和会宣布日本将占据山东后,反日运动在中国爆发。中国的大学生、工人、店员、作家和艺术家参加了游行示威,北京和全国各地的许多城市连续几天举行反日和抵制日货运动。这两个事件成为几代朝鲜人和中国人最重要的民族主义斗争标志。

华盛顿会议和 20 世纪 20 年代的局势

为了解决巴黎和会没有涉及的领土、经济和裁军问题,1921 年 12 月—1922 年 2 月,一些结盟国在华盛顿签署了一系列协议。美国、英国、法国、日本首先签订《四国公约》(Four Power Pact),确认彼此在亚太地区的现状。接下来,美国、英国、日本、法国和意大利签订《五国条约》(Five Power Treaty),限制建设海军主力舰、战列舰和巡洋舰。在得到可以在规划阶段用新舰替换计划退役的旧舰的保证后,日本勉强接受了这个海军军备限制条约。与会国还同意签署 1411 《九国公约》(Nine Power Treaty),保证中国的领土完整,并执行"门户开放"政策,授予所有签约国在中国平等的经济发展机会。

华盛顿会议的实质是在 10 年或更长时间里限制大国之间的军备竞赛和军事对抗。然而,许多日本民族主义者认为,条约对日本帝国的利益造成不利影响,并声称他们出席会议的代表并没有充分咨询军部——尽管三名日本代表中有一位是善于伪装的加藤友三郎海军上将(1861—1923)。1930 年,伦敦召开海军裁军会议,尽管遭到日本海军的强烈反对,海军军备限制条约仍然得以续约。这导致日本国会委派的接受该条约的首相浜口熊幸(Hamaguchi Osachi，1870—1931年)被极端民族主义者暗杀。

与此同时，美国国会批准了《排斥东方法案》(Oriental Exclusion Act)，作为1924年移民法案的一部分。由于新的法律，日本移民被排除在美国及其包括夏威夷在内的领土之外。日本驻华盛顿大使和美国驻东京大使辞职以示抗议。该排斥法案使日本民族主义高涨，已经接近危险的边界，并在许多年时间里极大地破坏了美日关系。

"满洲"——伪满洲国

日本长期以来一直对中国东北感兴趣，因为那里原材料(尤其是矿产资源)和农产品十分丰富，可以作为日本移民的目的地，又是朝鲜殖民地与中国、俄国之间的战略缓冲地带。尽管日本外相币原喜重郎(Kijuro Shidehara，1872—1951)通过调解方式努力促进日本在亚洲大陆的利益，但思想强硬派和军事强硬派利用日益高涨的民族主义情绪以及20世纪20年代出现的经济问题，鼓动日本侧重采取直接军事介入的政策。1928年6月，驻扎在辽东半岛的日本军队暗杀了控制中国东北大部分地区的军阀张作霖(1875—1928)。1931年9月，日本士兵炸毁了奉天(治今沈阳)附近南满铁路的一段，并声称爆炸是中国军队所为。日军在来自朝鲜的军队的增援下占领了奉天，占据了南满铁路沿线的重要城市和大部分地区。在该地区的日本军队不理会东京停止战斗的命令，继续战斗，直到占领整个中国东北。

东京政府不情愿地接受了这个既成事实，并在1932年初宣布满洲"独立"，成立伪满洲国。国际联盟拒绝接受伪满洲国为独立国家，并谴责日本在满洲的行动。为此，日本退出了国际联盟。

伪满洲国表面上由1912年退位的中国末代皇帝溥仪统治。然而，日本的军队和文职官员统治着这个"国家"，由日本军队负责安全。南满铁路公司(the South Manchurian Railway Company)和满洲重工业公司(Manchurian Heavy Industries Corporation)主导该地区经济发展，并推进日本人移民到伪满洲国。许多日本官员将伪满洲国视为他们帝国"皇冠上的明珠"。

暗杀和军事控制

日本民族主义情绪日益增长，1929年10月华尔街股市崩溃导致全球萧条，引发了严重经济问题以及对"满洲"的争议，导致暗杀杰出商业领袖和政治领袖的事件，军国主义开始统治日本。1932年初，三井集团(Mitsui Conglomerate)的领导人和日本银行前掌门人(后任财政部长)均被一个极端的民族主义平民团体暗杀。其后被暗杀的是首相犬养毅(1855—1932)，他被年轻的陆军和海军士兵刺杀，因为他反对军队在"满洲"的行动。

1936年2月26日，旨在恢复天皇统治的年轻日本军官率领1000多名士兵发动政变，试图推翻日本政府。他们暗杀了包括财政部长在内的4名高层官员，仅首相得以幸免。政变4天后，裕仁天皇(Emperor Hirohito，1901—1989，1926—1989年在位)明确表示反对以他的名义发动政变。然而，20世纪30年代的暗杀事件整体上扼杀了民间的不满情绪，特别是持不同政见者对亚洲大陆军事政策的质疑。

中国抗日战争，1937—1945

1937年7月7日，北京城外卢沟桥附近的日本军队和中国军队之间的枪击事件很快就导致中国抗日战争全面爆发。同年秋天，日军与中国国民党军队在上海激战，日军在那里杀害了成千上万的中国平民。

这幅石版画描绘了第一次日俄战争（1904—1905）。美国国会图书馆

1937 年 12 月初，在占领国民党首都南京后，日本军队肆意屠杀和强奸平民，处死投降的中国士兵。绝大多数遇难者是平民，包括老人、妇女和儿童。1937 年 12 月至 1938 年 2 月日军

在这部来自大阪普克（1942 年 12 月）的漫画中，日本人与一个皮肤黝黑的印度尼西亚土著握手，而代表荷兰殖民主义的受惊的女人仓惶跑掉

在南京地区杀害的人数，仍然存在相当大的争议。第二次世界大战结束后，东京战争罪行审判法庭（Tokyo War Crimes Trials）根据中国幸存者、西方传教士，甚至参与大屠杀的日本士兵等目击者提供的证据，计算出在南京的中国人的死亡数量超过 20 万人，这是 20 世纪最残忍的暴行之一。

1938 年底，日本军队已经控制了中国东部的大部分地区，并开始将该地区作为非正式的殖民地。日本支持前国民党领袖汪精卫（1883—1944）领导的傀儡政府。同时，中国国民党领袖蒋介石（1887—1975）成立战时政府，总部设在重庆，该城市处于中国的腹地，有宽阔的河流和山脉保护，使其能够免受日军大规模攻击。毛泽东（1893—1976）领导的中国共产党人对日本军队开展了有效的游击战争。

1941 年时，尽管日本仍有军事优势，但

1413

中国广袤的地理区域和团结一致抵抗日本的庞大人口，使得日本获得胜利的前景相当暗淡。日本的军事行动需要消耗大量的石油、钢铁、橡胶和食品。1939年，日本军队向北推进到苏联控制的蒙古，试图获得更多的原料，但在达成停火协议之前，日军在诺门罕（Nomonhan）损失惨重。为此，东京的军事和政治领导人做出了进军东南亚的重大决定。

太平洋战争，1941—1945

为了应对日本在中国的军事行动，美国政府第一次阻止日本购买废金属、航空燃料和石油，并于1941年夏天冻结了日本在美国的金融资产。

为了获得原料以维持其在中国的军事行动，保证伪满洲国的供给，日本领导人决定入侵印度支那南部（越南、柬埔寨和老挝），尤其是资源丰富的荷属东印度（今印度尼西亚）。在与美国两次谈判未果后，1941年12月7日，日本帝国海军飞机向总部在夏威夷珍珠港的美国太平洋舰队的战舰、飞机和其他军事设施发起攻击。同时，日本军队袭击了中国香港、马来亚、菲律宾、关岛、威克岛。日本在中国的战争与反对美国及其西方盟国的太平洋战争就此结合。

1942年春天，日本军队在几个月里取得了一个又一个胜利，控制了东南亚大部分地区。日本帝国得寸进尺，将占领地合并成立一个称作"大东亚共荣圈"的泛亚洲组织。尽管其提出了"亚洲人的亚洲"兄弟般的口号，但对于生活在"大东亚共荣圈"的人来说，事实上日本是一个贪婪、残暴的帝国主义国家。

日本领导人原本希望与正插手阻止希特勒在欧洲统治的美国达成协议，允许日本维持其在亚洲大陆的存在。然而，日军偷袭珍珠港以及美国和菲律宾军队与日军在菲律宾的巴丹展开死亡行军并最终投降激怒了美国人，他们要求日本无条件投降。从1942年6月和7月的珊瑚海和中途岛海战开始，形势开始向不利于日本人的方向发展。1944年10月，莱特湾海战摧毁了剩余的日本帝国海军，日本在太平洋的战争败局已定，只是时间问题而已。

可悲的是，即使1944年底美国大规模轰炸日本主要城市，日本的军事和政治领导人仍然拒绝投降。相反，他们使用年轻、缺乏经验的神风特攻队（kamikaze）进行自杀性攻击。1945年3月，东京遭受燃烧弹空袭，造成严重破坏，10万平民丧生。此后不久，日本在冲绳遭受了更大的军事失败和平民伤亡，但这些都未能让日本领导人投降。8月初，当原子弹轰炸广岛和长崎，而苏联出兵"满洲"后，裕仁天皇终于在1945年8月15日宣布日本帝国投降。

日本帝国的遗产

1894—1895年中日甲午战争后，日本帝国占据了中国的台湾，此后，东亚、东南亚和广大的南太平洋地区都被纳入日本版图。出于不同程度的战略和经济需要，以及获得国际荣耀的民族主义愿望，有时还包括一种带有神秘感的命运意识和种族优越感，日本帝国在20世纪前50年的崛起与19世纪的几个西方国家不同。然而，日本帝国的扩张和残暴终归引发了一场毁灭性的战争。日本战败后，它失去了自1895年以来获得的所有海外领地，本土遭受破坏，历史上首次由外国军队占领。即使60年后，日本仍然继续受到帝国主义时代被其征服的民族和国家的敌视。

进一步阅读书目：

Beasley, W.G. (1987). *Japanese Imperialism, 1894 – 1945*. Oxford, U.K.: Clarendon Press.

Bix, H.P. (2000). *Hirohito and the Making of Modern Japan*. New York: Harper Collins.

Borg, D., & Okamoto, S. (Eds.). (1973). *Pearl Harbor as History: Japanese-American Relations, 1931 – 1941*. New York: Columbia University Press.

Butow, R.J.C. (1961). *Tojo and the Coming of the War*. Princeton, NJ: Princeton University Press.

Coox, A.D. (1990). *Nomonhan: Japan against Russia, 1939*. Stanford, CA: Stanford University Press.

Dower, J. (1986). *War without Mercy: Race and Power in the Pacific War*. New York: Pantheon Press.

Dudden, A. (2005). *Japan's Colonization of Korea: Discourse and Power*. Honolulu: University of Hawai'i Press.

Duus, P. (1995). *The Abacus and the Sword: The Japanese Penetration of Korea, 1895 – 1910*. Berkeley and Los Angeles: University of California Press.

Duus, P., Myers, R.H., & Peattie, M. (Eds.). (1989). *The Japanese Informal Empire in China, 1931 – 1937*. Princeton, NJ: Princeton University Press.

Duus, P. Myers, R.H., & Peattie, M. (Eds.). (1996). *The Japanese Wartime Empire, 1931 – 1945*. Princeton, NJ: Princeton University Press.

Hicks, G.L. (1997). *The Comfort Women: Japan's Brutal Regime of Enforced Prostitution in the Second World War*. New York: W.W. Norton.

Honda, K. (1999). *The Nanjing Massacre: A Japanese Journalist Confronts Japan's National Shame*. New York: M.E. Sharpe.

Ienaga, S. (1979). *The Pacific War, 1931 – 1945*. New York: Pantheon Press.

Iriye, A. (1965). *After Imperialism: The Search for a New Order in the Far East, 1921 – 1931*. Cambridge, MA: Harvard University Press.

Iriye, A. (1972). *Pacific Estrangement: Japanese and American Expansion, 1897 – 1911*. Cambridge, MA: Harvard University Press.

Iriye, A. (1987). *The Origins of the Second World War in Asia and the Pacific*. New York: Longman.

Lu, D.J. (2002). *Agony of Choice: Matsuoka Yosuke and the Rise and Fall of the Japanese Empire*. Lanham: Lexington Books.

Matsusaka, Y.T. (2001). *The Making of Japanese Manchuria, 1904 – 1932*. Cambridge, MA: Harvard University Asia Center.

Myers, R.H., & Peattie, M. (Eds.). (1984). *The Japanese Colonial Empire, 1895 – 1945*. Princeton, NJ: Princeton University Press.

Nish, I. (1977). *Japanese Foreign Policy, 1869 – 1942: Kasumigaseki to Miyakezaka*. London: Routledge & Kegan Paul.

Oka, Y. (1983). *Konoe Fumimaro: A Political Biography*. Tokyo, Japan: University of Tokyo Press.

Peattie, M. (1984). *Ishiwara Kanji and Japan's Confrontation with the West*. Princeton, NJ: Princeton University Press.

Peattie, M. (1992). *Nan'yo: The Rise and Fall of the Japanese in Micronesia, 1885 – 1945*. Honolulu: University of Hawaii Press. ,

Shillony, B.A. (1973). *Revolt in Japan: The Young Officers and the February 26, 1936, Incident*. Princeton, NJ: Princeton University Press.

Toland, J. (1970). *The Rising Sun: The Decline and Fall of the Japanese Empire, 1936 – 1945*. New York: Random House.

Tsurumi, P. (1977). *Japanese Colonial Education in Taiwan, 1895 – 1945*. Cambridge, MA: Harvard University Press.

Young, L. (1997). *Japan's Total Empire: Manchuria and the Culture of Wartime Imperialism*. Berkeley & Los Angeles: University of California Press.

约翰·范·桑特(John E. van Sant) 文

李军 译，刘健、王超华 校

Jefferson, Thomas　托马斯·杰斐逊

托马斯·杰斐逊(美国第三任总统,1743—1826)是美国《独立宣言》的主要起草人,他借鉴了法国和英国的启蒙政治哲学,尤其是英国人约翰·洛克的观点,呼吁殖民者为建设普遍认同的政府而战——这个政府能够确保生命、自由和追求幸福的权利。1801年3月,杰斐逊当选美国第三任总统。

1416

托马斯·杰斐逊是 1776 年颁布的美国《独立宣言》的主要起草者,《独立宣言》激励着美国革命和世界各地的反殖民主义运动。1801 年,杰斐逊当选美国的第三任总统,并在 1803 年从法国购买路易斯安那,美国这个新兴国家的领土扩大了一倍,开创了美国成为美洲主导力量的新时期。

1743 年 4 月 13 日,杰斐逊出生在英国北美殖民地弗吉尼亚州。他的父母拥有烟草种植园,是殖民地的精英人物。1760 年,他就读于弗吉尼亚州威廉斯堡的威廉和玛丽学院。毕业后,他成为一名律师和农场主,居住在弗吉尼亚州蒙蒂塞洛(Monticello)的种植园里。1772 年,他和寡妇玛莎·威勒斯·斯凯尔顿结婚(Martha Wayles Skelton),10 年后,斯凯尔顿去世。1769—1775 年,杰斐逊担任弗吉尼亚州下议院议员,成为日益兴起的反英运动的领导者。

1776 年,第二届大陆会议(the Second Continental Congress)选举一个委员负责起草《独立宣言》,杰斐逊成为主要起草者。7 月 4 日,美国国会通过了宣言,宣布一个新国家诞生,宣言中列举了对英王乔治三世统治的质疑,提出了自然权利的哲学思考。杰斐逊借鉴法国和英国启蒙政治理念,尤其是英国人约翰·洛克的著作,他呼吁殖民者为建设普遍认同的政府而战——这个政府能够确保生命、自由和追求幸福的权利。《独立宣言》和它激发的美国革命,在 19 世纪催生了遍及整个拉丁

美洲和西欧的革命情绪,甚至被用来证明亚洲和非洲 20 世纪反殖民斗争的合理性。

然而,杰斐逊和他参与建立的新国家并没有实践《独立宣言》的理想。他赞成富有的白人男子管理政府;认为那些没有财产的人、妇女、印第安人、非裔奴隶没有执政能力,不配享有平等权利。杰斐逊拥有奴隶,并可能与其中的一个奴隶生育了子女。杰斐逊的言论后来被受排斥的

吉尔伯特·斯图亚特(Gilbert Stuart)的《托马斯·杰斐逊》(*Thomas Jefferson*,约 1821)。油画

在风格方面，与时俱进；在原则方面，坚如磐石。

——托马斯·杰斐逊（1743—1826）

人利用，要求获得美国社会的政治平等权利。

杰斐逊对美国的发展发挥了重要作用。他起草了在弗吉尼亚州建立宗教自由、进行政教分离的法案。1779—1781 年，他担任弗吉尼亚州州长，1785—1789 年，担任美国驻法国大使。1789 年回国后，美国总统乔治·华盛顿提名他为美国第一任国务卿。杰斐逊成为弱化中央政府、以农业为基础的经济政策的坚定倡导者。财政部长亚历山大·汉密尔顿则支持建立强势的联邦政府，发展工业化经济。杰斐逊对新国家的构想促使国会中的民主共和党建立，汉密尔顿的蓝图则造就了联邦党，这是美国历史上最早的政治党派。1794 年 12 月，杰斐逊结束国务卿的任期，之后汉密尔顿辞去公职，并于 1795 年在纽约重新开始从事法律工作；在接下来的 30 年里，这两个政党继续主导着美国政治。

1796 年，华盛顿拒绝了第三个总统任期，杰斐逊与约翰·亚当斯竞选总统。亚当斯赢得大选成为美国第二任总统，位列次席的杰斐逊成为副总统。

在 1800 年的总统竞选中，杰斐逊在选举团中的票数与共和党同仁亚伦·伯尔（Aaron Burr）难分高下，但众议院支持杰斐逊，他因此当选美国总统，伯尔成为副总统。1801 年 3 月杰斐逊上任，之后担任了两届美国总统。作为总统，杰斐逊的主要成就是在 1803 年从法国手里收购了路易斯安那。购买路易斯安那使美国领土从密西西比河扩大到落基山脉，从墨西哥湾延伸到加拿大，版图增加了大约一倍；美国从此踏上向西扩张的道路。1826 年 7 月 4 日，《独立宣言》签署 50 周年之际，杰斐逊去世，但他留下的政治传统仍然影响着美国和世界其他地方。

进一步阅读书目：

Armitage, D. (2002). *The Declaration of Independence and International Law*. William and Mary Quarterly, *59*(1), 39 – 64.

Boorstin, D. J. (1948). *The Lost World of Thomas Jefferson*. New York: Holt.

Brodie, F. M. (1974). *Thomas Jefferson: An Intimate History*. New York: Norton.

Cunningham, N. E. (1987). *In Pursuit of Reason: The Life of Thomas Jefferson*. Baton Rouge: Louisiana State University Press.

Ellis, J. J. (1997). *American Sphinx: The Character of Thomas Jefferson*. New York: Knopf.

Jefferson, T. (1982). *Notes on the State of Virginia*. New York: Norton. (Original work published 1821)

Peterson, M. D. (1970). *Thomas Jefferson and the New Nation: A Biography*. New York: Oxford University Press.

Risjord, N. K. (1994). *Thomas Jefferson*. Madison, WI: Madison House.

约翰·莱昂斯（John F. Lyons）文

李军 译，刘健、王超华 校

Jesus　耶稣

1418

耶稣(约公元前6—公元30年)是犹太人,他在加利利周围的小镇布道。罗马人指控他反叛,将他钉死在十字架上。之后,他的追随者视他为上帝之子,相信他很快就会回来结束世界上的邪恶,审判生者和死者。多数犹太人拒绝这个观念,但传教士吸引异教徒皈依并创立了最终一分为二的基督教会。

　　虽然(拿撒勒的)耶稣是一个十分重要的历史人物,但是关于他的历史信息很少。关于他生平和传教活动的主要信息源自基督教《圣经》中的四个福音书:《马太福音》《马可福音》《路加福音》和《约翰福音》。虽然这些记录中包含了耶稣的说教,但它们是历史发展的产物,而且它们本身也使用了部分当时的资料。其中,除了毋庸置疑地有历史价值的信息外,还有后世故事和格言用以阐述其神学价值观。

　　耶稣出生于一个充斥着政治激进主义和宗教投机的时代。在犹太教兴起的第一个世纪,由于广泛的启示,这些因素存在内在联系。希腊国王统治犹太地区时,很多人开始将政治变革的希望寄托于神的直接干预。启示文学——以《但以理书》为代表——表达了这样的观点,即上帝会派领袖解放人民("弥赛亚"[Messiah]),并在耶路撒冷圣殿恢复礼拜的正规功能。耶稣诞生的时候,罗马附庸大希律王(Herod Great)对这个地区的长期统治已经走到尽头。他的直系继承人无力行使统治权,罗马人在管理和治安方面发挥了更直接的作用。

1419

　　耶稣出生于拿撒勒,这个村庄位于加利利山,处于大希律王的一个儿子——希律·安提帕(Herod Antipas)的直接统治下。相对于耶路撒冷圣殿,加利利本身在地理和文化上都处于边缘地带。加利利人的核心宗教机构是会堂。会堂的宗教团体每周由老师(拉比[rabbi])带领做正式的礼拜。会堂的中心活动是阅读和阐释经书。正是在此背景下,宗教改革群体发展起

彼得·保罗·鲁本斯(Peter Paul Rubens)的《十字架上的基督》(*Christ on the Cross*, 1627)。油画。比利时安特卫普罗考克斯官(Rockox House)

来,包括注重个人宗教虔诚的法利赛人(Pharisees)。

　　开始时,耶稣主要是在加利利的小村庄和城镇公开传道。虽然附近有几个城市(锡索波利斯(Scythopolis [Bet She'an])、太巴列(Tiberias)和距离拿撒勒仅有几千米的赛弗瑞斯(Sepphoris [Zippori]),但福音书明确记载,耶稣喜欢将活动集中在加利利的小渔村,尤其是迦百农(Capernaum)。似乎他在继续他的表兄弟

我相信没有人会比耶稣更深刻、更可爱、更有同情心、更完美,不仅没有人比得上他,也绝不可能有人比得上他。

——菲奥多·陀思妥耶夫斯基(1821—1881)

弗朗茨·冯·罗登(Franz von Rohden)的《基督降生》(Gerburt Christi [The Nativity],1853)。油画。在这个《圣经》中描述的场景里,三个智者手持礼物

施洗约翰(John the Baptist)的早期传道活动。约翰是一个坚持苦行、周游四方的布道者,他追求个人虔诚的复苏,而这种虔诚要通过一种在水中清洗(洗礼)的仪式来表达。在传道之初,耶稣已经由约翰施洗;虽然他不亲自施洗,但他的许多追随者都以他的名义施洗。

耶稣传递的主要讯息是,个人需要用虔诚回应上帝之爱。他强调个人的同情心,许多与他有关的圣迹都是他奇迹般地治愈疾病,证明了耶稣的同情心。由于强调诚信是虔诚的标尺,耶稣与另一个宗教改革运动产生冲突;法利赛人也重视宗教的真实性,但他们强调忠实地服从犹太宗教法。耶稣用最丰富多彩的语言将法利赛人描绘成盲目忠于法律条文的骗子和伪君子。

耶稣的声望并非主要来源于他的言辞,而是他的活动。通过奇迹般地医治、驱魔,甚至救助生命,他迅速赢得了"奇迹制造者"的称号。

在前往耶路撒冷布道时,耶稣立即与那些被他指责为谋取私利的圣殿权威产生冲突。后者从罗马统治者那里寻求帮助。他们将耶稣描绘成一个革命的和救世主似的麻烦制造者,以确保他被罗马人定罪并处死。显然,对于他的到来,许多人推测他将宣布自己为救世主,并组织叛乱。因为他进入耶路撒冷并有意宣扬实现弥赛亚的预言,这种猜测得到进一步证实,但是实际上他还没来得及自称弥赛亚。

在他死亡后的几周,他的一些追随者声称他已经复活。这种信念给予他的追随者生存和发展的力量,并由此形成了基督教的核心。这些追随者期望他立即从天堂归来,完成救世主的任务。但这些并没有发生,耶稣的言行及与他有关的故事被写进福音书和其他文献。耶稣本人什么也没有写;只有一次,他被问及如何裁断一个通奸的女人时,他说了一些归于尘土之类的话(《约翰福音》8:1—6)。

进一步阅读书目:

Sanders, E. P. (1993). *The Historical Figure of Jesus*. Harmondsworth, U. K.: Allen Lane.

Vermes, G. (1983). *Jesus and the World of Judaism*. London: SCM Press.

比尔·利百特(Bill Leadbetter) 文

李军 译,刘健、王超华 校

Joan of Arc 圣女贞德

百年战争期间,由于介入了英王和法王之间的冲突,圣女贞德(约 1412—1431)被视为异端,于 1431 年被烧死在树桩上。此后,她成为爱国、女性独立和基督教圣洁的象征。

无论是法国民族女英雄、女权主义的原型、直面既定制度的政治囚犯,还是罗马天主教教会的圣人,贞德一直是最迷人和最神秘的女性之一。围绕她短暂而非凡的战场一年和监狱一年的经历,争议相当大。

百年战争(1337—1453)塑造了贞德的历史角色。这场战争是法王和英王为控制法国而爆发的王朝冲突,法国最强大的附庸勃艮第公爵与英国结盟。

15 世纪初,法国的大片领土遭到两国统治者所属贪婪的雇佣军蹂躏。1428 年,英国人围攻法国南部要塞奥尔良,此时,只有法国中部和南部仍然忠于瓦卢瓦(Valois)王查理七世(Charles Ⅶ,1422—1461 在位)。在此法国命运攸关的时刻,贞德出现了。

1412 年,贞德出生在香槟和洛林交界的多雷米(Domremy)。她称自己为"贞女"(Jeanne la Pucelle)——la Pucelle 的意思是"处女"——她以她的童贞为傲。贞德是中等农民雅克·达尔克(Jacques Darc)的四个孩子之一,她的童年时代十分正常,但是她的虔诚不同寻常。13 岁时,她开始得到启示;这些启示首先指导她好好生活,然后指示她参加兰斯大教堂举行的查理七世加冕仪式——这里是举行皇家加冕仪式的传统地点,另外还指示她将英国人驱逐出法国领土。

1429 年 2 月,贞德着男装(她说,她发现这些衣服很舒服)在希农庄园(Chinon

quarters)拜访查理。尽管最初有些怀疑,但查理后来还是同意支持贞德抵抗英国人的行动,并向她提供人力、资金、男性服装和一套白色盔甲。1429 年 4 月 29 日,贞德带领约 4 000 人组成的军队发动奥尔良战役,5 月 8 日她成功地解除奥尔良之围。这场胜利是否来自她成功的军事战略?它是否真的决定了百年战争的最终结果?这些都是值得商榷的问题。但很明显,贞德恢复了法国人的士气,她的胜利被看作一个奇迹。1429 年 7 月 17 日,她参加了在兰斯大教堂举行的查理的加冕仪式,这是赋予王位合法性的仪

但丁·加百利·罗塞蒂(Dante Gabriel Rossetti)的《圣女贞德》(*Joan of Arc*, 1882)。罗塞蒂死后,人们在他的画架上发现了这幅肖像画,女主角头发火红,身着华丽长袍。剑桥大学菲茨威廉博物馆(Fitzwilliam Museum)

你们，英国人，无权统治法国，上帝通过我，圣女贞德，命令你们离开堡垒滚回自己的国家；如果不这样做，我将对你们发动为世人永远铭记的战争。

——圣女贞德（约 1412—1431）

式。贞德的名字不仅在法国，而且在欧洲许多地方迅速传播。

在卢瓦尔河谷取得多次胜利后，贞德计划进攻敌军占领的巴黎。1429 年 9 月，她违背查理和御前会议的意愿进攻巴黎，但遭遇到强有力的抵抗而被迫撤退，国王命令她放弃战斗。此后，她的命运急转直下。尽管筹集资金和招募军队十分困难，但她继续与英国—勃艮第军队战斗，直到 1430 年 5 月 23 日她在贡比涅（Compiegne）被勃艮第军队抓获。

勃艮第人将她出卖给一个认为她是巫婆的英国人。查理七世没有设法营救她，她被送到英国人控制的诺曼底的鲁昂。1431 年 2 月 21 日至 5 月 30 日，鲁昂的宗教异端裁判所以巫术和异端罪审判她。巴黎大学的前任校长及首席法官皮埃尔·科雄（Pierre Cauchon）主持审判，神学家和律师们对她的质疑集中在两个问题上：一是她声称受米迦勒、（亚历山大里亚的）圣凯瑟琳以及（安条克的）圣玛格丽特的引导；二是她穿着男性服装。

法官们认为，没有全体基督徒和官方教会指导，她不可能独立听到启示，而她的男性服装说明她蔑视教会。巴黎大学批准的"十二条罪状"谴责她是"骗子、叛徒和异端分子"。1431 年 5 月 24 日，由于不堪长期折磨，贞德签署"公开放弃"誓约。她承诺不再持械，不再穿男装，保持沉默。她是否明确她签署的文件的内容？这一点值得怀疑。但是之后她被判处终身监禁。

几天后，贞德恢复男性装束，她声称她的妇女服装已被剥除，并说——通过她的声音——上帝对她的"公开放弃"感到难过。她的言行使她成为故态复萌的异端分子，1431 年 5 月 30 日她被烧死在火刑柱上。

百年战争结束后，法国收复了大部分领土，查理向教皇加利斯都三世（Calixtus III，1455—1458）提出重新审判贞德案。教皇表示同意，并于 1456 年再次审判。法庭撤销了 1431 年的裁决，理由如下：以前的审判违反了司法程序；贞德一直没有得到为自己辩护的机会；而且英国人对法庭施加了影响。

尽管贞德在 1456 年得到平反，但她的名誉并没有被恢复；直到 19 世纪，她才以民族女英雄和圣人的形象出现在法国人心目中。1909 年她得到宣福，并于 1920 年成为圣徒。她成为爱国、女性独立和基督教圣洁的楷模。有关贞德的文学、艺术、戏剧、音乐作品比历史上其他任何女性都多。

进一步阅读书目：

Allmand, C. (1998). *The Hundred Years War: England and France at War c. 1300 – 1450*. Cambridge, U. K.: Cambridge University Press.

Barrett, W. P. (Trans.). (1932). *The Trial of Jeanne d'Arc, Translated into English from the Original Latin and French Documents*. New York: Gotham House.

Brooks, P. S. (1990). *Beyond the Myth: The Story of Joan of Arc*. New York: Harper Collins.

Fraioli, D. (2002). *Joan of Arc, the Early Debate*. Woodbridge, U. K.: Boydell Press.

Margolis, N. (1990). *Joan of Arc in History, Literature, and Film*. New York: Garland Publishing.

Paine, A. B. (1925). *Joan of Arc, Maid of Orleans*. New York: MacMillan.

Pernoud, R., & Clin, M. V. (1999). *Joan of Arc* (J. D. Adams, Trans.). New York: St. Martin's Press.

Warner, M. (1981). *Joan of Arc, the Image of Female Heroism*. Berkeley: University of California Press.

艾丽萨·卡里罗（Elisa A. Carrillo）文

李军 译，刘健、王超华 校

Judaism　犹太教

犹太教是世界历史上第一个被全体人民接受的一神教,这是它最伟大的遗产。因此,这个宗教对世界历史的影响既是直接的,也表现在其与之后征服性宗教文明的关系中——首先是基督教,之后是伊斯兰教。

在希腊化时期,研究者开始尝试以客观的方式描述"他者",这时,希腊作家发现了独特的犹太一神教,注意到这一将犹太人与希腊人遇到的其他人有所区别的特征。狄奥弗拉斯图(Theophrastus,约前371—约前287)和麦加斯梯尼(Megasthenes,约前350—前290)等哲学家获知了相关报告,他们认为犹太人是哲学家民族。他们写道,犹太人是顽固的一神论信徒;这个神既是以色列的,也是全世界的。其他作家指出,犹太人坚持许多希腊人觉得奇怪的做法,比如包皮环切术,厌食猪肉,以及一种狭隘的、与希腊认可的开放意识有分歧的文化。一些观察家认为这种特征很奇特,他们宣称犹太人厌世、缺乏爱国心(对希腊文化)、普遍漠视本民族以外的人,但这也许是他们不知不觉对自身的描述。

希腊人对犹太教表现出既吸引又排斥的态度。然而,尽管存在这样的矛盾情绪,很多(对统治者失望的)罗马人被这个宗教文明所吸引,许多人皈依或趋向于"犹太化"。这意味着他们接受了犹太人的习俗,如节日庆祝和饮食习惯,却没有经历充分皈依需要忍受的割礼。罗马作家指出,犹太教的普遍性的基础是其古老传统、书面经文、深刻的道德感和一神论。犹太教与西方文明的接触深刻而持久,但并非没有争议。

犹太教对印度河以西地区的前现代世界历史产生了决定性的影响,对现代世界也有深远影响。犹太教对世界历史的影响既是直接的,也表现在其与之后征服性宗教文明的关系

中——首先是基督教,之后是伊斯兰教。

起源的影响

犹太教产生于宗教文明,其基础通常被学者称为"圣经的"或"以色列人的"的宗教。正因如此,我们今天所说的犹太教必须与原有形式有所区分。事实上,犹太教只是圣经宗教的继承者之一,如同所有宗教信仰都被看作基督教一样。圣经宗教本身具有多面性,由于经过了几个世纪的历史演变,它主要反映在希伯来《圣经》(《旧约》)中。对学者而言,日益清晰的事实是,圣经宗教并非自始至终是纯粹的一神教,因为它反映了两类人之间的错综复杂的关系,一类人接受仪式及代表其他权力或神的偶像崇拜,而另一类人只接受一个神——以色列的上帝(《撒母耳记上》26:19;《列王记上》11;《列王记下》23)。

但很显然,那些自称以色列(这个名字源于 圣经人物雅各,他也被称为以色列——《创世记》32:29)的人是第一个成功接受一神教的团体。而一神教的概念很可能在以色列人出现之前就已经存在。尽管影响力巨大的法老埃赫那顿(Akhenaton,公元前14世纪中叶)等人可能是一神论者或前一神教论者,但在古代犹太教之前,还没有哪一个团体全体接受一神教;这也许是犹太教给世界历史留下的最伟大的遗产。它建立了一个神学范式,将对后来的所有宗教的性质产生深远影响,无论这些宗教是否信仰唯一神。

《犹太古事记》（*Jewish Antiquities*）中让·弗盖（Jean Fouquet）创作的插图。该手稿由弗拉维斯·约瑟福斯（Flavius Josephus, 38?—100?）撰写，讲述犹太人从创世到公元66年反抗罗马人之间的历史。该文本在早期基督徒中传阅，在基督徒和犹太人中很受欢迎。15世纪该手稿被复制，并制作了插图，归属于法国皇室。法国国家图书馆

选民

古代以色列人将自己看作信仰一神的少数人，生活在由无数民族组成的世界，他们面对着多神崇拜的诱惑（《申命记》7：7）。因为这种艰难和不稳定的社会和政治状况，加之明确的一神崇拜意识，因此，以色列人思想中先后出现选民观念和学说，即被唯一的上帝擢选为其代表，他们应毫无保留地、无条件地崇拜他（《申命记》7：6—8）。在希伯来《圣经》中，类似信息随处可见；地球上所有民族都崇拜他们自己的神，但只有以色列人崇拜唯一神，他也是整个世界的神。

因此，选民观念在以色列人心目中根深蒂固。具有讽刺意味的是，尽管，可能也是因为以色列与古代世界强大的偶像崇拜国家和帝国之间的关系陷入困境，其独特的一神教群体产生了这样一种感觉，即只有被擢选的人才能够执行真正的上帝的意志。以色列人是忠诚于上帝的民族（《出埃及记》19：5；《申命记》7：6，14：2，26：18），是神圣的民族（《出埃及记》19：6；《申命记》14：2，21）。以色列人是上帝的选民（《申命记》7：6；《以赛亚书》43：20，45：4；《诗篇》33：12，132：13，135：4）。

契约

这个特殊的选民观念的特征，是一种被称为"契约"（希伯来文，*b'rit*）的机制。这个词语实际指希伯来《圣经》中正式的或法律的关系，既包括两个人之间的契约（《创世记》21：22—33；《撒母耳记上》18：3），也包括国家间的协议（《列王记上》5：26，20：34）。但一种特殊的"契约"逐渐被用来仅界定一神论社会与唯一真神之间的关系。这个"特殊的契约"由上帝和以色列人签署，这类记录在希伯来《圣经》中随处可见，是以色列宗教的巨大贡献。"契约"首先由上帝和亚伯拉罕家族签署（《创世记》17）。在圣经先祖时代得到重申（《创世记》26：23—24，28：10—15）；之后在西奈山（《出埃及记》19，24），上帝与所有从埃及的奴役中解放出来的大家族和以色列部族签署契约（《出埃及记》19，24）。契约也与跟随以色列人从埃及逃离的非以色列人签署（《出埃及记》12：38）。

选民和上帝契约概念起源于古代以色列宗教，但这些特质往往与一神教密切相关。因此，选民和契约不仅对犹太教至关重要，也与基督

1426

教和伊斯兰教密不可分。早期基督徒传播宗教,宣称他们的宗教是上帝和"新以色列人"之间的"新契约";"新以色列人"也就是那些接受基督教的人,是他们对自身的独特定义。因此,基督徒成为新"选民",只有那些选择基督为救世主的人才能够实现自我救赎(《哥林多前书》11:23—32;《希伯来书》8—9)。虽然在伊斯兰教中这个观念并不明显,但"契约关系"('ahd or mithaq)也界定了真主和信徒团体中新成员的关系,在理论上,就正直信徒群体接受的救赎(《古兰经》2:62,5:72)而言,伊斯兰教并不排他。然而,《古兰经》将穆斯林定义为一种选民,是最温和的人或"中间团体",是被选择的证人(《古兰经》2:143),而且是"真主带给世人最优秀的民族"(《古兰经》3:110)。

与以色列和犹太教(一神教的所有表达方式的一个组成部分)密切相关的选民和契约观念可以被认为具有分裂特质。但以色列宗教的遗产并不都是排斥和分裂。在西方宗教中,普遍的宗教包容和同情似乎都起源于古代以色列。

同情"他者"并修复世界

以色列宗教中的一神教的排外主义总是与包容主义处于紧张对立状态,如同对陌生人的关心和对他人的责任感的定义一样。虽然以色列人可能已经认为自己是古代世界唯一真正尊重宇宙之神的人,但宇宙之神是所有人的神,包括那些并不承认他的人。因此,以色列一神教甚至要求对以色列以外的人进行关怀和同情,这一责任通过"模仿上帝"(imitateo dei)概念来表达,因为世界上所有人的创造者必须是善良的:"因为耶和华你们的神,他是至大的神,不以貌取人,也不受贿赂,他为孤儿寡妇伸冤,又怜爱寄居的,赐给他衣食。所以你们要怜爱寄居的,因为你们在埃及地也做过寄居的。"(犹太出版协会:《申命记》10:17—19)。

社会正义

法典或正式的社会先例(习惯)和程式化职责在犹太教形成之前已经存在。它们类似于今天的法律(对国家、社会、个人的义务)。古代美索不达米亚的乌尔纳姆王(Ur-Nammu,公元前21世纪)、埃什努纳国家(Eshnunna,约公元前1800年)和汉谟拉比王(Hammurabi,公元前18世纪中期)颁布的"法典"的时间大大早于十诫(《出埃及记》20—23)所列举的法律和社会规范。这种前以色列时期的文献与希伯来《圣经》中的社会公正观念关系密切。当犯罪嫌疑人被认定为危害整个社会的福祉时,可以被定罪,并由公共机关而非受害方或强大的个人(后者可能会被称为"血亲复仇")实施惩罚。

另一方面,《圣经》之前的法律将社会分为三个阶层:上层自由人、国家依附民和奴隶。在这些阶层中不存在社会流动的可能性,权利、责任和惩罚也表现出严格的等级划分。与以前的制度相比,圣经法规将贵族权利扩展到社会的各个阶层:"你要在耶和华你神所赐的各城里,按着各支派,设立审判官和官长。他们必按公义的审判判断百姓。不可屈枉正直,不可看人的外貌,也不可受贿赂,因为贿赂能叫智慧人的眼变瞎了,又能颠倒义人的话。你要追求至公、至义,好叫你存活,承受耶和华你神所赐你的地。"(《申命记》16:18—20)"不管是寄居的、是本地人,同归一例。我是耶和华你们的神。"(《利未记》24:22)

公民的义务和责任

犹太教思想的另外一个最重要遗产是人与人之间应互相负责,这不仅体现在它关于一神教的相关表述中,也体现在关于民主和政府责任的各种表述中。个人不仅为自己,也为他人负

1427

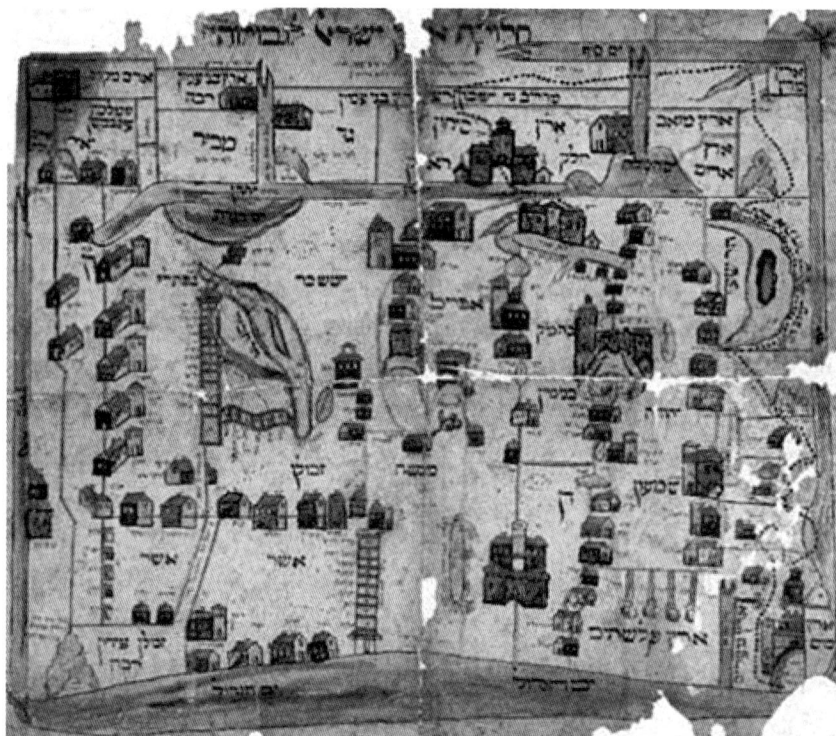

这幅画表现了以色列 12 个部落的分裂,是拉比以利亚·本·什洛莫·扎尔曼(Rabbi Elijah ben Shlomo Zalman,1720—1797)作品的复制品。作者就是闻名于世的"维尔纳·加翁或维尔纳的以利亚"。(Vilna Gaon or Elijah of Vilna)(今立陶宛维尔纽斯)

责。这体现在"托拉"(Torah,意为"教育")这个术语和概念上,它曾经被误解为是以色列人法律中一个僵化的法典。但它更应该被视为对仪式和社会行为的期望,其中心是个人与群体互相负责的理念。整个民族因少数人的错误行为受上帝惩罚是以色列法律的基础,体现在整个希伯来《圣经》中。一个人对他的行为和同胞的福祉负责。所有人都是西奈山上上帝赐予"托拉"的见证人,因此,所有人都对托拉的教育实践负责。这是以色列犹太教体系的本质,它的基础是个人和集体之间、自由和责任之间保持平衡(《申命记》29—30)。

从以色列人到犹太人

以色列人的真正起源仍然不明朗。有人认为他们来源于美索不达米亚或埃及;但最近有学者认为他们起源于迦南地区,指出以色列是迦南文化中一神教倾向的代表,迦南文化也许早在公元前第 2 个千年就已经出现,是一个独立文化。《圣经》文学一个不变的主题是以色列人面临被迦南当地文化同化的危险,面临被古老而熟悉的盲目偶像崇拜同化的危险,迦南土地上"近在咫尺"的民族(《申命记》20:15)始终对以色列人独特身份和生存构成威胁。

但是以色列部落并非从一开始就是纯粹的一神教崇拜者,今天我们所知的一神教神学的发展在公元前 586 年耶路撒冷第一圣殿被毁后的放逐或后放逐时期已然结束。在此之前,"众神之中谁能像你"(《出埃及记》15:11)这种开创性的陈述表明,尽管古代犹太神学要求无条件地服从以色列的神,但它没有否认可能存在其他众神。然而,在后来,以色列神甚至在巴比伦之囚时仍然被崇拜,这强化了一神教倾

1428

我们犹太人的经历引导我们更多地意识到危险，而不是机会。如果我们要进入一个不同于过去的崭新的未来，就必须克服它。

——阿巴·埃班（Abba Eban, 1915—2002）

向，并说服流放期间的以色列人相信只有一个上帝创造了宇宙，而且这个上帝也维持着宇宙秩序。

大卫和所罗门王（约公元前 900 年）统治后不久，以色列分裂为两个有独立君主和崇拜中心的国家。北方王国由以色列 12 个部落中的 10 个组成，公元前 721 年被亚述帝国灭亡，此后再也没有恢复。南部王国由规模较大的犹大部落和较小的便雅悯部落（Benjamin，也包括其他部落和人民）组成，一个半世纪后被巴比伦帝国灭亡。但巴比伦人很快被波斯人征服，而波斯人对犹大部落和便雅悯部落的流亡者十分友好。波斯人允许流亡者返回他们的故乡，重建家园。绝大多数幸存者来自犹大部落，因此回归者与幸存的犹大人被并称为犹大人或犹太人（《圣经》《以斯拉记》和《尼希米记》），尽管历史上犹太人也被称为以色列、以色列人，或以色列民族（希伯来语：b'ney yisra'el or 'am yisra'el）。

与从前的以色列部族社团相同，犹太人的社团与美索不达米亚和埃及的大帝国相比规模仍然相对较小。由于美索不达米亚征服势力强大，也由于以色列人部落具有分散性，犹太社团开始在地中海周边的许多地方建立家园。最大的社团仍然在美索不达米亚和犹太地区，但一些重要的社团也在埃及、安纳托利亚、希腊和北非得到发展。

似乎与今天的犹太社团不同，这些社团信奉古老的犹太教传统，仍然向圣殿献祭，进行燔祭。在一些地方，如尼罗河畔一个名为"埃勒芬汀"（Elephantine）的埃及岛屿社团，犹太人建立了独立于耶路撒冷圣殿的神庙。而在其他靠近耶路撒冷的地方，犹太社团每年参加在耶路撒冷圣殿举行的朝圣节，并根据《圣经》中的描述祭拜。

希伯来《圣经》传达了这样的信息，即一神教总是在危险中生存，除了波斯人，世界上其他民族都是敌人。亚述人、巴比伦人、埃及人、迦南

人、米甸人、阿拉米人都反对以色列人顽固地崇拜一神。以色列人被孤立的原因似乎很简单。举例说，在旅行时给当地神上贡是多神教徒的普遍做法。对那些崇拜多神的民族来说，这被认为是一种常见的礼节和规范的礼貌行为，向其他神献祭也不会出现信仰问题。但是在以色列人那里，情况就不一样了，他们只崇拜一个以色列人的上帝，即宇宙之神。希伯来《圣经》表明，其他人崇拜本民族或甚至是其他民族的神可以被理解（《士师记》11：23—24），但以色列人只允许崇拜一个上帝（《耶利米书》44：1—10）。

这种情况一直持续到公元前 4 世纪 30 年代亚历山大入侵开创希腊化时代，也持续到罗马占领犹太地区的 3 个世纪。犹太人一直是少数人社团，除哈斯蒙尼王朝（Hasmonean dynasty）几代国王的统治外，犹太人社团基本上没有政治影响力。最终，在公元 70 年，因为犹太人反抗罗马帝国的统治，耶路撒冷圣殿第二次也是最后一次被摧毁，再也没有重建。

这时，犹太人已经分散到整个地中海和中东世界，并带去了他们的宗教。一神论——犹太教古代神学的核心——在历史沧桑中幸存下来，但用于表达神学的宗教仪式和崇拜活动几百年来不断演化改变。耶路撒冷圣殿反复被毁导致献祭制度中止，但一神的核心理念流传下来。然而，由于地域分散和多元文化的影响，加之内部文化变革，新的理念也被注入犹太教中。在融会贯通的过程中，出现了分裂和各个派别，并最终造就了新的宗教运动。其中之一是从犹太教起源的耶稣运动，它成为基督教发展的起点。

拉比的犹太教

另一个运动由一个核心群体领导，他们专注于口头传播犹太教传统，这个传统与献祭制度和《圣经》文本同时出现。目前所知这个运动

1429

的领导者几乎全部是男性,尽管事实上妇女也在口述故事传播中发挥作用。他们是坚持传统的人,包括法利赛人等。后来,他们被称为"拉比"(rabbis)。6世纪,漫长的记录口头传统的工作结束,这就是著名的《塔木德》(Talmud)。

这种形式的犹太教被称为"拉比犹太教"(Rabbinic Judaism);今天关于犹太教的所有描述,除了一个名为卡拉(Kara'ites)的小支派外,全部来自拉比犹太教及其权威资料《塔木德》。近2000年来,犹太人一直处于流亡状态,即使其核心区域犹大地区也在非犹太人的统治下。拉比犹太教总是表述"在别人土地上寄居的人"。它是寂寞的、有高度智慧的,不直接依赖《圣经》中上帝的行为行事,而更多地依靠信徒的生存能力和领袖的能力。在上帝的统一性问题上,拉比犹太教很少提出教条式的神学信条,它肯定每一个虔诚向善者的救赎行为。

拉比犹太教对世界历史的伟大贡献之一是,其具有独特的适应各种环境的能力,包括难以容忍的宗教和其他事物的多样性。它在基督教和伊斯兰世界顽强地存在,这要求所有宗教领袖、思想家和政治家都思考并回应犹太人中间典型的"他者"。他们需要反复评价犹太教中"自我"与"他者"的意义,从而推动了犹太教和非犹太教文明中神学、法律、各种宗教和世俗科学的发展。

与此同时,犹太人一直缺乏政治权力,这就要求他们的宗教要比拥有政治权力的宗教确立更详细的教义,因为后者可以依靠刀剑执行自己的意志。犹太教因此包含了丰富的思想,但几乎没有绝对的教条。犹太文学中关于习俗的争辩很少得出最终结论。每一个问题和观点都可以重新审视检验,任何新思想都可能出现。《塔木德》中大量的记录及阐释中包含了复杂的讨论和争论,主题涉及民间医药、法律理论、物权法、家庭法、商业道德以及神学等各方面内容。浓缩了拉比犹太教义的文学作品强调利用《圣经》和《塔木德》的语汇进行深刻的、具有普遍意义的学术探讨,犹太教的这个基本观念鼓励每个人广泛深入地参与阅读和教育实践。

1430

德国沃尔姆斯的犹太人墓园,大屠杀期间遭毁坏的墓碑被筑成了一堵墙;这里犹太社团的历史可以追溯到1000多年前

现代世界

在现代世界,当犹太人最终摆脱在西方受限制的地位而被允许进入大学、参加工作、从事科学研究时,犹太教文化中的智力训练帮助他们做出了巨大贡献,远远高于世界平均水平。举一个明显的例子,犹太人口占世界总人口的1%以下,但在20世纪的诺贝尔奖获得者中犹太人占据18%。我们没有必要在此一一列举犹太人对艺术、科学、文学和音乐的贡献。前现代犹太教的一些观念在当代的后现代思想中脱颖而出,包括文学解构和流亡的概念等都对当前的知识话语产生了重大影响。

与所有宗教一样,犹太教不仅仅是一个神学信仰体系。将它描述为一个宗教文明最为恰当,它对印度河以西的世界文明产生了重要影响。其影响不仅来自其自身的直接贡献,也来自于从中涌现的、与之有联系的宗教文明的贡献。犹太教一神教的核心是信仰神的普遍性和统一性,这种宗教宣扬的一神论主张不仅影响着西方和地中海世界,而且已经深入非洲和东亚地区。尽管只占世界人口的一小部分,但犹太人的文明在世界历史上占据了十分重要的地位。

1431

进一步阅读书目:

Alon, G. (1977). *Jews, Judaism and the Classical World*. Jerusalem: Magnes.

Ben-Sasson (Ed.). (1976). *A History of the Jewish People*. Cambridge, MA: Harvard University Press.

Cohen, M. (1994). *Under Crescent and Cross: The Jews in the Middle Ages*. Princeton, NJ: Princeton University.

Cohen, S. (1987). *From the Maccabees to the Mishnah*. Philadelphia, PA: Westminster.

Finkelstein, J. (1970). Cuneiform Law. *Encyclopedia Judaica*, 16, 1505f – 1505k.

Firestone, R. (2008). *Who Are the Real Chosen People: The Meaning of Chosenness in Judaism, Christianity and Islam*. Woodstock, VT: Skylight Paths Publishing.

Goldenberg, R. (1997). *The Nations that Know Thee Not: Ancient Jewish Attitudes toward Other Religions*. Sheffield, U.K.: Sheffield Academic Press.

Holtz, B. (1984). *Back to the Sources: Reading the Classic Jewish Texts*. New York: Summit Books.

Killebrew, A. (2005). *Biblical Peoples and Ethnicity: Anarcheological Study of Egyptians, Canaanites, Philistines, and Early Israel 1300—1100 BCE*. Atlanta: Society of Biblical Literature.

Mendez-Flohr, P., & Reinharz, J. (1980). *The Jew in the Modern World: A documentary History*. New York: Oxford University Press.

Orlinsky, H. (1960). *Ancient Israel*. Ithaca, NY: Cornell University Press.

Sacher, H. M. (1977). *The Course of Modern Jewish History*. New York: Delta.

Schiffman, L. (1991). *From Text to Tradition: A History of the Second Temple and Rabbinic Judaism*. New York: Ktav.

Stow, K. (1992). *Alienated Minority: The Jews of Medieval Latin Europe*. Cambridge, MA: Harvard University Press.

鲁文·凡士通(Reuven Firestone) 文

李军 译,刘健、王超华 校

Justinian I　查士丁尼一世

查士丁尼一世(483—565)是 527—565 年罗马帝国的皇帝,他动员最好的法律学者汇编了所有罗马法条文。《查士丁尼法典》取代了所有早期罗马法,成为所有后续罗马法的来源,至今它仍然是重要的法律文本。查士丁尼赞助重建圣索非亚大教堂,这个巨大的圆顶大教堂今天仍然存在。

查士丁尼原名弗拉维斯·佩特鲁斯·萨巴提乌斯(Flavius Petrus Sabbatius),527—565 年统治东罗马帝国。他出生于色雷斯的一个农民家庭,后被他的舅舅查士丁收养,因此取名查士丁尼。查士丁是一个职业军人,他养育了他的养子并开启了其军事生涯。518 年,老皇帝阿纳斯塔修斯(Anastasius)去世,但他没有指定皇位继承人,查士丁成功获得皇位继承权。查士丁

拉斐尔(Raphael)的《查士丁尼向特雷波尼安乌斯呈上〈民法大全〉》(*Justinian Presenting the Pandects to Trebonianus*,1511)。梵蒂冈教皇宫殿古典文明馆壁画

尼成为查士丁的主要官员和幕僚。这个时期,查士丁尼与演员出身的狄奥多拉(Theodora)相识。查士丁尼阶层的男性和狄奥多拉所从事职业的女性之间的婚姻在法律上是被禁止的,但在 524 年查士丁尼授意对这个法律进行修改,让他们能够结婚。两人终于完婚,他们之间漫长而特殊的"伴侣"关系从此开始。527 年 4 月,查士丁宣布与查士丁尼共治。4 个月后,查士丁去世,查士丁尼顺利继承皇位。

查士丁尼在位期间的大部分时间里继续与波斯的战争,532 年双方签署了一个简短的《永久和平条约》(Everlasting Peace)。这个条约为查士丁尼的伟大军事计划储备了资源,他要重新夺回西罗马帝国。

他任命年轻而极具天赋的将军贝利萨留(Belisarius)负责这个计划。533 年,贝利萨留用一支小部队进攻非洲的汪达尔王国,迅速获胜。535 年,他又进攻意大利的西西里和东哥特王国。他的军队长驱直入控制了南方大部分地区,但是他必须时刻警惕东哥特人的反击。540 年,他占领哥特首都拉文纳,但战争并没有结束。他的继任者宦官纳尔西斯(Narses)继续这场战争,并在意大利重建巩固的帝国统治。

贝利萨留和纳尔西斯都因平息君士坦丁堡爆发的严重叛乱而声名大振。这个城市生活的一个特征是赛车会,其中有两个特别著名的赛车党(或派别):蓝党和绿

党。查士丁尼和狄奥多拉都是蓝党的忠实拥趸。早在 532 年,君士坦丁堡民众的不满情绪就已经导致两个队伍之间爆发暴力冲突。在 1 月 13 日的比赛中,他们突然结成联盟,在竞技场爆发叛乱,他们念着"尼卡"(nika,胜利)的口号穿城而过,放火焚烧公共建筑。骚乱持续了一段时间。前皇帝阿纳斯塔修斯的侄子希帕提乌斯(Hypatius)是查士丁尼的对手。查士丁尼计划放弃首都,但纳尔西斯、贝利萨留等人采取坚决行动,挽救了局势。赛车场风暴骤起,暴徒遭到屠杀,希帕提乌斯和他的兄弟被处决。

1433 　查士丁尼对法律情有独钟。继承皇位后,他马上召集帝国最好的法学家将所有罗马法进行汇编。《查士丁尼法典》取代了所有早期罗马法典。而这仅仅是个开始。他还成立了一个由刑事推事(法律官员)特里波尼安(Tribonian)主持的委员会,将罗马法律权威汇编到一本伟大的《民法大全》(Pandects)中。《查士丁尼法典》的成就不宜被夸大。但是他运用权力下令汇编的文本是所有后续罗马法的来源,到今天仍然是重要的法律文本。

　查士丁尼试图直接干预他那个时代的宗教争端。他相信,裁决基督教会事务是皇帝的神圣义务。教会在基督(基督一性论争议)的性质问题上存在严重分歧。他宫廷中的许多人,包括狄奥多拉,都支持基督一性论的观点,但查士丁尼试图推广更加极端的观点(基督肉身不腐论[aphthartodocetism])。

　查士丁尼是一个有智慧有文化的人,是一位能干的外交家,也是一个知人善任的人。这个不知疲倦的皇帝试图恢复罗马的军事力量,并用宏伟的建筑装饰他的帝国。"尼卡"暴动后,他重建了圣索菲亚大教堂,这个有圆顶的巨大建筑一直保存到今天。他对有困难的人非常慷慨,他重建了被地震破坏的设施;541 年,一场席卷地中海地区的瘟疫爆发,他向受害者伸出援手。尽管他比大多臣僚都要长寿,但他一生深陷与波斯的战争,且没能解决他那个时代日益严重的宗教冲突。565 年,查士丁尼去世,他的侄子查士丁二世继位。

　查士丁尼统治的主要资料来自多产作家普罗科匹厄斯(Procopius)赞美皇帝的官方文献以及一部重要、但言辞刻薄的私人著作《秘史》(Anecdota)。其他资料还有查士丁尼下令编纂的法律汇编和诗人"沉默者"保罗(Paul the Silentiary)的著作。

进一步阅读书目:

Barker, J. W. (1966). *Justinian and the Later Roman Empire*. Madison: University of Wisconsin Press.

Browning, R. (1987). *Justinian and Theodora* (Rev. ed.). London: Thames and Hudson.

Honoré, T. (1978). *Tribonian*. London: Duckworth.

Moorhead, J. (1994). *Justinian*. London: Longmans.

比尔·利百特(Bill Leadbetter)文

李军 译,刘健、王超华 校

K

Kamehameha Ⅰ　卡美哈梅哈一世

夏威夷国王卡美哈梅哈(1758?—1819)是一个成熟的领袖,其高超的军事能力帮助他打败敌人。1810年,夏威夷的主要岛屿都已经在他的统一控制下。为了满足贫困和无助者的需求,他制定各项公共安全措施以造福全体人民。

可以说卡美哈梅哈是夏威夷历史上所有土著战士的最伟大的领袖,是夏威夷通往外部世界的政治桥梁。他开始掌权的时候,正值这个群岛刚刚成为美国西北海岸的皮草贸易中心和经由中国广州的亚洲潜在财富之间的中转站。

夏威夷第一任国王卡美哈梅哈一世的塑像矗立在夏威夷最高法院前。美国国会图书馆

在国内,卡美哈梅哈在1810年取得了空前的成功,他将主要岛屿统一在他的独裁统治下。然而,他完成伟业的细节可能更值得注意。卡美哈梅哈用技能和策略在战场上打败了他的敌人,此后又有效地制定政策以确保和平统治。他是一个多面的人,他坚守宗教制度,但必要时也能够创新。他和所有战士一样孔武有力,但他的个人"卡普"(*kapu*,精神决定的性格或命运)决定了他也关心弱者和无助者,他颁布了许多涉及公共安全的法令以惠及全民。

文学作品将卡美哈梅哈描写为生就伟大的人。据说一颗彗星划过夜空宣布了他的降生。有人预测他的生命中将获得极大成功,获得前所未有的成就。夏威夷的首领听闻如此令人不安的预测,担心他有一天会崛起并篡夺世袭血统的权力,于是命令处死这个新生儿。因此,卡美哈梅哈一出生就被送到那些想伤害他的人无法触及的地方,并在那里长大。对于出生在显赫血统家族中的人来说,这是一个由来已久的习俗。他的青年时期在酋长训练中度过,处死他的命令最终被撤销,因为他表现得非常敬业,并恭敬地服务他的上司。

在卡美哈梅哈青年时期,那个下令要处死他的统治者去世。继任者是卡美哈梅哈的一个叔叔。年轻的卡美哈梅哈担任叔叔的侍从,是1778年第一批登上詹姆斯·库克船队的夏威夷酋长中的一员。这个忠实的侄子十分胜任他的工作,英国航海家詹姆斯·库克在他的日志中提到了卡美哈梅哈的名字;在关于第一次欢迎登船者的酒会的报告中,库克称他"充满智慧,喜欢刨根问底"。这位著名的英国航海家注意到年轻的卡美哈梅哈是一个非常专注的人,注意到他能够领会他所看到的一切。他的叔叔依靠他对外国人的观察及其路线获知了这次访问的许多细节。叔叔去世时,将夏威夷岛的统治权留给了自己的儿子。战争之神虽然眷顾卡美哈梅哈,但前提是,如果有任何篡夺权力的事情发生,这位能干的年轻首领将当仁不让。由于传统的土地再分配制度造就了新的权力均衡,卡美哈梅哈在夏威夷贵族会议中没有得到任何尊重。他向战争之神贡献,建立了一座新庙宇,并继续成功地在夏威夷岛发动一次又一次战争,直到他获得完全的统治权。他当时采用了一些创新战术,包括在双人独木舟上安置重炮,使用西方的军舰,这是当时规模最大的机动力量。18 世纪 80 年代中期至 1795 年,卡美哈梅哈阵营中的两个英国人在战争中发挥了重要作用。约翰·杨(John Young)和艾萨克·戴维斯(Isaac Davis)对卡美哈梅哈的帮助最初仅在武器装备领域,他们训练一些战士使用步枪以提高传统战斗力。杨和戴维斯都能够操作被安装到双人独木舟中心甲板上的大炮。他们还担任顾问和翻译讲授外国理念、战术及影响。

卡美哈梅哈的下一个目标是夺取夏威夷的其他岛屿。他征服了毛伊岛(Maui)及其附属岛屿;然后前往瓦胡岛(Oahu),那里由他最强大的对手占据。对卡美哈梅哈来说,这个对手无与伦比。后者是毛伊岛最伟大的战士,是早年占领瓦胡岛的卡赫克里(Kahekili)的儿子和继承者。然而,这个儿子不是他父亲那样的战士。在战胜这个敌人之后,卡美哈梅哈控制了除考艾岛(Kauai)外的所有岛屿,该岛在 1810 年和平归顺。

卡美哈梅哈在主要岛屿任命长官。他开创了一个和平时代,持续了几乎整个 19 世纪;直到美国违反国际法入侵夏威夷,在 1898 年军事占领夏威夷王国,此举侵犯了夏威夷作为一个独立的民族国家的独立地位。但是,如果不是卡美哈梅哈一世和他忠诚的接班人,夏威夷群岛在 1898 年之前可能就已经落入某一大国手中。

进一步阅读书目:

Cordy, R. (2000). *Exalted Sits the Chief: The Ancient History of Hawaii Island*. Honolulu, HI: Mutual.

Desha, S. (2000). *Kamehameha and His Warrior Kekuhaupio*. Honolulu, HI: Kamehameha Schools Press.

Fornander, A. (1969). *An Account of the Polynesian Race, Its Origins and Migrations*. Rutland, VT: Tuttle.

Ii, J. P. (1959). *Fragments of Hawaiian History*. Honolulu, HI: Bishop Museum Press.

Kamakau, S. M. (1961). *Ruling Chiefs of Hawaii*. Honolulu, HI: Kamehameha Schools Press.

Malo, D. M. (1898). *Hawaii: Hawaiian Antiquities*. Honolulu, HI: Bishop Museum Press.

Pukui, M. K., et al. (1972). *The Polynesian Family System in Ka'u*. Rutland, VT: Tuttle.

卡拉路·特里·杨(Kanalu G. Terry Young) 文

李军 译,刘健、王超华 校

Kanem-Bornu　卡内姆-博尔努王国

约 8 至 19 世纪，非洲北部的卡内姆-博尔努王国是乍得湖盆地贸易和文化交流网络的战略枢纽。作为伊斯兰学术和研究的主要中心，它促进了伊斯兰教向西部、南部和东部的传播。在商业上，它是地中海基督教国家贸易中盐和奴隶等商品的主要来源。

1437

近千年来，卡内姆-博尔努一直是非洲北部一个政治和经济强国。考古学证据表明，公元第 1 个千年的前 500 年间，在乍得湖盆地周边半干旱的平原上，讲卡努里语（Kanuri）、从事农业种植和畜牧业的人口中出现了国家。早在公元前 1 千纪，这个盆地就已经是贸易、文化和技术交流的枢纽，连接着东西和南北路线。这些贸易网络是卡内姆-博尔努国家发展的核心要素。

目前所知最早的王朝是巴努杜古（Banu Dugu）或扎格哈瓦（Zaghawa），统治时间为 8—11 世纪晚期，首都在马南（Manan）。之后是 11 世纪中叶建立的塞法瓦王朝（Saifawa/Sefuwa），统治持续到 19 世纪中叶。14 世纪初，塞法瓦王朝统治了乍得湖东北部的卡内姆，首都为尼米（Njimi，12—14 世纪）。14 世纪中叶，内战迫使这个王朝迁至乍得湖以西的博尔努，并在那里建立了新都纳札加姆（Ngazargamu）。

卡内姆国家

8、9 世纪，主张神圣王权理念的巴努杜古王朝统治着以农牧民为主的农村人口和以工商业者为主的城市人口。在此期间，盐和奴隶的长途贸易活动发展，战争范围扩大到尼罗河流域并进入撒哈拉沙漠南部，而北非商人和哈瓦利吉派（Kharijites）、伊巴蒂派（Ibadi）神职人员的到来是该王朝历史中的重要事件。9、10 世纪，一些商人和卡内姆精英皈依伊巴蒂伊斯兰教派。该王朝的主要收入来源是贩运到北方的农村剩余产品以及卡瓦尔绿洲（Kawar）大面积食盐产区的贡品。

塞法瓦王朝的崛起

商业经济系统（盐和奴隶产业链）的范围从乍得湖东部平原扩展到撒哈拉中部的提贝斯提山脉（Tibesti），通过卡瓦尔绿洲，到达撒哈拉北部扎维拉绿洲的一个主要贸易中心费赞（Fezzan，在今利比亚）。10、11 世纪，萨瓦那黄金贸易路线范围不断扩大，从中部尼日尔河谷向东经卡内姆到非洲之角泽拉港及阿拉伯半岛南部的亚丁港。盐和奴隶贸易量下降及萨瓦那黄金贸易网络的扩展导致巴努杜古王朝衰落，塞法瓦王朝崛起。以农村为根据地的巴努杜古王朝失去了卡内姆商人阶层的支持，这些商人转而转向以城市为根据地的塞法瓦效忠，塞法瓦是王室的一个遥远分支。商人阶层及其北非的商业伙伴对盐和奴隶的需求日益减少，而对黄金贸易量的需求越来越大，这种产品的贸易范围已经扩大到尼罗河谷（埃及和努比亚）和印度洋贸易体系。

1438

新王朝接受了一个不同的伊斯兰教派——伊斯兰教逊尼派马立克派为国教，但直到 13 世纪这个教派才在普通人中传播。许多卡内姆苏丹前往麦加朝觐。清真寺和学校建立起来，神职人员进入国家机构，自治的宗教社团也建立起来。苏丹阿尔·哈吉·杜纳玛·迪巴拉米（al-hajj Dunama Dibalami，1210—1248 年在位）也

约 1700 年左右前往卡内姆-博尔努的商队。这是一个政治稳固繁荣、人口增长的和平时期

曾经前往朝觐,并在 1242 年在开罗为其他朝觐者和卡内姆学者建了一座驿站。12—14 世纪,卡内姆苏丹四处征战,主要针对西部的豪萨人领土、费赞和尼罗河流域。新征服的土地作为封地赏赐给武将。其政治制度的核心是一个与统治王朝有关系的贵族部落联盟。高级官吏来自大封地所有者、王室宗亲和穆斯林神职人员。本地僚属和各地统治者是政治体系的下层。帝国的扩张使首都和卡内姆腹地繁荣发展,并获得了伊斯兰以外世界的认可。中世纪欧洲的地图制图师称卡内姆为"奥克和奥加纳"(Occitan and Organa)。

卡里米商人

　　卡内姆在国际贸易中的地位可以从富裕的、有广泛影响力的卡里米(Karimi,或卡里姆 Karim)商人的活动中窥见一斑,他们是 12—15 世纪伊斯兰世界的优秀商人。有学者认为,"卡里米"一词源于商人的发源地——卡内姆,他们活跃于 950—1050 年的卡内姆、11 世纪的埃及和亚丁湾。13 世纪时,他们几乎垄断了与拜占庭、中东、印度、东南亚、中国以及红海港口的贸易,商业活动还将他们的足迹带到埃塞俄比亚、努比亚(今苏丹北部和埃及南部)、西非的马里和加纳(韦加度[Wagadu])。在伊斯兰世界最富有的商人群体中,他们是有利可图的、充满活力的亚非贸易的维护者。

　　14 世纪卡内姆爆发起义和内战的原因众多,如雄心勃勃的地主妄想自治,争夺王权,农民的不满和叛乱,等等。在该世纪末,尼米被摧毁,塞法瓦人被迫离开卡内姆。

博尔努国家

　　1480 年左右,阿里·伊本·杜纳玛苏丹(Sultan Ali ibn Dunama,1470—1503 年在位)建造塞法瓦王朝的新都纳札加姆,揭开了乍得湖流域帝国历史的新篇章。1484 年,这位苏丹到麦加朝觐期间,宣称对伊斯兰阿拔斯王朝宝座拥有权利,这使他成为西非伊斯兰国家塔库鲁(Takrur)的哈里发。从此,博尔努统治者称哈里发并被广泛接受。阿里·伊本·杜纳玛和他的继任者结束内战,夺回卡内姆,征服了广袤的疆域,17、18世纪,博尔努成为非洲面积最大的国家之一。这个国家控制了豪萨地区,控制着通往北非沿海的黎波里至尼罗河流域苏丹王国的贸易路线。

17、18世纪是政治巩固、经济扩张繁荣、人口增长的和平时期。城镇和村庄数量增加,这是宗教社团传播的成果。以区域经济地理优势为基础的本地贸易量大幅增长。博尔努商贾的驼队带着各种各样的货物往来于遥远的尼罗河流域、中东、北非、西非的众多市场。

博尔努的创新

博尔努哈里发王国明显不同于卡内姆苏丹国。在卡内姆,国家和宗教学术之间有密切关系;在博尔努,贸易和宗教学术的关系更加密切。在卡内姆,苏丹是大地主精英阶层的代表。在博尔努,哈里发管理着中央集权的官僚体系,包括奴隶、太监和奴仆的后裔。博尔努社会被划分为拥有地产(或封地)的新兴奴隶贵族(奴隶成为统治阶级)、朝臣或国王的仆人、军事指挥官。与卡内姆的先辈不同,所有高级官员都住在首都,而不是自己的土地上。他们只是在收税以及动乱期间才巡视他们的领地。与旧贵族相比,新兴统治阶级全部是穆斯林。传统的领主和贵族集团拥有很少权力或根本没有权力。统治者依靠奴隶部队、雇佣兵,因此在军事上独立于村庄共同体。伊斯兰法取代了习惯法,统治者任命穆斯林法官,在农村建立清真寺,在麦加给博尔努朝觐者修建驿馆。

国内还有许多不包含在行政统治结构之内的单位,包括半自治的边疆区、神职人员的城镇、社会职业群体(如骆驼和牛的放牧者)、拥有特权的家庭;它们直接对统治者负责,而不向任何领主负责。这种政治布局反映了卡内姆古老的传统做法。

1808年首都纳札加姆被奥斯曼·登·福迪奥(Usman dan Fodio,1754—1817)的追随者洗劫,1812年被完全废弃。一些西部省份被占领,并永久丧失。豪萨的宗教运动(1804—1810)——奥斯曼·登·福迪奥的圣战——建立了新的政治秩序,索科托(Sokoto)哈里发王国成功取代了博尔努和塞法瓦的统治。博尔努走向衰落,塞法瓦王朝声望和权力日益削弱。

卡内米王朝(Kanemi Dynasty)

为了应对圣战和索科托的军事政治威胁,杜纳玛·勒菲阿米哈里发(Dunama Lefiami,1808—1817年在位)召集有影响力的学者谢赫·哈吉·穆罕默德·阿明·阿尔-卡内米(Shaykh al-hajj Muhammad al-Amin al-Kanemi,卒于1837)保卫博尔努和塞法瓦。新王朝的缔造者卡内米击败了圣战部队。鉴于卡内米的功劳,他被任命为半自治的官员,并被赐予两块庞大封地。这两块封地成为他的权力基础。通过吸收半自治边疆区和社团、边境地区,通过建立常备军,他取得了军事和政治上的优势。1814年,他立库库瓦(Kukuwa)为都,成为博尔努的实际统治者,而哈里发仅有主持皇家法庭的权利。1846年,卡内米的儿子和继任者谢赫·乌马尔·阿尔-卡内米(Shaykh 'Umar al-Kanemi,1837—1881年在位)结束了塞法瓦的统治。

在卡内米统治时期,博尔努的行政制度将塞法瓦时期的特色和穆罕默德·卡内米的创造结合起来。在改革中,他重组博尔努国家议事会,建立常设皇家奴隶军队。在行政体制中,奴隶人数超越了塞法瓦王朝;但对自由人和奴隶而言,政治体制的进步通过以谢赫为首的"主从关系等级"的效忠关系实现。整个国家的收入被认为是谢赫的个人财产,他可以随意处置。19世纪中叶之后,博尔努作为主要的贸易中心的作用下降。它逐渐被融入索科托哈里发王国更富有活力的经济体系中,其身份改变为原料供应商和奢侈品消费者。

1893 年，来自尼罗河流域的拉比·祖贝尔（Rabih Zubeir，卒于 1900）入侵并击败了内部分裂的博尔努，卡内姆王朝统治结束。库库瓦被洗劫，拉比在迪克瓦（Dikwa）建立新都，成为博尔努君主。然而，随着欧洲军队的推进，该地区被殖民地化，1900 年他的统治戛然而止。

区域和地区影响

纵观卡内姆-博尔努的大部分历史，它位于乍得湖盆地的交通枢纽，在经济和政治上北接撒哈拉沙漠、东连尼罗河流域。19 世纪下半叶，这个枢纽地位被彻底摧毁，这个社会经历了严重的内部分裂，不可避免地走向衰退。

我们可以从区域和地区影响的角度理解卡内姆-博尔努的历史地位。在区域和地区意义上，它有利于伊斯兰教跨越广袤疆域向西传播到豪萨地区，向东南传播到乍得湖盆地以南，向东传播到乍得湖和尼罗河中游区域。该地区是伊斯兰学术发展的一个主要中心。这片广袤区域内主要政权的政治制度以及撒哈拉中部和东部的邦联和市镇政府，在很大程度上发端于卡内姆-博尔努，其周边国家和遥远国家的构建也都以卡内姆-博尔努为模版。

商业上，卡内姆-博尔努的作用同样非同凡响。盐和奴隶是销往基督教占领的地中海地区和伊斯兰世界的主要贸易资源。盐/明矾是西方、埃及和北非的纺织品生产者所必需的商品。卡内姆-博尔努对北非国家皇室军队的发展居功至伟，那里军队（成年男性）组成主要依赖从卡内姆-博尔努进口的奴隶。这些军队曾用于入侵欧洲南部，并对抗十字军。此外，与卡内姆密不可分的卡里米商人专注于印度洋贸易，他们在亚非之间建立了黄金和其他商品的贸易路线。

进一步阅读书目：

Ade Ajayi, J. F. (1989). *General History of Africa: Vol 6. Africa in the Nineteenth Century until the 1880s*. Berkeley and Los Angeles: University of California Press.

Ade Ajayi, J. F. , & Crowder, M. (Eds.). (1985 – 1987). *History of West Africa* (Vols. 1 – 2). Harlow, U. K.: Longman Group.

Bivar, A. D. , & Shinnie, P. L. (1962). Old Kanuri Capitals. *The Journal of African History* 3(1), 1 – 10.

El Fasi, M. , & Hrbek I. (1988). *General History of Africa: Vol. 3. Africa from the Seventh to the Eleventh Century*. Berkeley and Los Angeles: University of California Press.

Hodgkin, T. (1975). *Nigerian Perspectives: An Historical Anthology* (2nd ed.). London: Oxford University Press.

Lavers, J. E. (1974). Islam in the Bornu Caliphate. *Odu* 5, 27 – 53.

Levtzion, N. , & Hopkins, J. F. P. (Eds.). (1981). *Corpus of Early Arabic Sources for West African History*. Princeton, NJ: Markus Wiener.

Martin, B. G. (1969). Kanem Bornu and the Fazzan: Notes on the Political History of a Trade Route. *The Journal of African History*, 10(1), 15 – 27.

Niane, D. T. (Ed.). (1986). *General History of Africa: Vol. 4. Africa from the Twelfth to the Sixteenth Century*. Berkeley and Los Angeles: University of California Press.

Norris, H. T. (1980). *The Adventures of Antara*. Warminister, U. K.: Aris & Phillips.

Usman, B. , & Alkali, N. (Eds.). (1983). *Studies in the History of Precolonial Borno*. Zaria, Nigeria: Northern Nigeria Publishing.

雷·科亚（Ray A. Kea）文

李军 译，刘健、王超华 校

Kangxi Emperor 康熙皇帝

康熙(1654—1722)在位61年期间,清朝(1644—1911/1912)的边界得到巩固,满族在中国的统治得到强化,中国的经济、文化、人口繁荣发展。

1661—1722年,康熙皇帝在位,这61年是中国历史上一位皇帝统治时间最长、也是最成功的时期之一。随着清朝巩固在中国的统治,以及抵抗俄国和蒙古在帝国边界的威胁和攻击,康熙也证明了自己是一个有文化、有才干的统治者,他巧妙地在满族游牧遗风和汉族农耕文明之间架起了桥梁。

身着朝服的康熙皇帝是一个有文化、有才干的统治者。这幅画像保存于北京故宫博物院

1661年冬,清朝的第一个皇帝顺治帝感染了天花,在临终前他任命第三个儿子玄烨为继承人;可能是因为这个幼儿在与天花的斗争中存活了下来,这个迹象预示着他将有很长的寿命。在父亲去世12天后,玄烨被宣布继皇帝位,号"康熙"。由于继位时只有7岁,4名摄政王组成的议事会暂摄国事。在第一次尝试掌权未果后,15岁的康熙在母亲的叔叔和一群忠实的满族官员的辅佐下终于控制了帝国,从此开始了长达61年的统治,并使自己成为中国历史上最令人推崇的统治者之一。

年轻的皇帝面临的最大问题之一是需要统一满族统治下的所有帝国疆域。为此,康熙计划对3位在17世纪50年代征服中国南部和西南部的汉族将领采取军事行动。尚可喜、耿精忠、吴三桂3位将军此前曾被封为亲王,他们的儿子和满族贵族的女儿结婚以表明对大清的效忠。然而,17世纪70年代早期,康熙计划除掉这些被称为"三藩"的将军,因为他们在中国南方拥有高度的独立性。与这些前盟友的战争是残酷和血腥的,经过8年战争,康熙制服了中国南方最后的反抗力量。随后,皇帝把注意力转向台湾岛,1659年郑家已经指挥一支庞大的军队在那里站稳了脚跟。300余艘船舰在水师提督施琅的指挥下集结向该岛进发,而施琅的父兄在17世纪50年代被郑成功(号"国姓爷")杀害。1683年夏天,施琅的舰队在台湾沿海获得大胜。

康熙还努力保护帝国的北部和西部边界,

如果你想要孩子们立于天地间,就让他们肩负责任。
　　——阿比盖尔·范·布伦,宝莲娜·埃丝特·弗里德曼(Abigail Van Buren, nee Pauline Esther Friedman)

防御外来威胁。17世纪后期,俄国人征服了西伯利亚大部并沿着阿穆尔河(黑龙江)施压。17世纪80年代中期,康熙围攻雅克萨的俄军军事据点,试图消除这一威胁。1689年,在担任翻译的耶稣会传教士的协助下,大清官员和俄国代表在尼布楚谈判并缔结和平条约,这是中国和欧洲国家之间的首个外交条约。在随后的几年中,俄国派使臣到清朝首都北京,两国保持了良好的商业和外交关系。

康熙皇帝一直急于解决与俄国的问题、以集中力量对付来自漠西蒙古准噶尔王噶尔丹(1644—1697)的威胁。噶尔丹的军队曾入侵蒙古东部的柯尔克孜游牧部落。柯尔克孜人寻求清廷的庇佑,因1691年他们的首领曾经承诺与康熙结盟并接受清廷为宗主国。5年后,噶尔丹的军队再次入侵柯尔克孜人的土地,而这一次康熙亲自率领一支军队沿着他的北部边疆终结了这个威胁。1697年,噶尔丹军队被击败,这位准噶尔王被迫自杀。大清帝国的北部边境得以巩固,清朝牢牢控制了蒙古。1720年,清军也确立了对西藏的控制。

在国内事务上,康熙也证明自己是一个干练的统治者。在他的统治下帝国欣欣向荣。他保证公共工程的建设,加强了对黄河和京杭大运河通航沿线堤防的维护。在统治期间,他6次巡游帝国,并在此期间视察水利工程和地方官员的工作。在北京,他通过阅读定期派遣的监察官员编写的秘密报告,继续密切注视着官僚机构的工作。他精通中国古典文学,大力资助中国文化和知识研究;在统治期间,他赞助宫廷画家、学术研究、御瓷工厂,并进行了文学和哲学作品的编纂,等等。为努力保持游牧文化传统,康熙还和满族贵族成员定期进行狩猎。

康熙是一个求知欲极强的统治者,他对耶稣会顾问的使用就是证明。这些传教士不仅是与俄国进行尼布楚谈判的翻译,而且还充当地图测绘师,主持帝国钦天监,因为他们表现出的数学知识和能力修正了中国日历的误差。

康熙有20个儿子和8个女儿成年,但其中只有一个名叫"胤礽"的王子为第一个皇后所生。这位王子在年轻的时候被选为太子,当父亲亲征噶尔丹和南巡不在首都北京期间,他留下来主持国家事务。然而,事实证明,胤礽生性残忍,在阅读记录了太子暴行的密奏后,康熙终于在1708年废除胤礽的太子之位,并下令将其软禁。1722年12月去世时,康熙没有公开任命新的太子;在他死后的权力斗争中,他的第四个儿子登上了王位,号"雍正"。康熙与乾隆被视为清王朝两个最伟大的皇帝。康熙的军事行动巩固了帝国的边界,中国的经济、文化和人口也因此稳定繁荣。

进一步阅读书目:

Crossley, P. (1997). *The Manchus*. Oxford, U.K. : Blackwell.

Fang Chao-Ying. (1943). Hsüan-yeh. In A. W. Hummel (Ed.), *Eminent Chinese of the Ch'ing Period (1644 - 1912)* (Vol. 1, 327 - 331). Washington, DC: United States Government Print-ing Office.

Kessler, L. (1978). *K'ang-hsi and the Consolidation of Ch'ing Rule, 1661 - 1684*. Chicago: University of Chicago Press.

Oxnam, R. (1975). *Ruling from Horseback: Manchu Politics in the Oboi Regency, 1661 - 1669*. Chicago: University of Chicago Press.

Spence, J. (1966). *Ts'ao Yin and the K'ang-hsi Emperor: Bondservant and Master*. New Haven, CT: Yale University Press.

Spence, J. (1974). *Emperor of China: Self-portrait of K'ang-hsi*. New York: Alfred A. Knopf.

Wakeman, F., Jr. (1975). *The Great Enterprise: The Manchu Reconstruction of Imperial Order in Seventeenth-*

Century China. Berkeley and Los Angeles: University of California Press.

Wu, S. H. (1979). *Passage to Power: K'ang-hsi and His Heir Apparent, 1661 – 1722*. Cambridge, MA: Harvard University Press.

罗伯特·约翰·佩林斯(Robert John Perrins) 文

李军 译, 刘健、王超华 校

Kenyatta, Jomo　乔莫·肯雅塔

1962 年, 乔莫·肯雅塔(1891? —1978)成为肯尼亚共和国的第一任总统。在世界历史上, 他是一位重要人物, 因为他反对新殖民主义运动。他主张亲西方的经济发展政策, 在现代世界中坚持非洲国家的权利, 成为更年轻的非洲国家领导人的榜样。

1445

乔莫·肯雅塔出生于东非的基库尤高地(Kikuyu highlands), 后成为非洲民族主义的国际发言人, 是主张温和的不结盟运动的发展中国家的元老级人物, 这些发展中国家都极力避免把自己置于冷战期间美苏主导的两大阵营中。少年时, 他接受了传统的基库尤教育; 在整个童年时期, 他和其他同龄人不断流动, 最终在基库尤找到自己的位置。大约在 1909 年, 他加入了苏格兰教会, 并就读于一所教会小学; 1914 年, 他接受洗礼, 并得名约翰·彼得·卡马乌(John Peter Kamau)。由于受雇于一家政府合作商, 他在第一次世界大战期间被免于强制兵役。后来, 他更名约翰斯·肯雅塔, 在内罗毕市政当局工作。在内罗毕, 他加入由相同教育经历的非洲人组成的"东非协会"; 1924 年加入新成立的"基库尤中央协会"(KCA)。他很快编辑出版了协会的出版物《调解者》(*Muigwithania*, 基库尤语), 这引起了英国殖民当局的注意; 因为这是肯尼亚境内的第一个本土出版物, 它积极反对土地买卖(这是由英国利益当局制定的政策, 按照有利于殖民者的原则出售肯尼亚人的土地)。1928 年, 肯雅塔当选 KCA 总书记, 并

于次年出现在伦敦的"大英殖民地部"表达联盟的观点。

1931 年他返回肯尼亚, 在肯尼亚土地委员会上就基库尤土地买卖问题举证。第二年他又返回英格兰, 在伯明翰塞利橡树学院(Selly Oak College)学习。他还游历欧洲大部分地区, 出席由进步人士和社会主义机构赞助的非洲和其他殖民地人民会议, 并在莫斯科共产国际研究所(Comintern Institute)访问 1 年。后来, 他在英国伦敦经济学院研究人类学, 师从著名的人类学家马林诺夫斯基, 并完成了他的《面对肯尼亚山》(*Facing Mount Kenya*)一书。这本书是对一种生活方式的完美阐述, 并呼吁保持这种生活方式。此后, 他以乔莫·肯雅塔之名为人熟知。

肯雅塔将同样的问题带到了 1948 年在英国曼彻斯特召开的泛非大会上, 当时他在组委会担任助理秘书。他与夸梅·恩克鲁玛(Kwame Nkrumah, 未来独立加纳的首相)、黑斯廷斯·班达(Hastings Banda, 未来独立马拉维的总统)和其他非洲国家代表呼吁结束仍然主导非洲大陆的殖民主义。此次会议, 连同其他非洲人在伦

我们的孩子可以了解过去的英雄。我们的任务就是要使我们自己成为未来的建筑师。

——乔莫·肯雅塔

敦的聚会,一起创造了后来非洲统一组织(Organization of African Unity)的知识氛围。肯雅塔于1946年回到英属东非,第二年成为肯尼亚非洲联盟(Kenya Africa Union, KAU)主席;这个联盟成立于1944年,原来是一个基库尤文化协会。作为肯尼亚非洲联盟的主席,肯雅塔呼吁在他们这个由英国统治的国家,在经济和政治生活中保持基库尤的生活方式;但作为能够团结境内非洲人的肯尼亚唯一的非洲政治领导人,肯雅塔坚定不移地扩大肯尼亚非洲联盟,要使之成为一个全国性的运动。他做到了这一点,具体地说是将其他群体,比如康巴人(Kamba)和美鲁人(Meru),纳入他所领导的反殖民运动中。

尽管有这些公开的支持,但在缓和最激进的基库尤人的抗议活动方面他却不太成功,而这些抗议最终导致茅茅游击运动(Mau Mau guerrilla movement)。经过了一系列事件——在这些事件中具有讽刺意味的是,被杀害的合作的非洲人数量甚至多于欧洲人——英国宣布进入紧急状态,增加警察和军事力量,取缔肯尼亚非洲联盟,并逮捕了肯雅塔和其他联盟领袖。肯雅塔被指控为茅茅游击运动的主谋,1952年他和其他肯尼亚非洲联盟的成员被审判。尽管他不断否认参与过这次运动,但可能是根据伪证,肯雅塔被判处7年监禁。

英国军方继续镇压茅茅游击运动起义者,终于在1959年取胜,随后紧急状态解除。第二年,一个新的政党——肯尼亚非洲民族联盟(Kenya African National Union, KANU)宣布肯雅塔为该组织主席,并争取他的获释,1961年肯雅塔获释。但殖民地管理者坚持认为肯雅塔不应担任公职,所以肯尼亚非洲民族联盟在1962年的内部自治选举中赢得多数席位时,拒绝组建政府。直到1962年第二次选举胜利后,肯雅塔才被允许担任首相职务。他担任该职直到1963年肯尼亚独立,第二年他成为肯尼亚共和国第一任总统。

在他的领导下,肯尼亚人贯彻他的口号"哈拉姆比"(harambee,斯瓦西里语"让我们一起拉起手"),包括制定政策邀请英国定居者和他们的后代成为这个国家的公民。

在国际舞台上,肯雅塔作为不结盟运动的重要人物颇受关注,特别是针对他和其他人定义的"新殖民主义运动"。但他也主张亲西方的经济发展政策,这个立场有时将他与其他有社会主义倾向的非洲领导人区分开。尽管如此,他长期坚持非洲人社会的生存力,坚定主张他们在现代世界中的权利,给年轻的非洲领导人树立了坚定领袖的模范。1978年他去世时,仍然是肯尼亚总统。

进一步阅读书目:

Delf, G. (1975). *Jomo Kenyatta: Towards Truth about "the Light of Kenya"*. Westport, CT: Greenwood Press.

Esedebe, P. O. (1982). *Pan-Africanism: The Idea and Movement*. Washington, DC: Howard University Press.

Kenyatta, J. (1983). *Facing Mount Kenya: The Tribal Life of the Gikuyu*. London: Secker and Warburg.

Murray-Brown, J. (1979). *Kenyatta* (2nd ed.). London: Allen & Unwin.

Wepman, D. (1985). *Jomo Kenyatta: President of Kenya*. Philadelphia: Chelsea House.

梅尔文·佩吉(Melvin E. Page) 文

李军 译,刘健、王超华 校

Khmer Kingdom　高棉王国

通过灵活的战争、外交和实用主义政策，高棉建立并统治着一个庞大的王国。在 12—13 世纪的鼎盛时期，高棉吴哥帝国控制了今柬埔寨、老挝、泰国和越南南部的大部分地区。1431 年后，高棉在不断强大的越南和泰国之间摇摆不定。

高棉人民建立了东南亚最早的国家和伟大的吴哥帝国。从 9 世纪开始，在 500 年间吴哥统治着东南亚大陆的大部分地区；它蓬勃发展，成为欧亚大陆最具创造力的社会之一。

早期高棉国家和印度的影响

公元前后，印度才开始在东南亚施加强大的影响力。印度理念传播并影响许多东南亚国家，这个过程通常被称为"印度化"（Indianization），即印度思想与本地思想融合的过程。大约同一时期，古典希腊、罗马文明在地中海周围蔓延。印度商人和僧侣开始定期沿海洋贸易航线到达东南亚大陆，那里被印度人称为"黄金国度"；印度人在一些国家定居、结婚或成为权势家族的顾问。他们带来了印度的宗教、政治、艺术观念以及书写系统。大乘佛教（Mahayana Buddhism）和印度教在该地区，尤其是上层阶级中日益重要。

第一个伟大的高棉国家扶南（Funan）在公元 60—540 年间十分昌盛。以肥沃的越南南部湄公河三角洲地区为中心，扶南与中国接触，并接受了印度文化；它重视识字，修建了复杂的运河系统连接主要城市。当时扶南统治着今柬埔寨和泰国南部的大部分地区。凭借临近主要陆上和海上贸易路线的优势，扶南成为庞大的贸易网络的一部分。来自遥远的罗马、阿拉伯、中亚，甚至东非的贸易货物在遗址中被发现。来自不同国家，包括印度和中国的商人住在主要港口城市，出口热带雨林产品如象牙、犀角和野生香料等。5 世纪左右，中国文献中所称"真腊"（Zhenla）的另外一个高棉王国（Khmer Kingdom）或城邦社会在湄公河流域出现，并逐渐超越扶南。此后，真腊在该区域发挥主导作用，直到 7 世纪被一场内战摧毁。

吴哥帝国和政府

最伟大的高棉国家是印度化的吴哥帝国，由一个有远见的国王阇耶跋摩一世（Jayavarman II，770—850，790—850 年在位）于 802 年建立。"吴哥"一词源于梵文，意为圣城，阇耶跋摩将自己视为印度的湿婆神。印度教祭司可能将印度"神王"思想带给了高棉统治者。他的继任者扩大并巩固了这个王国。在 12、13 世纪的鼎盛时期，吴哥是一个松散的联合帝国，控制了今柬埔寨、老挝、泰国、越南南部。通过灵活的战争、外交和实用主义政策，高棉人建立并统治着一个庞大的帝国。

这个充满活力的帝国可以媲美零散的中世纪欧洲诸国，与同一时间欧洲西北部查理大帝建立的加洛林王朝有相似之处。财力状况良好的吴哥政府建设了大量的公共设施，包括医院、学校、图书馆。有些国王是狂热的艺术赞助人，剧场、艺术和舞蹈反映了印度的价值观。例如，节日剧团的舞者表演印度教圣书的情节。

纪念碑、运河和城市化

由圣殿和陵墓组成的众多宏伟的寺庙群代表着印度教的宇宙观念。这些寺庙也保存了生动而具体的君主世俗权力的象征，因为这种建设需要先进的工程技术和大量工匠。最有名的寺庙群是吴哥窟，是前现代世界规模最大的宗教建筑。它使欧洲的宏伟教堂和巴格达或开罗的清真寺相形见绌。通过刻在吴哥窟和其他寺庙石壁上的浮雕可以管窥当时的日常生活，包括渔船、助产士协助分娩、商人摊位、节日杂耍和舞者、将产品带向市场的农民、斗鸡的人群、下棋的人等。

征调的工人也建设了一个庞大的水利网络，由运河和蓄水池组成，可以有效地分配水源，是近代以前世界上最先进的民用工程。高棉王国时期的农业十分成功，从原本的中等肥沃地区一跃而成为拥有惊人生产力的区域。高棉农业可能在前近代历史上拥有最强大的生产力，它一年收获 3~4 次。只有少数的前近代民族可与高棉人的农耕能力相媲美，而这有赖于巧妙的蓄水系统和柬埔寨中部不同寻常的地理条件；它拥有一个大型的季节性湖泊以保持土壤墒情。但是，吴哥的水稻种植依赖降雨、洪水还是灌溉，抑或两者结合，历史学家对此还有争论。

12 世纪，繁华的首都吴哥城及其周围地区人口可能多达 100 万，远远大于任何中世纪欧洲城市，可与那个时代中国和阿拉伯最大的城市媲美。今天仍然耸立的宏伟庙宇、水道控制网络遗址证明这个社会组织发达繁荣。虽然有一些可供推测的材料，但邻国或后续国家是否模仿或改变了高棉水利控制网络，目前还不清楚。

吴哥社会

高棉社会的固定结构在某些方面类似于中世纪欧洲。每个阶级都有其规定的角色，受诸多规则的约束。祭司家族驱使国王狂热地从事宗教活动，国王自称有神的力量。祭司下面是行会。绝大多数人口是束缚在土地上的农奴，他们服务于寺庙和国王的军队。为了换取可观的物质保障，高棉平民容忍高度不平等的财富分配体制以及大量的劳动力需求。尽管受到印度教的强烈影响，印度式的种姓制度在高棉并不存在。与许多前近代社会一样，这里奴隶数量众多，另外还有许多某种形式的、临时或永久性的非自愿奴役人口。

比起当时世界上大多数其他地方，高棉妇女在社会和政治生活中扮演了更加重要的角色，这部分缘于母系传统的存在。妇女支配着宫廷人员，有些甚至是角斗士和战士。她们还经营大部分的零售摊位。中国来访者对她们的解放行为感到震惊。妇女也积极参与慈善事业、学术和艺术活动，包括吟诵民族激情的诗歌。遗憾的是，所有写在棕榈叶上的手稿在几百年后都腐败消失了。

吴哥的遗产

吴哥因多种原因而衰败。军事扩张导致资源捉襟见肘。庙宇建筑的增加导致更高的税收和强迫劳动，而这造成人民反抗。一些证据表明，灌溉系统可能崩溃了。外部势力也发挥了作用。由于佛教不断分裂，小乘佛教在 13 世纪中叶从斯里兰卡传播到吴哥，并逐渐成为占主导地位的宗教，促进了非暴力理念的发展，削弱了国王崇拜。13 世纪，泰国和老挝人的祖先从中国西南部迁移过来，并在泰国北部湄公河流域建立国家。他们多次洗劫吴哥，并攫取了大量帝国领土。1431 年吴哥首都被废弃，1440 年帝国解体。但吴哥留下了难以磨灭的遗产，因为泰国人逐渐接受了高棉的政体、文化、宗教。

随后的几个世纪十分艰难。高棉在日益扩张的越南和泰国之间摇摆不定。他们的邻国周期性地控制或支配走向衰落的曾经灿烂的吴哥文明。1863年，法国开始控制柬埔寨，直至1953年殖民统治才告结束。从1970年到20世纪90年代中期，严重的冲突和种族灭绝摧毁了柬埔寨。然而，即使在今天，长期被遗弃的吴哥的形象和精神仍然激励着高棉人民。

进一步阅读书目：

Chandler, D. P. (2007). *A History of Cambodia* (4th Ed.). Boulder, CO: Westview.

Hall, K. R. (1985). *Maritime Trade and State Development in Early Southeast Asia*. Honolulu: University of Hawaii Press.

Heidhues, M. S. (2000). *Southeast Asia: A Concise History*. London: Thames & Hudson.

Higham, C. (2002). *The Civilization of Angkor*. Berkeley and Los Angeles: University of California Press.

Higham, C. (2003). *Early Cultures of Mainland Southeast Asia*. Chicago: Art Media Resources.

Keyes, C. F. (1995). *The Golden Peninsula: Culture and Adaptation in Mainland Southeast Asia*. Honolulu: University of Hawaii Press.

Lockard, C. A. (2009). *Southeast Asia in World History*. New York: Oxford University Press.

Mabbett, I., & Chandler, D. P. (1995). *The Khmers*. London: Blackwell.

Mannikka, E. (1996). *Angkor Way: Time, Space, and Kingship*. Honolulu: University of Hawaii Press.

Murray, S. O. (1996). *Angkor Life*. San Francisco: Bua Luang Books.

Pym, C. (1968). *The Ancient Civilization of Angkor*. New York: Mentor.

克雷格·洛卡德（Craig A. Lockard）文

李军 译，刘健、王超华 校

King，Martin Luther，Jr. 马丁·路德·金

从20世纪50年代中期至1968年去世，马丁·路德·金（1929—1968）领导的民权运动成功地结束了美国南方和其他地区隔离非裔美国人的法律，居功至伟。

1450

作为20世纪中叶最著名的美国民权运动领袖，马丁·路德·金运用圣雄甘地的非暴力政策努力打破种族隔离，1964年他赢得诺贝尔和平奖。

金（原名迈克尔·路德·金）的父亲和外祖母都是浸信会牧师，服务于佐治亚州亚特兰大市著名的埃比尼泽浸信会教堂（Ebenezer Baptist Church）。父母是中产阶级，舒适的生活给年轻的马丁提供了良好的、种族隔离高峰期其他美国黑人不可能获得的教育和发展机遇。然而，无忧的生活环境并没有使他避免南方盛行的种族歧视的干扰。

由于一项旨在提高入学率的特殊战时计划，金在15岁时进入莫尔豪斯学院。1948年毕业后，他成为牧师，他用3年时间在宾夕法尼亚州的切斯特克罗泽神学院（Crozier Theological Seminary in Chester）研究甘地的非暴力哲学以及当代新教神学家的作品。在获得神学学士学

位后，金继续在波士顿大学学习，并获得博士学位。在那里，他结识了在新英格兰音乐学院学习的科雷塔·斯科特（Coretta Scott），她是土生土长的阿拉巴马人。他们在1953年结婚，并育有4个子女。1955年，金获得博士学位，1年后他成为阿拉巴马州蒙哥马利的德克斯特大街浸信会教堂的牧师。

1955年，蒙哥马利的民权倡导者决定抗议城市公共交通系统中的种族隔离政策。由于非裔女子罗莎·帕克斯（Rosa Parks）不肯将她在巴士上的座位让给一个白人乘客，警察以违反城市隔离法为由逮捕了她，而活动家们成立了蒙哥马利改进协会（Montgomery Improvement Association）抵制公交系统。他们选择金为领袖。金的言辞鼓舞人心，在他的家被炸毁后，他表现出无畏气概，全力投入这份事业。抵制活动仅仅进行了1年，市政当局对公交系统进行了整顿。

金利用蒙哥马利抵制运动成功的契机主持了南方基督教领袖会议（Southern Christian Leadership Conference, SCLC），期望开展全国性运动。他在国内外就种族问题发表演讲。与印度总理尼赫鲁的会见坚定了他坚持非暴力抵抗的信念。他还从非洲人民推翻殖民主义统治、建立独立国家的斗争中吸取灵感。

1960年，金与他的父亲成为埃比尼泽浸信会教堂牧师。这个职位让他在南方基督教领袖会议和民权运动上投入了更多时间。他意识到向种族隔离发动总攻的时机已经到来，他支持当地黑人大学生静坐示威。由于违反了一项轻微交通法规，他被逮捕并监禁，这引起全国关注，民主党总统候选人约翰·肯尼迪（John F. Kennedy）出面调解。此举吸引了广泛关注，它可能最终促成肯尼迪在8天以后的总统选举中险胜。

之后的5年，金的影响力迅速提高。他不回

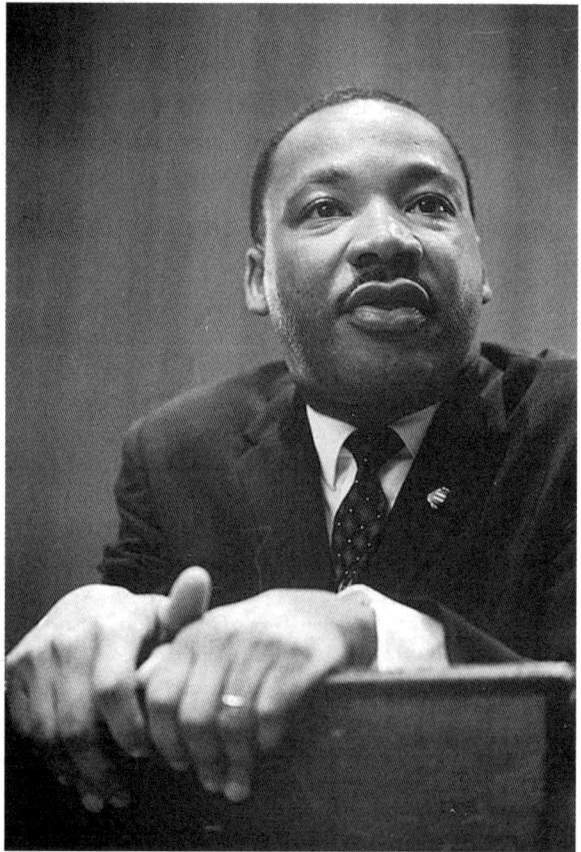

马丁·路德·金在新闻发布会上。马里昂·特里柯思科（Marion S. Tricosko）摄。美国国会图书馆

避新闻媒体，特别是还处于起步阶段的电视；他利用它们获得国内和国际社会对民权斗争的关注。妇女和儿童被警察殴打或遭到警犬袭击而不抵抗的图片震惊了美国公众，给肯尼迪和林登·约翰逊政府带来了压力，联邦民权法得以制定和实施。

但是，不是每一个黑人都支持金的策略。1963年春天他发表了著名的《来自伯明翰监狱的信》，倡导使用非暴力手段，而不是伯明翰许多黑人神职人员支持的简单谈判。金认为，非暴力直接行动会带来这样一种危机，即白人社会除了谈判别无选择。当年夏天，为了给联邦立法者造成进一步压力，金参加了著名的华盛顿大游行。近20万人参加此次和平集会，要求平等公正的法律。在那里，他做了著名的《我有一个梦

1451

我提出：一个违反良心告诉他那是不公正法律的人,并且他愿意接受牢狱的刑罚,以唤起社会的良心认识到那是不正义的,实际上他表现了对法律的最高敬意。
——马丁·路德·金

在马丁·路德·金及其他民权运动领导人的注视下,林登·约翰逊总统在华盛顿国会大厦圆形大厅签署《投票权法案》(1965年8月6日)。美国国家档案馆

想》的演讲;他在演讲中强调,他相信有一天,所有的人会是兄弟,不分种族或文化差异。第二年,即1964年,《民权法案》获得通过,该法案授权联邦政府废除公共场所的种族隔离政策,并取缔公共设施使用和就业的歧视政策。民权运动的高潮在12月到来,这也许是金一生中的顶峰,他获得了诺贝尔和平奖。

1965年3月,在阿拉巴马州塞尔玛游行中,民权运动内部对金的策略的反对意见第一次爆发。金决定不与武装州警发生冲突,这个决定使他丧失了众多年轻激进分子的支持,这些人已经在批评他过于谨慎。虽然游行对1965年《投票权法案》产生了影响,但是金似乎与激进活动家的距离越来越远;除了在城市中心和北方面临种族隔离外,这些活动家还面临贫困和其他问题。他们公开讽刺金,加之非暴力示威表面上的失败导致了部分变化,这促使金改弦更张,开始关注种族问题之外的问题。1967年,他站出来坚决反对越南战争,这个决定使他丧失了部分黑人群体和华盛顿的进一步支持。他尝试组织一个各种族穷人组成的联盟以扩大自己的基础,但并没有得到广泛支持。

金感到气馁,1968年春他开始筹划一个向华盛顿进发的"贫民大游行"(Poor People's March)。但是他中途中断了计划,前往田纳西州的孟菲斯支持那里的环卫工人罢工。当他站在洛林汽车旅馆二楼的阳台时,一个狙击手杀害了他。他的死引发全国各地100多个城市发生骚乱。更重要的是,这加快了民权运动走向暴力对抗的脚步,20世纪70年代民权运动分裂,20世纪80年代初开始的抵制"肯定行动"(Affirmative Cction)中,民权运动脚步放缓。部分人逐渐将金提升为殉道者。一些学者和社会活动家认为,这种神化已经导致民权运动忽视社会变革所必需的基层动力,淡化了金关于经济正义的主张。尽管如此,他的影响仍然可以在数十年后引发这样的辩论,证明了他对社会和政治事务产生的持续影响力。

1452

进一步阅读书目:

Albert, P.J., & Hoffman, R. (Eds.). (1993). *We Shall Overcome: Martin Luther King, Jr., and the Black Freedom Struggle*. New York: Da Capo Press.

Ansbro, J.J. (1984). *Martin Luther King, Jr.: Nonviolent Tactics and Strategies for Change*. Maryknoll, NY: Orbis Books.

Branch, T. (1989). *Parting the Waters: America in the King Years, 1954–63*. New York: Simon & Schuster.

Branch, T. (1999). *Pillar of Fire: America in the King Years, 1963–65*. New York: Simon & Schuster.

Branch, T. (2007). *At Canaan's Edge: America in the King Years, 1965–68*. New York: Simon & Schuster.

Carson, C. (Ed.). (1998). *The Autobiography of Martin Luther King, Jr.* New York: Intellectual Properties Management in Association with Warner Books.

Carson, C. (Ed.). (1992–2000). *The Papers of Martin Luther King, Jr.* (Vols. 1–4). Berkeley: University of California Press.

Dyson, M.E. (2000). *I May Not Get There with You: The True Martin Luther King, Jr.* New York: Free Press.

Oates, S.B. (1982). *Let the Trumpet Sound: The Life of Martin Luther King, Jr.* New York: Harper & Row.

詹姆斯·刘易斯(James G. Lewis) 文

李军 译,刘健、王超华 校

Kinship　亲属关系

1453　　研究亲属关系模式的社会学家考察不同的文化和社会,考察它们如何定义和评价亲情,是通过血缘关系(婚姻和生育),还是通过培育和维护相互利益的纽带。关于被误导为亲属关系的"部落"的争论,掀起了对母亲和父亲在现代社会中承担角色的讨论。

在最基本的意义上,"亲属关系"一词指人们通过血缘(生育)和婚姻结成的家庭联系。按照这样的定义,亲属关系可简化为父母与子女、兄弟姐妹和配偶关系,也可扩展至其他家庭成员——祖父母、姑婶、叔伯、表兄弟和姻亲等。但通过共享或共有公共利益的共同体,特别是通过养育和赡养关系,人们获得与他人的亲情。研究亲属关系的社会学家对一个特定的文化或社会中亲属关系如何被感知和重视的观点不尽相同,但是人类学家目前已经在讨论现代家庭结构问题。

建构主义

建构主义者——有时也被称为"文化的建构主义者"或"社会的建构主义者"——假定或假设人们创建自己概念化的世界时受外界影响很小,只有权力关系。他们认为,亲属的生殖基础是民族中心主义的幻觉。他们指出,世界各地的亲属关系都是通过非生殖方式建立的。在这些方式中,最重要的是共同居住、分享食物和食物供给,通过收养关系形成的养育关系是第一和第三种方式的特例。因此,在许多因纽特人群体中,养父母(adoptive parents)被称为(英语中相当于)养父母的继父母(step-parent of foster parent)。在巴布亚新几内亚,家谱经常将与他们同居的非亲属调整为亲属。在东非部分地区,一名男子在旅行中可能与另一名男子成为朋友,他们可能会进行一个仪式,在仪式中每个人都要喝对方的血。通过这个行动,两名男子成为"兄弟"。建构主义者明确强调这种情况下共享的重要性。因此,在因纽特人收养的例子中,如果他或她仍然是一个婴儿,养母的母乳会去喂养孩子;如果孩子年龄再大点,母亲会提供其他食物。在巴布亚新几内亚,共享食物可能会更加均衡。在东部非洲,食物也是共享的,最具意义的食物是血液。

焦点

相比而言,建构主义者几乎完全忽略了焦点问题。让我们看看因纽特人。对因纽特人养父母的称谓,如上所述是基于父母的称谓,这与养父母和继父母的表达方式十分类似:它们均可回溯到生父母,这为养父母和继父母的称谓提供了焦点。我们可以说,这与巴布亚新几内亚的家谱调整十分相似:非亲属因此被视为有血缘关系的亲属;据此,后面这些人成为亲属阶层扩展的基础或焦点。在东非,喝对方血的两个男人在模仿被认为是亲兄弟的行为——也就是说分享血液。在所有这些情况和许多其他的情况中,许多其他非血缘亲属的概念都在血缘概念的基础上形成。

1454

人种胚胎学

建构主义者和非建构主义者都坚持认为,根据本地文化对人类繁衍或人种胚胎学的理解,生父母(procreative parents)长期被认为是父母。他们可能指出,即使在西方文明中,现代

科学关于父母双方对胎儿的贡献是一样的发现只有大约一个世纪的历史;在此之前有人主张父亲的精子中包含了一个微型的人,只是在母亲体内孕育,尽管这个观点不明确。这个认识其实也是西方以外世界的一个共同观念。其他观念同样存在,两个比较常见的应该是:(1)母亲提供柔软的身体部位,父亲提供骨骼;(2)母亲提供整个身体,而父亲提供精神或行为作为肉体世界和精神世界之间的中介。因此,在部分澳大利亚原住民观念中,父亲在梦中"发现"他尚未出生的孩子的精神,并从梦里直接将其带到母亲的子宫。从这个例子中,将这个角色和"父亲"对等似乎令人误解,而我们将在下一节讨论它并未令人误解的原因。这里需要指出三点。

首先,对骨骼的特殊对待违反了肉体—精神的二分法;尽管它是身体的一部分,但骨骼的腐烂速度很慢,这可能会引起持久和永久性的认识,就像精神一样。因此,澳大利亚原住民死后,尸体很快被埋葬,大约1年后再被挖出来,未腐烂的尸肉被剔除、丢弃。骨骼则被保留,被放置在一个挖空的装饰有象征死者精神遗产的圆木中,装有骨骼的圆木被小心地隐藏在他或她的父亲第一次遇到孩子的精神的地方。在东西方的宗教中,对亲戚和圣徒骨骼的关注是我们更加熟知的类似观念的例子。

第二,更加重要的是,两种或更多的人种胚胎学观点可能存在于同一个群体。研究人员已经注意到在澳大利亚原住民中,一些人主张上述变异(1),有些人主张变异(2),还有人主张在不同情况下两者同时存在。因此,一个群体所有人都相信同样事情的观点,无法解释人类经历的丰富性和多样性特征。

事实上——这是第三个,也是最重要的一点——我们可能会怀疑,"信念"一词是否能帮我们理解这个问题。澳大利亚西部沙漠地区年纪较大的土著男子都强调前面提到的"发现"的经

亲戚只不过是一群连最简单的生存方式或最低限度的预感死期的本能也一无所知的无聊之徒。

——王尔德（1854—1900）

历，尽管妇女和年轻男子已经明确指出性交对于受孕是必须的。老年男性控制了最重要的宗教知识，并拒绝讨论性问题，他们坚持"发现"的重要性，这让年轻人缄口不言。似乎这里应该提及，存在不情愿将肉体和精神表述混为一谈的情绪，也存在教条导致的隐性知识至上的认知。然而，隐性知识意味着一种存在，而不是缺失。

生理父权的忽视

由于没有意识到这一点，第一代研究澳大利亚土著的人类学家得出结论，认为这些人——按以前的说法——"忽视了生理父权"。这个错误的形成并非毫无原因。在维多利亚时期的类型学（基于类型或类别进行分类）研究中，这为"原始社会"研究和后来宣称澳大利亚原住民智力低下的种族主义意识提供了素材。20 世纪早期，与之对应，对巴布亚新几内亚东北海岸特罗布里恩岛民（Trobriand Islanders）也有相同的认识。后来，对特罗布里恩岛的研究已经表明，这种"无知"事实上是一种教条的组成部分；一个特定群体有这样一种错觉，即他们是自我延续的，群体中死者的精神进入他们的女人，并通过她们让自己在孩子身上转世。然而，为了实现这个轮回，与这个群体以外的成员性交仍然是必要的。

母系和父系

维多利亚时期和 20 世纪早期提出"忽视生理父权"的人类学家认为，该观念与通过妇女推断亲属关系的行为有关，称为"母系制"（Matriliny）或"母系社会"（matrilineality）。毕竟，如果父系未知，通过男人推断亲属关系就不存在可能。此外，他们还将母系制与"母权社会"（matriarchy）或女性统治联系在一起。直到

1930 年，人类学研究中的这些观点才被推翻，主要依据是波兰人类学家马林诺夫斯基（Bronislaw Malinowski，1884—1942）对特罗布里恩岛母系社会研究得出的结论。然而最近，某些女权主义思想家又重新提出这个概念。因此，重温马林诺夫斯基和他的同事的发现十分有必要。

首先，根据上述在人种胚胎学讨论中提出的理论，所有的亲属关系是通过父母双方，也就是说双向确定的。在只通过女性确定亲属关系的地方，这样做缘于特定目的，而这些目的在不同群体差别极大。在母系社会，它们可能会、也可能不会在日常生活中发挥很大的作用，但即使这样，"母系社会"的表达也过于简单化，容易产生误解。

其次，反对者可以辩称母系社会不存在。男性往往主宰女性，尽管程度和具体情况千差万别。一些女权主义者拥护的"女神"形象与有血有肉的妇女地位不符。如果年龄——而不是性别——是更重要的、具有权威性的跨文化标准，那么世界往往由相对健康的 40 岁以上的人群操控。

如今，一些女权主义者继承了维多利亚时期形成的从母系向父系——或"父权制"——社会进化的叙述，"忽视生理父权"再次成为关键。当男人（叙述中是这样的）不知何故终于意识到他们也有受孕的功能，那么父系亲属关系也将成为可能，而父系和父权制将取代母系和母权制。但是，我们必须考虑下列因素：

第一，在父系社会，与所有其他社会一样，亲属关系通过男性与女性共同确定。

第二，尽管母系社会中妇女的地位高于父系社会中的妇女，但后者至少和前者一样是变化的。

第三，最大的差别可能存在于有漫长父权系谱和那些系谱较短的群体之间，一个父亲的孩子有权获得成员身份，族群的统一并非通过

血缘关系表现，可能通过模拟血缘。例如，澳大利亚土著研究者发现，一些土著被认为是转世的原始岩蟒，有些人是原始小龙虾转世，还有人被认为是原始鸭转世。这些人的父亲——而不是母亲——也被认为是岩蟒、小龙虾或鸭，但岩蟒和人之间的系谱关系在很大程度上是未知的和无关的。这样的社会与世界其他地区的一些母系社会类似。

第四，另一个极端是父权观念，它假设整个民族群体——事实上在某些情况下是全世界——是由一个原始造物主或一组兄弟的后裔组成的。例如，《圣经》记载地球上每个人都是挪亚的三个儿子的后裔，这种观念在今天穆斯林中东社会和撒哈拉以南非洲地区十分常见。当然，在众多人口中，将每个人都与详细的父权系谱联系起来是不可能的。类似的母系观念也不存在。

1456　第五，父系社会与母系社会和没有此类群体的社会（比如西方大多数群体）一样，社会生活中包含了各种公认的具备行事能力的人。如"人类学教授"这样一个称呼，与一个有学术背景的人而不是乘坐纽约市地铁的人相关。"部落"社会没有地铁、体育场馆和邮票经销商，但他们也不是只有父系或母系群体。事实上，"群体"（groups）这个词可能更具有误导性，因为从字面意义上讲，它表明世界之外的一种边界和持久性。如今，在评论家称为"群体性"（groupology）的问题上，大多数人类学家都不再十分依赖前辈的解释，但这个概念还存在于女权主义和其他影响现代生活的思潮中。

亲属关系和现代生活

亲属关系的诸形式和其他事物一样都有其发展历史。当今亲属关系研究中——更普遍的是现代生活中——具有特殊意义的问题是新兴生殖技术，其中包括女性通过人工授精而不是与男性发生性行为生儿育女。这样的技术可能适合某些妇女，但它对后代养育会产生什么影响呢？大量的研究表明，它并非只有积极意义。西方世界的人从"部落"中寻找人类学资料，提出可选择的生活模式和人类发展可能性的建议。但主张（非性交意义上的）无父生存的人将不会在这些资料中找到依据，而只有一些安慰性资料。在大约85％的"部落"社会中，父母与他们的子女共同居住；在几乎所有余下的15％的社会中，父亲不存在，存在的是母亲一方的男性亲属。这些数据并没有对媒体提出的"多种多样的家庭"的宣传提供支持。

此外，在许多双亲社会中存在一个所谓的"冷漠的父亲"（aloof fatherhood）模式。在这些社会中，存在所谓妇女会破坏和（或）污染权力的复杂观念，它导致男人在空间（通常在特指"男人的房子"时）和情感上与自己的妻子拉开距离。有些人认为，丈夫的这种冷漠鼓励妇女转向年幼的儿子以寻求情感的温暖，但这个需求并不一定得到理解。成长的男孩有可能认识到它可能消灭正在出现的男性自我意识，可能导致无意识的女性身份认同，并重复他们的父亲对于妇女的幻想和行为。事实上，"男人的房子"仪式几乎全部涉及男人或男孩模仿女性生产行为，最常见的一种是通过放血模仿"月经"。还有一种常见的神话模式与之类似，在这个模式中，通过性别角色颠倒标志原初年龄。顺便说一下，这个神话模式对现代"母系社会"理论产生了推动作用，但将其作为反映当地权力关系的"历史"概念可能更为准确；在这个框架下，男孩和他的母亲一起经历"冷漠的父亲"模式。最后，这个复杂模式的一个内容是一种被夸大的戾气，它被一些学者称为"抗议的阳刚之气"（protest masculinity）。

最后这个特点将"部落"世界中"冷漠的父亲"与现代家庭日益增长的无父状态联系起来，后者被一些学者称为我们最迫切需要解决的社会问题。缺乏父爱的青春期男孩比其他男孩更有可能实施暴力犯罪，即使是控制了其他因素（如种族、家庭收入因素）。这些犯罪对妇女和儿童造成身体和性的伤害。此外，这样的男孩也不太可能在未来与某个女性建立相对固定的生育关系。许多有头脑的人——政治体系中的任何性别和所有职位——都关注现代社会的这种趋势。

1457 进一步阅读书目：

Bamberger, J. (1974). The Myth of Matriarchy. In M. Z. Rosaldo & L. Lamphere (Eds.), *Woman, Culture, and Society* (pp. 263 – 280). Stanford, CA: Stanford University Press.

Blankenhorn, D. (1995). *Fatherless America: Confronting Our Most Urgent Social Problem*. New York: Basic Books.

Boissevain, J. (1968). The Place of Non-groups in the Social Sciences. *Man, 3*, 542 – 556.

Evans-Pritchard, E. E. (1962). *Social Anthropology and Other Essays*. New York: Free Press.

Guemple, L. (Ed.). (1972). *Alliance in Eskimo Society*. Seattle, WA: American Ethnological Society.

Hoff Sommers, C. (1994). *Who Stole Feminism? How Women have Betrayed Women*. New York: Simon & Schuster.

Holy, L. (1996). *Anthropological Perspectives on Kinship*. London: Pluto Press.

Keesing, R. M. (1975). *Kin Groups and Social Structure*. New York: Holt, Rinehart and Winston.

Keesing, R. M. (1982). Introduction. In G. H. Herdt (Ed.), *Rituals of Manhood: Male Initiation in Papua New Guinea* (pp. 1 – 43). Berkeley and Los Angeles: University of California Press.

Lewis, I. M. (1965). Problems in the Comparative Study of Unilineal Descent. In M. Banton (Ed.), *The Relevance of Models for Social Anthropology* (pp. 87 – 112). London: Tavistock Publications.

Loizos, P., & Heady, P. (1999). Introduction. In P. Loizos & P. Heady (Eds.), *Conceiving Persons: Ethnographies of Procreation, Fertility and Growth* (pp. 1—17). London: Athlone Press.

Malinowski, B. (1929). Kinship. In *Encyclopedia Britannica* (14th ed., Vol. 13, pp. 403 – 409). London: Macmillan.

Motz, L. (1997). *The Faces of the Goddess*. New York: Oxford University Press.

Scheffler, H. W., & Lounsbury, F. G. (1971). *A Study in Structural Semantics: The Siriono Kinship System*. Englewood Cliffs, NJ: Prentice Hall.

Shapiro. W. (1979). *Social Organization in Aboriginal Australia*. Canberra, Australia: Australian National University Press.

Shapiro, W. (1989). The Theoretical Importance of Pseudo-procreative Symbolism. *The Psychoanalytic Study of Society, 14*(1)72 – 88.

Shapiro, W. (1996). The Quest for Purity in Anthropological Inquiry. In W. Shapiro & U. Linke (Eds.), *Denying Biology: Essays on Gender and Pseudo-procreation* (pp. 167 – 189). New York: Lanham Publishing.

Strathern, A. (1973). Kinship, Descent, and Locality: Some New Guinea Examples. In J. Goody (Ed.), *The Character of Kinship* (pp. 21 – 33). Cambridge, UK: Cambridge University Press.

Weiner, A. B. (1988). *The Trobrianders of Papua New Guinea*. New York: Holt, Rinehart and Winston.

Whiting, J. W. M., & Whiting, B. B. (1976). Aloofness and Intimacy of Husbands and Wives. In T. Schwartz (Ed.), *Socialization as Cultural Communication* (pp. 91 – 115). Berkeley and Los Angeles: University of California Press.

沃伦·夏皮罗（Warren Shapiro）文

李军 译，刘健、王超华 校

Knowledge Economy　知识经济

人类社会拥有的最主要财富之一是知识。最新研究显示,知识仅存在于人类的大脑,它需要与别人分享,也需要付出,这样才能够产生效益。这个过程体现为知识经济。

没有人无所不知,这个道理很简单,因此人类需要团结协作,分享基本知识。从历史上看,商业和技术成熟发达的社会具有一个主要特征,即拥有良好的知识门类划分体系,劳动分工主要依据知识分类。因此,知识的基础是创造、评价和交易知识。

人类应该拥有和交换的知识有众多划分方式。其中一个比较普遍的方式是根据社会和人类以及外部环境等相关信息进行划分。这些因素大致与"交换和生产"环节相当。交换环节中包括"可分配知识",比如"我能够在哪里雇佣一位管道工""面包的价格是多少"或"我怎样能够买到微软的股票";生产环节包含多数人类活动的物理和生物环境因素。

技术属于后者,它包含自然现象以及我们能够制定的规则和规范。它解决诸如"密西西比河由北向南流淌""密歇根冬天下雪"以及薛定谔(Schrödinger)潮汐等量等问题。科学是其中的一个小分支,可称为陈述性知识,但是其在现代发展的顶峰则是它在知识经济中的地位迅速提高。

可分配知识

人类社会运用知识分配资源,进行创造,这些方式是经济史研究的核心问题。关于交换的知识主要体现在市场经济的价格机制领域。在1949年发表的经典论述中,经济学者哈耶克(F. A. Hayek)指出,在市场经济中,堆积如山的信息受到价格机制的限制。埃文斯顿镇(Evanston)一个购买寿司的常客,不会知道其中的鱼在哪里捕获,不会知道它如何被处理并运输至伊利诺伊,不会知道如何烹调制作它。购买这样的食物所经过的程序不为消费者所知,也不必要由他认识的人完成。另一方面,日本的金枪鱼总经销商也不必知道或不关心每个人的口味。

自由市场不是剥削的工具,也不会奇迹般地解决所有社会弊端,其首先是节省金钱的信息工具。

在社会信息的作用日益提升的时候,货币发挥着独特的作用,因为货币是特定的统计单位,交换也更加便捷。没有交换媒介,贸易活动将需要双重需求耦合,获得所需求信息的渠道也更加不畅。货币也是评价单位,不同商品因此拥有相同的分母,能够保证交换过程顺利通畅。目前普遍认同非集权的、无秩序的市场是迄今所知最有效率的社会信息流通手段。尽管它们的无心之失可能造成恶劣后果,但亡羊补牢总好过病入膏肓。

社会通过市场,而不是中央决策或其他分配机制(比如部落首领恣意分配部落财富)分配资源的程度以及分配知识的过程和分布方式,决定了一个社会的社会经济发展水平。欧亚大陆的市场经济远远超过非洲、大洋洲和1492年以前的美洲。在西欧,罗马时期曾经高度发达的市场分配体制在公元1千纪的后500年衰落,原因有很多;中东伊斯兰世界和中国市场则在这个时期高度繁荣。

信息情报是宗教最大的敌人。当信息情报还只是在计算机键盘上敲敲打打东西的时候,它对于基督教的威胁就已经在逐渐超过其他任何"留存"的事物。

——法雷尔·蒂尔(Farrell Till, 1933—)

中世纪时期,西欧部分地区复苏,市场在流通、信息分配中的地位日益提高。在地方贸易和国际贸易活动中,商品价格越来越能够真实地反映供应和需求信息。另外,同样的去集权化市场类型开始控制劳动力和土地分配,进而促进了市场与生产部门合作。

19世纪,资本市场的竞争也愈加激烈。但是在这类市场中,信息的流通往往充满各种问题与谬误,因为借贷双方信息不对等,不同经济类型的运行模式也往往通过资本市场产生影响。

信息资源当然受到流通渠道的限制。人们要写信,邮政系统因此更加完善,所有的信息社会都建立了长途通信系统。在所有货物中,信息的重量最轻,但是仍然需要传送。由于不能通过一些常规流通方式比如狼烟、18世纪晚期发明的沙普(Chappe)电报信号以及(昂贵的)信鸽传送,因此需要人工送达。19世纪末以前,信息传送的速度取决于马匹和船只的速度。它限制了众多商品和服务的价格机制的运行。1800年前后,不同地区的价格无法统一,虚假信息大行其道。

19世纪30年代早期铁路出现,10年后电报发明,全球化信息时代真正到来。跨越大西洋的电报线路开通后,利率和小麦价格迅速统一。20世纪,尽管政局动荡,但是信息流通的全球化过程仍在继续。安全和商品市场需求促使商人和研究者努力获取更加及时的特殊资料。

电报的发明是一个巨大进步,可能是信息传统领域最大的转折点,但是它仍然逐渐被电话取代、被各种图文取代,最终又被广泛的电子网络取代,因为这种网络能够保证市场运行更加畅通。但是这并不意味这些市场能够在所有可能地区进行最有效率的传输,只有套利投机是无法坚持的。

陈述性知识

陈述性知识在许多方面与经济运作一样是社会的基本内容。尽管商品交换社会需要大量具有可用性和可取性(价格)的信息,但这类信息并非不可或缺。另一方面,季节划分、动植物种类划分知识在狩猎-采集社会就已经为人所知。在某种程度上,所有生产类型——农业、手工业或服务业(比如医药服务业和运输业)——都涉及自然现象和规则。行之有效的管理依靠信息,所有生产技术都需要程序规则,比如如何种植马铃薯,如何利用核电站。制定这类规则需要先进的基础知识。

经济历史的发展绝大部分针对日益专门化的、详细的知识分类的缓慢变化过程。工程师、化学家、机械师和物理学家掌握专业知识。随着知识的内涵不断扩展,细致化和专门化越来越有必要——工业革命期间和之后增长最为迅速。这说明每个个体获得知识的途径更加便捷,这些知识已经被社会中的某些个体掌握。在历史上,这类知识的获得取决于再生产技术以及文化因素。

巨大的转折来自印刷业,它在"市民和大学师生"(没有受过教育者和受教育者)之间架设了

中美洲被征服前的经典残片,它是树皮书集,用于区分和归类信息。克里斯·豪威尔摄

桥梁;但是,印刷作为信息传播媒介所发挥的作用,受到教育程度和印刷书籍本身质量的局限。多数图书都与宗教有关,还有一些是小说,因此对经济发展的贡献十分有限。16 世纪,有一种技术手册类书籍开始出现,人们能够以低廉的成本获得知识。

西方启蒙时代在某些角度看同样是一场信息革命,它改变了信息传播的众多领域。专业化过程也付出了代价;从古典时期开始,哲学家和科学家在众多领域的进步超过了农民和工匠,后者只是实用产品的生产者。因此,经济生产者很少关注哪怕最实用的科学;科学家很少关注日常生产事务,也不会浪费自己的智力去解决这些问题。中国人的科学知识非常丰富,这是事实;古典社会同样也是如此,其伟大的科学家和数学家比如阿基米德和希帕库斯(Hipparchus)也不纠缠于农业和手工业问题。但这一点开始在西方中世纪发生改变,僧侣们开始引领科学和技术创新潮流。

欧洲航海时代之后,二者之间的差距开始缩小,历史学家将二者建立密切关系的时间确定为 16 世纪中叶。通过印刷书籍传播科技知识、教育程度提高以及纸张广泛应用的共同作用,使得知识拥有者与生产者之间的沟通更加便捷。例如格奥尔格·阿格里科拉(Georgius Agricola)的名著《论矿冶》(*De Re Metallica*,1556)概括描述了当时所知的矿山工程知识;雅克·贝松(Jacques Besson)于 1569 年用拉丁文和法文发表了《工具和机器大观》(*Theatrum Instumentarum et Machinarum*),在之后的 30 年时间里该著作被翻译为 3 种语言,7 次再版。这些进步是重要的前奏,18 世纪的启蒙运动是真正的革命,它最终完全改变了技术进步模式,并在工业革命期间达到鼎盛。

1461

工业启蒙运动

启蒙运动中的知识进步表现为技术进步引发经济和社会变迁,这是一个核心要素。18 世纪,我们所称的工业启蒙时代造成三个深远影响,并深刻影响了经济发展。第一,伽利略和牛顿的理论取得胜利,宣告自然哲学家将拥有更高尚的社会地位,西方从事严肃科学研究的人数迅速上升。其次,这些科学家的研究领域越来越多地包含"实践活动"内容,比如化学、植物学、光学、水力学和矿物学。在众多领域,科学进步不足以产生直接效益,但是 18 世纪科学家发明的期票业务资助并担保了培根的自然科学项目,该项目旨在认识和理解自然,在后来取得巨大成功。

第三,工业启蒙运动的核心宗旨是传播知识。它表现为出版实用技能书籍,其中既有普及自然知识的书籍比如百科全书和自然词典,也包括专业技术类手册和教科书。这个时期,科学期刊、评论及主要著作简介等出版物大量涌现,其中包含丰富信息,而当时的工程师和发明家阅读并接受了这些信息。工业启蒙运动的代表作品当然是《大百科全书》(*Grande Encyclopédie*),书中包含着丰富的技术知识,其中有一些实用技术比如玻璃制造、石工技术,也包含一些极其精细的知识。"搜索引擎"的需求日益迫切,更加巧妙的机制在形成并发展。

知识也通过一些非正式渠道和私人交流进行传播,但我们只能推测其深入程度,因为绝大多数的此类交流活动缺少相关记录。其中相对为人所知的机构是月亮协会(Lunar Society),这是英格兰伯明翰的一个私人俱乐部,成员是一些当时最优秀的科学家,他们在这里与顶尖的企业家和工程师进行学术讨论。18 世纪,欧洲有几百个类似机构建立;尽管并非所有组织都取得像月亮协会那样的成就,也不是所有组织都像名实不符的曼彻斯特文学和哲学协会那样著名,但是,这类机构都反映出西方人对于实用技术的态度,也反映出其组织机构的巨大变化。

另外,这个时期,专业技能和技术知识市场

出现。众多著名的工程师，比如约翰·斯密顿（John Smeaton）和詹姆斯·瓦特（James Watt）取得了巨大成就，其中包含我们今天所称为咨询的内容。这些变化对经济发展的具体影响仍存争论，但是其与 19 世纪西方经济腾飞同时发生也并非巧合。

实用技术的大发展

在过去的 2 个世纪，源自启蒙运动的实用知识在社会发展中的作用快速提升。有观点认为，科学已经在诸多领域取代宗教成为决定社会发展的核心力量。现代科学和技术发展成为 20 世纪世界历史的活跃因素，不仅相关自然知识普遍增加，而且许多新的社会和技术传播手段也不断涌现，表现为 18 世纪末技术书籍和词典大量涌现。历史学家估计 1800 年时仅有 100 种科学杂志，但是在这个迅猛发展时期增长至大约 2 万种，其中不仅有工程类期刊，也包含其他应用科学门类。大量细致的、高度专业化的知识汇编，包括目录和数据，数量十分巨大，已经超出任何一个个体所能够把握的极限，但是借助强大的计算机已经能够处理整合这些资料。

获取这些知识的途径相对简单，也能够通过一些复杂的手段去粗取精。这个过程是知识构成和科学社会学出现相同变化并整合的过程，并且伴随着实用科学的剧烈变化。科学家已经确立自律原则，通过复杂的辩论、验证过程得出结论，它们总是遭遇挑战，并经常被推翻。知识市场日益活跃、扩大，各种咨询活动也开始被纳入"知识范畴"。在这样的世界，获取别人知道的知识十分必要。但是这个世界也提出了众多可证性、可信性和权威性的问题。

在实用技术的众多变化中，近 200 年实用技术发展的顶点绝对是互联网技术的发展，它创建了日益成熟的图书馆、更加专业化的教科书、科学论文简介以及学术普及读物。早期计算机数据库已经演变为今天的搜索引擎，每个人都可以通过生物医学信息书目数据库（Medline）和经济文献数据库（Econlit）等获得无比浩繁的知识，并且几乎不付分文。

进一步阅读书目：

Dudley, L. (1999). Communications and Economic Growth. *European Economic Review, 43*, 595 – 619.

Dudley, L. (2003, May). *Explaining the Great Divergence: Medium and Message on the Eurasian Land Mass, 1700 – 1850.* Paper Presented at the Workshop on Law and Economics, Corsica.

Eisenstein, E. (1979). *The Printing Press as an Agent of Change.* Cambridge, U. K.: Cambridge University Press.

Findlay, R., & O'Rourke, K. H. (2003). Commodity Market Integration, 1500 – 1800. In M. Bordo et al. (Eds.), *Globalization in Historical Perspective.* Chicago: University of Chicago Press.

Hayek, F. A. (1945). The Use of Knowledge in Society. *American Economic Review, 35*(4), 519 – 530.

Headrick, D. (2000). *When Information Came of Age: Technologies of Knowledge in the Age of Reason and Revolution, 1700 – 1850.* New York: Oxford University Press.

Kronick, D. A. (1962). *History of Scientific and Technical Periodicals.* New York: Scarecrow Press.

Mokyr, J. (2002). *The Gifts of Athena: Historical Origins of the Knowledge Economy.* Princeton, NJ: Princeton University Press.

Mokyr, J. (2005). The Intellectual Origins of Economic Growth. *Journal of Economic History, 65*, 285 – 351.

O'Rourke, K. H., & Williamson, J. G. (2002). After Columbus: Explaining Europe's Overseas Trade Boom. *Journal of Economic History, 62*(2), 417 – 456.

Schofi eld, R. (1963). *The Lunar Society of Birmingham.* Oxford, U. K.: Clarendon Press.

White, L. (1978). *Medieval Religion and Technology.* Berkeley, CA: University of California Press.

Zilsel, E. (1942). The Sociological Roots of Science. *American Journal of Sociology, 47*(4), 544 – 560.

Ziman, J. (1976). *The Force of Knowledge.* Cambridge, U.K.: Cambridge University Press.

Ziman, J. (1978). *Reliable Knowledge: An Exploration of the Grounds for Belief in Science.* Cambridge, U.K.: Cambridge University Press.

乔尔·莫克里(Joel Mokyr) 文

刘健 译,刘健、王超华 校

Kongo　刚果

1493 年,葡萄人开始关注非洲中部的刚果王国,先是铜矿,不久转向奴隶贸易。刚果人参与了这项日益兴起的全球经济活动,从中获得财富和权力。但是 19 世纪晚期,刚果本土社会日益衰落,受法国和比利时殖民运动的影响十分严重。1960 年迅猛的去殖民化运动以及异常丰富的自然资源,是该地区长期动荡的主要原因。

1463

在 1483 年与葡萄牙人建立联系之前,有关这个中非刚果王国的历史鲜为人知。大约在 9—14 世纪该地区出现中央政权,控制该地区纵横交错的贸易路线和盐、铁、铜以及恩兹姆布(nzimb)贝壳——这是当地通用的货币——等商品的贸易活动。税收所得保证了国家建筑活动、资源分配以及效忠国王的王室宗教活动顺利举行。

由于葡萄牙人到来,该地区的历史不可避免地与跨越大西洋的奴隶贸易联系起来。刚果王国通过参与新兴的全球经济活动获得了前所未有的财富和权力。但是,也是因为海外联系,其本土社会遭到破坏,在 17 世纪下半叶衰落、分裂,最终被地方权力中心控制的贸易网络取代。

刚果的名字源自本地语言刚果语(Kikongo),因王国都城姆班扎·刚果(Mbanza Kongo)的名字命名,该城市位于该地区最大河流刚果河畔。1879 年,比利时国王将这个地区纳为殖民地,称其为刚果自由国家;1908 年开始称比利时刚果。1960 年政治独立后,这个前比利时殖民地及邻近的法国属地,均以王国的名字命名自己的国家。

刚果王国与葡萄牙人

15 世纪下半叶,葡萄人开始开发非洲沿海,主要目的是寻找通往亚洲的海上贸易路线。他们同时期望从非洲获得能够直接出口欧洲的黄金——黄金贸易从意大利霸权时期就已经存在。由于对中非地区缺乏了解,葡萄牙人将刚果王国确定为可能的黄金储藏地,在整个 16 世纪他们都对这个错误认识孜孜以求。

二者之间的第一次接触发生在 1483 年,一名葡萄牙船员绑架了部分非洲人,将他们带往欧洲,期望能够获得一些有助于他们与该王国建立联系的信息。2 年后,又一支探险队被派往非洲。这一次葡萄牙人给刚果国王准备了礼物,主要是他们认为代表文明的礼物,包括整整一船的布匹、服装、工具、马匹以及包括牧师和工匠在内的掌握各种技能的葡萄牙男性和一些葡萄牙妇女——她们的使命是向刚果人传授基督徒的持家理念。收到礼物的国王意识到这是一个提高自身及政治贵族势力的机会。他仔细衡量实现野心的手段,确定接受西式教育和基督教,

1464

并用铜矿交换进口奢侈品。从 16 世纪开始,交换商品又转变为奴隶。野心勃勃的葡萄牙与刚果之间的联系纽带开始显现。

刚果社会分为三个阶层:宫廷人士、农民和奴隶。宫廷的核心是国王,他通过各省长官行使权力。各省官员负责管理地方行政事务,包括收缴税款、抓捕奴隶、调动常备军队。16 世纪,抓捕的奴隶人数在 1.6 万~2 万人之间。由男性和女性成员组成的王室会议辅佐国王。葡萄牙人在该王国站稳脚跟后,他们通过与贵族妇女联姻、担任雇佣兵等方式成为刚果社会的成员。一个名叫杜瓦蒂·洛佩斯(Duarte Lopez)的葡萄牙人甚至成为宫廷贵族,还被国王派往欧洲担任大使。葡萄牙人最初主要从事铜矿石贸易,但是人员流动的意义更加重大。第一批奴隶出口至非洲沿海的圣多美(São Tomé)和普林西比(Principé)等大西洋甘蔗生产岛屿。从 16 世纪早期开始,奴隶被运往加勒比和美洲地区。1530 年,刚果每年出口 4 000~5 000 名奴隶。人数的增加意味着暴力活动升级,越来越多的贸易活动与军事行动交织在一起。当葡萄牙人企图避开王室独自控制奴隶贸易时,情况更加恶化了。他们企图逃避贸易税以提高利润收益。

衰落

刚果衰落的原因有很多。国王垄断奢侈品进口并对贵族进行再分配的目的是获得忠诚保证。但是葡萄牙人意图与地方社会建立直接联系,某些细节体现在 1526 年刚果国王阿方索一世(Afonso I, 1506—1543 年在位)致葡萄牙君主的一些信件中,他对此抱怨连连。在大西

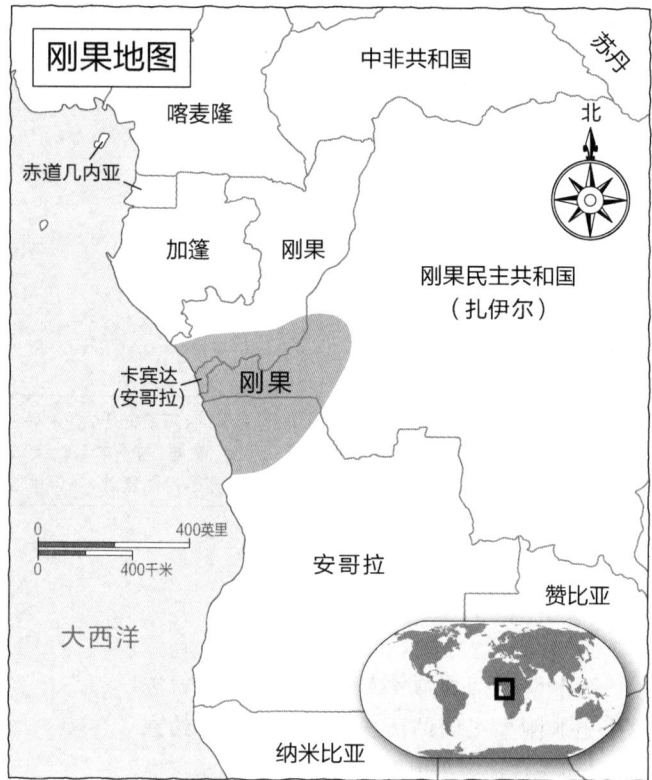

洋奴隶贸易活动开展的早期,王国内众多男女老幼沦为奴隶,但是葡萄牙人毫无节制地购买奴隶,并给他们打上奴隶烙印,其中包括国王的随从及被保护者。16 世纪 60 年代,奴隶贸易导致王国内部局势严峻,1568 年刚果农民加入贾加(Jaga)武装集团。该集团可能来自王国东南方,其入侵的初衷应该是掠夺奴隶和食品,但是这次行动最终演变为摧毁王国,控制奴隶贸易运动。1569 年,在葡萄牙人的帮助下,刚果国王及其拥护者最终打败贾加军队。1575 年,葡萄牙在战后建立安哥拉殖民地;该殖民地与刚果南部接壤,这削弱了王国的地区霸权及其对贸易路线的控制能力。尽管刚果政治实力曾经短暂复苏,但是 17 世纪后半叶嘉布遣会(Capuchin)修士的到来成为削弱王权势力的另外一个因素,国王丧失了对作为国教的基督教的控制权。王国的行政和政治管辖权逐渐落入地方商人集团手中。1665 年,安哥拉军队打败

1465

突然马洛(Marlow)[对英格兰,当他开始讲述他的刚果河之行的时候]说:"这也是地球上最黑暗的一个地方。"

——引自约瑟夫·康拉德(1857—1924)的《黑暗的心》(*Heart of Darkness*)

刚果王国军队。同年,国王安东尼奥一世(António I)去世,继承权斗争随即展开。

一个让人意料不到的人物最后一次努力在政治上统一王国,她是一名年轻的刚果妇女——多娜·比阿特丽斯(Doña Beatrice, 1684—1706)。1704年她获得圣徒安东尼的启示,之后,她以先知的身份创建独立的教会并发动政治运动,她强调非洲化和政治统一。多娜·比阿特丽斯在前首都废墟前聚集了几千名拥护者。不久,她生育了一个男孩,她声称这是无孕生育,她的政治对手和天主教会因此声讨追捕她。1706年,他们以异端之名将她烧死。

启示

刚果既是非洲国家建立的表率,也是非洲社会因参与大西洋贸易遭遇严重破坏的范例。17世纪,整个地区遭遇了长期政治衰落和分裂,这部分地导致19世纪晚期该国无力抵抗比利时和法国的殖民运动侵袭。极端野蛮的殖民主义,特别是早期比利时人信奉的殖民主义以及1960年迅猛的去殖民化进程,加之极端丰富的自然资源——包括铀、钻石和铜,导致该地区长期动荡,并持续至21世纪。

进一步阅读书目:

Balandier, G. (1968). *Daily Life in the Kingdom of the Kongo from the Sixteenth to the Eighteenth Century* (H. Weaver, Trans.). New York: Pantheon.

Birmingham, D. (1975). Central Africa from Cameroun to the Zambezi. In R. Gray (Ed.), *The Cambridge History of Africa: Vol. 4. From c. 1600 to c. 1790* (pp. 325 – 383). Cambridge, U.K.: Cambridge University Press.

Hilton, A. (1985). *The Kingdom of Kongo*. Oxford, U.K.: Clarendon Press.

Miller, J. C. (1983). The Paradoxes of Impoverishment in the Atlantic Zone. In D. Birmingham & P. M. Martin (Eds.), *History of Central Africa, Vol. 1* (pp. 118 – 159). London: Longman.

Pigafetta, F. de (1970). *A Report of the Kingdom of Congo and the Surrounding Countries Drawn out of the Writings and Discourses of the Portuguese Duarte Lopez*. London: Frank Cass. (Original work published 1591)

Thornton, J. K. (1983). *The Kingdom of Kongo: Civil War and Transition, 1641—1718*. Madison: University of Wisconsin Press.

Thornton, J. K. (1998). *The Kongolese Saint Anthony: Dona Beatriz Kimpa Vita and the Antonian Movement, 1684—1706*. Cambridge, U.K.: Cambridge University Press.

Vansina, J. (1990). *Paths in the Rainforest: Toward a History of Political Tradition in Equatorial Africa*. London: James Currey.

Vansina J. (1992). The Kongo Kingdom and its Neighbors. In B. A. Ogot (Ed.), *UNESCO General History of Africa: Vol. 5. Africa from the Sixteenth to the Eighteenth Century* (pp. 546 – 587). Paris: UNESCO.

海克·施密特(Heike I. Schmidt) 文

刘健 译,刘健、王超华 校